国家出版基金项目
NATIONAL PUBLICATION FOUNDATION

古代方言文獻叢刊

華學誠 主編

歷代方志方言文獻集成

曹小雲 曹嫄 輯校

第五册

中華書局

〔民國〕鄞縣通志（下）〔一〕

俗名

《祭法》曰：「黄帝正名百物。」《論語》曰：「名不正，則言不順；言不順，則事不成。」名者，固不獨指實物名稱而言，舉凡名物、動作、形狀、虚助之云謂，莫不曰名。俗名者，方言中凡一音以上，而獨立代表一事一物之詞語皆是也。吾人自能言以來，無時不發言，即無時無俗名出諸口。然苟欲形諸簡策，則雖博學多識之士，亦往往瞪目閣筆而不能作。是非俗名徒有其音而無其字也，音因時地演變與口耳傳譌而不得其字耳。此在浙東與閩粤諸省，較江河南北尤甚。清代以來，不乏研究各地方言之書，而縣志紀載方言更屬習見。然其考證俗名也，不外四途：由《爾雅》《方言》《説文》《釋名》諸書以求本字，一也；由《廣雅》《玉篇》《廣韻》《集韻》諸書探音索誼，而冀得其相當之字，二也；依傅偏旁搜羅《篇海》《正字通》《字彙補》及《字典備考》《補遺》所載奇形僻字，牽率音誼，以强就之，又不得，則杜撰字形以充數，三也；此弊范寅《越諺》及近代所著通俗雜字書最多。其二字以上聯綴詞語，則多於宋元以來筆記、語録、小説、詞曲求之，四也。凡此四端，或應用其一，如章炳麟《新方言》專由《説文》以求本字。或分途並進，如各縣志紀載方言多如此。各有所得，亦各有所失，而其通病不在此。其通病亦有四：前之紀方言者，多以爲在一時

〔一〕續第四册。

代之中，各地詞語雖異，而在一地域之中，同一詞語則自古迄今當僅有此音，此昧於方言之有時間性者也； 例如甬語今日讀若幾末，昨日讀若上尼，日頭、日腳之日讀作匿，而讀音則日字皆讀作實。同一日字而有不同之四音，前人皆不得其變化之故，且罕有論及此者。不知日之讀作匿者，乃周代吴越方音。古時日母之字，皆讀入娘母，故日頭、日腳之日不特甬讀作匿，凡江南、浙東西皆然。其讀作尼者，乃延長其音，故入聲匿變作平聲尼也。其今日之日讀作末者，則東晉流入之秦漢西北遺音。漢武帝時人金日磾本胡人，其名乃當時譯音，日磾二字讀作覓低，必係漢初長安方音如此，故以譯胡語。及後漢時河南一帶日月之日皆讀作實，（此觀班固《白虎通》「日之爲言實也」，許慎《説文》「日，實也」，皆以實爲日聲訓。班固，安陵人，許慎，召陵人，安陵、召陵皆在今之河南郾城縣，可知日字河南一帶後漢時皆讀作實矣。）而人名獨以譯音而得保存長安舊有之覓音。及東晉時，西北人民展轉避難來甬，并將今日讀作幾末之方音，亦流傳於甬，而迄今猶保存於甬方言中。求諸今日之長安，恐反不可得矣。末之與覓，則同母一聲之轉也。故甬越鄰郡，《越諺》今日曰今朝，不與甬語同。至日之讀實，則後漢以來中原遺音。 又以爲方言出自一人之口，其發音必能一致，當不至南腔北調雜呈一語之中，而同邑城市四鄉各有土音，亦復不知區別，此昧於方言之有空間性者也； 因方言來源不同，而一字一詞常有數音，前述之例已可概見。今復假設下列二語，如「因爲碰和，傷和氣叫卓和菜來和好」，使甬人言之，則於和氣、和好之和必讀作禾，碰和、和菜之和必讀作胡，蓋和氣、和好爲甬地舊有方言，碰和、和菜則滬地流入名稱，故和字之音各不相同也。又如甬稱桶匠曰箍桶，鄞東箍讀作窠，鄞西箍讀作枯，亦各異，蓋各受鄰境鎮、慈二邑方音影響。 且以爲同居是地士夫與庸俗、農工與商賈、老耄與少壯孩童同一語音，此又昧於方言之有社會性者也； 士夫之詞語多由書籍報章而來，且其字發音多與讀音同，輓近更混合各種新名辭，往往有非羣衆所瞭解者，故聚會之際臺上演説者雖操本地方言，而臺下聽衆仍多不明，此弊在農村運動之演講尤甚。今舉最淺顯者數例，如士夫曰工作，庸俗曰生活，（讀若ㄙㄤ ㄏㄨㄛ，與新生活運動之生活二字音異。）此因工作名稱起於輓近，尚非庸俗所習也。士夫曰學校，（學讀若育。）庸俗曰學堂，（學讀若或。）此因學堂爲清末名稱，學校爲入民國後名稱，庸俗尚未改其口語也。學字音各不同者，士夫爲讀音，庸俗爲方音也。亦有由士夫口中流傳而入庸俗，雖猶是此詞語，而其音誼已展轉譌誤。如革命讀作革名，音樂讀作音洛，廁所讀作則所，滑稽讀作活計。又如贊成、介紹等詞語，在庸俗口中其函義往往與原名不合。至清時寧郡特殊階級墮民因不與平民通婚姻故，其詞語與發音往往與羣衆殊異，此尤顯著者也。農工商賈各有門内語，非外行所瞭解，此無論已，即其口音亦間有不同，鄉村農民多重濁，城市商人多流利，此其大都也。老人口中間雜數十年前舊音，如鷄，今鄞邑少壯人皆讀若紀，而老人尚有讀若繭者。甚好，少壯人曰交關好，老年人尚多曰好猛。此種語音，在不出户外老婦口中保存尤多。孩童之語，往往尚帶嬰婗口脗，且口齒時有不清之弊，故必知嬰婗語謂飯曰孟孟，而鍋音譌爲加，摑音譌爲光，掌音譌爲叉，而後始知兒歌之「支加孟」即煮鍋飯，「光光叉」即摑摑掌也。至若文字在詞語中及詞語在句讀中因位置不同而音讀亦異，則益非疇昔紀方言者之所知矣。例如單言鴨讀作唵，連言鴨蛋則鴨仍讀作遏。單言猫讀作慢，連言猫飯則猫仍讀作毛。故俗有「鴨生鴨蛋，猫喫猫飯」之諺。蓋浙東方音帶鼻音者爲多，故癩頭讀作癩潭，拐腳讀作拐姜，端午讀作東洪，小鑊讀作小紅，本非鼻音字多轉爲鼻音，固不獨鴨猫二字然也。又如大字，甬語有五音，假設下列短歌，如「大大大姑娘，擡到大咸鄉，大家堂前拜家堂」。苟以甬語讀之，則第一大字讀作毒，第二大字讀作陀，第三大字讀作馱，蓋三大字連言，先入聲最短，次平聲較長，次去聲更長。必如此讀之，方能順口。大咸鄉之大，讀作本音，蓋大咸鄉本區域名，非俗名，故與書中讀音同。大家之大，讀作陀啞切，此爲甬語最古之俗音，僅遺存於大家一語中者也，與今之俗音讀作馱者又異。至大字所以有此五音者，毒陀馱三音，乃去聲縮短而爲平聲，平聲又縮短而爲入聲，本聲調之常，無足異者。至分爲汏、馱及陀啞切三音者，蓋汏音入泰韻，馱音入箇韻，陀啞切入禡韻，泰韻古音隸泰部，箇韻及禡韻古音隸歌部，而古音之泰部及歌部在更古之時又混合爲一，故章炳麟《韻目表》以歌泰二部同居也。甬語大字最初當爲陀啞切，在禡韻，是時歌泰二部尚混合爲一，迨後歌泰分化，大字讀音轉入泰韻，而大家之大尚保存在禡韻中，同時歌麻分化，而大字俗音乃多轉入箇韻矣。故研求俗名，不可徒藉一時一地一人之語音，於故書中搜尋同音文字以强實之，必先瞭解語意，復諳悉古今四方與不同倫類聲音之變化，而後求其適合之音，則本字斯得，非易事也。《荀子·正名》曰：「散名之加於萬物者，則從諸夏之成俗曲期。」謂欲得事物名稱，必於國中已成俗語中委曲期會以合之，是知研求俗名之方矣。今分列現代詞語、古代詞語、外來詞語，所以明方言空間、時間性也。別載反切詞語、象形會意諧聲詞語，所以明詞語構造特異者也。復紀市語、嫛婗語、禽言，所以明方言社會性也。殿以簡字、字語，則一地流行之特殊文字與識別飾詞也。竊謂國内續修邑志者苟皆循是而編列俗名，異日匯全國方志而溝通之，當知上下四千餘年、縱横千數百邑之方言，萬殊而一本，異流而同源，不特大有造於語言學，即促進全國語言統一，亦未嘗無裨益。庶不至如疇昔紀載方言者，僅爲文士戲墨，供談助資消遣已耳。

（一）現代詞語

方言之有時空性，爲語言學家所公認，蓋不特客民移居本邑，土著僑寓他方，各攜異地俗語土音以俱來與本邑方言雜糅混合，而發生名稱、音誼之變化；即山陬僻鄉，老死不相往來，亦未有數世相傳而不發生變化者。因語言徒憑口耳傳授，祖父延至孫曾，或轉其音，或乖其誼，較明著形構於簡策之文字自易改變。況我國文字非由音符綴合而成，其聲韻又較各國文字爲易變，字音既變，語音亦隨而變。苟欲詳究方言，非以當今流行詞語與古方言書所列而爲今已廢棄者畫然區分，且以本邑原有方言與異地流入而爲土人耳熟能詳者分別標出，不能知其變化源流。故今以現代詞語與古代詞語、外來詞語分別紀之。曰詞語者，一字以上名稱曰詞，名稱兼綴動作、形狀諸詞而非句讀者曰短語，故聯稱之。自馬建忠《文通》分我國詞語爲九類，文法學家多仍之，然我國詞語性質非有語尾變化，往往必構成句讀始能辨屬何類，否則形容詞與副詞、接續詞與介詞，皆無由定。故今不循《文通》故轍，大別爲名物、形狀、動作、虚助四表。表中又各依類比附，其同一詞語，或因分見各書而文字異形，或僅語有轉變而意義本同，則歸納於一名，而以較通行者列前。其字罕見或異讀者，各標音符，俾後世與異方之人亦得依音符而正其讀，且詳釋其聲韻轉變由來，以明字非奇僻，特因古今音變而莫探其原。此與疇昔紀述方言似有逕庭，非好瑣屑研討徒廣篇幅也。至所收詞語，大抵爲僻見之字、異讀之音、殊稱之名、特構之語有待疏釋證明者。若形誼習見，與夫四方通語，不復著焉。

名物詞類表

名詞、代名詞及其短語屬焉。凡分天象、地理、歲時、人稱、事類、身體、疾病、建築、衣飾、食品、用品、器具、動物、植物、數量及代名詞十六種。

詞附短語	本音	俗音	例語	疏證
日 日頭 太陽 菩薩 日頭菩(日頭曝)		日頭連言，日讀如暱。僅言日指太陽讀本音，指日期則變爲暱音(广一̇)。	日没臙脂紅 紅猛日頭	日原日母，俗言日頭則轉入孃母，古日母、孃母不分。甬言日如暱，他如人仁繞染任忍讓戎肉褥等字亦皆讀音爲日母，俗音爲孃母，猶古音之遺也。日頭二字連言，見郎瑛《七修類稿》引宋神童詩「真箇有天没日頭」。至婦孺往往尊稱之曰太陽菩薩，曝背則曰曬日頭菩，或曰菩即曝之轉音。
月亮 月亮菩薩 太陰菩薩			月亮夜 月亮地下	月亮猶言明月。亮，明也。婦孺尊稱之曰月亮菩薩。李益詩：「庭木已衰空月亮。」此亮字雖爲形容詞，非以月亮爲月稱，然要爲月亮連言之嚆矢。
蛾眉月		眉音變如毛(ㄇㄠ)。	初三初四蛾眉月	甬稱新月爲蛾眉月，見《楊公筆録》。
七簇星			七簇扁擔稻桶星	七簇星即昴星也。俗形容纍纍如貫珠輒曰像七簇星。
扁擔星				星座在天漢旁，三星並列，兩端微下，與樵擔略似，故得此名。

續表

詞附短語	本音	俗音	例語	疏證
稻桶星				即箕星也。四星列如四邊形，上廣下狹，如箕之哆口斂底。農人撲禾之桶似之，故得此名。
車水星〔一〕		車讀如叉。		即角星也。二星並列，閃爍發光。水車軸之兩端轉動似之。農人以平斜占水旱，實無稽也。
五更曉 黃昏曉				金星早晚兩見，見於黃昏時者稱黃昏曉，見於五更時者稱五更曉，實不過一星耳。曉字費解，蓋即宿字變音。曉宿皆齊齒呼也。
太白星				案此即木星，古亦謂之歲星。俗又稱之爲太白金星，實誤。
掃帚星				俗稱彗星曰掃帚星，以其形似也。古以彗星見，占世亂。俗因詈婦女之不利於家者曰掃帚星。
離星（流星）				即流星也，俗誤以爲離星。座而遙沒，故得此名。或曰離流皆屬來母，一母聲之轉。
暴 風暴		暴俗讀如報（ㄅㄠ）。	打暴 烏風猛暴	《詩》「終風且暴」傳：「暴，疾也。」疏：「大風暴起也。」濱海一帶風暴皆有定期，詳見《輿地志·氣候編》。
風水		水俗讀如世（ㄙㄩ）。	做風水	狂風且雨，俗謂之風水，損傷甚多，俗因稱扑擊兒童腦後曰「後使頸，做風水」。

〔一〕車：原誤作「軍」。

續表

詞 附短語	本音	俗音	例語	疏證
春暴頭		暴讀如報(ㄅㄠ)，頭讀如潭（ㄉˊ彡)。	打春暴頭	春日驟至之狂風也，其爲時必不久。
秋颮（秋鏈）（秋隶）		颮讀如埭（ㄉˊㄚ)。	做秋颮	秋颮，秋日驟至之狂風霪雨也，往往延至數日之久。案颮字不見古字書，惟今地理書中多用之。或曰當作秋鏈，謂雲四合雨如注也；或曰當作秋隶，隶音變如埭，及也，謂是類風雨及秋而至也。颮隶埭皆屬定母。
風色 風向 風頭			看風色 掉風向 風頭折轉	風色，謂風之方向及大小也。老農、老漁一望即預知之詞。出何遜詩。李白亦有「遠海見風色」句。風向、風頭皆謂風之方向，俗因謂善伺人意曰善看風色，又謂人因挫折而變計曰掉風向、曰風頭折轉。
夜紅霞		霞讀開口音(ㄏˊㄛ)。		霞色多紅，且多見於日夕，故曰晚霞。甬人即稱爲夜紅霞。
虹（鱟）（雩）（霓）		俗讀鱟(ㄏㄡ)。	東虹日頭西虹雨	虹，甬讀如鱟者。虹爲匣母，鱟爲曉母，今北音匣母字猶多讀爲曉母也。又虹爲東韻，鱟爲候韻，古音東候二部本對轉也。《餘冬叙録》：「俗謂蝃蝀曰鱟。」逕作鱟字。光緒《鄞縣志》及民國《象山縣志》皆以爲即《爾雅》蝃蝀爲雩之雩字，因雩《釋文》有于句反也。《越諺》又别列霓字，未見字書。

續表

詞　附短語	本音	俗音	例語	疏證
雨絲 雨毛絲（雨緢絲）			落雨絲	甬俗謂簾纖細雨曰雨絲，亦曰雨毛絲。蘇軾詩：「毛空暗春澤。」自注：「蜀人以細雨爲雨毛。」民國《象山縣志》作雨緢絲。案緢音卯，《説文》：「旄絲也。」
魚鱗斑		魚讀俗音（ㄫ）。	天起魚鱗斑	魚鱗斑，即氣象學中所謂鱗雲也，以其形似之。
過雲雨				謂雲來即雨，雲過即止者。俗所謂「秋雨隔田塍」是也。宋趙汝鐩詩：「篷響過雲雨。」
霧 霧露			春霧霧日	俗有單言霧者，亦有言連霧露者，乃專指霧言，非謂霧與露二物也。又霧蔽曰霧，如言山頭霧煞，因霧而發生，亦曰霧，如上引例句霧日之霧字，則皆轉爲動詞矣。
風瘴（風障）				風瘴，似煙似霧，狂飈驟起，消散不見，即所謂山嵐瘴氣也。陸游《避暑漫抄》：「嶺南或見異物從空墜，始如彈丸，漸如車輪，遂四散，人中之即病，謂之瘴母。」案此特神其説耳。俗書作風障，亦通。
露水			露水地裏 露水夫妻	俗稱露曰露水，又稱非正式締結之配偶曰露水夫妻，喻其易散也。
雨夾雪		夾讀隔（ㄍㄚ）。		雨雪交下也。婁元禮《田家五行》：「夾雨夾雪，無休無歇。」又宋自遜詩：「夾雪雨難晴。」
雪眼		眼讀巖上聲（ㄫㄢ）。	開雪眼	周必大《紹興龍飛録》：「越人以天欲雪而日光穿漏爲雪眼。」

續表

詞附短語	本音	俗音	例語	疏證
雪子			落雪子	即霰也。浙西或曰雪珠。
閃 龍光閃			南閃 北閃	電俗謂之閃，隨所發之方位冠以方名。具名龍光閃，謂閃爍如神龍之光也。
天家		家讀剛音上聲（ㄍㄛˊ）。	天家晴	甬稱天色曰天家，如天色開朗曰天家晴。
右天象 他如雹子、雪花、月華、天河、龍風、颶風、霹靂、雷公等，雖亦甬之方言，然或一見即解，或通於四方，或近於文言，不贅列焉。				
地方			一塊地方 老地方 有地方	稱地曰地方，遠見《晉書·孝懷帝紀》：「蒲子地方，馬生人。」固古今通語也。然甬人不特稱某地曰某地方，又如稱舊地位曰老地方，有職位曰有地方，是則甬所獨也，故著之。
地皮			買地皮	甬滬通語，稱屋基地曰地皮，與語體文譏贓吏刮地皮之地皮意略異。
窩堂（塢壤）		窩音惡去聲（ㄨ）。	什麽窩堂	地方、地位、職位皆可稱窩堂。《越諺》作塢壤，釋栖枝處，舉未備也。章氏《新方言》作於黨。
落堂（落棠）			有落堂 無落堂	落堂，猶言窩堂，謂安身之處，故有歸宿曰有落堂，無歸宿曰無落堂。人之無所棲止者，譏爲無落堂香火。光緒志引《淮南子·覽冥訓》：「日入落堂。」語堂作棠。

續表

詞 附短語	本音	俗音	例語	疏證
山脅		脅讀如雀（ㄘㄧㄚ）。	山脅風	謂山半斜下處。《淮南子·原道訓》：「山岬。」《水經·河水注》引許注曰：「岬，山脅。」俗因稱從山腰斜趨至地之風曰山脅風。脅讀雀者，曉母、溪母同屬喉音也。
石宕	宕音盪。		開石宕	甬謂石鑛曰石宕。《説文》：「宕，過也。一曰洞屋。从宀，碭省聲。」案石料採取後，巖洞深杳如曲房，故得此名。
石塔（石⿰石達）（石突）（石禿）石塔頭				溪澗中光滑裸露之石也。俗作石塔。吴任臣《字彙補》作石⿰石達。按當作石突，謂石突兀而出也。突，《集韻》亦讀他刮切。或曰如牛山之濯濯，當作石禿。
潭（窞）			水潭 地潭	俗稱地低窪之處曰潭。掘地曰搯地潭，坳堂之水曰水潭，又謂高下不平曰潭潭⿰土宰⿰土宰，實當作窞。《易·坎卦》：「習坎，入于坎窞。」《説文》：「窞，坎中小坎也。」
洪洞（⿰阝共洞）（⿰彳共洞）			⿰足殳洪洞	洪洞，俗亦作⿰彳共洞，本當作⿰阝共洞。《廣雅》：「⿰阝共，坑也。」俗謂遭禍曰⿰足殳洪洞。猶言入於陷阱也。
礁（焦）（⿰石爵）				海中或顯或隱之巖石也。字書無礁字，古僅作焦。《高麗圖經》：「小於嶼而有草木曰苫，如苫嶼；而其質純石者焦。」《越諺》別撰⿰石爵字，非。
段（疃）（暖）地段		段讀若疃（ㄊㄢ），地段之段音緞（ㄉㄢˊ）。	一段路 分地段	俗謂路不遥曰一段路，又謂小區域曰地段，前讀透母，後讀定母。案實當作疃，亦作暖。《説文》：「疃，禽獸所踐處也。」

續表

詞 附短語	本音	俗音	例語	疏證
吭(坑)(埂) 地吭	吭音岡。	吭讀岡上聲濁音(ㄍㄤ)。	刨地吭	《説文》：「吭，境也，一曰陌也。」胡文英《吴下方言考》：「田中徑曰田吭。」今俗則謂蔬畦中人行道曰地吭，亦書坑、埂。
水口		水讀若暑(ㄙㄩ)，下同。	水口便當	《説文》：「汭，一曰小水入大水也。」郭璞《方言注》：「汭，水口也。」今俗猶稱河道便利曰水口便當〔二〕。
大水頭 小水頭		頭讀若潭(ㄉㄢˊ)。		水頭猶言潮頭，故稱高潮曰大水頭，低潮曰小水頭。海濱漁人網户以此占捕獲之多寡。
簷頭水			承簷頭水	即屋霤。
庭澤(停澤) (渟澤)(庭糖)	澤音鐸。	澤讀若糖(ㄉㄤˊ)。	結庭澤	簷冰曰庭澤，亦作停澤。《蓬島樵歌注》：「《楚詞》云：『霜雪兮漼溰，冰凍兮洛澤。』今呼簷冰爲停澤，蓋洛澤之語轉。」案《越諺》又作渟澤。俗曰庭糖，以兒童愛茹之如糖。或曰澤、糖一聲之轉。
井花冷水				范成大詩：「折枝秋葉起圓瓜，赤小如珠嚥井花。」《蓬島樵歌注》：「俗謂井水曰井花水。」案今又加以冷稱。
連底凍				極冷時冰徹皿底曰連底凍。唐羅鄴詩：「蜀河連底凍無聲。」案鄴，台郡人，則此猶古浙東之遺語。

〔二〕 上「便」字原誤作「使」。

續表

詞附短語	本音	俗音	例語	疏證
渣(柤)(滓)	渣柤皆音詐平聲。		藥渣	滓俗曰渣。《集韻》借木閑之柤字爲之，釋煎藥滓。案渣本水名，藥渣字當即滓之轉音，然《字典》已云「俗以此爲渣滓」，則已久假而不歸矣。
浡(渤)(勃)(餑)(白)			水浡 蟹吹浡	俗稱水泡曰浡，亦曰水浡。以其色白亦徑書白字。案浡與渤同。郭璞《江賦》「氣滃渤以霧杳」注：「滃渤，霧出貌。」正形容江水激濺發沫之狀，則作户本是〔一〕。惟古亦借勃餑爲之。《管天筆記》：「《水經注》巴峽歌云：『灘頭白勃堅相持。』」《知新録》引《茶經》：「『凡酌茶置諸盌，令沫餑均。』餑，湯之華也。華之薄者曰沫，厚者曰餑。」
垃圾(攋捶)(嬾㩼)(肞臘)(拉颯)(刺撒)(拉雜)		甬音讀拉扱(ㄌㄚㄙㄚ)，效滬語則讀癩洗(ㄌㄚˊㄙㄧˋ)。	垃圾堆 掃垃圾	棄擲汙雜之物曰垃圾，二字疊韻，實即拉雜摧燒之拉雜也。字書隨意造作，文人又率意書寫，故《廣韻》作攋捶，《類篇》作嬾㩼，《集韻》作肞臘，《晉書・五行志》作拉颯，《夢粱録》作垃圾，佛印《與蘇東坡書》「在痾尿刺撒處」又書作刺撒矣。
垽	銀去聲。		牙齒垽 馬桶垽	《爾雅》：「澱謂之垽。」《韻會》：「滓也。」今俗稱積滯之汙物曰垽。

〔一〕户：疑爲「白」之誤。

續表

詞附短語	本音	俗音	例語	疏證
蓬塵（埲塵）（塳塵）（[illegible]塵）（埄塵）				塵，埃也。《集韻》：「埲，塵起貌。」又：「塳，塵。」又：「[illegible]勃，煙塵雜起貌。」《越語肯綮録》埄塵曰塳塵。案今通作蓬塵。
殕白花	音撫。		白殕	《廣雅》：「殕，敗也；腐也。」《集韻》：「物敗生白曰殕。」案今曰生白殕，或曰發白花。
鏽（銹）（鏥）	音秀。		鐵鏽	《集韻》：「鏥，鐵生衣也。」或作銹、鏽。
風水			風水先生 看風水	俗稱堪輿曰風水，因又稱擅堪輿者曰風水先生，省亦稱風水。《書録解題》：「江西有風水之學。」
頂（登）（墩）（等）		頂讀若登上聲（ㄉㄥˊ）。	山頂 樓頂 牀面頂 卓上頂	俗稱某地某物之上面曰頂。頂，本迥韻，俗轉入等韻，字亦書作登、墩。或曰當作等，猶言一切也。
邊沿（邊埏）邊沿頭		沿讀若煙（ㄧㄢ）。		四旁盡處俗曰邊沿，亦曰邊沿頭。沿，本當作埏。《廣韻》：「埏，際也。」
前			崔衙前 大廟前	區域在著名某地之前者，即名以某地前。
後			道後 湖後	區域在著名某地之後者，即名以某地後。

續表

詞附短語	本音	俗音	例語	疏證
下			毛竹堰下 湖塘下	區域在著名某地之下方者，即名以某地下。
外			南門外 西門外	區域在城外者，即名以某門外。
底			奥底 灣頭西底	區域在某地之極處，即名以某地底。
口			新街口 三江口	區域在某市街或河流出入處，即名以某地口。
沿			大河沿 上河沿	區域在某河之邊者，即名以某河沿。
岸			江北岸 勵家岸	區域在江河之畔者，亦名以某地岸。
橫			任家橫	區域橫延者，常以橫名。
斜			櫟斜	區域斜迤者，常以斜名。
頭			貫橋頭 大池頭	區域在著名某域左近者，即名以某地頭。

詞附短語	本音	俗音	例語	疏證
埠頭（步頭）			馬鞍埠頭	市鎮街衢泊船起貨之岸，俗稱埠頭，因亦以名地。古本作步。韓愈《羅池廟碑》：「步有新船。」柳宗元《鐵鑪步》：「江之滸，凡舟可縻而上下曰步。」其書作埠者，始見於《宋史》，《正字通》、《通雅》皆有埠頭之名。
道頭（衜頭）			大道頭 包家道頭	海船停泊之處，俗稱道頭，因亦以名地。道，亦作衜，古文道字也。
碼頭（馬頭）			招商碼頭 太古碼頭	俗稱輪船停泊之處曰碼頭，因亦以名地。古祇作馬頭。《晉書·地理志》：「新興馬頭。」《通鑑》：「築馬頭。」案《程途一覽》：「臨清爲天下水馬頭，南宮爲旱馬頭。」則陸道交通起卸貨物之處亦可稱馬頭矣。
堍 堍頭	堍音兔。	頭讀若潭（ㄉˊ彡）。	江橋堍頭	俗稱橋起級處曰橋堍頭，因以名地。堍字不見字書，惟《越諺》收之，則爲浙東專有之字矣。
墈 墈頭（隵頭）	墈音鑱。		大墈 小墈	墈見《集韻》，謂墓兆名；隵見《玉篇》，謂地名，皆與俗所謂墈者不合。俗所謂墈、墈頭者，皆水畔伸出之地，如人之舌者，故即稱舌頭。舌音近蝕，甬人諱言之，故反稱爲賺頭。音近賺，遂書作墈。石浦今稱墈浦可證也。楊守陳與柯孟時書：「諺曰：楊家隵。」則此稱由來久矣。
河頭			小白河頭〔一〕 沙沿河頭	俗稱河埠曰河埠頭，省曰河頭。又稱河之盡處曰河頭，因亦以名地。

〔一〕河頭：原誤作「頭河」。

續表

詞 附短語	本音	俗音	例語	疏證
車 車頭			陳家車 王家車頭	河畔裝設水車之處，俗稱爲車頭，亦省曰車，因又以名地。
跟			聖旨亭跟 汪家宅跟	區域在著名某地左近者，即名以某地跟。跟本誼足踵，謂如踵之附足也。
跳			董家跳	突然高出之處曰跳，因以名地。
𡋯（㢈）（𢈈）	𡋯，德盍切。		康家𡋯 楊家𡋯	《集韻》：「𡋯，地之區處。」俗稱此處曰當𡋯，彼處曰該𡋯，某處曰某某𡋯，音義皆與《集韻》符合。光緒志書作𡋯是也。今俗多書作㢈，㢈字不見字書。民國《象山志》改書作𢈈，𢈈字雖見《集韻》，然音義皆不合。
墊	墊音店。	墊讀如底（ㄉㄧ）。	七里墊 陳家墊	《說文》墊、底皆訓下也。墊俗音底，一聲之轉，故地之名墊，猶名底也。
段		段讀定母本音。	陳家段	地之名段，猶言某某地段也。故讀本音，與前一段路之讀疃音者不同。
埭	埭音代。	埭讀如甬大字讀音（ㄉㄚˊ）。	應家埭 俞家埭	《正韻》：「埭，以土堰水也。往來舟船征榷之所。兩岸樹轉軸，遇舟過，以綆繫舟尾，或以人或以牛推軸輓之而前。」案呂梁埭、鷄鳴埭等即以此得名。然甬人所謂埭，則猶言地段，與《正韻》誼異。《正韻》所謂埭，甬則謂之壩。
壩（垻）			大西壩	壩即《正韻》所謂埭也，因亦以名地。俗省借垻字爲之。

續表

詞 附短語	本音	俗音	例語	疏證
堰			倪家堰 莫枝堰	堰即壩，亦即他方所謂埭。故《正韻》即釋「壅水爲埭曰堰」，因以名地。
碶		碶讀若書契之契(ㄑ一)。	雲龍碶 五鄉碶	碶字不見字書，即他方所謂閘也。左右立石如門，設版可啓閉，以資蓄洩。然不能通舟檝，與閘略異。因亦以名地。
塘			夾塘 周河塘	築土遏水曰塘，即海隄也。因名塘之内外區域曰某塘。
田塍(田塖)	塍，神陵切。		高田塍	田塍，阡陌也。因以爲田畔、村落之名。
墳 墳頭			郁家墳 吴家墳頭	區域在著名墳塋左近者，即以某墳名，亦曰某墳頭。
墓			謝家墓 史家墓	區域亦有墓名者，與名墳意同。
社			櫟社	區域以社名者，蓋以社廟而得此稱。
寮			周家寮	區域以寮名者，蓋以寮房而得此稱。俗謂比連第宅曰寮房也。
弄(衖)(衕) (庰) 弄堂(衖堂)			筱牆弄 郭家衖 西衖堂	俗謂巷曰弄，亦曰弄堂，字又作衖或衕。然衖音同衕，胡絳切，皆不讀若弄也。《越諺》又假庰字爲之[一]。案《字彙》：「弄，巷也。」則稱巷曰弄，始自明矣。俗又以爲巷内區域名。

[一] 越諺：原誤作「諺越」。

續表

詞 附短語	本音	俗音	例語	疏證
基			倉基 寨基	區域爲某地故址，即以基名。
山			姜山 張家山	區域在某山之下者，即名爲某山。
巖			蜜巖 天象巖	區域在某巖之下者，即名爲某巖。
峯			張家峯	區域在某峯之下者，即名爲某峯。
嶼			茂嶼	嶼即島也。《六書故》：「平地小山在水爲島，在陸爲嶼。」因又以名地。
林			黄公林	村落在山林中者，即名以林。
沙			上白沙 下白沙	江海之濱漲灘曰澱〔一〕。《譚苑醍醐》：「吴人謂水中可爲田者曰沙。」因又以名地。
嶴（嶼）（奥）（墺）（隩）（澳）（鄭）			横嶴 明堂嶴	俗謂兩山之間有土可居者曰嶴，因以爲村落名。案嶴字不見字書，本當作墺。《説文》：「墺，四方土可居也。」亦通作奥隩澳鄭。

〔一〕澱：原誤在「譚」下，今正。

詞 附短語	本音	俗音	例語	疏證
畈	畈音販。	畈讀若裝扳之扳（ㄅㄢ）。	林夏畈 荒田畈	田野中之村落多以畈名。《集韻》：「畈，田也。」《韻會》：「畈，平疇也。」
坎（堪）（墈）（礎）	坎，苦感切。		象坎 鮑家坎	俗稱地之突起者曰坎，因以名地。《説文》：「坎，險也，陷也。」[一]亦作堪。《説文》[二]：「堪，地突也。」又作墈。《韻會》：「險岸也。」俗謂土突起立者爲墈。又作礎[三]，《集韻》：「礎，巖崖之下。」
墩（敦）			大墩 王家墩	平地有堆曰墩，因以名地。字亦作敦。《爾雅》「敦，丘」注：「今江東呼地高堆者爲敦。」案堆墩一聲之轉。
埼			瞻埼	埼，曲岸頭也，因以名地。
歧			陳歧	道路歧出之處，因以名地。
峙			孔峙 郭家峙	高峻屹立之處，因以名地。
隘	隘，幺解切。	俗讀若甬俗音街字（ㄍㄚ）。	邱隘 柳隘	險要防守之處曰隘，因以名地。隘讀若街者，影母轉入見母，同屬喉音也。

[一]《説文》僅作「坎，陷也」。
[二]説文：原誤作「文説」。
[三]又作：原誤作「作又」。

續表

詞附短語	本音	俗音	例語	疏證
坑(阬)	坑,客庚切。		東坑	低陷之處曰坑,因以名地。《説文》作阬。
窊(窐)(窪)(洼)	窊,烏瓜切。		徐家窊	窊亦低下之處,因以名地。《方言》作洼,《玉篇》作窪,《集韻》作窐,音義並同。
竇			竹竇	巖洞曰竇,因以名地。
洋			白塔洋 何家洋	《爾雅》:「洋,多也。」因稱水之大者曰洋。徐兢《使高麗録》有白水洋、黄水洋之名。俗因稱區域濱大海者曰洋。
浦			羅浦 銅盆浦	《玉篇》:「水源枝注江海邊曰浦。」俗因稱海潮所通之港曰浦,因亦以名地。
灣 灣頭			王家灣 姜浪灣	水流灣曲之處曰灣,因以名地。又徑稱縣之東北甬江三面環繞之地曰灣頭。
港	港,古項切。		黄龍港 十字港(集士港)	《廣韻》:「港,水派。」今謂支流狹小而可通舟者曰港,因以名地。
匯(滙)			李家匯 唐家匯	衆水合流之處曰匯,因以名地。
灘			卓家灘	河海岸畔有沙之處曰灘,因以名地。
渡			周宿渡 陳婆渡	問津之處曰渡,因以名地。

續表

詞 附短語	本音	俗音	例語	疏證
潭（窨）			甘溪潭 蔣家潭	俗謂池沼小者曰潭，因以名地。案潭本水名，又深也，無池沼誼，蓋本當作窨，俗改從水之潭也。
漕（鑿）			馬牙漕 莫家漕	俗謂池沼狹長者曰漕，因以名地。案漕，《説文》：「水轉轂也。」他字書亦無池沼義。本當作鑿。《集韻》：「鑿，在到切，穿空也。」蓋地穿空如槽，故名鑿，變作漕。
汀			柳汀 花汀邵	俗謂洲渚曰汀。本《楚辭·九歌》：「搴汀洲兮杜若。」因亦以名地。
瀛			張家瀛	《楚辭·招魂》：「倚沼畦瀛兮遥望博。」注：「楚人名澤中曰瀛。」甬亦以名洲渚之地，蓋楚語之遺。
澍	澍音葑。		朱家澍	《集韻》：「澍，深泥也。」《篇海》本作葑。案鄞地名朱家澍，蓋本葑田也。
鄞	鄞音銀。			鄞因赤堇山而得名。赤堇山，又因赤堇草而得名。赤堇草，今名紫花堇菜，俗呼紫花地丁，已詳《輿地志·山林編》及《博物志·植物編》。《吴越春秋》云：「縣有赤堇山，故加邑爲鄞。」《方輿紀要》云：「鄞城在寧波府奉化縣東五十里，舊志云夏時有堇子國，以赤堇山爲名。堇，草名也，加邑爲鄞，讀若銀，即越之鄞邑矣。」然攷《説文》土部有堇字，訓「黏土也。从土从黄省會意」。艸部又有堇字，訓「艸也，根如薺，葉如細柳，蒸食之，甘。从艸，堇聲」。據此，鄞既

續表

詞附短語	本音	俗音	例語	疏證
				以艸而得名，似當从艸部之菫，不應从土部之堇。今案《詩》《禮》《爾雅》等書，草名皆即作堇，未有更从艸作菫者。蓋堇本赤土名，四明丹山赤水即以山多赤土著名。同時山野又産紫花之草，故即以赤土之名名草，因又以爲山名，復加邑而爲縣名。赤土及紫花之草，古當皆作堇，後人別制从艸之菫，許慎乃析爲二字，故鄞字亦即从邑堇聲。又《越絶書》云：「赤堇之山，破而出錫。」光緒《奉化縣志・山川》謂赤堇山即銀岡山，向以銀鑛著。案此實傳譌，蓋錫形色與銀相似，鄉民遂誤以爲銀。又以鄞从堇得聲，俗讀若銀，則堇字古本亦讀若銀，故堇山音譌而爲銀山，遂指錫爲銀矣。至於赤堇土及赤堇草，舊寧屬各縣山野處處有之，舊志或指某山獨出赤土，或指某山獨産堇草，皆影響之談，不足信也。
鄮				鄮古名貿，蓋以貿山而得名。光緒《鄞縣志・山川》云：「貿山高二百八十丈，東北峯上有佛左足跡，下瞰阿育王寺。」《十道四番志》云：「以海人持貨貿易於此，故名。而後漢以縣居貿山之陰，乃加邑爲鄮。」案鄮縣建於秦，非始後漢，以縣居貿山，今反沿縣名作鄮山，則倒果爲因矣。
甬				鄞之稱甬，起原頗古。《左傳》哀公二十二年：「請使吳王居甬東。」《越語》作「請達王甬、句東」。是周時即有此稱，地之得名以甬江，江又以發源於甬山而得名。甬山在鄞、

續表

詞 附短語	本音	俗音	例語	疏證
				奉二縣境上。光緒《奉化縣志・山川》云：「甬山適當縣治之北，上有塔，故俗名江口塔山。自四明山分爲雪竇諸山，東衍至此而止。山之陰爲鄞境，山之陽爲奉化，甬江之稱，殆因其源出於此而名之也。」《奉化縣志・山川》又釋山名爲甬之誼云：「《説文》：『甬，艸木花甬甬然也。』徐曰：『甬之言涌也。若泉涌出也。』今是山由西而東，頗如泉涌，故有甬名。」案此説牽率傅會。凡中國山脈概由西而東，且山嶺未有不似泉涌者，何獨於此名甬？考《説文》以甬爲从马用聲，马爲艸木之華未發函然，故有此訓。然實非甬字之本誼。今案用甬庸鏞四字實由一字而演變，皆當作大鐘解。且用甬庸三字皆象形，非形聲字也。用字甲骨文有作[illegible]者，《追敦》作[illegible]，《古鉢》作[illegible]，皆象鐘形，中二横象鐘帶，上象筍虡丵嶽之形，非从卜中。甬字《彔伯戎敦》作[illegible]，吴大澂謂上象鐘柄。案下亦象鐘形，非从马用聲，故《考工記・鳧氏》云：「舞上謂之甬。」注云：「鐘柄也。」是甬本爲鐘名，因亦延稱鐘柄。庸字小篆作[illegible]，象兩手舉鐘懸諸筍虡之形，非从庚用聲，故《詩・商頌》「庸鼓有斁」，即以爲大鐘之名。至鏞則後起之字，蓋後人不知用甬庸三字皆爲大鐘本字，乃加金旁於庸而作鏞矣。然則山之名甬者，蓋以其峯巒似覆鐘形，非謂如泉涌出也。

續表

詞 附短語	本音	俗音	例語	疏證
右地理名地之方，常隨郡國而殊。河北曰淀曰海，江南曰泖曰涇，其特著者，故往往字非字書所有，而詁亦與常詁特異。今彙列於此，以爲研究地理者之資。若夫以嶺洞、江湖、溪池、鄉里、市街、鎮坊、村莊、地橋、場所、房宅、巷店、第堂、門牆、樓臺、園亭、寺廟、庵觀等爲區域名者，四方所共有，不與列焉。又以一望族而名其地者，他方亦多有之。至聯二望族之姓而名其地，如翁姚、如張黃，則浙水以東尚多有之。其聯三望族以上之姓而爲一地之名，如蒲姚華、如柯何董，與慈邑之童姚馬金，則甬上所特有也。至本邑古曰鄮，今曰鄞，別稱甬，多習而不知其原，今詳釋之殿於末。				
今日（既明）		今日讀若幾末（ㄗㄧㄇㄚ˙）。		鄞人呼今日曰幾末，似即今日二字之變音。今幾同屬見母，今爲侵韻，幾爲微韻，古音侵脂二部隔越轉也。日字鄞讀娘母，末字明母，同屬鼻音，故亦轉變也。觀漢人金日磾之日讀密音，即可恍然。或曰當作既明，明讀短音變爲入聲則如末，蓋東方未明尚爲昨日，既明則今日矣。
晚頭		晚讀若鑾上聲（ㄇㄢ），頭讀若潭（ㄉˊㄢ）。		鄞人呼夜間曰晚頭，今夜曰今夜晚頭，亦省稱晚頭，明夜曰明朝晚頭，昨日曰昨日晚頭。
當日		當讀去聲，日讀若匿（ㄫㄧ˙）。	當日來往	當日即本日也。黃庭堅詩：「蹇步昏花當日痊。」
昨日（上日）		昨讀若牀（ㄙˊㄛ），日讀若尼（ㄫㄧ）。		鄞呼昨日爲牀尼，昨屬從母，牀屬牀母，同爲齒音之濁。昨屬藥韻，牀屬陽韻，古音陽魚二部軸音對轉也。日之讀匿、讀尼，則爲甬之俗音及變音，凡語皆然。或曰當作上日，上音變爲平聲，謂今日以上一日也。

續表

詞附短語	本音	俗音	例語	疏證
前日		前讀入邪母(ㄙˊ一宀),日讀若尼。		鄞呼昨日之前一日曰前日,與通常所謂前日混指今日之前諸日者略異。
大前日		大讀若駄(ㄉˊ禾),前日讀同上。		鄞呼前日之前一日曰大前日,再前一日則再加一大字曰大大前日。
明朝		明讀若門(ㄇㄥ),朝讀若昭(ㄗ一ㄠ)。		鄞呼今日之後一日曰明朝,不曰明日。明字之音與讀音、俗音亦殊。吴均詩:「今夜盃酒别,明朝江水邊。」
後日		日讀若匿(ㄬ宀̇)。		明日之後一日也。日讀匿音,與前日之日讀若尼者又異。
大後日		大讀若駄,日讀若匿。		後日之後一日曰大後日,再後一日曰大大後日。《通俗編》云:「《老學庵筆記》:後三日爲外後日,意其俗語耳。偶讀《唐逸史·裴老傳》,乃有此語。裴,大曆中人也。」今又謂之大後日,據此則此名非甬所專有也。
今年				本年曰今年,音讀不變,此四方通語也。
當年		當讀去聲,與當日之當同。	當年事體	當年即本年也。《舊唐書·職官志》:「應考之官,具録當年功過行能。」即謂本年。《佩文韻府》謂當去聲。
舊年				鄞人呼去歲曰舊年。陸游詩:「家貧只挂舊年燈。」

續表

詞 附短語	本音	俗音	例語	疏證
前年		前字與前日之前讀同。		去歲之前一年曰前年，與通常稱去歲爲前年者異。
大前年		大前二字與大前日讀同。		前年之前一年曰大前年，再前一年曰大大前年。
明年		明字與明朝之明讀同。		今年之後一年曰明年。陸游詩：「辛勤藝宿麥，所望明年熟。」
開年				歲暮稱來歲常曰開年。庾信《行雨山銘》：「開年寒盡，正月游春。」
開春				歲暮稱來歲春初曰開春。梁元帝《纂要》：「孟春曰上春、初春、開春、發春、獻春、首春。」則此稱頗古。
後年				明年之後一年曰後年。
大後年		大讀若馱。		後年之後一年曰大後年，再後一年曰大大後年。
侵早（清早） 黑侵早 烏侵早暗			侵早起來	皆謂天尚未明之時，俗作清早。唐人詩侵晨侵早多書作侵。
烏暗 黑暗 烏曨松	曨松音龍松。			亦謂天未尚明之時。烏曨松見《越諺》。

續表

詞附短語	本音	俗音	例語	疏證
曚曨亮（昧爽）		曨讀若松（ㄙㄐ）。		天將明時曰曚曨亮。《正韻》：「曚曨，日未明也。」俗曨字讀若松，蓋來母轉入心母也。或曰曚當爲昧之轉音，松亮二音當爲爽字之反語，則蒙松亮猶言昧爽也。
白昒昒 白昒氣	昒音蔥			天初明曰白昒昒，亦曰白昒氣。蔡邕《青衣賦》：「昒昒將曙。」〔一〕
大天白亮		大讀若馱。		日出之後，俗謂之大天白亮。
天亮 天亮頭		天亮讀若鐵仰，頭讀若潭。	喫天亮飯	俗稱早晨曰天亮，亦曰天亮頭，故早餐曰天亮飯。天讀鐵者，平聲縮爲入聲。亮讀仰者，來母轉爲娘母。今泰州語猶然。頭字甬音多轉爲潭也。
早半上				午前日未中時俗曰早半上，謂自日出至日中，適得其半也。
晝過 當晝過			喫晝過飯	正午曰晝過，亦曰當晝過，謂日適經過晝時之中線也。故午餐亦曰晝過飯。
點心時		點讀若爹（ㄉㄚ或ㄉㄞ）。		謂日晡進小食時也。
夜快 靠夜快				謂日入時。見《左傳》杜預注。

〔一〕昒昒：《初學記》、張溥輯《蔡中郎集》、嚴可均輯《全後漢文》均作「昒昕」，今寧波等地均俗訛爲「曈曈」或「昒昒」。

續表

詞 附短語	本音	俗音	例語	疏證
黃昏頭		頭讀如潭。		黃昏，見《淮南子》，謂晚餐後夜未半也。
半夜過 半夜三更 半夜五更		更讀若羹（ㄍㄤ），五讀俗音（ㄫ）。		皆謂夜半以後也。
五更頭		更讀與上同，頭讀潭。		謂鷄鳴時也。
初頭 初頭上		頭讀若潭。		謂每月初旬之前數日也。《傷寒論》：「初頭鞕後必溏。」雖言初始，與此義略殊，然漢人已用此二字矣。
外		外讀俗音（ㄫㄚ）。	初外 十外 廿外	俗謂初一日以後曰初外，十一日以後曰十外，二十一日以後曰廿外。
邊			初十邊 月半邊 二十邊 月底邊	前後數日曰邊。如初十日前後曰初十邊，十五日前後曰月半邊，二十日前後曰二十邊，三十日前數日曰三十邊。《公羊傳》：「是月者何？僅逮是月也。」注：「是月，邊也。」
燒銜日				《敬止録》：「鄞俗開店者以每月初二、十六燒紙，謂之燒銜日。《容齋三筆》曰：『韓詩云：如今便別官長去，直到新年銜日來。疑是謂月二日也。』」

續表

詞附短語	本音	俗音	例語	疏證
月半				望日也。《儀禮》：「月半不殷奠。」《祭義》朔月、月半皆指望言。
月頭		頭讀本音。	月頭到了	凡按月所行之事或支付之款，皆以月頭稱，如月租期到曰月頭到了。又謂婦女十月懷孕曰月頭，如言月頭足了。又謂月初曰月頭，見下。
月頭月尾		頭讀本音，尾讀俗音(ㄇㄧ)。		謂晦朔前後數日也。花蕊夫人《宮詞》：「月頭支給買花錢。」郎翼詩：「月頭月尾兩陰陰。」
大月初一		大讀本音。		謂元旦也。
上燈夜				舊俗正月十三夜。民間張燈演戲，故稱上燈夜。王嗣奭《桂石軒詩》「立春之日上燈夕」注：「正月十三日，俗稱上燈夜。」
端午		讀若東洪(ㄉ廾ㄏ廾)		端讀若東者，端東皆端母字，寒部轉東部也。午讀若洪，皆匣母，魚部轉東部也。
七月半				謂中元也。
八月十六				謂中秋也。他方皆以十五日爲中秋，甬獨改十六日。沿革見《禮俗編》。
重陽		陽讀若娘(ㄬㄧㄤ)。		陽讀若娘者，喻母變爲孃母也。

續表

詞 附短語	本音	俗音	例語	疏證
廿九夜		廿讀若念（ㄬㄧㄢ）。		謂除夕前一日也。
三十日夜 年三十夜		日讀若尼（ㄬㄇ）。		皆謂除夕也。
新年新歲		歲讀若世（ㄙㄩ）。		謂上元以前也。
燈頭		頭讀本音。	前燈頭 後燈頭	俗稱正月十三日至十八日爲前燈頭，十九日至二十三日爲後燈頭，十三日爲上燈日，二十三日爲落燈日。
青黄不接				謂新穀未登，舊穀已罄之際。《元典章》：「即日正是青黄不接之際。」
黄梅天				謂霉雨時節也。
伏裏向				謂伏天也。
當夏六月				謂六月最熱之時。語見《焦氏易林》。
割稻時 稻假				謂立秋前後早禾刈穫之時。昔鄉村私塾即於是時放假，謂之稻假。
秋厄伏 秋老虎		伏讀若匐（ㄅㄛ）。		謂秋季驟熱，如伏天也。亦曰秋老虎，秋熱猛如虎也。

續表

詞 附短語	本音	俗音	例語	疏證
桂花蒸				謂八月驟蒸熱也。《桐葉偶書》：「巖桂，俗名木犀，節候至此，重又暄和，謂之木犀蒸。」案桂花蒸之名，即本於此。
八月天				謂秋季忽涼忽熱之時，非專指八月也。
小陽春				謂十月也。《初學記》：「十月天氣和煖似春，故曰小春之月。」案十月爲陽月，故曰小陽春。
過年過節 過年過界				謂除夕前數日也。
日子		日讀若匿，下同。	揀日子	甬謂日期曰日子，故擇日曰揀日子。《隋書》袁充表云：「歲月日子，還共誕聖之時。」
日腳			多少日腳	甬謂日數曰日腳，故若干日曰多少日腳。《才調集》無名氏《夏》詩：「彤彤日腳燒火升。」雖非本意，實爲日腳二字連用之始。
日逐（日著）			日逐是介	甬謂日日如此曰日逐是介，亦作日著。賈誼《新書》：「日著以著之。」
連日			連日落雨	甬謂接連數日曰連日。《後漢書·王符傳》：「或連日累月，更相瞻視。」
隔日			隔日再會	甬謂異日曰隔日。白居易詩：「頭慵隔日梳。」

續表

詞 附短語	本音	俗音	例語	疏證
一遴晝				甬謂一晝夜曰一遴晝，謂十二時辰至此適一周相逢也。
登時（等時）（頓時）立時			登時三刻 立時三刻	甬謂即時曰登時，語見《後漢書·方術傳》。亦作等時、頓時。又曰立時，立時猶言立等也。
不即早晏（不拘早晏）		晏讀俗音（ㄢ）。		甬謂非今夕即明晨曰不即早晏，往往於人將逝世時言之。案實即不早即晏之錯語。或曰當作不拘早晏，即實拘之變音。
上前		前讀俗音（ㄙˊㄧ宀）。		甬謂從前曰上前。
古時節 古老時代 古老			古老錢	甬謂古昔曰古時節，亦曰古老時代，省曰古老。故古錢曰古老錢。古老二字見《書·無逸傳》。
古年八百代				甬人極言年代久遠曰古年八百代。
節肯 節日頭間		日讀若匿，間讀俗音（ㄍㄢ）。	廿四節肯	甬謂節氣曰節肯，亦曰節日頭間。肯，《説文》作肎，訓「骨間肉。肎肎，箸也」。《莊子》：「技經肯綮之未嘗。」案節氣在一歲中猶節之箸肉，故有節肯之名。

續表

詞 附短語	本音	俗音	例語	疏證
節邊 節頭節尾 節		尾讀俗音(ㄇㄧ)。	節邊付帳 送節	甬謂節日前後曰節邊，亦曰節頭節尾，大抵多指端午、中秋、重陽三節而言。亦省曰節，如於三節饋贈禮物曰送節。
好時好節				猶言吉日良辰也。陳造《雪夜次韻》詩注：「六一謂聖俞曰：山婦云[一]：『好時好節送詩攪人家。』不知吾輩所樂在此。」
四時八節 三時八節				甬謂頻數曰三時八節，實當作四時八節。杜甫詩：「四時八節還知禮。」案四時謂四季，八節謂二分二至及四立也。
閒時不節		閒讀俗音(ㄏㄢ)。		猶言平日也。
右歲時 方俗稱謂之變，以歲時、人稱爲尤甚，往往同一文字，因聲韻之轉變至不可究詰。今各探討其本字而著其變遷之源流，故雖字非難識，詞屬通行，亦録焉。				
阿伯 阿爹 爹		爹有讀麻韻者(ㄉㄧㄚ)，有讀哈韻者(ㄉㄞ)。		甬城廂一帶呼父爲阿伯，鄉間則多呼爲阿爹，南鄉爹字更讀入哈韻。阿伯、阿爹爲父之通稱。如稱父母曰阿伯、阿姆，亦曰爹媽、爹娘，亦曰阿爹阿娘。爹字見《説文》「父也」。《雅俗稽言》：「南人稱父曰爹。」

[一] 婦：原誤作「歸」。

續表

詞 附短語	本音	俗音	例語	疏證
阿姆（阿母） 媽（嬷） 阿媽 娘（孃） 阿娘		阿姆、阿媽之阿皆讀愛孟切（尢）〔一〕，阿娘之阿讀入聲（ㄚˋ），姆讀莫補切（ㄇㄨ），媽嬷皆讀若麻之反濁音（ㄇㄛ）。		甬城廂一帶呼母曰阿姆，鄉間則多呼媽或呼阿媽。而此五名又皆爲母之通稱。案姆同姥，女師也，本非母稱，其稱母者，蓋即母字。後世以母字讀莫厚切，故借用姆字耳。至媽字，始見《廣雅》；嬷字，始見《字彙》。《字典》謂媽，馬平聲，俗稱馬；又謂嬷即媽轉音是也。
姨娘 姨姨				甬俗子女呼父妾曰姨娘、曰姨姨，對人言及時亦常以此二名稱之。《敬止録》：「父妾曰姨娘。」則明代已然。
爺爺 阿爺		阿字讀重音。		甬呼祖父曰爺爺，亦曰阿爹，對人言及時則多稱爲阿爺。案爺字見《玉篇》，本呼父也。
娘娘 阿娘		下一娘字皆讀去聲（ㄏㄧㄤ）。		甬呼祖母曰娘娘，亦曰阿娘，對人言亦如此稱。惟稱祖母曰阿娘，娘讀去聲；稱母曰阿娘，娘讀平聲，不可混。
太公				甬呼曾祖父曰太公，高祖父則增一太字曰太太公。
太婆				甬呼曾祖母曰太婆，高祖母則增一太字曰太太婆。

〔一〕 尢：原誤作「尣」。

續表

詞附短語	本音	俗音	例語	疏證
老儂（老⿰女農）（老俾）（老耦）（老偶）女人		儂讀女云切（ㄬㄩㄣ），南鄉一帶則讀若濃（ㄬ廾）。		甬稱妻曰老儂，字作儂者，蓋以古《子夜歌》吳女自稱爲儂也。其作⿰女農者，則方俗易人旁爲女旁，實不見字書也。光緒《鎮海縣志》作老俾，引《越語肯綮録》：「俗稱新婦爲女俾，其汎相呼則曰俾，稍年長者曰老俾，其字無正音，且無他字可比呼者，但音女裙切而已。此會稽、甬上二郡方言，而《廣韻》魂部儼載其字，但字書僅注曰姓，非正義。惟《廣韻》注曰女字，則正指女人稱耳。」案儂⿰女農俾三字皆未得其本，實當作老耦或老偶，謂配匹也。耦偶皆從禺得聲，禺字《集韻》有魚容切，其他從禺得聲之字如顒喁鰅騆等，《廣韻》皆注魚容切，入鍾韻，與濃音正相近。至偶耦二字今讀五口切，入有韻者，則古音東部與侯部陰陽對轉也。蓋偶字，古本讀魚容切。《字彙》偶釋俑也[一]，俑與偶聲相近也。後人僅知偶爲五口切，而不知古爲魚容切，故并不得甬人稱妻爲老偶之字矣。又對人自稱其妻曰女人，則與對人自稱其夫曰男人同。

[一] 字彙：原誤作「説文」。

續表

詞 附短語	本音	俗音	例語	疏　證
小老儂（小老耦） 小 阿姨（阿姬） 阿媐		儂耦二字讀同上，阿姨姨字讀重音，姬媐音皆同姨。		甬稱妾曰小老儂，儂當作耦或偶，與上同。又稱爲小。《詩》「愠于羣小」注：「小，衆妾也。」妾之稱小，由來久矣。又稱爲阿姨，意蓋與妻爲姊妹行，與稱爲如夫人略同。民國《象山志》引《漢書・文帝紀》如淳注〔一〕：「姬音怡，衆妾之總稱。」以作姨者爲誤，然《南史》已作姨。則此稱亦久矣。《越諺》又作阿媐，案媐，女隸也，則又以妾爲奴隸矣。
老公 男人 男儂（男耦）		人讀俗音（ㄬㄧㄣ）。		甬稱夫曰老公，蓋與妻稱老婆對言。又稱爲男人，則與稱妻爲女人相對。又稱爲男儂，則與妻稱老儂對言。然儂嬢俾皆屬女子，實不可以稱男子，故以作耦或偶爲是。
阿姐				甬呼女兄曰阿姐。姐字始見繁欽《與魏文帝書》「謇姐名倡」〔二〕，李善《文選注》讀子也切，與今甬音相同。《説文》：「蜀呼母曰姐。」是姐本稱母，後泛稱女子，猶女子亦稱娘也。朱有燉《宫詞》：「知是嫄嫄小姐來。」今甬猶尊稱女子曰大姐、小姐，後又移而呼女兄矣。

〔一〕帝：原脱。
〔二〕謇：原作「蹇」，據《文選》改。

續表

詞附短語	本音	俗音	例語	疏證
妹妹 阿妹		妹妹讀明母反濁音（ㄇㄟㄇㄟ），阿妹之妹讀明母（ㄇㄟ）。		甬呼女弟曰妹妹，亦曰阿妹，對人稱亦然。
弟新婦（弟媳婦）				甬稱弟妻曰弟新婦，猶言弟婦也。亦作弟媳婦。新媳一聲之轉，詳下新婦。
兒子（囝子）（妮子）		兒囝妮三字皆讀如甬語魚音（兀）。		甬稱男子子曰兒子，俗書作囝子〔一〕，或作妮子。案囝讀蹇，亦讀宰，爲閩人呼兒之稱，不讀如魚之俗音。妮見《六書故》，謂「今人呼婢曰妮」，亦非男子之誼。甬人之稱男子子者，實不過兒子二字。兒字，今人讀入來母。宋元讀入疑母柔音，故兒倪通用。漢唐則讀疑母剛音，故讀若魚俗音耳。猶稱人爲你，甬讀五之俗音，爲疑母剛音；國音讀泥上聲，爲疑母柔音。你本从尒，尒讀入來母也。
女（囡）（媛）（懦）（拏）		女囡媛懦拏五字皆讀若暖平聲（ㄋ千）。		甬稱女子子曰囡，字亦作媛，讀若暖平聲。案囡，《集韻》同囝，音淰。《説文》：「私取物縮藏之。」本非女子子誼，俗不過取其字，女外加□表示女字之俗音耳。媛音院，美女也，亦非女子子誼。《敬止録》云：「呼女爲懦。懦韻在十五翰，

〔一〕作囝：原誤作「囝作」。

續表

詞附短語	本音	俗音	例語	疏證
				如鄞人呼女之音，取懦弱之意。或曰本昌黎女拏之拏，訛作去聲。」此二説亦頗牽率。甬人之所謂囡，實不過女字之轉音耳。女，《廣韻》入語韻，音變如拏上聲，當入馬韻。拏从奴得聲，奴從女得聲，本一聲相迻〔一〕，蓋古音魚部、歌部旁轉也。故甬人連稱兒女音如魚（俗音兀）拏（ㄋㄛ），有大兒小女之言（讀若駝魚小拏），再轉而爲暖之平聲，入於寒韻，蓋古音歌、寒二部本陰陽對轉也。後人不知女字有語拏暖三音，紛紛覓取他字假代，實勞而無功也。
新婦（媳婦）（息婦）				甬稱子妻曰新婦。晉《樂府》有「後來新婦今爲婆婆」之句，《世説新語》謝道蘊亦有「新婦」之言，則此稱由魏晉以來已然。謂之新者，或謂婦在家族中爲後來者，故得此名。案實即息婦之轉音。子亦曰息，故甬有子息之語。《戰國策》：「老臣賤息舒祺。」則子之稱息，由來頗古。故息婦猶言子婦也。息讀若新者，古音息屬之部，新屬真部，二部爲隔越轉也。至俗加女旁作媳，專稱婦曰媳、曰媳婦，始見於明梅膺祚《字彙》。

〔一〕聲本：原誤作「本聲」。

續表

詞 附短語	本音	俗音	例語	疏證
女孫（囡孫）（囡疏）（妊孫）（娜孫）（妠孫）		女孫讀若拏疏（ㄋㄛ ㄙㄨ）。		甬稱子之女曰囡疏，亦作囡孫。其書作疏者，俗以孫爲較疏也。《越諺》作妊孫。案字書妊字無拏音，依《宋史·列女傳》女字當作娜，依《姑蘇志》女字當作拏，依民國《象山志》女字當作妠，皆未愜。案囡疏，實即女孫二字之變音，女本有拏音，已詳女字下，孫疏二音同屬心母，雙聲之轉也。
伯伯		上伯字讀本音，下伯字讀若河浜之浜去聲（ㄅㄚˋ ㄅㄤ）。		甬呼父之兄曰伯伯，下伯字讀若浜俗音去聲者。古音伯本音屬魚部，轉爲浜俗音，當屬青部，魚、青二部爲次對轉也。甬語凡稱謂二字重言者，上一字往往讀作平入聲，下字一往往讀作上去聲，如叔叔（讀作束宋）、大大（讀作獨駄）等皆然。
叔叔 阿叔		上叔字讀本音，下叔字讀若宋（ㄙ廾）。阿叔之叔有平去入三音。		甬呼父之弟曰叔叔，亦呼阿叔。下叔字皆讀若宋。至對人稱其父弟雖曰阿叔，然叔讀宋平聲，有時亦讀本音，略有區別。古音叔本音屬幽部，讀若宋則屬冬部，幽、冬二部陰陽對轉也。
阿姆		阿讀愛猛切（ㄤ）。		甬呼伯母爲阿姆，阿讀上聲。妯娌相呼，長者亦曰阿姆，與伯母同。又叔母亦曰阿姆，惟阿讀去聲。又呼女傭亦曰阿母，阿讀平聲。習甬方言，以此三稱同字而分三聲，爲最不易。

續表

詞 附短語	本音	俗音	例語	疏證
阿嬸		嬸讀本音，南鄉一帶轉爲上希聲（ㄒ一ˇ），阿讀本音（ㄚ˙）。		甬呼叔母爲阿嬸，阿讀重音。妯娌相呼，幼者亦曰阿嬸。惟對人稱其叔母，雖亦曰阿嬸，但阿字不讀重音。嬸字始見《集韻》。《明道雜録》謂「嬸爲世母二合呼」，似非，當爲叔娘二字合呼之轉音。
姑媽				俗呼父之姊曰姑媽。
阿姑		姑有平去二音，阿讀本音（ㄚ˙）。		俗呼父之妹曰阿姑，姑轉爲去聲。對人稱之，則姑讀平聲，婦稱夫之姊妹亦然。
姑丈				甬呼姑之夫曰姑丈。
公公		下公字讀去聲。		甬呼伯叔祖父曰公公，非族戚而長二輩者亦恒呼之。
婆婆		下婆字讀去聲。		甬呼伯叔祖母曰婆婆，非族戚而長二輩者亦恒呼之。
外公				甬呼母之父曰外公，對人稱亦如之。
外婆				甬呼母之母曰外婆，對人稱亦如之。
舅舅 娘舅		舅舅之上舅字讀平聲。		甬呼母之兄弟曰舅舅，或曰娘舅，對人稱亦如之。

續表

詞附短語	本音	俗音	例語	疏證
舅姆（舅母）				甬呼母兄弟之妻曰舅姆，對人稱亦如之。實當作舅母，釋見前阿姆。
姨媽				甬呼母之姊曰姨媽，對人稱亦如之。
阿姨		阿讀重音。		甬呼母之妹曰阿姨，對人稱亦如之。其重音在阿字，與稱妾曰阿姨其重音在姨字者不同。
姨丈				甬呼母姊妹之夫曰姨丈，對人稱亦如此。
丈人 丈人阿伯		人讀俗音（广[ㄣ]）。		甬呼妻父曰丈人，對人稱亦如之。有時戲稱則曰丈人阿伯。《六研齋二筆》：「趙子昂與管公札有云：上覆丈人節幹、丈母縣君。」又《猗覺寮雜記》：「柳子厚有《祭丈人丈母》文。」
丈姆 丈姆娘				甬呼妻母曰丈姆，對人稱亦如之。戲稱則曰丈姆娘。
阿舅				甬稱妻之兄弟曰阿舅。《五代史補》：「楊行密謂妻朱氏曰：不若召泗州三舅。」則唐末已有此稱矣。
阿姨		阿字讀重音。		甬稱妻之姊曰阿姨，其讀法與稱母之姊音同，而與稱妾重音在姨字者不同。
小姨				甬稱妻之妹曰小姨。

續表

詞 附短語	本音	俗音	例語	疏證
姨丈 連襟			兩姨丈 兩連襟	甬稱僚壻曰姨丈，較雅則稱連襟。《嬾真子》：「友壻，江北人呼連袂，亦稱連襟。」
親家公 親家姆				甬俗壻之父母與女之父母互相呼曰親家公、親家姆，稱之則曰兩親家。又呼姊妹之舅姑亦曰親家公，親家姆，較雅則太親翁、太親母。案親家公之稱，始見於《隋書·李渾傳》。
公公 阿公（阿妐）		公公之下公字讀上聲。		婦呼夫之父曰公公，對人稱則曰阿公。此公公之下公字讀上聲，與呼叔伯祖之公公下公字讀去聲者不同。公，古亦作妐。《吕覽》：「姑妐知之。」
娘娘 阿婆（婆婆）		下一娘字讀去聲，婆字皆讀平聲。		婦呼夫之母曰娘娘，與孫呼祖母同音，與昔時稱皇后曰娘娘之二娘字皆讀平聲不同。對人稱則曰阿婆，亦曰婆婆。婆婆二字皆讀平聲，與呼伯叔祖母曰婆婆其下一婆字讀去聲者不同。
阿伯 大伯		阿伯之伯讀浜俗音平聲（ㄅㄤ），大伯之伯讀若浜俗音上聲（ㄅㄤ）。		婦呼夫兄曰阿伯，亦曰大伯，對人稱亦如之，與呼父爲阿伯伯字讀本音者不同。

續表

詞附短語	本音	俗音	例語	疏證
阿叔 小叔		阿叔之叔有平去二音，讀松或宋，小叔之叔讀宋。		婦呼夫弟曰阿叔，或曰小叔，叔皆讀去聲。對人稱則曰阿叔，叔平聲。
叔伯姆 妯娌		叔讀本音，伯讀浜俗音平聲。	兩叔伯姆 兩妯娌	稱兄弟之妻曰叔伯姆，較雅曰妯娌。《廣雅》：「妯娌、娣姒，先後也。」
大姑		姑讀去聲。		婦稱夫之姊曰大姑。《知新録》已有此稱。
小姑		姑讀去聲。		婦稱夫之妹曰小姑。唐人詩已有「先遣小姑嘗」之語。
伯公 叔公		伯叔皆讀本音。		婦呼夫之戚族，概長一輩，故呼夫之伯父、叔父曰伯公、叔公，對人稱亦如之。
伯婆 叔婆		伯叔皆讀本音。		婦呼夫之伯母、叔母曰伯婆、叔婆，對人稱亦如之。
姑丈公 姑婆				婦呼夫之姑父、姑母曰姑丈公、姑婆。
姨丈公 姨婆				婦呼夫之姨父、姨母曰姨丈公、姨婆。

續表

詞 附短語	本音	俗音	例語	疏證
晚娘		晚讀若蠻上聲(ㄇㄢ)。		即後母。惟此爲不敬之詞,不以爲稱呼也。
晚爹叔		晚讀同前,叔讀若宋(ㄙ廾)。		即繼父。此亦不敬之詞,不以爲稱呼也。
當家人 男		人讀俗音(ㄬㄣ)。		鄉間婦女對人稱其夫曰當家人。亦稱爲男。《史記·秦始皇本紀》:「百姓當家,則力農工。」二字始見此。
屋裏人 女人		屋讀變音(ㄨㄛ),人讀俗音。		男子對人稱其妻曰屋裏人,亦稱女人。
等輩人		人讀俗音。		謂妻也。二字連言始《說文》:「儕,等輩。」妻與夫齊,故曰等輩人。
貼身人		人讀俗音。		謂妻妾也。《直語補證》:「俗謂妻妾曰貼身。見宋莊綽《鷄肋編》。」
老婆娘				嘲謔之時謂妻曰老婆娘。
填房				繼妻曰填房,謂房既空而填之也。
兩老頭 兩老 兩公婆		頭讀若潭(ㄉ́彡)。		俗稱伉儷曰兩老頭,亦曰兩老,亦曰兩公婆。

續表

詞 附短語	本音	俗音	例語	疏證
新郎官人 新郎		人讀俗音。		男子之新婚者俗稱新郎官人，亦稱新郎。
新娘子 新娘				女子之新婚者俗稱新娘子，亦稱新娘。
回頭人		人讀俗音。		夫亡改嫁之婦，俗曰回頭人。
二婚頭		二讀俗音（ㄬㄧ），頭讀本音。		妻亡再娶者，俗曰二婚頭。
活出離（活出類）（活絮頭）	絮同綗，音猝。	出讀若赤（ㄘㄧ），離讀若類（ㄌㄨㄟ）。		棄婦轉嫁，俗稱活出離，謂夫尚存因被出而生離也。出赤、離類，皆同母之轉，亦書活出類。《越諺》作活絮頭，絮，繩索也，似無所取義。
野老公		野讀俗音（ㄒˊㄚ）。		俗謂婦女之情夫曰野老公，與滬語稱夫曰家主公適相對。
相好			老相好	俗謂姘識之男女曰相好，相識已久者曰老相好，與他方稱友朋爲相好不同。
搭頭 姘頭		搭音答，頭讀若潭。姘讀聘平聲，頭讀本音。		甬稱不以婚禮結合之男女曰搭頭。搭，附也，謂互相倚附而結合者也。亦稱姘頭。《倉頡篇》：「男女私合曰姘。」《漢律》：「與妻婢姦曰姘。」則此稱由來久矣。

續表

詞 附短語	本音	俗音	例語	疏證
老大		大讀俗音（ㄉˊ禾）。		俗對人自稱其兄弟往往以長幼之次上加一老字，如稱長兄曰老大、次者曰老二，此大字讀俗音，與稱舟子爲老大大字讀本音者不同。
子息			子息缺	甬稱男子子曰子息，如男丁少曰子息缺，解見前新婦下。子息二字連言見《東觀漢記》。
小人		人讀俗音（ㄬㄣ），南鄉變讀（ㄬㄧ）。	養小人	甬混稱兒女曰小人，保育兒女曰養小人。
孩 小孩 男孩		孩讀灣上聲（ㄨㄢ）。		鄞稱兒童之男者曰孩、曰小孩、曰男孩，又父母對人自稱其男子子亦曰小孩。慈谿人則以小孩爲男女兒童之通稱。孩音變如灣上聲者，聲近相轉也。
娘子 小娘 小娘婢		婢讀若匕（ㄅㄧ）。		鄞稱兒童之女者曰娘子、曰小娘，謔言時則謂之小娘婢，又父母對人自稱其女子子曰小娘。
奶歡（奶花）				甬稱吮乳之嬰兒曰奶歡，或作奶花，謂乳汁培養若花也。花音轉若歡者，古音歌、寒二部對轉也。

續表

詞 附短語	本音	俗音	例語	疏證
孲𡥧（嬰孩）	音鴉牙。	孲讀若魚俗音之反濁音（ㄫ），𡥧讀捱俗音之反濁音（ㄫㄚ）。		《集韻》：「吳人謂赤子曰孲𡥧。」今俗音略變以稱未滿百日之嬰兒。案孲𡥧二字，實爲嬰孩二字之轉音，蓋嬰兒啼聲似之也。
獨養兒子 獨養囡		兒讀若魚俗音。		甬稱一家中僅一男子子者曰獨養兒子，亦省曰獨養子。又稱一家中僅一女子子者曰獨養囡。
偷生 偷生坯（偷生爿）		生讀俗音（ㄙㄥ），爿讀若瓣（ㄉㄢ）。		甬稱私生子女曰偷生，亦曰偷生坯。坯字解見後「身體」。坯變讀濁音爲瓣，故俗又書作偷生爿矣。
孝子		孝讀若好去聲（ㄏㄠ）。		俗稱新喪父母之男子子曰孝子，因而稱婦曰孝新婦，孫曰孝孫，服曰孝服，成服曰戴孝，總帳曰孝帷，無不孝矣。孝音變若好去聲者，以與孝順之孝讀本音者區別〔二〕，蓋本古音也。《禮·雜記》：「祭稱孝子孝孫。」初本祭時稱之，其爲居喪之稱則始自六朝，見《晉書·王綏傳》《宋書·明恭王皇后傳》。

〔二〕下「孝」字原誤作「子」。

續表

詞 附短語	本音	俗音	例語	疏證
養生 養生新婦				俗稱養媳婦曰養生新婦，亦省稱養生。養媳婦之名始見於《三國志·東夷傳》。
霍新婦（擢新婦）				甬俗新婦須擇日備禮而後娶，惟遇父母病亟或死，倉卒迎娶，謂之霍親，其新婦即謂之霍新婦，成禮後即改服守制。案《集韻》：「揮霍，猝遽也。」則霍新婦謂猝遽而娶之新婦也。《越諺》霍作擢，讀荒入聲。然甬語霍讀本音，不讀荒入聲也。
半子			半子之情	謂壻也。劉禹錫《祭陽庶子》文：「乃命長嗣爲半子。」甬雖有時稱壻爲半子，然已爲雅語矣。
小官人			揀小官人	甬於訂婚之際，往往稱壻曰小官人，及結婚，則改稱新郎官人矣。案官人，本爲男子貴者之尊稱。《宋史·岳飛傳》：「雲，飛養子，年十二，從張憲戰，多得其力。軍中呼曰贏官人。」則宋時已有此稱矣。
光棍			做光棍	《清律例》稱男子之無行者曰光棍，他方俗語亦然。甬獨稱男子之無妻者曰光棍，惟含輕蔑之意。
孤老			做孤老	甬稱老而孑身無子女者曰孤老。《晉書·劉元敏傳》、《劉曜載記》、唐元結詩皆有此稱。
孤孀			守孤孀	寡婦也。見《淮南子·脩務訓》。

續表

詞 附短語	本音	俗音	例語	疏證
望門 望門寡		望讀若忙去聲(ㄇㄤ)。		甬稱女子未嫁而喪其壻曰望門寡，亦省稱望門，或稱望門大姑娘。望門者，謂望見夫門而未入。
眷 家眷 家屬		家讀俗音(ㄍㄛ)。	寶眷 敝眷	甬稱家人曰家眷，亦省曰眷。如稱人曰寶眷，自稱曰敝眷。又稱家屬。此二字始見《史記·盧綰傳》。
家口		家讀俗音。	家口多	甬稱一家之食指曰家口，與家眷、家屬之泛稱者略異。《南史·張敬兒傳》：「家口悉下至都。」
親 親眷 親戚			生親 新親 老親	甬稱姻黨曰親眷，亦曰親戚，又省曰親。如兩家訂婚而尚未嫁娶曰生親，已嫁娶在數年之中曰新親，久遠則曰老親。鮑照詩：「復與親眷違。」
先			王先 李老先	二十年前，甬上商人往往省稱先生曰先，年長者曰老先。案此稱頗古，遠見於《史記》。蓋古人常簡稱先生曰先，亦曰生也，今則此稱已罕聞矣。
相公			老相公	《直語補證》：「《舊五代史·末帝紀》：『大相公，吾主也。』俗稱士人年少者曰相公。」案甬今已不用爲稱呼，惟墮民間或尊稱士人，昔時則如應試之生童曰考相公。諺語中如「二相公，老毛病」等皆此稱之遺跡也。

續表

詞 附短語	本音	俗音	例語	疏證
人客		人讀俗音。	生頭人客 割稻人客	甬家庭中稱賓曰人客，如生客曰生頭人客。又農家稱傭工曰人客，如刈禾傭工曰割稻人客。杜甫《感懷》詩：「問知人客姓。」則此稱自唐已然。
客人		人讀俗音。		甬牙行中稱貨主曰客人，又妓館中稱嫖者亦曰客人。一字顛倒，地位絶殊，不可不注意也。
女客				女賓也。《玄怪録》：「邀召女客。」《越諺》謂：「女客，稱婦女之輕賤者。」甬則絶不含蔑視意。
良士 良士孀		良讀若冷俗音平聲（ㄌㄥ）。		傭工常稱其主人曰良士，主母曰良士孀。乞丐亦常以稱施主。《詩》：「良士瞿瞿。」則此稱古矣。
老班（老闆）			有銅錢老班	甬商夥稱其東人曰老班，因又泛稱有資産者。案老班猶言老輩，尊稱也。俗多書作老闆。闆音盼，《五音集韻》：「門中視也。」誼不相蒙，作闆者，非。
老公公 老太公 老成人		人讀俗音，下公字讀去聲。		甬呼齒尊男子曰老公公，對人稱則曰老太公，皆含尊敬之意。泛稱年長者則曰老成人，此三字連用遠見《詩》「雖無老成人」，尚有典型。
老頭		頭讀若潭。		甬又稱年老者曰老頭，惟含輕蔑之意，非狎習者不呼。
老婆婆				甬呼齒尊女子曰老婆婆，對人稱亦然。

續表

詞 附短語	本音	俗音	例語	疏證
老太婆		太讀若討（ㄊㄤ）。		甬語譏詈時稱呼年老婦女曰老太婆，與前老婆婆之稱雖僅一字之易[一]，而敬褻大異，不可不辨也。
女人頭 老儂輩		人讀俗音，頭讀若潭，輩讀若爿俗音（ㄅㄢ）。		甬稱婦女曰女人頭，又稱已嫁之婦女曰老儂輩，皆含輕蔑之意。
後生 小後生 小夥子		生讀俗音（ㄙㄤ）。		甬稱年輕男子曰後生、曰小後生、曰小夥子。又後生爲男女面貌少壯之形容詞，如言「廿歲嫁人趁後生」是也。二字出《論語》「後生可畏也」句。
小老頭		頭讀若潭。		稱少年老成之人。
老篤郎（老到郎）				稱年稚而言辭老到、行事篤實之人[二]，或曰篤當爲到之轉音。
大姑娘		大讀俗音（ㄉㄛ）。		甬呼未嫁之女曰大姑娘，對人稱亦如之。若稱爲小娘或小娘婢，則輕褻矣。
隊夥 隊夥道裏				甬稱友朋或同事同伴之人曰隊夥，亦曰隊夥道裏，不問男女皆稱之。

〔一〕 易：似當作「異」。
〔二〕 實：原誤作「賓」。

續表

詞附短語	本音	俗音	例語	疏證
對手 幫手			做對手 兩對手	甬稱合作之人曰對手，亦曰幫手，故幫助曰做對手。又泛稱同伴二人曰兩對手。
對頭 對頭人		人讀俗音。		甬稱仇敵曰對頭，亦曰對頭人〔一〕，與對手大殊。
上手				甬稱同事中職位較高者曰上手。
下手 手下		下讀俗音（ㄏˊㄛ）。		甬稱同事中職位較底者曰下手，亦曰手下。《吳志》注引《江表傳》曰：「先君手下兵數千餘人。」二字始見於此。
手腳 腳手			腳手多 做手腳	甬稱倚畀或同謀之人曰手腳，亦曰腳手，猶言股肱也。
老手				甬稱富有經驗之人曰老手。
出錢捨主		錢讀俗音（ㄉˊㄧㄢ）。		甬稱出資舉辦公益慈善事業之人曰出錢捨主。
外路人 灣舌頭		外、人二字皆讀俗音。		甬稱非本地人曰外路人，亦曰灣舌頭，因北方語多捲舌音也。

〔一〕頭亦：原誤作「亦頭」。

續表

詞 附短語	本音	俗音	例語	疏證
老官（老串）			該一老官	甬泛稱某人曰該一老官。光緒志作老串，引《爾雅》「串，習也」，俗謂相習曰老串，本此。
前路		前讀俗音（ㄙˊㄧㄜ）〔一〕。		甬稱與某事關涉之人曰前路，蓋不欲舉説其真姓名也。前路之稱，當與彼方義同。
教書先生 教書				甬稱塾師曰教書先生，亦省稱教書。惟單稱此二字時，書字讀作上聲，且含輕蔑之意。
老伻（老倗）（老幫）（嫪伻）（老伯）	伻，補耕切。伻倗音朋。嫪音勢。	伻倗幫伯皆讀若浜俗音（ㄅㄤ）。		甬呼男傭之年老者及司閽曰老伻，司閽亦別稱管門老伻。《爾雅》：「伻，使也。」《書》：「伻來以圖及獻卜。」《越諺》書作嫪伻，未知何據。或曰當作老倗。《説文》：「倗，輔也。」或曰幫主作工應逕作老幫。或曰甬俗主傭階級不甚嚴，故稱女傭曰阿姆，男傭年老者曰老伯，伯與姆正對稱，所以優待之也。
阿姆		阿讀若櫻俗音（ㄤ）。	娘子阿姆	甬呼女傭曰阿姆，阿讀平聲，與呼母之阿姆讀去聲及呼伯母或妯娌長者之阿母讀上聲者並殊。又女傭之年稚者稱娘子阿姆。

〔一〕 ㄧㄜ：原誤作「ㄜㄧ」。

續表

詞附短語	本音	俗音	例語	疏證
燒火			燒火阿姆 燒火娘子 燒火孩（孩讀若灣上聲）	凡執炊爨之役者曰燒火。別言之，則女傭年長者曰燒火阿姆，年稚者曰燒火娘子，兒童曰燒火孩。
阿小			書房阿小	家僮，甬稱阿小。別稱書僮曰書房阿小。
跟班				即長隨也。
頭腦		腦讀平聲（ㄋㄠ）。	强盜頭腦 小孩頭腦（孩讀若灣上聲）	商店學校之工役俗稱頭腦，猶言工頭也。又凡首領曰頭腦，如盜首曰强盜頭腦，率領兒童游戲者曰小孩頭腦。
茶房				凡機關及旅館、輪船司茶水之役伺候員客者曰茶房。
堂倌（堂管）				凡戲院、酒店、茶肆等處侍者曰堂倌。《詩》「命彼倌人」注：「倌人，小臣也。」或曰當作堂管，管一堂之事也。
佃頭（田頭）				農家司耕種之傭工曰佃頭，亦作田頭。
作頭 把作				農家兼司田園之傭工曰作頭，爲短工、半莊等之首領，故亦稱把作。又工匠之首領亦曰作頭、把作。《元史·河渠志》有「造船作頭」，則此稱頗古。
長年 長工				農家稱終年僱用之傭工曰長年，工值即以年計，亦曰長工。《唐書·百官志》有此稱。

續表

詞 附短語	本音	俗音	例語	疏證
短工 拆短				逐日僱傭之男女傭工皆稱短工，工值以日計者也。名見《唐書・百官志》。亦稱拆短，謂分拆而僱也。
半莊				農家終年僱用之年輕田工及牧童等謂之半莊〔一〕。半莊者，僅能任莊家之半事，故其工價亦微於長年。
忙工				農家於農忙之際臨時僱用田工謂之忙工，工價以日計，且較平日短工略高。
看牛孩		孩讀灣若上聲（ㄨㄢ）。		農家僱用之牧童也，率以十歲左右兒童任之，工價極微。
老大		大讀本音。	航船老大	甬稱操舟之長曰老大，與對人稱其長兄曰老大大字讀作俗音者有別。
耆民				往來南北洋海舶之長，別稱耆民。蓋常任年長有航海知識者，故得此稱。楊侃賦「問中牟之耆民」，二字連用見此。
出海				海舶中執事者稱曰出海。
水底工（水底攻）		工讀去聲。		海濱之民，善識水性，常爲沈没船舶打撈水中貨物者曰水底工。工，亦作攻。

〔一〕輕田：原誤作「田輕」。

續表

詞附短語	本音	俗音	例語	疏證
阿大 經手 當手		大讀俗音（ㄉ´禾）。		甬稱商店之經理曰阿大，亦曰經手，亦曰當手，握全店之權者也。
副手				甬稱商店之協理曰副手。
夥計（火計） （伙計）				商店中經理、協理以下之職員皆稱夥計。光緒志《方言》：「凡物盛而多，齊宋之間謂之夥。今鄞俗亦謂多曰夥，故謂同本合謀曰夥計。」民國《象山志》作火計，引《宋書·孝義傳》「卜天生爲隊將，十人同火」爲證，今亦作伙計。
學生子		學生二字皆讀俗音。		甬稱商店之學徒曰學生子，又私塾之學童亦稱學生子。三字見《後漢書·靈帝紀》。
過堂學生子 過堂				甬稱商店學徒已滿三年之期而任他店最低之職者曰過堂學生子，亦省稱過堂。
下腳 下八腳		下讀俗音（ㄏ´ㄛ），下八腳之腳讀若姜（ㄐㄧㄤ）。		甬稱商店中職位較低之職員曰下腳，亦曰下八腳。因通常商店中執事者大抵十餘人，除高等職員外約得七八人，故有下八腳之稱。
店倌（店管）			當店倌 錢店倌	商店之職員混稱曰店倌，亦作店管，管理店中之事也。

續表

詞 附短語	本音	俗音	例語	疏證
買主 主顧（主故）			老買主 新主顧	商店稱購買貨物者曰買主，亦曰主顧。顧炎武《日知録》：「市井人謂頻相交易者爲主顧。《後漢書》有主故字，顧當是故之訛。」
上行		行讀若杭（ㄏ́ㄤ）。		商店稱購進貨之行棧曰上行，又稱借與資金之錢莊亦曰上行。
貨郎				甬稱販賣綢布及婦孺所用零星雜物、肩挑貨擔、手摇驚閨、沿門出售之小商曰貨郎。文嘉《嚴氏書畫記》有貨郎八軸、貨郎擔十四軸。
行販 做小生意		行讀若杭。		甬稱肩販曰行販，謂向行棧購入貨物而販諸居民，故得此名。《晉書·石勒載記》：「行販洛陽。」又稱做小生意。
擺小攤頭				甬稱設攤出售水果、糖食及雜物之小商曰擺小攤頭。
換糖		換讀若緩（ㄏ́ㄨㄢ）。		甬稱以錫交換舊貨之肩販曰換糖。
生意人		人讀俗音。		甬稱商業曰生意，故通稱商人曰生意人。
解匠		解讀剛音上聲（ㄍㄚ）。		甬稱鋸木工人曰解匠，解即剖析之意。

續表

詞（附短語）	本音	俗音	例語	疏證
簟匠 篾作				甬稱竹工曰簟匠〔一〕，亦曰篾作。
泥水				甬稱圬者曰泥水。
箍桶（揫桶）（勼桶）（⿱竹勼桶）（打⿱竹勼）	箍音孤。	箍讀若枯（ㄎㄨ），東鄉讀若窠（ㄎ禾）。		甬稱製造圓桶之工曰箍桶。箍字見《廣韻》，謂「以篾束物也。出《異字苑》」。案箍爲後起之字，本當作揫，或作勼，一聲之轉也。俗作⿱竹勼桶，又稱束桶之竹篾曰⿱竹勼，讀如丘。
路司				甬稱築路工人曰路司〔二〕。
土工 草泥班				甬稱開掘溝道挑運甎石等粗之工曰土工，亦曰草泥班。
蹻高匠（趫高匠）		蹻趫皆去遥切（ㄑㄧㄠ）。		架搭涼篷之工匠。《説文》：「蹻，舉足行高也。」「趫，善緣木走之才。」
腰機				男子業織布者，因織布時常束帶於腰，故有此稱。
荳腐郎				製賣荳腐者。

〔一〕簟：原作「簞」。
〔二〕路工：原誤作「工路」。

續表

詞 附短語	本音	俗音	例語	疏證
吹糖孩		吹讀若取平聲，孩讀若含。		以錫吹塐人物而賣者。孩讀若含者，古音談部、之部次對轉也。
打鐵 鐵惰貧		貧讀若便平聲(ㄅ́ㄧㄣ)。		鐵工也。甬上昔年爲墮民之專業，故曰鐵惰貧。
做生活 鞋腳骨手		活音變讀胡惡切(ㄏ́ㄨㄛ)。		爲人成衣服、鞋襪等之女工也。
廚工(廚公)				庖人也。工，俗亦書作公。
上竈 揢瓢		揢，口駕切(ㄎㄛ)。		庖人之司烹調者，常立於竈前，故曰上竈。銅瓢爲烹調之要具，故亦曰揢瓢。
下竈				庖人之司洗割炊爨等雜務，常坐於竈後，故曰下竈。
剃頭		頭讀若潭。		理髮匠也。
司務				甬呼一切工匠皆曰司務，如木工曰木匠司務，成衣曰裁縫司務，謂各司其職務也。
師父(司父)				工業之藝徒呼其師曰師父，謂師若父，尊之也。《敬止録》作司父。又皈依佛門者，亦間呼僧曰師父，亦尊之也。
徒弟				工匠之學徒、僧侶之弟子，甬皆謂之徒弟。

續表

詞 附短語	本音	俗音	例語	疏證
喫衙門飯 衙門人		喫讀俗音(ㄑㄩㄛ)。		昔年稱胥吏、差役等曰喫衙門飯，亦曰衙門人。今亦以稱機關中之員役，惟此爲輕薄之稱，不面稱也。
地方				昔時稱地保曰地方，往往於遭難索援時大聲呼之。《越諺》亦有此解，是浙東所同也。
隨嫁阿姆 隨嫁		隨(ㄙㄟˊ)、嫁(ㄍㄛ)皆讀俗音，阿讀櫻俗音(ㄤ)。		新娘之伴嫁者，甬稱隨嫁阿姆，亦省曰隨嫁。婦女往往有以此爲專業者。
當值做產 當值 出窠娘		產讀若三(ㄙㄢ)。		甬地中人以上之家婦女坐蓐時往往專僱一女傭侍之，稱爲當值做產。做產者，即坐蓐之俗名。亦省曰當值，或曰出窠娘。兒童之離母胎，猶禽鳥之出窠，故得此名。此亦婦女之一種職業也。
老娘				俗稱穩婆曰老娘，見《倦遊録》苗振對晏相語。
當家				寺庵之持住僧尼俗稱曰當家，與婦稱夫曰當家人者異。
知客(主客)				寺庵接待檀越之僧曰知客，亦作主客。

續表

詞 附短語	本音	俗音	例語	疏證
火頭（伙頭）				寺庵司炊之僧稱火頭。火，亦作伙。《南史·何承天傳》《宋史·食貨志》皆有火頭之名〔一〕，惟不專指僧言。甬亦稱肇火之家曰火頭。
茶頭				寺庵僱用僮僕以伺候檀越者謂之茶頭，不如他處之稱茶房也。
出家人		家、人皆讀俗音。		泛稱僧尼也。
在家人 在家		家、人皆讀俗音。		僧尼泛稱平民也，省曰在家。又墮民亦泛稱平民曰在家。
念伴（唸伴） （念巫）		念讀俗音（广ㄢ）。		非道士而業巫祝者，俗稱念伴，尊之曰念伴先生。念，亦作唸。或作念巫。巫伴聲韻之轉。
廟道人 廟道娘		人讀若年去聲（广一宀）。		非僧道而看守祠廟者，男子謂之廟道人，婦女謂之廟道娘。
肚仙			關肚仙	女巫能召亡者使入腹中與生人問答，俗謂之肚仙。滬語謂之肚裏仙。《玉芝堂談薈》：「近日台州女技，屏氣詭爲，謂之關肚仙。」案滬語亦謂之關亡。

〔一〕何：原誤作「可」。

續表

詞附短語	本音	俗音	例語	疏證
擡轎 轎惰貧		貧讀若便平聲（ㄅ́ㄧㄣ）。		肩輿夫役，甬稱擡轎，亦曰轎惰貧。因昔年擡轎爲墮民之專業，故得此名。
擋瞎眼 擋孩		瞎眼二字合讀若莧俗音上聲（ㄏㄢ），孩讀若灣上聲（ㄨㄢ）。		瞽者之相，今多以兒童任之，俗曰擋瞎眼。瞎眼二字須合讀一音。南鄉一帶則曰擋孩。
紅黑帽				昔年婚喪儀仗前有喝道者，僱用丐童戴紅或黑尖頂帽以飾皁隸，俗謂之紅黑帽。
串客				無業游民專唱作淫戲者，俗謂之串客。邇年在滬演唱者，美其名曰寧波灘簧、曰四明文戲。
班子 戲班子				優伶俗稱班子，亦曰班子人，或戲子。昔年執此業者皆屬墮民，所演多崑曲，今則京雜劇並演矣。
喫開口飯		喫讀俗音。		俗稱優伶及彈唱南詞小曲等凡以歌唱爲業者，皆曰喫開口飯。
值堂				人家婚喪等事專在堂上司伺候賓客之役，謂之值堂。此業鄞爲墮民之專職。

續表

詞 附短語	本音	俗音	例語	疏證
吹行 吹唱		吹讀俗音（ㄑㄩ），行讀若杭（ㄏㄤˊ）。		凡喜慶喪祭等事作藥以侑觴者，謂之吹行，亦曰吹唱。亦爲墮民之專業。
惰貧（墮貧）		貧讀若便平聲（ㄅㄧㄣˊ）。		俗稱墮民之男子曰惰貧。詳見《禮俗編》。
送娘 送娘子 送娘婢		婢讀若瓣去聲（ㄅㄢˋ）。		俗稱墮民之婦女曰送娘子、曰送娘婢。因新娘出嫁時，例由墮婦送往男宅也。
衕子人	衕音杭。	衕讀杭上聲（ㄏㄤˊ）。		俗稱墮民曰衕子人。墮民聚族而居之處曰衕子弄。案《篇海》：「俗呼衕衕，樂人也。」墮民業演戲吹唱，若古之樂戶，故得此名。
討飯 借粮 告化子（叫化子）			討飯坯	乞丐曰討飯，鄙之曰討飯坯。間亦有稱爲借糧者，惟今已罕聞。亦曰告化子，謂告人乞化也。或曰即叫化子，惟叫讀剛音，變爲告耳。
患難黨				俗稱强索錢帛之惡丐曰患難黨。蓋彼輩自以爲遭患難，乞人援手，不甘居討飯之名也。

續表

詞 附短語	本音	俗音	例語	疏證
佯掃地				乞丐於舊曆正月間，手持苕帚，口唱吉辭，假作掃地，博取錢物者，俗稱佯掃地。
賭坯				愛賭博者，俗鄙之曰賭坯。坯見身體類。
頭家				博場囊家，俗稱頭家，因抽取頭錢也。
莊 莊家			做莊	賭博之時，享入注之權利與負賠償之責者，俗稱莊家，亦省曰莊。賭牌九時，往往專以一人爲莊，或即頭家自爲之。賭雀牌時，則四人輪流爲之，非即頭家也。
散腳				俗稱聚賭而非做莊者，皆謂之散腳。
官人（倌人）		人讀俗音。	紅官人 清官人	娼妓俗稱官人，因古有官妓，妓之身爲官所有，故得此名。俗因與尊稱男子爲官人者有別，故亦書作倌人。案《詩》：「命彼倌人。」謂小臣，本非指娼妓也。俗又稱名妓曰紅官人，賣藝而不賣身或幼妓未破身者曰清官人。
脿子（婊子） （表子）（嫖子）				俗稱娼妓曰婊子，見《字典》。《直語補證》：「脿子，倡妓之稱。見《輟耕録》『醋鉢兒』一條。字書脿同臕，肥澤之意，無仄聲，古人借作俗字，不妨據之。或曰婊當作嫖，輕也，音轉爲婊。」案實當作表子。表，外也，與妻子稱内子對言，猶言外婦、外室也。

續表

詞 附短語	本音	俗音	例語	疏證
花老（花嫪）	嫪音澇。			今俗多稱娼妓曰花老，亦作花嫪。《説文》：「婟嫪，戀惜也。」《史記·吕不韋傳》索隱：「士罵淫曰嫪毐。」則作嫪亦合。
半開門 私門頭 私科子（私窠子）				俗稱私娼曰半開門，因官娼盡人可問津，私娼非熟識者不得其門而入也。亦曰私門頭，誼同。又曰私科子，亦作私窠子。《容齋俗考》曰：「鷄雛所乳曰窠，即科也。《晏子春秋》：『殺科雛者不出三月。』[一]私科，蓋言官妓出科，私妓不出科，如乳雛也。」
瘦馬 馬			養瘦馬 拉馬	俗謂養少女以應客者曰養瘦馬，所養少女即曰瘦馬。亦省稱馬。故爲男子媒合不正當之婚姻曰拉馬。白居易詩：「莫養瘦馬駒，莫教小妓女。」
王八（王巴）（忘八） 烏龜（烏車）		八讀若巴（ㄅㄛ），龜讀若居（ㄐㄩ）。		俗稱娼家之男子曰王八。八讀若巴者，古北方音也，實當作忘八。孝弟忠信禮義廉恥八字相聯，忘其第八字，即無恥也。又曰烏龜。龜讀若居者，甬之俗音也。兒童疥壁，則書作王巴烏車矣。
王婆 老鴇				俗稱鴇母曰王婆，較雅則曰老鴇。王婆者，沿王八而稱也。或曰以《水滸演義》中攛掇潘金蓮者爲稱。

〔一〕雛：原脱，據《容齋俗考》補。

續表

詞 附短語	本音	俗音	例語	疏證
無賴		賴讀若癩（ㄌㄚˋ）。	做無賴	俗稱不事生業專恃敲詐爲生者曰無賴。二字遠見《史記·高祖本紀》「大人常以臣無賴」，注：「晉灼曰：賴，利也。無利於家也。或曰江淮之間謂小兒多詐狡猾爲無賴。」案二誼甬語皆有之，如言無賴坯，則爲前誼；言做無賴，謂兒童放刁，則爲後誼。
流氓（游民）				無業流浪之人。滬語亦同。實即游民之轉音。流游疊韻字，氓民雙聲字。
空手人		人讀俗音。		亦謂游民也。空手，謂無業可執也。
喫戤飯		戤，匱害切（ㄍㄞˊ）。		即他方所謂幫閒，專誘人嫖賭從中取利者〔一〕。越語同。
破靴黨 破靴				無行文人專以唆訟敲詐爲事者。《淞南樂府》注：「生監不守公者曰破靴黨。」案亦省稱破靴。
八大人		人讀本音。		清時有所謂八旗殿者，淫祀也。中塑八像，皆蓄辮滿服，手操絲竹、博具等，俗稱爲八大人。相傳爲祟民間，以求祭祀。因又稱游民以敲詐爲事者曰八大人。
撮撈（拆老）				甬稱偷摸零物之小竊曰撮撈，亦作拆老，與滬謂鬼爲拆老者異。

〔一〕 專誘：原誤作「誘專」。

續表

詞 附短語	本音	俗音	例語	疏證
扒手（掱手）		扒讀若爬（ㄅˊㄛ）。		亦偷摸零物之小竊也。扒，亦作掱者，因俗稱竊賊爲三隻手，故合三手字而成。
剪綹（翦⿰糹柳）		綹音柳（ㄌㄧㄤ）。		甬稱翦取佩帶衣囊中錢物之小竊曰剪綹。《説文》：「緯十縷爲綹。」亦作翦⿰糹柳，明律有翦⿰糹柳條。《委巷叢談》：「夾翦衫袖以掏財物謂之翦⿰糹柳。」案字書無⿰糹柳字，以作綹爲是。
掩邊賊（掩壁賊）（躽背賊）（⿵門身背賊）				竊賊於昏暮間先掩蔽而入，伏門壁後，俟夜静而竊物者，俗稱掩邊賊，亦作掩壁賊、躽壁賊。《越諺》作⿵門身背賊。躽見《類篇》：「於殄切，曲身也。」⿵門身見《字彙》，謂「隱入也。今官牒多用此字，音未詳」。案⿵門身當讀若揖，即隱入二字之合音，謂身隱門後也。掩躽與⿵門身、邊壁與背，皆一聲之轉。
白日撞		日讀俗音，撞讀若藏（ㄗˊㄥ）。		日間乘人不見，闖入門内竊取雜物者。《越諺》曰白撞賊。撞者，俗語闖入之意。
收曬眼				專竊取人家所曝之衣服者，俗稱收曬眼。衣服曝於日中曰曬乾，於風前曰眼也。
摸夜友（墨夜遊）				夜間遊蕩作不正當之事者，非僅指竊賊也。摸夜者，夜間摸索也，亦作墨夜，謂黑夜也。
三隻手				通稱一般竊賊。謂人皆具二手以作事，彼特多具一手，以竊物也。

續表

詞（附短語）	本音	俗音	例語	疏證
賊窩家 窩家				私藏竊賊所竊取之物，朋分其利者，俗稱賊窩家，亦省稱窩家。
强盜 劫賊 搶犯				甬稱劫掠財物之盜曰强盜、曰劫賊、曰搶犯。搶犯者，謂以搶掠爲事而觸犯刑律者也。
明公			喫食明公。	甬稱明白事理之人曰明公，見《後漢書·鄭泰傳》。又謂擅長曰明公，如饕餮曰喫食明公，則爲形狀詞矣。
好老 大好老		大讀俗音。		甬稱人之特出者曰好老、曰大好老，然略含譏諷意，語見《詢芻録》。
臺撑 戲臺撑		撑讀俗音（ㄘㄤ）。		本謂優伶之名角，言拄戲臺俾無坍臺之虞也。今俗多稱某事中之重要人物，然略含嘲謔意。
喫食户		喫讀俗音。		專以飲食精美爲事之人。
發財人				此名有二種用法：一含贊揚意，稱富於資産之人；一含譏諷意，稱不解事理之人。
快活人				此名亦有二種用法：一含贊揚意，稱生活安逸之人；一含譏諷意，稱不事生産之人。語見白居易詩「别有優游快活人」。
根生土養				謂本地人，猶言土著也。語見吴昌齡《風花雪月曲》。

續表

詞 附短語	本音	俗音	例語	疏證
老土地 當方土地				謂久居是地而熟識是地情形之人。土地，爲鄉村之社神。當方二字見《周禮・大行人》，謂本地也。
嬉客			殯嬉客 六月嬉客	俗稱不事生産而好游蕩之人曰嬉客。嬉客而不解事，取人憎嫌者曰殯嬉客；貧而好嬉者曰六月嬉客。
滑頭			滑頭生意 滑頭辦法	虛僞狡詐不顧信用之人也。又謂無信義之交易曰滑頭生意，非正當辦法曰滑頭辦法，則爲形狀詞矣。
傿子（贗子）	傿，於健切。			俗稱易受人欺者曰傿子。《説文》：「傿，引爲賈也。」引申之，以虛價欺人亦曰傿。故受欺者曰傿子。《越諺》作贗子，謂不識好歹之人。傿贗音義並近。
儳頭（鑱頭）（孱頭）（僝頭）	儳音讒。	儳讀如懺（ㄘㄢ）。		俗稱庸懦無能之人曰儳頭。《禮・表記》：「儳焉，如不終日。」鄭注：「可輕賤之貌。」《廣韻》：「儖儳，惡貌。」正合此義。亦可作孱頭。《玉篇》：「孱，弱也。」《廣韻》：「孱，劣也。」又可作僝頭。《玉篇》：「僝僽，惡罵也。」《越諺》釋作鑱頭，似非。
戇大	戇，陟降切。	戇讀戳降切（ㄍㄤ），大讀俗音。		俗稱直率而敢於任事之人曰戇大。《説文》：「戇，愚也。」《史記・汲黯傳》：「甚矣，汲黯之戇也。」

續表

詞（附短語）	本音	俗音	例語	疏證
踱頭（獨頭）（嚄頭）	踱音鐸。		書踱頭	俗稱不解人情世事者曰踱頭，故稱不能用世之書生曰書踱頭。《玉篇》：「踥踱，乍前乍卻。」俗以書生好踱方步，故書作踱頭。或曰當作獨頭，謂衹顧一方不能面面俱到也。《越諺》作嚄頭，據《通俗編》引證《廣韻》有「疾嚄嚄」之說。案《廣韻》作「口嚄嚄無度」，不作「疾嚄嚄」也。
憨頭（儗頭）	憨音蚶。			俗稱作事無節度之人曰憨頭，亦作儗頭，解見形狀詞類。
呆大（厚大）（騃大）木大 呆木大		呆讀五駭切（兀ㄞ），大讀俗音。		俗稱愚拙遲鈍之人曰呆大，亦作厚大、騃大，又曰木大，又曰呆木大。呆厚騃解見形狀詞類。案《輟耕録》所載院本有呆木大之名。
壽頭 頵頭子	頵音窘。	頵讀若窘次清音（ㄑㄩㄣ）。		俗稱懵懂不知世變之人曰壽頭，猶言鄉愚也；亦曰頵頭子。案《集韻》：「頵，頭大貌。」〔一〕俗稱豕之鼻肉曰頵猪頭，蓋以愚蠢如豕喻之也。
摸壁鬼（木壁鬼）		鬼讀俗音。		俗稱作事遲鈍之人曰摸壁鬼，謂如黑闇中摸壁而行也。壁，亦作躄，讀若壁，人不能行也。

〔一〕大：原脱，據《集韻》補。

續表

詞附短語	本音	俗音	例語	疏證
小家子		家讀俗音。	小家子相	俗稱見聞不廣、遇事拘束之人曰小家子。《漢書·霍光傳》：「使樂成小家子得幸將軍。」
惡霸王 惡霸				謂兇横之人。本以楚項羽喻之，故曰惡霸王，亦省稱惡霸。
亮眼				俗稱識字之人曰亮眼，謂目明能識文字也。
瞎子 瞎眼				俗稱不識字之人曰瞎子，亦曰瞎眼，謂雖有目而如無目，猶言文盲也。
柳隆慶				俗稱離間骨肉之人曰柳隆慶。案元雜劇中，凡善於挑撥之人多化名曰柳隆慶，或古人有此姓名專以離間爲事者，故相沿即以此爲離間者之名。
小花臉				俗稱工媚之人曰小花臉。本爲戲中小丑之俗名，脅肩諂笑博人歡樂者也。
白身人		人讀俗音。		昔科舉時代稱無功名者曰白身人，又女子長而不行月經者亦曰白身人。
暴出隴				俗稱初次辦事者曰暴出隴，謂如方自田間而來不知城市之事也。《越諺》謂傭工新來無習氣者，則與甬語意略殊。
馬留蟲				俗稱狡黠不易約束之人曰馬留蟲。馬留，猿猴也。宋人謂丁謂爲説法馬留，見《敬止録》。

續表

詞附短語	本音	俗音	例語	疏證
千年調				俗稱老而不知休止之人曰千年調。古詩：「人無百年期，强作千年調。鑄爲鐵門限，鬼見拍掌笑。」
惡蚊蟲		蚊讀俗音（ㄇㄥ）。		甬稱陰險之人曰惡蚊蟲。
兩腳猫		猫讀若蠻去聲（ㄇㄢ）。		甬稱竊取食物之婢嫗、兒童曰兩腳猫。
三腳猫		猫讀同右。		甬稱技多而不精曰三腳猫。此名由來頗早。《輟耕録》：「張明善作北樂府譏時云：『説英雄，誰是英雄，兩頭蛇，南陽臥龍，三腳猫，渭水飛熊。』」《七修類稿》曰：「俗以事不盡善者，謂之三腳猫。」
淡烤茄		茄讀俗音去聲（ㄐㄧˊㄢ）。		甬稱語言無斷制者曰淡烤茄，謂茄須帶鹹味方能下飯，不加以鹽則淡而無味也。
好好先生				甬稱面面俱到，絶不開罪於人者曰好好先生，雖贊揚而略含譏諷意。
萬寶全書			萬寶全書缺一頁	萬寶全書，爲昔年坊間流行一種書名，猶今之日用百科全書。幾無一事一物不載其概略，以供社會之應用。故甬稱博而寡要之人曰萬寶全書，又博而不全曰萬寶全書缺一頁。

續表

詞附短語	本音	俗音	例語	疏證
出氣痧藥				痧藥，即藥肆中之臥龍丹，治時疫，吸入鼻中能催人嚏者。惟須密藏，出氣則不靈驗矣。故甬稱儒善而不爲子弟所敬畏之父兄、師長曰出氣痧藥。
隔年黃曆				昔時稱朝庭所頒之曆書曰黃曆，以封面色黃也。曆書每年不同，隔年則無用矣。故甬稱悖晦而喜糾纏之老人曰隔年黃曆。
鐵絲搭籆				搭籆，漁者所用藏魚之竹器，恒繫於腰間，魚一入而即不能出者也。若以鐵絲作之，更堅固矣。甬稱吝嗇者曰鐵絲搭籆，謂財帛一入其手即永不出也。
牛皮紗篩				紗篩者，以沙羃篩使下粉末也。若以牛皮羃之，則雖最細之粉末亦不能下，故甬亦以稱吝嗇者。
琉璃傢伙（玻璃傢生）		傢讀俗音（ㄍㄛ）。		甬稱處女曰琉璃傢伙，亦曰玻璃傢生，謂易發生危險也。
上臺錫鑼	錫音儻。	錫讀脱盂切（ㄊㄤ）。		錫鑼，即小鑼，戲劇中於人物出場、下場時敲之，故甬稱作事有始無終者曰上臺錫鑼。
汙糟穀蜢		汙讀俗音（禾）。		穀蜢，即炸蜢，善跳躍。汙即糞便。糞拌蚱蜢必致糞汁四濺，臭氣洋溢，故甬稱作事性急不成者。

續表

詞附短語	本音	俗音	例語	疏證
氽江浮瓢		氽讀若吞上聲(ㄊㄥ)，浮讀若蒲(ㄅˊㄨ)。		浮瓢，即挹水之器，飄流江中而無人拾，則其不適用明矣，故甬稱遊蕩無業者。
尺七圓横 尺七	横音廣。	横，讀若光。		圓横，鐵製之環，砌於竈上，所以支鍋者也。俗作圓光，非。鍋之徑度有定，有尺八寸者，有尺六寸者。圓横之徑度亦如之。若尺七寸，則支尺八鍋太小，支尺六鍋太大，故不適用。甬因稱人之無可取材者曰尺七圓横，亦省曰尺七。
牛頭夜叉				牛頭夜叉，皆惡鬼名，出佛經，故甬稱兇惡横蠻不講理法之人曰牛頭夜叉。
輪轉太婆		輪讀若鄰(ㄌㄧㄣ)。		甬俗孫婦稱祖姑曰太婆。太婆年老，子孫衆多，往往輪流就食於孫家，因稱人之輪流於各處辦事或輪流於各家就食者，皆曰輪轉太婆。
段塘阿姆 段塘叔婆 段塘		阿姆讀若呼伯母爲阿姆之音。	段塘阿姆鬧花燈	段塘爲鄞之南鄉地名。甬稱婦女不知修飾禮數而言語煩瑣無節度者曰段塘阿姆，亦曰段塘叔婆，省曰段塘。又以稱男子言語無度者。其得名之初，或因段塘婦女偶有裝扮花燈中之角色，沿街隨行隨唱，以乞化錢物者。故俗有「段塘阿姆鬧花燈」之語，因此以稱一般言行相似之男女。

續表

詞附短語	本音	俗音	例語	疏證
隔壁叔婆			隔壁叔婆柳隆慶	婦女年老者往往多言而喜預聞鄰家婆媳間事，以致人時起勃豀，故俗有「隔壁叔婆柳隆慶」之語。柳隆慶，解已見前。後遂稱挑撥是非之旁人不問男女皆曰隔壁叔婆矣〔一〕。
橋頭三叔公 橋頭三叔 橋頭三				甬稱鄉村年長好事者曰橋頭三叔公，亦省曰橋頭三叔、曰橋頭三。蓋鄉民暑天晚間恒麕集橋邊乘涼，是時所謂三叔公者，正在衆中誇其見聞，滔滔不絶而談，故得此名。
回湯豆腐乾				豆腐乾，甬稱茶乾，亦曰香乾，煮熟後即甘香可食，再煮而食則無味矣。俗因稱商店學徒未滿三年畢業之期中途因事辭退而返家者。
飯鑊頭蒼蠅				秋間，蠅常麕集飯鍋以取煖且啜其餘瀝，故俗稱趨附炎熱之人曰飯鑊頭蒼蠅。
和消頭				爲人排難解紛者，俗稱之曰和消頭，謂和事消氣也。
擾業朋		擾（ㄙㄠˊ）朋（ㄅㄤ）皆讀俗音。		甬稱喜與人争論之人曰擾業朋，猶言擾業朋友也。擾業，解見動作詞類。
狗朋隊（狗碰頭）		朋讀俗音。		甬稱忽而與人爲友，忽而與人爲仇之人曰狗朋隊，亦作狗碰頭。常指兒童而言，其意猶言狐羣狗黨也。

〔一〕問：原誤作「間」。

續表

詞 附短語	本音	俗音	例語	疏證
冤家朋 冤家		家朋皆讀俗音。		甬稱互相仇視之人曰冤家朋，亦曰冤家。
地頭鬼		鬼讀俗音（ㄐˊㄩ）。		甬稱外引人以謀害本地之人曰地頭鬼。地頭二字連言見《唐書・食貨志》：「大曆元年，有地頭錢，每畝二十。」
老酒甏				甬諱稱女子子曰老酒甏。蓋俗女子長而字人，男方須以酒若干罋爲聘禮，俾女方可餽贈諸戚，故得此名。
脒頭鬼		鬼讀俗音。		甬稱婦女挑撥其夫、使家庭不睦者曰脒頭鬼。
了家精		家讀俗音。		甬稱婦女不安於室者曰了家精。謂家業從此完了也。精，即妖也。
白虎星 白虎				甬稱婦女不利於家者曰白虎星，亦省曰白虎。蓋相傳白虎爲天上凶星，人遭之，主不祥也。
狐狸精				甬稱婦女專事塗脂抹粉而媚惑男子者曰狐狸精。
小舢板				甬稱攜帶之小兒女曰小舢板。舢板，小舟也，常隨艨艟而行，故得此稱。
拖油瓶（拖有病）				甬稱隨母改嫁之子女曰拖油瓶。《越諺》謂「即售子之廋語」，而未釋其義。案實當作拖有病，因再醮婦如攜有前夫子女，其婚書中當載明拖帶有病子女若干人云云，蓋恐異

續表

詞附短語	本音	俗音	例語	疏證
				日或有死亡，免致貽累後夫，謂因虐待而死。與當票上載明典質器物雖完好亦曰破損同一用意。文人未睹世俗再醮婦婚書，乃誤有病爲油瓶矣。
燥貼（燥搨）		貼讀若搨（ㄊㄚ˙）。		甬諺稱錢業商曰燥貼，亦作燥搨。因《笑林廣記》載一守財虜死後見冥王，王罰下油鍋，守財虜對王言：耗油可惜，願在鍋中燥貼，以油折錢賜予云。甚言錢業商之重利也。
屋裹老		屋讀烏斛切（ㄨㄛ˙）。		甬稱閉門不預外事、專吝嗇以積財者曰屋裹老，謂終老牖下也。與守財虜意略同。
自料理（自了類）				甬稱愚而好自用之人曰自料理，亦可作自了類，猶他方所謂自了漢也。
隨批答		答讀若塔（ㄊㄚ˙）。		甬稱唯唯諾諾不加可否之庸人曰隨批答。謂聽人之批評秖知答應，無判斷之才也，即所謂盲從。
鏽釘株				釘株，釘之俗稱。釘鏽木中不易拔起，故甬稱終身株守一業、無騰達之望者曰鏽釘株。
紅腳梗		梗讀古猛切（ㄍㄨㄤ˙）。		腳梗，腿之俗稱。甬稱不識字之農民曰紅腳梗，謂農民耕種時著短踦袴，常裸其赤色腿也。
白肚皮				肚皮，腹之俗稱。甬稱不識字之人曰白肚皮，猶言胸無點墨也。

續表

詞附短語	本音	俗音	例語	疏證
地活猻				甬稱灌圃者爲地活猻，謂芟草培蔬須時時動作，無一息之停頓，如猿猴之好動也。
無腳蟹		無讀俗音（ㄇㄨ）。		甬稱無夫之婦女曰無腳蟹，婦女亦常以自稱，謂如蟹之無腳不能行動也。
哭吸猫		猫讀本音（ㄇㄠ）。		甬稱善啼哭之兒童曰哭吸猫，謂如猫飢求食嗚嗚而鳴也。
夜老鴉		鴉讀俗音（ㄛ）。		甬稱出言不知忌諱之人曰夜老鴉。蓋俗迷信聞鴉夜鳴必主災禍也。
地雷火礮				甬稱性急易怒之人曰地雷火礮。
菜園笆門				甬稱進退由人者曰菜園笆門。常以自稱，所謂趙孟能貴，趙孟能賤者也。蓋菜圃之籬門隨人啓閉，自由出入也。
鷄毛刷帚				甬稱貪濫財色之人曰鷄毛刷帚，謂不問汙潔，靡不及之也。
揩卓橙布		揩讀俗音（ㄎㄚ）。		甬亦稱濫貪財色之人曰揩卓橙布，謂如抹布之拭穢物也。
櫃台獅子		櫃讀俗音（ㄐㄩ）。		甬稱商店中立於櫃後應付顧客之夥友曰櫃臺獅子，謂如石獅終日踞於第宅門前也。

續表

詞附短語	本音	俗音	例語	疏證
鑽倉老鼠		鼠讀若子（ㄗ）。		甬稱蹀躞往來、愛管閒事之人曰鑽倉老鼠，謂鼠窟、倉廩中忽出忽入也。
落弶老鼠	弶，其兩切。	鼠讀若子（ㄗ）。		甬稱懾於壓迫之人曰落弶老鼠。弶，解見器具，謂如鼠陷於弶中不敢動彈也。
好日黃狗		狗讀若趕（ㄍㄧㄢ），日讀俗音。		甬稱趨炎附勢、奔走忙落之人曰好日黃狗，謂如犬在民間盛行婚嫁時出入各家，以求殘骨也。
紙畫老虎				甬稱外强中乾之人曰紙畫老虎。
坐洞老虎				甬稱終日坐守一室以鎮懾下屬者曰坐洞老虎〔一〕，謂如虎之守穴也。
大礮				甬稱身軀肥重者曰大礮。
舢板				舢板，即小舟，摇動時左右欹側，故以稱跛者。
琉璃燈				甬稱禿髮者曰琉璃燈，喻其光滑也。
纏頭鵝				甬稱因頸項有病而首欹側者曰纏頭鵝，因鵝仰視時常側其首也。

〔一〕懾：原作「攝」。

續表

詞 附短語	本音	俗音	例語	疏證
拖鷄豹				甬稱襤褸不加修飾之人曰拖鷄豹。拖鷄豹者，竊食鷄雛之野狸，毛斑駁不潔也。
黑炭鬼 黑炭頭 黑炭		鬼讀本音。		甬稱皮膚粗糙、面目黧黑之人曰黑炭鬼，亦曰黑炭頭，省稱黑炭。
浮屍				甬詈游蕩無業之人曰浮屍，謂如溺死者之屍漂浮於水中也。
雜種（賊種） （石中）				甬詈不肖子弟曰雜種。《投甕隨筆》：「今人詈人之桀猾不循理者曰雜種。《晉書・前燕載記》贊曰：『蠢兹雜種，奕世彌昌。』」俗亦書作賊種，頑童疥壁書作石中。
變種				甬稱不同族類結合而生之子女曰變種，即古所謂雜種也。
衆生（中生）		生讀俗音（ㄙㄤ）。		甬詈人之頑劣者曰衆生。《直語補證》：「俗罵人曰衆生。衆音中，以畜呼之也。《翻譯名義集》云：『《漢書》中衆生去呼，釋氏相承平呼。』其實衆音終，古音也。《春秋傳》『衆父卒』，《釋文》亦音終。」案俗正讀中，故頑童疥壁竟書作中生。
冤鬼 冤鳥		鬼（ㄐㄩ）鳥（ㄉㄧㄠ）皆讀俗音。		甬人惱恨小兒女時詈之曰冤鬼、曰冤鳥，以其哭鬧無已時也。

續表

詞附短語	本音	俗音	例語	疏證
牛 賊牛 笨牛		牛(兀ㄤ)賊(ㄙˊㄚ˙)皆讀俗音。		甬稱人蠢愚無知曰牛、曰賊牛、曰笨牛。《俗呼小録》：「詬罵農甿之民曰牛，亦以其無知識也。」《管天筆記》：「吴人罵人曰傖，今訛爲賊牛。」案賊牛實非傖之翻語，加以賊字，不過甚言其傖惰而愚蠢也。
鬼(魕)(⿱幾鬼)(機)(禨)(⿱幾鬼)		鬼讀俗音(ㄐㄩ)。	短命鬼 小鬼	甬語讀鬼若舉音，實即鬼之俗音也。凡見母之字，有讀音爲剛音，而俗音爲柔音者，如鬼貴龜歸等是也。有讀音爲柔音，而俗音爲剛音者，如監家夾戒等是也。字本亦作魕。《淮南子·人閒訓》：「荆人鬼，越人魕。」一本魕作機。《列子·説符篇》作機。《説文》作⿱幾鬼，謂鬼俗也。《類篇》作⿱幾鬼，謂「南方之鬼曰⿱幾鬼」。《集韻》：「魕，舉豈切。」則與舉音甚近矣。又俗稱人之狡黠不正者曰鬼，如詈人曰小鬼、曰短命鬼等。《方言》：「自關而東，趙魏之間謂之黠，亦謂之鬼。」則此稱自漢以來已然。
夜人客		人讀俗音。		婦女迷信，諱言鬼字，故改稱曰夜人客，謂鬼夜出也。如因鬼祟而晚間作小祭祀曰請夜人客。
鏖糟 鏖糟氣 邪氣				甬謂不潔曰鏖糟，解見形狀詞類。因凡不潔之物多稱鏖糟，如婦女月經曰鏖糟，垃圾塵埃亦曰鏖糟，游蕩無業專事敲詐之人亦曰鏖糟，而鬼亦稱之曰鏖糟。又曰鏖糟氣，又曰邪氣。

續表

詞 附短語	本音	俗音	例語	疏證
老山大人 屋業地主		大人二字皆讀俗音。		甬稱家祭之時，常別設一席於堂側簷下以祀神，其神曰老山大人，亦稱爲屋業地主，謂爲昔居是宅之鬼也。然宅雖新築，亦必祭之，則非故鬼明矣。蓋實爲古祭中霤之遺。《禮・月令》：「其祀中霤。」注：「中霤猶中室也。土主中央，而神在室，古者複穴，是以名室爲霤。」疏：「土，五行之主，故其神在室之中央。中霤所祭，土神也。杜注《春秋》：『在家則祭中霤，在野則爲社。』古者複穴，皆開其上取明，故雨霤之後，因名室爲中霤。」案中霤爲家中土神，故有屋業地主之稱。古人居於複穴，在山中，故有老山大人之稱。又案《説文》：「霤，屋水流也。」今俗亦稱簷流曰水霤，故中霤本祀於室之中央，後乃移諸簷下矣。
喪亡鬼（傷亡鬼） 喪亡		亡讀若芒（ㄇㄤ），鬼讀俗音。		甬稱虎倀曰喪亡鬼，亦省稱喪亡，謂遭之必罹喪亡之災也。一曰因爲虎所傷而爲鬼，則喪當作傷。
楊柳衹（楊柳穉）				甬稱樟柳神曰楊柳衹，謂以柳木雕成之神也。或曰衹當爲穉之轉音，蓋俗傳攝孩穉之魂爲之也。
幼芒（拗猛）（盎孟）		幼讀若奥，芒讀若猛。	幼芒港	昔年迎春之時，飾芒神之牧童，紅衣緑袴，髮束雙髻。履一足，跣一足，甬俗謂之幼芒。曰幼者，以孩穉飾之也。芒神，即《禮記・月令》「三春之月，其神句芒也」。俗因又稱兒童衣履不整曰幼芒。又甬江近三江口水道曲折處曰幼

續表

詞 附短語	本音	俗音	例語	疏證
				芒港，即以此得名。俗因又謂臂灣曰幼芒港。舊俗娶婦鬧房，索看新娘手臂曰看幼芒港，即因此沿稱。幼讀若奧者，猶拗從幼得聲而讀若奧上聲。芒讀若猛者，猶盲虻從亡得聲而讀若孟平聲也。俗作拗猛，或作盎孟，並非。
九良星			派得九良星無坐窩	甬諺謂督促工事迫急，使怱遽無閒坐之時曰派得九良星無坐窩。窩，讀若汙。坐窩，坐位也。亦簡曰九良星。初不知其何意，後閱褚人穫《堅瓠六集》載宋蔡襄出守泉州，造洛陽橋，其日正犯九良星，襄策馬當之曰：「君爲九良星，我是蔡端平；相逢不下馬，各自分前程。」遂興作無忌。俗蓋本諸《洛陽橋》雜劇，而有此語也。又案舊時曆書，每月皆有九良星值月，即階、廚、井、灶、房、水、路、大門、中庭九處所值皆吉，故曰九良星。惟不值閏月，故謂併閏月計算之曰派得九良星無坐窩。
牀公牀婆				婦女迷信謂牀必有神，主兒女安眠，稱曰牀公牀婆，數祭之以求福。
監齋菩薩		監讀俗音。		甬稱伽藍神曰監齋菩薩，謂監察一寺之齋。俗因又移稱監察婢僕勤惰之家主曰監齋菩薩。
筲箕姑娘 汙缸姑娘		汙讀俗音(禾)。		即古卜紫姑之遺。甬俗於舊曆正月十三夜，以筲箕覆之爲神座，插一箸於箕沿，令小兒女禱祝廁旁，延之來，布米於卓，俾作字畫，以卜休咎，故曰筲箕姑娘，亦曰汙缸姑娘。

續表

詞附短語	本音	俗音	例語	疏證
倒蠹和尚		蠹讀若督（ㄉㄛ）。		久雨之時，小兒女往往翦紙爲僧形，或一，或連袂成羣，使腳上頭下倒貼於門窗，謂可求晴霽，曰倒蠹和尚。蠹，直立也。本徹母，轉爲端母音。
右人稱 附鬼神。人稱有稱呼、名稱之别。稱呼者，覿面時呼之也。名稱者，對他人而談及是人之稱也。二者多不同名。今以呼爲稱呼，稱爲名稱，俾知有别。又稱呼，有城市與各鄉之殊。而名稱所含之意味，又有尊敬、輕蔑、譏刺、嘲謔、詈駡、忌諱、混號、通稱之不同。今分别疏釋如前。				
説話		説，東南鄉讀若最（ㄒㄩㄛ）。	講説話	甬稱言語曰説話。《説文》：「説，釋也。一曰談説也。」「話，合會善言也。」案説話二字，古音皆屬泰部，實疊韻，猶言語爲雙聲語也。俗謂發言曰講説話。
話頭 話場			話頭長	甬稱談論曰話頭，亦曰話場，與説話誼略異。話頭見《鶴林玉露》引陸游《送姪住山》詩。
話把（話欛） （話靶） 話柄			做話把	甬稱口實曰話把。把，柄也，謂人以此爲談論之資料，故亦曰話柄。話把，《鶴林玉露》作話靶，靶，轡首革，則與柄誼近。《羅湖野録》作話欛，欛，把本字。
口談		談，讀若淡（ㄉㄢˊ）。	辱人當口談	口談，甬稱言辭中慣用之語也。故言談中夾雜詈人語曰辱人當口談。
口信			帶口信	託人代傳之言辭，甬稱口信。語見《宋書·王景文傳》。
腳色（角色）			好腳色	甬稱人之才具曰腳色，故幹才曰好腳色。《朝野類要》《元典章》及《通雅》均有腳色二字。亦作角色。

續表

詞（附短語）	本音	俗音	例語	疏證
身家 身分		家讀俗音，分讀若問（ㄪㄙ）。	身家重 身分高	甬稱人之地位曰身家，亦曰身分，故謂人地位高曰身家重，亦曰身分高。
紳衿			有紳衿	甬稱科名曰紳衿，合搢紳與青衿言之，猶謂士紳或紳士也。故有科名者曰有紳衿。
廓落 廓子（殼子） 框宲 架子		架讀俗音（ㄍㄛ），宲讀若茫（ㄇㆲ）。	廓落大 敲廓子 框宲 搭架子	甬稱外表曰廓落，亦曰廓子。廓、殼皆外露者，故有此稱。又曰框宲。框，器物之框檔；宲，大木也。意與架子同。廓落二字見《易林》及《釋名》。
場面			場面闊 綳場面	甬稱婚喪等之鋪張曰場面，故鋪張揚厲曰場面闊，貧而好鋪張者曰綳場面，亦曰撐場面。
樣範 樣子		範讀本音，亦讀若蠻上聲（ㄇㄢ）。		甬稱人之態度、物之形式、事之情形，皆曰樣範，亦曰樣子。樣子，本四方通語。
體統			弗成體統	甬稱禮數曰體統，故不知禮數曰弗成體統。《唐書・劉知幾傳》：「體統各殊，指歸咸別。」
手勢 手段			老手勢 手段好 手勢大	甬稱人作事之能力曰手勢、手段，故有經驗曰老手勢，藝能精妙曰手段好。又稱勢力曰手勢，如言手勢大。

續表

詞 附短語	本音	俗音	例語	疏證
腳擘		擘讀若潑(ㄆㄚ)。	腳擘大	甬稱人勢力根據曰腳擘。擘，大指也。腳擘，謂兩足所據之地位也。
根腳			根腳深 說話無根腳	甬稱人所憑藉者曰根腳，故俗有「根腳深深，道臺親丁」之諺。又根據亦曰根腳，故無實據曰無根腳。
腳力			無腳力	甬稱能力曰腳力，能力薄弱曰無腳力，惟常指經濟力而言。
來根			有來根	甬稱人根基曰來根，如稱夙慧之人曰前世有來根。又人之來處曰來根，如僱用之人有介紹者曰有來根。
來根去脈		去讀俗音(ㄑㄧ)。		甬稱事之本末或人物之來去處所皆曰來根去脈。
來頭人			有來頭 來頭人	甬稱員役等介紹之人曰來頭，如介紹人亦曰來頭人，有介紹人曰有來頭，介紹人有勢力曰來頭大。
臛頭(膗頭)		臛讀若霍(ㄏㄛ)。	賣臛頭	臛本作膗。《說文》：「膗，肉羹也。」《禮·內則注》以膷爲牛臛，臐爲羊臛，膮爲豕臛。《越諺》謂：「庖丁揀精美者蓋飾肴饌之面，謂之臛頭。」案甬稱修飾精美、使人豔羨曰賣臛頭，即本此意。案石介《歲晏村居》詩：「春近臛頭香。」二字已連用矣。
竄頭		竄讀若爨平聲(ㄑㄩㄢ)。	趕竄頭	甬稱捷足先登曰趕竄頭。案竄本謂鳥獸逃逸，亦故稱人疾走曰竄。趕竄頭之語本此。

詞 附短語	本音	俗音	例語	疏證
三色			看三色	甬稱人之態度變化曰三色，故伺察人之態度曰看三色。三色，語見《吕氏春秋》及《韓詩外傳》。
事體			做事體	甬稱事曰事體。語見《後漢書・胡廣傳》。
行當		行讀若杭(ㄏㄤˊ)〔一〕。		《玉篇》：「當，任也。」故任事曰句當、曰屏當。《書言故事》：「丁晉公倅饒，判官白稹以片紙假錢五環。公笑，書簡尾曰：『欺天行當吾何有，立地機關子太乖。』」案行當與機關對文，蓋宋時俗語，謂所行之事。今甬語亦稱事之緣由曰行當。《越諺》謂行販貨之區當典質所在以喻條理，似非。
行止 行爲 行意		行讀下孟切(ㄏㄤˋ)。		甬稱品行曰行止，亦曰行意。又曰行爲，則爲四方通語矣。行止蓋由《孟子》「行止，非人所能也」語引申之誼。行意，見徐陵《諫仁山深法師罷論書》「行意兩全」。
作爲			有作爲	甬稱發展之事業曰作爲，故能發展曰有作爲。又作爲二字亦析言之，如稱胡行曰妄作、妄爲。
皁白			弗分皁白	《廣雅》緇謂之皁，故皁白猶言黑白。甬稱事之利害曰皁白，故不知利害曰弗分皁白。《北史・魏臨淮王傳》：「中山皁白太多，未若海南風流寬雅。」皁白太多，謂黑白太分明也，誼與甬語略同。

〔一〕本欄内容原在下方「例語」欄。

續表

詞 附短語	本音	俗音	例語	疏證
把柄（把秉）（杷柄）（欛柄）（巴鼻）（巴臂）				凡物可執持之處曰把柄。因之凡事爲人所挾持者亦曰把柄。本作欛柄，見《藝林伐山》引朱子答萬正淳語。《廣韻》：「欛，刀柄名。」字亦作杷。又《詩傳》作把秉，《後山詩話》作把鼻，《五燈會元》作巴鼻，《琵琶記》作巴臂。
苗頭（矛頭）			拔苗頭	機事微露者，甬稱苗頭。故探人口氣或偵人動作曰拔苗頭，謂如苗頭微露水土之上也。或曰當作矛頭，謂如矛之露鋒也。矛，甬稱矛子，亦曰長矛，讀若苗。
閒帳		閒讀俗音（ㄏㄢ）。	管閒帳	甬稱事不干己者曰閒帳。諺有「管閒帳，淘閒氣」之語。帳者，計簿也。閒帳，謂無關係之計簿。
把勢			打把勢 把勢上 喫把勢飯	把勢，本遼以東打鷹者名目，兼衙門行杖，率以流人子弟及奴僕爲之。見林佶《遼金備考》。故俗稱流氓之勢力範圍曰把勢上，又流氓藉端敲詐人財曰打把勢，又稱流氓曰喫把勢飯。
落底			敲落底	甬稱事之歸束曰落底，追問歸束曰敲落底。
結束 結果		結束讀如腳（ㄐㄧㄚ）色（ㄙㄚ）。	無結束 無結果	甬稱人或事之歸束曰結束，如謂人終於淪落曰無結束、曰無結果，事有始無終曰有頭無結束。

續表

詞 附短語	本音	俗音	例語	疏證
所以然			弗曉得所以然	甬稱原因曰所以然，故不知其原因曰弗曉得所以然。
分(份)		分讀若問(万ㄥ)。	有分 無分	甬稱應分得之財物曰分，故財物有所得曰有分，無所得曰無分。《左傳》：「四國皆有分。」又：「楚是以無分。」
分子(份子)		分讀若問。		甬稱各人應得或應派之財物曰分子。《都城紀勝》：「赴茶酒人，每日與人傳語往還，或講集人情分子。」
花色 花花色色			花色多	甬稱物品種類曰花色，如商店貨物備有多種曰花色多，亦重言之曰花花色色。二字連用，已見梁武帝詩「花色過桃杏」，然專指花之顔色而言。
用場			有用場 無用場 用場大	甬稱人物之用途曰用場，如有用曰有用場，無用曰無用場。又繳用亦曰用場。
陶窑 開繳			多陶窑 省開繳	甬稱經常或特别之費用曰陶窑，亦曰開繳，如浪費曰多陶窑，節費曰省開繳。《越諺》謂：「陶冶窑竈，銷耗甚費，故以喻用度。」開繳者，謂開支繳費也。
火功(火工)			火功到	甬稱烹煮之火候曰火功，亦作火工，如烹煮爛熟曰火功到。
田地				甬稱地步曰田地。朱子《語録》：「做到那田地。」與甬語所謂田地誼正符合。

續表

詞 附短語	本音	俗音	例語	疏證
局面 局勢 局度			大局面 局勢小	甬稱作事之範圍曰局面，亦曰局勢、局度，故範圍大曰大局面，範圍小曰局勢小。亦曰局度。《後漢書・袁紹傳》〔一〕：「紹外寬雅，有局度。」
房分（房户） 房		分讀若問。	大房 小房	甬稱族中之派別曰房分，或作房户。户，亦讀若問。亦省曰房。此語起源頗早。《北魏書・宗室深傳》：「其往世房分，留居京者，得上品通官；在鎮者，便爲清途所隔。」《舊五代史・李專美傳》：「專美本出姑臧大房，與清河小房崔氏、北祖第二房盧氏、昭國陳氏爲四望族。」
腳埭（腳隶） （腳逮）		埭讀若甬大讀音平聲（ㄉㄚˊ）。	打腳埭 看腳埭	甬稱行步一次曰一埭，故腳所到處曰腳埭。本當作隶。《説文》：「隶，及也。」亦可作逮。《集韻》：「逮，臨也。」俗稱盜賊預探所竊家宅出入門路曰打腳埭，亦曰看腳埭。
造煞數				甬稱事有定理或定例者曰造煞數，謂如天造地設之運數也。
急口令（吃口令）				甬稱言辭對答敏捷者曰急口令。《古今鮭・句當》條作「吃口令」，然誼實與吃口令異。
笑面虎			裝笑面虎	甬稱脅肩諂笑之態曰笑面虎，與通語以人心陰險而外和善者曰笑面虎誼亦略殊。龐元英《談藪》：「王公衮居常若嬉笑，人謂之笑面虎。」則屬第二義。

〔一〕漢：原誤作「滿」。

續表

詞附短語	本音	俗音	例語	疏證
高帽子			戴高帽子	甬稱趨奉之語曰高帽子，故諂人曰戴高帽子，愛受人諂曰歡喜戴高帽子。《通俗編》：「《北史・熊安世傳》：『宗道暉好著高翅帽、大屐，州將初臨，輒服以謁見。』今謂虛自張大冀人譽己者，蓋本於此。」案與甬語誼略殊。
鬼畫符		鬼讀俗音。		甬稱不可信之言或不可恃之事曰鬼畫符。元好問詩：「兒輩從教鬼畫符。」
門檻		檻讀俗音(ㄎㄢ)。	門檻進 老門檻 走門檻	他方皆稱門閾曰門檻，甬獨稱爲地栿，惟稱作事之訣竅曰門檻，蓋院言門徑也，故入門曰門檻進，老於其事曰老門檻。又稱妓猶亦曰門檻〔一〕，則猶宋元小説之稱爲門户人家也，故嫖妓院曰走門檻。
生意		生讀俗音(ㄙㄤ)。	做生意	甬稱商業曰生意，經營商業曰做生意。生意者，謂以生活爲意也。生意二字連言，遠見《後漢書・郭躬傳》：「不可以委曲生意。」然誼與甬語殊。
門市				甬稱商店在門前現售者曰門市。
拆兑 兑行		行讀若杭(ㄏㄤ)。		甬稱小商店或沽販居民等向行號批發貨物曰拆兑，亦曰兑行。

〔一〕猶：似與上句「蓋院言門徑也」之「院」互訛。

續表

詞 附短語	本音	俗音	例語	疏證
帳面（賬面）				甬稱商店賒給居户之貨物，記於計簿之總值曰帳面，亦作賬面。
大小		大讀俗音。	喫大小	昔年錢業以銀幣與銀兩互相合算，價有長縮，謂之大小，因此懸虛賣買以爲贏虧，謂之喫大小。起自清咸豐初年，商店輸餉惟所欲爲，後經官廳漸禁，今已絶跡矣。詳見《食貨志・金融編》。
利市			無利市	本指商販所得贏利而言，見《易・説卦傳》。今凡事之吉利者曰利市，不吉者曰無利市。又商民往往以猪首祭財神以求福利，故亦稱猪首曰利市也。
便宜		宜讀若衣（一）。	佔便宜 便宜貨 討便宜	甬稱利益曰便宜，故獨得利益曰佔便宜。引申之，稱物價較市值低廉亦曰便宜，如賤價貨物曰便宜貨。又謂勝利曰便宜，故以輕薄言辭譏詈他人以取勝利曰討便宜。便宜二字，見唐李涉《山居》及寒山詩。
花息 花				甬稱不動産孳生之利益曰花息，田地之産物、房屋之租金皆可稱之。亦省曰花，故田屋契據有「管業收花」之語。
櫃臺靠		櫃讀俗音。	喫櫃臺靠	有酒癖者往往立於酒肆櫃前沽飲，取其費省而事捷，謂之喫櫃臺靠。

續表

詞 附短語	本音	俗音	例語	疏證
時值估價				甬俗於賣買田宅等契中往往有時值估價四字，謂依到期之時所應得之價值估定其田宅之價值也。
洋生 洋花				甬稱漁業曰洋生，謂洋海中之生計也。亦曰洋花，謂洋海中所收之花息也。花息解見前。
六字 六合 八字			請六字 六合相應 排八字	甬稱生年月日之干支曰六字，男方向女方求婚時往往先詢問女子之生年月日，而時則僅書吉時，不書干支，故曰請六字。六字，亦曰六合，謂天干地支六字配合而成也。女子六字與男子相當，無沖犯之忌，謂之六合相應。此語頗古，漢人爲焦仲卿妻作詩已有「六合正相應」之句。又生年月日時干支，則曰八字，故推算命運亦曰排八字。
交杯盞		交讀本音。		甬俗結婚時行禮後，男女入房中，杯盛醴酒，交互飲之，曰交杯盞，即《昏義》合巹之遺也。
待筵			坐待筵 陪待筵	甬俗結婚之夕，男方特備一席以晏新娘，謂之待筵，取接待之意也。新娘入筵曰坐待筵，以童女數人侍晏曰陪待筵。
周歲（週歲）				嬰兒誕生適滿一歲謂之周歲。周，亦作週。周歲與下列周年，一生一死，絕對不同，不可混也。周歲二字，見《全唐詩話》，謂滿一歲，非專指嬰孩言。

續表

詞 附短語	本音	俗音	例語	疏證
周年（週年）				人死適滿一歲之期，謂之周年。《晉書・禮志》：「泰始二年八月，詔曰：此上旬，先帝棄天下日也，便以周年。」
七 七頭				甬俗人死，每越七日而祭，謂之七，亦謂之七頭。死後七日曰頭七，至十四日曰二七，以後謂之三七、四七、五七、六七，迨七七四十九日，則謂之滿七，始斷哭矣。即古虞祭之遺也。
百日		日讀俗音。		甬俗人死適滿百日亦舉祭哀哭，謂之百日。惟百日以三月又十日爲期，不補月小日也。
忌日 生諱日期		忌日之日讀俗音，日期之日讀本音。	做忌日 忌日羹飯	先人之生日、卒日，甬稱忌日，亦曰生諱日期。忌日設祭祀曰做忌日，祭祀筵席曰忌日羹飯。
十頭 陰生 陰壽		生讀俗音。	做陰生	先人遇旬之誕期曰十頭，必設盛祭，與平素忌日不同。惟十頭限於冥壽，生人不稱也。陰生、陰壽亦同。
陰配				早殤之兒女，俗往往爲之擇相當年齡已故者而行婚嫁禮，以便合葬，曰陰配，即冥婚也。
流年 月建			流年弗好 月建弗利	星命家謂在運中所值本年之吉凶曰流年，本月曰月建。故人遇病災親友，往往慰之曰流年月建弗利。

續表

詞附短語	本音	俗音	例語	疏　證
大業 小業 田脚 大小業		大讀俗音。		甬俗田産業主有大業、小業之分，二者各有同一田産所有權，且可各自賣買，惟糧由大業繳納，小業不過問也。租賃權，則歸小業，大業亦不過問也。大業或小業業主皆向佃農收租，多寡不同，惟大業向佃農收不到租時，則可向小業收租。小業亦稱田脚，多自耕農。若併大業小業而爲一人所有，則稱大小業，其田價較貴矣。大抵城市居民多買大業，或兼買大小業，鄉村居民則多買小業也。
三浪頭		頭讀若潭。	三浪頭健	海中風濤，往往前後三巨浪接續而至，故稱三浪頭。俗因稱天性急烈之人，初接觸之時即以疾言厲色加人，厥後轉爲和平，稱爲三浪頭健。
東道			賭東道 喫東道	東道主，爲鄭燭之武對秦穆公語，見《左傳》，本謂供帳賓客之主人。因鄭在秦東，故有此稱。甬俗則稱因事而争勝負，以酒食爲注者曰東道。故有「賭東道」「喫東道」等之語。
小意思（小意智）				甬人自謙物少曰小意思。《越諺》引朱子《語録》作「小意智」。
把戲			花把戲 小把戲	甬稱事可爲笑柄或資人談助者曰把戲。如常稱桑間濮上之事曰花把戲。二字見《元史·百官志》。若有時稱頑童曰小把戲，則外來語，非甬方言矣。
戲文			看戲文	甬稱戲劇曰戲文，聽戲曰看戲文。因戲劇有文章節奏，故得此名。

續表

詞 附短語	本音	俗音	例語	疏證
隔壁戲			聽隔壁戲	即口技也。因演者處黑幕中，不爲人見，故稱隔壁戲。俗因又稱竊聽鄰房男女情語曰聽隔壁戲。
裝頭孩 凳頭戲 獨腳戲		裝讀若張（ㄗ一ㄤ），孩讀若寒去聲（ㄏ彡）。	唱獨腳戲	爲傀儡戲之一種。演者僅一人，立凳上，罩於布幔中，前設小戲臺，以食指裝木雕人首，而大中二指則套具形之衣以爲二臂，同時左右二手可扮二偶，多則挂於臺上，即敲鑼擊鼓及歌唱亦演者一人司之，手足與口幾無暫停，故曰獨腳戲，亦曰凳頭戲。其傀儡即謂之裝頭孩。甬稱事由一人獨爲者曰唱獨腳戲，本此。
木頭孩 木頭戲 下弄上		孩讀同前。		此即通行之傀儡戲也。設大布幔，演者及司鑼鼓者皆入幔中，傀儡以木雕首、竹竿爲骨架及兩臂，外被衣服，演者從下牽掣骨架，則頭手皆轉動，故稱傀儡曰木頭孩戲、曰木頭戲，亦曰下弄上也。甬昔多由墮民演之。俗稱事由下發動者曰下弄上，即本此。
牽線木頭孩 孩兒戲		木頭孩，孩之讀同前。孩兒，孩之讀本音。		此與下弄上略同，惟前者傀儡無足，此併有足；前者以竹骨司動作，此則以細綫繫傀儡之頭及手足以爲動作；前者演者在布幔中，此則演者在背景布幔後，較有異耳。俗稱此種傀儡曰牽線木頭孩，以爲別。戲則曰孩兒戲，以傀儡較大，幾如一二歲之孩童也。

續表

詞 附短語	本音	俗音	例語	疏證
文書 南詞 武書			唱文書 講武書	文書亦曰南詞，即蘇滬之灘簧。惟灘簧數人合唱，文書則一人獨唱，餘皆弄樂器，較有別耳；文書以唱爲主，旁及説白、打諢，武書則有講無唱，而有時手足比演劇中人物動作；文書坐唱，武書立講；此文武之名所由分也。
小唱				奏樂唱戲而不演者，甬謂之小唱。喜慶祭祀時多僱用之，爲墮民之專業。
歌詩（歌司）				此與小唱略同，惟有奏樂臺，故美其名曰歌詩。或曰當作歌司，謂司歌唱也。亦墮民專業。
龍鳳細吹 小堂名 路吹		吹讀俗音（ㄘㄩ）。		以八人著綵服，引導新娘綵輿，沿途奏樂者，謂之龍鳳細吹，亦曰小堂名，又曰路吹。亦爲墮民之專業。
高蹻（高趫） （高蹺）（高橇）				賽會之時，扮飾劇中人物，足續二長木，有高至丈餘者，躑躅而行，謂之高蹻。蹻，亦作趫、蹺。《説文》謂「善緣木走之才」也。或曰即「禹泥行乘橇」之遺，故亦書作橇。《唐韻》：「橇，踏摘行。」又：「禹所乘也。」
寥天（撩天）			寥天八隻腳 講寥天	甬稱故事曰寥天，意謂懸空杜撰如天空之寥遠也。《越諺》：「自夸曰説寥天。」亦正此意。甬則謂説故事曰講寥天。又俗有「寥天八隻腳」之語，謂憑空也，與滬語「四金剛騰雲，懸空八隻腳」之義同。俗亦作撩天。

續表

詞附短語	本音	俗音	例語	疏證
虎跳			打虎跳	遊戲之一種。略俯其軀，兩手作匍匐勢，兩足突然躍起，斜轉其軀於空中而後立定，曰打虎跳，謂如虎之撲人也。《雲笈七籤》：「手匍腳跳如虎。」《越諺》謂即華陀五禽戲之虎戲。
筋斗（觔斗）（金斗）（跟頭）（跟陡）（跟倒）		筋（ㄍㄥ）斗（ㄉㄠ）讀如跟倒。	翻筋斗	亦遊戲之一種。挺立之際，突然翻轉其軀，使腳顛倒而後立定，成一環形動作，謂之翻筋斗。蓋以全體筋肉作一斗形也。其技有順逆兩翻，順從面轉，逆從背轉。又有空實兩翻，實則頭著地，空則否。《教坊記》及朱子《語録》作筋斗，《樂府雜録》作觔斗，《言鯖》作金斗；李氏《疑耀》及孫與吾《韻會定正》作跟頭，謂戲倒跟爲頭也；《越諺》作跟陡，謂以跟陡轉也。案依甬音當以跟倒爲是。
兩腳船				俗戲稱徒步而行曰兩腳船。如問人何所乘而來，常戲答曰坐兩腳船而來。施肩吾《贈鹽官主人》詩：「出路船爲腳。」則與此語正反。
差頭（詉頭）		差讀如叉（ㄘㄛ）。	扳差頭	甬稱過誤曰差頭，謂差失也。搜求人之過誤而批駁之曰扳差頭。差，亦作詉。《廣韻》詉，一曰「持人短」。
噴頭（啈頭）			喫噴頭 狗血噴頭	甬稱嚴詞厲色斥責人過曰噴頭，受者曰吃噴頭。又有「辱得狗血噴頭」之語，蓋即通語含血噴人意。《越諺》作啈頭。《玉篇》：「啈，利害聲。」《集韻》：「啈，瞋語。」則作啈亦得。啈，本亨孟切，讀噴者，其轉音也。

續表

詞附短語	本音	俗音	例語	疏證
蹱㨦（衝碰）（銃䨻）（銃䨺）（嗆哼）	蹱，丑用切。㨦，蒲孟切。	㨦讀普孟切（ㄆㄤ）。	做蹱㨦	甬稱人作事蹉跌曰做蹱㨦。《玉篇》：「躘蹱，小兒行。」《字彙》搕，㨦撞也。案謂人作事有失，如行路之蹱跌搕㨦也。亦作衝碰。《黄山谷集》有銃䨻語，郎仁寶謂爲蜀語，亦作銃䨺。《方言據》謂「人不受教令而反以言相忤」也。案銃䨻者，蓋以人之敗事，如雷之毀物也。《越諺》作嗆哼。《集韻》嗆，鋤耕切；哼，虛庚切。嗆哼，愚怯貌，音誼皆與甬語所謂蹱㨦者異，似非。
劍門			過劍門	甬稱事之難關曰劍門，越此難關曰過劍門。案劍門，疑即蜀之劍閣，謂不易度越也。或曰《唐語林》有透劍門技，俗語過劍門本此，則謂以劍爲門矣。
禍祟（禍水）			得禍祟	甬稱災禍曰禍祟。《左傳》晉侯楚昭卜疾禍祟。一曰當作禍水，蓋本漢淖方成斥趙飛燕「禍水滅火」之語。
賊火		火讀若吼（ㄏㄡ）。	賊火連累	甬稱无妄之災曰賊火連累。火，讀若吼者，今象山語猶然，連累音亦轉爲離癩。
火老鴉		鴉讀俗音（ㄛ）。		甬稱火災時四處飛射之餘燼曰火老鴉，以其形似之也。
服辯（服便）		服讀若匐（ㄅˊㄛ）。	寫服辯	甬稱因向人服罪而致歉辭之書狀曰服辯。《元典章》吏制有「取服辯文狀」語，則導源頗古。俗多譌作服便。

續表

詞（附短語）	本音	俗音	例語	疏證
花字 花押		押讀如約（ㄧㄚ˙）	打花字 落花押	甬稱簽押時所書行草字體曰花字，亦曰花押。《北齊書·後主紀》：「連判文書，各作花字，不具姓名，莫知其誰。」則此稱亦頗古。俗因稱簽押曰打花字，亦曰落花押。
短見			尋短見	甬稱因壓迫而自盡曰尋短見。短見者，與遠識對文，謂識見太短也。張融《與豫章王嶷牋》有「區區短見」語，則猶言淺見，與甬語意同而用異。
右事類　凡抽象名詞而非動作詞者亦入此。				
眼圈		眼讀俗音，下並同。	眼圈黑	甬稱目之四周曰眼圈。《説文》：「䀠，目圍也。讀若卷。」〔一〕又：「眥，目匡也。」皆即俗所謂眼圈也。
眼胞皮		胞讀若拋（ㄆㄠ）。		甬稱目上下外皮曰眼胞皮，即他方所謂眼瞼也。
眼沿（眼緣）			雙眼沿 單眼沿	甬稱目睫近處曰眼沿，亦作眼緣。眼沿有細紋一條者曰雙眼沿，否則曰單眼沿。
眼睞毛（眼睫毛）	睞音接，又音攝。	睞讀若殺（ㄙㄚ˙）。		甬稱睫曰眼睞毛，讀若殺者，攝之轉音也。字亦作睫。凡从疌得聲之字多轉音爲霎，如箑亦音霎也。

〔一〕圍：原誤作「圈」，據《説文解字》改。

續表

詞附短語	本音	俗音	例語	疏證
烏珠 眼烏珠				甬稱睛曰烏珠，亦曰眼烏珠。《埤蒼》：「瞳，目珠子也。」俗以色烏，故加烏字。
仙人 瞳人（瞳神）		仙人之人讀俗音，瞳人之人讀本音。		甬稱睛中人影曰仙人，較雅曰瞳人。李賀詩：「一雙瞳人翦秋水。」亦作瞳神。《説文》：「矑，盧童子也。」《史記·項羽本紀》作瞳子。
眼火			眼火好 眼火退班	甬稱眼光曰眼火。言火，猶言光也。眼光敏捷曰眼火好，遲鈍則曰眼火退班。
眼孔 眼框子			眼孔小 眼框子大	甬稱見識曰眼孔，如見識淺陋曰眼孔小。亦曰眼框子，如見識廣大曰眼框子大。《海録碎事》：「太祖曰：揩大眼孔小。」眼框子，即目匡，見《説文》。
耳朵（耳聸）（耳睡） 耳朵皮 耳朵瓣（耳朵爿）		耳讀若尼上聲（ㄬㄧ），下同。	耳朵聾 豬耳朵瓣	甬稱全耳曰耳朵，外耳輪曰耳朵皮。稱牲畜等之耳則多曰耳朵瓣。耳曰耳朵者，謂開張如花朵也。或曰朵當爲聸之轉音。《説文》：「聸，耳垂也。」俗亦作耳睡。《五音集韻》睡音朵，耳垂也。
小耳朵皮				甬稱内耳輪曰小耳朵皮，因如外耳輪而小也。
鼻頭 鼻頭管（鼻頭官）		鼻讀若白（ㄅ́ㄚ˙），下同。		甬稱鼻曰鼻頭。《南史·曹景宗傳》：「鼻頭出火。」則此稱亦古。又曰鼻頭管，謂鼻之兩孔如管也。實當作官，因鼻爲五官之一也。

續表

詞附短語	本音	俗音	例語	疏證
鼻頭樑 土星			土星直	甬稱鼻之高起軟骨曰鼻頭樑，不數鼻翼而言；亦有專指兩目中間一小部分者。謂如屋之棟樑也。其稱土星者，則沿風鑑書之名也。
鼻頭水（鼻鼽泗） 鼻鼽		水讀俗音（ㄙㄩ），鼽讀若頭（ㄉㄤ́）。	流鼻頭水 擤鼻鼽	甬稱鼻涕曰鼻頭水。本當作鼻鼽泗。《説文》：「鼽，病寒鼻窒也。」巨鳩切。俗讀轉爲頭音。《詩》「涕泗滂沱」傳：「自鼻曰泗。」故亦可省稱鼻鼽。俗徑作鼻頭，非。
鼻頭紅		紅讀俗甕音（ㄦ）。	出鼻頭紅	甬稱鼻血曰鼻頭紅，指其色而言也。凡流出之血，甬多稱曰紅，讀本音，如喀血曰吐紅，便血曰撒紅，受傷出血時慰之曰見紅有喜，皆指血也。
嘴（觜）（柴）（嘴） 嘴巴 嘴巴皮 嘴巴瓣（嘴巴爿）				甬稱口曰嘴，如稱人善辯曰一張嘴會講。嘴，亦通作觜、柴、嘴。又曰嘴巴。嘲謔之時則稱之爲嘴巴皮、嘴巴瓣。而與他字相連爲詞類者則多用口字，如口談、口腔、口氣、口舌等是也。
嘴唇 嘴唇皮				甬稱唇曰嘴唇，亦曰嘴唇皮。
人中（唇中）			人中無鬚	甬稱上唇中縫曰人中，實當作唇中。

續表

詞 附短語	本音	俗音	例語	疏證
牙牀 牙肉 牙牀肉		牙(兀ㄛ)肉(ㄏㄩㄛ)皆讀俗音。		甬稱齒根之肉曰牙牀，亦曰牙肉，亦連言牙牀肉，即齦也。《韻會》：「齦，齒根肉。」
天井板 天花板				甬稱口中硬顎曰天井板，亦曰天花板，以其形似也。
口甕(口鞥)				甬稱口中輭顎曰口甕，謂如城郭之有甕城也。或曰當作口鞥，謂如靴之有靴鞥也。
小舌頭		頭讀若潭。		甬稱口中輭顎下之懸舌曰小舌頭，謂如舌頭而小也。
涎唾(瀺唾)(次唾)(嚵吐) 涎茶 涎茶水		唾讀若吐(ㄊㄨ)。		甬稱唾曰涎唾。《説文》：「次，慕欲口液也。」「唾，口液也。」字亦作涎。《三蒼》：「涎，小兒唾也。」亦作瀺，見《史記·倉公傳》。又作嚵。亦曰涎茶或曰涎茶水，則專指小兒唾而言。
頭毛			黄頭毛	甬語嘲謔時稱髮曰頭毛，如兒童黄髮者稱爲黄頭毛。
胎毛 胎髮			胎毛未燥 剃胎髮	甬稱甫生嬰兒之髮曰胎髮，亦戲稱胎毛。《容齋隨筆》：「劉子明有《皇子剃胎髮》文。」
髻 頭毛髻 髫果(髫角)		髻讀若卓(ㄗㄩ)，髫讀若雕(ㄉㄧㄠ)。	頭上繞髻	甬稱昔時男女所盤之髮曰髻。音變如卓，如男子之椎髻曰頭毛髻。髻音亦變爲株。又稱幼女蟠髮雙髻曰髫果，實當作髫角，猶通語言丫角也。

續表

詞 附短語	本音	俗音	例語	疏證
汗毛（寒毛）（䩡毛）				甬稱膚上細毛曰汗毛，謂從汗孔中發生也。古作寒毛，見《晉書・夏統傳》。劉言史《觀繩技》詩：「萬人肉上生寒毛。」謂寒時毛豎也。本作䩡毛。《廣雅》䩡謂之豪。
天靈蓋 六斤四兩				甬稱人之頭骨曰天靈蓋，本之方書。曰天者，居人身最高部位也；曰靈者，以爲靈魂所宅也。又稱被梟之首曰六斤四兩，蓋六斤四兩合爲百兩，謂頭重約百兩也。
子孔（脖孔）（囟孔） 子孔窨	窨音蔭。			甬稱嬰兒囟門曰子孔，亦曰子孔窨。子者，指嬰兒也。《越諺》作脖門。案《説文》：「囟，頭會匘蓋也。」方書謂頂中央旋毛中爲百會，百會前一寸半爲前頂，百會前三寸即囟門。《集韻》囟音信。又音四，《五音集韻》。囟，古作脖。脖有滓音，四、滓二音與子音並近，故子孔實即囟孔、脖孔也。囟又作顖、顋，並見《集韻》。
腦殼 腦殼頭 額角（頟角） 額角頭		殼讀若客（ㄎㄚ˙），角讀俗音。	仆腦殼 額角頭亮	甬稱前額曰腦殼，亦曰腦殼頭，如前額凸出者曰仆腦殼，仆讀若撲。又曰額角、曰額角頭。風鑑家以是部光潔爲佳兆，故行吉運曰額角頭亮。額，本作頟；角，即《孟子》「若崩厥角」之角。《釋名》：「角者，生於額角。」風鑑家額之左右亦有日月角之稱。
面孔				甬稱面曰面孔，因面有耳目鼻七孔而得此名也。《開天傳信記》：「面孔不似胡孫。」則此稱頗古。

續表

詞附短語	本音	俗音	例語	疏證
面頰巴				甬稱頰曰面頰巴。名巴者，與嘴名嘴巴同。
下巴（下杷）（顎盤）下巴骨		巴讀若爬（ㄅˊㄛ）。	下巴骨笑落	甬稱下頷曰下巴，亦與嘴稱嘴巴同義。古謂之下頦。《齊東野語》有「兜不上下頦」之語。蓋謂喜過甚者，與今所謂「下巴骨笑落」語同。亦作下杷，則以顎骨與齒形似杷也。或曰下巴實即顎盤之轉音。
酒窨				甬稱頰輔之笑靨曰酒窨，他方謂之酒窩。亦曰笑窩，蓋頰旁之窩惟笑時及飲而下咽時則露，平時不見，故得此名也。
頭頸（脰頸）（頭莖）				甬稱頸項曰頭頸。《禮·玉藻》：「頭頸必中。」或曰當作脰頸。《説文》：「脰，項也。」脰頸猶言項頸、頸項也。案亦可作頭莖。《説文》：「頸，頭莖也。」莖與頸皆从巠得聲，故莖今雖讀户耕切，古實讀作頸也。
喉結				甬稱男子前頸輭骨高起者曰喉結，以形似結也。
胡嚨（㗅嚨）（呫嚨）（喉嚨）（烏嚨）		胡讀若烏（ㄨ）。		甬稱咽喉曰胡嚨。《釋名》：「胡，互也。在咽下垂，能斂互物也。」《説文》：「嚨，喉也。」連言嚨胡，《後漢書》：「請爲諸君鼓嚨胡。」今俗顛倒言之曰胡嚨。俗書作㗅嚨。《越諺》亦作呫嚨。《集韻》：「呫，咽喉也。」案亦可作喉嚨。喉、㗅一聲之轉。光緒志據《敬止録》引《爾雅》「亢烏嚨」以爲甬語烏嚨之本。案《爾雅·釋鳥》作「亢烏嚨」，謂烏喉曰亢，非作烏嚨，竟一誤再誤如此。

續表

詞 附短語	本音	俗音	例語	疏證
胸脘頭 胃脘	脘音管，亦音桓。			甬稱胸腔曰胸脘頭。脘〔一〕，讀若管。《説文》：「脘，胃府也。」《正字通》謂「胃之受水穀者曰脘」。臍上五寸爲上脘，臍上四寸即胃之幕，爲中脘，臍上二寸當胃下口，爲下脘。俗亦稱胃曰胃脘。脘，讀若盌。
肚皮 肚 肚子		指腹部讀徒古切（ㄉˊㄨ），指獸胃讀當古切（ㄉㄨ）。	肚皮痛 肚痛 猪肚 狗肚子	甬稱人腹部曰肚皮，亦省曰肚。《廣雅》「胃謂之肚」是也〔二〕，讀入定母。又稱畜類之胃曰肚，亦曰肚子，則與北方音同，讀入端母，如言猪肚、狗肚子是也。案肚字，《廣韻》本有睹、杜二音，惟義無别耳。肚皮，見《五燈會元》，有「將三條篾束取肚皮」之語。
腰縛（腰部） 腰身 腰		縛讀若婆去聲（ㄅˊ禾）。	腰縛痛 腰身小 袴腰	甬稱人身胸下腹上之部曰腰縛。縛，《廣韻》亦入箇韻，讀符臥切，即甬語縛之俗音也。謂之縛者，蓋當腰處繫帶也。或曰當作腰部，部爲古音魚部，縛俗音爲古音歌部，次旁轉也。又甬稱衣服腰部之尺寸曰腰身。鮑照詩：「閑麗美腰身。」段成式詩：「及時裝束好腰身。」是古已稱衣服寬度爲腰身。亦省稱腰，如袴當腰部處曰袴腰。
背脊		脊亦讀若肘（ㄗㄧㄤ）。		甬稱背曰背脊。亦讀若肘者，雙聲之轉。

〔一〕〔二〕 脘、胃：原均誤作「胸」。

續表

詞 附短語	本音	俗音	例語	疏證
天柱骨				俗稱脊骨曰天柱骨，喻其在軀幹中爲主要之骨也。
奶（乃）（⿰月兒）（嬭）（妳）（⿴囗乳）（穀）奶奶 奶奶莆（奶奶部）				甬稱乳部曰奶、曰奶奶、曰奶奶莆。又稱乳汁曰奶、曰奶奶。案《左傳》：「楚人謂乳穀。」穀，亦作穀，《釋文》奴口切。奶實穀之變音，古音侯部、泰部隔越轉也。《集韻》有⿰月兒字，音倪，謂「楚人謂乳爲⿰月兒」。⿰月兒，蓋亦穀之變音。奶，《廣韻》作嬭，亦作妳。⿴囗乳，《鐘鼎字音》作乃。奶字不見字書，蓋近世説部通行之俗字也。莆，《集韻》：「雉膺肉也。」《通俗編》云：「俗亦謂人之胸部曰奶莆。」今甬稱乳部曰奶奶莆，亦此意也。或曰莆當作部，亦通。
肚皮眼（肚毗眼） 肚臍眼 肚臍			蟹肚臍 鑊肚臍	甬稱人之臍曰肚皮眼。案皮當作毗。毗音琵。《説文》：「毗，人臍也。从囟比聲。囟，取氣通也。」亦曰肚臍眼。又稱器物當人臍部之處曰肚臍，如蟹之腹靨曰蟹肚臍，鍋底中心曰鑊肚臍。
心肝心肺				甬稱人之臟腑曰心肝心肺，又以爲親密之稱。心肝，見《晉書載記》，有「愛養將士同心肝」之語。心肺，見鄭據詩，有「更無外事來心肺」之句。
腰子			腰子笑落	甬稱人畜之內腎曰腰子，以位於腰部之兩旁也。故謂大笑使腰折痛曰腰子笑落。
骹股	骹音敲。	骹讀若絞羣母剛音（ㄍㄠ）。	骹股脱出 翦刀骹股	甬稱人身各部關節曰骹股，如關節脱臼曰骹股脱出。《廣韻》：「骹，脛骨近足細處。」又《爾雅》郭注：「骹，厀下也。」

續表

詞 附短語	本音	俗音	例語	疏證
				是骹本稱足之關節，故曰骹股。今則泛稱身體各部之關節耳。又器物關節亦稱之，如翦之樞鈕曰翦刀骹股。
肩甲（肩胛） （肩胛） 肩克 肩膀（肩髆） 肩克頭	膀音旁。	膀讀若榜平聲（ㄅㄤ）。	笡肩甲 肩膀闊	甬稱肩曰肩甲，如肩一高一低曰笡肩甲。《說文》：「髆，肩甲也。」段注：「單呼曰肩，絫呼曰肩甲。」〔一〕亦作肩胛〔二〕。《後漢書·張宗傳》：「中矛貫胛。」注：「胛，背上兩膊間也。」亦作肩胛，見《靈樞經》。又曰肩克、曰肩克頭。《說文》：「克，肩也。」肩之全部曰肩膀。膀，亦作髈。《說文》：「膂也。」案膀實爲髆之轉音。《漢書·武帝紀》注：「晉灼曰：髈，許慎以爲肩髆字，是也。」俗因又稱人背後有所倚賴曰肩膀闊。
飯鍬骨	鍬，七遥切。			甬稱肩甲骨曰飯鍬骨。即肩背間闊薄三角形之骨也。以其形似飯鍬，故得此名。
肋夾肢下（肋胳肢下） 袷脂窩	胳音格。	夾讀俗音（ㄍㄚ）。		甬稱腋下曰肋夾肢下，謂肋骨與上肢相夾之處也。一說夾當作胳。《說文》：「胳，腋下也。」又曰袷脂窩。《升庵外集》：「《深衣》：『袷之上下可以運肘。』注：『袷，一本作胎，腋也。』今俗云袷脂窩。」〔三〕

〔一〕甲：原誤作「胛」，據《說文解字注》改。
〔二〕胛：原誤作「甲」，據文義改。
〔三〕袷，《升庵外集·升庵經說》作「格」。

續表

詞 附短語	本音	俗音	例語	疏　證
手肱（手梗）（手膭）手骨	肱，古弘切。	肱讀若古横切（ㄍㄨㄤ）。		甬稱臂曰手肱。肱，亦作𠃋、厷，《説文》：「臂下也。」肱字，《廣韻》隸登韻，俗讀古横切，則轉入庚韻，古音庚、登同部也。俗亦作手梗，謂軀之於臂如幹之於枝也。又曰手骨，以臂骨代表全臂也。俗作手膭，非。
手掙擻（手掙拄）手掙擻頭（手掌拄頭）	掙音諍，擻音致。	頭讀若潭。	看手掙擻頭	甬稱肘曰手掙擻，蓋謂肘爲掙扎及支擻之用。擻，亦作拄。亦作手掙注。《説文》：「肘，臂節。」段注：「今江蘇俗曰手掙注。」又曰手掙擻頭，如事事摹倣他人曰看手掙擻頭，語本《白羅衫》劇本。亦作手撐拄頭，見《越諺》。
巴掌（帊掌）			打巴掌	甬稱以掌擊人頰曰打巴掌，因又稱面頰曰巴掌肉。案巴掌爲北方語，稱人掌也。掌曰巴掌，猶頷曰下巴，頰曰面頰巴，口曰嘴巴，凡人平滑之處多以巴名。或曰當作帊掌。《説文》：「帊，搉擊也。」帊掌，掌擊也。
指末頭（指拇頭）			手指末頭 腳指末頭	甬稱手指、足趾皆曰指末頭，加手腳字以爲區别。指末頭，猶言指尖頭。末，樹杪也。或曰末當爲拇之轉音。俗作指扗頭。《字彙》扗音母，「手指」。案扗爲在本字。《字彙》以爲拇字，非。
虎擘（専八）老虎口		擘讀若潑（ㄆㄚ˙）。		甬稱拇指食指之間曰虎擘，亦曰老虎口，以其形似也。案實當作専八。《説文》：「専，布也。」「八，象分别相背之形。」拇食二指布成八字之形，故得此名。

續表

詞附短語	本音	俗音	例語	疏證
籮（羅）（螺）（腡）			十籮九筲	甬稱指頂紋作螺旋形者曰籮，蓋以形似籮紋之圓轉，猶他方之稱斗，以斗亦圓形也。字亦作羅。蘇軾文作螺，亦象其形。《廣韻》別有腡字，謂「手指紋」也。
筲				甬稱指頂紋作波浪形而尾偏於一方者曰筲。筲，即筲箕之簡稱，謂形如箕之張口也。甬之稱筲，猶他方之稱箕，越語之稱簸箕也。筲，蓋與籮對文。
鱗				甬稱指頂紋作波浪形而尾左右分者曰鱗，謂形似魚鱗之紋也。
屁股（比股）（髀股）（骿股）				甬稱臀曰屁股，亦作比股，謂兩股相比之處也。實當作髀股。《說文》：「髀，股也。股，髀也。」《韻詮》：「內曰股，外曰髀。」髀，《說文》亦作䠋。《集韻》骿與髀同，股也。亦作䏶。韓愈《陸渾山火》詩：「髤其肉皮通䏶臀。」
腳夾縫	縫去聲。			甬稱前後陰下兩股之間曰腳夾縫。
尾骶骨	骶音帝。	尾讀若米（ㄇㄧ），骶讀若祇（ㄗ）。		甬稱人之尾骨曰尾骶骨。《玉篇》：「骶，臀也。」骶本音帝，今讀若脂者，猶祇从氐聲亦讀若脂也。
腳胖（腳膀）（腳髈）大腳胖 大腿（大骽）		胖讀普朗切（ㄆㄤ）。		甬稱股曰腳胖。《集韻》：「胖，廣肉。」股爲人身筋肉之廣大者，故得此名。又名大腳胖，一名大腿。腿亦作骽。或曰當作腳膀。膀，亦作髈。《玉篇》：「髈，股也。」《集韻》：「髀，吳人曰髈。」是本吳語也。

續表

詞 附短語	本音	俗音	例語	疏證
腳脛（腳胻）（腳梗）腳骨	脛，胡定切。	脛讀古橫切（ㄍㄨㄤ）。		甬稱腿曰腳脛。《釋名》：「脛，莖也。直而長似物莖也。」脛本匣母字，今讀古橫切，則變爲見母。匣、見二母，皆屬喉音也。亦作腳胻。《廣雅》：「胻，脛也。」《史記》〔一〕：「壯士斬其胻。」俗書作腳梗，與手肱作手梗同。亦謂之腳骨。
腳鈳頭（腳髁頭）腳髺骼頭（腳骨骼頭）腳饅頭	鈳，苦何切。髺音括。	骼讀若路（ㄌㄨ）。		甬稱厀蓋曰腳鈳頭。《廣韻》：「鈳，膝骨。」鈳亦讀去聲作髁。又曰腳髺骼頭。《廣雅》：「髺，鈳也。」《廣韻》：「髺，骨端也。」《禮·月令》釋文：「露骨曰骼。」亦作腳骨骼頭。又曰腳饅頭，以其形似也。
腳腸肚（腳仰肚）小腿（小骽）	腸音陽。	腸，讀若仰（ㄧㄤ）。		《易》「咸其腓」疏：「腓，足之腓腸也。」案醫經稱下腿內側之筋曰腓腸筋，腸讀如陽，故俗謂之腳腸肚，惟腸音變如仰，俗亦書作腳仰肚，則以下腿筋肉凸出如仰肚耳。亦曰小腿，則對股稱大腿而言也。
腳掙（腳踭）腳掙撳頭				甬稱足踝曰腳掙，謂掙扎時用力處。或曰當作腳踭。《說文》：「踭，歫也。」謂以足距也。踭爲足距時所用，故鷄後爪曰距，人之踭猶鷄之距也。亦曰腳掙撳頭，與手掙撳頭對稱。

〔一〕史記：原誤作「說文」。

續表

詞 附短語	本音	俗音	例語	疏證
腳後跟				甬稱足踵曰腳後跟。《説文》：「跟，足踵。」《北史·爾朱彥伯傳》：「腳跟齊。」
腳力			有腳力 無腳力	腳力本稱步行之力。范成大《游北山》詩「瘦笻知腳力」是也。因兩腳任全身之重，故稱能力曰腳力。如俗言有腳力、無腳力，即謂有能力、無能力也。惟俗多指經濟能力而言。
屁眼（髀眼）屁股眼（髀股眼）		眼讀俗音（ㄫㄢ）。		甬稱糞門曰屁眼，亦曰屁股眼。案屁當作髀，見前髀股條。
胴肛	胴肛音洞江。	胴肛讀如洞（ㄉˊㄐ）工（ㄍㄐ）。		《玉篇》：「胴，大腸也。」《六書故》：「肛，大腸端，肛門也。」甬即稱大腸端曰胴肛。
卵子	卵，鸞上聲。			卵子本外腎之別名，見《越諺》，謂「兩腎形似卵也」。甬則稱陽具曰卵子，腎則稱卵黄，腎囊則稱卵袋。
朘（峻）（屡）	朘，子回切。	朘讀若朱（ㄗㄩ）。		《説文》：「朘，赤子陰也。」《老子》：「未知牝牡之合而朘作。」河上本作峻，《聲類》作屡。甬稱男孩之陰曰朘、曰波羅朘，即此字。

續表

詞 附短語	本音	俗音	例語	疏證
卵脬 肶(匹)(闢) 閉(屄)(牝) 幺麼(脛姘)	脬音拋，肶音匹。	幺讀若啞平聲(ㄛ)。		甬稱女子陰曰卵脬。脬，膀胱也。卵脬，猶言卵巢也，與越語以卵脬爲男子腎囊之稱者異。甬又稱女子陰曰肶。《廣韻》：「牝，肶。」即此字。或曰當作匹，謂配匹也。一曰當作闢，謂開闢也。由蘇滬而來之語則稱女子陰曰閉，謂閉合也，俗字別作屄，見《正字通》。案肶、閉實皆匕之轉音。古凡陰性皆以匕或比爲標識。匕之篆文，即象女子陰形。殷墟甲骨文凡人及獸陰性者皆加匕形，如牝⿰羊匕⿰馬匕麀，及妣作妣。今所遺留者惟妣牝麀三字耳。又稱女子陰曰幺麼，言其隱微也，猥惡之詞。俗詈人時因斥人口曰幺麼，以女子陰比擬也。《越諺》作脛姘，同。
呵欠(嗬哻)		呵讀俗音(ㄏㄛ)，欠讀若漢(ㄏ彡)。	打呵欠	甬稱人倦欲睡而欠伸曰打呵欠。《集韻》：「呵，噓氣也。」欠即欠伸之欠。《說文》：「欠，張口氣悟也。」欠讀若漢者，溪、曉二母同屬喉音而轉。如从欠得聲之杴字，讀虛嚴切也。《越諺》作嗬哻。《玉篇》：「嗬，口嗬嗬也。」《篇海》：「哻，睡也。」
眠鼾		鼾讀若漢(ㄏ彡)。		甬稱人睡時呼吸發聲曰眠鼾。《說文》：「鼾，臥息也。」
噴嚏(噴涕)	嚏音帝。	嚏讀若涕(ㄊㄧ)。	打噴嚏	甬稱鼻癢突出氣而作聲曰打噴嚏。《說文》：「嚏，悟解氣也。」《倉頡篇》：「噴鼻也。」亦作噴涕，見《資暇集》，謂「噴灑涕泗也」。

續表

詞附短語	本音	俗音	例語	疏證
尿(溲) 小解 小便	尿，鳥去聲。	尿讀若輸(ㄙㄩ)。		甬稱小便曰尿。《説文》作尿，《字林》作屎，今亦作溺，人小便也。本音奴弔切，不讀輸音。實當作溲。《後漢書·張湛傳》：「遺矢溲便。」溲即溺也。溲屬尤韻，古音尤魚本屬同部，如鉤狗苟者等皆從句聲，故溲可轉爲輸音。越語溺亦曰小溲。甬則曰小便。又曰小解。
屙(汙)(惡) 大解 大便				甬稱屎曰屙。《字彙》：「屙，上廁也。」故他方稱遺屎曰屙屎。實非即屎也。甬所謂屙，實即汙之轉音。虞、歌二韻吴語本互轉也。汙謂汙穢，蘇滬即稱屎爲汙。《越諺》謂當作惡。《吴越春秋》：句踐囚吴，求太宰嚭，見王問疾，「適遇吴王之便，太宰嚭奉溲惡以出」。注云：「溲，即便也。惡，即大溲也。」下文又有「臣竊嘗大王之糞，其惡味苦且楚酸」之言，謂糞爲惡，今之越諺猶然。案此説亦通。蓋屙無正字，作汙作惡皆可也。甬又謂之大解，亦曰大便。
屁(糟)(宗)				甬稱下洩之氣曰屁。《東山經》：「泚魚食之不糟。」注：「糟，失氣也。」《廣韻》糟，同屁，下失氣。《集韻》亦作宗。
經家 月家 鏖糟		家讀俗音(ㄍㄛ)。		甬稱婦女月經曰經家，亦曰月家，又曰鏖糟。鏖糟爲不潔之通稱，解見形狀詞類。

續表

詞 附短語	本音	俗音	例語	疏證
身材 身條				甬稱軀幹高低大小曰身材，亦曰身條，以木爲喻也，裁衣時常稱之。《唐書・選舉志》：「又有馬槍、翹關、負重、身材之選。」
身架 腰身		架讀俗音（《ㄛ）。		裁衣之時，甬稱腰圍大小曰身架，亦曰腰身。腰身解見前腰縛下。
個子 個子頭 塊頭		個子頭之頭讀若潭〔一〕，塊頭之頭仍讀本音。	個子頭結實 塊頭大	甬稱體格曰個子，亦曰個子頭，如體格强壯曰個子頭結實，體格魁梧曰塊頭大，亦曰大塊頭。個子以器物爲喻，塊頭以土石爲喻也。
塑子（塐子） （素子）			塑子好	偶像以雕塑而成，故甬稱偶像之笵型曰塑子。因又稱人之容貌曰塑子，如容貌佳麗曰塑子好。《廣韻》：「塑，像也。出《周公夢書》。」亦作塐。《廣韻》：「塐，捏土容。出《古今奇字》。」本作素子。《乾鑿度》：「太素者，質之始也。」《廣雅》：「素，本。」故素子，猶言本質也。
坯（胚）（娝） （痞） 坯子 坯條			鸁坯 討飯坯 壞坯子 坯條弗好	甬稱人之品性、材質曰坯。坯，瓦之未燒者，本作坏，故以爲材質之稱。亦作胚，則以胚胎爲喻。又作娝，《說文》：「不肖也。」俗書作痞，非坯。常指品性、材質之不良者而言，如性質鸁鹵曰鸁坯，賤質曰討飯坯。坯亦稱坯子、坯條。

〔一〕子頭：原誤作「頭子」。

續表

詞 附短語	本音	俗音	例語	疏證
骨頭			老骨頭 賊骨頭 賤骨頭	骨骼曰骨頭，此四方通語也，頭讀本音。甬又稱人之材質曰骨頭，則頭讀若潭以爲區别，惟含譏刺意，非佳名也，與他方之言貨略同，如老者曰老骨頭，賊曰賊骨頭，輕賤者曰賤骨頭。
䰰屍（䰰尸）		䰰讀若撲（ㄆㄛ）。	大大䰰屍	甬稱人之軀幹曰䰰屍，然含輕蔑之意。蓋謂其人有䰰而無魂，如已死之尸也。如詈頑鈍兒童曰大大䰰屍。
頭腦	腦上聲。		頭腦清爽 無頭腦	甬稱頭緒曰頭腦，腦讀本音，與稱工役曰頭腦腦讀平聲者有别。如頭緒清楚曰頭腦清爽，無知識曰無頭腦。《摭言》：「主司頭腦太冬烘。」則此稱頗古。
度量（肚量）			度量大	度謂氣度，量謂器量。甬連稱度量，如大度包容曰度量大。俗作肚量，非。《諭巴蜀檄》：「人之度量相越豈不遠哉？」
性命（生命）			性命結果	甬稱生命曰性命，如喪生曰性命結果。或曰當作生命，生本讀若性。《周禮·大司徒》注：「杜子春讀生爲性。」性命二字連言，見《後漢書·張元傳》。
右身體				

續表

詞 附短語	本音	俗音	例語	疏證
鏤眼（凹眼）（⿰目堯眼）		鏤讀樓之反濁音（ㄌㄤ），眼讀俗音，下同。		甬稱深目者曰鏤眼，謂目眶似鏤穴也。或曰當作凹眼，凹讀若鏤也。古作⿰目堯眼。⿰目堯音歐，亦音樞。《玉篇》：「深目皃。」亦作瞘、眗。⿰目堯讀鏤者，影母轉爲來母也。
覴睛（覴疹）（兜睛）（偷鍼）	覴音兜。	覴讀若偷（ㄊㄤ）。	生覴睛	甬稱目因淚管腫塞而發炎者曰覴睛。《說文》：「覴，目蔽垢也。」亦作覴疹。疹，瘍也，又熱病也。亦作兜睛。兜即蔽垢之意。俗譌作偷鍼。
鬭鷄眼（覴眵眼）（鬭⿰目祭眼）				甬稱人兩目珠皆逼近内側者曰鬥鷄眼，如鷄争鬥時兩睛定向前也。或曰當作鬥⿰目祭眼，謂兩目視綫鬥合也。光緒《象山志》作覴眵眼。覴謂見前。眵，《說文》：「目傷眥也。一曰瞢兜。」〔一〕朱駿聲《說文通訓定聲》云：「蘇俗謂之眼眵。」
多䀹眼（多⿰目臿眼）	䀹音攝。	䀹讀若霎。		甬稱目開閉頻數之疾曰多䀹眼。《集韻》：「䀹，目動皃。」亦作⿰目聶、眨。又作⿰目臿。《集韻》⿰目臿音霎，「目睫動皃」。
白眼 揚白眼（羊白眼）				甬稱目珠不居正中有偏向外者曰白眼，因正視時一睛僅露白也。亦曰揚白眼。《南史·陳宗室傳》：「新安王伯固生而龜胸，目通精揚白。」俗作羊白眼，則竟以爲如羊目矣。

〔一〕一：原脱。

續表

詞 附短語	本音	俗音	例語	疏證
近䁦眼（近覰眼）	䁦音砌。			甬稱目近視者曰近䁦眼。《說文》：「䁦，察也。」《廣雅》：「視也。」字亦作⿰目切。又作覰，《廣韻》：「伺視也。」《欒城遺言》：「歐陽公讀書，五行俱下，但近覰耳。」
老花眼花眼				甬稱老而目遠視者曰老花眼，謂老而雙目昏花也。亦省稱花眼。
乜䁦眼（瞇⿰目齊眼）		乜讀米之反濁音(ㄇㄧ)。		甬稱目極細狹而長者曰乜䁦眼。《集韻》：「乜，眼乜斜也。」《越諺》作瞇⿰目齊，注：「讀迷栖。」案《集韻》：「瞇，眇目也。」⿰目齊字不見字書，似爲越之俗字耳。
鏬䁦眼	鏬，呼訝切。			甬稱目極近視須蹙眥成鏬縫而後可觀察者曰鏬䁦眼。《說文》：「鏬，裂也。」
聾病（聾彭）（聾鬅）		病讀若鬅（ㄅㄤ）。		甬稱耳聾曰聾鬅。鬅字無所取誼，不過以同音之字假代耳。《越諺》作聤聾彭，不注所出，未知彭字何據。案本當作聾病。病字，《廣韻》入去聲映韻。凡平聲庚、上聲梗、去聲映三韻字，古音當皆隸屬「ㄤ」韻母。故甬語五更之更、先生之生、花梗之梗、省會之省、孟子之孟、行爲之行，皆入「ㄤ」韻母。於庚韻彭亨、梗韻猛浜、映韻掌膨等字，甬人讀音今猶入「ㄤ」韻母者，即可知之。蓋病字古本讀如鬅，故甬語生病亦讀如生鬅。然則聾病之讀如聾鬅，正古語古音之僅存者耳。

續表

詞（附短語）	本音	俗音	例語	疏證
鱅鼻頭（齆鼻頭）	鱅，農去聲。	鱅讀農去聲之反濁音（ˋㄋ廾），鼻讀若白（ㄅˊㄚ˙），頭讀若潭（ㄉˊ彡）。		甬稱鼻窒而語言中鼻音字讀不明瞭者曰鱅鼻頭。鱅，《廣韻》：「多涕，鼻疾。」蓋因感冒鼻窒而多涕也。江學海《抄韻隨筆》謂鱅當作齆。《説文》：「酗也。」徐曰：「酒失也。」《玉篇》音詠，聲相似而轉也。
酒皻鼻（酒齇鼻）（酒糟鼻）	皻音渣。	皻讀若糟（ㄗㄠ），鼻讀若別（ㄅˊㄧ˙）。		甬稱鼻上有紅色細粒似瘍非瘍者曰酒齇鼻。嗜飲者常患此。《素問》：「勞汗當風寒薄，爲皻。」《正字通》：「紅暈似瘡浮起，着面鼻，曰酒皻。」[一]亦作齇。《玉篇》：「鼻上皰。」《南史》「齇奴」、《北史》「齇王」，皆以此名。俗亦書作酒糟鼻。
齙牙 露牙齙齒	齙，步化切。			甬稱上齒超出下齒露於脣外者曰齙牙，亦曰露牙齙齒。《集韻》作齙𪘏，訓「齒出貌」。《字彙》：「齙，齒不正也。」
叉牙（杈牙）（齹牙）（䶩牙）		叉讀若菜（ㄊㄞ）。		甬稱舊齒未脱而新齒已生者曰叉牙，亦作杈牙，謂如樹椏杈也。叉讀若菜者，猶北方釵亦讀若採也。《説文》別有䶩齹二字，皆音蹉。「䶩，齒蹉跌貌。《春秋傳》曰：『鄭有子䶩。』」「齹，齒參差。」當爲叉牙本字。《集韻》亦書作䶩。

[一] 暈：原脱，據《正字通》補。面鼻：原誤作「兩皮」，據《正字通》改。

續表

詞 附短語	本音	俗音	例語	疏證
牙果	果讀若管（ㄍㄨㄢ）。			甬稱牙癰曰牙果，謂結成圓形似果實也。
缺嘴 缺嘴弄				甬稱人之兔脣者曰缺嘴，亦曰缺嘴弄。又稱器物之缺口曰缺嘴。
缺牙弄 缺齒弄				甬稱兒童乳齒甫脱永久齒未生曰缺牙弄，亦曰缺齒弄。俗亦混稱缺嘴弄。
吃舌頭	吃，居乙切。	吃讀若葛（ㄍㄚ˙），頭讀若潭。		甬稱口吃曰吃舌頭。吃讀若葛者，見母之字，今讀柔音者，古皆讀剛音也。《説文》：「吃，言蹇難也。」
癩（瘌） 癩頭 蠟梨頭 鬎鬁頭		癩讀若滬語垃圾之垃（ㄌㄚ），癩頭之頭亦讀若潭，蠟梨頭之頭讀本音。	白花癩	甬稱頭瘍髮禿曰癩，如結痂成白色斑點者曰白花癩。癩，本當作瘌，《集韻》：「傷也；疥也。」今作癩者，蓋假大麻瘋之癩字爲之。亦曰癩頭，亦曰蠟梨頭。蠟梨，蓋形容癩頭之狀也。俗別造鬎鬁二字，字書未收。
纏頭（擵頭）	纏，去聲。			甬稱頭偏傾一方者曰纏頭，亦作擵頭。《篇海》：「擵，直善切，手擵轉也。」古謂之佤頭，見《元史・武宗紀》。
頭髓腦殼痛		殼讀若客（ㄎㄚ˙）。		甬稱因事煩悶而頭腦脹痛曰頭髓腦殼痛。

續表

詞（附短語）	本音	俗音	例語	疏證
宣髮（蒜髮）（算髮）		宣讀若蒜（ㄙㄩ千）。		甬稱青年而頭生白髮曰宣髮。《易·說卦》：「巽爲宣髮。」《考工記·車人》注：「頭髮晧落曰宣。」亦作蒜髮。《北齊書·慕容紹傳》：「吾自二十以還，恒有蒜髮。」俗亦作算髮，蓋以髮早白與人之壽算有關也。
瘋手		手亦讀若獮（ㄙㄧˋ）。		甬稱手病拘攣曰瘋手。手亦讀若獮者，雙聲之轉。
蹺脚 拐脚（廾脚）（癘脚）	拐，求蟹切。	脚亦讀若姜（ㄐㄧㄤ），拐讀乖買切（ㄍㄨㄚ）。		甬稱足跛曰蹺脚，亦曰拐脚。《廣韻》：「拐，手脚之物枝也。」亦作癘脚。《集韻》：「癘，衢靴切，脚手病。」案衢靴切與乖買切，實一聲之轉。《越諺》作廾，僅借其音耳。
毛病 病痛				甬稱疾病曰毛病，亦曰病痛。毛病本指馬旋毛之病，見徐咸《相馬書》。黄庭堅言「南荆人毛病」，則移以稱人。今凡事物之疵弊，皆曰毛病矣。
病痼毒（病孤特）				甬稱因久病而煩躁，見人輒怒者，曰病痼毒。痼，久病也。本作㾄，通作固、錮。《越諺》作病孤特。
虚疲病	疲，呼合切。	疲音吸（ㄒㄧˋ）。	生虚疲病	《說文》：「疲，病劣也。」《繫傳》引《本草》「苟杞療虚疲病，謂疲疲無氣力也」。今甬稱人心有所疢曰生虚疲病。

續表

詞 附短語	本音	俗音	例語	疏證
癀病（臟病）	癀音皇。		生癀病	《集韻》：「癀，病也。」案謂瘟疫也。《聊齋志異》有牛癀，謂牛瘟也。今鄉村鄙人、詈人輒曰生癀病。《越諺》作生臟病，《字彙補》臟音黄，腫病也，似非詈人之本意。
勞乏（勞發）（勞疺）		乏讀若法（ㄈㄚ）。	冷熱勞乏	甬稱因疲勞力乏而體發熱曰勞乏。《五代史·周德成傳》：「因其勞乏而乘之，可以勝也。」亦作勞發。發即謂發生疾病也。《越諺》作勞疺。案《正字通》：「疺，疲也。」《永樂北征録》「人皆疺矣」，疺即乏俗字。
脱形				甬稱因病而瘦甚者曰脱形。《説文》：「脱，消肉臞也。」蓋謂消失舊時形態也。
埭頭（隶頭）		埭讀若大之讀音（ㄉㄚ），頭讀若潭。	傷風埭頭 瘄子埭頭 風水埭頭	甬稱疫氣因感染而及曰埭頭，本當作隶頭。《説文》：「隶，及也。」例如傷風傳染而及曰傷風埭頭，麻疹傳染而及曰瘄子埭頭，因又稱風暴所及曰風水埭頭。
時症 時氣				甬稱傳染病曰時症，亦曰時氣，謂同時及於各地，猶言時疫也。症，俗字本當作證。
瘟 瘟病			發瘟 生瘟病	甬稱人畜之急性傳染病曰瘟，亦曰瘟病，如言鷄瘟、猪瘟等，故毒詈常曰生瘟病。
痧 痧氣			發痧 挑痧氣	凡炎熱時因病暑而昏暈歐吐或爲虎拉刺，甬皆混稱曰痧、曰痧氣。《越諺》作疹。痧疹皆後出字，不見《字典》。

續表

詞 附短語	本音	俗音	例語	疏證
瘖子		瘖讀若措(ㄘㄨ)。	出瘖子	甬稱麻疹曰瘖子。案《字典》引《博雅》「疾也。音未詳」。今《廣雅》無此字。民國《象山志》讀若麻，非。
冷熱病 草毛病 賣柴病 間日頭 四日 四日兩頭班		間讀俗音去聲(ㄍㄢ)，日頭皆讀俗音，兩頭之頭讀本音。	發四日	甬稱瘧疾曰冷熱病，謂忽寒忽熱也。亦曰賣柴病，蓋本於《孟子》「采薪之憂」語。又曰草毛病，則又從賣柴病轉化而出。《敬止録》：「瘧曰草病。」自注：「范成大《桂海虞衡志》謂寒熱時疫曰草子，其隔日一發者曰間日頭，隔二日而一發者曰四日兩頭班，省稱四日。」
癆瘵 損症 勞病 瘵病	瘵音債。	瘵讀若乞(ㄑㄧ)。	犯癆瘵	甬稱肺疾曰癆瘵。案《説文》：「朝鮮謂藥毒曰癆。」本無肺疾誼，字當作勞。《説文》：「瘵，勞病也。」〔一〕蓋古人不知肺疾由傳染而得，以爲身體疲勞而罹此，故亦曰損症，謂體氣虧損也。明人始變勞爲癆。《正字通》：「今人以積勞瘦削爲癆病。」
痹痼(哮痼) 痹駝病		痹讀若耗(ㄏㄠ)。	牽痹痼	甬稱氣管久炎，冬日喘氣不已，喉中作聲曰牽痹痼。牽者，謂胸項伸縮如牽也。《集韻》：「痹瘷，喉病。」本作哮，謂呼吸發聲也。哮者必背駝，故亦曰哮駝病。
羊癲病 豬癲病				甬稱羊角瘋曰羊癲病，亦曰豬癲病，以昏厥後發聲似羊或豕以爲區別，實無殊也。癲，似當作顛，患此者必顛仆也。

〔一〕《説文解字》「瘵」下作「病也」。

續表

詞 附短語	本音	俗音	例語	疏　證
瘠(消)(痟) 火瘠病		瘠讀若漕(ㄙㄠˊ)。		甬稱旋食旋飢之病曰瘠,亦曰火瘠病。《廣雅》:「瘠,病也。」《字彙補》音曹。案,瘠,本當作消,亦作痟。《後漢書·李通傳》:「素有消疾。」注:「消中之疾。」蓋消音轉如漕也。謂之火瘠病者,則以胃中發炎如火燒也。
土 土氣			動土 犯土氣	甬稱兒童猝然驚厥曰動土,亦曰犯土氣。此説頗古,蓋昔人以爲五行各有禁忌,犯之則病也。《後漢書》:「安帝時,皇太子驚病不安,避幸乳母野王君亡聖舍。太子廚監邴吉以爲聖舍新繕修,犯土禁,不可久御。」此即今動土之説所本。王充《論衡》亦有「解土」語。
走陽(走洋)				甬稱寐中遺精曰走陽,以男子屬陽,故謂精液曰陽。《越諺》作走洋,非。
有身(有娠) 有孕 雙身 大肚 避魚(病倪) (病膩)		魚讀俗音(兀),大讀俗音,孕讀若運(ㄒㄩㄣ)。		甬稱婦女懷孕曰有身。《詩》:「大任有身。」傳:「身,重也。」箋:「重,謂懷孕也。」〔一〕疏:「以身中復有一身,故言重。」案重身即雙身,故甬語亦曰雙身。亦作有娠。《廣韻》娠,失人切。《説文》:「女妊身動也。」俗亦作㚒,見《字彙》。亦曰有孕。又曰大肚。又曰避魚,謂婦女懷孕時常患惡阻避,忌腥食也。《越諺》作病倪,倪即兒之俗音字也,俗亦作病膩。

〔一〕謂:原誤作「爲」,據《詩箋》改。

續表

詞 附短語	本音	俗音	例語	疏證
墮身 跌落 小産	墮，徒果切。			甬稱婦女胎未成熟而落曰墮身，亦曰跌落，又曰小産。《説文義證》：「《集韻》：『姙，懷子傷也。』今謂之小産。」然小産爲四方通語，非甬所獨也。
瘡毒			生瘡毒	甬稱瘍曰瘡毒，蓋謂肌膚中毒而患瘡也。分言之，曰瘠、曰毒，如溼瘡、梅毒，則四方通語矣。
瘤			溼瘤 疳瘤	皮膚因受刺激或患血濁而發生小粒，甬皆謂之瘤。瘤，《玉篇》：「皮起也。」《集韻》：「小腫。」
皰（泡）（疱）	皰音砲。		起皰	甬稱皮膚因傷暴起如水泡者曰皰。《説文》：「皰，面生氣也。」《繫傳》：「面瘡也。」《淮南子》：「潰小皰而發痤疽。」俗通作泡，亦作疱，見《集韻》。
疿子（痱子）（癈子）	疿音沸。			甬稱皮膚因炎熱而發生紅色小粒曰疿子。《玉篇》：「疿，熱生小瘡。」俗通作痱。案，痱，本音肥。《玉篇》：「風病也。」又通作癈。《素問》：「汗出見溼乃生癈。」癈，本廢疾之廢也。
熱癤（熱瘃）				甬稱暑天熱瘡曰熱癤。《廣韻》：「癤，癰也。」《正字通》：「與癰疽別，瘍之小者爲癤。」亦作熱瘃，沿凍瘃而言也。
凍瘃（冬瘃）（皸瘃）（皸足）	瘃音斸。			甬稱皮膚驟受劇寒而起之寒核曰凍瘃，亦作冬瘃、皸瘃。《説文》：「瘃，中寒腫覈。」《玉篇》：「手足中寒瘡也。」《漢書·趙充國傳》：「手足皸瘃。」《唐書·李甘傳》：「凍膚皸瘃。」或曰當作皸膚。皸，足坼也，音變爲冬。

續表

詞附短語	本音	俗音	例語	疏證
春坼（皴坼）（皴皵）（䐜㿭）（皴㿭）	皴，七倫切。皵〔一〕，七約切。䐜，昌真切。㿭音坼。			甬稱嚴冬皮膚坼裂曰春坼，蓋與冬瘃對言。本作皴皵。《說文》：「皴，皮細起也。」《爾雅》：「大而皵，楸。」疏：「謂樹皮，粗也。」蓋坼裂如樹皮也。鄒浩《四柏賦》：「皮皴皵以龍驚。」亦作皴坼。《越諺》作䐜㿭。《說文》：「䐜，起也。」《廣韻》：「肉脹起也。」《集韻》：「㿭，皴㿭也。」
開皸（開龜）	皸音軍。			甬稱冬月皮膚坼裂較春坼更劇者曰開皸。《說文》：「皸，足坼也。」字亦作龜。《莊子》：「宋人有善爲不龜手之藥者。」釋文：「龜，舉倫反。」注：「不龜，謂凍不皸瘃。」案坼裂如龜背文，故云開龜。
雀子斑（雀子瘢）				甬稱因血液不潔，面上發生褐色斑點曰雀子斑，謂如雀卵上細黑點也。斑，通作瘢。瘢，瘡痕也。非此誼。
老鴉殠 老鴉氣				甬稱腋下狐臭曰老鴉殠，亦曰老鴉氣，謂如鴉鳥之臭也。
𤵸子（庥子）	𤵸音由。	庥讀如休（ㄒㄧㄡ）。		甬稱皮膚上所生小贅肉曰𤵸子。《廣韻》：「𤵸，息惡。」俗作庥子。案庥，《玉篇》：「息下痢病也。」《集韻》：「漆瘡。」非此誼。

〔一〕皵：原誤作「皴」。

續表

詞 附短語	本音	俗音	例語	疏證
胝（趼）（繭）（⿰繭皮）（⿰皮甾）	胝，張尼切。趼音繭。		起胝	甬稱手足厚皮曰胝。《説文》：「胝，腄也。」《廣韻》：「皮厚。」通作趼。《莊子・天道》：「百舍重趼而不敢息。」亦作⿰繭皮。《廣韻》：「皮起也。」又通作繭。《戰國策》：「足重繭而不休息。」注：「足傷皮皺如蠶繭也。」《敬止録》作⿰皮甾，謂「手生堅皮」。案《集韻》⿰皮甾，音菑，「手足膚黑」，非此誼。
臀皽 坐板瘡	皽音展。	皽讀平聲。	屁股生臀皽	甬稱兩股坐處生瘡曰臀皽，亦曰坐板瘡。《廣韻》：「皽，皮肉之上䰟膜也。」《禮・内則》：「濯手以摩之，去其皽。」皽因久坐而生，故諺有「快活似神仙，屁股生臀皽」語。
血印（血瘾）（血隱）				甬稱皮膚因受傷而露血痕者曰血印，亦作血隱，謂隱約可見也。俗作血瘾。案瘾，心病，非此誼。
⿸厂婁（⿸厂⿱林卑）（掩）（弇）	⿸厂婁音嫽。			甬稱瘡痂曰⿸厂婁。《集韻》：「⿸厂婁，瘍痂也。」通作⿸厂⿱林卑，謂如蟹腹下生之⿸厂⿱林卑也。亦通作掩，謂掩覆瘍上也。亦通作弇，《正字通》：「痂瘡弇也。」案弇，亦覆蓋之意。
瘑⿸疒老（疥癩）（疥癘）	瘑⿸疒老音杲老。	瘑⿸疒老讀若割老（ㄍㄚˋ ㄌㄠ）。		甬稱疥瘡曰瘑⿸疒老，二字見《集韻》，即訓疥瘡。案實爲疥癩轉音。《釋名》：「疥，齘也。癢搔之齒類齘也。」癩，《説文》：「惡疾也。」亦作疥癘，見《禮・月令》。
麻皮（痳皮）麻			白麻	甬稱面上痘瘢曰麻皮，謂痘瘢點點形似脂麻也。亦省稱麻，如瘢白者曰白麻。因又稱面有麻點之人曰麻皮，俗作痳皮。案痳，風熱病，非此誼。

續表

詞 附短語	本音	俗音	例語	疏證
瘢疤				甬稱人身痂痕曰瘢。瘢見《玉篇》，疤見《正字通》，皆訓瘡痕也。因又稱器物之瑕疵亦曰瘢疤。
瘃（疙禿）（疙⿸疒合）（疙瘩）	瘃音劚。		頭敲瘃	甬稱肌膚因撞擊而浮腫之核曰瘃。案《說文》：「瘃，中寒腫覈。」[一]蓋借誼也。或曰當爲疙禿二字之合音。疙音暨，《正字通》：「頭上瘡突起。俗呼疙禿。《淮南子·齊俗訓》：『親母爲其子治疙禿，血流至耳，見者以爲愛之至也。』」今作疙⿸疒合，亦作瘩。瘩字不見字書。
右疾病				
屋裏		屋讀變音（ㄨㄛ）。		甬稱家庭曰屋裏。
頂宮（頂公）				甬稱家宅曰頂宮，謂頭上之宮室也。亦作頂公。《直語補證》：「頂公，俗語謂屋也。見《明吳忠節公年譜》。」
科座（窠坐）（薖座）				甬稱所居曰科座。《俗呼小録》作此二字。科即《孟子》「盈科而後進」之科。科，坎也。科座，猶言落堂也。俗亦作窠坐，則以鳥窠爲喻。《越諺》作薖座。薖見《詩》「碩人之薖」傳：「寬大也。」《廣韻》《集韻》並音苦禾切。

[一] 瘃中：原誤作「中瘃」。

續表

詞 附短語	本音	俗音	例語	疏證
坐起(坐憩)				甬稱家中便於理事之室曰坐起。《越諺》作坐憩。憩謂休息也。古謂之便坐,見《漢書·張禹傳》。
堂前				甬稱中堂曰堂前。古宮室制,前堂、後室,故得此名。
道地 明堂			大明堂 小明堂	甬稱宅中空場曰道地,亦曰明堂。道地,謂可取道之地也。明堂,蓋本稱庭,即堂前門内之空場不覆以屋,故曰明也。後移稱他處,故常以大小前後別之。
厙(舍)(廈) (庁) 厙頭	厙音舍。			甬稱正屋與軒房交接之室曰厙,亦曰厙頭,即古所謂左个、右个也。个即象其交接之形。案厙字見《廣韻》,僅解作姓,無別誼。本當作舍,蓋即古所謂旁舍之簡稱。俗亦借用廈字。又作庁,音所,《玉篇》:「旁屋也。」
竈跟				甬稱庖廚曰竈跟,謂竈左近之處也。
坑頭(坑廁) 茅廁(毛廁) (茅司)		廁讀若司。		甬稱廁所曰坑頭。坑,謂掘地爲坑以受汙物也。頭,亦作廁。《廣韻》:「廁,度侯切,行圊。」廁亦曰茅廁,謂以茅覆廁屋也。俗作毛廁,亦作茅司。朱暉《絶倒録》宋人《擬老饕賦》:「尋東司而上茅。」茅司,蓋連東司與茅言之。
孝堂		孝讀若好去聲 (厂幺)〔一〕。		甬稱喪家所懸素幕曰孝堂。《齊地記》:「巫山一名孝堂山。山上有石室,俗傳云郭巨葬母之所,因名焉。」

〔一〕厂:原誤作「𠂆」。

續表

詞 附短語	本音	俗音	例語	疏證
弄（㟖）（衖）（衕）弄堂（衖唐）				甬稱民居之間小路及屋中別道皆曰弄。《集韻》：「弄，廈也。」《南史·蕭諶傳》：「接鬱林王出至延德殿西弄。」亦作㟖。見《集韻》。又作衖。《霏雪録》：「俗呼屋中別道曰衖，本當作弄。」案衖本同巷，音變如弄也。俗又借衕字爲之。案衕音同，亦音變也。弄亦曰弄堂，亦作衖唐。《通俗編》：「元《經世大典》『火衖』注：『衖音弄。』唐，亦路也。《詩》：『中唐有甓。』」案弄堂蓋爲廊字之反語，詳見切音。
甬道（衕道）				甬語稱屋中之巷曰甬道。《史記·秦始皇本紀》：「築甬道。」《淮南子·本經訓》：「修爲牆垣，甬道相連。」注：「甬道，飛閣複道也。」亦作衕道。《集韻》：「衕，巷道。出《蒼頡篇》。」
過路				甬稱宅中經行之處，上披簷瓦以便雨天行走者曰過路。
屋山頭（屋㠊頭）（屋㭃頭）				甬稱屋脊之兩端曰屋山頭，謂如山峯也。韓愈詩：「每騎屋山下窺瞰。」范成大詩：「稻堆高出屋山頭。」山，亦作㠊。《集韻》：「㠊，師銜切，屋翼也。」又作㭃。《通雅》：「㭃，所監切，今以屋東西桀柱下之宇爲㭃，工匠謂屋兩頭爲山，實是㭃字。」

續表

詞 附短語	本音	俗音	例語	疏證
間架		間讀俗音（《ㄢ），又讀如羹（《ㄤ）。		甬稱室之廣袤曰間架。間，謂每間之廣。其深曰架。蓋以兩柱間爲一架，故有七架屋、五架屋之稱也。白居易詩：「五架三間一草堂。」《唐書·德宗紀》：「建中四年，稅屋間架。」俗因又稱宇之結構曰間架。讀若羹者，古音寒部、陽部次旁轉也。
壁角落頭		頭讀若潭。		甬稱牆隅曰壁角落頭。蘇軾《大慧真贊》已有此語。
簷楯（簷巡）（簷脣）遊巡	楯音盾			甬稱簷下階除曰簷楯。案階除前木欄，橫曰楯，縱曰欄。《史記·滑稽列傳》：「秦始皇時有陛楯郎。」陛楯，即階除前欄也。惟今民間雖不施欄，亦沿稱簷楯。或作簷巡，謂簷下可巡行也。亦作簷脣，謂簷伸出如脣也。俗亦曰遊巡。
滴水下（樀水下）				甬稱簷口曰滴水下，謂簷溜下滴滴也。亦作樀。《說文》：「户樀也。」《爾雅·釋宫》：「檐謂之樀。」疏：「交於穩上，一名樀，一名屋梠，又名宇，皆屋之四垂也。」
水霤（水溜）				甬稱簷前承雨之具曰水霤。《說文》：「霤，屋水流也。」《禮記注》：「堂前有承霤。」霤，亦作溜。《左傳》：「三進及溜。」
委角（隈角）（匯角）				甬稱正室與東西軒連接處交匯之簷霤曰委角。委有連屬之意。亦作隈角。《說文》：「隈，水曲也。」又作匯角，匯有會合之意。

續表

詞 附短語	本音	俗音	例語	疏證
閣板 天花板				甬稱室中承塵之木板曰閣板。又曰天花板，則爲四方通語。《藝林伐山》：「藻井，俗曰天花板。」
篗（槅）（牑） （笄）（㰌）			篾篗 甎篗 木篗	甬稱瓦下棼上所襯之篾席曰篗。案篗本爲竹輿，俗借其音，實當作牑。《説文》：「牑，牀版也。」《集韻》本作㰌，屋簀也。亦借槅字爲之。槅，本棺中笭牀也。《越諺》借笄字爲之。笄，本竹器也。篗有篾甎木之不同，故有篾篗、甎篗、木篗等稱。
泥鞔（泥幂）	鞔音瞞。			甬稱承塵以木條爲幹而幕以泥與石灰者謂之泥鞔。或曰當作泥幂，幂音轉若鞔也。
甋瓦（甌瓦） （筒瓦）				甬稱宮殿上所覆之牡瓦曰甋瓦。《集韻》：「甋甌，小牡瓦也。」字亦作甌。俗亦書作筒瓦，謂如筒形也。
瓦爿（瓦瓪） 瓦片〔一〕		爿讀如辦（ㄅˊㄢ），瓦讀俗音（兀ㄛ）。	千年瓦爿會翻身 瓦爿灘	甬稱屋瓦曰瓦片，亦曰瓦爿。又專稱碎瓦曰瓦爿，如瓦礫場曰瓦爿灘。本當作瓦瓪。《説文》：「瓪，敗瓦也。」《通訓定聲》曰：「謂破瓦。今蘇俗瓦爿字當作此，俗呼爿如辦平聲。」案《廣韻》：「瓪，博管切，牡瓦也。」又音板。今吴越語皆轉入濁音並母，惟平上異聲耳。
天井 天牕				甬稱屋中闢一小洞，砌以明瓦或玻璃，使透光入室者，謂之天井。與他方稱小院落僅透天光曰天井者異。甬所謂天井，則他方謂之天牕。甬亦間有稱天牕者。

〔一〕片：原誤作「爿」。

續表

詞附短語	本音	俗音	例語	疏證
櫋	櫋音眠。			甬稱覆於簷口椽之盡處橫版曰櫋。《説文》：「櫋，屋櫋聯也。」《楚辭·九歌》：「擗蕙櫋兮既張。」
檯桁		桁讀如行爲之行俗音平聲（ㄏㄤ）。		廳屋無中柱而以巨木横支之者，其横木，甬稱檯桁。《玉篇》：「屋桁，屋横木也。」
門枋 根枋	枋音方。	根讀若盛俗音平聲（ㄕˊㄤ）。	敗門枋	門框直木可入栓者，甬稱門枋。因稱家風曰門枋，帷薄不修曰敗門枋。又門枋亦曰根枋。《禮·玉藻》注：「根，門兩旁長木。」
門栓（門拴）（門櫎）（門㦡）（門閂）		栓讀曰酸（ㄙㄩ千）。		甬稱關門横木曰門栓，亦作門拴。案栓，木釘也。拴，揀也。無門關誼。本當作櫎。《玉篇》：「木櫎，出《通俗文》。」《韻會》：「關門機也。」亦省作㦡，見《字彙》。俗又別造門字，以一象横木形，見《字彙補》。
楣 門楣		作門上横木解者讀若迷（ㄇㄧ），門楣、倒楣讀本音。	倒楣	甬稱門上横木曰楣。《説文繫傳》引《爾雅·釋宮》楣讀之梁，「謂門上横梁也」。因又稱家聲曰門楣，敗壞家聲曰倒楣。又通稱悔吝曰倒楣。陳鴻《長恨歌傳》：「看女卻爲門上楣。」高啓詩：「男兒弧矢壯門楣。」皆即此意。
門伏（門轐）		伏讀若匐（ㄅˊㄛ）。		甬稱衙户楅橋狀之木曰門伏，謂伏於門枋之上，如車之伏兔也。故亦可作門轐。轐，《説文》：「車伏兔也。」

續表

詞 附短語	本音	俗音	例語	疏證
地栿（地伏）		栿音服（ㄪㄛ）。		甬稱户限曰地栿。案栿，《廣韻》訓梁栿，非門限也。實當作地伏，謂伏於地之横木也。
磉磐 磉子				甬稱柱礎曰磉磐，亦曰磉子。《廣韻》：「磉，柱下石也。」磐即磐石之意。
門框（門⿵門匡）				甬稱門四周之木曰門框。框，亦作⿵門匡。《玉篇》：「門⿵門匡也。」《類篇》：「門周木也。」案門⿵門匡、目眶等字，古皆假匡爲之。
隔子（槅子）（⿱竹鬲子）			亮隔子牕	甬稱以竹木等編成門牕之障曰隔子。或以木製者作槅，以竹製者作⿱竹鬲。槅見《説文》，⿱竹鬲見《廣韻》。
栅迾（栅⿸广剌）（栅欄）		迾栅讀若殺（ㄙㄚ）勒（ㄌㄚ）。		甬稱編植木條爲欄曰栅迾。《説文》：「栅，編樹木也。」「迾，遮也。」亦作栅⿸广剌。《類篇》：「⿸广剌，獄室。」蓋獄室有欄也。《集韻》亦作⿸广束。案當作栅欄，欄迾一聲之轉。
槍笆				甬稱竹籬曰槍笆，謂削竹鋭上，林立如槍也。笆，《廣韻》：「有刺竹籬也。」《史記索隱》：「今江南謂葦籬曰笆籬。」
陽溝（羊溝）（楊溝）		陽讀若央。		甬稱溝洫顯露地面者曰陽溝，見《爾雅·釋畜》注。亦作羊溝。《御覽》引《莊子》「羊溝之鷄」，《中華古今注》：「羊喜抵觸垣牆，爲溝以隔羊，故曰羊溝。」又作楊溝。《三輔黄

續表

詞（附短語）	本音	俗音	例語	疏證
				圖》：「御溝謂之楊溝。」案羊溝、楊溝皆隨物立名，實當作陽溝，與陰溝對稱。《七修類稿》所謂「明者爲陽溝，暗者爲陰溝」是也。
陰溝（湆溝）				甬稱溝洫潛藏地下者曰陰溝。《文選·魯靈光殿賦》：「玄醴騰湧於陰溝。」或作湆溝。湆，幽溼也。
石敢當 泰山石敢當				凡市街衝要之處立一石碑以鎮煞，上鐫「泰山石敢當」五字，即以此命名。古祇曰石敢當，見《急就篇》。《輿地碑記目》唐大曆五年，莆田縣令鄭銘一石曰石敢當，壓災殃，後世又加泰山二字。
隔壁 貼隔壁 貼鄰		貼隔壁之貼讀若鐵。		甬稱近鄰曰隔壁。《宋書·范曄傳》：「隔壁遥望。」又曰貼隔壁，較雅則曰貼鄰。
甕城	甕，烏貢切。			甬稱城門内之月城曰甕城，謂如瓶甕也。《五代史·朱珍傳》：「率兵叩鄆城門，已入甕城。」
棧房（廛房）〔一〕				甬稱堆積貨物之處曰棧房，亦以稱逆旅。案棧，《說文》：「棚也。」《廣韻》：「閣也。」無館舍誼。當爲廛之轉音。《周禮·廛人》注謂貨賄諸物「邸舍」是也。

〔一〕 廛：原作「廛」。

續表

詞 附短語	本音	俗音	例語	疏證
作場				甬稱匠人工作之處曰作場。因又稱認定之工頭爲素所偏用者曰作場。
作坊 造坊 作			錫箔作坊 鏍菸作	甬稱商品製造之所曰作坊,見《五代史·史宏肇傳》。亦省曰作,如製造菸絲之處曰鏍菸作。又專稱製造酒醬作坊曰造坊,其大者則曰廠。
話事店				甬稱介紹男女傭僕之肆曰話事店,即蘇滬所謂薦頭店也。
船港 港	港,胡貢切。		船進港	甬稱水中行舟之道曰港,讀若講俗音。又稱水邊修造船舶之場曰船港,讀若紅去聲。音誼迥別。亦省稱港,如言船進港。
歡門(和門)				僧道醮祭之時,以竿張布爲門曰歡門,見《夢粱録》。案本當作和門。《周禮·夏官》:「以旌爲左右和之門。」注:「軍門曰和。」蓋以軍門移稱也。歡音古屬寒部,和古音屬歌部,陰陽對轉也。
堂子 門檻		檻讀俗音(ㄎㄢ)。	嫖堂子 走門檻	甬稱妓館曰堂子,亦曰門檻。故遊妓館曰嫖堂子,亦曰走門檻。而諱户限曰地栿,不曰門檻也。
右建築				
盌帽 西瓜皮				甬稱男子便帽曰盌帽,亦曰西瓜皮,皆以其形似也。

續表

詞附短語	本音	俗音	例語	疏證
帽簂（帽幗）（帽韗）	簂音貴。	簂讀若虧（ㄎㄨㄟ）。		製帽之型，所以使帽不皺摺者，甬稱帽簂。《釋名》：「簂，恢也，恢廓覆髮上也。」亦作幗。《説文》：「幗，筐當也。」《集韻》與簂同。本作韗。《周禮·鮑人》：「卷而摶之，欲其無迆也。」注：「革不韗。」案韗本動詞，使革緊張曰韗革，使鼓面緊張曰韗鼓，使帽緊張曰韗帽。因又稱韗帽之型曰帽韗，則由動詞轉名詞矣。
包頭				甬稱舊時婦女覆額之帽曰包頭。宋釋惠洪贈尼昧上人詩：「不著包頭絹，能披壞墨衣。」
戴頭袱（戴頭布）		袱讀若蓬（ㄅˊ廾）。		甬稱女子嫁時蒙首之紅巾曰戴頭袱。案實爲戴頭布之轉音，魚部與東部次對轉也。
孝兜（孝帨）		孝讀若好去聲（ㄏㄠ）。		甬稱喪時婦女戴首之孝服若風帽者曰孝兜。兜，《越諺》作帨。帨字不見字書。
頭 髻		髻讀若轉（ㄗㄨ干）。	梳頭 假髻	甬稱婦女髮髻曰頭，如挽髻曰梳頭。亦曰髻，讀若轉，如髮禿者假飾之髻曰假髻，見《周禮·追師》注及《晉書·五行志》。
頭面				甬稱婦女首飾曰頭面。《乾淳起居注》：「太上太后幸聚景園，皇后先到宫中起居，入幕次，換頭面。」

續表

詞 附短語	本音	俗音	例語	疏證
耳挖 摟耳朵挖		摟讀若樓之反濁音(ㄌ̀ㄤ)，下耳字讀若倪上聲(ㄫㄧ)，下挖字讀若彎(ㄨㄢ)。		甬稱婦女首飾中金類所製爬耳之具曰耳挖，亦曰摟耳朵挖。
釧臂（串臂） 鋦（鐲） 鋦子 鋦頭	釧，尺絹切。 鋦，居玉切。	釧讀若采（ㄘㄞ），鋦讀若局（ㄐ́ㄩㄛ̇）。	金釧臂	甬稱女子約臂之環曰釧臂。《墨莊漫録》：「唐文宗問宰臣金條脱何物，宰臣未對。文宗曰：古詩『輕衫穩條脱』，即今臂釧也。」今甬則倒言釧臂。俗亦作串臂。釧讀若彩者，雙聲之轉。俗亦謂臂釧曰鋦、曰鋦子、曰鋦頭。字亦作鐲。案《玉篇》：「以鐵縛物曰鋦。」與約臂之誼爲近。鐲則鉦也，非此誼矣。
剔牙仗（剔牙杖）				甬稱婦女首飾中金類所製剔齒垢之具曰剔牙仗，出嫁時佩之，今罕見矣。仗，亦作杖。
背單（背答）（背搭）（褙褡） 背心 馬甲		甲讀俗音（ㄍㄚ̇）。		甬稱裲襠曰背單。凡無袖之衣往往稱單。如飯單、食單是也。亦作背答。答單一聲之轉。《河南通志》：「短衫謂之背答。」亦作背搭。《敬止録》：「無袖衣曰背搭。古謂之背子，又謂之搭護，故合言之爲背搭。」亦作褙褡。《越諺》：「褙褡，亦名綁身，即半臂衫。男短曰綁身，女長曰褙褡。」案《類篇》：「褙，襦也。」褡不見字書，當作褡。《廣韻》：

續表

詞 附短語	本音	俗音	例語	疏證
				「橫袼，小被也。」二字皆非。裲襠不過借其音耳。又曰背心，即裲襠之意。裲襠本作兩當，言前當心後當背也。《越諺》所謂綁身，實即背心之轉音。半臂則爲披肩，非即裲襠。至馬甲，則本滬語也。
一裹圓 一口鐘				甬稱冬日所服無袖無衩之披風曰一裹圓，亦曰一口鐘，皆以其形似也。圓，《越諺》作裍，非。
涎兜 圍涎 下巴罩		涎讀夕藍切（ㄙㄢˊ），圍讀若俞（ㄒㄩ），巴讀若爬（ㄅˊㄛ），罩讀若堆（ㄉㄟ）。		甬稱藉小兒口涎之布飾曰涎兜。兜與挽通，有盛意。涎兜猶言兜涎也。亦曰圍涎，因圍於頷下頸周也。又曰下巴罩，下巴即下顎，繫下顎下，故得此名。
肚兜（肚篼） （肚斗）		兜亦讀若堆（ㄉㄟ）。		甬稱袜肚曰肚兜。兜，亦作篼。《札樸》：「袜肚曰篼。」俗亦作肚斗。袜肚，亦曰抹胸，謂橫抹胸前也。
搭袱（搭護） （褡縛）		袱讀若匐（ㄅˊㄛ）。		商販圍裹腰間之錢囊，甬稱搭袱。古亦謂之腰纏。搭袱者，搭於腰間之包裹也。《敬止録》所謂搭護，實非裲襠，即此物也。護袱一聲之轉。俗作褡縛。

續表

詞 附短語	本音	俗音	例語	疏證
衦校（繚繳）繳身帶（纀身帶）	衦校音了皎。			光緒志：「《玉篇》：『衦校，小袴也。』吾鄉借爲繫身帶。」案《方言》、《玉篇》、《急就篇注》、皮日休詩皆作校衦，不作衦校，且詁皆訓小袴，非繫身帶也。實當作繚繳。甬所謂繚繳者，爲闊而且長之帶，可圍腰四五匝。繚繳，即取纏繞之意。《説文》：「繚，纏也。」《漢書・司馬遷傳》注：「繳繞，猶纏繞。」故繚繳猶言繚繞、繳繞也。其較短者，甬亦謂之繳身帶。繳身，猶言繞身也。或曰當作纀身帶，纀，收束也。
褓裙（抱具）		褓讀若抱（ㄅㄠ），裙讀若巨（ㄐㄩ）。		甬稱嬰兒下服圍裹如裙者曰褓裙。《儂雅》：「小兒被爲褓，如俗呼褓裙、褓被是也。」案亦作抱具，謂便於懷抱之具也。
豁腳袴				甬稱兒童所服不縫兩踦之袴曰豁腳袴，以便於矢溺也。《越諺》謂之開襠袴。
輓襠袴（縵襠袴）（顢襠袴）（瞞襠袴）	輓音瞞。			甬稱合襠之袴曰輓襠袴，即古所謂褌也。亦作縵襠袴，見《南史・高昌傳》。《越諺》作顢襠袴，通俗雜字書作瞞襠袴，並非。
籠袴（攏袴）（襱袴）				甬稱農人冬日所服甓襉之袴曰籠袴。籠袴常著於小衣袴之上，故以籠名。籠，亦作攏，攏有會合意。亦作襱。《説文》：「襱，袴踦也。」

詞附短語	本音	俗音	例語	疏證
圍裙 作裙		圍讀若俞（ㄒˊㄩ）。		農工商販等所繫之下服，形似婦女蹙裥之裙，所以便於作事者，甬稱圍裙，亦曰作裙。
圍身（腧身） 圍身布襴		圍讀同前。		作工時所服之裳，以藍色之布爲之，單幅或雙幅製成，所以禦穢濁者，甬稱圍身，亦曰圍身布襴。《越諺》作腧身，以《漢書·萬石君傳》注「近身小衫曰廁腧」爲證，似不可信。
布襴（布攔）			數布襴裥	婦女平日便服之裙，以布或薄綢爲之，色黑或藍，甬不以裙名，稱之爲布襴，亦作幱。幱〔一〕，《類篇》：「衣與裳連曰襴。」或曰本當作攔，謂攔於下身也。俗謂訐發人之隱事曰數布襴裥。
飯單				昔年婦女多繫飯單，上繫於頸紐，下蓋於膝腰，以帶束之，蔽前而不蔽後，略似今看護婦所服者，蓋所以護衣服也，今罕見矣。《南部新書》：「指坐上紫絲飯單曰：『願郎衫色如是。』」
腳紗				甬稱舊時纏足婦女之腳帶曰腳紗，多以廣三四寸、長五六尺之布爲之。
膝絪（膝袴） （烏袴）		膝讀若輸（ㄙㄩ）。		舊時纏足婦女多服膝絪，以紬布等作圓筩形，繡以花紋，套於足踵之上，上有及於膝者，故得此名。絪與捆同，束之也。或曰絪當爲袴之轉音。或亦作烏袴。

〔一〕幱：原作「幱」。

續表

詞 附短語	本音	俗音	例語	疏　證
夜著鞋 夜眠鞋		夜讀俗音（ㄒˊㄧㄚ），鞋亦讀若閒（ㄏˊㄢ）。		舊時纏足婦女眠時所著輭底之鞋，甬稱夜著鞋，亦曰夜眠鞋。
鞋楥（鞋楦）（鞋䩶）（鞋韗） 楥頭				鞋工所用木胎，所以恢廓鞋幫使堅挺者，甬稱鞋楥，亦曰楥頭。《說文》：「楥，履法也。」《繫傳》曰：「織履中模範，故曰法。」楥，亦作楦鞖䩶韗，並見字書。
鞋幇（鞋綁）（鞋膀）（鞋縍） 鞋面				甬稱履殼曰鞋幫。《廣韻》：「幫，衣治鞋履。」〔一〕《集韻》：「治履邊也。」案治履邊曰幫，因以稱履邊亦曰幫也。亦作縍，通作綁。綁，《說文》：「枲履也。」或曰當作膀。膀，兩膀也。又曰鞋面。
鞋拔				舊時婦孺之履，其跟多綴一小方布以便納履者，甬稱鞋拔。鞋拔者，可拔鞋也。
沿屑（緣緝）				甬稱履底之襯以各色布帛或皮革鑲捉者曰沿屑。《越諺》作緣緝。案《說文》：「緝〔二〕，韋毳飾也。」非此義。

〔一〕鞋：原誤作「絲」，據《廣韻》改。

〔二〕緝：《說文解字》作「䩸」。

續表

詞附短語	本音	俗音	例語	疏證
鞥 筒	鞥音翁。		靴鞥 韤鞥 脰眼鞥 靴筒 韤筒	甬稱靴韤之筒曰鞥，如言靴鞥、韤鞥。又稱衣服開領之孔曰脰眼鞥。《廣韻》：「吴人靴鞫曰鞥。」案亦逕稱曰筒。
韤船				甬稱韤近底處之緣曰韤船。《直語補證》：「杜詩：『天子呼來不上船。』一云船，領緣也，施之於韤，形更近似。」
梁（樑）			雙梁冠 三梁冠 獨梁鞋 雙梁鞋	喪冠前所飾之紐及履首之鼻，皆稱之曰梁。故喪冠有雙梁、三梁之別。舊式之履，亦有獨梁、雙梁之別也。
襱 棺（管）	襱音籠，棺音管。		袴腳襱 袖子襱 袴腳棺 袖子棺	甬稱袴之兩股曰袴腳襱。《説文》：「襱，袴踦也。」《急就篇注》：「袴之兩股曰襱。」亦謂之袴腳棺。《玉篇》：「棺，袴襱也。」案棺爲六朝後出字，本當作管，謂如管也。又沿稱衣之兩袖曰袖子襱，亦曰袖子棺。
襠（當）			袴襠	甬稱袴兩股縫合之處曰襠。《玉篇》：「襠，袴襠也。」阮籍《大人先生傳》〔一〕：「行不敢離縫際，動不敢出褌襠。」案襠亦六朝後出字，本作當，謂當兩股之中也。

〔一〕傳：原誤作「論」。

續表

詞 附短語	本音	俗音	例語	疏證
襇（襉）（間）	襇，古莧切。		裙襇 面孔打襇	甬稱裙之摺紋曰襇。《類篇》：「襇，裙幅相攝也。」《集韻》亦作襉。案襇襉皆後出字，本當作間。裙之襞積，猶他物之間隙也。俗又沿稱顏面皺紋曰襇。
襻（攀） 紐襻（鈕襻）	襻，普患切。		紐子紐襻	甬稱衣系牡者曰紐子，牝者曰紐襻。亦省曰襻紐，亦作鈕。《類篇》：「衣系曰襻。」劉孝標詩：「襻帶雖安不忍縫，開孔裁穿猶未達。」案襻後出字，本當作攀，謂相攀引也。紐子紐襻互相配合，故俗謂人互相倚恃或狼狽爲姦曰紐子紐襻。
夾裏（袷裏）		夾讀俗音（ㄍㄚ˙）。		甬稱衣裏曰夾裏。又稱衣服之有裏者曰夾襖、夾袍、夾袴等。案夾皆當作袷，衣無絮也。《急就篇注》：「衣裳施裏曰袷。」《史記·匈奴傳》：「服繡袷綺衣。」注：「言繡表綺裏。」
貼紕	紕音毗。			單衣縫合處及緣邊皆貼以布使堅牢耐著，甬稱貼紕。《禮·玉藻》：「縞冠素紕。」注：「紕，緣邊也。」
托肩（袥肩）				甬稱單衣領旁襯托之貼紕曰托肩。托，亦作袥。《廣韻》：「開衣領也。」
衩（叉）（紁）（衺） （袳）（㑨） 衩子	衩音叉去聲。		開衩	甬稱衣之前後衽下襬未縫合處曰衩，亦曰衩子。《玉篇》：「衩，衣衩也。」本作叉，通作紁，亦作衺、袳。《集韻》：「袳，開衣也。」又作㑨。《集韻》：「㑨，開衣領也。」

續表

詞 附短語	本音	俗音	例語	疏證
下襬（下擺）	襬音陂。	襬讀若擺（ㄅㄚ）。		甬稱衣之底邊曰下襬。案《方言》：「帬，自關而東或謂之襬。」《急就篇注》：「帬，即裳也。」一名帔，一曰襬。今蓋由裳引申而稱衣之底邊也。亦作下擺。下擺，可開闔振動，則作擺亦通。
衩衸	衸，古拜切。	衸讀若幹（ㄍㄢ）。		甬稱衣前後幅曰衩衸，衩謂衣開衩處。衸，《廣韻》：「布衣幅也。」《廣雅》：「衩、衸、袥、𧜁，膝也。」
緶	緶，蒲眠切。		繞緶	甬稱衣服縫合之迹曰緶。故連合衣縫曰繞緶。《説文》：「緶，交枲也。一曰緁衣也。」《廣韻》：「縫也。」
料作		料讀去聲。		甬稱衣服材料曰料作，謂材料可供裁製也。
帵子（灣子）	帵，烏丸切。	帵讀若灣（ㄨㄢ）。		甬稱袖下裁餘之布帛曰帵子。《廣韻》：「帵子，裁餘也。」《正字通》：「今采帛鋪謂剪截之餘曰帵子。」俗亦作灣子。
斜料 斜條		斜讀若直爺切（ㄗ̌ㄧㄚ）。		甬稱布帛不依經綫，橫截而斜裁爲條，以爲鑲滾及緶紐等用者曰斜料，亦曰斜條。
補靪	靪音丁。		打補靪	甬稱衣服補綴之處曰補靪，補綴之曰打補靪。《説文》：「靪，補履下也。」蓋由補履引申而爲補衣也。
鋪陳				甬稱嫁裝中之衾裯等曰鋪陳，謂可鋪設陳列也。古本稱一切鋪設之物曰鋪陳。《周禮·司几筵》注：「鋪陳曰筵。」《五代史》：「鋪陳物十三件。」甬則專稱嫁時衾裯矣。

續表

詞 附短語	本音	俗音	例語	疏　證
被 被頭		被讀若皮去聲（ㄅ́ㄧ）。		甬稱衾曰被，四方通語也。又曰被頭，如言幾條被頭。又稱衾之覆蓋上身部分亦曰被頭。
被檔頭（被紞頭）		被讀如皮去聲（ㄅ́ㄧ）。		被頭之緣飾，甬謂之被檔頭，言有帶橫列如器之框檔也。民國《象山縣志》謂當作被紞頭。《禮·喪大記》：「紟五幅，無紞。」注：「紞以組類爲之，綴之領側。」疏：「領爲被頭，側爲被旁。」字亦作紞。《埤蒼》：「紞，被緣也。」《廣雅音》紞，都感切。今音轉如當，蓋侵陽二部旁轉也。
被窠（被窩）		被讀同前，窠讀若寬（ㄎㄨ ㄢ）。	坐被窠	甬稱寢時將被摺成囊狀曰被窠，故冬日坐牀上，就被中取煖曰坐被窠。亦作被窩。
包袱（包幅） 包裹		袱讀若匐（ㄅ́ ㄛ）。	打包裹	甬稱包物之布巾曰包袱。袱見《字彙》，謂包袱也。此後起字。古蓋祇作幅，謂一幅布也。幅讀若匐者，輕脣音古本讀重脣音也。包袱之中已置物者，則曰包裹。結成包裹，則曰打包裹。
鋪蓋 被鋪				甬稱行裝中被褥等包裹成件者曰鋪蓋。鋪謂褥席等，可平鋪。蓋謂被，可覆蓋也。亦曰被鋪。
絹片 絹頭		片亦讀若盼（ㄆㄢ）〔一〕。		甬稱汗巾曰絹片，亦曰絹頭。

〔一〕亦讀：原誤作「讀亦」。

續表

詞附短語	本音	俗音	例語	疏證
花絮 棉花絮		絮讀若細（ㄙㄧ）。		甬稱著衣被之棉絮曰花絮，亦曰棉花絮。
綿綉（綿黈）（綿兜）（綿斗）	綉音透。	綉讀若兜（ㄉㄤ）。		甬稱絲綿可以絮衣被者曰綿綉。《集韻》：「吴俗謂綿一片爲綉。」正此物也。亦作綿黈。《廣韻》：「黈，冕前纊也。」今俗因綉假借爲刺繡之繡，故徑書作綿兜。或曰當作綿斗，因爲敗繭所恢成形如斗也。
胎			棉胎	甬稱襯裹之物曰胎[一]，謂如懷孕之胎也。例如衣被之棉絮曰棉胎。
襞（䘣）	襞音壁。	襞讀若迫（ㄅㄚ˙）。	褙襞	甬稱以數層之布裱褙使成一片曰襞。案襞有積疊之意，故以名物。俗書作䘣，不見字書。
影帶（飄帶）		影音票平聲。		甬稱衣物等紛披之長帶曰影帶。《廣韻》：「影影，長組之貌。」亦作飄帶，謂能隨風飄動也。
蘇頭（鬚頭）（髾頭）[二]				甬稱流蘇曰蘇頭。《決疑要録》：「流蘇者，緝鳥尾，垂之若旒然，以其蕊下垂，故曰蘇。」案甬曰蘇頭者，頭爲語助詞。

〔一〕裹：原誤作「裹」。

〔二〕髾：「疏證」中用「𦈌」字。

續表

詞（附短語）	本音	俗音	例語	疏證
				俗亦作鬢頭，謂下垂如鬢也[一]。《廣韻》別有滯字，《朱子家禮》：「婦人成服布頭滯，用略細麻布一條，長八寸，以束髮根，而垂其餘於後。」蓋古本曰頭滯，今則倒言滯頭矣。
鍼黹（箴黹） 鍼指	黹音緻。	黹讀若指（ㄗ）。		甬稱女紅曰鍼黹，亦作箴黹。《説文》：「黹，箴縷所紩衣。」通作鍼指。《甕牖閒評》：「鍼指二字本俗語，《夷堅志》採而用之，記婺州民女書云：『晝則作鍼指於牖下。』」
右衣飾				
天亮飯		亮讀若娘上聲（ㄏㄧㄤ）。		甬稱早膳曰天亮飯，謂天明後進食也。亮讀若娘上聲者，來母字轉爲娘母。今秦縣一帶猶然。
晝過飯 晝飯 中飯				甬稱午膳曰晝過飯，謂日過午始進食也。亦省稱晝飯。蘇轍詩：「晝飯煮青茹。」較雅則曰中飯，謂在早膳、晚膳之間也。權德輿詩：「山僧相訪期中飯，漁父同遊或夜歸。」
夜飯				甬稱晚膳曰夜飯。

〔一〕鬢也：原誤作「也鬢」。

續表

詞 附短語	本音	俗音	例語	疏證
點心		點亦讀若爹上聲(ㄉㄧㄚ)或歹上聲(ㄉㄧㄝ)。	早點心 夜點心	甬稱午膳、晚膳間以餅餌等作小食曰點心，至早晨不用膳而以雜食果腹者曰早點心，晚膳後至睡間進雜食者曰夜點心。至古人所謂點心者，大抵指早晨雜食而言，蓋本不進早膳也。是即甬所謂早點心。《能改齋漫録》：「世俗例以早晨小食爲點心，自唐時已有此語。案唐鄭傪爲江淮留後，家人備夫人晨饌，夫人顧其弟曰：『治粧未畢，我未及餐，爾可且點心。』」又甬亦稱餻餅之屬曰點心。又專稱歲暮所製之年餻曰點心。
飯糝(飯糂)(飯碎)飯米糝	糝，桑感切。	糝讀若碎上聲(ㄙㄟ)。		甬稱零星之飯粒曰飯糝。糝亦作糂。《説文》：「糂，以米和羹也。一曰粒也。」《周禮》有糂食，謂以米屑和肉煎爲餌也。俗亦作飯碎，又曰飯米糝。
飯乾 飯脯	乾音干。	乾讀若干上聲(ㄍㄧ宀)。		甬稱飯粒曬乾以便久藏者曰飯乾。《釋名·釋飲食》篇已有此名。亦曰飯脯，謂如肉脯也。
飯黏				甬稱飯粒爲黏合書信等用者曰飯黏。《晉書·殷仲堪傳》：「飯黏落席間，輒拾啖。」《敬止録》：「飯之狼藉者曰飯黏。」則與今誼略殊，蓋今所謂飯糝也。
冬米(凍米)		冬讀若凍(ㄉ卄)。		冬日以糯米煮熟，乾之爲脯，備作餅餌用者，甬曰冬米。《越諺》作凍米。

續表

詞 附短語	本音	俗音	例語	疏證
米胖（米麷） 胖脯（烰爑） （膖脯）		胖讀若普講切（ㄆㄤ），脯讀若蒲（ㄅˊㄨ）。	胖脯糖	冬米在鍋中炒之使鬆而胖，甬曰米胖，亦作米麷。《爾雅義疏》：「今人蒸稉米，暴乾煦之，呼米麷，讀若蓬。」案蓬胖一聲之轉。又曰胖脯。脯即前飯脯也。亦作膖脯。膖，匹江切，脹也。脯音蒲，膊魚也。蓋膖脯二字音爲近之。《越諺》作烰爑。烰，匹絳切，《六書故》：「完物遇火張起也。」爑字不見字書，蓋以脯字加火旁而撰成之。胖脯，白而且胖，故甬稱兒童肥白如瓠曰胖脯介。又沿稱嬰兒之兩頰曰胖脯。
䭨粉（饋粉）	饋音遺。			甬稱調羹用之粉曰饋粉。《廣韻》：「饋，黏也。」《集韻》省作䭨〔一〕。
下飯 過口（裹口）		下讀俗音去聲（ㄏㄛ），過讀去聲（ㄍㄨㄛ）。		甬稱餚饌曰下飯，謂藉此可咽下飯也。與蘇子美以《漢書》爲下酒物意同。朱子《語録》：「文從道中流出，文只如喫飯時下飯耳。」又曰過口。《齊民要術》：「鯉魚脯，過飯下酒，極是珍品。」案過口猶云過飯。俗亦作裹口。
湯水		水讀俗音（ㄙㄩ）。	好湯水	甬稱餚饌之美者曰湯水，謂有羹湆可供餔啜也。後又沿稱一切食品曰湯水。

〔一〕 韻：原誤作「的」。

續表

詞 附短語	本音	俗音	例語	疏證
料理（作料）		料理之料讀去聲，作料之料讀上聲。		甬稱醬醋油鹽等調和肴饌之物曰料理。案料理，本整治之意，故治肴亦曰料理。因又稱治肴之物品曰料理。日本語謂烹飪曰料理，蓋亦有所本也。若料理之料讀上聲，則甬語有破滅意，乃別一義。又料理亦曰作料，謂作羹湯之材料也。若倒言料作，則又別指衣料矣。
喫場 喫局				甬稱一切食品曰喫場。案喫場與喫局同，本指筵席而言，謂可餔啜之處。後泛稱食品耳。
火食（伙食）				甬稱膳食曰火食。《禮·王制》：「有不火食者矣。」本指非生食而言。《北史·張纂傳》：「家給其火食。」則稱膳食矣。俗亦作伙食。
席面（食面）			弗見席面	甬稱筵席曰席面。案本專指首席而言。《容齋五筆》：「今公私宴會，稱與主人對席者曰席面，言爲客特設之席也。」《嬾真子》云：「古席面謂之客，列座謂之旅。言爲一座所尊也。」故甬譏人識見狹隘，輒曰弗見席面，猶北方言上不得臺盤也。俗或作食面，非。
回遷（回千） （圍前）（會親）				宴會盛筵，具十二碟或十六碟冷餚者，甬俗謂之回遷，省作回千。蓋以食熱餚時撤而去之，故得此名。或曰當作圍前，謂圍列座前也。或曰當作會親，謂會親時之盛筵也。

續表

詞 附短語	本音	俗音	例語	疏證
便飯 家常便飯		家讀俗音。		甬稱平常食用之餚饌曰便飯，謂隨便非特設也。亦曰家常便飯。《獨醒雜志》：「常調官好做，家常飯好喫，真名言也。」
壓飯皕頭		頭亦讀若潭。		甬稱利於下飯之饌曰壓飯皕頭。皕頭，椎之俗名也。《越諺》謂之殁飯榔槻。
小菜碟				甬俗筵進飯之時，別有適於下飯之餚二簋或四簋，以供客宴將畢，謂之小菜碟。
盌腳		腳讀若姜(ㄐㄧㄤ)。	刮盌腳	甬稱盌底之殘餚曰盌腳。食盡殘餚曰刮盌腳。蓋甬語常稱殘餘者曰腳，如酒腳、茶腳、貨腳、水缸腳之類是也。
迴殘(回殘)				甬稱賓筵餕餘曰迴殘，亦作回殘。本泛指一切賸餘物品。元劉大彬《茅山志》載唐天寶間修造紫陽觀敕牒有「迴殘錢若干貫」「迴殘銀若干兩」之文，惟今則專稱餕餘耳。
羹飯			忌日羹飯 夜羹飯	甬稱家祭之筵席曰羹飯。祭祖先者曰忌日羹飯，祭作祟之野鬼者曰夜羹飯。案此名由來頗古。漢樂府已有「羹飯一時熟，不知貽阿誰」句，韓愈《山石》詩亦有「鋪牀拂席置羹飯」語。
壽桃 桃			糕桃燭麵	甬稱餽贈戚友壽誕稱觴之饅頭曰壽桃。蓋以饅頭形圓似桃，又取西王母贈漢武帝蟠桃故事以爲永年之徵也。《正字通》謂麵食之「長曰繭，斜曰桃」，似未瞭解。亦省稱桃，如俗常以糭糕饅頭及燭麵四物餽人壽，連稱糕桃燭麵。

續表

詞 附短語	本音	俗音	例語	疏　證
饅頭（糭頭）（曼頭）（饅餖）（蠻頭）油包				屑麵發酵成半球形，中實以餡，蒸熟可食者，甬稱饅頭。束皙《餅賦》：「三春之初，陰陽交至。於時宴享，則饅頭宜設。」案饅頭之名始見於此。《初學記》作曼頭，《廣韻》作糭頭〔一〕，《夢粱録》作饅餖，皆諧其音也。《事物紀原》：「諸葛亮南征，將渡瀘水，土俗殺人首祭神，亮令以羊豕代，取麵畫人頭祭之。」《七修類稿》謂本名蠻頭，音轉訛爲饅頭耳。又甬别稱饅頭之以豕油豆泥等爲餡者曰油包。
金團（金糰）				糯粉所製平圓形之餅，中有餡，外糁以松花，黄色，故甬稱金團。團亦作糰。與《越諺》所謂京糰者異，京糰，甬稱油炸麻糰也。
圓子（糰子）湯果湯團				糯粉所製圓球形之餌，凡有三種：無餡而小者，甬稱圓子，《越諺》作糰子，古謂之元宵，以正月望日食之也；無餡而大者曰湯果；有餡者曰湯團。
青餅青餃麻餈（麻糍）䴵餈				糯粉和青蒿製成之餅餌，凡有三種：其圓而中有餡或無餡者曰青餅；似餃形而中有餡者曰青餃，《越諺》謂之艾糕、艾餃；其斜方形無餡而外糁松花者曰麻餈，見《雲仙雜記》，餈，《夢粱録》作糍。又作䴵餈，《玉篇》：「䴵，食也。」

〔一〕 韻作：原誤作「作韻」。

續表

詞 附短語	本音	俗音	例語	疏證
				《説文》：「餈，稻餅也。」《釋名》：「餈，漬也，烝燥屑使相潤漬。」三者，俗皆於清明時製之，掃祖墓分贈戚族，亦餽親友。因青蒿是時適柔嫩可食也。
黑飯				青精葉漬米使成黑色，蒸而擣之，製爲方形餅餌，甬稱黑飯。《升菴外集》：「杜詩：『豈無青精飯，使我顏色好。』青精，一名南天燭，又曰黑飯草，以其可染黑物也。」甬謂之烏米飯樹。又甬亦諱言鴉片，曰黑飯，略含譏諷之意。
薄脆				以糕餅屑末和麪粉使發酵，製成圓而薄之餅，外糁以油麻，鬆脆可口，甬稱薄脆。
餛飩（餫飩）（䐊肫）（粈粍）（渾屯）（倱伅）（混沌）				以薄麪裹肉製成偃月形，或蒸或加以洎煮而食之，謂之餛飩。《齊民要術》有水引餛飩法。《食物志》亦作餫飩，《廣雅》作䐊肫，《集韻》亦作粈粍，顔之推曰「餛飩之言倱伅也」，《北户録》注引《齊民要術》作渾屯〔一〕，《演繁露》謂虜中渾氏屯氏爲之，故名渾屯。案此説似非。蓋本當作混沌，猶言圂圇也。餛飩形小，一口一枚，可圂圇咽下，故得此名。

〔一〕術作：原誤作「作術」。

續表

詞附短語	本音	俗音	例語	疏證
燒賣（貂餽）		賣讀若貌（ㄇㄠ）。		以薄麵裹肉餡製成平底圓形，高約寸許，開口露餡，謂之燒賣。蓋再蒸則爛，隨燒隨賣，故得此名。《越諺》謂當作貂餽。「貂，小食也。餽，飽滯也。待客小食，用意祝飽餐。」案此曲説不可信。
油炸膾（油灼膾）（油灼粿）（油炠檜）（油煠果）				以麵和白礬及鹼，搓成長條，兩條互絞，入油中煠之，謂之油炸膾。炸亦作灼、煠、炠，膾亦作粿。《閩雜記》：「閩人所謂油粿，吾鄉（指杭州）之油灼膾也，福州人亦稱油灼粿，興化人但稱灼粿。」《越諺》作油炠檜，謂秦檜害鄂王，民心不平，並恨其長舌妻，捏麵粉爲檜夫妻頭臉，扭攏兩身，滅其四肢，油鍋烹食。案此恐附會之談。當以作油煠果爲是。果者，本爲餅餌通稱，如湯果，亦以果名。粿，乃後起之字，其轉爲膾音者，同母轉音也。
油饊子（油糤子）（油蘸子）絞穌	饊音散。	饊讀若盞（ㄗㄢ），絞讀濁音（ㄍˊㄠ）。		以麵和糖，搓成細條或數條，互絞成索，或盤屈作鬢形，入油中煠之以爲餌，謂之油饊子。《説文》：「饊，熬稻粻䅣也。」《集韻》亦作糤。通俗雜字書作油蘸子。又曰絞穌。絞，言其形。穌，言其鬆脆也。古謂之粔籹。《説文》：「粔籹，膏環也。」《齊民要術》粔籹名環餅，象環釧形。《廣雅》謂之粰梳。亦曰寒具，劉禹錫《寒具》詩：「纖手搓成玉數尋，碧油熬出嫩黄深。夜來春睡無輕重，壓扁佳人纏臂金。」正狀其形製也。謂之寒具者，蓋可冷食也。《丹鉛總録》謂爲寒食而具，故名。

續表

詞附短語	本音	俗音	例語	疏證
年餻竹節餻（桌腳糕）				江浙一帶歲暮所製之餌曰年餻，取一年一度之意，此通稱也。甬俗亦謂之竹節餻，蓋其上所印之花紋似竹節，且諧節節高之音，以取吉利，故俗有「竹節餻，步步高」之諺。通俗雜字書作桌腳糕，則以爲其形似卓腳矣。
茶食茶果				甬稱餻餅等曰茶食，謂可佐茶也。《大金國志》：「金人舊俗，壻納幣，戚屬偕行，以酒饌往，次進蜜糕，人各一盤，曰茶食。」是則本北方語也。亦曰茶果，見後缸面清下。
包頭果包包			輭包硬包方包	甬稱裝置餻食乾果等以紙或盒包裹餽贈戚友者曰包頭，與前衣飾包頭同名異物，亦省曰包。以盒裝置餻食者曰輭包，亦曰方包。以紙包裹乾果者曰硬包，亦曰果包。
路菜				甬稱餽人行旅之餻餌或他種食品曰路菜，謂可供旅途中食用也。古餞行以筵，故得菜名。
伴手果（盤手果）				訪候戚友時，隨帶食品以餽兒童者，謂之伴手果。伴手，謂隨手而來也。伴，或作盤。
相諒盞（商量盞）				兒生三朝，俗以酒盞盛飯，頂綴以黃糖，雜酒肴祀牀神，祭畢即以糖飯分餉家中諸孩童，謂之相諒盞。蓋取兄弟互相諒解，能不爭吵之意。亦作商量盞。
望娘盤		望讀俗音（ㄇㄤ）。		女子出嫁翌日，餽物於母家，曰望娘盤。

續表

詞 附短語	本音	俗音	例語	疏證
老酒（醪酒）	醪音勞。	醪讀若老。		甬越一帶，皆稱黃酒曰老酒。蓋酒以陳爲貴，老酒猶言陳酒，與新酒對稱。然今則新酒亦稱老酒矣。或曰老當作醪。《説文》：「醪，汁滓酒也。」《廣韻》：「濁酒。」《史記·袁盎傳》：「乃悉以其裝齎置二石醇醪。」〔一〕《寰宇記》：「會稽縣西三里有投醪河。」則醪爲越酒審矣。
花雕（花瓹）				紹興酒之佳者，蓋瀉於盃時能起花，故得此名。《越諺》作花瓹，謂之罎有花，大倍於常，娶聘時無論貧富皆所必用。以越人言越事，似較有據。瓹字不見字書。
竹葉青（竹葉清）				紹興酒之三年陳者，謂之竹葉青。以其色微青也。案他處酒亦有名此者，亦作竹葉清。張華《輕薄》篇：「蒼梧竹葉清，宜城九醞醝。」
缸面清（缸面春）				甬稱初熟之酒曰缸面清。蓋甫醡出之酒，須從缸面挹出乃清也。何延之《蘭亭記》蕭翼過辨才院，就前禮拜，寒温既畢，設堈面藥酒茶果等。江東曰堈面，猶河北稱甕頭，初熟酒也。案堈即缸字。或曰清當作春，春爲初熟之名，猶言甕頭春、玉壺春也。

〔一〕齎：原誤作「齋」。

續表

詞附短語	本音	俗音	例語	疏證
蜜林檎（蜜醽醇）				酒之甘而厚者，別有蜜林檎一種。昔年甬越一帶，間或釀之，今則罕見矣。《事物紺珠》：「酒名蜜林檎，言味如蜜，色如林檎。」《越諺》作蜜醽醇，稱其「作法曰用春白糯米蒸飯，平放坦缸中，入酒藥，其飯化水，即此酒」。案《集韻》：「醽，湘東美酒。」《說文》：「醇，不澆酒也。」
酒娘（酒釀）				甬稱初蒸飯下藥釀酒時，發酵後，沁出之甘芳汁液曰酒娘。由是而攙水即可成酒，故得此名。或曰當作酒釀，謂可釀酒也。案酒亦曰釀，《世說》有傾家釀之語。
漿板				酒甫醞釀，尚未攙水，其汁液曰酒娘，其渣滓曰漿板，尚未成糟粕也。俗薄切如板，和餅餌等煮食之，故有漿板之名。古謂之漿，亦曰酨漿。《周禮·酒正》：「三曰漿。」注：「酨漿。」酨之言載也，米汁相載也。
酒腳				甬稱壜中沈澱之濁酒曰酒腳。石介《歲晏村居》詩：「天寒酒腳落。」
漉篩油（洛泗油）（六四油）				甬製上等醬油之一種，謂之漉篩油。蓋以竹簏探入醬甕中，俾液汁滲入其中，以勺挹取之，不復攙和以水，故汁濃而味美。此漉篩油所由名也。漉，亦作盝、㴪。簏篩，亦作簏籭。昔年價廉，每斤僅製錢六十四文，故亦作六四油。今俗皆譌作洛泗油，一似非甬產然，不復知其本字矣。

續表

詞附短語	本音	俗音	例語	疏證
赤泡茶				甬稱客至特煮之茶曰赤泡茶。赤，言其色濃也。與《越諺》撮渝茶適相反，《越諺》則對客謙稱荈少水多也。
盲湯		盲讀若孟平聲（ㄇㄤ）。	盲湯茶	甬稱水未煮沸者曰盲湯。《表異録》：「煎茶初滾曰蟹眼，漸大曰魚眼。故俗以未滾曰盲湯。」
米漿泔 泔腳 淘米泔水				甬稱淅米餘瀋曰米漿泔，亦曰泔腳，亦曰淘米泔水。案《説文》：「潘，淅米汁也。」周謂潘曰泔，是漢以潘爲四方通語，泔爲周之方言，今則流入吴越一帶矣。
粗茶淡飯				俗對客謙稱供給不周曰粗茶淡飯。此語頗古。楊萬里詩：「粗茶淡飯終殘年。」
蜂糖（蜂餳） 蜜糖 蜜		蜂亦讀若分（ㄈㄥ）。	甜如蜜	甬稱蜜曰蜂糖。《猗覺寮雜記》：「楊行密據揚州，淮人諱爲蜂糖。」蘇轍詩：「蜂糖如土不須慳。」是宋之淮揚語，今爲越語矣。亦作蜂餳。楊萬里《蒲萄》詩：「太原清霜熬蜂餳。」亦曰蜜糖，又省曰蜜。故甬諺有「少年夫妻甜如蜜」之語。
泥（䵑） 沙	䵑音泥。		豆泥 豆沙	甬稱豆類去殼，煮極爛，研成膏，以作餻餅餡者曰泥，亦曰沙。或曰泥當作䵑。《周禮·醢人》注：「䵑，醢也。」或曰醬也。

續表

詞 附短語	本音	俗音	例語	疏證
鬆（膨）			肉鬆 魚鬆	以魚肉等煮熟之下油，漸炒於鍋中，使組織解散如綿，俗稱爲鬆。《越諺》作膨。《廣韻》：「膨，七恭切，肥病。」音誼皆非。
末子（糠子） 末碎（糠碎）			藥末子 餅末碎	甬稱食物等殘屑曰末子。亦曰末碎，又省稱末。《本草》散鹽即末鹽，其鹽皆散末也。案末本當作糠。《廣韻》糠音末，米屑也。
黴（溦） 青沙	黴音眉。		發黴	甬稱食物等腐敗而發生青黑色之菌曰黴。《淮南子》：「堯瘦癯，舜黴黑。」亦作溦，《札璞》：「物傷溼曰溦。」亦曰青沙。
醭 白花	醭音樸。		發醭	甬稱酒醬醋等日久發生白色之菌曰醭。白居易詩：「酒甕全生醭。」亦曰白花。
味道 滋味 旨味		味讀若米去聲（ㄇㄧ）。		甬稱味曰味道，亦曰滋味。《説文》：「味，滋味也。」又曰：「甘，美也。从口含一。一，道也。」味道之名，或本此。亦作旨味。旨，味之美者也。
氣味 氣息（氣餽）	㿏音沸〔一〕。	味讀同前。		甬稱臭味曰氣味，亦曰氣息。王實甫《西廂記》已有「土氣息，泥滋味」之句，則此語亦頗古。《越諺》引《方言》作氣餽。案息从自，本作氣解，餽乃息之俗字。

〔一〕 本條未及「㿏」字。

詞附短語	本音	俗音	例語	疏證
右食品				
家帑（家當） 家財 家計 家道	帑，他朗切。	家讀俗音（ㄍㄛ），帑讀若當聲（ㄉㄤ）。	有家帑 百萬家財 家計大 喫飯量家道	甬稱家中財産曰帑。《說文》：「帑，金幣所藏也。」《漢書·匈奴傳》：「以爲虛費府帑。」在國曰府帑，故在家曰家帑。帑，《廣韻》《集韻》《韻會》《正韻》並音曭。曭爲透母，今轉爲端母也。俗亦作家當，又曰家財。《史記·卜式傳》：「願輸家財之半助邊。」又曰家計。曹植文：「於臣家計，甚有廢損。」又曰家道。《南史·徐孝克傳》：「家道壁立。」
用度 用場			用度大	甬稱費用曰用度。度有數量之意。《後漢書·光武紀》：「用度不足。」亦曰用場。又物之功用亦曰用場，見前事類。
人事				甬稱錢物曰人事。《南史》：「齊王智深家貧無人事。」此謂己之錢物。韓愈文：「并令臣領受人事物等。」則謂贈人錢物。甬語亦具此二誼。
人情			人情簿 做人情	人有婚喪等事，餽以錢物，謂之人情，言所以表戚友之情也。杜甫詩：「粔籹作人情。」《都城紀勝》：「趁赴茶酒人，每日與人傳語往還，或講集人情分子。」又謂交情曰人情，如表示交情曰做人情。

續表

詞附短語	本音	俗音	例語	疏證
橫財		橫讀去聲(ㄏㄨㄤ)。	發橫財	甬稱非分所得之財曰橫財。《廣韻》:「橫財物爲詭遇也。」《獨異志》:「冥司有三十爐,爲張説鑄橫財。」
辛工 工錢		錢讀若田(ㄉˊㄧ宀),下同。		甬稱傭工所得之值曰辛工,謂辛苦勤勞之工價也。又曰工錢。
拜見錢 見面錢				甬稱長輩初見幼輩賜予錢帛曰拜見錢,亦曰見面錢。《草木子》:「元末官吏貪汙,其問人討錢,各有名目所屬,始參曰拜見錢。」案此爲下獻上,即甬所謂贄見也。
腳錢 力錢 酒錢 力			使力	甬稱犒賞使役之資曰腳錢。此稱頗古。《朝野僉載》有「御史祿米不出腳錢」之説。宋人詩亦有「腳錢盡處渾閒事」之句。又曰力錢,謂勞力之值也。亦省稱力,如言使力若干。又曰酒錢,謂賜酒犒勞,今以錢代也。
謁歲錢		歲讀若世(ㄙㄩ)。		新年,幼輩謁見長輩,長輩賜以錢帛曰謁歲錢。
窪(幕) 字	窪,烏瓜切。	窪讀若隖(ㄨ)。		甬稱錢之正面有文者曰字,其背面無字者曰窪。窪者,謂窪下也。窪讀若隖者,二字同屬影母,雙聲之轉也。古謂之幕。《漢書·西域傳》:「罽賓國以金銀爲錢,文爲騎馬,幕爲人面。」或曰甬語即幕之轉音。幕亦音模,屬模韻,讀若隖,則爲上聲姥韻矣。

續表

詞 附短語	本音	俗音	例語	疏證
鑞（鐪）			鑞箔	甬稱錫鉛之合金曰鑞。如錫箔亦曰鑞箔。古蓋錫鑞不分。《爾雅》「錫謂之鈏」注：「白鑞。」字或作鐪。
金鍱（金葉）	鍱音葉。			甬稱黃金鍛煉成片，薄如紙者曰金鍱。《札璞》：「薄金曰鍱。」俗通作金葉。
水腳		水讀俗音（ㄙㄩ）。		甬稱水路轉運之費曰水腳。此語宋已有之。《宋史·食貨志》：「罷鼓鑄，盡取木炭銅鉛本錢及官吏闕額衣粮水腳之屬。」
貨腳				甬稱售餘之商品曰貨腳。光緒志引《解酲語》：「大賈呼極賤之行商爲貨腳。」案此與甬語誼異。
抄莊（捎莊）			綢緞抄莊	甬稱布帛等挑選精美以爲商品者曰抄莊。市肆招幟常有綢緞抄莊之語。案抄當作捎。《説文》：「自關以西，凡取物之上者爲撟捎。」《方言》：「撟捎，選也。」郭注：「此妙擇積聚者也。」捎抄一聲之轉。
小貨			做小貨 小貨銅錢	甬稱私蓄曰小貨。如私蓄資財曰小貨銅錢，聚私蓄曰做小貨。又沿稱行事祕不使人知曰做小貨。
落舍貨				甬稱竊取之錢物曰落舍貨。舍，家也，謂落於私家也。又
後門貨				稱商夥竊取肆中貨物賤值兜售顧客者曰後門貨，謂從店肆後門而出也。

續表

詞 附短語	本音	俗音	例語	疏證
玻璃洋箱				甬稱能見而不能得之錢財曰玻璃洋箱。洋箱者，貯藏銀幣之箱也。
分粧貨 花消		粧讀若張（ㄗㄧㄤ）。		女子出嫁時，由女家備辦各種禮物以餽贈男宅戚友者，甬謂之分妝貨。妝即指妝奩言。又曰花消，猶言銷耗品也。
重被 情被				甬稱賻贈親戚喪事逝者所用之被曰重被。謂之重被者，逝者之被重疊覆之也，或曰表示情被也，或曰喪被輕反而言之曰重。亦作情被，言表示人情之重也，或曰重即情之轉音。
靛（黰） 靛青 靛青花	靛音電。			甬稱藍草所製染青色料曰靛。靛字始見《集韻》，謂「以藍染也」。亦曰靛青，其質上浮者曰靛青花，《本草綱目》謂之靛花。靛，亦作黰。《廣韻》：「藍黰，染者也。」
木柹（木梳） 鉋娘 釬屑	柹音肺。			甬稱匠人斧斤所殘之碎木可供燃燒者曰木柹。《晉書·王濬傳》：「濬伐吴，造船，木柹蔽江而下。」柹，《説文》作梳。其鉋所殘餘之薄片別稱鉋娘，又鋸所摩下之屑末別稱釬屑。
黏頭樹 鉋花				以有黏液之木，鉋成薄片，可供婦女澤髮用者曰黏頭樹，亦曰鉋花。

續表

詞 附短語	本音	俗音	例語	疏證
橛頭(氒頭)	橛音掘。		樹橛頭 墨橛頭 香煙橛頭	《列子·黃帝篇》「若橛株拘」注：「斷木橜。」即橛字。今甬稱物之斷片曰橛頭，如言樹橛頭、墨橛頭、香煙橛頭等。又稱物一段曰一橛，見下《數量》。《說文》本作氒，木本也。
欂櫨柱(欂櫨槌)	欂櫨音博盧。	欂櫨讀若薄落(ㄅㄛ ㄌㄛ)。		《說文》：「欂，壁柱也。」「櫨，柱上柎也。」《廣韻》：「櫨，欂櫨柱也。」案柱之短小者。甬因稱短小物或物斷柄曰欂櫨柱。柱，亦作槌，槌即椎也。
麩炭(桴炭)(烰炭)(浮炭) 錠炭				甬稱木炭曰麩炭。《清異録》：「唐宣宗病中熱，冬月冷坐殿中，宮人以金盆麩炭火少許進御。」亦作桴炭。白居易詩：「日暮半爐桴炭火。」桴亦作烰。本作浮炭，《老學庵筆記》：「浮炭者，謂投之水中而浮。今人謂之桴炭。」又甬稱木炭堅緻而細長，敲之發聲者曰錠炭，如銀錠也。
炭墼(炭結)	墼音激。		家家打炭墼	甬稱搏炭屑成塊，供冬月圍爐者曰炭墼。《說文》：「墼，瓴適也。」一曰土墼未燒，塼坯也。《急就篇注》：「墼者，抑泥土爲之，令其堅激也。」北方又有糞墼，南方又有炭墼，俗亦書作炭結。
糊(餬)(粘)(黏) 漿糊 漿		糊讀上聲(ㄏㄨ)。		甬稱麵和熱水供黏合用者曰糊。《說文》作「黏，黏也」。《爾雅》作「餬，饘也」。字書亦作粘䚝䊀䊀籸𥹷等，皆後起字。甬亦曰漿糊，其薄而可供漿衣用者曰漿。

續表

詞 附短語	本音	俗音	例語	疏證
肥 肥料		肥讀若皮（ㄅˊㄧ），肥料連言，則肥讀本音。	澆肥 壅料	甬稱尿糞等可以肥田者曰肥。土有肥瘠，故可使土肥之物亦曰肥。肥，讀若皮，輕脣音，古本讀若重脣音也。肥，亦曰料，又連稱肥料。
煤頭（媒頭） 紙煤 紙吹		吹讀若采。		捲紙成條供引火及吸菸用者，甬稱煤頭，謂其頭常有煤炱也。《札璞》作媒，謂擊石取火曰媒，亦曰紙媒。又曰紙吹，謂引火時一吹即燃也，此爲滬來之語。
紙撚（紙捻）	撚，乃殄切。	撚讀嚴上聲（ㄏ ㄧㄝˇ）。		以兩指搓紙成細綫，爲釘書或蘸油取火等用者，甬稱紙撚。《廣韻》：「撚，以指撚物。」亦作紙捻。清嘉慶時，山東、江蘇、安徽三省交界處，鄉人迎神賽會有燃油紙捻爲龍戲之俗，至咸豐時結黨，擾掠北數省，稱爲捻子、捻匪，即以紙捻得名也。
炮仗（爆仗） 炮弈 炮⿰火丈				甬稱爆竹曰炮仗，本作爆仗。《東京夢華録》：「忽作一聲如霹靂，謂之爆仗。」施宿《會稽志》及《夢粱録》亦同。《越諺》作炮弈，案弈見《五音集韻》，音饌，火種也。音誼皆不近似，非。亦作炮⿰火丈，沈明德《除夕》詞：「炮⿰火丈滿街。」案⿰火丈乃俗字，不見字書。
百子炮 鞭炮				編小爆竹成串，放時發聲不絶者，甬謂之百子炮，言其多也。又曰鞭炮，多數排列如鞭也。

續表

詞附短語	本音	俗音	例語	疏證
花燭百子				百子炮，亦省稱百子，與堆花之燭贈送戚友婚事者，謂之花燭百子，取多子之意也。
箔銀 錠	箔音泊。		錫箔（鑞箔） 金箔	打錫成箔，研於紙上，磨之平滑生光，俗曰錫箔，亦曰鑞箔。摺成錁形，則曰銀錠。錫上塗以黄色，則曰金箔。祭鬼時用錫箔，祠神時用金箔，皆燒之以爲冥鏹。此風始於甬越，流行於江浙兩省。案箔本簾也，此借爲薄，言錫成薄片也。
紙水 紙紮（紙劄）		水讀俗音（ㄙㄩ）。		竹篾紮成種種人物之幹，外糊以彩色之紙，以爲明器者，謂之紙紮，亦作紙劄。紙紮與紙馬及冥鏹等統稱爲紙水，言水者，猶錢言泉也。
紙糊頭				甬稱易於毀損之物曰紙糊頭，謂如以紙糊成之物易破也。
右用品				
蕩鑊（盪鑊） （堂鑊）		鑊讀本音（ㄏㄛ）。		甬稱釜曰鑊。鑊字見《周禮·亨人》「掌共鼎鑊」，注：「所以煮肉及魚臘之器。」鑊之極大者曰蕩鑊。蕩，大也。亦作盪鑊，謂所煮之物可在中迴盪也。或曰當作堂鑊，堂與《莊子》坳堂之堂誼同，言其深也。
尺四鑊 小鑊 耳朵皮鑊		鑊讀若紅（ㄏ廾），耳讀若尼上聲（ㄬㄧ）。		鑊之一。大者，鑊字甬讀本音，如蕩鑊、尺八鑊、尺六鑊等是也；其小者，則鑊字變爲紅音，如尺四鑊、小鑊是也。尺四，指鑊之直徑，尺八、尺六亦同。其小而具兩耳者，則別稱爲耳朵皮鑊。

續表

詞 附短語	本音	俗音	例語	疏證
鑊⿷匚贛（鑊⿷匚敢）（鑊⿰木⿷匚敢）（鑊篢）（鑊蓋）	⿷匚贛音感。	鑊讀本音，下同。		甬稱鍋蓋曰鑊⿷匚贛。⿷匚贛字見《方言》，謂箱類。《廣韻》謂覆頭也，《集韻》謂器蓋。字亦作篢，見《集韻》。俗作⿷匚敢⿰木⿷匚敢，二字皆不見字書。案⿰木⿷匚敢實爲蓋之轉音，⿷匚贛蓋皆屬見母，雙聲字也。
鑊橨 羹架	橨音貢。	橨讀若贛俗音（ㄍㄥˊ）。		甬稱飯鍋上蒸食物之竹格曰鑊橨。《集韻》：「橨，格木也。」亦曰羹架，謂所以架盛羹之皿，蒸之也。橨讀若贛者，古音東陽二部近旁轉也。
鏟鑊（鑊剷）	鏟，初限切。			甬稱鍋中起物鐵鍬曰鑊鏟。鏟，亦作剷。
飯蒸 蒸籠	枋音方〔一〕。			甬稱鍋上蒸飯木桶無底無蓋者曰飯蒸，其竹製而低不止一格在鍋上蒸饌則曰蒸籠。
筲箕（箾箕）（𥳓箕）（溞箕）（溲箕）	筲音梢。		飯筲箕 淘米溞箕	甬稱淅米竹器曰筲箕。《論語》：「斗筲之人。」鄭注：「容斗二升。」《說文》作箾，訓：「飯筥也，受五升。秦謂筥曰箾。」又曰：「陳留謂飯帚曰箾。一曰飯器，容五升。」則筲箾𥳓實一字。亦作溞箕。《爾雅》：「溞溞，淅也。」注：「淘米聲。」亦作溲箕。《玉篇》：「溲，浸沃也。」《集韻》：「溲，淅米聲。」溲字，《集韻》亦音騷，則溞溲實叚借字。案甬所謂筲箕有二種，別言之，則盛飯之竹筥，下有足，可以平置，或上有環若籃，可以懸挂者曰飯筲箕，與《說文》「箾，飯筥。

〔一〕本條未及「枋」字。

續表

詞附短語	本音	俗音	例語	疏證
				受五升」誼合。其淅米用，作半球形，無足，且無蓋者曰淘米溞箕，與溞訓淅誼合。故飯器當作筲籍箝，淅器當作溞溲，以爲區别。今概混而不分，實誤也。
火栝（火掀）（火鍁）	杴音軒。			竈内撤灰之鍬，甬之城廂謂之火栝，四鄉謂之火杴。《玉篇》：「杴，鍬屬。」案本當作掀，《説文》：「掀，舉出也。」《越諺》作火鍁，案鍁字不見《字典》。栝解見下。
火栝（火掭）（火㮇）火叉	栝音添去聲。			竈内撥火歧頭之棒，甬之城廂謂之火叉，四鄉謂之火栝。案《説文》：「栝，炊竈木也。」或作栖。《類篇》：「栝，木杖也。」則四鄉以炊杖稱火栝，本不誤。城廂乃誤稱火鍬曰火栝耳。栝，亦作㮇。《廣韻》：「㮇，火杖也。」俗亦作掭。又稱挑剔燈火之杖曰燈㮇棒。
筷（快）				甬稱筯曰筷。筷字，《字典》未收。《菽園雜記》：「舟行諱住，以箸爲快。」案後又加竹别造筷字。吴越諱箸爲筷，猶蛋民諱箸爲梯，水居者多忌也。
筷置籠（筷箸籠）		置讀若霽（ㄗㄧ）。		甬稱盛筯之器曰筷置籠。《方言》曰箸筩，《越諺》曰箸籠，或曰甬。本稱箸籠，後因箸音變若霽，而箸又呼筷，故加筷字於上，稱爲筷箸籠耳。
筅帚（筅箒）（洗帚）				甬稱洗物竹帚曰筅帚。《廣韻》：「筅，蘇典切。飯具。」《通雅》：「析竹爲帚，以洒洗也。」《越諺》作筅箒。案筅箒二字並見《廣韻》，實皆後起之字，本當作洗帚也。

續表

詞 附短語	本音	俗音	例語	疏證
笊篱（爪籬）				《廣雅》：「笊篱，竹器。」案笊篱之制，有竹絲、鐵絲、銅絲等不同，皆有長柄。竹製者形大，在水甕中撈物用；鐵銅製者，則在鍋中撈物用。笊，言可爪取也。篱，言其稀疏若籬笆也。故亦作爪籬。
銅銚 銅瓢	銚，徒弔切。			《説文》：「銚，温器。」《廣韻》：「燒器。」《正字通》：「今釜之小而有柄有流者亦曰銚。」案甬所謂銅銚，與《正字通》所言者同，其别一種爲鍋中起湯用者，以銅製，半球形，無流，連以木柄，謂之銅瓢。
飯鍬（飯熏）	鍬，千遥切。			起飯具，有銅鐵竹木等製不同，亦有以蠣殼爲之者，皆有短柄，謂之飯鍬。鍬，亦作熏。《廣韻》：「熏，七遥切。抄飯匙。」
椹板（砧板） 椹頭	椹，知林切。			甬稱切割時用襯墊之木曰椹板，亦曰椹頭。《爾雅》：「椹謂之榩。」〔一〕孫炎注：「斫木質。」椹，亦作碪，俗借砧字爲之。
薄刀（白刀）				甬稱廚刀曰薄刀，謂其刃薄也。見《越諺》。俗亦作白刀。
庎廚（楔廚）		庎讀介俗音（ㄍㄚ）。		甬稱食廚曰庎廚。《集韻》：「庎，所以庋食器也。」或作楔。

〔一〕榩：原作「摙」，據《爾雅》改。

續表

詞 附短語	本音	俗音	例語	疏證
缸（瓨）（瓮）		缸讀江俗音（ㄍㄤ）。		甬稱甕曰缸。案《廣韻》缸，下江切。《説文》：「瓨也。」則缸本讀若投降之降，今轉爲陟降之降，平聲也。其字本當作瓨，《集韻》瓨，古雙切。《説文》：「似罌，長頸，受十升。」《漢書·貨殖傳》有「醯醬千瓨」語，蓋即此也。俗亦書作瓮。案瓮即甕本字，非缸字也。
埕（壜）（罎）（墰）		埕讀若呈（ㄕˊㄣ）。		甬稱盛酒瓦器曰埕，無頸，環口，大腹，窄底，似插花瓶狀。埕字不見字書，本當作壜，亦作罎墰，甀屬也，見《集韻》。壜本音覃，今讀若呈者，猶蕈从覃得聲，今亦讀若菌也。
鉢頭（鉢頭）（盋頭）甑鉢				甬稱甑屬曰鉢頭，亦連稱甑鉢。案鉢字不見字書，《玉篇》作「鉢，器也」。蓋古以金屬製之，故字从金；後世以瓦製之，故改從缶也。本當作盋，《説文》：「盋，食器也，盂屬。」《集韻》盋音撥。
甏（瓶）				甬稱貯蓄食物之瓦器曰甏，蹩頸，環口，底腹同大者也。甏字，古字書無之，始見於明梅膺祚《字彙》，謂「蒲孟切，彭去聲，瓶甕」。案甏實即瓶之本音，猶聾甏本作聾病也。詳見前聾病下。
油弔（油刁）（油銚）（油盄）	盄音昭。	盄讀若刁（ㄉㄧㄠ）。		甬稱盛油醬等之小甏曰油弔，亦省書油刁。或作油銚。案弔銚皆與瓦器義不近，實當作油盄。《説文》：「盄，器也。」字亦作盈，見《集韻》。

續表

詞 附短語	本音	俗音	例語	疏證
海盌（盒盌）				甬稱盌之極大者曰海盌。《乾𦠆子》：「裴均鎮襄州，設宴，有銀海，受一斗，裴宏泰飲訖，即以賜之。」曰海、曰海盌，皆喻其大也。《集韻》别有盒字，音海，訓盛酒器。
淡描盌				甬稱白底藍色花紋之甆盌曰淡描盌，以别於彩色者之稱紅花盌也。
鍾（盅）			湯鍾 茶鍾 酒鍾 飯湯鍾	甬種盃及盌之小者曰鍾，如湯盌曰湯鍾，飯盌曰飯湯鍾，茶盃曰茶鍾，酒盃曰酒鍾。《説文》：「鍾，酒器也。」俗亦借盅字爲之。盅，《説文》：「器虚也。」
盞（琖）（醆）（錢）（湔）			酒盞 茶盞桶〔一〕 盌盞	甬稱盃亦曰盞，如酒盃曰酒盞，盛茶杯之桶曰茶盞桶，統稱飲食器具曰盌盞。盞，本作琖。《説文》：「玉爵也。夏曰琖。」《廣韻》：「玉琖，小杯。」《玉篇》亦作醆。《集韻》亦作錢、湔。
船（甎）			茶船 鴨船	甬稱茶盃之座盤曰茶船，蓋謂如船之載物也。古則謂之舟，《周禮》「鷄彝、鳥彝皆有舟」是也。《資暇録》謂之茶托，今甬亦有此稱。又盆之大而長如船者亦曰船，如盛全鴨之盆曰鴨船。《集韻》别有甎字，謂「江東呼盆曰甎」〔二〕，讀淳緣切。

〔一〕「桶」原單列，據下「疏證」改。

〔二〕盆：原脱，據《集韻》補。

續表

詞 附短語	本音	俗音	例語	疏證
碟（楪）（題）（疊）碟子		碟讀若蝶（ㄉㄧˊ ㄚ˙）。	醬油醋碟 小菜碟	甬稱盆之小者曰碟，亦曰楪子。案《集韻》碟音舌，治皮也，無盆誼。古祇作楪，《宋史・吕蒙正傳》始言楪子。《甕牖閒評》：「古椀楪，以木爲之，故字皆從木。」〔一〕然楪，音葉。《玉篇》「牖也」，亦無盆誼。或曰當作題，《集韻》音弟，《玉篇》「小盆也」。題碟一聲之轉。案題亦後出字，本當作疊，謂積累十器而爲一疊也。唐《濟瀆廟碑》「疊子五十隻，盤子五十隻」是也。
冰盆				甬稱盆子極大者曰冰盆。蓋古盛冰以冰物，故得此名。《越諺》謂之冰盤。
擂盆 乳缽				盆之廣口而深，爲研物之用者，甬稱擂盆，亦曰乳缽。
調羹（庣羹）羹匙 茶匙				甬稱匕曰調羹，謂調和羹湯之用也。民國《象山縣志》亦作庣羹。案庣音條，《漢書・律曆志》注：「庣，過也。」則謂挹取羹湯之用也。又曰羹匙。《説文》：「匙，匕也。」匙，亦作題。《漢書・地理志》注：「北方人名匕曰題。」亦作椻，見《玉篇》。其較小而挹果茶之用者，則曰茶匙。
尿瓶（溲瓶）		尿讀若輪。		甬稱溺壺曰尿瓶。案當作溲瓶。

〔一〕「從」字原在「然」字下，據《甕牖閒評》乙正。

續表

詞 附短語	本音	俗音	例語	疏證
釉水（𤿶水）（泑水）（油水）	釉，余救切。			陶器表面所塗之光澤，甬稱釉水。《集韻》：「釉，物有光也。」《通俗編》：「今窰器所謂釉水是也。」釉亦作𤿶。《通雅》：「磁漆光曰𤿶。」亦作泑。《正字通》：「窰器色光澤者俗曰泑。」案本當作油。《篇海》油與釉同，「物有光也」。蔡襄《茶録》：「珍膏油其面。」蓋光滑似油，故名。
提桶				甬俗妝奩中有所謂提桶者，以木箍成，上有長環，塗以朱漆，少則四具，多至十餘，平日高懸室中，用時以便手提，故曰提桶。
果桶				甬俗妝奩中有所謂果桶者，以木箍成，圓球形，有蓋底，而無環耳，塗以朱漆，數如提桶，陳於衣廚之上，以貯乾果餅餌者。
錫瓶				亦甬俗妝奩中物，爲錫製六角形瓶，有蓋無耳，以蓄茶葉等乾物者，數如果桶，亦陳廚上。
飯盂（𥁞緣）				亦甬俗妝奩中物，形如錫瓶。而大腹有耳，以貯餻餅等物。《越諺》作𥁞緣。
挈手		手亦讀若閃（ㄙㄢ）。		亦甬俗妝奩中物，以灰布爲胎，外塗黑漆，飾繪彩畫，形方，而上有環，以爲攜贈物品用者。因便於手挈，故曰挈手。
春盛				甬稱攜挈祀神或祭墓所用之食籃曰春盛。蓋本爲遊春時攜食物至野外所用，故得此名。

續表

詞 附短語	本音	俗音	例語	疏證
桶鉢鑞器				凡女子出嫁時，妝奩中具有之木器、陶器、錫器等，總稱之曰桶鉢鑞器。
澳斗（坳斗）（爊斗）（挽斗）（扷斗）（舀斗）		澳，烏到切。		挹水木器，有柄有流者，甬稱澳斗，亦作坳斗。澳字取其從水，坳則以其口廣而下坳也，皆無深誼。或曰當作爊斗，煮飯時用之，故以水攪和鍋中之米，謂之爊飯鑊。《越諺》作挽斗。挽澳一聲之轉，蓋以挽水也。通俗雜字書作扷斗。《集韻》：「扷，量也。」案實當作舀斗。《說文》：「舀，抒臼也。」凡挹彼注兹謂之舀，其形若斗，謂之斗。舀，讀若要上聲，今轉爲澳音耳。
浮瓢（瓠瓢）		浮讀若蒲。		以木鏤成半球形淺皿，有柄，可以挹水，甬稱浮瓢。浮者，言輕能浮於水面也。案實當作瓠瓢。古蓋剖瓠瓜之半而爲之，後世始以木製耳。《莊子·逍遥遊》「魏王貽我大瓠之種」，又曰「剖之以爲瓢」，正古以瓠爲瓢之證。瓠讀若蒲者，輕脣音字古皆讀重脣音也。
挈鈞（挈杓） 挈鈞桶 挈當（挈鐺）		當讀若黨（ㄉㄤ）。		以木箍成圓筒形之桶，上有環可供提挈，或繫以長綆，以爲井中汲水之用，甬謂之挈鈞。鈞，懸也。或作挈杓。杓，《集韻》有弔音，《淮南子》注有引、繫二誼，則作杓亦得。亦曰挈鈞桶。又曰挈當。蓋鈞桶二字合音爲董，又轉爲當音耳。或作挈鐺。案鐺，楚耕切，釜有足者，音誼俱異。

續表

詞 附短語	本音	俗音	例語	疏證
釣梁桶（鵃梁桶）			釣梁桶跌落井裏	俗稱井中汲水之甕曰釣梁桶，亦作鵃梁桶。汲甕今多以木爲之，初蓋懸挂井幹，上下以汲水，故得此名。
杓（勺）	杓，是若切。	杓讀若若（ㄙˊㄛ）。	水杓 料杓	以木箍成，前有流，後有長柄，以爲挹注之具者，甬謂之杓，如挹水者曰水杓，挹糞灌園者曰料杓。杓，本作勺，《説文》「挹取也」。蓋古爲挹酒之具。《三禮圖》稱勺容五升，柄長二尺四寸是也。
肥桶		肥讀若皮（ㄅˊㄧ）。		甬稱盛積矢溺以供肥料之器曰肥桶，上有長環以便肩挑。
夜桶				甬稱便溺之桶曰夜桶，即他方所謂馬桶。蓋本爲婦女夜間溲便而設，故有此稱。
三桶 三夜桶				便溺之器以肥桶爲最大，次則夜桶，夜桶之小者曰三桶，亦曰三夜桶，蓋爲第三等也。
扛（杠）（櫝）（槓）（簣）（篋）（匵） 扛箱	扛音江。	扛讀若降俗音（ㄍㄤ）。	裝扛	木製方箱，數疊，上有高環，貫以杠桿，二人對舉，以爲饋禮用者，甬謂之扛，亦曰扛箱。備辦扛箱中禮物謂之裝扛。《説文》：「扛，横關對舉也。」命名本意蓋即取此。亦作簣，《集韻》：「箱類。」與匵同。《南史·庾詵傳》：「遇火止，出書數簣。」又作篋，《集韻》：「篋也。」又作櫝，《類篇》：「篋類。」俗亦作槓，槓字不見字書，蓋即櫝字之省。《方言》作匵，謂箱類也。

續表

詞 附短語	本音	俗音	例語	疏證
面架				甬稱閣置盥具之器曰面架，蓋甬稱盥盤曰面桶，面架實面桶架子之省稱也。
匼（盒）	匼音含。		撲粉匼	甬亦稱盒曰匼，如奩具中置撲粉之盒曰撲粉匼。《集韻》：「匼，受物器。」案匼，實爲盒之轉音，匼从今得聲，盒从合得聲，古音今與合同部也。
篦箕（扁箕）（編箕）（篦笸）（比笸）	篦，邊兮切。			甬稱櫛曰篦箕，亦作扁箕、編箕。篦取竹製誼，扁言其形扁，編言其齒密比也。箕則無所取誼。《越諺》作篦笸。案本當作比笸。《説文》：「笸，取蟣比也。」《漢書·匈奴傳》：「遺單于比疎。」《蒼頡篇》：「靡者爲比，麤者爲疏。」
五事				甬稱神案前陳列錫製之燭臺、香爐及花插五具曰五事。事，猶件也。
亮 燈盞				甬稱燈曰亮。案亮，明也。韓愈詩：「輝焕朝日亮。」又曰燈盞，蓋曩時之燈以盞盛油，浸燈芯於油中以取火，故得此名，後沿稱一切燈曰燈盞矣。
燈栝棒				挑剔燈芯之細棒曰燈栝棒。栝，亦作㮇掭。《容齋五筆》：「挑剔燈火之杖曰掭。」詳見火栝注。
火熜（火囪）	熜音聰。		六月賣火熜	甬稱銅火爐曰火熜。通俗雜字書即作此。案《玉篇》：「熜，煴也。」蓋取煖氣烟煴之意。或曰當作火囪。《集韻》：「囪，通孔也。」銅火爐蓋有多孔以通氣，故得此名。

續表

詞附短語	本音	俗音	例語	疏證
拐杖（枴杖）（呆杖）（丫杖）				甬稱老人或者跛所用之杖皆曰拐杖。《廣韻》：「拐，求蟹切。手腳之物枝也。」又曰：「枴，乖買切，老人拄杖也。」案枴拐本屬同字，隸書从木从手往往互混，《廣韻》分爲二音二誼，非。《越諺》以老人杖作呆，跛者杖作拐，不知呆即枴之別體，另旁即丱旁也。章氏《新方言》謂本字當作丫，蓋像羊角也。
環（繯）（𠃓）環子	環，户關切，又胡慣切。	環讀慣濁音（ㄍㄨㄢˋ），環子之環讀關濁音（ㄍㄨㄢ）。	水桶環 銅鑼環 金環子 珠環	凡物之系作圓圈形以便手提者，甬皆稱環，如水桶之系曰水桶環，銅鑼之系曰銅鑼環是也，皆讀去聲。字亦作繯。《漢書・揚雄傳》「虹蜺爲繯」注：「系也。」[一]李善曰：「旗上繫也。」環本胡慣切，屬匣母，今讀入羣母剛音者，匣羣二母皆屬喉音也。俗又稱女子耳飾曰環子，亦省曰環，如言珠環，皆讀羣母剛音平聲，以爲區別。蓋環繯本各有平去二音也。俗又別造𠃓字，以爲器系字。案𠃓字不見字書，俗蓋以串有貫串誼，且亦讀若慣，故變其中豎而爲曲鉤以象形，且借用串字音誼也。
鋬（鈑）（攀）（𠬯）鋬頭	鋬，普患切。	頭讀若潭。	門鋬 箱子鋬頭	甬稱器系可便牽引者曰鋬。《五音集韻》：「鋬，器系。」或作鈑。案與衣系之襻音同誼近，皆後起字，實當作攀。攀，《說文》作㩮，本作𠬯。亦作扳，引也。鈑之廾即𠬯也，後人或加衣旁，或加金旁，別製新字耳。

[一] 揚：原誤作「楊」。

續表

詞（附短語）	本音	俗音	例語	疏證
⿱竹勼（⿱竹⿰扌勼）（梄）（揫）		⿱竹勼讀若丘（ㄑㄧㄡ）。		甬稱甑盂桶盤等圓器外束之篾索曰⿱竹勼。案⿱竹勼本音鳩，竹名，俗蓋借用，取其字从竹从勼。勼，聚也。亦作⿱竹⿰扌勼，則又加手旁以足誼。案本當作梄或揫。梄，柔木也；揫，束也、斂也；皆與⿱竹勼音近誼合。
殼子 心子				甬稱一切器物之表層曰殼子，裏層曰心子。《玉篇》：「殼，物皮空也。」《詩序正義》：「中謂中心。」
墜 墜頭	墜，垂去聲。	墜讀若匕箸之箸（ㄗˊㄩ），頭讀若潭。	扇墜 玉墜頭	甬稱繫懸之飾物曰墜，亦曰墜頭。他方亦曰墜子，如李香君有香墜子之稱。墜者，言下墜也。墜讀箸者，古音隊部與魚部次旁轉也。
䩞（⿰革宛）（远） 差（叉）	䩞，於阮切。		除䩞 除差	俗於衡物之時，常併盛物之器稱之，後傾物而稱其器重量，以減前之重量，謂之除䩞，亦曰除差。《說文》：「䩞，量物之䩞。」亦作⿰革宛，見《玉篇》。俗作远，即遠之省文，取其音同也。差，謂與真量相差也，俗省作叉。
縫路 豁鏬 豁裂縫 縫 縫道 縫道眼 縫絲眼		縫讀若逢去聲（万廾），亦讀若文去聲（万ㄣ），鏬讀若惡去聲（ㄨ）。	門縫	甬稱裂痕曰縫路，亦曰豁鏬，亦曰豁裂縫，省稱曰縫。又曰縫道，猶言縫路也。亦曰縫道眼，狹者曰縫絲眼。案豁，《漢書·高祖紀》注「開也」，鏬讀若好惡之惡者，鏬本从虖得聲也。

續表

詞附短語	本音	俗音	例語	疏證
眠牀			大眠牀	甬稱牀曰眠牀。《南史·魚宏傳》：「有眠牀一張，皆蹙柏。」則此稱頗古。其夫婦合歡之牀前有屏障者，別稱大眠牀。《越諺》曰踏步眠牀，謂牀前接有碧紗廚者。踏，踏腳。步，步障也。案甬曩亦有此稱，今罕聞矣。
匟牀（炕牀）（匡牀）	匟音抗。			甬稱廳堂所設便於坐倚之牀曰匟牀。匟字始見《篇海》，謂坐牀也。亦作炕牀。牀以炕名，始見《魏書·儒林傳》。《大金國志》：「穿土爲牀，緼火其下，家無大小皆坐炕上。」案匟牀之制蓋起於北方，氣候寒冷，熾火其中，故以土爲之。南方仿效其制，而不熾火，乃以木爲之，而字亦變爲匟矣。古則謂之匡牀。《莊子》：「與王同匡牀，食芻豢。」〔一〕《淮南子》：「匡牀蒻席，非不安也。」注：「匡，安也。」匡牀可以二人並坐對食，則其制與今南方之匟牀無異。蓋匡爲合口呼，匟爲開口呼，古今方音之變也。
牀鋪　鋪窩　鋪位　鋪場　鋪		窩讀若烏（ㄨ）。	高鋪　搭鋪	甬稱牀位曰牀鋪。《韻詮》：「鋪，設牀褥也。」亦曰鋪窩，猶言窩堂也。又曰鋪位、鋪場，亦省曰鋪，如輪船中上層之牀位曰高鋪。臨時設一牀位曰搭鋪。

〔一〕同：原作「坐」，據《莊子》改。

續表

詞 附短語	本音	俗音	例語	疏證
牀桯 眠牀⿰片黃（眠牀⿰爿黃）（眠牀桄）（眠牀櫎）	桯音汀，⿰爿黃音光。			甬稱牀前坐人之橫木曰牀桯。《説文》桯，牀前橫木也。徐鍇曰：今人謂之⿰爿黃桯是也〔一〕。亦曰眠牀牀，《集韻》：「⿰爿黃，牀下橫木。」亦作⿰片黃，《篇海》：「牀橫木也。」通作桄，《類篇》：「舟前木也。」亦通作櫎，《集韻》：「俎跗橫木也。」
棚		棚讀若綳（ㄅㄤ）。	棱棚 藤棚	寢藉之牀棧，以木爲架，中綳以棱繩，謂之棱棚。或綳以藤絲，謂之藤棚。甬中人以上之家皆用之，非如貧家之用牀簀也。《説文》：「棚，棧也。」《札樸》：「牀棧曰棚。」
簀裏（第）（簀連）（簀簾）（簀⿱竹慮）				貧家牀棧，以竹削成薄條，用繩編連爲之，謂之簀裏。《説文》：「簀，牀棧也。」謂之裏者，表有褥席也。或曰簀裏當爲第字之反語，詳見反語注。或曰當作簀連或簀簾。以竹編連，故曰連。其形如簾，故曰簾。案連簾與裏皆一聲之轉。通俗雜字書作簀⿱竹慮。《集韻》：「舟中簀⿱竹慮，見揚子《方言》。」
墊子（鈿子）（坫子）（簟子） 墊	墊音店。	墊讀若電（ㄉㄢ）。	椅墊	甬稱坐褥曰墊子，亦省曰墊。《説文》：「墊，下也。」蓋謂在人下也。光緒志謂當作鈿。鈿，襯物也。今襯鈿字宜用此。案鈿爲飾物，非蓐席也。或曰當作坫，坫爲庋物之具，墊子亦所以支藉也。案實當作簟子。《詩·小雅》：「上莞下簟，乃安斯寢。」此指牀席言。又《齊風》：「簟茀朱鞹。」則指車茵言。蓋簟本爲牀席，引申之，凡坐時藉人之具皆可謂之簟也。

〔一〕疑本句之「⿰爿黃」與下句「眠牀牀」之下「牀」字互訛。

續表

詞 附短語	本音	俗音	例語	疏證
被橋板				架於牀上裏方之板，其形若橋，所以庋被及雜物者，故謂之被橋板。《越諺》亦有此名。
踏牀 踏板				牀前地上所設之板，以便庋履者，謂之踏牀。洪邁《夷堅志》記錢符遇蔣通判女鬼事云：「物踞坐踏牀上，背面不語，審視，蓋婦女。」曩時亦稱踏板，今惟俚曲猶時言之。
卓（桌）（槕） 卓子 卓橙（桌凳）		橙讀丁鄧切。	八仙卓	卓倚之卓，本當作卓。《説文》：「卓，高也。」又卓爾、卓然皆立貌，几案高立地上，故以卓名。楊億《談苑》：「咸平景德中，主家造檀香倚卓。」正作卓字。俗别造桌字，見《廣韻》。又以棹字爲之，復从木作槕，則不見字書。卓亦曰卓子，又曰卓橙。《元史》：「大定七年，肆赦於應天門外，設卓子。」是卓子本通語，卓橙之名則爲甬所獨有。
卓圍				祭祀或盛宴際，卓旁繫以紬布卓謂之圍。《金史·儀衛志》有案衣，即此物也。
抽屜（抽替） 抽斗	屜，他計切。			卓匱旁附設之木篋可以抽動者，謂之抽屜。《集韻》：「屜，履中薦。」蓋抽屜之附卓，猶履之附薦，故得此名。庾信《鏡賦》：「還抽鏡屜。」亦作抽替，見孔平仲《雜説》。周密《癸辛雜識》又曰抽斗，以形方似斗也。

續表

詞附短語	本音	俗音	例語	疏證
倚（椅） 倚子		倚讀若迂上聲（ㄩ）。		卓倚之倚，本祗作倚，謂可倚靠也，證見前卓字下。字亦作椅，椅，借木之名爲之也。又曰倚子，亦作椅子。丁晉公《談録》：「起花椅子。」倚讀若迂者，古音歌部魚部次旁轉也。《養新録》曰：「吳中方言，椅讀於據切。」則此音亦吳越一帶所共有也。
橙（鐙）（凳）（櫈） 橙子	橙，丁鄧切。		矮橙 長橙 方橙 月橙	古稱几，不稱橙，故無橙本字，漢以後始有橙名，乃借橙橘之橙字爲之。《晉書・王獻之傳》：「魏時，凌雲殿榜未題，匠人誤釘，不可下，使韋仲將懸橙書之。」案謂之橙者，言可登高也。橙橘之橙，今讀入澄母。几橙之橙，今讀若端母。二字古皆讀若登，蓋舌上音古皆讀舌頭音也。古亦借鐙燭之鐙字爲之，《能改齋漫録》引《世説》作此。至六朝以後乃别造凳字。《字林》：「凳，牀屬。或作橙。」今俗又加木旁作櫈，則字書皆未收矣。
衣廚		衣讀若迂（ㄩ）。		甬稱貯藏衣服之廚曰衣廚。衣讀若迂，猶倚讀若迂上聲也。參看前倚字注。
花轎				迎娶新娘之彩輿，甬稱花轎。《夢粱録》：「婚娶，用花藤轎往女家迎取新人。」花轎，蓋花藤轎之省。

續表

詞 附短語	本音	俗音	例語	疏證
坐車		車讀俗音（ㄘㄛ），亦讀若倉（ㄘㄤ），又讀若（ㄘㄝ）。		嬰孩坐椅，以竹木等爲之，下有四輪可供推動，故謂之坐車。車音變若倉或ㄘㄝ者，魚部與陽部對轉與歌部次旁轉也。
扶梯（步梯）（胡梯）梯子		梯讀若胎（ㄊㄞ）。		甬稱梯曰扶梯。《説文》：「梯，木階也。」言扶者，謂上下險仄，須扶持也。梯讀若胎者，脂之二部通轉也。或曰當作步梯，攻城者曰雲梯，升高者曰步梯，以爲別也。謝靈運詩：「躡步陵丹梯。」又作胡梯，《指月録》：「趙州從諗禪師見南泉過，便抱柱，懸卻腳曰：相救相救！南泉上胡梯。」
筆韜管（筆套管）				甬稱筆帽曰筆韜管。《毛詩》疏引陸璣曰：「羊桃近下根，刀切其皮，著熱灰中，脱之，可韜筆管。」韜亦作套〔一〕。
硯瓦		瓦讀若岳（ㄫㄛ）。		甬稱硯曰硯瓦。蓋硯多以瓦爲之也。硯瓦之稱頗古，《聞見後録》謂唐人已有此名。
影格				學童臨摹書體之範本，甬稱影格。《北史》周文帝令趙文深至江陵影覆寺碑。格，謂格式也。
箴箴門	箴音寇。			甬稱織布所用貫經之具曰箴，亦曰箴門。《廣韻》：「箴，織具。」

〔一〕韜：原作「韜」。

詞 附短語	本音	俗音	例語	疏證
篗(絡)	篗，王縛切。	篗讀若絡(ㄌㄛ)。		甬稱收絲之器曰篗。《説文》：「篗，收絲者也。」《玉篇》：「篗，所以絡絲也。」今俗即借絡字爲之。
椱榺(幅杖)	椱，扶富切。榺，詩證切。	椱讀若福(ㄈㄛ)，榺讀若盛俗音(ㄕˊㄤ)。		織具之中，甬有所謂幅杖者，實當作椱榺。《説文》「椱，機持繒者」「榺，機持經者」是也。
筳子(鋌子)				甬稱紡織所用絡沙之籤曰筳子。《説文》：「筳，繀絲莞也。」《正字通》：「繀，著絲於莩車也。」今紡絲銓曰筳子。案今多書作鋌子，蓋以鐵爲之，故改从金旁。
綳(繃)(絣)(𢇍)綳子		綳讀若悲氓切(ㄅㄤ)。	上綳揑繡做綳子	以木架緊張繒帛而便刺繡者，甬謂之綳，亦曰綳子。綳，本作繃。《説文》：「束也。」案束繒帛而張之，故曰綳。《越諺》作絣。案《説文》：「絣，氐人殊縷布也。」非此誼。《集韻》絣有急組、張絃二訓，則與此誼略近。光緒志作𢇍，《集韻》：「𢇍，繩以直物。通作絣。」
縩孔(𢅥箜)(繢筐)(繢匡)縩孔籃	縩音菜，𢅥音齊。	縩讀若借(ㄗㄧㄚ)。	懶婦尋縩孔	甬稱婦女盛鍼縷布帛等之竹筐曰縩孔，亦曰縩孔籃。《漢書·班倢伃傳》：「紛綷縩兮紈素聲。」俗作縩孔者，蓋取誼於此。《越諺》作𢅥箜。《廣韻》：「𢅥，緝麻紵名〔二〕。」出《異字苑》。」或作縩。《篇海》：「箜，籃也。」是蓋湊合音誼

〔二〕 名：原誤作「也」。

續表

詞 附短語	本音	俗音	例語	疏證
				相近二字爲之。案綵孔實爲績筐二字之變音。績从責得聲，責有債音，又轉爲借音，故織績、蟲縈績團之績字，甬皆讀若借。《詩·采蘋》「維筐及莒」傳：「方曰筐，圓曰莒。」又《鹿鳴》「承筐是將」傳：「筐屬，所以行幣帛也。」《西京雜記》：「元后在家，嘗有白燕銜白石，大如指，墜后績筐中。」亦曰織作筐。《後漢書·梁鴻傳》：「女求作布衣麻屨，織作筐緝績之具。」本當作績匡。《禮記·檀弓》：「蠶則績而蟹有匡。」匡即筐之本字。是績筐本盛績縷之筐，沿稱盛鍼縷者也。筐讀孔者，古音陽部東部近轉也。
別鍼（鈹鍼）（比鍼）（鼻鍼）				鍼之無孔者，縫紉之時綴衣於板，以便工作，或綴飾物於衣時亦用之，俗稱別鍼。案別非誼，不過借其音耳。民國《象山志》作鈹鍼。案鈹音帔。《說文》：「大鍼也。」《靈樞經》：「鈹鍼長四寸，廣二分半，末如劍鋒。」則亦非俗所謂別鍼。俗亦作鼻鍼，因其端無眼而有鼻也。實當作比鍼。《集韻》比，簿必切。《正韻》：「次也。」張九齡《荔枝賦》：「皮龍鱗而騈比。」顧況《持斧章》：「樣之斯密，如鱗櫛比。」比皆讀若別。蓋本爲縫紉時，排次衣料使不皺縮之用，故得此名。

續表

詞 附短語	本音	俗音	例語	疏證
抵鍼				以金屬爲廣環，上密鑿穴而不徹底，套於指上，縫紉時便抵住鍼尾之用者，甬稱抵鍼。《説文》曰：「縫指揩。」
印斗（熨斗）				甬稱平衣摺皺之具曰印斗。以鐵製成〔一〕，形如斗，後連木柄，中置熾炭，底平滑可按。謂之印者，如印之印物也。通語謂之熨斗。《隋書》李穆在并州，遣子渾入京奉熨斗於高祖。熨本作尉。《廣韻》引《風俗通》「火斗曰尉」。《説文》：「尉，從上按下也。」或曰印斗本當作尉斗，印尉皆屬影母，雙聲之轉也。
烙鐵				以鐵製成，三角形平底之具，後有長柄，鍛火中使熱，以熨布帛之小者，甬謂之烙鐵。《説文新附》：「烙，灼也。」案古有烙印以印器物，使無僞造，此蓋其遺制。
裹高底				曩時纏足婦女之履，其跟綴以木塊，謂之高底足。大欲假飾爲小者，則斜其履跟。近底愈小，近口漸大。履内支以斜形木塊，俾足踐其上，故謂之裹高底。今此物已絶跡矣。
晥竿（筅竿）	晥音浪。			甬稱曬衣竹竿曰晥竿。《集韻》：「晥，暴也。」《越諺》作筅竿，謂筅音朗。案《集韻》：「筅，胡降切，掛衣架也。」

〔一〕鐵：原誤作「鍼」。

續表

詞 附短語	本音	俗音	例語	疏證
眼桠杈				以竹竿較短者，去細枝及葉，留其大枝之斜上者，以支眼竿之兩端，謂之眼桠杈。
眼衣墩 石磉子				以巨石穿孔，插眼桠杈其中，俾不爲風摇動傾仆者，謂之眼衣墩，亦曰石磉子，謂如柱礎也。
練槌（湅椎）		槌讀若除（ㄕˊㄩ）。	彈花練槌	甬稱擣衣杵曰練槌。《説文》：「練，湅繒也。」亦通作湅。《考工記·㡛氏》有湅絲、湅帛之文。槌，本作椎，亦作桘。又彈木棉時敲弓絃所用形似擣衣杵者曰彈花練槌。
耜頭（鋤頭）				以長方形之鐵製成，薄刃厚背，上連長竹柄，爲削草起土用者，甬稱耜頭。耜，本作相，《説文》「臿也」。實即古所謂鋤。鋤耜一聲之轉。亦作鉏鋤。
釘耙（釘鈀）		耙讀若爬。		鐵製，前有四齒或五齒，上連長竹柄，以爲起土平泥及除穢之用，甬稱釘耙。耙，亦作鈀杷钂钂。
鍬（鍫）（𠜾） （鍱） 鏵鍫（芣鍬） （鋘鍬）（刬鍬）	鍬，千遥切。 鏵音華。			鐵製方形之鏟，上有長柄，可以起土者，甬謂之鍬，即古之臿也。鍬，亦書作鍫，又作鍱𠜾。亦曰鏵鍬，鏵，亦作鋘釫。《説文》作芣，謂「兩刃臿也」。俗亦作刬鍬。又作鋘鍫，見《廣韻》。

詞 附短語	本音	俗音	例語	疏　證
鎌刀(鐮刀)	鎌音廉。			鐵製半月形之刀，連以木柄，爲刈草割禾之用者，甬稱鎌刀。字亦作鐮。《方言》：「刈鉤，自關而西或謂之鎌。」《釋名》：「鎌，廉也。體廉薄，其所刈稍稍取之，又似廉者也。」〔一〕
鉸刀 鍘刀(鏩刀)	鉸音絞，鍘，士戞切。	鍘讀若閘（ㄙㄚˊ）。		鐵製長刀，上下二刃相交，首有樞鈕，以便開闔，爲截芻用者，甬稱鍘刀。《六書故》：「交刃刀也，利以翦。」亦曰鍘刀。鍘見《字彙》，「鍘草也」。《廣韻》作鏩，謂「秦人云切草」。亦作鏩刀〔二〕。又省作⿱竹斬。剸，譌作箭。
稻叉				鐵製雙股之叉，上有長木柄，爲疊草蓬時，叉取丟擲稻草之用者，甬稱稻叉。
樬(棇)	樬，千弄切。			樵人負薪所用之擔，甬謂之樬。字亦作棇。《廣韻》：「棇，尖頭擔也。」
車 水車 牛車				木製引水灌田之具，有手挽及牛曳二種。手挽者曰車、曰水車，牛曳者别稱牛車。《古文苑》揚雄《答劉歆書》注：「龍骨，水車也。」禁苑池沼中或用以引水。

〔一〕 釋名鎌廉：原誤作「釋廉鎌名」。
〔二〕 刀：據文意補。

續表

詞 附短語	本音	俗音	例語	疏證
⿱竹巤(⿱竹⿰而瓦) ⿱竹巤子	⿱竹巤音獵。			以竹篾織成長方形，所以爲曬物之用，又以遮蔽倉庫門牕者，甬謂之⿱竹巤，亦曰⿱竹巤子。《廣韻》：「⿱竹巤，編竹爲之。」字亦作⿱竹⿰而瓦，《集韻》：「⿱竹⿰而瓦，竹笭，所以乾物。」
蘆⿱艹廢(蘆蕟)	⿱艹廢音廢。			甬稱蘆席曰蘆⿱艹廢。《廣韻》：「⿱艹廢，蘆⿱艹廢。」《集韻》：「⿱艹廢，籧篨也。或作蕟。」
團箕 團籩（團扁） （團匾）(篿箄)				以竹篾織成淺邊圓盤，所以爲曬物用者，甬稱團箕。團，言其形圓。箕，謂可供簸颺。亦曰團籩。或曰當作團扁，謂其形圓而扁也。亦作匾，《韻會》：「器之薄者曰匾。」或曰當作篿箄。《說文》：「篿，圜竹器。」「箄，簁箄。」竹器也。
⿱竹寨（寨）（⿱竹賽） （箉）			曬花⿱竹寨 烘缸⿱竹寨	以竹篾織成，形似團箕而目疎者，甬稱爲⿱竹寨，如曬棉用曰曬花⿱竹寨，置烘缸上乾物用曰烘缸⿱竹寨。案⿱竹寨字不見字書，蓋本作寨。《集韻》：「寨，籬落也。」其目疎朗如籬落，故即以爲名，後人乃加竹頭耳。通俗雜字書亦作箉。《廣韻》箉，求蟹切；《集韻》「竹器」，其音誼相合。或曰即《說文》之⿱竹賽字，「竹器也」。⿱竹賽⿱竹寨一聲之轉。
簏（簶）（盝） （絡） 簏子			埕簏	以竹篾織成疎目之籃，上有長環，爲擔物用者，甬稱爲簏，如擔酒埕者曰埕簏，亦曰簏子。簏，亦作簶，通作盝絡。

續表

詞附短語	本音	俗音	例語	疏證
畚斗	畚音本。	畚讀若本平聲〔一〕。	垃圾畚斗	以竹篾織成侈口之器，即古所謂箕也，其無柄者常爲盛米簸颺之用，有柄者則洒掃時常用以盛塵雜者，故亦稱垃圾畚斗。《左傳》宣十一年「稱畚築」注：「畚，盛土器。以草索爲之，筥屬。」此與洒掃用時略近。《周禮·挈壺氏》：「挈畚以盛糧。」此則盛米者也。
馬嘴				畚斗之小者，爲舂米時挹米於篩之用，俗別稱馬嘴，以其形似之也。
土箕				版築之時擔土所用者，亦以竹爲之，而有兩耳以便繫繩負擔，即前畚斗注所引《左傳》之畚也。他方則謂之糞箕。
擣臼（搗臼）				甬稱舂米之臼曰擣臼。擣，舂也。字亦作搗。
擣子頭（擣杵頭）		頭讀若潭。		甬稱杵曰擣子頭。或曰當作擣杵頭，杵音變若子也。
圈（楗）	圈音倦。	圈讀若件去聲（ㄐㄧㄢˋ）。	牛圈 猪圈	甬稱牲畜之闌曰圈。案圈本音倦。《說文》：「養畜之閑也。」甬音變若件去聲，蓋俗以圈爲環，讀若券，不知訓環者當作圓。而圈之本音本誼亡，乃借楗字稱牲畜闌。案楗，《說文》：「門限也。」誼亦通。

〔一〕讀若：原誤作「若讀」。

續表

詞 附短語	本音	俗音	例語	疏證
槽		槽讀如勞切（ㄙㄠˊ）。	猪槽 馬槽	甬稱牲畜食器曰槽。《説文》：「槽，畜獸之食器。」《晉書·宣帝紀》：「三馬同食一槽。」
牛軛（牛枙）				加於牛背之曲木，甬稱牛軛。字亦作枙。古詩：「牽牛不負軛。」
桊（拳）（棬）（扃）	桊音眷。	桊讀若君去聲（ㄐㄩㄣ）〔一〕。	穿桊	甬稱牛鼻所貫横木曰桊。犢貫鼻曰穿桊。《説文》：「桊，牛鼻中環也。」本音眷，甬讀君去聲者，古音寒部諄部近旁轉也。《集韻》亦作拳，謂「牛繩鼻謂之拳」。俗亦借棬扃爲之。棬，橛也。扃，關也。
弶（弜）	弶，其兩切。		老鼠弶 老虎弶	甬稱捕取野獸之機械曰弶。《廣韻》：「弶，張取獸也。」引伸之，凡捕取鳥獸曰弶，如言弶鳥、弶老鼠，則爲動詞矣。案本作弜。《説文》：「弜，彊也。」弓有力也。秦時夷人作白竹弩射殺白虎，稱弜頭虎子，見《華陽國志》。
罾			扳罾	甬稱魚網之小者曰罾，曳而起之謂之扳罾。《漢書·陳勝傳》注：「罾，魚網也。」形似仰繖，蓋四維而舉之。

〔一〕桊讀：原誤作「讀桊」。

續表

詞 附短語	本音	俗音	例語	疏證
捁篗（篕篗）	捁音客。			以篋製成，圓口長項腹扁大，漁人繫於腰間以盛魚鰕等者，甬稱捁篗。捁，《集韻》：「手把著也。」《越諺》作篕，音堪入聲。案篕見《篇海》，「盧對切。稻米磑也」。音誼皆不近，未知《越諺》何據？參看《人稱》鐵絲捁篗條。
榨（醡）（搾）（笮）（迮）			酒榨	凡壓糟取酒或壓粕取油之具，皆謂之榨。《證俗文》：「榨，打油具。」《類篇》酒盉，亦作醡。《廣韻》：「壓酒具也。」俗亦書作搾。本當作笮。嵇康文：「笮具不同。」通作迮。《齊民要術》：「平板石上迮去水。」引申之，凡壓取汁液皆曰榨，則變爲動詞。俗多書作搾。
酒吸（酒欱）過山龍				以金屬爲細管，曲其兩端，一端插入酒壜中，口吸管中之氣，則外端即瀉酒如注，甬稱酒吸。《越諺》作酒欱。甬亦稱爲過山龍。
釬（鋸）（解）		釬讀若干去聲（ㄍㄢ）。		甬稱匠人所用析木之鋸曰釬。案釬，《集韻》音干，器也。未指何器。或曰釬即鋸之變音，釬古音屬寒部，鋸古音屬魚部，同爲見母字，隔越轉也。《越諺》作解，謂分櫥爲段、判木爲片有解之義，故名解也。則以解與釬爲雙聲之轉。
斨頭（榔頭）（根頭）（硠頭）	斨，來可切。	斨讀若郎（ㄌㄤ）。		甬稱椎有柄可擊物者曰斨頭。《説文》：「斨，柯擊也。」斨亦作朗剢，俗通作榔頭、根頭、硠頭。

續表

詞（附短語）	本音	俗音	例語	疏證
鑽子	鑽，子算切。			甬稱錐曰鑽子。《説文》：「鑽，所以穿也。」《六書故》：「去聲，借貫切，穿器也。用之穿物曰鑽，平聲。」
鏇（旋） 鏇子 鏇鑿		鏇讀若船去聲（ㄙ́ㄩ千）。	螺絲鏇	甬稱啓瓶塞用螺旋形之錐曰鏇，如言螺絲鏇。亦曰鏇子。又拔螺絲釘用之薄刃小鑿曰鏇鑿。《廣韻》：「鏇，轉軸裁器。」案《説文》鏇爲「圓鑪」，則鏇實旋之假借，蓋可旋轉，故即名旋也。
鏨子（鑱子）（鑄子）		鏨讀若蠶去聲（ㄙ́彡）。		在器物上鏤刻花紋之小鑿曰鏨子。《説文》：「鏨，小鑿也。」字亦作鑄。《類篇》：「趙魏謂小鑿爲鑄。」俗通作鑱子。
鑷子鉗（捏指箝）	鑷，尼輒切。	鑷讀若虐（ㄏ一ㄚ˙）。		甬稱攝取毛髮之小鉗曰鑷子鉗。《釋名》：「鑷，攝也，攝取物也。」《雲仙雜記》：「王僧虔晚年惡白髮，一日對客，左右進銅鑷，僧虔曰：『卻老先生至矣。』」鑷亦作銸䇥鑈籋。或曰當作捏指箝，謂器甚小，僅能容兩指捏取也。
木馬				匠人所用之木橙，鉋木之時所以庋木者，甬稱木馬。以橙之四足如馬也。《越諺》謂之作馬，見《天香樓偶得》。
筍（榫） 筍頭 卯（冒） 卯眼			鬭筍 脱筍 限卯	甬稱器械接合之處凸出之橛曰筍，亦曰筍頭；凹入之孔曰卯，亦曰卯眼。故筍與卯脱離曰脱筍，亦曰脱卯；筍與卯接合曰鬭筍，亦曰接卯。《直語補證》：「凡剡木相入，以盈入虚謂之筍，以虚受盈於之卯，故俗有筍頭卯眼之語。」

續表

詞（附短語）	本音	俗音	例語	疏證
				筍本作榫。《集韻》：「榫，剡木入竅也。」程顥《語録》：「枘鑿者，榫卯也。榫卯圓則圓，榫卯方則方。」又木桶之底及口俗亦謂之卯，以其凹入如卯也。底口有缺，則鋸去一段，謂之限卯，故俗有「箍桶限卯，越限越小」之諺也。案卯似當作冐，謂冐於筍上也。
鑿（槽）（漕）（垗）	鑿，漕去聲。			鑿枘之鑿，本讀漕去聲，不讀入聲本音也。鑿枘即卯筍。《考工記·輪人》：「凡輻量其鑿深以爲輻廣。」釋文：鑿，曹報反。《史記·孟荀列傳》索隱：「方枘是筍，圜鑿是孔。以方筍納圜孔，不可入也。」今甬凡稱孔隙皆曰鑿。俗亦借槽漕爲之。《越諺》作垗，音兆，謂「平物掘有長縫曰一垗垗」。
航船（杭船）（斻船）				甬稱起訖有一定地點且開行有一定時期之船曰航船。航字始見《淮南子·主術訓》。《詩·河廣》「一葦杭之」作杭，《説文》作斻，謂「方舟」。方舟，謂連兩小船並濟，與今之航船爲大舟者異。
扮商船　扮商				曩時緝捕海盜之兵船假飾爲賈船引盜來就者曰扮商船，亦省稱扮商。

續表

詞 附短語	本音	俗音	例語	疏證
簰（排）	簰，蒲街切。		竹簰 木簰 樹簰	繫連竹竿以爲舟，行於淺澗中者〔一〕，甬稱竹簰，亦曰竹簰船。山中伐木繫連之，俾隨溪澗而下流，人居其上，可以當舟者，謂之木簰，亦曰樹簰。《方言》：「泭謂之簰，簰謂之筏。」郭注：「木曰簰，竹曰筏。小筏曰泭。」案今不別矣。字亦作排。
儎（艥）（載） 儎子 儎頭			一儎貨	甬稱舟中所載貨物曰儎，如言一儎貨。又曰儎子、儎頭。字亦作艥。案儎艥皆俗字，不見字書。本當作載。《集韻》載，昨代切，音在，「舟車運物也」。《詩》「其車既載」及「不輸爾載」字皆此誼也。
艬（樶）（橇） （艬） 龍骨		艬讀如彩（去歹）。	上艬	甬稱船底大木曰艬，亦曰龍骨，以龍喻舟也。如配合船底曰上艬。艬字見明陳侃《使琉球録》，侃鄞人，蓋鄞之俗字也。《字彙補》：「音未詳。船底木也。」或作樶。或曰當作艬。《廣韻》：「合木船也。」艬讀若巉，聲之變也。案艬樶艬皆不見古籍，實當作橇。《史記》「泥行乘橇」，《漢書·溝洫志》作毳，顏師古注讀若本音橇。形如北方之冰牀，定海人謂之泥鰻，廣東人謂之塗跳，以木爲之，長三四寸，厚半寸，首尾翹然，狀如上弦之月，漁者以足踏之，於海濱取魚。船底之木似橇，故即以此得名。橇艬一音之轉。

〔一〕澗：原作「間」，下同。

續表

詞附短語	本音	俗音	例語	疏證
篷（帆）風篷				甬稱帆曰篷。《正韻》：「篷，船連帳也。」又：「織竹夾箬以覆舟。」是篷所以蔽舟，非所以駛風，故甬語亦別之曰風篷。案篷實當作帆。帆，古讀若篷也。如芃字，从凡得聲，正讀若篷，而風汎等字東韻皆收之。又帆亦作颿，篷亦作⿱竹凡，是篷帆古本同音明矣。
縴（牽）		縴讀若牽去聲（ㄑㄧㄢ）。	拉縴	甬稱挽舟之索曰縴。案本當作牽。《集韻》牽，輕甸切。《增韻》：「挽舟索，一名百丈牽。」是牽本有平去二音，作動詞用者讀平聲，作名詞用者讀去聲。至縴字，本讀平聲，《集韻》縴，輕煙切，「縴綣，惡絮」。無挽舟索誼，俗蓋以其字从糸，乃借爲挽舟索耳。
椿（⿹戈春）	椿，株江切。		打椿	甬稱樹於地上之橛，所以繫牛馬及船舶等，皆謂之椿。《說文》：「椿，橛杙也。」韓愈詩：「斬拔枿與椿。」字亦作⿹戈春。《廣韻》：「⿹戈春，捍船木也。」
篾⿱竹亶	⿱竹亶音談。			甬稱繫船竹纜曰篾⿱竹亶。《示兒編》「牽船篾，內地謂之⿱竹亶」是也。《字彙補》以爲即縴，非，縴以麻製，不以篾製也。
跳板（艞板）				甬稱由岸至船所閣之板，以便人行者曰跳板。跳，踰也，謂藉此可踰水也。俗別作艞。《正字通》：「舟泊岸，置長板船首與岸接，以通往來，俗呼艞板。」

續表

詞 附短語	本音	俗音	例語	疏證
錨(錨)	錨音苗。	錨讀若茅(ㄇㄠ)。	拋錨	甬稱定船之鐵鉤曰錨。錨字始見《玉篇》,訓「器也」。焦竑《俗書刊誤》:「船上鐵猫曰錨。或曰錨錨同。即今船首尾四角叉,用鐵索貫之,投水中使船不動摇者。俗讀若茅。茅苗音别,其用一也。」〔一〕
碇(椗)(矴)(碇)	碇,丁定切。		起碇拔錨	《集韻》:「碇,錘舟石。」亦作矴碇。俗亦从木作椗。《唐書·孔戣傳》:「蕃舶泊步有下碇税,戣禁絶之。」俗謂事之費周折者曰起碇拔錨,以行舟之煩瑣爲喻也。
櫓烏嘴(櫓烏珠)(櫓竅)(櫓主)				櫓近柄處鑲以方鐵,中鏤數穴,與舟旁所植之圓頭鐵釘相枘鑿,俾摇動時易旋轉者,甬謂之櫓烏嘴,謂圓頭鐵釘狀若烏鴉之喙也。或曰當作櫓烏珠。烏珠,目睛,言櫓恃此以動,猶言櫓眼也。或曰當作櫓竅。元稹詩:「櫓竅動摇妨客夢。」烏字爲櫓字餘音。竅,張刮切,與嘴乃一聲之轉。民國《象山志》作櫓主。
鑼鼓				甬稱大鼓曰鑼鼓,蓋擊大鼓時常鳴鑼以相應和,故連言鑼鼓。
敪鼓(磬鼓)(足鼓)	敪,都木切。			甬稱有架之小鼓曰敪鼓。《説文》:「敪,擊也。」《集韻》:「擊聲。」或曰當作磬鼓,亦作鞈鞳,《説文》「鼓聲」。案《周禮·鼓人》注:「夏后氏足鼓。置鼓於跗上,謂之節鼓。」鼓跗蓋即鼓架,則以作足鼓爲正,足與敪蓋一聲之轉。

〔一〕用:原誤作「韻」,據《俗書刊誤》改。

續表

詞附短語	本音	俗音	例語	疏證
宕鑼（⿱不定鑼）（鐋鑼）	宕音盪。	宕讀若托孟切（ㄊㄤ）。		小鑼之提於手而擊者，甬稱宕鑼。宕謂繫於繩動盪不定也。故俗又別造⿱不定字以代宕。俗亦別作鐋鑼，見《清會典》。鐋音儻，「工人治木器」，蓋借用其音也。
大鈸	鈸音跋。	大讀俗音（ㄉˊ禾）。		《韻會》：「樂書：銅鈸，南齊穆士素所造，其圓數寸，大者出於扶南、高昌、疎勒之國，其圓數尺，隱起如浮漚，以韋貫之，相擊以和樂。」案銅鐃亦曰鐃鈸，甬稱其大者曰大鈸。
蹇唱（蹇鎗）	蹇，巨偃切。	蹇讀若逵偃切（ㄍˇㄧㄢ）。		甬稱銅鈸之小者曰蹇唱，謂隨敲隨唱也。蹇字解見動作詞表。或曰當作蹇鎗，擊時其聲鎗鎗也。鎗，讀若唱。
吹簫		吹讀若癡（ㄘㄩ）。		甬稱簫曰吹簫，謂可吹也。
綽板（捔板）				甬稱節樂之拍板曰綽板，即古之紅牙也。綽有緩意，拍板緩擊，故得此名。或曰以緩節奏也。《越諺》作捔板。案捔同擉，刺取也，似與名不符。
號頭（號斗）（嗐頭）		號讀若鞋上聲（ㄏˊㄚ），頭讀若斗（ㄉㄤ）。		《正字通》：「喇叭，軍中吹器。」俗呼號筒，見戚繼光《新書・號令篇》。甬謂之號頭，亦作號斗。號，言其發號司令也。筒頭斗皆一音之變。斗，兼狀其下之形，如漏卮亦稱漏斗也。《越諺》作嗐頭，謂吹聲嗐嗐然，似非。

續表

詞 附短語	本音	俗音	例語	疏證
悶筒（唔頭）				銅製樂器，上爲細管略短，下爲圓筒較長，鼓腮吹之，其聲似鬱悶而不舒，故甬稱悶筒。《越諺》作唔頭，謂其聲唔唔然，似非。
鷂子 鷂				甬稱風箏曰鷂子，亦省曰鷂，猶他方之稱紙鳶也。鳶鷂本屬同類。《七修類稿》：「紙鳶本五代漢隱帝與李業所造，爲宮中之戲。」俗曰鷂子者，以鷂飛不甚高而翅挺直也。
色子（骰子）				甬稱骰子曰色子，蓋骰子六面，分列一二三四五六之數，以黑紅二色爲别，擲之以所見之色分勝負，故曰色子。或曰骰字誤讀殺音，反以豆代骰。
摇鼗鼓	鼗音登。			小鼓有柄，摇之兩耳還自擊，爲兒童之玩具，甬稱摇鼗鼓，即古之鞀鼓也。《玉篇》：「鼗，鼓聲。」
撥不倒（[illegible]不倒）				甬稱不倒翁曰撥不倒，謂以指撥之而不能倒也。《越諺》作[illegible]不倒。案[illegible]音勃，與誖同。《説文》「亂也」，則以其亂動之而不倒也。
野狐臉		野俗音（ㄧㄚˊ）。		甬稱兒童玩具中之假面曰野狐臉。因相傳野狐善化形，故得此名，猶他方之言鬼面、鬼臉也。

續表

詞 附短語	本音	俗音	例語	疏證
撥陀螺（篋螗蜋）		陀螺讀若唐（ㄉㄤˊ）郎（ㄌㄤ）。		甬稱玩具中之陀螺曰撥陀螺。撥，以指旋轉也，見動作字表。陀螺音變如唐郎者，古音歌部與陽部隔越轉也。或曰當作篋螗蜋。螗蜋爲蟬之一種，陀螺轉時發聲似之。篋，則陀螺多以竹製也。陀螺善轉，故甬又稱婉轉隨人而不自主者曰撥陀螺。
花緑紙				甬稱兒童新年玩具中之彩畫紙曰花緑紙。甬謂彩色曰花花緑緑，言如草木之花葉，故得此名。俗因鄙視結婚、畢業等證書，曰一張花緑紙。
籌馬				甬稱記數之籌曰籌馬。《北史·王勇傳》：「探籌。」《禮》：「投壺立馬。」《周禮·大司馬》疏：「假馬，謂所算之籌。」甬蓋合二字連言之。
行頭				甬稱優伶裝扮之衣物曰行頭，猶旅人衣裝曰行李也。《揚州畫舫録》：「戲具謂之行頭，分衣、盔、雜、把四箱。衣箱、盔箱均有文扮、武扮、女扮之分，雜箱中皆用物，把箱中則鑾儀兵器。此爲江湖行頭。」
珓（筊） 珓頭	珓，古孝切。	珓讀若告（ㄍㄠ）。	打珓 陰珓 陽珓 勝珓	占卜吉凶之具，古有杯珓，甬謂之珓，亦曰珓頭。珓，亦作筊。《演繁露》珓用貝殼或用竹根。案今皆以竹根爲之，故字从竹。以二者皆俯爲陽珓，二者皆仰爲陰珓，一俯一仰爲勝珓，亦作聖珓。《石林燕語》「高辛廟有竹栝筊，以一俯一仰爲聖筊」是也。

續表

詞附短語	本音	俗音	例語	疏證
摇呼串（摇虎撑）		串讀若撑去聲（ㄊㄤ）。		甬稱江湖醫士持摇之串鈴曰摇呼串，因隨行隨摇隨呼也。俗亦作摇虎撑。
手梏	梏音鵠。	梏讀若靠平聲（ㄎㄠ）。		曩時刑具中之手械，甬稱手梏。《説文》：「梏，手械也。」梏本从告得聲，故讀若靠平聲。
棺材 材 板方（板枋） 壽枋板			落材 壽材	甬稱棺曰棺材，亦省曰材。如尸下棺曰落材，生時預置之材曰壽材。案此稱頗古。《南史·謝晦傳》：「景仁肥壯，買材不合用。」又稱製棺木料曰板方，俗作板枋，亦曰壽枋板。
和頭（⿰爿禾頭）（⿰木禾頭）				甬稱棺之兩端曰和頭。《廣雅》作⿰爿禾頭。《類篇》作⿰木禾頭。案古祇作和頭。《漢書·酷吏傳》注「今人稱棺前後端曰和頭」是也。
家生（傢生） 家貨（傢伙） 家事（家私） （家使） 什物	傢音家。	事讀若使（ㄙ），家讀俗音（ㄍㄛ）。	傢生什物 皿器什物	甬稱家中之一切器具曰家生，亦作傢生。生，謂生活所資。傢字見《篇海》，而不音家，今即借爲家之俗音。《夢粱録》：「家生動事，如交椅、兀子之類。」家生，亦曰家貨，俗作傢伙。又曰家事，亦作家私、家使，家事，謂家中之物事，見《左傳》。家私，謂家中私有之物。家使，謂家中使用之具。誼皆可通。《俗呼小録》「家生一曰家貨，又曰家私」是也。家生亦曰什物，其物不一，故舉成數而言。什物見《漢書·五行志》、《史記·五帝紀》謂之什器。《三倉》「吴楚間謂資生雜具爲什物」是也。俗亦連言傢生什物，或曰器皿什物。《越諺》謂家生僅包盛物器皿，傢伙括金木各器，較

續表

詞附短語	本音	俗音	例語	疏證
				家生所包者廣，家事括盡器用財賄。案甬無此分別，惟家事有時指資産而言耳。
盤頭 盤 生財			招盤 推盤	商家稱營業所用之器具及貯存之商品曰盤頭。蓋商店須時時盤查貨物，登載於所謂盤頭簿也。亦省曰盤，如舊店主將器具貨物等售與新店主從新營業，舊方謂之推盤，新方謂之招盤是也。又專稱營業所用器具曰生財，蓋本《禮·大學》「生財有大道」之語，謂其可以爲生利之具也。
嫁妝（嫁裝） 妝奩 嫁資				甬稱嫁女所用一切器物曰嫁妝。妝，亦作粧糚。案當作嫁裝。《宋史》：「開寶六年，罷成都僞蜀嫁裝税。」又曰妝奩。奩，亦作籢，俗作奩。奩本指妝飾用具而言，即鏡匣也。韓愈詩：「妝奩一暫開。」今則泛指隨嫁之一切器物矣。又曰嫁資，本謂嫁女之資費。《東軒筆録》：「爲吾女營辦嫁資。」今則亦泛稱隨嫁之器物及資産等矣。
右器具				
課馬（騍馬）				甬稱牝馬曰課馬。孔平仲《談苑》：「俗呼牝馬曰課馬。出《唐六典》。凡牝四遊而課，五歲課一駒也。」〔一〕案字亦作騍，見《正字通》。

〔一〕凡牝四遊而課五歲課一駒也：《談苑》作「凡牝四游五課課歲課駒犢」。

續表

詞附短語	本音	俗音	例語	疏證
⿰牛曾（⿰牛曹）（⿰牛營）（嬰）	⿰牛曹，烏猛切。			甬稱犢曰⿰牛曾。《集韻》：「吳人謂犢曰⿰牛曾。」案狀犢鳴之聲也。《五音集韻》作⿰牛營。《爾雅翼》作⿰牛曹，譌。案實爲牛嬰，簡稱當作嬰。
猪玀（猪肉）泥猪（愚猪）（肉猪）		玀讀若羅。		甬稱猪曰猪玀，滬亦如之。案玀字不見字書，實當作猪肉。肉字，北人讀音在羅婁之間，俗因別造玀字。猪稱爲猪肉，因猪專供食用，故國人於他獸之肉必冠以獸名，惟猪肉逕稱肉也。俗又稱猪曰泥猪，謂常在泥塗中也。或作愚猪，謂其蠢愚也。實當作肉猪。肉猪與猪肉同，猶供食用之牛稱菜牛也。又《廣韻》有嚧字，訓呼猪聲也。案北人呼猪曰嚧嚧，實即肉肉二字，不必別造嚧字，因肉字北音亦近嚧也。甬人呼猪即曰肉肉，肉字轉爲去聲，讀若女亞切（ㄬㄩㄛ）。
牯猪（羖猪）（孤猪）	羖音古。			甬稱牡豕曰牯猪。案《玉篇》「牯，牝牛」，不當以稱豕之牡者。字當作羖，羖爲夏羊之牡者，見《說文》。今湖北稱牡羊曰羊羖子，稱牡牛曰牛羖。甬人亦以稱牡豕曰羖猪也。或曰當作孤猪，因牡豕非游牝時必孤獨畜養，不與衆牝同圈也。
黃狗（黃犬）		狗讀若敢（ㄍㄢ）。		甬稱狗曰黃狗。狗讀若敢者，古音侯部與寒部隔越轉也。謂之黃者，犬以黃毛爲多，故古泛稱狗爲黃犬、黃耳也。或曰當作黃犬，犬讀若敢者，犬屬溪母，敢屬見母，次清音轉爲清音也。

續表

詞 附短語	本音	俗音	例語	疏證
羯狗娘	羯音訐，狗讀本音。			閹割之術，牝牡皆可施行，故甬稱牝犬施閹割者曰羯狗娘，性頗兇悍，善於守家。甬俗因稱婦女之潑悍者曰羯狗娘。
猫		猫讀若茅，亦讀若慢（ㄇㄢ）。	一隻猫 大猫 小猫	甬語凡單言猫及猫字在名詞之末者，如一隻猫、大猫、小猫等，猫字皆讀作慢；在名詞之上者，如猫頭、猫飯等，皆讀作茅。案猫字本音苗，又音茅，在古音宵部，俗讀作慢則轉入古音寒部。宵部與寒部交紐轉也。如南方異族，古曰三苗，又曰南蠻，今曰苗族，苗與蠻亦宵寒二部交紐轉也。
老鼠		鼠讀若子（ㄗ）。		甬稱鼠曰老鼠。鼠字本音暑爲審母，語韻讀音爲處，則轉入穿母；而仍爲語韻俗音爲子，則轉入精母紙韻。《越諺》讀若次，則爲清母寘韻，蓋皆一聲之漸變也。
⿱夆車⿱車臺	⿱夆車音蜇，⿱車臺音遮。	⿱夆車讀若虛加切（ㄒㄩㄛ），⿱車臺讀若家之俗音（ㄐㄩㄛ）。		鄞城月湖東花果園廟門前有二石獸，相傳爲安南異獸。牡曰⿱夆車，牝曰⿱車臺，身高四尺，人目羊頭，獅形豸足，獨角長鬚，善識奸佞，不食腥葷煙火，惟餐松柏槐榆。當宋建炎時，杜愷護高宗駕至四明，病居花果園，二獸常與愷伴。愷卒，二獸亦死。淳祐元年，郡中大疫，愷擁獸示靈，有禱輒應，民爲立祠，以石琢二獸形列之門首云。案⿱夆車⿱車臺二字，蓋明代所製之俗字。郎瑛《七修類稿》：「⿱夆車⿱車臺，俗語也。」《篇海類編》：「俗謂⿱車臺⿱夆車也。」則二字又倒置。不知甬何以爲二獸名？至讀爲今音與字書不合者，或以畲車二字切⿱夆車音，金車二字切⿱車臺音也。車字，鄞東鎮海北方今尚有讀若袪加切者，故二字今猶爲撮口音也。

續表

詞 附短語	本音	俗音	例語	疏證
鮮鷄（騸鷄）（線鷄）（鐓鷄）（閹鷄）		鮮讀上聲（ㄙㄧ宀）。		甬稱雄鷄之閹割者曰鮮鷄，謂其肉味鮮也。案當作騸鷄。騸，馬去勢也，見《肘後經》。亦作鐓鷄。《賽齋瑣綴録》：「雄鷄去勢謂之鐓。」《越諺》作線鷄，謂：「見戴復古詩。挖去腰子線，縠使肥美，故名。」或曰本當作閹鷄，閹鮮一聲之轉。
草鷄（騲鷄）（雌鷄）				甬稱雌鷄曰草鷄。《爾雅》「牝曰騇」注：「草馬名。」《顔氏家訓》作騲，蓋後出字。今案草實爲雌之轉音。
童子鷄（童雌鷄）				甬稱雌鷄尚未産卵者曰童子鷄。案當作童雌鷄，子亦爲雌之轉音。
鴨		讀若壓，亦讀唵平聲（ㄢ）。	一隻鴨 雌鴨 雄鴨	甬語凡單言鴨及鴨字在名詞之末者，如一隻鴨、雌鴨、雄鴨等，鴨字皆讀作唵平聲；在名詞之上者，如鴨蛋、鴨腳等，皆讀作壓。蓋古音談部與盍部本同居，如壓以厭得聲，而平入異讀也。
琟鵝（駕鵝）琟琟鵝	琟音洪。	琟讀若戇俗音（ㄍˊ丄）。		甬稱鵝曰琟鵝，亦曰琟琟鵝。《説文》：「琟，鳥肥大琟琟也。」或曰當作駕鵝，見司馬相如《上林賦》。駕琟歌陽二部隔越轉也。
雁鵝（外鵝）		雁讀若外俗音（ㄫㄚ）。		甬稱雁曰雁鵝，因雁與鵝本同類也。或作外鵝，謂由外來，與家禽爲別也。

續表

詞 附短語	本音	俗音	例語	疏證
老鴉		鴉讀俗音(ㄛ)。		甬稱鴉曰老鴉，全黑者曰烏老鴉，白頸者曰白脰頸老鴉，冬日由北方成隊來者曰山東老鴉。
水老鴉		鴉讀同上，水讀俗音(ㄙㄩ)。		甬稱鸕鷀曰水老鴉。謂其形似鴉而爲水鳥也。
夜鴉(夜鵚) 鵚		鴉讀若汪(ㄨㄤ)。		甬稱鷮曰夜鴉〔一〕，因其鳴聲似鴉而早出晚歸也。通俗雜字書作夜鵚，俗亦省曰鵚。案《玉篇》：「鵚，雉名。」《廣韻》：「雉鳴自呼。」實非此誼。
逐魂(蜀魂) 訓孤 猫頭鷹		訓讀若很去聲(ㄏㄥ)，狐讀若呼(ㄏㄨ)。		甬稱角鴟之小者一種曰逐魂，因俗信其夜間能追捕兒童之魂，聞其鳴聲爲不吉也。通俗雜字書作蜀魂，非。亦名訓狐，《唐書·五行志》：「休留，一名訓狐。」韓愈有《射訓狐》詩。案訓狐，狀其鳴聲也，較雅則稱爲猫頭鷹。
步姑(勃姑)(布穀)(鵓鴣)			愁水步姑	甬稱祝鳩曰步姑。樓鑰《答楊敬仲論詩解》：「斑鳩，俗謂之步姑。」案步姑爲斑鳩之一種小者，非即斑鳩也，故俗有「步姑步四兩，斑鳩斑半斤」之諺，謂步姑輕而斑鳩重也。將雨則鳴聲急，故俗謂之愁水步姑。亦作勃姑、布穀、鵓鴣，皆一聲之轉，蓋其鳴聲如步姑也。

〔一〕鷮：疑爲「鵚」之誤。

續表

詞（附短語）	本音	俗音	例語	疏證
江猫 海老鷹		江猫皆讀俗音（ㄍㄤ）（ㄇㄢ）。		甬稱海鷗曰江猫，因其鳴聲似猫也。羽灰白色，飛時形略似鷹，故俗亦稱海老鷹。平日羣處海濱，若飛鳴於山，則次日必有大風。
蛤蚆（蛤蟵）（蝦蟇）（蛙） 癩䵹（癩屍） 石撞 田鷄 水鷄	䵹音施，撞，傳江切。		赤膊癩䵹 上樹田鷄	蛙之常居陸地，皮有疙瘩而灰褐者，甬稱蛤蚆。韓愈詩：「蛤即是蝦蟇，同實浪異名。」〔一〕《越諺》作蛤蟵，蟵字不見字書。或曰即蝦蟇之變音，蝦轉假音，假又轉蛤音，蟇屬明母，蚆屬幫母，重脣音互轉也。或曰蛙字从圭得聲，本當讀若瓜，蛤蚆即瓜音之反語也。又蛤蚆之別一種小者曰癩䵹，癩，言其背上疙瘩。《說文》：「𪓰䵹，詹諸也。《詩》曰：『得此𪓰䵹。』言其行䵹䵹也。」或曰當作癩屍，屍，謂其形如人之屍骸，故俗謂兒童裸體者曰赤膊癩屍。蛙之又一種大者，居於谿谷中，甬稱石撞，謂常在巖石上衝撞也，可爲服餌。光緒志《物産》謂之石蛤。蛙之又一種棲於水田可供食用者，謂之田鷄，亦曰水鷄，即所謂金綫蛙也。《侯鯖録》：「水鷄，蛙也。水族中厥味可薦者。」則此稱由來久矣。蛙之又一種小者，天將雨則鳴，雨後往往緣木而上，《說文義證》謂之青蛙，亦名石鴨，甬則謂之上樹田鷄。

〔一〕實：原作「物」，據《全唐詩》改。

續表

詞 附短語	本音	俗音	例語	疏證
烏鼻軌蟲 蟾蜍 大肚		鼻讀若白（ㄅㄚ˙），軌讀若頭（ㄉㄤˊ），蟾蜍讀若鹹（ㄏㄢˊ）基（ㄗㄧ），大讀若度（ㄉㄨˊ）。		甬稱蝌斗曰烏鼻軌蟲，狀其形色也。鼻軌，即鼻涕，注見本表身體類。亦曰蟾蜍、大肚。蟾蜍指其種類，大肚則言其巨首也。蟾與鹹、蜍與基皆聲之轉。
四腳蛇 壁虎				甬稱蜥蜴曰四腳蛇，又曰壁虎，皆以其形似也。壁虎，亦爲四方通稱。
河鯽魚		鯽讀若精（ㄗㄧㄥ），亦讀若機（ㄐㄧ），魚讀俗音（ㄫ）。		甬稱鯽曰河鯽魚，謂其産於河也。鯽讀若精或機者，一聲之轉也。
鱖魚（鮭魚）（鱝魚）（桂魚）	鱖，姑衛切。	魚讀俗音（ㄫ）。		鱖魚之鱖，本讀若桂，俗因張志和詩「桃花流水鱖魚肥」之鱖，誤讀若厥，隨誤作鮭魚，不知鮭爲別種魚名。又謌作鱝魚，鱝字不見字書。亦作桂魚。《本草》：「昔仙人劉憑嘗食石桂魚，今此魚猶有桂名，恐是此也。」則書作桂魚久矣。

續表

詞 附短語	本音	俗音	例語	疏證
鱓魚（鱔魚）（鮔魚）黄鱔		魚讀本音（ㄒˊㄩ）。		鱓魚即《本草圖經》所謂似鰻鱺而細長，亦似蛇而無鱗，有青黄二色，生水岸泥窟中者也。《説文》作鱓，《山海經》作鮔，《集韻》亦作鱔。今甬多作鱔，亦譌作蟮。甬語魚字皆讀俗音，惟此特讀本音。然甬語所謂鱓魚者，概指已烹調爲臛者而言。蓋爲食單上之名，故讀本音。其生者則多謂之黄鱓，而不稱蟬魚矣[一]。蘇語亦曰黄鱓，見《説文通訓定聲》。
鮆魚（鱭魚）	鮆音薺。			甬稱刀魚曰鱭魚。案鱭本當作鮆。《説文》：「鮆，飲而不食，刀魚也。」然《山堂肆考》已謂「鮆，一作鱭」矣。
蟚越蟹（彭越蟹）（彭螖蟹）		蟚讀若鮑（ㄅˊㄠ），越讀若圓（ㄒˊㄩㄛ），蟹讀俗音（ㄏㄚ）。		生息海灘一種小蟹，甬稱蟚越蟹，亦作彭越蟹，亦可作彭螖蟹。《爾雅》：「螖蠌，小者蟧。」注：「彭螖。」小蟹也，吴人呼爲彭越。案蟚與鮑、越螖與圓，皆雙聲之轉。
螄螺			摸螄螺	河中一種小螺可供食用者，他方皆謂之螺螄，甬上獨稱螄螺，與田螺、泥螺等同例。
黄蜆	蜆音顯。			河中所産蛤之一種，殼小而邊黄。《隋書·劉臻傳》：「好啖蜆。以父諱顯，因呼蜆爲扁螺。」則甬人讀蜆爲顯，正隋唐之古音也。

〔一〕蟬：疑爲「鱓」或「蟮」之誤。

續表

詞 附短語	本音	俗音	例語	疏證
淡菜 滷菜 貢乾	乾音干。			海中介屬，其鮮者謂之淡菜，鹽漬者謂之滷菜，曬爲脯者則謂之貢乾。以唐時爲貢品，後孔戣奏罷之，則此稱由來古矣。
蚻蟧（蟚蟟）（知了）	蚻蟧音札勞。	蚻蟧讀若詐（ㄗㄛ）臉（ㄌㄧ）。		甬稱蟬曰蚻蟧。《方言》：「蟬，其大者謂之蟧，其小者謂之麥蚻。」《爾雅》郝疏：「棲霞人呼桑蟚蟟。」亦書作知了。案詐臉與蚻蟧、蟚蟟、知了，皆一聲之轉，亦皆狀其鳴聲也。或曰詐臉二音實即蟬字之反語，蓋蟬音變若占上聲，反爲詐臉也。
蚱蜢（穀蜢）		蚱讀若穀（ㄍㄛ）。		蚱蜢，草蟲，蝗類，食稻，甬讀若穀蜢，照母轉爲見母也。或曰當作穀蜢，因以穀爲食也。
蟑螂（樟螂）（髒螂）				廚竈中紫褐色之臭蟲，甬稱蟑螂。案蟑字不見字書，當作樟螂，謂其臭如樟樹也。或曰當作髒螂，謂其臭穢也。
竈鷄 竈馬				廚竈間灰褐色之蟲，狀如促織而稍大，甬稱竈鷄，亦曰竈馬。《酉陽雜俎》：「俗言竈有馬，食足之兆。」《本草綱目》：「竈馬，俗名竈鷄。」
丁獅子				甬稱蟋蟀曰丁獅子。丁，狀其聲；獅子，喻其善鬬也。
打燈虫				甬稱蛾類曰打燈蟲，言其喜投火也。

續表

詞附短語	本音	俗音	例語	疏證
火螢頭		頭讀若潭。		甬稱螢曰火螢頭。《越諺》作火熒臺〔一〕，非。
喫髮螂				甬稱螳螂曰喫髮螂，因飼以髮能嚼食也。
織績虫（績縩虫）		績讀若借（ㄗㄧㄚ）。		甬稱紡織娘曰織績蟲，亦作績縩蟲。《越諺》謂之績幬婆。績讀若借者，注見《器具》縩孔下。
賣油郎				甲蟲之一種，産於田中，能遊水，吞食水中小蟲。
游蛄（蚰蛄）（螻蛄）				甬稱土狗曰游蛄。《越諺》作蚰蛄。案當作螻蛄。螻與油聲之轉也。
結蛛（蜘蛛）（螑蛛）				甬稱蜘蛛曰結蛛，謂能結網也。《越諺》作螑蛛。案《集韻》：「螑，蠸，蟲名。」一曰「蝗屬」。非蛛也。或曰結蛛，實即蜘蛛，結與蜘一聲之轉。
壁老虎				甬稱蠅虎曰壁老虎，因常緣於壁捕蠅也。
壁蟹		蟹讀俗音（ㄏㄚ）。		甬稱壁蟢曰壁蟹，因其形如蟹也。《小化書》：「酷如小蟹，蓋如錢。」

〔一〕 諺作：原誤作「作諺」。

續表

詞附短語	本音	俗音	例語	疏證
黃蟻(黃軦)		黃蟻讀若華(ㄏˊㄨㄛ)化(ㄏㄨㄛ)。		甬稱蟻曰黃蟻。黃，言其色，讀若華者，雙聲之轉。蟻音變若義，又變若化也。通俗雜字書作黃軦。《莊子》：「黃軦生乎九猷。」案軦音況，蟲名也。
棚虫(巴虫) 白螞蟻				甬稱白蟻曰棚蟲，謂多寄生於棚架也。案實當作巴蟲。古謂白蟻曰巴蟻，以巴蜀多産之也。元微之文「巴蟻衆而善攻欒棟」，即謂此也。
蛷蛟(蠷螋) (蠼螋)		蛟讀若休(ㄒㄧㄤ)。		甬稱蓑衣蟲曰蛷蛟。《説文》：「蛷，多足蟲也。」字亦作[illegible]。《博物志》：「蠷螋蟲溺人影，隨所著處生瘡。」案亦譌作蠼螋，實古所謂蚰蜒也。形似蜈蚣，足極多，色灰黑，行人肌上則起小皰，潰爛成瘡。
蜈蚣(猛蚣)		蜈讀若門(ㄇㄥ)。		蜈蚣，甬讀若門蚣，蓋疑母轉爲明母，魚部轉爲諄部也。或曰當作猛蚣。猛，言其兇猛。
百腳 香料虫 殞花娘子				甬稱馬陸蟲曰百腳，以其足多也。古亦謂之百足。《淮南子》：「百足之蟲，至死不僵。」俗亦曰香料蟲，亦曰殞花娘子，因有特殊之臭也，此二語外來，非甬語。
曲蟮(蛐蟮) (蚯蚓) 地龍		曲讀若出(ㄑㄩㄛ)，蟮讀若賤俗音(ㄙㄧㄢ)。		甬稱蚯蚓曰曲蟮。《考工記·梓人》疏：「螾衍，今曲蟮也。」亦作蛐蟮，見《玉篇》。或曰曲蟮即蚯蚓之轉音。俗亦稱爲地龍。

續表

詞 附短語	本音	俗音	例語	疏證
蠘(蝲) 毛毛虫			楊蠘 松蠘 瓦蠘	甬稱毛蟲曰蠘，即《説文》所謂「蛓」，《爾雅》所謂「蛅」也。産於楊樹者曰楊蠘，松樹者曰松蠘，瓦縫者曰瓦蠘。蠘，《越諺》作蝲。俗亦曰毛毛蟲。
蛆虫(棲虫) ⿱山虫虫		蛆讀若棲(ㄑㄧ)。		甬稱水中孑孓曰蛆蟲。或曰當作棲蟲，謂棲息水中也。通俗雜字書作⿱山虫蟲。⿱山虫，實蚩之譌字。
蟣子				甬稱蝨卵曰蟣子。《説文》：「蟣，蝨子也。」《漢書·嚴安傳》：「介冑生蟣蝨。」
蠁			稻生蠁	甬稱害稻之小蟲曰蠁，即古之所謂肸蠁也。左思《蜀都賦》[一]：「景福肸蠁而興作。」韋昭注：「肸蠁，溼生蟲，蚊類是也。」大福之興，如此蟲騰起矣。案甬所謂稻生蠁，即指此蟲。光緒志《物産門》以《説文》知聲蟲及《博雅》土蛹蠁蟲當之，殊非。
臑頭肉(膭頭肉)	臑，乃到切。	臑讀若漕(ㄙㄠˊ)。		甬稱猪首之肉曰臑頭肉。《禮·少儀》：「大牢則以牛左肩臂臑折九箇。」疏：「臂臑，謂肩腳也。」是臑本稱肩腳，沿稱猪首。《蜀語》：「豕項間肉曰臑頭。」今亦以爲詈人之辭，如言「臑頭肉，無搭頭」是也。通俗雜字書臑作膭。《集韻》：「膭，脆也。」一曰「腹鳴」。非此誼。

〔一〕蜀都：原誤作「景福殿」。

續表

詞附短語	本音	俗音	例語	疏證
福利（福禮） 正福				甬稱猪之腹背之肉爲祭祀用者曰福利，亦作福禮。或曰福取與腹同音，以取吉利也。又曰正福者，謂腹部方正之肉也。案《周禮·膳夫》：「凡祭祀之致福者。」注：「福，謂諸臣祭祀進其餘肉歸胙於王。」《晉語》：「必速祠而歸福。」注：「福，胙肉也。」則稱胙肉爲福，自三代已然。當作福禮爲是。
利市				甬商家多以猪首祀神，故名猪首曰利市。取《易》語「利市三倍」之意也。
順風				甬稱猪耳曰順風耳。順風而聽，故名。舟子以此取吉兆也。
賺頭		頭讀若潭。		甬稱猪舌曰賺頭。因舌音近蝕，商家忌諱，故反言爲賺也。參看前《地理》墋注。
肘子 胖蹄 蹄胖				甬稱猪之腿肉曰肘子。案肘本稱人體，今在人者名爲手挣摋頭，不以肘稱，而猪反以肘稱矣。亦曰胖蹄，謂蹄之胖處。又倒言蹄胖。
後坐臀				甬稱猪近後腿之肉曰後坐臀。臀本稱人之髀股，今移以稱豕矣。

續表

詞（附短語）	本音	俗音	例語	疏證
顀頭		顀讀若窘之次清音（ㄑㄩㄣ）。		甬稱猪之鼻肉如藕節形者曰顀頭。詳見前《人稱》壽頭注。通俗雜字書作豵頭。《集韻》：「豵，俱運切，豕求食也。」音誼尚近。
猪尿脬（猪尿胞）	脬音抛。	尿讀俗音（ㄙㄩ）。		甬稱猪之膀胱曰猪尿脬。《説文》：「脬，膀胱也。」俗亦作泡，又通作胞。
嘴䩉（嘴𩓐）（嘴蒲）	䩉音腐。	䩉讀若簿（ㄅㄨˊ）。	狗嘴䩉 大嘴䩉	甬稱獸畜之口曰嘴䩉。《説文》：「䩉，頰也。」䩉亦作𩓐，通作輔。《越諺》作嘴蒲，訓口也。案越亦稱人口曰嘴䩉，甬以稱人則褻矣。惟人病朵頤曰大嘴䩉，則不以爲異。又蒲音蒲，雉膺肉，非口也。
腳蹄 蹄（蹏）			猪腳蹄 馬蹄	甬稱獸畜之足曰腳蹄，亦省稱蹄。蹄，《説文》本作蹏。
尾巴		尾讀若米（ㄇㄧ）。		甬稱動物之尾曰尾巴。巴與杷把並通，謂如杷柄可把持也。
嘴甲（嘴革）		甲讀俗音（ㄍㄚˋ）。		甬稱鳥類之口曰嘴甲，因鳥喙爲角質如被甲也。或曰當作嘴革，謂如革也。
翼梢（翼捎） 翼梢股 翼梢膀				甬稱鳥翼曰翼梢。梢，枝柯也，謂鳥之翼如木之枝也。或曰當作翼捎，捎，掠也，擊也，謂鳥翼爲掠擊之需。杜甫詩：「花妥鸎捎蝶。」即謂以翼撲蝶也。亦曰翼梢股，又曰翼梢膀，蓋以人之手足爲喻也。

續表

詞 附短語	本音	俗音	例語	疏證
腳爪（腳叉）			猫腳爪	甬稱鳥足曰腳爪。爪，亦作叉。又獸類之爪亦曰腳爪，如言猫腳爪。
肫（膞）（胵）	肫音諄。		鷄肫 肫肝	甬稱鳥類之胃曰肫。《説文》：「肫，面頯也。」無鳥胃誼。或曰當作膞，膞音專。《集韻》：「膞，鳥胃也。」膞肫一聲之轉。案實當作胵。《説文》：「胵，鳥胃。」胵从至得聲，古音至部與諄部旁對轉也。
膯 膯鼓（膯臟）	膯，他登切。	膯讀若登（ㄉㄥ）。	脹膯 鷄膯鼓	甬稱禽鳥嗉囊曰膯，如鷄鴨過飽怠於行動曰脹膯。《廣韻》：「膯，飽也。」《類篇》：「吴人謂飽曰膯。」案嗉囊所以盛食，故即以膯名。亦曰膯鼓，謂膨脹如鼓也。俗亦作膯臟。臟字不見字書。
瘃（𦤎）（準）			鵝瘃	甬稱雄鵝頭上肉瘤曰瘃。《説文》：「瘃，中寒腫核也。」雄鵝肉瘤似之，故以爲名。俗作𦤎。𦤎字不見字書，蓋省鼻字之中而爲之。案本當作準。《史記》：「高祖隆準。」文穎曰：「準，鼻也。」《集韻》正讀若拙。
黄（𪏰）		黄讀若汪（ㄨㄤ）。	蛋黄 蟹黄 拖黄	甬稱禽鳥卵中黄色之質曰黄。《集韻》别有𪏰字，胡光切，謂卵中黄也。又沿稱蟹之黄赤色膏曰蟹黄。又螺肉近尖處黑緑色之膏亦曰黄，如言泥螺拖黄，實即肝臟也。

續表

詞 附短語	本音	俗音	例語	疏證
划水 豁水 鰭槍		划讀若華（ㄏㄨㄛ），水讀俗音（ㄙㄩ）。	青魚豁水	甬稱魚類胸腹臀尾之鰭曰划水，謂游泳時划動水也。亦曰豁水，豁，開也，謂排斥水也。其背鰭則别立鰭槍之名，謂矗立如槍也。
殼（壳）（鞹） 殼腔 瓦腔		腔讀若抗（ㄎㄤ），瓦讀俗音（ㄫㄛ）。	圓蛤殼腔 蚶子瓦腔	凡介類之甲，甬皆稱殼。殼，本當作壳。亦通作鞹。鞹，去毛皮也。俗亦稱貝類之殼曰殼腔。腔音轉如抗，谿母柔音變爲剛音也。《説文》：「腔，内空也。」《集韻》：「骨體曰腔。」俗又稱蚶殼曰蚶子瓦腔，因蚶殼如瓦稜也。又殼字，《集韻》亦讀克講切，則腔作殼亦可。
鮚（烤）（薨） 鮚頭		鮚讀若靠（ㄎㄠ），頭讀若潭。	龍頭鮚	海魚之小者全而曝乾之，甬稱爲鮚，亦曰鮚頭，如龍頭魚之乾者曰龍頭鮚。鮚爲甬俗字，不見字書。俗亦作烤。烤即燺字，火乾也，亦非此誼。案實當作薨。《周禮》：「𢿱人辨魚物爲鱻薨。」〔一〕《廣韻》薨音考，「乾魚也」。
鯗（鮝）				海魚之大者，剖背去臟，曝而乾之爲薄片，甬稱爲鯗。鯗，亦作鮝，蓋鯗即从養省聲也。《集韻》：「鯗，乾魚腊也。」案他方稱鰳魚曰鯗魚，又稱鰳魚頭骨製成鶴形曰鯗鶴，皆非鯗字本意。

〔一〕𢿱：原誤作「庖」，據《周禮》改。

續表

詞附短語	本音	俗音	例語	疏證
魚腊（魚屑） （魚鱐）（魚鱐）		魚讀俗音（兀）。		鯗魚等蒸熟揉作圓形，以火乾之，甬稱魚腊，亦譌作魚屑。案本作魚鱐。《説文》：「乾魚尾鱐鱐也。」案亦作鱐。《周禮·庖人》「夏行腒鱐」疏：「鱐，謂乾魚。」
螟蜅（螟脯） （明府） 明府鯗				烏鰂剖背去骨臟，曝而乾之，甬稱螟蜅。案螟，食苗心蟲；蜅，小蟹；皆非此誼。《通雅》作螟脯，謂墨魚。寧波蕘者曰螟脯，亦非，《閩中海錯疏》：「烏鰂曬乾者，閩浙謂之明府。」斯得之矣。蓋本稱明府鯗，謂明州府所産也。
右動物 動植物之俗名，具見《博物志》。今特選俗名中音形義歧異費解者與動植物體之一部非《博物志》所能詳者而疏釋之，非複沓也。				
六穀 陸穀				甬稱玉蜀黍爲六穀。蓋貧家以此爲糧，謂五穀外又有此一種也。或曰當作陸穀，謂陸生穀也。
倭豆				甬稱蠶豆曰倭豆。蓋倭寇至時始成熟，故得此名。此爲寧波舊府屬各縣之俗名，他方皆名爲蠶豆也。光緒志《物産》謂倭豆與蠶豆别種，非。
蠶豆 羅漢豆				甬稱豌豆曰蠶豆。蓋以其蠶時始熟也。此亦爲寧波舊府屬各縣之俗名，不可與他方所謂蠶豆者混。亦稱爲羅漢豆，則外來語也。光緒志《物産》分豌豆與羅漢豆爲二，非。

續表

詞 附短語	本音	俗音	例語	疏證
芋奶（芋艿）			芋奶頭 芋奶子	甬稱芋曰芋奶。蓋芋生時有汗如乳，且其形亦如乳頭也。《種芋法》謂大者謂之芋頭，旁生小者謂之芋孏。甬則稱大者曰芋奶頭，小者曰芋奶子。《餘姚志》作芋艿。案艿音仍，陳根草不芟，新草又生，相因仍也。不當借爲芋奶之奶。
黄瓜				甬稱胡瓜曰黄瓜，以老時色黄也。《管天筆記》：「黄瓜，原名胡瓜，晉五胡亂中原，諱胡尤峻，因改爲黄瓜。」《拾遺録》則謂大業四年避諱改爲黄瓜。案黄瓜可生食，與《禮·月令》所謂王瓜者異物，王瓜即土瓜，不可食。光緒志《方言》謂胡瓜即王瓜，誤。
菜瓜（翠瓜）				甬稱梢瓜曰菜瓜，以可醬漬供膳也。俗多生食之。或曰當作翠瓜，以其色翠緑也。
夜開花 瓠		瓠讀若步（ㄅㄨˋ）。	瓠羹	甬稱供膳用長圓形之瓠瓜曰夜開花，因花夜間始放，故得此名。亦謂之瓠。《齊民要術》有作瓠菜羹法。《楓窗小牘》謂汴京徐家瓠羹有名。
了藤瓜				甬稱最後熟之瓜曰了藤瓜。謂結於藤之完了處也。亦以稱後來之人或晚産之子女。
落腳茄		茄讀若渠莧切（ㄐㄧㄢˊ）。		甬稱最後熟之茄曰落腳茄。亦以稱人。與了藤瓜同義。

續表

詞附短語	本音	俗音	例語	疏證
芝麻（脂麻） 麻			麻餅 麻油	甬稱胡麻曰芝麻。《管天筆記》謂：「五胡亂時，中原諱胡，改稱芝麻也。」《本草綱目》謂當作脂麻，以其多脂油也。亦省稱麻，如外糝脂麻之餅曰麻餅，脂麻榨取之油曰麻油。
蕎頭（藠頭）	藠音叫。	藠讀若轎（ㄐ一ㄠ），頭讀本音。		甬稱薤曰蕎頭。當作藠頭。《本草》：「薤，一名藠子。或作蕎，非。」
馬藍頭		頭讀本音。		甬稱野生供膳之馬藍曰馬藍頭，以嫩時其腦可食也。
草子（草芓）			草子種	甬稱南苜蓿曰草子，其果實曰草子種。以供播種肥田之用。《越諺》作草芓。
苔條 苔菜				甬稱海苔可供膳者曰苔條，亦曰苔菜。
石花		石讀本音。		海中一種藻類植物，亦謂之石花菜。夏日煮而溶取其汁，凝凍城膠，切成薄片，調糖供食，即謂之石花。其來自日本者，製成白色細條，謂之洋菜。
木蓮 肨舡（胮肛）	肨，披耕切。舡，普蒙切。	肨讀若烹俗音（ㄆㄤ），舡讀捧平聲（ㄆ廾）。		薜荔之實，形似蓮而大，曝乾擣碎，壓取其汁，可作涼粉，與石花同，甬稱木蓮，亦曰肨舡，見通俗雜字書。《集韻》：「肨，腹脹。」《字彙》：「舡，虛脹也。」案當作胮肛。《廣韻》：「胮肛，脹大也。」蓋薜荔實巨大，如人大腹，故得此名。

續表

詞 附短語	本音	俗音	例語	疏證
釣紅 底紅（蒂紅）				柹實之熟者，甬稱釣紅，謂懸挂日久而爲紅色。亦曰底紅，或作蒂紅。
金厖（金滿）	厖，莫江切。	厖讀若孟（ㄇㄤ）。		甬稱石榴之實曰金厖。《青箱雜記》：「錢武肅王諱鏐，至今吴越間謂石榴爲金厖。」或曰當作金滿，石榴皮黄似金而子似玉，取金玉滿堂之意。
花			撮花 絞花 打花 紡花	甬稱棉花曰花。蓋瀕海一帶多植棉，故徑稱之曰花，不復加以種名，猶洛陽徑稱牡丹曰花也。如拾棉曰撮花，抽棉曰絞花，彈棉花曰打花，紡棉成縷曰紡花。
薄荷（蔢蕳）		薄讀若婆去聲（ㄅㄛˊ禾），荷讀若貨（ㄏ禾）。		薄荷二字，甬皆讀作去聲。案陸游《題畫薄荷》詩：「薄荷花開蝶翅翻。」劉克莊《失猫》詩：「籬開薄荷看謀醉。」荷字本皆讀仄聲，薄字今北方猶讀去聲，故甬語實即此二字之古音。《越諺》云：「蔢蕳，皆去聲，出《玉篇》，訓藥草，實屬薄荷之本名、本字，今人皆書薄荷，遂罕知者。」案蔢蕳乃六朝後起之字，蓋因薄字讀作入聲，荷字讀作平聲，乃造蔢蕳二字以合薄荷二字之古音，《越諺》所言不免倒因爲果也。
滿堂紅				甬稱金鳳花曰滿堂紅，見嘉靖志。則明以來已然。案《暖姝由筆》：「滿堂紅，彩絹方燈也。」蓋花形似之，故名。

續表

詞 附短語	本音	俗音	例語	疏證
野白茄花		茄讀本音。		甬稱山躑躅曰野白茄花。是花一名映山紅，故有「野白茄花映山紅」之謠，因其花紅白相間形似茄花而大，故名。
稗草（叛草）	稗，傍卦切。	稗讀若罷（ㄅˊㄛ）。		甬稱稗曰稗草。《孟子》：「苟爲不實，不如荑稗。」《廣韻》：「稗草似穀。」而實細。亦作叛草。稗草害稼，猶稼之叛徒也。
狗尾巴		尾讀若米（ㄇㄧ）。		甬稱莠草曰狗尾巴，以其穗有長芒似狗尾也。《越諺》曰黃狗尾巴。
魚腥草		魚讀俗音（ㄫ）。		甬稱蕺曰魚腥草，因莖葉及花皆有異臭如魚腥也。
薸（瓢）				甬稱浮萍曰薸。字亦作瓢。《方言注》：「江東謂浮萍爲薸。」則此稱久矣。
青衣（青翳）				甬稱溼地滋生之青苔曰青衣。蓋猶他方之稱地衣也。亦作青翳。
椏枝（丫枝）		椏讀俗音（ㄛ）。		甬稱樹枝曰椏枝，亦曰椏杈。《方言注》：「江東謂樹歧曰杈椏。」《玉篇》：「椏，木椏杈。」椏，亦作丫。《六書統》：「丫，歧物之耑，象其耑叉分形。」《同文備考》：「草木之枝，歧而上徹。」
椏杈				

續表

詞附短語	本音	俗音	例語	疏證
株(生) 根株 根頭		頭讀本音。	柴株	甬稱草木斫後餘根曰株。《説文》:「株,木根也。」《繫傳》:「在土曰根,在土上曰株。」《越諺》作生,音滋,俗杜撰字。實即株之變音也。亦曰根株,又曰根頭。
棦 棦枝〔一〕(挣撽)	棦,楚耕切。	棦讀若争俗音(ㄗㄤ)。	樹棦	甬稱木節曰棦。蓋枝柯斫餘殘柄,即《説文》所謂戹也。亦曰棦枝。或曰當作挣撽,以臂節爲喻也。
葉瓣(葉爿) 葉子				甬稱草木之葉曰葉瓣。俗作葉爿,亦曰葉子。
腦 腦頭		頭讀若潭。	打腦	甬稱卉木頂上初抽之枝葉曰腦,亦曰腦頭,以人之腦爲喻也。故折嫩葉曰打腦。參寥《次東坡黄耳蕈》詩:「葵心菊腦厭甘涼。」
蕊(蘂) 蕊頭(女嘾) (ㄢ)	蕊,如壘切。	蕊讀若女(ㄬㄩ),頭讀若潭。		甬稱花含苞未放者曰蕊,亦曰蕊頭。蕊音轉爲女者,蓋甬之方音凡日母字多轉爲娘母,如日讀匿、讓讀仰是也。又凡紙韻、賄韻字多轉爲語韻,如鬼讀舉、跪讀拒是也。杜甫詩:「菊蕊獨盈枝。」蕊當亦指蓓蕾而言。或曰蕊頭當作女嘾。《説文》:「ㄢ,嘾也。草木之華未發函然。」謂之女者,花未放猶婦尚爲女也。一説ㄢ轉音爲内,女嘾二字實ㄢ之反語也。
蒂頭(蔕頭)		頭讀若潭。		甬稱蕚曰蒂頭。蒂本作蔕,《説文》:「瓜當也。」《玉篇》:「草木綴實也。」

〔一〕枝:原作「株」,據下「疏證」改。

續表

詞 附短語	本音	俗音	例語	疏證
果		果讀若管。	柴果 楓樹果	果實之果，甬亦讀若管，如言柴果、楓實果皆作此音，古音歌部、寒部陰陽對轉也。
核（覈）（槅）		核讀若活（ㄏˊㄨㄚ˙）。		甬稱果實之心曰核。《爾雅》：「桃、李醜，核。」亦作覈。《説文》：「覈，實也。」《廣韻》別有槅字，「户骨切，果子槅也。出《聲譜》」。案此後起字。核轉活音者，開合二呼之變也。
穗（秠）	穗音遂。	穗讀若佩（ㄅˊㄟ）。	稻穗	甬稱禾類果實簇生之莖曰穗，如言稻穗。或曰當作秠，蓋由「一稃二米」引申爲穗稱也。
麩皮（麱皮）				甬稱小麥磨殘之殼曰麩皮。《説文》：「麩，小麥屑皮也。」字亦作麱。
粞糠（細糠） 糳米糠	糳音作。	糳讀若拆（ㄘㄚ˙）。		甬稱舂米餘屑曰粞糠。《類篇》：「米碎曰粞。」俗作細糠，蓋對礱糠稱大糠而言。亦曰糳米糠。《説文》：「米一斛舂爲九斗曰糳。」
礱糠 大糠				甬稱穀皮曰礱糠，因穀經礱而皮脱也。亦謂之大糠。
穪子（穐子） 扁子	穪，益陟切。	穪音邑。		甬稱穀粒不成熟中無米者曰穪子，亦曰扁子。穪，《集韻》：「禾稻不實也。」亦作穐，《字典》：「不實也。禾敗不生也。」

續表

詞附短語	本音	俗音	例語	疏證
豆莢	莢音夾。	莢讀若結（ㄐㄧ）。		甬稱豆實未去殼者曰豆莢。《廣韻》：「豆角謂之莢。」
行鞭筍（莖鞭筍） 鞭筍		行讀若杏俗音平聲（ㄏㄤ）。		甬稱竹之地下莖嫩時可供膳者曰行鞭筍。鞭，狀其形；行，謂横行也。或曰行當作莖，謂其莖如鞭也。亦省稱鞭筍。《本草》：「竹有雌雄，但看根上第一枝，雙生者必雌也，乃有筍。土人於竹根行鞭時掘，故謂之鞭筍。」范成大詩：「鄰家鞭筍過牆來。」則行鞭筍、鞭筍之稱自昔已然。
箬殼（篛殼）				甬稱筍籜曰箬殼。箬，亦作篛。《説文》：「楚謂竹皮曰箬。」則此本漢以前楚語也。
蕻（葓）	蕻，胡貢切。	蕻讀若烘去聲（ㄏㄨ）。	上蕻 菜蕻 雪裏蕻	甬稱菜心挺出者曰蕻。如菜抽心曰上蕻[一]。雪裏蕻，菜名，在嚴冬抽心者也。《廣韻》：「蕻，草菜心長也。」梅堯臣詩：「獨有一叢盤嫩蕻。」《類篇》亦作葓。
瓤（瓢）（聯）（練）	瓤音練。	瓤音連（ㄌㄧ）。	倒瓤	甬稱瓜瓤曰瓤。故西瓜過熟而瓤脱散曰西瓜倒瓤。《集韻》：「瓤，瓜中瓤也。」或曰當作瓤。瓤，亦作𤬁。《集韻》：「瓜子也。」一曰當作聯，倒聯，謂解脱不相聯也。《本草》作練。

〔一〕蕻：原誤作「鞋」。

續表

詞 附短語	本音	俗音	例語	疏證
瓤 瓤子（帑子）	瓤音囊。		南瓜瓤 瓤子厚薄	甬稱瓜心曰瓤。如言南瓜瓤。《三蒼》：「瓤，瓜中子。」《正字通》：「瓤，爲瓜中實，與犀相包連，白虛如絮，有汁。」甬又稱人之資産曰瓤子。如家資多寡曰瓤子厚薄，蓋資産在家中猶瓤在瓜中，故以爲喻也。或曰當作帑子。帑，金幣所藏，从奴得聲。讀若囊者，奴囊雙聲也。
樹蓬（樹芃） （樹薄）				甬稱叢生之林木曰樹蓬。案《詩傳》：「蓬，亂也；盛也。」亦作芃。《詩》「芃芃其麥」傳：「麥芃芃然方盛長。」或曰當作樹薄，猶言林薄。薄蓬雙聲轉也。
茇頭	茇音跋。	頭讀本音。	淖泥茇頭	甬稱草之根株曰茇頭，與泥相連曰淖泥茇頭。《說文》：「茇，草根也。」春草枯根引之而發土爲撥，故謂之茇。
右植物				
把			一把椅子 一把茶壺 一把鹽	凡器物有柄等爲手可握持者，或一手可盛者，甬皆以把計數。一把，見《韓詩外傳》。
包			一包糕 一包藥	凡物爲紙張布帛等所可包裹者，甬皆以包計數。
綳			一綳綳子 一綳結蛛絲	凡物以絲縷等張爲平面者，甬皆以綳計數。綳子，見前《器具》。

續表

詞附短語	本音	俗音	例語	疏證
班（般）			一班人	凡人成隊者，甬皆以班計數。字亦作般。《方言》：「班、徹，列也。北燕曰班，東齊曰徹。」
遍（徧）			看一遍	凡自始至終周匝一次，甬稱爲遍。本作徧。《説文》：「徧，匝也。」《魏志・賈逵傳》注：「逵最好《春秋左傳》，自課誦之，月常一遍。」
本			一本書 一本戲	凡事物之有本末者，甬皆以本計數，謂如木之有本也。如一册書曰一本書，一齣戲曰一本戲。
博（膊）			一博屋 開博	凡屋之廣度，甬皆以博計，柱與柱間謂之一博，其廣度即謂之開博。《玉篇》：「博，廣也。」俗作膊，非。
邊			一邊面孔 半邊月亮	凡物之有邊際，其一方，甬即謂之一邊。《玉篇》：「邊，畔也。」
餅			一餅豆腐	凡物成扁大之形者，甬多以餅計。如一方豆腐曰一餅豆腐。
匹			一匹馬 一匹布	甬計馬及布帛之數曰匹。
捧			一捧豆	凡物爲合兩手可盛者，甬稱爲捧。
批			一批人 一批貨色	凡人物之成組者，甬皆以批計，因俗有「零星躉批」之語也。

詞附短語	本音	俗音	例語	疏證
派			一派子孫 一派亂話	凡人物之一支或一部分，甬皆謂之一派。
𠂢(𧺆)(𧻎)	𠂢音拍。		一𠂢家計 一𠂢魂靈	甬稱一部分亦曰一𠂢。字亦作𧺆。《説文》本作𧻎。《集韻》：「𠂢，分也。」或曰一𠂢魂靈，當作魄。
紙(膀)	紙音派。	紙讀若普亨切(ㄆㄤ)。	一紙鬚頭 一紙葡萄	凡絲麻果實之類凡成組或成穗下垂者，甬皆以紙計。《説文》：「紙，散絲也。」《廣韻》：「未緝麻也。」或曰當作膀，如人之臂膀也。
片			一片肉 一片糕	凡物之薄而平者，甬皆以片計。《説文》：「片，判木也。」白居易詩：「緑芽十片火前春。」蓋古之片茶亦製爲薄片也。
爿(瓣)	爿，疾羊切。	爿讀若瓣(ㄉㄢ)[一]。	一爿網 一爿席子 一爿店 柴爿 缸爿 瓦爿 屋爿	凡物之薄而平者，甬亦以爿計，如言一爿網、一爿席子是也。《説文》：「牀，从木爿聲。」《繫傳》爿則牀之省，「象人斜身有所倚著」[二]。《正譌》：「爿，疾羊切，判木也，从半木，左半爲爿，右半爲片。」案甬稱析木爲柴曰柴爿，當即此字，惟其音讀若瓣耳。《字彙》爿有蒲閑切之音，蓋爿讀若瓣，自明以來已然。引申之，凡一切物之薄者多以爿稱矣，如瓦曰瓦爿，破缸片曰缸爿等，因瓦而稱屋曰屋爿，稱商店

〔一〕ㄉ：似當作「ㄅ」。

〔二〕斜：原作「邪」，據《繫傳》改。

續表

詞附短語	本音	俗音	例語	疏證
				一家曰一爿矣，實皆瓣之借字也。或曰爿實片字之變，凡物之薄而平者曰片，片字因方音之不同，有讀若瓣者，俗乃即借片之反形爿字以代之耳。
蓬			一蓬日頭 一蓬雨 一蓬煙 一蓬頭髮	凡物之紛亂不可以數計者，甬皆以蓬稱，如言一蓬煙、一蓬雨、一蓬頭髮等是也。其曰一蓬日頭者，謂一縷光綫也。
盤（蟠）			一盤麵 一盤香 盤麵 盤香	凡物之細而長者，使屈曲而成圓形，甬皆以盤稱，如麵之屈曲成圓形者曰盤麵，香之屈曲成螺旋形者曰盤香，而皆以盤計數者也。案盤本當作蟠，謂如龍蛇之蟠也。《韻會》：「蟠，伏也；曲也；屈也。」
縳	縳，符臥切。	縳讀若蒲臥切（ㄅ́禾）。	一縳柴	凡物細紮而成束者，甬皆以縳計〔一〕。縳，《廣韻》箇韻亦讀去聲〔二〕，故甬讀蒲臥切也。
部			一部書 一部車子 一部扶梯	凡物合多部分而成爲整者，甬也以部稱。如曰一部書，書不止一卷也；曰一部車子，車有輿蓋輪輈各部分也；曰一部扶梯，梯不止一級也。

〔一〕皆：原誤作「者」。

〔二〕「箇」疑爲「集」字之誤。

續表

詞附短語	本音	俗音	例語	疏證
排（輩）（比）（坒）（睥）		排讀若皮（ㄅㄧˊ）。	一排人 一排倚子	甬稱人物一列曰一排。《説文》：「排，擠也。」一曰推也。蓋因擁擠引申爲行列也。或曰當作輩。《説文》：「軍發車百兩爲一輩。」因車而稱其他人物也。或曰當作坒。《説文》：「坒，相次比也。」或曰當作睥。《説文》：「睥，別也。讀若罷。」案實當作比。比，本从二人相次，故引申之凡多人多物相次皆謂之一比矣。
涬			一涬灰塵 一涬麵粉	甬稱散亂之物一顆或一滴曰一涬，謂如水之涬沫也。參看《地理》涬注。
門			一門礮 一門銃	凡銃礮等，甬皆以門計，謂有出口也。
面			一面旗 一面銅鑼 一面算盤	凡器物之平弛者，甬皆以面計，謂如人之面也。
枚		枚亦讀若末（ㄇㄚˋ）。	一枚鍼 一枚自來火 一枚指頭	凡物之細長而小者，甬皆以枚計，如言一枚鍼、一枚自來火是也，一指亦曰一枚指頭，惟枚音變如末。
幅			一幅畫 四幅被 八幅羅帬	凡書畫及布帛之廣度，甬皆以幅計。

續表

詞 附短語	本音	俗音	例語	疏證
副(付)			一副對聯 一副牌 一副本事	凡器物成對者，或若干物而成爲一組者，甬皆以副計。引申之，稱人之一種才具或技術曰一副本事，蓋副訓相佐稱，故凡相稱者曰副。俗省作付。
番			一番說話 一番事體	凡言語或事務之具始末者，甬皆以番計。《正韻》：「番，數也；遞也。」《漢書·武帝紀》：「賢良直宿更番。」
封			一封信 一封人情	凡物之外加封緘者，甬皆以封計。一封信，通語也。又稱餽人禮幣曰一封人情，亦以其外加封緘也。
分		分讀本音。	一分精神 一分功夫 一分錢	凡事物之一成，甬稱一分。分讀本音。
份(分)(門)			一份報紙 一份人家 一份親眷	凡多數中之一個體，甬亦稱一分。惟分讀若問以爲別，俗因借用份字。又稱一户曰一份，如言一份人家、一份親眷。或曰此當作門，一門猶言一户，惟重脣音轉爲輕脣音耳。
服			一服藥	甬稱藥以服計，謂可服食也。《禮·曲禮》：「醫不三世，不服其藥。」
茷(伐)(坺)			做一茷	凡事一次，甬稱一茷。光緒志云：「茷，伐去其草而復長也。」故數事之次第曰一茷、兩茷。或曰當作坺〔二〕。《說文》：

〔二〕當作：原誤作「作當」。坺：原誤作「拔」，據《說文解字》改，下同。

續表

詞 附短語	本音	俗音	例語	疏證
				「坺，治也。一曰鍤土謂之坺。」《周語》：「王耕一坺。」發土一次曰一坺，因引申爲凡事之稱。或曰當作伐。《書·牧誓》：「不愆於四伐五伐六伐七伐，乃止齊焉。」一擊曰一伐，因亦爲凡事稱也。
點			一點水 一點墨 一點紅	凡物之細小者，甬皆以點計。
滴			一滴雨 一滴水	凡物之細小而溼者，甬皆以滴計。如救治霍亂之藥水僅可服少許者，即稱之曰十滴水。
渧	渧音帝。		一渧渧	甬亦稱物之極少者曰一渧渧。《埤蒼》：「渧，瀌漉也。一曰滴水。」案渧，《説文》作滴，實即滴字也。
沰（涸）	沰，當各切。		一沰漿 一沰石灰	甬稱物之溼稠而細小者，皆以沰計。《集韻》：「沰，滴也。」崔實《農家諺》：「上火不落，下火滴沰。」《字彙補》作涸。
堆			一堆穀	凡物積疊而爲堆垜者，甬皆以堆計。
頂			一頂帽子 一頂傘 一頂帳子	凡器物全部或一部戴於人頭上者，甬皆以頂計。

續表

詞附短語	本音	俗音	例語	疏證
擔(担)(儋)			一擔米 一擔穀 一擔柴 一擔行李	凡貨物一石或百斤或一夫可肩者，甬皆稱爲一擔。如一擔米，米一石也；一擔穀，穀百斤也；一擔柴、一擔行李，則一夫所肩也。《釋名》：「擔，任也。任力所勝也。」俗亦借担爲之。《説文》本作儋，負荷也。
頓			一頓飯 一頓打	凡作事一次，甬稱一頓。《增韻》：「頓，次也。」《世説》：「聞卿祠，欲乞一頓食耳。」
對			一對花瓶	凡器物配合成雙不可分拆者，甬以對計。
朵			一朵花 一朵雲	凡花及雲，甬皆以朵計。
檔(攩)(黨)			上檔 中檔 下檔	凡器物一等，甬稱一檔。如上等曰上檔，中等曰中檔，下等曰下檔。《類篇》：「檔，横木框。」檔蓋以框檔之分格爲喻也。或曰當作攩。《説文》：「攩，朋群也。」案攩，即黨之本字。
斢(透)(區)	斢，天口切。	斢讀若偷(ㄊㄡ)。		凡宅一區，甬稱一斢。契約上皆作此字。案《廣韻》：「斢，兵奪人物。」非此誼。《越諺》作透，「無論三五九七進，由前至後直穿，皆曰一透。」蓋以《增韻》訓透爲徹也。案本當作區。《漢書》注：「區者，小屋之名。」若今小菴屋之類。區，古讀歐，音變爲偷也。

續表

詞 附短語	本音	俗音	例語	疏證
墶（搭）	墶音榻。		一墶地方	甬稱地一區曰一墶，音與地名之墶略異。參看《地理》墶字注。字亦作搭，見盧仝《月蝕》詩。
套（韜）			一套衣裳	凡數物配合而成一組者，甬謂之一套，如衣袴曰一套衣裳。本當作韜。《說文》：「韜，弓衣也。」蓋弓與弓衣相配合而爲一組也。故俗稱外衣皆曰韜子。套，本从大从長，訓長大也，爲六朝後制之字，俗借爲韜。《集韻》凡物重沓者爲套是也。
拓（托）（庹）（度）	拓音託。		一拓長	凡合於大食兩指展布之長度曰拓。《廣韻》：「拓，手承物也。」俗通作托。《字彙補》作庹，謂「兩腕引長謂之庹」。與甬語誼異。案本當作度。量度之度音鐸，音變爲託，定母轉爲透母也。《說文》：「度人之兩臂爲尋。」又曰：「度高曰揣。」正作度字。
脱			一脱魚 一脱藕	凡食物切成片段者，甬皆以脱計。《廣雅》〔一〕：「脱，離也。」《增韻》：「脱，物自解也。」
帖			一帖藥 一帖金箔	藥方亦曰藥帖，故甬稱藥以帖計。又謝神用之金箔亦以帖計，因摺疊如帖也。

〔一〕廣雅：原誤作「雅廣」。

續表

詞附短語	本音	俗音	例語	疏證
踃(𧻓)(趟)	踃音敞。	踃讀若儻(ㄊㄤ)。	去一踃	甬稱過往一次曰去一踃。案踃,《玉篇》:「踞也。」非此誼。當作𧻓。《説文》:「𧻓,歫也。从止。」言有所止也。今亦作趟。
攤			一攤西瓜 一攤字	甬稱物之陳設者曰攤,亦曰攤頭,故以攤計數。又臨書一葉亦曰寫一攤字,因文字亦陳列紙上也。
道			一道牆 一道窗 一道門栓 一道繩	凡器物之分隔内外或貫通他方者,甬皆以道計,謂如道路也。
段		段亦讀若象(ㄊㄢ)。	一段繩 一段路	凡器物或道路之一截,甬稱爲一段,惟稱路不多曰一段路時,段字讀若象以爲别。《説文》:「段,椎物也。」一曰分段也。案此正分段之誼。
堵	堵,當古切。	堵讀若途(ㄉㄨˊ)。	一堵牆 一堵壁	凡牆壁等,甬以道計,亦以堵計。堵與道雙聲。《説文》:「堵,垣也。」一丈爲板,五板爲堵。
壇			一壇竈 一壇風爐	凡竈及風爐等,甬皆以壇計,因下砌甎石爲壇場也。
條			一條路 一條龍 一條手巾	凡器物之長者,甬皆以條計,謂如木之枝條也。惟今多稱根或梗,亦音轉爲棣。

續表

詞附短語	本音	俗音	例語	疏證
頭		頭讀本音。	一頭牛 一頭門 一頭窗 一頭柴 一頭媒 一頭心事	凡牛，甬皆以頭計，如言一頭牛。又門窗亦以頭計，此蓋道之轉音，如一頭門即一道門也。又半擔亦曰一頭，因肩擔之物皆裝兩頭。又稱一樁婚姻曰一頭媒，亦曰一頭親事。一樁心事曰一頭心事，則以事之端緒言也。
度			漆一度 刷一度 鍍一度 染一度	甬亦稱一次曰一度，惟此多指粉飾而言，如髹漆粉刷鍍金染色等，皆以度計也。
鋌（梃）（錠）			一鋌元寶 一鋌墨	甬亦稱一枚曰一鋌，惟此多指銀鋌而言。《説文》：「鋌，銅鐵樸也。」《廣韻》：「金鋌也。」又墨亦以鋌計。字亦作梃。《説文》：「梃，一枚也。」〔一〕《繫傳》：「梃者，獨也，挺然勁直之皃。」俗亦作錠。
埭（逮）（隶）（伏）（坺）（达）（條）（道）	埭音代。	埭讀若大（ㄉㄚˊ）。	一埭河 一埭街 一埭虹 一埭字	凡器物之長者，甬皆以埭計。案埭，以土堰水也，即甬之所謂壩，見《晉中興書》。俗因借爲行列之稱，取其音近也。民國《象山志·釋地》作伏，《釋人》又作达，案伏見《廣韻》，地名；达見《説文》，即達之别體；皆非本字。《越諺》

〔一〕枚：原誤作「枝」，據《説文解字》改。

續表

詞 附短語	本音	俗音	例語	疏證
			一埭痕 一埭紅 一埭綠	作⿰土太，⿰土太爲《篇海類編》之俗字。或曰當作逮或隶。《說文》：「逮，臨也。」字亦作莅、作涖。隶，及也。相臨相及皆與成行列誼相引申，似爲近之。然實皆道、條二字之轉音。一埭河、一埭路，實即一道河、一道路也。一埭虹、一埭字，實即一條虹、一條字也。
疊		疊亦讀若達（ㄉㄚˊ）。	一疊紙 一疊瓦片	凡堆積多數而成者，甬皆以疊計〔一〕。
團			一團絲 一團糟	凡物搓裹成團者，甬皆以團計。
粒			一粒星 一粒米 一粒牙齒 一粒鈕子	凡器物之微小而圓形者，甬皆以粒計。
稜（棱）（疄）（壣）（埨）			一稜菜	甬稱菜一畦曰一稜。陸龜蒙詩：「我本曾無一稜田。」案實當作棱。《說文》：「棱，柧也。」蓋種菜之區土高起有柧棱也。《說文》堅字，訓土棱是也。亦作疄壣埨〔二〕。《廣韻》：「疄，田隴。」又：「壣，菜畦。」《集韻》：「埨，土壟。」

〔一〕皆以：原誤作「以皆」。
〔二〕作疄：原誤作「疄作」。

續表

詞 附短語	本音	俗音	例語	疏證
路			一路風 一路光 一路水 一路火 一路心思	凡事物自近進行至遠者，甬皆以路稱。如風光水火心思等，皆進行不息者也。
綹(柳)	綹音柳。		一綹紅 一綹白 五綹長鬚 絲綹 綹條	凡物細長成條者，甬皆以綹計。如紅白相間之紋痕曰一綹紅一綹白，鬚分爲五縷者曰五綹長鬚。《説文》：「緯十縷爲綹。」故俗又稱布帛紋路曰絲綹。又布帛花紋各色相間成條者曰綹條，俗作柳條，蓋以柳枝細長爲喻也。
纑(縷)(路)	纑音盧。		一纑絲 一纑頭髮	凡絲麻等一組，甬稱一纑。《説文》：「纑，布縷也。」《孟子》「妻辟纑」注：「練其麻曰纑。」亦借用縷字或路字。案綹纑縷三字音誼並近。
間		間讀俗音(ㄍㄢ)。	一間房	凡室，甬皆以間計，故室亦曰房間。
館			一館書房	舊時書塾亦謂之館，故甬以館計。
架		架讀俗音(ㄍㄛ)。	一架鐘 一架圍屏 一架著衣鏡	凡器物下有足可供陳設者，甬多以架計。

續表

詞 附短語	本音	俗音	例語	疏　證
格(隔)			一格抽斗	凡器物分隔爲若干部分者，每部分稱爲一格。或曰當遝作隔。
梗　根		梗讀括猛切(《ㄨㄤ)。	一梗魚　一梗繩　一梗毛　一梗橙　一梗棒	凡器物之狹長者，甬皆以梗計或以根計。案梗爲草木之枝，根爲草木之株，誼本相近、音相通也。
挂(掛)			一挂數珠　一挂胡琴　一挂簾子	凡器物有繫可懸者，甬皆以挂計。挂，亦作掛。
剮(架)	剮音寡。	剮讀若假俗音(《ㄛ)。	一剮餅　一剮西瓜	凡食物等分剖爲若干部分者，每部分謂之一剮。剮，《説文》本作冎，剔肉置骨也。引申之爲凡物分剖之稱。俗作架，非。
襉(間)		襉讀若間俗音(《ㄢ)。	一襉橘子	凡橘柚等果實中分莢者，甬皆以襉計，謂如幂之分襉也。或曰當作間，謂如室之分間也。
竿			一竿秤	凡器物之細長者，甬間以竿稱，如言一竿秤。惟今多以管稱矣。

續表

詞附短語	本音	俗音	例語	疏證
管			一管鑰匙 一管鎗 一管尺 一管秤 一管簫 一管刷帚	凡器物之狹長者，甬今多以管稱，如一管鑰匙、一管尺、一管秤、一管刷帚等是也。又器物有圓筒如樂器中之管者，亦多以管稱，如一管鎗、一管簫等是也。
股			一股蟹 三股麻繩 一股生意 一股水 一股氣	股爲腿稱，故剖分蟹爲數部即以股稱。又繩索等皆以數條合組爲一，故每條曰一股。商業亦多合衆而成，故每分亦稱一股。至物之進行不息亦以股稱者，如一股水、一股煙、一股氣等，則與前記路字同，股與路疊韻也。
角		角讀俗音（ㄍㄛ）。	一角文書	文書一件曰一角，本四方通語也，甬今猶稱之。角，隅也。文書行於各方隅，故行於一隅曰一角。
屆		屆讀若戒俗音（ㄍㄚ）。	一屆會 一屆頭	甬亦稱作一次曰一屆。如賽一次會曰出一屆會，修一次髮曰剃一屆頭。案屆，至也，謂事至此期而行，故以屆稱。
覺		覺讀若教俗音（ㄍㄠ）。	睏一覺	甬稱睡一次曰睏一覺，謂寐而後覺也。
工			傴一工	甬稱工人作事一日曰一工。
光（摑）			打一光 拍一光	甬稱以掌擊人一下曰一光。或曰當作摑。摑，批也，掌耳也。光摑雙聲之轉。

續表

詞 附短語	本音	俗音	例語	疏證
口			一口鑊 一口缸 一口池 一口櫃 一口棺材 一口飯	凡器物有口或有門者，甬多以口計。如一口鑊、一口櫃等是也。又凡用口者，亦以口計。如一口飯、一口菸、喫一口、咬一口等是也。
塊（甴）			一塊糕 一塊瓦爿 一塊洋錢 一塊板	凡物之一片段，甬稱一塊。案塊本作甴[一]，《說文》「墣也」，謂土塊也。蔡邕《釋誨》：「九河盈溢，非一甴所能防。」引申之以稱其他各物矣。
綑（捆）			一綑布 一綑柴	凡物紮縛而成束者，甬亦謂之綑，與前列縛字誼同。《類篇》：「綑，織也。」亦作捆，見《孟子》。
個（箇）（个）（亇）	個，古賀切。	個亦讀入聲（ㄍ́ㄛ̇），又讀濁音（ㄍ́禾）。	一個人 一個橘子 一個銅板	凡人或物多以個計。本作箇。《說文》：「箇，竹枚也。」[二]或作个，半竹也，象形。俗亦書作亇。《方言》：「箇，枚也。」《左傳》：「又弱一个焉。」此指人也。《荀子》：「負矢五十箇。」此指物也。又甬俗通常稱人曰個，如言一個學生。尊之則曰位，如言一位先生；輕之則曰隻，如言一隻花老。

[一] 塊：原誤作「瑰」。
[二] 枚：原誤作「枝」，據《說文解字》改。

續表

詞 附短語	本音	俗音	例語	疏證
（化）花			一化銅錢	習慣數錢，一數輒五文，謂之一化，故誤數之時或多或少必爲五之倍數，如少五文曰缺數一化，多五文曰多數一化。《俗呼小録》：「數錢以五文爲一化。」案當作花。《通俗編》謂：「花五出者爲多，故諺云爾。」
位			一位人客 一位先生	凡尊稱人數，則謂之位。
回			一回生兩回熟	凡一次，甬亦曰一回。杜甫詩：「一日須來一百回。」
捲（卷）			一捲紙 一捲布	凡物旋轉成束者，甬皆以捲計。捲實爲拳之或體，本當作卷。書以卷稱者，古時典籍皆書於帛，旋轉成束也。
莢	莢音夾。	莢讀若結（ㄐㄝ）。	一莢豆 一莢花生 一莢蟶子	凡植物之果實，狹長而無隔膜，熟則兩邊分裂者，甬皆以莢計。《周禮》：「其植物宜莢物。」又蟶之狀頗似豆莢，故甬亦以莢計。
夾（䅐）（𥝩）（𣐐）（秉）		夾讀本音（ㄐㄧㄚ）。	一夾稻草	刈禾之際，以藁紮成小束，謂之一夾。案本當作䅐。《集韻》䅐音繭，「小束也」。蓋䅐夾一聲之轉。䅐，亦作𥝩。《玉篇》：「十把曰𥝩。」《説文》作𣐐，「小束也」。亦作秉，舒亶《四明雜詩》：「歲熟禾論秉。」
腳			一腳生意	甬商稱投資一股亦曰一腳生意，言腳與言股同，故入股亦曰落腳。參看前股字注。

續表

詞 附短語	本音	俗音	例語	疏　證
記			打一記 敲一記	甬稱擊拍一下亦曰一記，謂以此記數也。《晉書・輿服志》有記里鼓，謂有木人執椎向鼓，行一里則打一椎。俗所謂記，與此誼正同。
挈	挈，欺結切。		一挈蟹 一挈糕包	凡物用繩索紮縛且有繫可爲手提者，甬皆以挈計。《説文》：「挈，縣持也。」《禮・王制》：「斑白不提挈。」參看《器物》挈手、挈鈎注。
圈（圓）			一圈人 一圈繩	凡人物圍環成圓形，甬稱爲圈。案圈本音倦，養畜之閑也。此借爲圓。《説文》：「圓，規也。」《通訓定聲》：「渾圓曰圜，平圓曰圓，規圓之器曰圓，今俗以圈爲之。」
件			一件糖 一件衣裳 一件事體	凡事物等，甬多以件計數。《説文》：「件，分也。」《六書故》：「物別也。」俗號物數曰若干件。《舊唐書》：「所斷罪二十件以上爲大，十件以上爲中。」故俗亦謂講事曰講件頭。
橛	橛音掘。		一橛魚 一橛墨	凡物之片段，甬以橛計。詳見前《用品》橛頭注。
劇	劇，奇逆切。		一劇戲文	甬稱戲一齣曰一劇。蓋戲亦曰戲劇。杜牧詩：「魏帝縫囊真戲劇。」故得此名。
捏（捻）（搦）			一捏葱	凡物爲一手可把者，甬多以捏計。本作捻。《説文》：「捻，指捻也。」牡丹有一捻紅，見《青瑣高議》。亦通作搦。

續表

詞 附短語	本音	俗音	例語	疏　證
樣（㨾）			一樣東西 一樣行業	凡事物一件，甬亦稱一樣。樣，亦作㨾，法也。故一樣猶言一式、一色也。蜀製「十樣錦」，見《佩楚軒客談》。
暈			一暈頭髮	凡物成環形者，亦以暈計，謂如日月之暈也。如一圈髮亦曰一暈頭髮。
㞋（扆）（進）	㞋音軫。		一㞋屋	凡宅一列，甬稱一㞋。《説文》：「㞋，伏皃〔一〕。一曰屋宇。」俗訛作扆。亦通作進。《越諺》：「無論三五七，遞加至十三，開間横者〔二〕，皆曰一進。」
隻（只）			一隻鳥〔三〕 一隻狗 一隻盌 一隻角子 一隻庵 一隻手 一隻花老 一隻旦	凡物不拘大小，一件通稱一隻，俗省作只。亦以稱倡伎、優伶等，一人曰一隻，惟含輕蔑之意。案《説文》：「隻，鳥一枚也。從又持隹。持一隹曰隻，持二隹曰雙。」俗因引申爲凡物計數之名。

〔一〕皃：原脱，據《説文解字》補。
〔二〕間：原誤作「開」，據《越諺》改。
〔三〕鳥：原作「烏」。

續表

詞附短語	本音	俗音	例語	疏證
種			一種人 一種行業 一種東西	凡人或事物爲一類者，甬皆謂之一種。
枝（支）			一枝筆 一枝竹 一枝衣綫	凡物之細長者，甬皆以枝計。又綫索等一組，亦曰一枝。俗省作支，實爲本字。《説文》：「支，去竹之枝也，从手持半竹。」是竹本以支計，引申而稱他物也。
節（卩）			一節藕 一節鍊條 一節工夫 做一節喫一節	凡物之互相連貫者，其一段謂之一節。如一節藕、一節鍊條是也。又工作時間，自晨餐至午膳，或自午膳至晚膳，皆曰一節。又一箇時期亦曰一節。俗省作卩。卩爲符節之節本字。
株			一株菜 一株樹	凡草木一棵，甬皆謂之一株。
蒸			一蒸飯	爨飯盛米之具，甬曰飯蒸，故飯以蒸計。
注			一注東西 一注銅錢	甬稱物一宗亦曰一注。《通俗文》：「記物曰注，因支分派別之意。」今稱一宗曰一注者，意與此同。
宗			一宗貨色 一宗生意	甬稱事物一類或一件亦曰一宗。案亦如注，支分派別之意。

續表

詞 附短語	本音	俗音	例語	疏證
椿(章)(莊)			一椿案子 一椿事體 一椿新聞	甬稱事一件亦曰一椿。俗亦作莊。或曰本當作章。《説文》:「樂竟爲一章。」《史記·高祖紀》「約法三章」是也。
作			一作木匠	甬稱匠人合作一組曰一作。
遭(傮)			走一遭	甬稱作事一次曰一遭。《説文》:「遭,遇也。」謂遇此事也。亦通作傮。《方言》:「一周曰一傮。」《説文》:「傮,終也。」謂事之終結也。
轉			走一轉	甬稱返往一次曰一轉。《廣韻》:「轉,動也。」旋也。謂去而復返,如車輪之旋轉也。
尊			一尊佛 一尊菩薩	甬稱神佛一座曰一尊,蓋以此敬之也。
炷(主)	炷音主。	炷亦讀若佇(ㄗㄩ)。	一炷香 灸一炷[一] 燙一炷	凡火燃一次曰一炷。如艾灼一次曰灸一炷,火灼一次曰燙一炷,皆讀若主。又燒香一次曰一炷香,讀若佇。蘇軾詩:「一炷清香盡日留。」《玉篇》:「炷,燈炷也。」《説文》本作主,謂:「鐙中火主也。」

[一] 灸:原作「炙」。

續表

詞 附短語	本音	俗音	例語	疏證
串			一串銅錢 一串數珠	凡物貫穿而成一條者，甬皆以串計。《正韻》：「串，物相連貫也。」
千 弔（吊）			一千銅錢 一弔銅錢	凡錢一貫曰一千。《猗覺寮雜記》：「錢元瓘據浙，浙人以一貫爲一千。」亦曰一弔。弔，或作吊，見何良俊《四友齋叢説》。稱弔者，蓋錢以索貫穿之，可懸挂也。今則制錢已廢，此稱亦漸罕聞矣。
撮			一撮粉 一撮鹽	凡屑末等爲指可拾取者，多以撮計。《説文》：「撮，四圭也。一曰兩指撮也。」《玉篇》：「三指取也。」案不問兩指至五指，凡數指拾取之容量，皆可稱爲撮也。《禮・中庸》：「今夫地一撮土之多。」
撐			一撐洋錢	甬稱銀幣一疊曰一撐。稱撐者，謂置於掌中，其高爲拇指與中指所可支撐也。
餐			一餐飯	甬亦稱飯一頓曰一餐。此語頗古。《莊子》：「三餐而反，腹猶果然。」
齣	齣讀若癡，音變如尺。	齣讀若出（ㄔㄩ）。	一齣戲	凡戲劇一回，甬亦謂之一齣。青藤山人《路史》：「高則誠《琵琶》書第一齣、第二齣，考諸韻書，並無此字，必齝之誤也。牛食吞而復吐曰齝，似優人入而復出也。」案此説亦未必然。戲劇中名稱及諢白杜撰之字極多，此不過其俗字之一，非必有深意也。蓋傳奇之所謂齣，即雜劇之所謂折。齣折不過一聲之轉耳。

續表

詞 附短語	本音	俗音	例語	疏證
次（垐）			頭一次	凡作事一度亦曰一次。如第一回曰頭一次。民國《象山志》謂：「垐，以土增大道上。堲，古文，从土即。今言一次爲一即。」以次本當作垐。案次本爲叙詞，不必借垐爲次也。
重（緟）	重平聲。		千重山 萬重水	凡一層，甬亦謂之一重。本作緟。《説文》：「增益也。」
幢	幢，宅江切。		一幢書 一幢樓房	凡器物積累者，甬謂之一幢。《説文》：「幢，旌旗之屬。」《釋名》：「幢，童也。其貌童童也。」案旌旗羽葆重疊，引申之，因爲器物重疊者之稱。
張（幀）		張讀若丈（ㄗˊㄤ）。	一張紙 一張卓凳 一張眠牀 一張嘴巴	凡器物之平弛者，甬皆以張計。又口可張弛，故亦稱張。《説文》：「張，弛弓弦也。」因引申之爲凡平弛之稱。《左傳》：「子産以幄幕九張行。」或曰當作幀。《類篇》：「張畫繒也。」因以名紙數曰幀。
陣			一陣雨 一陣老鴉	凡物一隊亦曰一陣，謂如軍士之列陣也。
潮			一潮雨 一潮蜂 一潮鵝	凡物一隊亦曰一潮，謂如潮汐而至也。

續表

詞附短語	本音	俗音	例語	疏證
住（廚）			一住飯	飯一餐亦曰一住。住，猶言頓也，皆停頓之意。或曰當作廚，廚，謂庖廚也。
場			一場空 一場病 一場戲文 一場亂夢 開場 收場	凡作事一次亦曰一場。王禹偁詩：「紅藥開收醉一場。」案場本訓處所，作事必有處所，故即以場稱。因又稱事之開始曰開場，結束曰收場。
社		社讀若查上聲（ㄗˊㄛ）。	一社會	凡賽會時一隊謂之一社。蓋迎神賽會，各立社以組織之也。
撒		撒讀若寨（ㄗˊㄚ）。	一撒尿 一撒屙	凡便溺一次，甬稱一撒。參看《動作詞表》。
雙			一雙筷 一雙鞋 一雙手	凡相同兩物配合而成一組者，謂之一雙。參看前隻字注。
聲			一聲雷 一聲銅鑼	凡物之發聲者，所發之聲即以聲計。

續表

詞附短語	本音	俗音	例語	疏證
扇			一扇旗 一扇門 一扇蒸籠	凡器物之平弛者，甬亦以扇計。《説文》：「扇，扉也。」本爲户扉之稱，引申之以稱如扉之器物。
座			一座山 一座墳 一座廟 一座城 一座菩薩	凡山嶺及建築物，甬皆以座計。《玉篇》：「座，牀座也。」《集韻》：「坐具。」蓋山嶺、建築物之位於地上，如人之坐於位也。又神佛亦以座計，則以下塑有座也。
層			一層皮 一層玻璃 千層餅	凡物之薄而被於他物之上者，皆以層計。
仞			一仞高	凡合於兩臂展開之長度，甬稱一仞。《説文》：「仞，伸臂一尋，八尺。」
腰			一腰袴	凡袴皆以腰計，蓋袴圍於腰處，謂之袴腰也。

右數量 數量名詞以我國語言爲多，而甬上方言則尤多，幾一器一物必有一特用之數量名詞相配合，不可互相移易。右所列者，概爲特用之名，他若有爲度量衡幣時間之數量者，如一尺布、一畝田、一石米、一斤菜、一角小洋、一月薪水等；有以承置之器爲數量名辭者，如一壺酒、一籃菜、一筍柴爿、一箱衣裳等；有以陳設之物爲數量名詞者，如一席酒、一堂屏、一牀鋪蓋、一房木器等；有以所用工具爲數量名詞者，如一刀紙、一筆帳等；有以身體所係爲數量名詞者，如一肚氣、一手字等；幾不勝僂指，然易推知，故不與列焉。

續表

詞 附短語	本音	俗音	例語	疏證
我		我讀若牙俗音上聲（ㄫㄛ）。		代名詞第一人稱之單數，甬稱爲我。我字《廣韻》入哿韻，甬音讀入馬韻者，古音哿韻與馬韻本不分也。
你（唔）（俉）（爾）		你讀若吴俗音上聲。		代名詞第二人稱之單數，甬稱爲你。《通雅》曰：「爾汝而若，乃一聲之轉。爾又爲尔，尔又作伱，俗書作你。」案《通雅》之説是也。爾之變爲你音，猶兒亦讀若倪音，俗因爾音既變爲你音，於是加人傍於爾之古文尔，别造你字以爲區别也。甬音又讀若吴之俗音上聲者，猶兒子之兒，甬亦讀吴俗音也。後人不明字音轉變之例，乃紛紛别覓與你字甬音相合之字，於是《紀效新書》作唔，《越諺》作俉，實則俉訓爲迎，唔字且不見字書，皆不得其本字故也。
渠（佢）（其）（傾）		渠讀若其上聲（ㄐ́ㄧ）。		代名詞第三人稱之單數，甬稱爲渠。《金史・歡都傳》：「皆渠輩爲之此。」渠字之始見於典籍者也。或亦徑作其字。粤東一帶别造佢字，亦爲人稱。《越諺》别作傾。案傾即倛頬之别體，方相也，不得作彼解。
誰（孰）		誰讀若如（ㄙ́ㄩ）。		甬問何人曰誰。《説文》：「誰，何也。」《玉篇》：「不知其名也。」誰讀若如者，猶椎槌甬亦讀若除，古音脂部與魚部次旁轉也。或曰當作孰。案孰爲熟之本字，其訓何人者，實即誰之轉音，未制本字，故假借生孰之孰字爲之。孰誰雙聲之轉也。

續表

詞附短語	本音	俗音	例語	疏證
儂 我儂 你儂 渠儂 誰儂	儂音農。	我你渠誰四字皆讀同前。		甬語凡發言，著重在人稱代名詞時，常加一儂字於人稱代名詞之下。如問誰爲此事，對曰我儂是也。《六書故》：「吴人謂人儂，即人聲之轉，甌人呼若能。」《通俗編》：「吴俗自稱我儂，指他人亦曰渠儂。」
類（仂）（僚）（儕） 我類（阿拉）（我儕） 你類（倍儕） 渠類（其拉）（傾儕） 誰類		類讀若癩（ㄌㄚ），亦讀若勒（ㄌㄚ˙），我讀若阿入聲（ㄚ˙），你渠誰三字讀同前，其亦讀若極（ㄐㄧˊ）。		人稱代名詞之爲複數者，甬語下皆帶一癩字音。或曰當作類。我類，猶言我輩、我等也。或曰當作仂。仂音勒，數之餘也，指本人以及其餘也。或曰當作僚。僚，朋也，屬也。或曰當作儕。儕，等輩也。類仂僚與癩音皆雙聲之轉，儕與癩音則爲疊韻之轉，而誼皆可通。今案複數之帶癩音者，實爲人稱代名詞語尾之變化，自古未造本字，凡音近誼通之字，若類、若仂、若僚、若儕皆可假借，正不必定爲何字也。如北方語人稱代名詞之複數〔一〕，宋元間帶一每字音，如小説、語録多作我每、你每；明清迄今帶一們字音，如我們、你們。而每字本誼爲草盛上出，們字本誼爲們渾肥滿皃，皆非其本字，不過借其音以代之耳。紛紛聚訟，咸可不必也。又我類之我字，甬讀若阿者，我字北方讀若掂，掂與

〔一〕稱代：原誤作「代稱」。

續表

詞（附短語）	本音	俗音	例語	疏證
				阿皆屬影母，爲雙聲之轉，惟合口與開口異耳，俗徑作阿拉，取其音同也，《越諺》作我僇。又你類，《越諺》作倍僇。渠類，俗作其拉，《越諺》作傾解。案《越諺》蓋專覓僻見之字以爲區別，大可不必也。誰類，讀若如癩，猶國語之言那幾個人，爲詢問代名詞之複數。又複數人稱代名詞之所有格，亦用我類、你類、渠類、誰類四語，即國語所謂我們的、你們的、他們的、那幾人的也。惟類字多讀作入聲，如勒音耳。如吾等之家曰我類屋裏，我類正讀若阿勒也。
一班人 我類一班人 當一班人 你類一班人 渠類一班人 該一班人		當讀若堂去聲（ㄉˊ丄），人讀俗音（ㄏ一ㄣ），我類及你渠皆讀同上，該讀若葛一切（ㄍㄛ˙）。		人稱代名詞之複數，亦於我類等之下加一班人三字，如我等亦曰我類一班人。又曰當一班人，惟語含謙遜之意。汝等亦曰你類一班人，彼等亦曰渠類一班人。又曰該一班人，惟皆含輕褻之意。
個 我個 你個 渠個		我你渠皆與前單數者讀音同，個讀若各之濁音（ㄍˊㄛ˙）。	我個書 你個手	單數人稱代名詞之所有格，甬語下皆帶一個字，即文言之之字，國語之的字也。此音亦無本字，不過借個字音相近耳。

續表

詞附短語	本音	俗音	例語	疏證
你我		你我皆與前單數者讀音同。		甬稱己及對語之人曰你我，不曰我類也，其意與《論語》「惟我與爾」同。
自家		自讀若寺懿切（ㄙˊㄧ），家讀俗音（ㄍㄛ）。	自家做 自家人	甬稱己曰自家，如言自家做，即己作之。又稱屬於己者亦曰自家，如言自家人，即己之親屬也。
人家		人家皆讀俗音。	人家做 人家屋裏 走人家 做人家	甬稱他人曰人家，如言人家做，即他人爲之。又稱屬於他人者亦曰人家，如言人家屋裏，即他人之家也。又稱他人之家亦曰人家，如訪親友曰走人家。又謂勤儉起家曰做家，亦曰做人家，蓋做人、做家二語連言也。
當（黨）		當讀若堂去聲（ㄉㄤˊ），亦讀本音（ㄉㄤ）。	來當 當頭 當埣 當邊 當向	甬指近處曰當，即文字中當時、當地之當也。文字謂之此，國語謂之這，如在此曰來當，當即讀本音。又如此處曰當頭、當埣，此方曰當邊、當向，皆讀若堂去聲。證以甬語此日曰當日、此夜曰當夜，仍讀本音去聲，可知必爲當字。民國《象山志》作黨，謂所也，非。
該（介）（其）		該讀若葛一切（ㄍㄧ），亦讀本音（ㄍㄞ）。	來該 該頭 該埣 該邊 該向	甬指遠處曰該，即公文書中該人、該物之該也。文字謂之彼，國語謂之那，如在彼曰來該，該即讀本音。又如彼處曰該頭、該埣，彼方曰該邊、該向，皆讀若葛一切。證以慈谿西北鄉方言，該皆讀若濁聲戤音，可知葛一切即該字。然公文書之該字，實即文言中之其字轉音，其，古箕字，今爲

續表

詞附短語	本音	俗音	例語	疏證
				見母柔音，古本見母剛音，故音若該，而字隨作該，甬語則更轉爲入聲。或曰當作介，介有分別誼，故彼與此皆可用介字爲指詞也。
曷里(阿裏)		曷讀若遏(ㄚ.)。		甬稱何處曰曷里。《説文》：「曷，何也。」「里，居也。」俗作阿裏，取其音同也。

右代名　方言之變，人稱而外，當以代名爲最多，俗不知探其本原，徒以音同之字相借代，或妄加人傍、口傍以爲別，紛歧錯亂，莫此爲甚。今一一求其本字，而識其聲韻變遷之故，以爲本表殿。

形狀詞類表

形容詞、副詞、感歎詞及其短語屬焉。凡分顏色、聲音、臭味、形態、感覺、性質、等差、繫數字者及感歎詞九種。

詞附短語	本音	俗音	例語	疏證
亮				甬稱明爲亮。《楊公筆録》：「浙諺云：雨下畏天亮。」
亮奝奝	奝，烏猛切。		結蛛做絲亮奝奝	甬稱明亮有光曰亮奝奝。《廣韻》：「奝，六合清朗。」

續表

詞附短語	本音	俗音	例語	疏證
朗炕(頁康)	炕，呼郎切。			甬稱久雨暫晴曰朗炕。朗，《説文》：「明也。」炕見《爾雅・釋木》「守宮槐葉晝聶宵炕」[一]，疏：「炕，張也。」故朗炕謂天明朗而雲霧張開也。通俗雜字《便覽》作頁康，《越諺》同。
靉(曖) 陰靉(隱曖)(黔曖)	靉音愛。	靉讀若挨去聲(ㄚ)。	靉攏	甬稱天有雲而暗曰靉。如日爲濃雲所蔽曰天家靉攏，亦曰陰靉。靉，亦作曖。陰靉亦作隱曖。謝莊詩：「隱曖松霞被。」又作黔曖。《説文》：「黔，雲覆日也。」
幽(㕭)				甬稱光色微暗、聲音輕微皆曰幽。《爾雅》：「幽，微也。」《説文》：「幽，隱也。」即此義。《越諺》作㕭，引《篇海》：「㕭，小聲也。」侍尊畏者囑言動輕聲曰㕭些。案㕭乃後起俗字。
熄焞焞	焞音屯。	焞讀若敦(ㄉㄥ)[二]。		甬稱光不明曰熄焞焞。《字彙補》：「熄，火息也。」《玉篇》：「焞焞，無光耀。」引申之，凡事之停頓、家之漸落亦曰熄焞焞。
簇新 簇簇新(鏃鏃新)		簇亦讀出(ㄘㄩ)。		甬稱色彩極新曰簇新，亦曰簇簇新。花蕊夫人《宮詞》：「廚船進食簇時新。」白居易詩：「楚山青簇簇。」簇，亦作鏃。《世説》謝尚道王修「文學鏃鏃，無能不新」。

[一] 葉：原脱，據《爾雅》補。
[二] ㄥ：原誤作「ㄧ」。

續表

詞 附短語	本音	俗音	例語	疏證
斬(嶃)(偡)斬新〔一〕 簇斬新			斬齊	甬稱極新亦曰斬新，又曰簇斬新。案《孟子》：「君子之澤，五世而斬。」注：「斬，絶也。」故以爲絶對之稱。杜甫詩：「斬新花蕊未應飛。」亦作嶃新。嶃，山高峻貌。故亦以爲極最之稱。又極齊亦曰斬齊，或曰謂齊如刀斬也。亦作偡齊。《札璞》：「長短相齊曰偡齊。聲如斬。」案《集韻》：「偡，丈減切。偡偡，齊整也。」〔二〕
黫(煙)(焉)(菸) 黫黮黮	黫，幺閑切。 黮，他感切。	黫讀若煙(一ㄢ)，黮讀若他孟切(ㄊㄤ)。		甬稱物不新曰黫。《玉篇》：「黫，黑也。」沈遼詩：「冠帶不修衣袂黫。」亦曰黫黮黮。《玉篇》：「黮，黭黮〔三〕，不明淨也。」束皙詩：「黮黮重雲黫。」俗借用煙字，本作焉。《説文》：「焉，菸也。」「菸，矮也。」本謂草木黄落也，引申之，凡一切物陳舊皆曰焉。《廣韻》：「焉，物不鮮也。」《楚辭》：「焉而無色兮。」

〔一〕據下「疏證」，似衍一「斬」字，當作「斬(嶃)(偡)新」。

〔二〕丈：原誤作「才」。偡偡齊整也：原作「偡然整齊兒」。均據《集韻》改。

〔三〕黭：原脱，據《玉篇》補。

續表

詞附短語	本音	俗音	例語	疏證
俏（釥）	俏，七小切。		俏麗 俏貨 俏利	甬稱婦女容色美好曰俏，亦曰俏麗。《集韻》：「俏，好貌。」又稱貨物易售曰俏利，易售之貨曰俏貨，蓋以女色爲喻也。俏，亦作釥。《方言》：「釥、嫽，好也。青徐海岱之間曰釥。」是漢本江北語〔一〕，今流行於蘇浙一帶矣。
嫸	嫸音贊。			甬稱美麗曰嫸。《説文》：「嫸，白好也。」《通俗文》：「服飾鮮盛謂之嫸嫸。」
紅彤彤（紅䆚䆚）（紅䊵䊵）		彤讀若冬（ㄉㄐ）。		甬稱紅色而略黯者曰紅彤彤。《説文》：「彤，丹飾也。」王延壽《魯靈光殿賦》：「彤彤靈宮。」亦作䊵。《廣韻》：「赤色。」《越諺》作䆚䆚，謂䆚音董。案䆚，竹用切，乳汁也，非此誼。
紅赬赬（紅經經）	赬音檉。	赬讀若層（ㄙˊㄥ）。	面孔紅赬赬	甬稱紅而略淡者曰紅赬赬。如醉後顔酡曰面孔紅赬赬。《爾雅》：「再染謂之赬。」《説文》亦作經。
紅赮赮（紅䞓䞓）	赮，胡加切。	赮讀若霍加切（ㄏㄛ），亦讀若吼平聲（ㄏㄡ）。	眼睛紅赮赮	甬稱紅而略淡者亦曰紅赮赮。《説文》：「赮，赤色也。」赮即霞字，謂其色如朝霞。亦曰當作䞓䞓〔二〕，本音浣，轉若赮也。《説文》：「䞓，赤色也。」

〔一〕本句文字有錯亂。
〔二〕亦：原作「也」。

續表

詞附短語	本音	俗音	例語	疏證
紅旭旭（紅赩）			日頭紅旭旭	甬稱紅而略黃者曰紅旭旭。如朝初出及暮將落之日曰日頭紅旭旭。《說文》：「旭，日旦出皃。」亦作赩。《篇海》：「赩，反絳也。」案此爲後起之字。
紅丢丢（紅朵朵）			嘴唇紅丢丢	甬稱紅而光豔者曰紅丢丢。如稱女子之朱脣曰紅丢丢。《升庵外集》：「古諺云：早霞紅丢丢，晌午雨瀏瀏；晚霞紅丢丢，早晨大日頭。」案似當作紅朵朵，謂紅如花朵也。
血紅 血血紅				甬稱赤色曰血紅，謂如血也。甚言其赤則曰血血紅。
奔血			奔血猪頭	甬稱紅而不匀者曰奔血，謂如血液流散也。如譏醉漢面作赬色曰奔血猪頭。
大紅（彤紅）		大讀若洞（ㄉ́廾）。	大紅布 大紅緞	甬稱正赤色曰大紅。大讀若洞者，因與紅連言轉入送韻也。或曰當作彤紅。
紫赯色（紫棠色） 紫赯赯	赯音唐。			甬稱紫而略黃者曰紫赯色，亦曰紫赯赯。俗作紫棠色。《集韻》：「赯，赤色。」《肯綮録》：「人面色紫曰赯。」
黃蒼蒼				甬稱黃而略青者曰黃蒼蒼。《說文》：「蒼，草色也。」《詩》：「蒹葭蒼蒼。」釋文：「物老之狀。」

詞 附短語	本音	俗音	例語	疏證
黄黇黇(黄黗黗)(黄澄澄)(黄橙橙)	黇音屯。	黇讀若橙(ㄕˊㄥ)。		甬稱黄而光鬒者曰黄黇黇。如稱黄金之色曰黄黇黇。《廣雅》:「黇,黄也。」《説文》作黗,謂黄濁也。俗作黄澄澄,又作黄橙橙,謂如橙橘之色也。
黄枯枯		枯讀若古平聲(ㄍㄨ)。		甬稱黄而焦黑者曰黄枯枯。如經火炙之色是也。
黄赭赭		赭讀若遮。	面孔黄赭赭	甬稱黄而灰黯者曰黄赭赭。《説文》:「赤土也。」謂如色料中赭石之色也。病後之容似之。
松黄松松黄				甬稱正黄色曰松黄,甚言其黄則曰松松黄,謂如松花之色也。
焦黄焦焦黄			面孔焦黄	甬稱黄而黑者曰焦黄,謂如火灼也。常稱人病容。甚言之則曰焦焦黄。
青皶皶	皶音英。	皶讀若阿亨切(ㄤ)。		甬稱略帶青色者曰青皶皶。《廣韻》:「皶,青色。」《正韻》:「青面也。」〔一〕一曰面蒼。
鐵青鐵鐵青			面孔鐵青	甬稱青黑色曰鐵青,謂如鋼鐵之色也。人怒盛時曰面孔氣得鐵青,甚言之則曰鐵鐵青。

〔一〕面:原誤作「血」,據《正韻》改。

續表

詞附短語	本音	俗音	例語	疏證
殷青（燕青）	殷，幺閑切。	殷讀若燕。		甬稱青而帶紫色者曰殷青。《左傳》「左輪朱殷」注：「血色久則殷。殷音近煙。」今人以赤黑爲殷青。俗作燕青，則謂如燕頷下之紫色矣。
綠黝黝（綠油油）	黝，幺糾切。			甬稱暗綠色曰綠黝黝。如言濃蔭即稱之。《説文》：「黝，微青黑色。」任昉詩：「黝黝桑柘繁。」或曰當作油油。束晳詩：「厥草油油。」
碧綠 碧碧綠			碧綠青翠	甬稱深綠曰碧綠。《説文》：「碧，石之青美者。」謂綠似碧石也。甚言之則曰碧碧綠。又稱草木等之綠色曰碧綠青翠。
白皚皚	皚，五來切。	皚讀若呆俗音（兀㓁）。		甬稱正白色曰白皚皚。如言霜雪等之白即稱之。《廣韻》：「皚，霜雪白皃。」班彪賦：「涉積雪之皚皚。」
白殕殕	殕音撫。			甬稱物生白殕之色曰白殕殕。《集韻》：「物敗生白曰殕。」
白黴黴	黴音眉。	黴讀若糜（ㄇㄟ）。		甬稱白而略帶灰色曰白黴黴，亦謂物敗生白之色也。《説文》：「黴，物中久雨青黑。」
白皏皏	皏音烹上聲。	皏讀若捧。		甬稱物之略白者曰白皏皏。《廣雅》：「皏，白也。」《素問》：「肺氣之狀色皏然白。」《吳下方言考》：「謂物之白者曰白皏皏。」

續表

詞 附短語	本音	俗音	例語	疏證
白晳晳	晳音錫。			甬稱面色之白曰白晳晳。《說文》：「晳，人色白也。」《左傳》：「有君子白晳。」《詩》：「明星晳晳。」
白⿰面尞⿰面尞（白⿰酉尞⿰酉尞）	⿰面尞音繚。	⿰面尞亦讀若勞上聲（ㄌㄠ）。	面白⿰面尞⿰面尞	甬稱面白而無血色者曰白⿰面尞⿰面尞。《玉篇》：「⿰面尞，面白⿰面尞⿰面尞也。」案甬亦有此語。字亦作⿰酉尞。
白䵣䵣	䵣音怛。	䵣讀若塔（ㄊㄚ）。		灰白色曰白䵣䵣。《說文》：「䵣，白而有黑也。」
白䵵䵵	䵵，初刮切。	䵵亦讀若出（ㄘㄩ）。		甬稱白而略帶黃黑色者曰白䵵䵵。如女子膚色黃黑而塗粉者即稱之。《說文》：「䵵，黃黑而白也。」
白洋洋			雪落白洋洋	甬稱徧處潔白曰白洋洋。洋洋，廣大貌也。
雪白（晳白）雪雪白（晳晳白）			雪白粉嫩	甬稱純白曰雪白，謂白如雪也。亦作晳白。甚言之曰雪雪白。亦作晳晳白，見《越諺》。又俗稱面貌之白嫩曰雪白粉嫩。
黑䵵䵵（黑漆漆）（黑窣窣）		䵵讀同前。		甬稱暗黑曰黑䵵䵵。䵵解見前。《朱子語類》作黑窣窣，《傳燈録》作黑漆漆。
黑䵣䵣（黑䵬䵬）（黑⿰重沓⿰重沓）	䵣，徒合切。	䵣讀同前。		甬稱淺黑色曰黑䵣䵣。䵣解見前。亦作䵬。《集韻》：「䵬，黑也。」《越諺》引《顏氏家訓》謂當作⿰重沓。案⿰重沓爲重沓之意，䵬即䵣之別體，混而爲一，非。

續表

詞 附短語	本音	俗音	例語	疏證
黑緇緇(黑䵒䵒)			面孔黑緇緇	甬稱膚色黑紫者曰黑緇緇。《説文》:「緇,帛黑色。」亦作䵒。《集韻》:「䵒,手足膚黑。」
烏黝黝(烏油油)				甬稱黑而有光者曰烏黝黝。黝黝解見前。亦作烏油油。
漆黑(⿰黑最黑) 漆漆黑(蹴蹴黑) 漆烏 漆漆烏		漆讀若拆(ㄘㄚ˙)。		甬稱深黑曰漆黑,亦曰漆烏,甚言之則曰漆漆黑、漆漆烏,謂烏黑如漆也。《陳書》:「張麗華髮鬒黑如漆。」《越諺》作蹴蹴黑,非。漆黑,俗亦作⿰黑最黑。《集韻》:「⿰黑最,麤括切,黑也。」
墨黑 墨墨黑 墨黔漆黑		黔讀若琴(ㄐㄧㄣˊ),亦讀若亭(ㄉㄧㄣˊ),漆讀同前。		甬稱深黑亦曰墨黑,甚言之則曰墨墨黑。或曰墨黔漆黑。《説文》:「黔,謂黑色也。」蓋謂其黑如墨或漆也。
灰⿰黑且色(䵋⿰黑者色)		⿰黑且讀同前。		甬稱淺黑色曰灰⿰黑且色。⿰黑且解見前。《越諺》作䵋⿰黑者色。䵋音腆,《説文》「青黃色也」,⿰黑者解見前。
灰㬥㬥 白㬥㬥 黑㬥㬥	㬥音撲。			甬稱白而略帶黑色者曰白㬥㬥,較深則曰灰㬥㬥,再深則曰黑㬥㬥。《集韻》:「㬥,物氣蒸白。」

續表

詞 附短語	本音	俗音	例語	疏證
焦巴巴（焦𣊭𣊭）		巴讀若撲（ㄆㄛ）。		甬稱白而略帶黃色者曰焦巴巴，謂如火炙而焦之色也〔一〕。《通雅》：「陸佃曰：『芭蕉一葉舒，則一葉焦。』巴巴，亦蕉意也。」案此似曲解，當作焦𣊭𣊭爲正。
昏色（黯色）		昏讀去聲。		甬稱物不光明曰昏色。如玻璃、五金等遇溼無光皆有此稱，謂如黃昏時之天色也。昏讀去聲者，《集韻》：「昏，呼困切。暗也。」《雜字便覽》作黯色。《集韻》黯，虎本切。《玉篇》：「黑也。」蓋後起字。
糙米色				甬稱白而略帶黃紅色者曰糙米色。於人之顔面常稱之，謂如米未鑿之色也。
紅粉細白				甬稱人面容白而紅潤者曰紅粉細白，甚言其美也。
墨漆鐵黑		漆讀同前。		甬稱人物極黑者曰墨漆鐵黑。以此三物形容之，甚言其黑也。
活猻屁股				甬譏婦女面上塗脂太赤者曰活猻屁股。活猻，甬語猴也，謂如猴臀同赤。
花花緑緑 紅紅緑緑				甬稱五彩相宜曰花花緑緑，亦曰紅紅緑緑。元好問詩：「憑君細數東州客，誰在花花緑緑間。」王建詩：「紅紅緑緑苑中花。」

〔一〕炙：原作「灸」。

續表

詞 附短語	本音	俗音	例語	疏證
右顏色				
沓沓	沓，達合切。		沓沓講	甬稱言多曰沓沓講。《説文》：「語多沓沓。」若水之流。
嚺唸（哈嚺）	嚺唸音臺怠。		嚺唸講	甬稱言多亦曰嚺唸講。《玉篇》：「嚺唸，言不止也。」《集韻》作哈嚺。
噥噥	噥音農。		噥噥講 噥噥響 噥噥哭	甬稱言語或哭泣之聲低小模糊而不絶曰噥噥。《玉篇》：「噥，多言不中也。」《廣韻》：「噥，嗔語。出《字林》。」《楚辭》：「羣司兮噥噥。」
嘖嘖		嘖讀如責（ㄗㄚ˙）。	嘖嘖傲	甬謂稱贊曰傲，稱贊不置曰嘖嘖傲。今通語亦有嘖嘖稱歎之言。《畫鑒》：「周文舉畫《高僧試筆圖》，一僧攘臂揮翰，旁觀數士人嗟咨嘖嘖之態。」
嚄嚄	嚄音鐸。	亦讀如朵濁音平聲（ㄉㄛˊ）。	嚄嚄諫 嚄嚄辱 嚄嚄哭	甬稱斥責不休曰嚄嚄諫，亦曰嚄嚄辱。《廣韻》：「口嚄嚄無度。」《越語肯綮録》：「信口出語曰嚄。」又狀哭聲曰嚄嚄哭，曰嚄天嚄地哭。
䜴䜴	䜴音堆。	䜴音亦變若登（ㄉㄥ）。	䜴䜴辱	甬稱詬詈不休曰䜴䜴辱。《集韻》：「䜴，譎也。」《類篇》亦作詯諱。
叿叿	叿音洪。		叿叿響	甬稱人衆聲雜而遠聞者曰叿叿響。《廣韻》：「叿叿，市人聲也。」案叿亦作訌唪唁哄閧。

續表

詞 附短語	本音	俗音	例語	疏證
囉唕（囉嗩）（囉瑣） 囉哩（羅縷） 囉哩囉唕 囉囉唕唕		囉讀若羅之反濁音（ㄌㄛ），嗩讀若瑣平聲（ㄙㄛ）。		甬稱語言纏繞不清曰囉唕，二字見楊顯之《瀟湘雨》雜劇，其他元曲多有之。囉，《集韻》：「囉嗻，多言。」唕，俗亦作唣，不見字書，蓋即囉嗻。甬語又變作囉嗩、囉瑣也。又曰囉哩，古祇作羅縷。傅咸《明司隸掌書》：「臣前所以不羅縷者。」合言之曰囉哩囉唕，或曰囉囉唕唕。
嚓聑 嚓嚓聑聑（嘁喳喳）	嚓，千結切。聑，千入切。	嚓聑讀若七（ㄘㄧ）出（ㄘㄩ）。	嚓聑嚓聑講小夥說話	甬稱附耳小語談私密事之聲曰嚓聑，亦曰嚓嚓聑聑。《玉篇》：「嚓，小語。」《說文》：「聑，聶語也。」《詩》：『聑聑幡幡。』」今俗作嘁嘁喳喳。
唧嘈（齏糟） （嚌⿰口習） 唧唧嘈嘈		唧讀若齏（ㄗㄧ），亦讀若奇（ㄐㄧˊ），亦讀若齊（ㄗㄧˊ），嘈讀若齋（ㄗㄚ），亦讀若茄（ㄐㄧˊㄚ），亦讀若遮（ㄗㄛ），亦讀若茶（ㄗㄛˊ），亦讀若鄒（ㄗㄡ）。		甬稱語聲瑣屑衆多曰唧嘈。《越語肯綮録》：「聲雜曰唧嘈，見《廣韻》是也。」通作齏糟。沈周《客座新聞》：「顧成章俚語詩：『姑姑嫂嫂會齏糟。』」亦作嚌⿰口習。《敬止録》：「詬誶之聲曰嚌⿰口習。」⿰口習字見《篇海》，音齋，惹也。案甬語所謂唧嘈有數義，亦有數音。如形容婦孺談話或詬誶之音曰唧嘈，曰唧唧嘈嘈，讀若齏齋；形容兒童喧鬧或大聲談話之聲亦曰唧嘈，又曰唧唧嘈嘈，讀若奇茄；形容呼唤煩瑣之聲曰唧嘈，讀若齏遮，亦讀若齊茶；又形容纏繞不休之聲曰唧嘈，讀若齏鄒。其實皆唧嘈二字聲音之轉變也。

續表

詞 附短語	本音	俗音	例語	疏證
嘰咕 嘰嘰咕咕 嘰哩咕嚕		嘰讀若幾(ㄐㄧ),亦讀若奇(ㄐㄧˊ)。咕讀若古(ㄍㄨ),亦讀若古濁音(ㄍㄨˊ)。		甬稱語言爭執之聲曰嘰咕,亦曰嘰嘰咕咕,亦曰嘰哩咕嚕。嘰字見《説文》,「小食也」。哩字始見《陀羅尼經》,《正字通》謂「語餘聲」。咕字見元曲「一個咕、一個噥」。嚕字見《玉篇》,「語也」。俗不過借此四字,皆屬口傍,以形容其聲,本無他誼也。《敬止録》曰:「笑言語弗明者曰記里鼓。《水東日記》:『永樂中,俞行之試記里鼓,皆不知所謂,莫能措一詞。』音義相同,或本諸此。」案此説曲解甚矣。光緒志以此爲據,非也。
唸吚 唸唸吚吚	唸吚音店詩。	唸吚讀若意(ㄧ)四(ㄙ)。		甬稱語言氣低聲微而吶吶不出曰唸吚,亦曰唸唸吚吚。《説文》:「唸吚,呻也。《詩》曰:『民之方唸吚。』」《毛詩》作殿屎。
謰謱(嘍囉) 謰謰謱謱		謰讀若離反濁音(ㄌㄧ),謱讀若勒啞切反濁音(ㄌㄛ)。		甬稱兒童啞啞學語之聲曰謰謱,亦曰謰謰謱謱。《説文》:「謰謱,語不休也。」亦作嘍囉。《廣韻》:「囉,嘍囉。一曰小兒語也。」
嘈雜(嘈啐) (嘈囋)(嘈哘) (嘈囐)(嘈噆) (嘈啈)(嘈囃)				甬稱語聲煩亂曰嘈雜。《抱朴子》:「管絃嘈雜。」亦作嘈啐。《集韻》:「嘈啐,衆聲也。」亦作嘈囋。《玉篇》:「鼓聲也。」又作嘈哘。《玉篇》:「嘈嘈哘哘,聲也。」又作嘈囐。見《文選·東都賦》。又作嘈噆〔一〕,見《文選·文賦》。又作嘈啈,見《埤蒼》。俗亦作嘈囃。

〔一〕 噆:原作「囋」,據上下文改。

續表

詞 附短語	本音	俗音	例語	疏證
譀譺(海外)		譀譺讀若海(ㄏㄞ)會(ㄏㄟ)。		甬稱人語聲高亢曰譀譺，又大言無實亦曰譀譺。《說文》：「譀，誕也。」「譺，聲也。」或曰當作海外，蓋俗有「海外大奇談」之語，謂言國外之事常不確也。
哈哈(吹吹)(毅毅)	哈音海平聲(ㄏㄞ)。	哈亦讀若赫雷切(ㄏㄟ)。	哈哈笑	甬稱人冷笑曰哈哈笑。《說文》：「哈，嗤笑也。」《楚辭》：「又衆兆之所哈也。」《吳都賦》注：「楚人謂相調笑曰哈。」亦作吹。《集韻》：「吹，笑不壞顔也。」亦作毅。《廣韻》：「毅，笑聲。」
赥赥(欯欯)(咭咭)(㱁㱁)	赥，許激切。	赥讀若黑歇切(ㄏㄝ˙)。	赥赥笑	甬稱忍笑不止聲在喉中曰赥赥笑。《廣韻》：「赥，笑聲。」亦作欯。《廣雅》：「欯欯，笑也。」又作咭。《玉篇》：「笑皃。」《說文》作㱁，「且唾聲。一曰小笑」。
嘻嘻(咥咥)(㰞㰞)			嘻嘻笑 笑嘻嘻	甬稱心中悦樂露齒微笑曰嘻嘻笑，亦曰笑嘻嘻。《易》：「婦子嘻嘻。」亦作咥。《詩》：「咥其笑矣。」《說文》作㰞㰞，「戲笑皃」。
辴辴	辴，丑飢切。	辴讀若妻。	辴辴笑	甬稱微笑而不露齒曰辴辴笑。《莊子》：「桓公辴然而笑。」字亦作囅。
嚇嚇(哈哈)		嚇讀若蟹俗音(ㄏㄚ)，亦讀若赫(ㄏㄚ˙)。	嚇嚇笑	甬稱開口大笑曰嚇嚇笑。《朝野僉載》引諺「正月三白，田公笑嚇嚇」。俗亦書作哈哈。

續表

詞附短語	本音	俗音	例語	疏證
呵呵（欱欱）（嗃嗃）（哈哈）		呵讀若火平聲（ㄏㄜ）。	呵呵笑	甬稱口不大開而笑曰呵呵笑。《廣雅》：「呵呵，笑也。」亦作欱，《廣韻》：「大笑，欱欱。」又：「嗃，大笑。」俗作哈哈，因北方哈讀若呵也。
噱噱（吃吃）		噱讀若街濁音（ㄍˊㄚ），亦讀若格（ㄍㄚ˙）及格濁音（ㄍˊㄚ˙）。	噱噱笑	甬稱大笑聲在喉頭者曰噱噱笑。《說文》：「噱，大笑也。」噱本讀其虐切，今讀若街或格濁音者，羣母柔音轉爲剛音也。又讀若格者，轉爲見母剛音也。亦作吃吃。《飛燕外傳》：「笑吃吃不絕。」
欥欥（𥄎𥄎）	欥，許激切。		欥欥哭	甬稱泣後餘聲曰欥欥哭。《廣韻》〔一〕：「欥，去涕也。」亦作𥄎。《集韻》：「𥄎𥄎，鼻息。」
呱呱（㕦㕦）		呱讀甬俗音好壞之壞（ㄨㄚ）。	呱呱哭	甬稱嬰兒啼哭曰呱呱哭，形容其聲也。《說文》：「呱，小兒嗁聲。」《書・益稷》：「啟呱呱而泣。」案呱，本音姑，《集韻》又有烏瓜切，正與甬俗音同。字亦作㕦。《集韻》烏化切，音窊，小兒啼也。
咿啞 咿咿啞啞		啞讀俗音（ㄛ）。		甬俗形容孩童學語之聲曰咿啞，亦重言之曰咿咿啞啞。《漢書・東方朔傳》：「伊嗄啞者，辭未定也。」伊即咿字。蘇軾詩：「小兒咿啞語繡帳。」

〔一〕廣：原誤作「集」。

續表

詞附短語	本音	俗音	例語	疏證
歑歑(呼呼)	歑音呼。		歑歑吹	甬稱熱物蹙口吹之使涼曰歑歑吹。《説文》：「歑，温吹也。」《玉篇》：「出氣息也。出曰歑，人曰哈。」亦作呼。
欨欨(吁吁)(呴呴)(嘘嘘)	欨音訏。		欨欨吹	甬稱蹙口吹氣作聲曰欨欨吹。《説文》：「欨，吹也。一曰笑意。」蓋人喜悦時常爲之。通作呴吁嘘。
䰰䰰	䰰音儒。	䰰讀若吁。	䰰䰰叫	甬稱鬼聲曰䰰䰰叫。《説文》：「鬼鬽聲，䰰䰰不止也。」
㖅㖅(欰欰)(㗩㗩)	㖅音恤。		㖅㖅響	甬稱體寒呼吸作短促音曰㖅㖅響。《玉篇》：「㖅，吹口皃。」《廣韻》：「口鳴㖅㖅。」《集韻》或作欰。亦作㗩，《玉篇》：「忍寒聲。」
謦謦(欣欣)	謦，罄上聲。	謦讀若鏗(ㄎㄥ)〔一〕。	謦謦嗆	甬稱欬嗽劇烈曰謦謦嗆。《説文》：「謦，欬也。」《玉篇》：「欬，聲也。」亦作欣，《玉篇》：「欬也。」
嗛嗛	嗛音慷。		嗛嗛嗆〔二〕	甬俗形容欬嗽聲之破嘶者曰嗛嗛嗆。《集韻》：「嗛，咳聲也。」
欦欦	欦音欽。	欦讀若鏗(ㄎㄥ)，亦讀濁音(ㄍ́ㄥ)。	欦欦打噴嚏	甬稱嚏聲曰欦欦。《玉篇》：「欦，嚏也。」

〔一〕ㄎㄥ：原誤作「ㄥㄎ」。
〔二〕嗛：原誤作「慷」。

續表

詞 附短語	本音	俗音	例語	疏證
齘齘	齘音械。	齘讀若葛（ㄍㄚ），亦讀若戒俗音（ㄍㄚ）。	齘齘嚼 齘齘磨牙齒	甬稱上下齒磨切作聲曰齘齘。《説文》：「齘，齒相切也。」《正韻》：「齒齘，齒上下相抵處。」案發聲似之，故名。
齸齸（嚙嚙）	齸音夾。		齸齸嚼	甬稱齒嚼韌黏不易破碎物曰齸齸嚼。《説文》：「齸，齧也。」《廣韻》：「齸，齧咋皃，又噍聲。」《集韻》亦作嚙。
齺齺	齺音辣。		齺齺嚼	甬稱齒嚼硬物作聲曰齺齺〔一〕。《説文》：「齺，齒分骨聲。」《廣韻》：「齧也。」
歜歜	歜音獲。	歜讀若鑊（ㄏㄛ）。	歜歜吐	甬稱歐吐之聲曰歜歜。《玉篇》：「歜，吐聲。」
欱歐（㖃歐）	欱音侯。歐，何加切。		欱歐噁	甬稱歐吐時咽中氣逆發聲曰欱歐。《集韻》：「欱歐，咽病。又出氣也。」欱，亦作㖃，《廣韻》：「欲吐也。」
吡吡	吡音匹。		吡吡痰唾滿地	甬稱隨口唾痰之聲曰吡吡。《玉篇》：「唾吡吡。」《集韻》：「吡吡，唾皃。」

〔一〕 齒嚼：原誤作「嚼齒」。

續表

詞附短語	本音	俗音	例語	疏證
嗄（沙）	嗄，沙去聲。		胡嚨嗄嗄響 嗄胡嚨	甬稱喉中枯澁，言語不能發聲曰嗄。《玉篇》：「嗄，聲破。」《老子》：「終日號而不嗄。」《莊子》釋文：「楚人謂嗁極無聲曰嗄。」字亦作沙。《周禮》：「烏皫色而沙鳴貍。」疏：「沙，嘶也。」
吃 吃吃	吃，居乙切。	吃讀若葛（ㄍㄚ）。	吃嘴 吃舌頭 吃吃講弗出	甬稱言語艱難，吃吃作聲曰吃。《説文》：「吃，言蹇難也。」《史記·韓非傳》：「非爲人口吃，不能道説，而善著書。」
吡吡（閉閉）	吡，簿必切。	吡讀若比（ㄅㄧ）。	啞吡吡	甬稱人口訥寡言者曰啞吡吡。《類篇》：「吡吡，鳥聲。」《敬止録》：「邑人以不能言者曰啞吡吡。」案當作啞閉閉，謂口常閉也。
悗（悶）（默）	悗，母本切。	悗讀若悶之反濁音（ㄇㄥ）。	悗聲發財	甬稱默默無言曰悗聲。俗有悗聲發財之諺，謂多金者必不自詡其富有也。《通俗編》：「《莊子·大宗師》：『悗乎忘其言。』今方言悗聲發財。」案亦作悶。梅堯臣詩：「悶默閱書史。」實皆默字之轉音也。默，本作嘿，無言也。
齆（瓮）	齆音甕。		齆鼻頭	甬稱鼻有病，言發不清曰齆鼻頭。《埤蒼》：「齆，鼻病也。」《十六國春秋》：「王謨齆鼻，言不清暢。」亦作瓮。《甕牖閒評》：「王充《論衡》云鼻不知香臭爲瓮。今人以鼻不清亮爲瓮鼻，作此瓮，不爲無自矣。」

續表

詞 附短語	本音	俗音	例語	疏證
鯑鯑	鯑音唏。	鯑讀若絺去聲(ㄑㄩ)。	鯑鯑睏覺	甬稱熟寐鼾聲曰鯑鯑。俗有鯑鯑睏覺之語。《玉篇》：「鯑，臥息聲。」
歌歌(欲欲)	歌，枯架切。		眠鼾歌歌響	甬稱熟寐張口而發鼾聲曰歌歌響。《集韻》：「歌，張口息也。關中謂權臥曰歌。」亦作欲。
䏛䏛	䏛，虎孔切。	䏛讀若洪上聲(ㄏㄨ)。	耳朵䏛䏛響	甬稱耳鳴曰耳朵䏛䏛響。《集韻》：「䏛，耳有聲。」
踾踾	踾音逼，亦音愎。		踾踾跳 心嚇得踾踾跳	甬稱跳躍之聲曰踾踾，又心忐忑不寧亦曰踾踾跳。《玉篇》：「踾，踏地聲。」
趞趞	趞，七雀切。	趞讀若錯(ㄘㄛ)。	趞趞走 趞趞去	甬稱行步速而聲輕曰趞趞走。《說文》：「趞趞也。一曰行皃。」《廣雅》：「趞趞，行也。」
䞶䞶	䞶，查獲切。	䞶讀若赤(ㄘㄜ)。	䞶䞶走	甬稱急行而舉趾高曰䞶䞶走。《字林》：「䞶，急走也。」
𨇨𨆪(𨇨𩬿)	𨇨，皮孕切。𨆪，蒲迸切。	𨇨𨆪讀若憑(ㄅㄧㄣ)彭(ㄅㄤ)。	𨇨𨆪響	甬稱足踏地或觸動器物作大聲曰𨇨𨆪響。《集韻》：「𨇨𨆪，蹋地聲。」𨆪，《篇海》作𩬿。

續表

詞附短語	本音	俗音	例語	疏證
躠躠	躠，私盍切。	躠讀若塞（ㄙㄚ），亦讀若索（ㄙㄛ）。	躠躠走	甬稱足踏沙地或草地上步行所發之聲曰躠躠。《集韻》：「躠躠，行皃。」
霎霎（涑涑）（溹溹）（霅霅）	霎音箑。		霎霎落細雨	甬稱細雨降下之聲曰霎霎。《説文》：「霎，小雨也。」《集韻》：「雨聲。」韓偓詩：「霎霎高林簇雨聲。」亦作涑。《説文》：「涑涑，小雨零皃。」又作溹。《廣韻》：「溹溹，雨下。」亦作霅。《廣雅》：「霅霅，雨也。」
䨙䨙	䨙，宜皆切。	䨙讀若捱（ㄫㄚ）。	䨙䨙倒大雨	甬稱大雨傾盆之聲曰䨙䨙。《説文》：「䨙，霖雨也，南陽謂霖雨爲䨙。」《廣韻》：「䨙，雨聲。」
𩃱𩃱	𩃱，普袍切。		𩃱𩃱落雪	甬稱雪聲曰𩃱𩃱。俗有𩃱𩃱落雪之語。《集韻》：「𩃱，雪皃。」
𩗓𩗓（𩘻𩘻）	𩗓音洪。		𩗓𩗓響	甬稱大風之聲曰𩗓𩗓響。《玉篇》：「𩗓，風聲。」《廣韻》：「大風。」亦作𩘻。《玉篇》：「𩘻，風聲。」
𥐝（𣿅）	𥐝音董。			甬稱投石水中之聲曰𥐝。《蜀語》：「石墮水曰𥐝。」亦作𣿅。《集韻》：「𣿅，物墮水聲。」
砯砰	砯，披冰切。砰，普耕切。			甬稱水激石作聲曰砯砰。《韻會》：「砯，水擊山巖聲。」〔二〕《正韻》：「砰，石聲。」韓愈詩：「乿璺輣砯砰。」

〔二〕 山：原誤作「出」。

續表

詞附短語	本音	俗音	例語	疏證
哆哆	哆音侈。	哆讀若叉（ㄘㄛ），亦讀若茶（ㄕˊㄛ）。	哆哆流 哆哆落	甬稱水流不斷之聲曰哆哆。案《說文》：「哆，張口也。」故狀人張口流涎曰涎茶哆哆流。因而凡滴漏之聲皆曰哆哆，如久雨曰哆哆落，雨水長流曰哆哆流去，淚落不止曰眼淚哆哆流〔一〕，皆是也。
烼烼	烼，胡動切。		烼烼響	甬稱火熾盛時發聲曰烼烼響。《類篇》：「烼烼，火皃。」
䰞䰞（鋍鋍）	䰞音勃。		䰞䰞噴出來	甬稱炊釜沸時洩氣作聲曰䰞䰞。《說文》：「䰞，炊釜沸溢也。」《玉篇》：「釜湯溢。」亦作鋍，見《集韻》。
嘵嘵（儌儌）〔二〕	嘵，希幺切。儌音疑。	嘵讀若堯（ㄏㄧㄠ），亦讀堯反濁音（ㄏˊㄧㄠ），亦讀若遨（ㄫㄠ），又讀若遨之反濁音（ㄫˊㄠ）。	嘵嘵叫 嘵嘵響	甬狀猫叫之聲曰嘵嘵叫。因牝牡大小發音之區別，有讀若堯者，牝聲也；讀若遨者，牡聲也；讀若堯反濁音者，幼者聲也。本當作儌。《集韻》：「儌儌，狐貍聲。」宜堯遨皆一聲之轉〔三〕。又稱人嘮叨不休曰嘵嘵響，讀若遨，亦讀若遨反濁音，即取嘵嘵争辯不休之意。

〔一〕止：原誤作「正」。
〔二〕儌儌：原誤作「儌儌」，據《集韻》改。
〔三〕宜：疑爲「儌」之誤。

續表

詞附短語	本音	俗音	例語	疏證
嘷嘷[一]	嘷音作。		嘷嘷叫	甬狀鼠囓物聲曰嘷嘷叫。《玉篇》：「嘷嘷，聲也。」《篇海》譌作嘷，訓鼠聲。
喔喔	喔音渥。		喔喔啼	甬狀雄鷄鳴聲曰喔喔啼。《說文》：「喔，鷄聲也。」劉禹錫詩：「城中晨鷄喔喔鳴。」
唂唂（唃唃）（喌喌）	唂音谷。		唂唂叫	甬狀鷄啄食時鳴聲曰唂唂叫。《集韻》：「唂，雉鳴。」亦作唃。案本當作喌。喌，《說文》：「呼鷄重言之。讀若祝。」呼雞，本效雞鳴聲爲之，今作谷音者，由祝音變也。參看後《感歎詞》。
啅啅 節節足足	啅音涿。		啅啅叫 節節足足叫	甬狀雀鳴聲曰啅啅叫。《類篇》：「啅啅，鳥聲。」亦曰節節足足叫。《說文》：「爵，飲器。象爵者，取其鳴節節足足也。」象爵，謂象雀也。
唶唶	唶音借。	唶讀若鵲（ㄘㄧㄚˋ）。	唶唶叫	甬狀鵲鳴聲曰唶唶叫[二]。《廣雅》：「唶唶，鳴也。」《爾雅》：「行扈唶唶。」

[一] 本條「嘷」均誤作「嗥」，據《玉篇》《廣韻》《集韻》改。
[二] 鳴：原誤作「嗚」。

續表

詞附短語	本音	俗音	例語	疏證
翥 翥翥(翄翄)(提提)(翨翨)		翥讀若渡(ㄉㄨˊ),亦讀若妒(ㄉㄨ)。	翥飛去 翥翥飛去	甬稱鳥迅疾飛去之聲曰翥,亦曰翥翥。《方言》:「翥,舉也。」《爾雅疏》:「翥,飛也。」翥,讀若渡或妒者,御韻、暮韻古音皆屬魚部,照母轉爲定母、端母者,如諸與堵覩皆從者得聲,而諸爲照母,堵爲定母,覩爲端母也。或曰當作翄翄,巨支切。《廣韻》:「翄翄,飛皃。」一曰當作提提。《詩》:「弁彼鸒斯,歸飛提提。」《廣韻》:「翨,羣飛皃。」又弟泥切,一作翨。案翄翨古部屬支部,與魚部爲近旁轉也。
嘓嘓(㖼㖼)	嘓音幗。		嘓嘓叫 嘓嘓嚥	甬狀蛙鳴聲曰嘓嘓叫。《廣韻》:「口嘓嘓,煩也。」《集韻》亦作㖼。又稱人嚥水之聲曰嘓嘓嚥。
唧唧(嘰嘰)			唧唧叫	甬狀紡織娘鳴聲曰唧唧叫,即狀紡績之聲也。《木蘭詩》:「唧唧復唧唧。」亦作嘰,《玉篇》:「蟲鳴也。」
吱吱			吱吱叫	甬狀小蟲鳴聲曰吱吱叫。《集韻》:「吱吱,聲也。」
嗡嗡(聬聬)	嗡音翁。	嗡亦讀上聲。	嗡嗡叫 嗡嗡響	甬狀蚊聲曰嗡嗡叫。《集韻》:「嗡,蟲聲。」又稱耳鳴曰嗡嗡響。《五音集韻》:「嗡嗡,耳聲。」
鼕鼕	鼕音冬。		鼕鼕響	甬狀小鼓之聲曰鼕鼕響。《廣韻》:「鼕,鼓聲。」《唐書·馬周傳》:「請置六街鼓。號爲鼕鼕鼓。」
嗀嗀(鼛鼛)	嗀音彤。		嗀嗀響	甬狀擊空器或鼓之聲曰嗀嗀響。《說文》:「嗀,擊空聲。」《廣雅》:「嗀,鼓聲也。」亦作鼛,《廣韻》:「鼓聲。」

續表

詞 附短語	本音	俗音	例語	疏證
逢逢（鼙鼙）（韸韸）（韼韼）	逢音蓬。		逢逢響	甬狀擊大鼓或板之聲曰逢逢響。《詩》：「鼉鼓逢逢。」亦作鼙，《類篇》：「鼓聲。」又作韸，《玉篇》：「鼓聲也。」《集韻》亦作韼。
鍠鍠（諻諻）（喤喤）	鍠音黄，亦音横。		鍠鍠響	甬狀擊金類器如鐘鑼之聲曰鍠鍠響。《說文》：「鍠，鐘鼓聲也。」亦作諻，《玉篇》：「樂聲。」《廣韻》：「樂鐘聲。」《集韻》：「銅器聲。」又作喤。《詩》：「鼓鐘喤喤。」
⿰巾或⿰巾或（勿勿）	⿰巾或，呼或切。	⿰巾或讀若忽（ㄏㄨㄚ˙）。	⿰巾或⿰巾或響	甬狀風吹動旗幟、布帛之聲曰⿰巾或⿰巾或響。《廣韻》：「⿰巾或，巾被風也。」《集韻》作帣。本當作勿。勿，《說文》：「勿，州里所建旗，象其柄，有三游。雜帛，幅半異〔一〕。所以趣民，故遽稱勿勿。」案勿本爲旗，故遽稍勿勿，旗幟爲風吹動亦可稱勿勿也。
噆噆	噆，烏猛切。	噆亦讀若⿰牜朁（九）。	鷂虹噆噆響 噆噆開門	甬稱風箏鳴聲曰鷂虹噆噆響，讀烏猛切。又稱門扇開閉之聲曰門噆噆響，讀若⿰牜朁。《集韻》：「噆，犬聲。」案亦可借爲他物之聲。
綍 綍綍（箏箏）	綍音争。		綍綍彈	甬狀挑撥絃索之聲曰綍，亦曰綍綍。《說文》：「綍，紓未縈繩也。一曰急弦之聲。」亦作箏。箏，《釋名》：「箏，施弦高急箏箏然也。」

〔一〕幅半異：原作「謂之幅赤白半」，據《說文解字》改。

續表

詞 附短語	本音	俗音	例語	疏　證
𢾅𢾅（豛豛）（㧻㧻）	𢾅，都木切。		𢾅𢾅敲	甬狀擊木之聲曰𢾅𢾅。《説文》：「𢾅，擊也。」《集韻》與豛同，擊聲。亦作㧻。
㱿㱿（嗀嗀）			㱿㱿敲	甬狀擊空物之聲曰㱿㱿敲。《説文》：「㱿，從上擊下也。」亦作嗀。《集韻》：「嗀，叩聲。」
炈炈（𣪠𣪠）（𢹂𢹂）	炈，陟甚切。𣪠音臣。𢹂音映。	炈𣪠𢹂皆讀若臣，亦讀若琴。	炈炈敲	甬狀用力擊物之聲曰炈炈。《説文》：「炈，下擊上也。」一曰深擊也。《廣韻》：「𣪠，擊聲。」《説文》：「𢹂，擊中也。」案此三字音雖微别，而義皆爲擊聲，實由一音轉變也。
拍（揊）			拍一聲	甬狀射擊中物之聲曰拍一聲，小説中亦多有之。案本作揊。《集韻》：「揊，匹麥切，射中物聲。」
曝（㩧）（𣫅）（旳）	曝音剥，亦音雹。		曝跌落	甬狀物落地聲曰曝。《莊子》：「曝然放杖而笑。」《集韻》亦作旳。又作㩧。張衡《西京賦》：「流鏑揊㩧。」〔一〕亦作𣫅。
闒（墖）	闒音塔，亦音蹋。		闒跌落	甬狀柔輭之物墮地聲曰闒。《韓詩外傳》：「闒然投鎌於地。」亦作墖，《集韻》：「物墮聲。」

〔一〕流：原誤作「鳴」，據《西京賦》改。

續表

詞 附短語	本音	俗音	例語	疏證
誖（⿰立孛）（拍）	誖，普没切。	誖亦讀若孛（ㄅㄚ˙）。	誖一聲	甬狀掌擊物之聲曰誖。《廣韻》：「誖，按物聲。」或作⿰立孛。案今通作拍。
剨（豁）（閧）	剨，呼麥切。		剨一聲	甬狀破裂之聲曰剨。《廣韻》：「剨，破聲。」今通作豁。亦作閧，《玉篇》：「門聲。」案閧音剨，實同字也。
⿰耎瓦⿰耎瓦	⿰耎瓦，力協切。	⿰耎瓦讀若勒（ㄌㄚ˙），亦讀若勒反濁音（ㄌ̀ㄚ˙）。	⿰耎瓦⿰耎瓦響	甬狀破碎分裂之聲曰⿰耎瓦⿰耎瓦。俗有瓦爿蹂得⿰耎瓦⿰耎瓦響之語。《説文》：「⿰耎瓦，蹈瓦聲。」《玉篇》：「⿰耎瓦⿰耎瓦，蹋瓦聲。」
摝摝	摝音禄。	摝讀若禄之反濁音（ㄌㄛ˙）。	摝摝拖 摝摝響	甬稱曳物發聲曰摝摝拖，又稱摇動箱篋中物發聲曰摝摝響。《集韻》：「摝，摇也。」
歷剌（歷⿰耎瓦）（菈攦）歷歷剌剌				甬狀器物擊觸作聲曰歷剌，亦曰歷歷剌剌。林逋詩：「歷剌煙篁露病梢。」[一]亦作歷⿰耎瓦。《正字通》：「凡損破聲通謂之歷⿰耎瓦。」亦作菈攦。左思《吴都賦》：「菈攦雷硠。」
擊戛（拮隔）擊擊戛戛	擊音拮[二]。	擊讀本音，亦讀若竭（ㄐ̀ㄧ˙）。戛讀若葛（ㄍㄚ˙），亦讀若葛濁音（ㄍ̀ㄚ˙）。		甬狀器物摩動作聲曰擊戛，亦曰擊擊戛戛。《書·益稷》：「戛擊鳴球。」案戛擊，考擊也，故以爲考擊之聲，兩字雙聲，故可倒言之曰擊戛。亦作拮隔。揚雄《長楊賦》：「拮隔鳴球。」此即述《書》之語，而改爲拮也。

〔一〕 梢：原作「捎」，據林逋《林和靖集》改。
〔二〕 擊：原作「戛」。

續表

詞 附短語	本音	俗音	例語	疏證
趌趨	趌有吉詰姞三音。趨有許厥葛渴四音。	趌趨讀若吉(ㄐㄧ̇)骨(ㄍㄨㄚ̇)，亦讀竭(ㄐˊㄧ̇)骨濁音(ㄍˊㄨㄚ̇)，亦讀若頡(ㄒˊㄧ̇)兀(ㄏˊㄨㄚ̇)。	趌趨亂跳	甬狀人疾走或跳躍之聲曰趌趨。《說文》：「趌趨，怒走也。」又狀人言多而疾之聲亦曰趌趨。
滴沰（滴洦）(的得)(的篤)		滴沰讀若的(ㄉㄧ̇)篤(ㄉㄛ̇)，亦讀敵(ㄉˊㄧ̇)毒(ㄉˊㄛ̇)，亦讀跌(ㄊㄧ̇)託(ㄊㄛ̇)，亦讀的(ㄉㄧ̇)得(ㄉㄚ̇)，亦讀敵(ㄉˊㄧ̇)特(ㄉˊㄚ̇)，亦讀跌(ㄊㄧ̇)脱(ㄊㄚ̇)。		甬狀雨水注石之聲曰滴沰。《集韻》：「沰，滴也。」崔實《農家諺》：「上火不落，下火滴沰。」沰亦作洦，見《字彙補》。滴字有三音，沰字有六音，蓋端透定三母皆屬舌頭音，故隨轉也。俗亦書作的得、的篤。又俗狀鐘擺、鼓板等之聲亦曰的得、的篤。鄉間演唱之的篤班，即謂其鼓板之聲也。實皆滴沰二字可以概括之。

續表

詞附短語	本音	俗音	例語	疏證
窸窣（僁窣）（屑窣）（糂籺）窸窸窣窣	窸音悉。窣，蘇骨切。		窸窸窣窣響	甬狀器物作細碎聲曰窸窣。杜甫詩：「枝撐聲窸窣。」亦曰窸窸窣窣。又作僁窣〔一〕。劉禹錫詩：「僁窣鬼兵役。」亦作屑窣。《漢華山碑》：「屑窣有聲。」本作糂籺。《説文》：「糂籺，散之也。」案散之謂散米，即狀散米之聲也。
掀轟（⿱奓車⿱轟臺）			掀轟掀轟多鬧熱	甬稱器物簸盪、人聲喧擾曰掀轟，譏庸人自擾輒曰掀轟掀轟多鬧熱。陸龜蒙詩：「海上風雨來，掀轟雜飛電。」民國《象山志》引《七修類稿》亦作⿱奓車⿱轟臺。案《篇海類編》⿱奓車音奼，《字彙補》⿱奓車音遮，不讀掀轟也。鄞則以⿱奓車⿱轟臺爲花果園廟兩石獸之名，⿱奓車讀若虚牙切（ㄒㄩㄛ），⿱轟臺讀若拘牙切（ㄐㄩㄛ），亦不讀掀轟也。
毗劉暴樂（必栗剥落）		毗劉暴樂讀若必（ㄅ一）栗（ㄌ一）剥（ㄅㄛ）落（ㄌㄛ）。		甬謂器物零星散落地上之聲曰必栗剥落。案當作毗劉暴樂，見《爾雅·釋詁》郭璞注，謂樹木葉缺落影疏也。

右聲音 器物之聲，隨感而應，亦隨應而遷，無厓涘也。我國文字形聲有定，必不能盡狀之，亦必不能盡肖之。故雖自《毛詩》《爾雅》以來，漢魏六朝至於唐宋字書、韻書，下逮宋元明清四代之語録、小説、詞曲、戲劇，紛紛造作，或假借同音之字，或加偏傍於音近之字，徒多複沓，終不能得其聲之萬一也。今惟擇習見習聞者録之，俾攷方言者略見一斑，不能詳也。

〔一〕 僁：原誤作「窸」。

續表

詞 附短語	本音	俗音	例語	疏證
噴香（賁香）				甬稱香氣鬱勃曰噴香。《玉篇》：「噴，鼓鼻也。」《廣韻》：「吐氣。」蓋謂香氣噴入鼻中，故曰噴香，曰噴鼻。亦曰噴鼻香。劉禹錫詩：「悠揚噴鼻宿醒散。」民國《象山志》作賁香，謂賁雜香草也。
清香				甬稱蘭蕙等清幽之香氣曰清香，即所謂清芬也。謝靈運《山居賦》：「怨清香之難留。」
奶花香				甬稱食乳嬰兒之臭曰奶花香，他方亦謂之乳花香，即古人所謂乳臭也。
花粉香				甬稱粉氣曰花粉香，即古人所謂脂粉氣也。
香烘烘 殠烘烘				甬稱香殠之氣不絕入鼻曰香烘烘、殠烘烘。《集韻》：「烘，火乾物也。」乾物之際，蒸發之氣不絕，故云。
殠（臰）（臭）	殠，尺救切。			入鼻不快之氣，皆稱爲殠。殠，即香殠之殠本字。《説文》：「殠，腐氣也。」《漢書·楊惲傳》：「單于得漢美食好物以爲殠惡。」亦作臰，見《集韻》。典籍通作臭。《左傳疏》：「臭是氣總名，元非善惡之稱，既謂善氣爲香，則專以惡氣爲臭。」
餿氣（滫氣）				甬稱飯食腐敗之氣曰餿氣。《玉篇》：「餿，飯壞也。」《字林》：「飯傷溼熱。」《説文》作滫，「餴，滫飯也」。

續表

詞附短語	本音	俗音	例語	疏證
餴辣氣	餴音忽。			甬稱飯小餿曰餴辣氣。《説文》：「餴，滫飯也，从食𠦬聲。」徐鍇《繫傳》謂：「𠦬音忽，非聲，疑即奔字之譌。」案从奔者作餴，即饙爲半蒸飯，與餿字音誼俱異。餿爲滫飯，滫即餿之本字。《説文》：「滫，久泔也。」泔久腐敗，即發酸餿之氣，故以爲餴訓也。
泔隔氣				甬稱米泔陳久，發生酸餿之氣曰泔隔氣，即《説文》滫字注所謂「久泔」也。泔即米汁，隔謂陳久。
火垺氣 日垺氣	垺音孛。	日讀俗音（ㄏ亠）。		甬稱煙火氣曰火垺氣，又稱衣物等曝於日中而發生一種塵埃氣曰日垺氣。《廣雅》：「垺，塵也。」垺亦作坳。又作焞。《玉篇》：「焞，煙起貌。」亦作焥。
灰墣氣	墣音璞。	墣亦讀若僕。		甬稱塵埃氣曰灰墣氣。《説文》：「墣，塊也。」亦作圤灰墣氣，即謂灰塵泥土之氣也。
黴氣（霉氣） 白花氣 青沙氣 䫻䫺氣（暍醭氣）（暍曝氣）	䫻音謁，䫺音勃	䫺讀若僕。		甬稱衣物等因霉天受潮發生黴菌時有一種氣息，謂之黴氣，亦作霉氣，又曰白花氣，又曰青沙氣。白花，即黴菌，菌絲色白，故名。青沙，即黴菌苞子，色青，故名。又曰䫻䫺氣。《集韻》：「䫻，物敗氣。」「䫺，䫺臭，敗氣也。」亦作暍醭氣。《説文》：「暍，傷暑也。」《集韻》：「醭，酒上白。」俗亦作暍曝氣。

續表

詞 附短語	本音	俗音	例語	疏證
臊氣（騷氣）	臊音騷。		羊臊氣 猪臊氣 尿臊氣	凡獸類之肉及分泌物發生一種氣息，甬稱臊氣，俗作騷氣。《説文》：「臊，豕膏臭也。」《禮・内則》：「膳膏臊。」
腥氣（胜氣） （鯹氣）（鮏氣）			魚腥氣 豆腥氣 漆腥氣 血腥氣 藥腥氣 鐵腥氣 生腥氣 爛腥氣	凡魚類及其他物質有一種特殊之臭味者，甬多以腥氣名之。案腥，本作胜。《説文》：「犬膏胜也。」又：「鮏，魚臭也。」今凡胜氣，字多作腥。魚鮏字亦别作鯹。
䐥 䐥氣 䐥殠	䐥音翁上聲。			甬稱植物質食品如豆腐、莧菜等霉爛之，使發一種異臭曰䐥，亦曰䐥氣、䐥殠。《廣韻》：「䐥，臭皃。出《字林》。」
膿（齈） 膿氣 膿殠 殠膿膿	膿音農。	膿若農反濁音（ㄋ廾）。		甬稱魚肉等腐爛之氣曰膿，亦曰膿氣、膿殠，又曰殠膿膿。《説文》：「膿，腫血也。」蓋謂如瘡瘍潰爛生膿之臭也。《齊民要術・水稻》：「田苗長七八寸，陳草復起，以鎌浸水芟之，草悉膿死。」此即腐爛之意也。或曰當作齈，其氣聞之棘鼻使齈也。

詞 附短語	本音	俗音	例語	疏證
酸氣			汗酸氣	甬稱氣辣鼻，使人鼻酸如欲嚏者曰酸氣。如言汗酸氣。或曰因物腐敗發酸而生是氣，故名。
酸汪氣 酸汪汪	汪，烏曠切。			甬稱物因腐敗酸臭曰酸汪氣，亦曰酸汪汪。《集韻》：「汪，停水臭也。」亦作瀇洸。
鮮（鼾）（羶） （鱻） 透鮮				凡魚類等之旨味，甬稱爲鮮。《重論文齋筆録》：「味出口曰鼾，音軒，與羶異義。羶者，氣觸鼻也。或混而一之，讀鼾如羶，非也。」案此説亦非。《説文》鼾或作羶，皆訓羊臭，蓋字本从羊也。又鮮，魚名，出貉國，亦非味鮮本字，本當作鱻。《説文》：「鱻，新魚鯖也。从三魚，不變魚也。」《周禮・庖人》：「凡其死生鱻薨之物〔一〕，以共王之膳。」疏：「新殺曰鱻。」蓋魚新殺者味最鮮也。又甚言其鮮曰透鮮，謂鮮味能透入舌本也。
鹹辣辣 鹹⿰鹵齊⿰鹵齊 鹹⿰鹵甚⿰鹵甚	⿰鹵齊音嚌，⿰鹵甚音勘。	⿰鹵齊讀若志（ㄗˋ），⿰鹵甚讀若刻（ㄎㄚˋ）。		甬稱味頗鹹曰鹹辣辣，因鹹甚則刺舌。辣如味也。又稱味略鹹曰鹹⿰鹵齊⿰鹵齊。《玉篇》：「⿰鹵齊，鹹也。」一作⿰酉齊。又稱味鹹而帶一種不快之臭者曰鹹⿰鹵甚⿰鹵甚。《廣韻》：「⿰鹵甚，鹹味厚。」又謂物價過貴亦曰鹹辣辣，則以難下咽爲喻也。

〔一〕其：原誤作「具」，據《周禮》改。

續表

詞 附短語	本音	俗音	例語	疏　證
淡（餮）（澉） 淡鑠鑠	鑠音爍。			甬稱食而無味曰淡。《說文》：「淡，味薄也。」是淡即味淡之本字。《越諺》作餮。《玉篇》：「餮，食無味也。」通作澉。案餮，後出字。澉，借字。徑作淡爲是。又甚言無味曰淡鑠鑠。鑠見《字彙》：「消爍也。」蓋謂味消鑠盡也。
蜜甜 甜蜜蜜		蜜蜜之蜜讀若米反濁音（ㄇㄧ）。		甬稱極甜曰蜜甜，亦曰甜蜜蜜，謂甜如蜜也。
酸醯醯（酸醓醓）	醯音僖。	醯亦讀若致（ㄗㄩ）。		甬稱味略酸曰酸醯醯。《說文》：「醯，酸也。」亦作醓。王延壽《王孫賦》注：「醓，若吸酸攢鎖眉目也。」
麻（髍）（皴） 麻辣辣（皴嚁嚁）				甬稱食物使舌麻木失去味感者曰麻。麻，本作髍。《說文》：「髍，㾱病也。」〔一〕謂體半枯不仁也。又略麻曰麻辣辣。《越諺》作皴嚁嚁。《字彙》：「皴嚁，閉口皃。」
大舌頭		大讀俗音（ㄉㄨ禾）。	釣紅大舌頭	甬稱味濇而使舌感麻木者曰大舌頭。蓋舌麻木覺如漲大也。
徹蒿蒿（徹呵呵）		徹讀若赤（ㄘㄜ）。		甬稱陳油烹煮食物，食而使人棘喉，癢似欲嗽者曰徹蒿蒿。徹謂氣徹喉，蒿讀如蒿目之蒿，刺激之意。或曰當作呵，使喉癢而呵氣也。

〔一〕㾱：原脱，據《說文解字》補。

續表

詞 附短語	本音	俗音	例語	疏證
䀹䀹動	䀹音琰。	䀹讀若炎平聲（ㄧㄢˊ）。		甬稱味過甜，感胃如欲作嘔者曰䀹䀹動。《集韻》：「䀹，甘也。」
右臭味 甬上方言狀臭之詞頗多，香殠腥臊等單獨字外，大抵就一物特有之臭而即以物名其臭，如桂花香、青草氣等，繁不勝舉，舉亦不盡也。至狀味者，五味以外，不過鮮淡麻濇等數者而已，有時必欲强狀，則曰似某物之味而已，無定詞也。				
興	興去聲。		草興 頭髮興	甬稱草木毛髮等生長盛大者曰興。《説文》：「興，起也。」《廣韻》：「盛也。」
侏（株）（䠳） 侏侏個 侏斬斬		個讀若貫（ㄍㄨㄢ）。		甬稱草木毛髮等不長曰侏，亦曰侏侏個，亦曰侏斬斬。案短人曰侏儒，梁上短柱亦曰侏儒〔一〕，見《禮記注》。《周禮注》：「侏大，肥大也。」漢時語。《太玄經》：「修侏侏比于侏儒。」注：「侏侏，短小也。」曰斬者，謂短如經斬削也。或曰當作株，株爲斷木，故以爲短稱。亦作䠳，䠳音齋，亦音眥，音變如侏。《廣雅》：「䠷䠳，短小皃。」
飛薄（菲薄）				甬稱不厚曰飛薄。言飛者，謂極薄之物能飄颺也。或曰當作菲薄。菲，亦薄也。
䠷（挑）	䠷音眺。		䠷出了	甬稱體高曰䠷。如比衆特高曰䠷出了。《廣韻》：「䠷，身長皃。」俗作挑，小説中常有「長挑身材」之語。

〔一〕梁：原作「粱」。

續表

詞 附短語	本音	俗音	例語	疏證
敹 長敹敹 長敹篠	敹音燎。篠，先了切。			甬稱體高曰長敹敹，亦曰長敹篠。有時物長亦稱之。《玉篇》：「敹，小長皃。」《廣韻》：「篠，細竹也。」
搖懍懍				甬稱高而危曰搖懍懍。《説文》：「搖，動也。」《漢書·食貨志》：「直爲此懍懍。」注：「危也。」
短黜黜（短矬矬）	黜音輟。			甬稱頗短曰短黜黜。《五音集韻》：「黜，吴人呼短物也。」亦作畷。又作矬。《集韻》：「矬，短也。」
橛株	橛音掘。		橛株介	甬語形容其短曰橛株，謂如木之殘株也。
胖（胮）（肨）（膖）（朧）	胖音判。	胖讀若普旺切（ㄆㄤ）。	壯胖子	甬稱肥滿曰胖，讀若普旺切者，古音寒部與陽部次旁轉也。或曰當爲胖字之譌。《集韻》：「胮，披江切。腫也。」字亦作肨。案亦作膖。《五音類聚》：「膖，普邦切。腹脹也。」又作朧。《集韻》：「莫江切。身大也。」〔一〕
奋（䩧）（䨣） 奋奋		奋讀若粕（ㄆㄛ）。	發奋 奋起 人心奋奋漲	甬稱物鼓氣或著溼而漲大曰奋。如屍體漲大曰發奋，賭氣撅嘴曰嘴巴奋起，又謂心無饜足曰人心奋奋漲。案奋，《集韻》普伴切，面大曰奋。當爲胖之俗字。其讀若粕者，本當作䨣。《説文》：「䨣，雨濡革也。讀若膊。」《集韻》匹各切。蓋皮革著雨隆起也。亦作䩧。《廣韻》：「匹各切。面大皃。」

〔一〕莫：原作「溥」，據《集韻》改。

續表

詞附短語	本音	俗音	例語	疏證
肉妠妠（肉瘩瘩）	妠音納。	妠讀若答。		甬稱嬰兒肥滿曰肉妠妠。《集韻》：「妠，小兒肥皃。」妠讀若答者，泥母、端母皆舌頭音也。亦作肉瘩瘩。《字林》：「瘩，肥皃。」《集韻》音答。
腯	腯，土忽切。		腯猪介	甬誚人過肥重曰腯猪介，謂肥如豕也。《說文》牛羊曰肥，豕曰腯。《禮》：「豚曰腯肥。」疏：「腯，充滿皃也。」
壯（奘） 茁壯	茁音札。			甬稱身體肥大曰壯。《說文》：「壯，大也。」《方言》：「秦晉之間凡人之大謂之奘，或謂之壯。」是漢本秦晉語，今爲吴越語矣。惟甬所謂壯，通一切動植物言之，不專指人也。其專稱人肥健則曰茁壯。《孟子》：「牛羊茁壯長而已矣。」注：「茁，生長皃。」本則稱牛羊者，今反指人矣。
茁硬（𡇈硬）		硬讀俗音（ㄫㄤ）。		甬稱人强健曰茁硬。《敬止録》作𡇈硬。案《字典》引《唐韻》：「𡇈𡇈，硬貌。音責。」
硬傓	傓，箏上聲。	傓讀若張猛切（ㄗ ㄤ）。		甬稱人或果實堅强曰硬傓〔一〕。《集韻》：「海岱謂勇悍曰傓。」是宋本海岱語，今轉爲越語矣。
結實（礊實）（砝實）（㚔實）				甬稱堅固曰結實，謂固結充實也。或曰當作礊實。《說文》：「礊，堅也。」《光緒志》作砝實。砝音劫，《集韻》：「硬也。」《越諺》作㚔實。㚔音艴。《廣雅》：「㚔㚔，肥也。」

〔一〕 傓：原作「傓」，據下引《集韻》改。

續表

詞附短語	本音	俗音	例語	疏證
茁緻（傛庢）				甬稱器物堅牢曰茁緻。茁，壯意。緻，謂堅密也。《越諺》作傛庢。案傛音翁，庢音窒。《廣韻》：「傛庢，愛觸忤人也。」《集韻》：「傛庢，抵牾也。一曰不循理。」皆非堅牢之意。
牢靠（牢確）				甬亦稱器物堅固曰牢靠。案實當作牢確。《集韻》：「確，堅也。」靳固也。《易》：「確乎其不可拔。」確與靠雙聲，確亦作塙碻，正从高得聲也。
悠久 耐久 經用				甬稱器物堅固耐用曰悠久。《禮·中庸》：「悠久所以成物也。」俗語蓋本此。又曰耐久、經用，意與悠久同。
後生 嫩面		生讀俗音。	小後生 廿歲嫁人趁後生	甬稱年齡少壯曰後生。如少年曰小後生。《論語》「後生可畏」，即此誼。又容貌姣嫩亦曰後生，又曰嫩面。故俗有「廿歲嫁人趁後生」之諺。劉禹錫詩「好染髭鬚事後生」，即此誼。
老相			老相扮出	甬稱容貌蒼老曰老相。如人驟衰頹曰老相扮出。
痿（𣨙）（萎）				甬稱人因病而體衰弱，或因老而衰曰痿。有時亦稱一切生物亦作𣨙、萎。案此三字音同誼近。《廣韻》訓痿爲溼病，𣨙爲枯死，萎爲蔫，皆有衰弱意。

續表

詞附短語	本音	俗音	例語	疏證
瘦削（瘦揱）				甬稱人纖長而弱曰瘦削。案當作瘦揱。《説文》：「揱，人臂長好皃。」《繫傳》：「人臂捎長纖好也。」〔一〕《考工記》：「望其輻，欲揱爾而纖也。」注：「殺小皃。」
破損（破璺）				甬稱器物破裂而猶未全壞曰破損。案當作破璺。《方言》：「秦晉器破而未離謂之璺。」《集韻》音釁。釁損音近。
塌 塌塌			塌地 塌鼻頭 平塌塌	甬稱低曰塌。如低在地面曰塌地，鼻低者曰塌鼻頭，不高曰平塌塌。《集韻》：「塌，地低下也。」
癟（秕） 癟呦呦（晰呦呦）	癟，蒲結切。呦，於九切。	癟讀若畢（ㄅㄧ）。	癟肚 癟嘴 茄癟 番茄癟	甬稱物乾枯而縮曰癟。如枵腹曰癟肚，齒脱頤陷曰癟嘴。《玉篇》：「癟，枯病也。」俗譌作癟。本作秕。《説文》：「秕，不成粟也。」段注：「今俗評穀之不充者曰癟〔二〕。補結切。即秕之俗音俗字也。」又形容物略縮曰癟呦呦。《集韻》：「㶨〔三〕，㶨炪，欲乾。或从日。」《越諺》作晰呦呦。《集韻》：「晰，暴乾也。」又稱物因曝或烘而乾者亦曰癟。如茄乾者曰茄癟，山芋烘乾者曰番茄癟。

〔一〕捎：原誤作「稍」，據《説文解字繫傳》改。
〔二〕評：原誤作「評」，據《説文解字注》改。
〔三〕㶨：據《集韻》補。

續表

詞 附短語	本音	俗音	例語	疏證
穲（瘖）（痷）（瘟）（殗）（厭）	穲音浥。		拷穲 穲穀	甬亦稱器物凹下或枯縮曰穲。如銅錫器因擊撞而凹下曰拷穲，穀粒枯縮不成米者曰穲穀。《集韻》：「穲，禾稻不實也。」亦作瘖，《類篇》：「低下也。」又作痷，《五音集韻》：「瘦病。」亦作瘟、殗。案五字音同誼通，然皆後起之字，本當作厭。《說文》：「厭，笮也。」笮即迫窄字。
精（腈）			精肉	甬稱牲畜等肉之筋肉部分曰精肉，故肉之筋多而脂少者曰精。亦作腈，見《玉篇》。《集韻》：「腈，肉之粹者。」
油			油肉	甬稱牲畜等肉之脂肪部分曰油肉，即他方所謂肥肉也。故肉之脂多而筋少者曰油。
天平（坦平） 水平		水讀俗音（ㄙㄩ）。		甬稱極平曰水平，亦曰天平，謂平如水如天也。或曰天平當作坦平，天坦雙聲之轉。
壁直（逼直）（筆直）（䀝直） 壁立直				甬稱最直曰壁直，亦曰壁立直，謂如牆壁立於地上同直也。俗作逼直，非。或曰當作筆直，握管須正直也。或曰當作䀝直。《說文》：「䀝，直視也。」今木工準繩曲直猶稱䀝也。
挺直（侹直） 挺骨 直挺挺				甬稱直而堅强曰挺直，曰挺骨，亦曰直挺挺。《韻會》：「挺，直也。」《左傳》：「周道挺挺。」挺亦作侹，《通俗文》：「石平直也。」

續表

詞附短語	本音	俗音	例語	疏證
阧(陡) 壁阧	阧音斗。	阧讀若篤(ㄉㄛ)。		甬稱山牆等高峻直立曰阧，甚言其阧曰壁阧，謂如石壁之峻也。《韻會》：「阧，崖壁峭絶也。」《廣韻》亦作陡。讀若篤者，一聲之轉。
灣繞(灣突)(灣嬝) 灣灣繞繞		繞讀若鳥(ㄬㄧㄠ)。		甬稱曲折曰灣繞，甚言之則曰灣灣繞繞。繞，《光緒志》作突，謂突，屋深曲也。或曰當作嬝。嬝同嫋，長弱皃。
周折(盩庢)				甬稱事物盤錯曰周折。周折二字皆有曲誼。《越諺》作盩庢。謂山曲曰盩，水曲曰庢。喻不直快。
岔(叉)(䟕)(汊)(差)			岔路 岔河	甬稱歧出曰岔。《通雅》：「山岐曰岔，水歧曰汊。又路之歧道名曰䟕。」案此三字，實叉之一字分化也，本作叉。蘇軾詩：「溪邊古路三叉口。」通作差。唐人詩：「枯木巖前差路多。」
叉(哆)			叉袋	甬稱盛物大口之麻布囊曰叉袋。案叉本當作哆。《説文》：「哆，張口也。」故凡大口不斂者皆曰哆。《集韻》哆有抽加切，正讀若叉也。

續表

詞附短語	本音	俗音	例語	疏證
夵（奓）（𧤗）（觰）（䚩）（㡯）（朵）	夵，以冉切，音琰。奓[一]，陟駕切，音姹。	夵讀若朵去聲（ㄉㄛ）。		甬稱器物上開張而下收束者曰夵。《廣韻》[二]：「夵，上大下小。」案夵字，《廣韻》《集韻》皆音琰，《集韻》又音叨，實非。讀若朵去聲之字，不過取其字從上大下小會意耳。或曰當作奓，《韻會》：「張也，開也。」《集韻》：「侈也。」或作觰[三]，《說文》：「觰，角上張也。」[四]《集韻》亦作𧤗䚩。或曰當作㡯[五]。《說文》：「㡯，開張屋也。」案奓𧤗觰䚩㡯皆陟加切，亦讀陟駕切，屬知母，朵屬端母，舌上音古皆讀舌頭音，故聲實相同，而誼並爲開張亦相近，自可通借。惟本字當爲朵。《說文》：「朵，樹木垂朵朵也。」即含開張之誼，且花朵莫不上大下小，故即以朵爲名也。
圓滾滾（圓袞袞）				甬稱物作球形者曰圓滾滾。滾滾，水流動不絕之皃，圓物旋轉不絕，故云。亦作圓袞袞。元稹詩：「繞指轆轤圓袞袞。」

〔一〕奓：原脱，據《廣韻》補。
〔二〕「廣」字原錯在上句「曰」上。
〔三〕觰：原誤作「䐤」，據下所引釋文「角上張也」改。
〔四〕觰：原誤作「䐤」。《說文解字》：「觰，一曰下大者。」「角上張」訓實出《集韻》。
〔五〕㡯：原作「觰」，據下引《說文解字》改。

續表

詞 附短語	本音	俗音	例語	疏證
急鼓鼓（急胍胍）（劼固固）急綳綳（㚇奅奅）			肚皮急鼓鼓 衣裳急綳綳	甬稱器物緊張曰急鼓鼓，謂緊張如鼓也。亦曰急綳綳，謂如繩索之捆紮也。又經濟困難亦曰急綳綳。或曰急鼓鼓當作急胍胍。《廣韻》：「肟胍，大腹。」謂如腹脹也。《越諺》作劼固固，謂：「《爾雅·釋詁》疏：『劼者，確固也。』越言肥滿皮急貌。」又急綳綳作㚇奅奅，「謂肥大也。⿰月助⿰扌助同奅」。案此二説似頗穿鑿。
弓			弓起	甬稱器物中央隆起曰弓，謂如弓形也。《淮南子》：「蓋非弓不能蔽日。」繖必中央隆起也。
⿰高几（⿰高几）（⿰高皮）（趫）（趬）（⿰堯堯）（藃）（哨）（峭）⿰危支⿰高几（⿰危支⿰阝區）（崎嶇）（⿰危支趬）	⿰高几音竅，⿰危支音崎。		⿰高几起 ⿰危支⿰高几石板	甬稱器物不平曰⿰高几。《集韻》：「⿰高几，高也。」亦作趬。《玉篇》：「趬，起也，高也。」亦作⿰堯堯〔一〕。《廣韻》：「⿰堯堯，高貌。」《通俗編》謂：「凡聳起當擇用⿰高几⿰堯堯二字。明人小説用趫字，非。」民國《象山志》曰：「《禮記·投壺》注：『哨，枉哨，不正貌。』《廣雅》：『哨，邪也。』《大戴禮·投壺》作峭。今言偏頗不平曰哨。《考工記》注：『藃，藃暴。』《智燈難字》：『皮起曰⿰高皮。音竅。』《蜀語》作⿰高几。皆哨之後起字。」案不平之字當依《説文》作趬。趬，本訓舉足也，因以爲

〔一〕「⿰堯堯」字原錯在下句「廣」下。

續表

詞（附短語）	本音	俗音	例語	疏證
				高起之稱。趬讀平聲。今甬作不平解，讀去聲，不過一聲之轉，以爲詞類區別，此字之通例也。哨峭誼皆不正，與不平略殊。藃音耗，即甬語藃翹之藃。皆非本字。其餘則所謂後起字也。又不平亦曰攲齵。攲，《説文》：「攲䧢也。」是攲䧢實即攲齵，䧢與齵不過雙聲之變耳，通作崎嶇。《玉篇》：「崎嶇，山路不平也。」亦作攲趨。
藃 藃翹	藃音耗。	藃讀若火平聲（厂禾）。	板藃 背脊藃攏	甬稱器物乾燥暴起曰藃，亦曰藃翹。《考工記》：「以火養其陰，而齊諸其陽，則轂雖敝，不藃。」注：「藃暴，陰柔後必橈減，幬革暴起也。」《廣雅》：「翹，舉也。」案藃必曲，故甬稱背曲曰背脊藃攏。
𡰝（䏉）（踒）	𡰝音庵。	𡰝讀若嬰（禾）。	𡰝腳	甬稱足疾趾偏內而踵反偏外者曰𡰝腳。《廣韻》：「𡰝，蹇跛貌。」𡰝讀若嬰者，雙聲之轉也。亦作䏉。《廣韻》：「䏉，手足曲病。於靴切。」或曰當作踒，《説文》：「足跌也。」
𧽚	𧽚音愆。	𧽚讀若虔。	𧽚腳	甬稱行走時兩足步伐不齊曰𧽚腳。《説文》：「𧽚，蹇行𧽚𧽚也。」
蹁	蹁音便平聲。		蹁腳	甬稱足疾行走微跛曰蹁腳。蓋一足外緣或內緣不履地者。《説文》：「蹁，足不正。一曰拖後足馬。」〔一〕

〔一〕馬：原脱，據《説文解字》補。

續表

詞 附短語	本音	俗音	例語	疏證
跛 跛跛	跛音播，又彼義切。	跛讀若皮上聲(ㄅˊㄧ)。	走路跛跛動	甬稱一足偏廢，行路不正曰跛跛動。跛讀若皮上聲者，《説文》：「跛，行不正也。一曰足排之。」從足皮聲。
環(凵)		環讀若還去聲(ㄏˊㄨㄢ)。	環嘴 環眼 環落 環開	甬稱器物兩端下垂中央灣起曰環，謂如半環也。故口角下垂者曰環嘴，眼角下垂者曰環眼。或曰當作凵。《説文》訓凵爲張口，故凡物口張不斂曰凵。凵，本口犯切，讀若還去聲者，疊韻之轉。
䌫 䌫䌫	䌫音儋。	䌫讀若潭上聲(ㄉˊㄢ)。	䌫落 䌫䌫動	甬稱器物緊張者日久弛緩曰䌫落，曰䌫䌫動。《集韻》：「䌫，緩也。」
繟	繟音彈。	繟讀若淡。	繟口 環繟頭	甬稱器物等失去彈力曰繟。如囊橐及衣服領口弛緩下垂曰繟口，亦曰環繟頭。《説文》：「繟，帶緩也。」
擘(排)	擘音擺。	擘讀若排(ㄅˊㄚ)。	擘開	甬稱布帛等多經洗濯，經線開裂曰擘開。《俗書刊誤》：「擘音擺，布裂曰擘。」案實當作排。《説文》：「排，擠也。」推也。謂經線互相排擠而開裂也。
鉛	鉛音欲。	鉛讀若異(ㄒˊㄧ)。	磨鉛	甬稱堅硬器物磨礱漸銷曰鉛。案鉛本銅屑，見《説文》。《漢書·食貨志》：「姦或盜磨錢質以取鉛。」注：「磨錢漫面以取其屑，更以鑄錢。」引申之，因稱磨光曰鉛。讀若異者，雙聲之轉。

續表

詞附短語	本音	俗音	例語	疏證
歪（竵）（⿰亻瓜）（苝）		歪讀若花乖切（ㄏㄨㄚ）。		甬稱不正直曰歪。案歪，俗字，即以不正二字會意，始見《字彙》。本當作竵。《說文》：「竵，不正也。」《廣韻》火媧切。亦作⿰亻瓜，《集韻》音誇，不正也。又作苝，《集韻》音跬，不正也。⿰亻瓜苝與歪皆音近誼同。
趄（笡）（揸）（䟕）（斜）	趄，遷謝切。		日頭打趄 斜頭趄角	甬稱物斜曰趄。《集韻》：「趄，腳立也。」亦作笡，《廣韻》：「斜逆也。」又作揸，《集韻》：「邪敧也。」又作䟕，見《字彙補》。案本即斜字，斜屬邪母，趄屬清母，同爲齒頭音。
搖搖		搖讀去聲（ㄒ́ㄧㄠ）。	搖搖動	甬稱器物置立不穩曰搖搖動。《詩》：「中心搖搖。」謂憂思而心不安也。
拐拐（柺柺）	拐，古買切。		拐拐動	甬稱器物不平而微動曰拐拐動。拐，亦作柺，謂如老人藉拐杖而行不穩也。參看《器具》拐杖注。
擺 擺擺（敊敊）（另另）（⿰身卑⿰身卑）（⿰足貝⿰足貝）（⿺辶貝⿺辶貝）（⿰足市⿰足市）（跛跛）		擺讀本音（ㄅㄚ），亦讀濁音（ㄅ́ㄚ）。	馬擺 擺擺動	甬稱人行步不正或敧斜不平曰馬擺，亦曰擺擺動。《韻會》：「擺，開也，撥也，排而振之也。」皆有搖搖動誼。亦作敊，《集韻》：「邪舛也。」又作另，另即⿰身卑，《廣雅》：「裂也。」邪舛、分裂亦皆有不平正誼。本當作⿰足貝，《說文》：「步行躐跛也。」躐跛，謂步一高一低也。通作⿺辶貝⿰足市跛。
蹩（⿱辟止）（躄）（躃） 蹩蹩	蹩，蒲結切。		蹩腳 蹩蹩動	甬稱足跛曰蹩腳。《說文》：「蹩，踶也。一曰跛也。」又凡人卑劣、器物呰窳亦皆曰蹩腳，如跛者之不完也。又行步不正或器物不平皆曰蹩蹩動。蹩，亦作⿱辟止，《說文》：「人不能行。」又作躄，亦書作躃。

續表

詞 附短語	本音	俗音	例語	疏證
蹎(趚) 蹎蹎	蹎音顛。	蹎讀若顛去聲(ㄉㄧㄣˋ)。	蹎蹎動	甬稱行步時足踵不履地曰蹎。故謂行緩而不穩曰蹎蹎動。《説文》：「蹎，跋也。」亦作趚，《説文》：「行頓也。」
跳跳(趒趒)	跳音迢。	跳讀若眺(ㄊㄠ)。	跳跳動	甬稱行步疾速，足踵如不履地者曰跳跳動。因又稱人不安本分曰跳跳動。《説文》：「跳，蹶也。一曰躍。」亦作趒，《説文》：「雀行也。」
怢(傝)(闒)(濕)(脱) 怢怢	怢，他骨切。		怢落 怢怢動 怢怢嬉嬉[一] 怢怢嬾嬾	甬稱悠忽度日曰怢。故事忽忘而不依期進行曰怢落，行事怠緩曰怢怢動、怢怢嬾嬾，終日游蕩曰怢怢嬉嬉。《集韻》：「怢，忽忘也。」亦作傝。《敬止録》：「不勤謹曰傝。」傝[二]，亦作闒。朱子《語録》：「文字不奇而穩，只是闒靸。」通作濕。《吕覽》：「智貴卒，遬爲上，濕爲下。」注：「濕猶遲久之也。」《集韻》濕，託合切。俗作脱。《廣雅》：「脱，遺也。」遺即遺棄、遺忘，則作脱亦通。
惽惽(怛怛)	惽音答。		心裏惽惽動	甬稱心中時時罣念而不安曰心裏惽惽動。《集韻》：「惽，心恐也。」案本當作怛怛，憂勞之意。《詩》：「勞心怛怛。」
趬趬(趫趫)	趬音竅。	趬亦讀若轎(ㄐㄧㄠˊ)。	趬趬走	甬稱輕佻婦女好出游蕩曰趬趬走。《説文》：「趬，行輕貌。」亦作趫，《廣雅》：「趫趫，行也。」《集韻》：「輕行皃。」

[一] 原脱一「嬉」字，據下文補。

[二] 傝：原誤作「傫」。

續表

詞（附短語）	本音	俗音	例語	疏證
踔踔（排排）	踔，部買切。		踔踔坐	甬稱兒童並坐游戲曰踔踔坐。《説文》：「踔，短人立踔踔貌。」俗亦作排排，謂排列也，亦通。
閬（朗） 閬閬 稀閬（疏朗）	閬音浪。			甬稱稀疏曰閬，亦曰閬閬。《漢書·揚雄傳》：「閌閬閬其寥廓兮。」注：「閬閬，空虚也。」俗通作朗。又曰稀閬，通作疏朗。《晉書·袁宏傳》：「天骨疏朗。」稀疏雙聲之轉。
㝩康	㝩音郎，康音康。	康讀若岡濁音（ㄍㄤˊ）。		甬稱器物空虚而多佔地位曰㝩康。《説文》：「屋康㝩也。」《廣韻》：「康㝩，宫室空。」案康㝩本疊韻語，故亦倒言之曰㝩康。
寬敞				甬稱地位空曠曰寬敞。《説文》：「敞，平治高土，可以遠望也。」
彌縫（彌逢）				甬稱器物罅隙連合至幾無間者曰彌縫。《左傳》：「彌縫其闕。」亦作彌逢。《易·繫辭》疏：「彌謂彌逢補合。」
遼遠（老遠）	遼音僚。	遼讀若勞上聲（ㄌㄠ）。	遼遠八千里 遼遠隔水	甬稱極遠曰遼遠。俗有「遼遠八千里」「遼遠隔水」之語。《説文》：「遼，遠也。」俗作老遠，非。
旺（㞷）			旺葉 興旺	甬稱興盛曰旺，亦曰興旺，又稱草木葉盛而不結果實曰旺葉。案旺，光美也，非，此誼本當作㞷。《説文》：「㞷，草木妄生也。」蓋謂生長過盛也。

續表

詞 附短語	本音	俗音	例語	疏證
⿰多邕(勇)(擁)	⿰多邕音邕。	⿰多邕讀若勇(ㄩㄥ)。	獅子尾巴後頭⿰多邕	甬稱物盛大而多曰⿰多邕。俗喻先小後大曰獅子尾巴後頭⿰多邕。《方言》:「⿰多邕,多也。凡大而多謂之⿰多邕。」俗通作勇,亦作擁。
肣	肣音琴。	肣讀若及(ㄐㄧˊ)。	肣形 肣相	甬稱貧寒者手足拘束或衣服襤褸曰肣形,亦曰肣相。《史記・龜筴傳》:「肣開。」《集韻》:「肣,斂也。灼龜首仰足肣。」蓋謂龜受灼時足斂縮也。肣讀若及者,侵韻、緝韻古本同部也。
毛(毷)		毛亦讀去聲(ㄇㄠ)。	毛糙	甬稱物不光滑曰毛,讀平聲。又曰毛糙,讀作去聲。字亦別作毷。《廣韻》:「毷,莫報切,絹帛毛起如刺也。」
糙(皵)粗糙(麤慥)(粗繰)				甬稱物不滑曰糙。《廣韻》:「糙,粗米未舂。」《類篇》皵與糙同。又曰粗糙,亦作麤慥、粗繰,見《元典章》。
細緻				甬稱物精美曰細緻。《説文》:「緻,密也。」《釋名》:「絲細緻。」《潛夫論》:「細緻綺縠。」
藍縷(襤褸)			衣衫藍縷	甬稱衣服敝敗曰藍褸。《左傳》:「蓽路藍縷,以啟山林。」注:「藍縷,敝衣。」亦作襤褸。《方言》:「布而無緣,敝而紩之,謂之襤褸。」又引申之,保育兒童不周亦曰藍縷。

續表

詞 附短語	本音	俗音	例語	疏證
黲黮	黲，他紺切。黮音箝。	黲讀若他孟切(ㄊㄤ)，黮音甘(ㄍㄧㄜ)。	黲黮叔婆	甬稱衣飾不整齊曰黲黮，《玉篇》「黲黮，不明浄也」。俗謂婦女不修飾曰黲黮叔婆。又引申之稱器物呰窳亦曰黲黮。
蓬鬆（髼鬆）(鬔鬆) 蓬蓬鬆鬆				甬稱毛髮等散亂曰蓬鬆，亦曰蓬蓬鬆鬆。案《詩》有「首如飛蓬」及「其葉蓬蓬」語，則作蓬是。《廣韻》作髼鬆，謂髮亂皃。髼亦作鬔，鬆亦作鬆。
結殼（皷皺）				甬稱溼物經烘曝後外燥結皮而中未乾謂之結殼。《越諺》作皷皺。《類篇》：「皷，皮黑也。」《集韻》：「皺皺，皮乾也。」
剗（驏）	剗音鏟。		剗韤底 剗是	凡物須與他物配合始完全者，若不附加他物即謂之剗。如甬稱不著履而足踏地謂之剗韤底，此物應有某物配合始完全，而秖此物者謂之剗。是某東西甬之言剗，如他方言浄言光也。李後主詞：「剗韤下香階〔一〕，手提金縷鞋。」則五代以來之吴越語也。亦作驏。令狐楚詩：「驏騎蕃馬射黄羊。」《吹萬集》：「驏，不鞍而騎也。」
赤		赤讀若出(ㄑㄩ)。	赤頭 赤腳 赤膊 赤裸 赤身露體	甬稱裸體不著衣服曰赤，赤皆音變如出。如不冠曰赤頭，不韤不履曰赤腳，露上體曰赤膊，露下體曰赤裸。赤，俗皆作出。又赤裸作出卵，非，此裸字讀若亂上聲者，雙聲之轉也。又謂裸體曰赤身露體，則赤讀本音，此或外來語，故不變爲出音也。

〔一〕剗：原誤作「刬」。

續表

詞（附短語）	本音	俗音	例語	疏證
溏	溏音唐。		溏心 溏薄	甬稱物不凝結曰溏。如食物中心未凝結曰溏心，糞便稠溼曰溏薄。《廣雅》：「溏，淖也。」案淖，溼泥也。
湅 稠湅（柔湅）			粥湅。	甬稱粥糊等熟透曰湅，亦曰稠湅，或作柔湅。《玉篇》：「湅，煮絲絹熟也。」《增韻》：「稠，密也，穠也。」
翻白（眅白）	眅音攀。	眅讀若翻（ㄈㄢ）。	眼睛翻白	甬稱人死或厥而睛上向僅露眼白者曰眼睛翻白。翻，本作眅。《說文》：「眅，多白眼也。」眅讀若翻，重脣音變爲輕脣音也。
汪汪（眐眐）	汪，烏光切。		水汪汪 眼淚汪汪	甬稱目似含淚狀曰水汪汪，亦曰眼淚汪汪。盧綸詩：「張老聞此詞，汪汪淚盈目。」案汪汪，本水深廣澄清皃，以池中之水喻目中之淚。亦作眐。《集韻》：「眐眐，目欲泣皃。」案眐爲後起字。
䀰睩睩（鶻淥淥）	䀰音谷，睩音鹿。			甬稱目睛轉動速捷以視察各方曰䀰睩睩。䀰，《玉篇》：「目開也。」《廣韻》：「大目也。」《集韻》：「目動也。」與睌同。睩，《說文》：「目睞謹也。」《廣韻》：「視貌。」王逸《九思》：「哀世兮睩睩。」亦作鶻淥淥。《西廂記》：「鶻伶淥老不尋常。」
䫜（凹）（拗）	䫜音凹。		䫜臉	甬稱人額部突出目部深入者曰䫜臉。《玉篇》：「䫜，頭凹也。」《集韻》：「大首深目貌。」王延壽賦：「䫜顡顟而睽睢。」通作凹拗。

續表

詞 附短語	本音	俗音	例語	疏證
頟頟	頟音岳。	頟讀若額（ㄫㄚ˙），亦讀額反濁音（ㄫㄚ˙）。	頟頟動 頟來頟去	甬稱人頭轉動察看四方曰頟來頟去，又稱人行路時頭摇動曰頟頟動，謂人高視闊步亦曰頟頟動。《説文》：「頟，面前頟頟也。」《通訓定聲》云：「吾蘇俗諺言人趾高氣揚之貌曰頭高頟頟。」然則此爲江浙一帶通語矣。
武 武氣 武騷騷 武技夾臺		夾讀俗音（ㄍㄚ˙）。		甬稱人舉動麤鹵曰武，亦曰武氣，又曰武騷騷。《説文》：「騷，擾也。」《玉篇》：「動也。」《禮・檀弓》：「騷騷爾則野。」注：「騷騷，急疾皃。」又甚言其武曰武技夾臺，謂如演劇時以武藝羼入戲場中也。
文 文氣 斯文 文縐縐				甬稱人舉動嫻雅曰文，亦曰文氣，又曰斯文。因《論語》有「天之將喪斯文也」及「文不在斯乎」之語，小説戲曲中常有「斯文一脈」「斯文朋友」等語，故即稱文雅曰斯文。又稱文而迂謹曰文縐縐，小説戲曲中亦多作此。案《説文》：「縐，絺之細者。」《類篇》：「縐，聚文也。」《詩疏》：「絺者，以葛爲之，其精而尤細靡者縐也，言細而縷縐。」蓋謂其精細而多禮文，故以縐狀之也。又甬稱鷄鴨魚蟹等將死或已死始供庖廚者曰文，謂不能活動也。諱死，故言文。
媌條（媌孅）	媌音茅。	媌讀若苗。		甬稱婦女身材纖長美好曰媌條。《客座贅語》：「南都言人物之長曰媌條。」案當作媌孅。《方言》：「凡好而輕者謂之娥，關東河濟之間謂之媌。」《説文》：「孅，直好貌。」《廣韻》《聲類》云：「細腰貌。」

續表

詞 附短語	本音	俗音	例語	疏證
時髦 時道		時亦讀若如（ㄒㄩ）。		甬稱人言行、衣飾等合乎時宜曰時髦。《詩》：「丞我髦士。」傳：「髦，俊也。」《後漢書·順帝紀》：「孝武初立，時髦允集。」蓋本謂一時俊傑曰時髦也。亦謂之時道，謂合乎當時之道也。
齊整（時景） 飄逸 標致（標緻）				甬稱容貌妍麗、衣飾鮮明曰齊整。案本與整齊義同。《急就章注》：「鬋，拔眉髮去其不齊整者以爲妍瀞。」引申之爲妍麗鮮明之意。《集韻》：「嬐，婦人齊整貌是也。」或曰當作時景，謂合乎時宜也。《後山詩話》：「范文正公爲《岳陽樓記》，用對語說時景。尹師魯曰：『傳奇體耳。』」又謂衣飾鮮明曰飄逸，本指詩文俊逸言。《晉書》：「其文宏麗妍贍，英銳飄逸。」引申之以稱衣飾。又稱容貌妍麗曰標致，本謂標示意致。《魏書》：「莫不統理成章，蘊氣標致。」《文獻通考》載《花翁集》一卷引陳氏曰：「孫惟信撰，在江湖中頗有標致。」引申之以稱美麗，俗亦作標緻。
如式（如適） 合式（合適）				甬稱器物適宜曰如式，亦曰合式。式，本作適。《鹽鐵論》：「人人安和如適。」《淮南子》：「義者，比於人心而合於衆適。」《通俗編》：「今用如適、合適，應作此寫，俗用式字，未見典記。」
嬌滴滴				甬稱婦女嬌媚曰嬌滴滴。薩都刺《題四時宮人圖》：「椅後二女執纓立，案前二女嬌滴滴。」

續表

詞附短語	本音	俗音	例語	疏證
大方 大大方方				甬稱舉動安詳曰大方，亦重言大大方方。《莊子》：「吾長見笑於大方之家。」本謂大道之人。
得人惜		人讀俗音。		甬稱小兒女面貌意致等使人可愛曰得人惜，見王君玉《雜纂》。
得人憎 得人煩憎（得人犯憎）		人讀同前。		甬稱人舉止言語等使人厭惡曰得人憎，亦曰得人煩憎。或曰煩當作犯，犯憎猶言討厭也。陳標《蜀葵》詩：「能共牡丹爭幾許，得人憎處只緣多。」
活脱過（活搨過）				甬稱兩人或兩物極似者曰活脱過。楊萬里詩：「小春活脱似春時。」《直語補證》：「《輟耕録》云：『轉丸之技，一名活脱，即塑工也。』故俗言物之相似爲活脱像。」或曰當作活搨過，謂如搨本之似碑刻也。
亞		亞讀若啞（ㄛ）。	亞卵 亞屄 亞膫 亞臉	甬稱形體醜惡隱蔽處多加以亞字，如男子陽物曰亞卵，女子陰具曰亞屄，亦曰亞膫，亦作幺膫。又詈人口饞或妄言亦曰亞膫，或曰亞膫皮。又詈人顔厚或面貌醜陋曰亞臉。《説文》：「亞，醜也。」此古音古誼之僅存者也。
直絲直縷（直思直理） 直絲直綹	綹音柳。			甬稱物正直不偏斜曰直絲直縷，亦曰直絲直綹，謂絲直則成縷成綹亦直也。《説文》：「緯十縷爲綹。」又引申之以稱人正直。或曰當作直思直理。

續表

詞 附短語	本音	俗音	例語	疏證
平穩 平平穩穩 安穩 安安穩穩				甬稱事物平正妥帖曰平穩，亦曰平平穩穩。又曰安穩，亦曰安安穩穩。戴復古詩：「平平穩穩，爲公爲卿。」吴澄詩：「安安穩穩萬年枝。」
條秩（條直） 條條秩秩（條條直直）				甬稱物平直或人安分曰條秩，亦曰條條秩秩。秩，亦作直。條條秩秩見《爾雅·釋訓》，條條直直見白居易詩。
狹窄 狹狹窄窄		狹讀俗音（ㄏˊㄚ˙）。		甬稱地位偪側曰狹窄，亦重言之曰狹狹窄窄，對人之器度及家之境遇亦稱之。白居易詩：「窄窄狹狹向陽屋。」
零落 零頭落角 零零落落		角讀俗音（ㄍㄛ˙）。		甬稱物之奇零曰零落，亦曰零頭落角，亦曰零零落落。《説文》：草枯曰零，木枯曰落。《禮》：「草木零落，然後入山林。」蓋謂如賸枝殘葉也。
粗花大葉		大讀俗音（ㄉˊ禾）。		甬稱婦女容色平庸曰粗花大葉。朱子《語録》作麤枝大葉，本指事物平庸而言。
乾薑瘪棗				甬稱人物枯萎曰乾薑瘪棗。蓋薑棗失水易皺縮也。薑棗連言者，此二物昔爲庖廚調和也。
雜亂無章（雜亂糊糟）				甬稱事物紛亂而無條理系統者曰雜亂無章。無章謂無規則也。俗作雜亂糊糟，非。

續表

詞附短語	本音	俗音	例語	疏證
連頭夾腦 和頭夾腦 和頭和腦		夾讀俗音（ㄍㄚ˙）。		甬稱軀體之全部曰連頭夾腦，亦曰和頭夾腦，亦曰和頭和腦。甬語往往以頭腦二字構成一詞，下數例同。
過頭過腦				甬稱他物超越人之頂上曰過頭過腦。
鞔頭鞔腦（滿頭滿腦）（蒙頭蒙腦）		鞔音瞞。		甬稱以被或他物蒙首曰鞔頭鞔腦，俗作滿頭滿腦，亦曰蒙頭蒙腦。
環頭環腦 垂頭垂腦 痿頭痿腦		環讀若慣平聲濁音（ㄍˊㄨㄢ），垂讀若住（ㄗˊㄩ）。		甬稱人病無力，不能舉首曰環頭環腦，亦曰垂頭垂腦。又曰痿頭痿腦，對人心中不樂，不能振作精神時亦稱之。
褪頭脱腦 霉頭脱腦				甬稱物已損毁或霉爛，外觀不美者曰褪頭脱腦，亦曰霉頭脱腦。又謂人不知利害曰褪頭脱腦，無顔見人曰霉頭脱腦。
右形態				
悶 悶氣 氣悶				甬稱溽暑時或密閉處呼吸不調曰悶，亦曰悶氣，又曰氣悶。《楚辭注》：「悶，煩也。」

續表

詞 附短語	本音	俗音	例語	疏證
寐	寐音米。		寐花眼睩	甬稱臥中似覺非覺曰寐花眼睩。《説文》：「寐，寐而未厭也。」花謂目已昏花，睩謂目未全閉也。
痠(酸)	痠音酸。		腳痠手輭	甬稱手足關節因疾而痛楚曰痠。如言腳痠手輭。《廣雅》：「痠，痛也。」亦借酸字爲之。《晉書》：「浮氣流腫，四肢酸重。」
壞(歹)(孬)(嬒)(瘣)		壞讀若烏乖切(ㄨㄚ)。		甬稱人物不善不美皆曰壞，爲好之反。俗作歹，歹音不同，見後。俗又別造孬字，見《桂海虞衡志》。案當作嬒或瘣。嬒，《集韻》烏外切。《方言》：「可憎也。」瘣，《集韻》胡賄切。《詩》：「譬彼壞木。」傳：「壞，瘣也，謂傷病也。」毛傳蓋以壞爲瘣之假借字。
歹	歹，多改切。		好歹弗管	甬亦稱不好曰歹。如俗語好歹弗管，正讀多改切也。此爲蒙古所造字，《元典章》有「管匠造作或好或歹」語，與讀若遏之歺字不同。
下流				甬稱人品行卑鄙曰下流。《論語》：「是以君子惡居下流，天下之惡皆歸焉。」
下足(下作)			下足東西	甬稱人品行卑鄙亦曰下足，詈人曰下足東西。《直語補證》：「下足，微賤之稱。《傳燈録》：『黄蘗云：舉足即佛，下足即衆生。』」或曰當作下作，謂作爲卑下也。

續表

詞（附短語）	本音	俗音	例語	疏證
疲			喫疲 聽疲	甬稱事因頻數使人厭倦曰疲。如屢食一物而覺無味曰喫疲，屢聞一事而不受感奮曰聽疲。《增韻》：「疲，倦也。」《漢書·萬石君傳》：「我自樂此不爲疲也。」
覙⿰甚見（⿰月見⿰甚見）	覙，丑林切。⿰甚見音眈。	覙⿰甚見讀若親（ㄊㄣ）丁（ㄉㄧㄣ）去聲。	覙⿰甚見看 覙⿰甚見直死	甬稱目不轉瞬而直視曰覙⿰甚見。如目恒注視一物而不動曰覙⿰甚見看，坐視而無策救治曰覙⿰甚見直死。《説文》：「覙，私出頭視也。」亦作⿰月見。⿰甚見，内視也。
惶恐			怕惶恐	甬稱羞媿曰惶恐。如羞媿不見人曰怕惶恐，與古所謂惶恐者略殊。《史記·萬石君傳》：「誤書馬字，與尾當五，今乃四，不足一。上譴死矣，甚惶恐。」此所謂惶恐即恐懼意。亦兼有羞媿意，蓋恐惶與羞媿本互爲因果者也。
藐然（邈然）	藐音眇。		看得藐然	甬稱輕蔑曰藐然。如輕視曰看得藐然。《孟子》：「説大人則藐之。」注：「藐，輕視也。」亦作邈，然陸機文顧邈同列。
怏躁躁	怏音央，躁音竈。	怏讀若哀郎切（ㄤ）。		甬稱怒而發動曰怏躁躁。《説文》：「怏，不服懟也。」《禮》：「身毋躁。」注：「躁，猶動也。」
⿰忄弋⿰忄弋（躍躍）	⿰忄弋音弋。		⿰忄弋⿰忄弋動	甬稱因恐懼或被誘惑而動曰⿰忄弋⿰忄弋動。《集韻》：「⿰忄弋，心動也。」案當作躍躍動。懼而心動者，如夏侯湛賦「振游形之躍躍」；因喜而心動者，如韓愈文「得利則躍躍以喜」。躍躍，跳動皃。躍⿰忄弋雙聲。

續表

詞 附短語	本音	俗音	例語	疏證
蹩躠（徶徲）蹩蹩躠躠	蹩音别，躠音薛。	蹩讀若鼈（ㄅㄧ）。		甬稱人疲怠無力行動曰蹩躠，亦曰蹩蹩躠躠。《玉篇》：「蹩躠，旋行貌。一曰跛也。」《敬止録》：「踟躅不進曰蹩躠。」躠亦書作躃。《莊子》：「蹩躃爲仁。」通俗雜字書作徶徲。司馬相如《上林賦》：「媥姺徶徲。」注：「衣服婆娑貌。」
癟㾷㾷	㾷音西。	癟讀若畢（ㄅㄧ）。		甬稱人病後無力曰癟㾷㾷，見《七修類稿》。癟解見前《形態》。㾷，疼痛也，見《集韻》。
驃（膘）（臕）	驃音票。	驃讀若標（ㄅㄧㄠ）。	發驃	甬稱馬勇健難御曰驃。又稱人驕傲亦曰驃，如使氣曰發驃。《玉篇》：「驃，驍勇也。」俗作臕膘，非。
上長旺	長，張上聲。			甬稱人因暴富貴傲慢而不自知其位分曰上長旺〔一〕，謂如草木生長過速而旺葉也。旺，本當作㞷，見前《形態》注。
昏懂懂 昏忳忳（昏沌沌）	忳音頓。			甬稱因心煩亂而昏昧曰昏懂懂。懂，本作懵。《廣韻》：「懵懂，心亂也。」《正韻》作懵懂。又曰昏忳忳。《老子》：「我愚人之心哉，忳忳兮。」忳，亦作沌。《集韻》：「忳，愚也。」
渾沌沌 渾淘淘	沌音頓。			甬稱水不清、事不明、心不開通、家不清白皆曰渾沌沌，猶言渾沌，不明白、不開通貌。又曰渾淘淘。《廣雅》：「淘淘，水流也。」謂如水流動時挾帶泥沙也。

〔一〕慢而：原誤作「而慢」。

續表

詞 附短語	本音	俗音	例語	疏證
清泚 清爽 乾净	泚音玼，乾音干。	泚讀若楮（ㄑㄩ），爽讀平聲（ㄙㄥ）。	託相信弄乾净	甬稱潔净曰清泚。《集韻》：「泚，水清也。」《詩傳》：「泚，鮮明皃。」夏侯嘉正《洞庭賦》：「秋之爲神素氣清泚。」又曰清爽。《説文》：「爽，明也。」《杜陽雜編》：「飲之神氣清爽。」又曰乾净，乾燥也。《宋史·汪立信傳》：「江南無一片乾净地。」又謂完盡曰乾净，如言託相信弄乾净。
祇節	祇音脂。			甬稱愛好衣食等潔净曰祇節。祇謂祇敬，節謂樽節也。
麞糟（骯髒） 媕臢（腌臢） （埃墫）	麞音坳。			甬稱不潔曰麞糟。《漢書·霍去病傳》「麞皋蘭山」下注：「今謂糜爛爲麞糟。」〔一〕亦作骯髒，見《玉篇》。亦作媕臢。《俗用雜字》：「媕臢，不潔净。」亦作腌臢，元雜劇中多作此。《字典》未收臢字。亦作埃墫，見《越諺》。墫字《字典》亦未收。案骯媕腌埃與麞，髒臢臢與墫糟皆雙聲之轉，隨各地方言而微異也。又甬稱穢物、邪鬼、流氓、月經皆曰麞糟，已見《名詞表》。
膩腥				甬亦稱不潔曰膩腥，謂垢膩腥臊也。膩，《玉篇》：「垢膩。」腥，《説文》作胜，魚臭也。
皺搨（攞遢） （邋皵）	邋音臘，遢音榻。			甬亦稱不潔曰邋遢。邋遢本爲不謹事之稱，見《廣韻》，引申之爲不潔之稱。《明史·張三丰傳》：「以其不修邊幅，

〔一〕《漢書·霍去病傳》無此注，出《誠齋詩話》誤引《漢書·霍去病注》。

續表

詞附短語	本音	俗音	例語	疏證
				又號張邋遢。」亦作皺皺。《篇海類編》：「皺皺，腥羶也。」《玉篇》則以爲「皮瘦寬貌」。或曰當爲擸㩍之轉音，擸㩍即垃圾，見前《名物詞表》。
飽飽	飽，他登切。	飽讀若頓（ㄉㄥ）。	飽飽飽	甬稱食過飽而不化曰飽。如積滯曰飽，過飽胸腹不舒曰飽飽。參看《動作詞表》飽字注。
殟（挖）（欸）	殟，烏没切。		胸頭煞殟殟勞勞	甬稱勞心或飢餓而胸中焦灼曰殟，亦曰殟勞勞。《説文》：「殟，胎敗也。」一曰心悶。俗作挖。亦作欸。《説文》：「欸，咽中息不利也。」
醺醺（熏熏）			醉醺醺	甬稱微醉曰醉醺醺。《説文》：「醺，醉也。」《繫傳》：「飲有酒氣熏熏然。」《詩》：「公尸來止熏熏。」張衡《東京賦》：「君臣歡樂，具醉醺醺。」
齭（㾷）	齭音所。	齭讀若西（ㄙㄧ）。	牙齒齭	甬稱因食酸物而齒痠麻作響曰齭。《説文》：「齭，齒傷酢也。」讀若西者，齭西一聲之轉。或曰當作㾷，《集韻》：「痠㾷疼痛也。」
體忲（體泰）	忲音泰。			甬稱身心安逸曰體忲。張衡《西京賦》：「有憑虚公子者，心奓體忲。」注：「志奢溢，體驕泰也。」《越諺》作體泰。
儓倯	儓，探去聲。倯，皲去聲。	儓倯讀若泰（ㄊㄢ）宋（ㄙㄐ）。	儓倯介	甬稱庸愚人不知憂勞曰儓倯介。《集韻》：「儓倯，癡皃。」

續表

詞 附短語	本音	俗音	例語	疏證
調大（調代） 調調大大		大讀本音。		甬稱閒暇曰調大，甚言之曰調調大大。《敬止録》作代調，「謂人閒曰代調。蓋取有人當任，去則閒也」。《光緒志》：「案今曰調代，音如調大。」據此可見古今方言之變，明之代調，今變爲調大矣。
安耽 安安耽耽				甬稱閒逸康樂曰安耽，甚言之曰安安耽耽。《玉篇》：「耽，樂也。」
舒齊（舒徐） （紓徐）（舒遲） 舒舒齊齊 舒服 舒舒服服				甬稱舒適曰舒齊，亦作舒徐。《越諺》作紓徐。或曰當作舒遲。亦曰舒服，甚言之則曰舒舒齊齊，亦曰舒舒服服。元積詩：「少年爲事要舒徐。」《禮》：「君子之容舒遲。」又甬稱齊備曰舒齊，亦曰舒舒齊齊。
停當 停停當當			弄停當 滿停當	甬稱事已完畢曰停當，如告竣曰弄停當。又稱可信任曰停當，如極可信曰滿停當。蓋可信任則能了事也。甚言之曰停停當當。朱子《語録》：「此心停停當當，恰在中間。」
容易 容容易易				甬稱不難曰容易，即從容便易之意。《漢書·楊惲傳》：「事何容易。」甚言之則曰容容易易。
領徑（領直） 領領徑徑				甬稱簡便曰領徑，亦曰領直，甚言之曰領領徑徑，謂作事得其要領則徑直也。

續表

詞 附短語	本音	俗音	例語	疏證
快活				甬稱歡樂曰快活，謂生活快樂，猶言安生也。《五代史·劉昫傳》：「自此我曹快活矣。」此爲古今四方通語也。又稱閒暇曰快活，因閒暇則身心安逸也，此爲甬所獨有之語也。
寫意 適意		適亦讀若失（ㄙㄩ）〔一〕。		甬稱愜心曰寫意，謂輸泄心中所欲也，與《詩》「以寫我憂」「我心寫兮」之寫誼同。《戰國策》：「趙武靈王曰：忠可以寫意。」注：「寫猶宣也。」亦曰適意。《晉書》：「張翰曰：人生貴適意爾。」則此亦古吳語也。
爽快 爽直 爽氣 爽爽快快				甬稱身心舒適曰爽快，猶他方言快活也。此爲甬所獨有。又稱性情或言語率直曰爽快，亦曰爽直，則爲四方通語。又曰爽氣，則甬所獨有矣。參看後《性質》。
喫力（怯力）（彀力）		喫讀本音（ㄑㄧ）。		甬稱勞頓曰喫力。二字見《擊壤集》。亦作怯力，謂畏怯勞力也。亦作彀力。《正韻》：「勤苦用力曰彀。」
著力（竭力）（劇力）（勮力）（㑳力）（𢙴力）		著讀若灼（ㄗˊㄚ）。		甬亦稱勞頓曰著力。著力，用力也，猶言喫力。亦作竭力，謂盡其力也。亦作劇力。《廣韻》：「劇，艱也。」亦作勮力。《說文》：「勮，服也。」《廣韻》：「勤務也。」亦作㑳力。《集韻》：「㑳，倦也。」亦作𢙴力。《說文》：「𢙴，勞也。」《集韻》：「疲也。」案此數者，音誼並可通。

〔一〕若：原誤作「者」。

續表

詞 附短語	本音	俗音	例語	疏證
懇苦（刻苦）（艱苦）				甬稱辛勤曰懇苦。《説文》：「懇，悃也。」《廣韻》：「懇惻，至誠也。」或曰當作刻苦，懇刻雙聲之轉。或曰當作艱苦，艱懇二字皆從艮得聲。
白蠟蠟（白勞力）		蠟讀若力（ㄌㄧ˙）。		甬稱作事無濟曰白蠟蠟，見《直語補證》。案當作白勞力。蠟蠟，實即勞力之變音也。
汲汲忙忙				甬稱忽遽曰汲汲忙忙。《論衡·書解》：「汲汲忙忙何暇著作。」是本漢以來之浙東語也。
㥮 快㥮 勢㥮（豪燥）	㥮音燥，勢音豪。			甬稱速捷曰㥮，亦曰快㥮，亦曰勢㥮。案本作恔。《玉篇》：「快性也。」《説文》：「勢，健也。」《集韻》：「强也。」故勢㥮謂作事健捷也，俗作豪燥，非。
連忙				甬稱一事辦了即辦他事曰連忙。二字見朱熹《雲谷記事》詩。
慢（⿺走曼） 慢慢			慢慢去	甬稱遲緩曰慢，亦重言慢慢。慢，惰也，非緩意，本當作⿺走曼。《説文》：「⿺走曼，遲行也。」
慢紓紓（慢舒舒）（慢⿰糹余⿰糹余）	紓音書。			甬稱頗緩曰慢紓紓。《説文》：「紓，緩也。」亦作⿰糹余，通作舒。
慢闡闡（慢綫綫）	闡，昌善切。			甬亦稱頗緩曰慢闡闡，亦有緩意。馬融《長笛賦》：「從容闡緩。」本當作綫，《説文》：「偏緩也。」

續表

詞 附短語	本音	俗音	例語	疏證
慢呑呑（慢縕縕）（慢緹緹）慢宕宕（慢蕩蕩）		宕讀若他孟切（ㄊㄤ）。		甬稱極緩曰慢呑呑，亦曰慢宕宕，或作慢蕩蕩。本當作慢縕縕。《説文》：「縕，緩也。」或作緹。縕音聽，與呑宕皆爲雙聲之轉。
慢頓頓				甬亦稱極緩曰慢頓頓。頓即停頓之意。
懈		懈讀若介俗音之濁音（ㄍㄚ）。	懈紓紓 懈悠悠 懈問	甬稱怠緩、閒暇、寬鬆皆曰懈。如作事怠緩或時日閒暇皆曰懈紓紓，編織物寬鬆曰懈悠悠，又嬾於過問曰懈問。問，讀若悶。案懈，《説文》「怠也」，本古隘切，屬見母剛音，俗讀入匣母，音邂逅之邂，甬方音又轉入羣母剛音。見羣匣三母皆喉音也。
滑（猾）（姡）（獪）			滑頭	甬稱狡詐浮薄曰滑。如輕薄之人曰滑頭。亦作猾。《三倉》：「猾，黠惡也。」亦作姡。《方言》：「姡，獪也。凡小兒詐而獪或謂之姡。」本當作獪。《説文》：「獪，狡獪也。」《集韻》亦音滑。
舞（武）			舞器介	甬稱兒童好弄曰舞。俗有「舞器介」之語。《漢書·張湯傳》注：「舞，變弄也。」或曰當作武，謂麤鹵也。參看前《形態》武字注。

續表

詞附短語	本音	俗音	例語	疏證
虛花(虛華)			少年虛花，到老弗成家。	甬稱言行事務巧飾而不求實際曰虛花。俗有「小年虛花，到老弗成家」之諺〔一〕。本作虛華。《後漢書・朱穆傳》：「虛華盛而忠信微。」
覼縷(覶縷)(羅縷)(囉哩)	覼音羅。	覼讀若羅反濁音(ㄌ禾)。		甬稱瑣屑曰覼縷。本作覶縷。《玉篇》：「覶縷，委曲也。」《唐書・柳宗元傳》：「秉筆覶縷，不能成章。」通作羅縷。《晉書・傅咸傳》：「臣前所以不羅縷者，因結奏得從私願也。」俗亦作囉哩。參看前《聲音》囉啅注。
嚕囌(落索)(囉嗻)(囉啅)(囉嗊)(囉瑣)		嚕囌讀若囉(ㄌ禾)啅(ㄙ禾)。		甬稱瑣屑不曉事曰嚕囌。《玉篇》：「嚕，語也。」囌字不見字書，此爲劇本杜撰者。本當作落索。《顏氏家訓・治家》篇引諺曰「落索阿姑餐」。亦作囉嗻。《類篇》：「囉嗻，多言也。」嗻，亦作謶。又作囉啅、囉嗊、囉瑣。案覼縷、嚕囌二詞，指事言則爲瑣屑，指語言則爲煩瑣。參看前《聲音》囉啅注。
疙瘩(疙瘩)(疙疸)(疙禿)(扢搭)(吃答)(紇綴)(紇頭)疙疙瘩瘩		疙瘩讀若葛(ㄍㄚ˙)答(ㄉㄚ˙)。	一盤疙瘩帳 啞子多疙瘩 吃嘴吃答	甬稱事之不易整理者或人之不易應付者皆曰疙瘩。如一個難問題曰一盤疙瘩帳，糾繞不清曰啞子多疙瘩。《通俗編》：「今以皮膚小腫爲疙瘩。瘩，都合切，見《字林》。」蓋謂如皮膚腫起一時不易平也。俗亦作疙瘩、疙疸。瘩字不見字書。又作疙禿。《淮南子》：「親母爲子治疙禿，血流

〔一〕小：前作「少」。

續表

詞附短語	本音	俗音	例語	疏證
				至耳，見者以爲愛之至也。」疙禿，謂頭上之瘡也。元人《秋胡》劇作扢搭，亦假借字。或曰當作吃答。甬俗有「吃嘴吃答」之語，謂如吃口之人應對不易也。或曰當作紇綴。《説文》：「紇，絲之下者。」《詩傳》：「綴，猶結也。」謂絲之下者多疵累糾結不易治也。或曰當爲紇頭之轉音，紇頭，即麩頭。《漢書・陳平傳》注：「京師人謂粗屑爲紇頭。」蓋謂如麥之粗屑，不易下咽也。
累堆（累墜）（累贅）（阫䭔）（褦襶）（磊𣹟）（磊潭）累累堆堆		累讀反濁音（ㄌㄟ），堆讀若對（ㄉㄟ）。		甬稱事物煩重難以整理或人糾纏不清難以理喻皆曰累堆，謂如物之積累而上不易爲也。二字見《通雅》及今方言。通俗小説皆作累墜，謂如物之積累欲下墜也。亦作累贅，謂若贅旒徒多累也。亦作阫䭔。《肯綮録》：「物下重曰阫䭔。上音蕾，下都罪切。」見《廣韻》。案《廣韻》：「阫䭔，果實垂也。」亦作褦襶。《越諺》：「褦襶，越音拉帶平聲，譏衣服垢敝，不識時宜。」案《類篇》：「褦襶，不曉事。」《天香樓偶得》：「魏程曉詩：今世褦襶子，觸熱到人家。」《篇海》：「謂當暑人樂袒裸，而固盛服請見也。」本當作磊𣹟。《説文》：「磊𣹟，重聚也。」段注：「磊𣹟，疊韻字，今俗語猶有之。」一本作磊潭。
倭[亻尌]（倭墮）（[髟委][髟者]）		倭讀若烏過切（禾），[亻尌]讀若對（ㄉㄟ）。		甬稱人不明事理曰倭[亻尌]。《越諺》：「倭[亻尌]音渦昉，謂其誤論人事。」案《説文》：「倭，順也。」「[亻尌]，市也。」二字不連用，亦無誤論人事誼。或曰當作倭墮。李嶠詩：「雲髮羞垂倭

續表

詞附短語	本音	俗音	例語	疏證
				墮髻。」倭墮，本作鬉鬌。《禮·內則》疏：「三月翦髮，所留不翦者爲鬌。」《類篇》：「鬉鬌，髮貌。」謂如髮之難理也。
泥（詎）（妮）（黏）	泥去聲。		倭泥脾氣	甬稱人優柔不爽曰泥。如言倭泥脾氣。唐元稹詩「泥他沽酒拔金釵」之泥，即此意。《升菴外集》：「俗以柔言索物曰泥，乃計切。諺所謂輭纏也。」字或作詎，《集韻》：「言不通也。」亦作妮。或曰當爲黏之轉音。
夎愆（夎𧼯）（錯愆）	夎音挫。	愆亦讀若虔之剛音（ㄍ一ㄢ）。		甬稱作事不適當或發言不合理曰夎愆。《說文》：「夎，拜失容也。」「愆，過也。」亦作夎𧼯。《說文》：「𧼯，蹇行𧼯𧼯也。」或曰當作錯愆，錯爲舛誤之意，甬俗讀挫。錯愆，猶言錯失也。
褫袲（綷縩）	褫，丑豸切。袲音侈。	褫讀若妻上聲（ㄘ一），袲讀若叉上聲（ㄘㄛ）。	褫袲不等 褫袲阿姆	甬稱不修邊幅曰褫袲。如衣服不整齊曰褫袲不等，婦女不修飾者曰褫袲阿姆。《廣韻》：「褫，衣絮偏也。」《韻會》：「袲，衣長好貌。」亦作袳，《類篇》：「衣張也。」或作綷縩，音翠蔡。《類篇》：「紈素聲。」蓋謂其行動無儀，衣服作聲也。
閱霍（噏呷）（翕忽）閱閱霍霍		霍讀若忽（ㄏㄨㄚ）。		甬稱婦女不矜持曰閱霍，亦曰閱閱霍霍。《軒渠録》：「奶子又閱閱霍霍地。」或曰當作噏呷。司馬相如《上林賦》：「噏呷萃蔡。」噏呷爲衣拂物聲，一曰衣裳張起之皃。又作翕翕忽忽。《爾雅》：「翕翕訿訿，莫供職也。」《說苑》：「忽忽之謀不可爲也。」忽忽，謂不經意也。

續表

詞附短語	本音	俗音	例語	疏證
渧潹 渧渧潹潹	渧音帝，潹音麗。	潹讀若帶俗音（ㄉㄚ）。		甬稱作事拖泥帶水曰渧潹，亦曰渧渧潹潹。《埤蒼》：「渧，潹漉也。」謂如漉時汁液點滴不盡也。
拖沓（誕譂） 拖拖沓沓		拖沓亦讀若剃（ㄊㄧ）泰（ㄊㄚ）。		甬亦稱作事拖泥帶水曰拖沓，亦曰拖拖沓沓。亦讀若剃泰，雙聲之轉也。或曰當作誕譂，本讀天灘，轉爲剃泰，《廣韻》：「言不止也。」
考究 講究			房子考究 考究到底 喫食講究 什麽講究	甬稱事物精美曰考究，如居處精美曰房子考究。亦曰講究，如食品精美曰喫食講究。蓋謂考慮研究或討論研究也。《宋史》：「神宗講究方田利弊。」又考察追究亦曰考究，如追查底細曰考究到底。《魏書·高允傳》：「及更考究，果如君語。」即此意。又原因亦曰講究，如問因何而起曰什麽講究。
懶憊		懶讀若癩反濁（ㄌㄚ），憊讀若拜俗音（ㄅㄚ）。		甬稱一切事物得過且過曰懶憊。懶爲怠惰之意，憊爲困疲之意，謂因困怠而不事講究也。
憊懶（潑賴） （毕賴）（破爛） （潑辣）		憊懶讀若派（ㄆㄚ）癩（ㄌㄚ）。	養得憊懶	甬稱惡劣曰憊懶。如兒童保育不周，衣食惡劣曰養得憊懶。小説中多作此二字。《餘冬叙録》作潑賴。雲南夷諜作毕賴。案當作破爛，本指衣服惡劣言，後以稱一切器物及行爲，後又轉爲入聲，讀若潑辣，稱悍婦曰潑辣貨矣。

續表

詞附短語	本音	俗音	例語	疏證
克己		己讀若氣(ㄑㄧ)。		甬稱不多求於人或交易公平曰克己。此與《論語》「克己復禮」之誼略同，謂能制勝私慾也。惟己讀若氣耳。
客氣				甬稱舉動謙恭曰客氣，謂如作賓客之態度也[一]。此與《左傳》所謂「盡客氣也」之誼不同，左氏則以激於一時而非素養者謂之客氣。
闊氣		闊亦讀若客(ㄎㄚ˙)。		甬稱禮物豐盛或衣食奢侈曰闊氣。闊，亦讀若客。案克己、客氣、闊氣三詞，形音誼皆不同，甬方音讀譌，往往皆混作客氣矣。
懶癱(懶怠)(壏墳)(壏埮)			懶癱氣	甬稱心灰意懶，不願作事曰懶癱氣，謂懶惰如病瘋癱也。或曰當作嬾怠。光緒《鎮海志》作壏墳，引《蜀語》「地平曠曰壏墳，音覽坦」。案《集韻》作壏埮，謂地平而長也，非此意。
没意頭 無意思		没讀若無俗音(ㄇㄨ)。		甬稱索然無味曰没意頭，亦曰無意思。《敬止録》曰：「唐李義山《雜纂》有『没意頭』之目，如對屠兒説買放生，對僧道説異端害正之類。」

〔一〕賓：原誤作「實」。

詞附短語	本音	俗音	例語	疏證
淡口（頌口）				甬語所謂淡口有二種意義，一謂無酒飯而盡食餚饌也，一謂意不屬此而語氣不振也。第二誼本當作頌口。《廣韻》：「頌，頰緩也。」與前《形態》之繟口音誼並殊。
值錢（直錢）		錢讀若田（ㄉㄧˊ宀）。		甬稱愛惜兒女曰值錢。本作直錢，如白居易詩：「荆釵不直錢。」朱子《語録》：「束脩至不直錢底，羔鴈是較直錢底。」皆以珍貴爲直錢也。珍貴之物必愛惜，故甬語以爲愛惜兒女之稱矣。
珍珠瑪瑙珊瑚寶				甬稱珍重兒女曰珍珠瑪瑙珊瑚寶，因此數物皆極珍貴，與上言值錢意同。
正經 正當 正路			正經事體 正當行業 正路貨色	甬稱常道或正派曰正經，亦曰正當、正路。如平素應作之事曰正經事體，士農工商等恒業曰正當行業，貨真價實之商品曰正路貨色。《論語》：「攻乎異端。」疏：「言人不學正經善道而治乎異端之書。」正經二字見此。惟此所謂正經，指聖賢經傳而言，其誼略殊。又《孟子》：「義，人之正路也。」則誼相近。正當，見《易》：「孚於剥位正當也。」
端正 端端正正 規矩 規規矩矩 循規蹈矩			腳手端正 規矩人 老規矩 做規矩	甬稱行爲、容儀正直曰端正，如稱女子容儀安詳曰腳手端正。重言之則曰端端正正。《路史》引《鶡冠子》：「物之始也傾傾，至其成形端端正正。」又行爲正直曰規矩，如君子曰規矩人。又禮法亦曰規矩，如子女教以義方曰做規矩。又例所應有者亦曰規矩，如常例曰老規矩。實皆《孟子》所

續表

詞 附短語	本音	俗音	例語	疏證
				謂「不以規矩，不能成方圓」引申之而已。重言之亦稱行爲正直曰規規矩矩。又曰循規蹈矩。北齊《元會大饗登歌》：「應規蹈矩，玉色金聲。」循規作應規。
和氣 和和氣氣				甬稱辭色和婉曰和氣，重言之曰和和氣氣。言氣者，猶言態度也，與客氣、老氣等同，甬之語調皆然。
倭妥（委佗）（嫛娜） 倭倭妥妥				甬稱婉順妥帖曰倭妥。《説文》：「倭，順也。」倭妥本疊韻詞，與委佗、嫛娜音誼並近，實即一詞之轉變。《詩》：「委委佗佗。」《説文》：「委，曲也。」《集韻》：「雍容自得之皃。」曹植賦：「雍容婀娜。」《集韻》：「嫛娜，弱態。」〔一〕
活絡（滑落）（鶻淥）				甬稱伶俐活潑曰活絡。《鶴林玉露》：「大抵看詩要胸次玲瓏活絡。」俗亦作滑落，取不留滯之誼，實則二字本疊韻詞，無本字，即《西厢記》「鶻伶淥老不尋常」亦取此意。
强弸弸 硬弸弸（硬綳綳）	弸，蒲萌切。	弸讀若繃（ㄅㄤ）。		甬稱人態度或性情堅執曰强弸弸，亦曰硬弸弸。又稱物生硬亦曰硬弸弸。《説文》：「弸，弓彊皃。」亦作硬綳綳。《閒中古今録》：「應履平詩：衣裳糨得硬綳綳。」

〔一〕「態」下原衍「皃」字，據《集韻》删。

續表

詞（附短語）	本音	俗音	例語	疏證
在行 內行 內教 外行 外教	行音杭。	外讀俗音，教讀本音。		甬稱明悉事理曰在行，對於某事能知其底藴曰內行，亦曰內教，不知其底藴曰外行，亦曰外教。行謂行業，教謂宗教，蓋職業之規則，宗教之儀式，惟入其門者知之也。在行，見班固《弈旨》：「博懸於投，不必在行。」內行，見《魏書·常山王遜傳》：「即拜內行阿干。」然其意皆與此異。
綻（纘） 錯	綻，直莧切。	錯讀若挫（ㄘ禾）。	做綻 講錯	甬稱舛誤曰綻，亦曰錯。《敬止録》[一]：「作事舛錯曰綻，謂如衣之破綻也。」民國《象山志》曰：「纘，《廣韻》：徂贊切。不謹也。」今言作事誤曰纘，《敬止録》作綻，未是。錯，《集韻》：「乖也。」《增韻》：「舛也，誤也。」錯本七各切，亦讀若醋，今甬讀若挫者，古音魚部與歌部次旁轉也。
對（侻）			弗對	甬稱不舛誤曰對。案對有相當相配之誼。凡事能相當相配，則不舛誤矣。或曰當作侻。《廣雅》：「侻，可也。」侻本他括切，音轉如對。
親			親身到此 親眼看見	甬稱躬自爲之而不假手於人者，必冠以親字。如親身、親眼是也。《禮·文王世子》注：「親，猶自也。」

〔一〕敬：原誤作「蔽」。

續表

詞 附短語	本音	俗音	例語	疏證
生 生頭 陌生 熟 熟頭 似熟（時習）		生讀俗音（ㄙㄤ）。	生頭没接 面熟陌生 熟頭路 似熟人	凡相親習曰熟，不相親習曰生，此古今四方通語也。生曰生頭，曰陌生，熟曰熟頭，曰似熟，則爲甬之專稱矣。如絶不相識之人曰生頭没接，謂從未接見之人也。接，讀若腳。或曰當作生頭陌腳，蓋以陌生二字冠於頭腳二字之上以爲對也。或曰當作生頭末腳，生末皆戲劇中角色名稱，頭飾生裝而腳飾末裝，爲不經見。案此似曲説。又似曾相識曰面熟陌生，謂陌路相逢之人見面方識也。面熟，亦作面善，又作面䩄〔一〕。《説文》：「䩄，面和也〔二〕。讀若柔。」又如曾到之地曰熟頭路，曾見之人曰似熟人。或曰似熟當作時習，謂時時相親習也。
寬 寬紓（寬舒） 寬裕				甬稱生計優裕曰寬，曰寬紓、寬裕，皆以人物爲喻也。寬紓亦作寬舒。《管子》：「寬舒而仁，獨樂其身。」《禮記》：「寬裕温柔，足以有容也。」本皆指人性情而言。
急 緊急 急迫 拮据（急拘）				甬稱生計困迫曰急，曰緊急、急迫、拮据，皆以事物爲喻也。《詩》：「予手拮据。」本謂手口作共艱苦之意。或曰當作急拘，謂急迫拘束也。

〔一〕䩄：原誤作「䩉」，據《説文解字》改。
〔二〕面：原脱，據《説文解字》補。

續表

詞附短語	本音	俗音	例語	疏證
闊綽				甬稱顯赫奢侈曰闊綽。闊綽二字皆有寬意，猶前之言寬也。
綽綽有裕				甬稱一切事物尚有餘剩曰綽綽有裕。此語本見《詩・小雅》傳：「綽綽，寬也。」今甬則習爲方言，婦孺皆言之。
響璫				《越諺》：「響璫，有名望也。」案琅璫，鈴鐸也，搖動則遠聞，故以爲名譽之稱。甬語則往往於争訴時用之，如不名譽曰介響璫，曰什麼響璫。頌贊人有聲望決不曰響璫也。
體面				甬稱榮耀曰體面。體面表露於外，爲人易見，猶言冠冕也。
興隆 興旺			生意興隆 人丁興旺	甬稱商業發達曰生意興隆。諸葛亮《出師表》：「先漢所以興隆也。」惟甬常指商業言。若一切事業發達則曰興旺，如人口繁殖曰人丁興旺。
得發				甬稱一切事業發達亦曰得發。得有能意，謂能發展也。
得法				甬稱作事熟練曰得法，謂能得其訣竅也。俗於得發、得法二詞，往往互混。
順流				甬稱命運通順曰順流。《史記》：「順流而下。」蓋本指行舟言，謂順水行易也。
吉利				甬稱凡事通順曰吉利，此語頗古。《易林》：「舉家蒙歡，吉利無殃。」
和合				甬稱和睦，亦曰和合。此語亦見《易林》：「使媒求婦，和合二姓。」

續表

詞附短語	本音	俗音	例語	疏證
冷 冷落		冷讀俗音（ㄌㄤ）。	落冷房 冷落地方 冷色 冷落東西	甬語所謂冷及冷落有二義，一爲寂寞之意，如婦不爲夫所理曰落冷房，荒僻之處曰冷落地方，此與張籍詩「獨宜作冷官」、白居易詩「門前冷落車馬稀」意同；一爲不適日用之意，如器物等非日用品曰冷色，曰冷落東西是也。
寥落 寥寥落落 寥寥無幾				甬稱稀少曰寥落，曰寥寥落落，亦曰寥寥無幾。謝朓詩：「曉星正寥落。」
經紀（緊急）			經紀人	甬稱家境貧寒曰經紀窮民，曰經紀人。案經紀本謂以勞力謀生之人，引申之以稱貧寒。《委巷叢談》：「杭人稱善能營生者曰經紀。唐滕王、蔣王皆好聚斂，高宗嘗賜諸王玉帛〔一〕，敕曰：『滕叔、蔣兄，自能經紀，不煩賜物。』」或曰當爲緊急之轉音，故有貧寒誼。
落魄（落泊） （洛薄）（落托） （落拓）	魄音泊。			甬稱失業無聊曰落魄。落魄，本志行衰惡之貌。《史記・酈食其傳》：「家貧落魄。」應劭曰：「魄音托。」鄭氏音薄。晉灼曰：「與落薄、落託義同。」亦作落泊，見《南史・杜稜傳》：「稜少落泊，不爲時知。」又作洛薄。《漢書・王莽傳》注：「洛薄嗜酒。」又作落托。《懊儂歌》：「落托行人斷。」又作落拓。《北史・楊素傳》〔二〕：「少落拓，有大志，不拘小節。」案是疊韻語，故無定字，隨方音而變也。

〔一〕高：原作「太」，《委巷叢談》同，據《資治通鑑》改。

〔二〕楊：原作「揚」。

續表

詞附短語	本音	俗音	例語	疏證
飄(漂)(爂) 輕飄				甬稱食物脆嫩者曰飄，又稱物之脆薄者曰輕飄。飄，亦作漂，本當作爂。《周禮》：「草人輕爂。」注：「輕爂，輕脆者。」爂，本匹妙切，今讀若平聲。
腩（胹）（輭）（帔） 腩脯脯（腩㜷㜷）	腩，南上聲。	脯讀若薄（ㄅㄨ）。	腩糕	甬稱食物煮熟柔輭曰腩。如輭糕亦曰腩糕。《廣韻》：「腩，煮肉。」《齊民要術》有腩炙法。通俗雜字書作帔。《集韻》：「帔，柔革。」本作胹，《說文》：「爛也。」《左傳疏》：「過熟曰胹。」自關而西秦晉之郊曰胹。胹音而，與腩爲日母與泥母之轉，亦即輭字之轉音，侵部與寒部轉也。又過柔曰腩脯脯。《廣雅》：「腩，脯也。」《越諺》作腩㜷㜷，㜷字不見字書。
爛沓沓（灡䰉䰉） 沓沓爛	沓，託合切。			甬稱物因腐爛而潮溼脆弱曰爛沓沓。沓沓，即《說文》所謂「語多沓沓」，若水之流也。又倒言之曰沓沓爛，則謂食物煮之過熟，不能夾以箸者也。《越諺》作灡䰉䰉，訓殜貌。案《說文》：「灡，潘也。」潘即汁也。䰉字不見字書。
霉（黴）（䵦）（燜）（渫）（殜）			霉豆腐 霉麩	食物罨之發生黴菌，使變爲一種特殊之味，甬謂之霉。如平日所食霉豆腐、霉麩是也。霉爲霉雨，字當即作黴。或作䵦。《廣韻》：「䵦，禾傷雨。」則生黑斑。亦作燜，燜，彌罪切，音浼。《玉篇》：「燜燜，爛也。」《集韻》：「熟謂之燜。」亦作渫、殜，《集韻》：「壞也。」

續表

詞（附短語）	本音	俗音	例語	疏證
骨殭（糪殭）殭硬骨粒		硬讀俗音（ㄫㄤ），粒讀若勒（ㄌㄚ）。		甬稱飯半生半熟曰骨殭。亦曰殭硬骨粒，見《越諺》：「謂半生之粒殭硬如骨也。」或當作糪殭。《廣韻》：「糪，半生米者。」糪，博厄切，音譌爲骨耳。殭，通俗雜字書作[食畺]，《類篇》：「巨兩切。硬食。」
石骨鐵硬				甬稱極堅硬曰石骨鐵硬。石骨鐵三物，皆狀其硬也。
蔭涼（洞涼）				甬稱涼爽曰蔭涼，謂樹蔭之下涼爽也。《新方言》作洞涼。洞亦作洞。《説文》：「滄也。」《廣雅》：「寒也。」洞，户茗切，屬匣母，蔭屬影母，同爲深喉音也。
冷漱漱（冷涑涑）	漱音搜。	冷讀俗音（ㄌㄤ）。		甬稱寒慄曰涼漱漱。《集韻》：「涑，涼也。亦作漱。」
冷瀙瀙（冷清清）	瀙，請去聲。			甬稱微寒曰冷瀙瀙。《説文》：「瀙，冷寒也。」楚人謂冷曰瀙。亦作清。《説文》：「清，寒也。」瀙清疑即同字。
寒凚凚（寒噤噤）（寒癛癛）（寒凜凜）（寒懍懍）（寒冼冼）	凚，渠飲切。			甬稱身體寒戰曰寒凚凚，又稱舉動寒傖亦曰寒凚凚。《玉篇》：「凚，寒極。」《札樸》：「顫曰寒凚凚。」亦作噤。《説文》：「噤，口閉也。」蓋因寒而口閉齒震也。亦作癛。《説文》：「癛，寒也。」《集韻》癛有琴音，謂亦作凜。《素問》：「其性爲凜。」注：「寒也。」通作懍。陸機《文賦》：「心懍懍以懷霜。」亦作冼，冼，其拯切。《韻會》：「冼冼，寒皃。」

續表

詞 附短語	本音	俗音	例語	疏證
温暾（温黁）（温㬉）	暾，他昆切。			甬稱微煖曰温暾。《輟耕録》：「南人方言曰温暾者，懷暖也。王建詩：『新晴草色緑温暾。』」亦作温黁、温㬉。《通俗編》：「温暾與温㬉、温黁義同，音亦相近。《説文》㬈字下云『讀若水温㬉』〔一〕，㬉，乃昆切。李商隱詩：『疑穿花逶迤，漸近火温黁。』黁，奴敦切。」案㬉黁與暾疊韻。
炣煖（和煖）（煗㬉）（安㬉）（暍㬉）	炣，烏臥切。			甬稱天氣微熱曰炣煖。《集韻》：「炣，猶言煖也。」亦作煗，烏禾切，煖貌。煖，《説文》作㬉，亦从日作暖晪。又炣煖亦作安㬉。《説文》：「㬉，安㬉，温也。」亦作暍㬉。《廣韻》：「暍㬉，煖狀。」案實當作和煖。和與炣疊韻，安暍與炣、㬉與煖皆雙聲。
鬱勃（鬱焞）（尉焞）鬱勃勃				甬稱溼蒸煩熱曰鬱勃，亦曰鬱勃勃。《漢武帝内傳》：「雲彩鬱勃。」本指雲氣重疊而言，此爲引申之誼。《正韻》作尉焞，謂蒸熱也。尉即尉本字，《韻會》：「持火所以申繒。音畏。」今俗又加火作熨，音鬱。焞，《玉篇》：「煙起貌。」今俗亦作鬱焞。
火熱				甬稱極熱曰火熱，謂熱如火也。貫休《長安道》詩：「黄塵霧合，車馬火熱。」
熱烔烔（熱爞爞）（熱爞爞）（熱蟲蟲）	烔音同。			甬稱微熱曰熱烔烔。《廣韻》：「熱氣烔烔。出《字林》。」《詩》：「蕴隆蟲蟲。」傳：「蟲蟲而熱也。」《後漢書》引《韓詩》作烔烔。《集韻》烔亦作爞、燑。

〔一〕㬈：原誤作「𢥞」，據《通俗編》改。

續表

詞 附短語	本音	俗音	例語	疏證
熱烘烘（熱烇烇）				甬稱熱漸盛曰熱烘烘。俗有「烘烘熱起來」之語。烘，亦作烇。《集韻》：「呼公切。火氣。」
滾（涫）沓沓滾（潧潧滾）			滾水　滾湯	甬稱水已沸者曰滾。滾，水流貌。本當作涫。《說文》：「涫，鬻也。」滾涫雙聲。又甚言其沸曰沓沓滾。沓沓，謂沸時水流動聲。沓，本作潧。《說文》：「潧，涫溢也。今河朔方言謂沸溢曰潧。」此本漢河朔語，今移至吴越矣。
燥驌（燥縮）	驌音速。			甬稱物乾燥曰燥驌。《集韻》：「驌，燥也。」或曰當作燥縮，謂物燥則縮也。
燥皵皵（燥燩燩）	皵音瞉。			甬稱物略乾而表皮凝結曰燥皵皵。《集韻》：「皵，乾也。」亦作燩，《玉篇》：「火乾物也。」《廣雅》：「曝也。」
溼潳潳 潳潳滯（沯沯滯）（沓沓滯）	潳音答，亦音匒。			甬稱略溼曰溼潳潳。潳讀若答，有時亦讀若匒。《集韻》潳本有德合、竹洽二切，誼皆溼也。又稱溼甚而水尚下滴曰潳潳滯，潳讀若答，亦讀若達。讀若達者，亦作沓沓，沓即水流意，《越諺》作沯沯，即𣸩字，《集韻》：「子末切。水激石貌。」非此誼。
腐滯滯	滯，直例切。			甬稱物因腐爛而溼黏曰腐滯滯〔一〕。《說文》：「滯，凝也。」此滯字，甬讀直例切，本音與通常讀住者異。

〔一〕 下「滯」字原誤在下句「說」下。

續表

詞 附短語	本音	俗音	例語	疏證
滑澾（滑汰）滑澾澾（滑泆泆）（滑沓沓）	澾音闥。	澾亦讀若達（ㄉㄚˊ）。	打滑澾	甬稱泥滑曰滑澾。如因途泥滑而跌曰打滑澾。澾讀若闥。《廣韻》：「澾，泥滑。」亦作滑汰。《直語補證》：「《漢天井道碑》：『夏雨滑汰。』唐宋人詩多作滑澾，不如汰字之古。」又稱滑甚曰滑澾澾。澾讀若達。通作沓。亦作泆，見《篇海》。
滑澤澤		澤讀若濯（ㄗˊㄩ·）。		甬稱滑而留手曰滑澤澤。如肥皂水之留手是也，澤讀若濯。亦稱光滑曰滑澤澤。如美人之衣服曰穿得滑澤澤，澤仍讀本音。澤有光潤之意。《詩》：「其耕澤澤。」疏：「澤澤然土皆解散也。」
重頓頓（重⿺辶享）				甬稱物重，幾不爲力所勝者曰重頓頓。頓即停頓之意，重物必下墜也。亦作⿺辶享，《集韻》：「重也。」⿺辶享本音堆，讀若頓者，如敦音堆，亦音頓也。
紕輕（屁輕）紕紕輕	紕音批。	紕讀去聲。		甬稱物極輕曰紕輕，甚言之曰紕紕輕。紕爲繒之疏者，見《增韻》。俗作屁輕，非。
虛飄飄				甬稱物虛空輕鬆曰虛飄飄，又稱人發言或行事不實亦曰虛飄飄。蘇軾有《虛飄飄》詩三首。
實辟辟（實丕丕）		實讀若食（ㄙˊㄧ·），辟讀若闢（ㄅˊㄧ·）。		甬稱物堅重曰實辟辟，又人發言或行事確實亦曰實辟辟。《素問》：「脈實如指彈石辟辟然。」元曲多作實丕丕。

續表

詞 附短語	本音	俗音	例語	疏證
寬侌侌	侌音答。	侌亦讀若塔(ㄊㄚ)。		甬稱器物寬鬆或言語不決斷曰寬侌侌。《玉篇》：「侌，皮寬也。」
陶成			有陶成 無陶成 陶成子弟	甬稱物不耗費曰有陶成，耗費太多曰無陶成。蓋陶者制器出窑時常多破損，故以爲喻。又栽培人材亦曰陶成，猶言陶鑄、陶冶，則爲動詞矣。
合算 上算 划算	合音鴿，划音華。			凡購物有利益或作事有價值皆曰合算，謂合乎計算也。亦曰上算，與合算意同。亦曰划算。划，撥進船，此謂撥進算珠，表其有利也。
劈頭劈腦				凡作事發言從頭起或對人突然舉動，皆曰劈頭劈腦。
昏頭昏腦 昏頭脱腦				甬稱人昏昧曰昏頭昏腦，亦曰昏頭脱腦。
無頭無腦 無頭脱腦				甬稱人知識幼稚曰無頭無腦，亦曰無頭脱腦。
强頭强腦（弜頭弜腦） 强頭倔腦	弜，强上聲。倔音崛。			甬稱人倔彊不率教曰强頭强腦，亦曰强頭倔腦。强，亦作彊。本當作弜。《説文》：「弜，彊也。」弓有力也。《華陽國志》：「板楯蠻，今所謂弜頭虎子者也。」倔，梗戾皃。《宋史·趙鼎傳》：「此老倔强猶昔。」

詞附短語	本音	俗音	例語	疏證
直頭白腦 直肚白腸				甬稱人率直曰直頭白腦，亦曰直肚白腸。
鬼頭鬼腦（䫏頭䫏腦） 賊頭狗腦		鬼亦讀俗音（ㄐㄩ），賊讀俗音（ㄙˊㄚ˙）。		甬稱人態度猥瑣或行爲卑鄙曰鬼頭鬼腦。案鬼實當作䫏。《説文》：「䫏，小頭䫏䫏也〔一〕。從頁枝聲。」讀若規。亦曰賊頭狗腦。
油頭滑腦 滑頭滑腦 油頭 滑頭			油頭光棍	甬稱人狡猾不務正業曰油頭滑腦，亦曰滑頭滑腦，亦省曰油頭。如調戲婦女之流氓曰油頭光棍。《直語補證》：「山谷《戲題下巖》詩：『未嫌滿院油頭臭，蹋破苔錢最惱人。』注：『言兒女子混雜，汙此浄坊也。』」今俗油頭滑腦之語，疑當時已有之。」又省曰滑頭，見前《名物詞表》。
油腔滑調				甬稱人語言不誠實或喜談穢褻事曰油腔滑調，本指聲調而言。王士禎《師友詩傳録》：「若不多讀書，多貫穿〔二〕，而遽言性情，則開後學油腔滑調，信口成章之惡習矣。」
老氣橫秋				甬稱少年言行過老成者曰老氣橫秋，謂似秋日氣肅殺也。

〔一〕原脱一「䫏」字，據《説文解字》補。
〔二〕穿：原作「串」，據《師友詩傳録》改。

續表

詞 附短語	本音	俗音	例語	疏證
陰陽怪氣				甬稱人不明白表示意思曰陰陽怪氣，謂非陰非陽而爲一種怪氣也。
볈臉볈相（靦臉靦相）		볈讀若戴平聲（ㄉㄢ）。		甬稱人不知羞恥曰볈臉볈相。볈本當作靦。《説文》：「靦，面見也。」《詩》：「有靦面目。」注：恬不知恥，尚有面目見人也。靦，本他典切，音變如볈也。
糊裏糊塗（瞴婁糊塗）〔一〕				甬稱人不知情理曰糊裏糊塗。糊塗，疊韻詞，亦作鶻突，不分曉也。《宋史》：「吕端小事糊塗，大事不糊塗。」或曰糊裏當作瞴婁。《説文》：「瞴婁，微視也。」〔二〕謂視之未見也。婁與裏雙聲之轉。
自由自在				甬稱人不爲環境所拘束曰自由自在。自由，謂率行己意也。杜甫詩：「送客逢春可自由。」自在，謂任便也。《漢書·王嘉傳》：「大臣舉錯，恣心自在。」
輕事重報				甬稱人張皇其事曰輕事重報，猶通語言小題大做也。
提心弔膽（提心忉膽）				甬稱因驚憂而心神不寧曰提心弔膽，猶言挂念、懸念也。弔，民國《象山志》作忉。《廣韻》：「忉，都了切。垂心。」《類篇》：「憂也。」《廣雅》：「驚也。」

〔一〕瞴：原誤作「瞴」，下同。
〔二〕婁：原誤在下句「微」下，據《説文解字》改。

續表

詞 附短語	本音	俗音	例語	疏證
至恭必敬（至恭畢敬）				甬稱人極誠敬曰至恭必敬。或曰必當作畢。畢，盡也。畢敬，盡敬也。
離襟脱襻				甬稱事不成禮統曰離襟脱襻。襟謂衣襟，襻謂衣系。謂脱去衣系，襟則離身，太不雅觀也。
績麻作縷		績讀若齎（ㄗㄧ），作讀若則（ㄗㄚ），縷讀若婁上聲（ㄌㄡ）。		甬稱煩苦瑣屑曰績麻作縷，謂如績麻成縷之煩瑣也。
寃枉鬼叫		鬼讀俗音（ㄐㄩ）。		甬稱人因心中不甘而嘵嘵辯訴不休曰寃枉鬼叫，謂如寃魂之泣訴也。
倭子疙瘩（啞子疙瘩）（咼嘴吃答）				甬稱糾纏不清曰倭子疙瘩。疙瘩解見前，謂如倭人言語不通，故糾纏不清也。或曰當作啞子疙瘩，謂啞者不能言，僅藉手勢達意，故糾纏不清也。疑當作咼嘴吃瘩。《説文》：「咼，口戾不正也。」「吃，口吃也。」謂口戾者言語不清，口吃者言語蹇澀，故常糾纏不清也。
牽絲攀藤 牽絲		攀讀若班（ㄅㄢ），藤讀若登（ㄉㄥ）。		甬稱辭多枝蔓曰牽絲攀藤，謂絲藤多長，牽引之縷縷不絶也。有時亦省稱牽絲，如斥人辭繁或糾纏曰介牽絲。

續表

詞（附短語）	本音	俗音	例語	疏證
半尷不尬（半間不界）		不讀若弗（ㄈㄚ˙），下同。		甬稱凡事不能進行貫徹曰半尷不尬。尷尬二字見後《性質》。案本作半間不界，謂僅達其間之半，尚未至其邊界也。《朱子語類》：「然聖之爲人，自有不可及處。直要做到底，不做箇半間不界的人。」
自顧不暇（自固不暇）				甬稱僅能自保，不能濟人曰自顧不暇。即《詩》「我躬不閱，遑恤我後」之意。案本作自固不暇，見《晉書·劉聰載記》。
不恤工本（不惜工本）				甬商人稱其貨物精美曰不恤工本。工謂人工，本謂資本也。恤，亦作惜。
老少無欺 老少無給		無讀本音，老少無給之少讀若喜（ㄒㄧ），給讀若頭（ㄉˊㄤ）。		甬商人稱其交易誠信曰老少無欺，謂即昏耄者與兒童購物，亦不以虛價欺之也。又稱事極實在曰老少無給，猶通常之言居然，其意亦謂不誑人也。
右感覺 感覺者，梵典六識中屬身與意，即觸與法也。				
儇（譞）（懁）	儇，許遠切。	儇讀若呼關切（ㄏㄨㄢ）。		甬稱穎慧曰儇。《說文》：「儇，慧也。」《方言注》：「慧，黠貌。」《詩》：「揖我謂我儇兮。」亦作譞。《說文》：「譞，慧也。」《字林》：「多言。」亦作懁。《莊子》：「順懁而達。」

續表

詞 附短語	本音	俗音	例語	疏證
豩（頑）	豩，呼關切。	豩讀上聲（ㄏㄨㄢ）。		甬稱兒童頑强曰豩。《漢皋詩話》：「豩，頑也。劉禹錫詩：『杯前膽不豩。』趙嘏詩：『吞觥涵膽豩。』」案本當作頑。凡稱兒童頑强曰豩、曰蠻，實皆頑之轉音。《説文》：「頑，棞頭。」謂棞鈍不鋭。引申之因以爲頑强之名。豩，《説文》：「二豕也。豳从此。闕。」《通訓定聲》謂豳从豩爲聲，是豩本不讀呼關切，其誼亦闕也。又豩與儇誼本不同，音平上略異，前爲頑强讀上聲，後爲穎慧讀平聲。《集韻》及各邑志書方言皆以爲二字相同，非。
笨（体）（体）（坋）（坌）	笨，部本切。		笨頭笨腦	甬稱人愚魯曰笨。《説文》：「笨，竹裏也。」本非愚稱。後人假借其音，以名愚魯或麤率。《晉書》豫章太守史疇，以人肥大，時人目爲笨伯。《朱子語類》：「諸葛孔明只是笨。」至宋以後始制体字以爲愚魯正字。《集韻》：「体，部本切。性不慧也。」亦作体，《廣韻》：「粗貌。又劣也。」今俗爲體之省字。亦作坋坌。《説文》：「坋，塵也。」
戇（㦘）	戇，陟降切。	戇讀若岡上聲濁音（ㄍㄤˊ）。	戇大 戇頭戇腦	甬稱愚直曰戇，愚直人曰戇大。《説文》：「戇，愚也。」《史記·汲黯傳》：「甚矣！汲黯之戇也。」亦作㦘。《説文》：「㦘，直項莽㦘貌。」《直語補證》：「今俗呼直戇者曰㦘。」

續表

詞附短語	本音	俗音	例語	疏證
莾撞（莾闖）（莾蒼）（萠倀）（旨覰）（懵憃）（恾戇）莾莾撞撞	撞，宅江切。	撞讀若倉上聲（ㄘㄤ）。		甬稱人行路或作事不瞻前顧後曰莾撞。《說文》：「莾，南昌謂犬善逐兔爲莾。」引申之爲麤率之意。《莊子》：「君爲政焉勿鹵莾。」《廣韻》：「撞，突也，擊也。」亦作莾闖。闖，甬亦讀倉上聲。《說文》：「馬出門貌。」引申之爲出頭貌。或曰當作莾蒼，謂如郊野之外莾莾蒼蒼，無所適從也。或曰當作萠倀。《集韻》：「萠倀，失道貌。」《越諺》作旨覰，訓「壯往不謹」。《方言》：「沅澧之間，使之而不肯答曰旨。」《說文》：「覰，視不明也。一曰直視。」通俗雜字書作懵憃、恾戇。案莾撞本疊韻詞，故亦連言之曰莾莾撞撞，本無正字也。
呆（騃）（疾）（懝）（譺）（儑）（獃）（佁）呆頓頓	呆音梅，亦音保。	呆讀若艾平聲。	呆大 呆子	甬稱癡愚曰呆。呆，本古文某字，某即今梅字也。宋元以後小說劇本皆借爲癡愚字，如《西廂記》之「呆打孩」是也。亦作騃，《集韻》：「語駭切。癡也。」案《說文》：「騃，馬行仡仡也。」則騃亦借字。亦作懝，《說文》：「騃也。」則亦借字。亦作譺，《說文》：「騃也。」亦借字。又《集韻》：「獃，魚開切。癡也。」或作疾、儑，吾念切，不慧也。案獃疾儑皆後起字，其本字當作佁。《說文》「佁，癡貌。讀若騃」是也。又俗稱舉動不活潑曰呆頓頓，頓即停頓之意。

續表

詞 附短語	本音	俗音	例語	疏證
獃（騃）（奤）（儓）（懛）（嬯）		獃讀若帶平聲（ㄉㄞ）。	書獃子 獃頭獃腦	甬稱癡戇不知世事曰獃。如稱不明世故人情之讀書人曰書獃子，亦作書騃子。案獃騃二字韻書皆五來切，未有讀帶平聲者，實即前列呆字也。讀帶平聲者，本當作嬯。《說文》：「嬯，遲鈍也。闒嬯亦如之。」趙宧光《長箋》云：「闒嬯，浙省方言曰阿帶，愚戇貌，阿入聲，帶平聲。」是與今甬語音誼並合也。亦作儓。《廣韻》：「儓儗，癡貌。」又作懛，《集韻》：「當來切。懛獃，懒怳也。」民國《象山志》亦作奤。案奤，《集韻》：「普伴切。面大曰奤。」音誼並殊。《字彙補》引《菽園雜記》：「南人詈北人爲奤子。音胎上聲。」音雖與嬯相近，然所謂奤子，正言其身體高大，非癡意也。又《象山志》以佁字爲即嬯字，亦誤。
憨（儑）（儗）	憨音蚶。		憨頭	甬亦稱癡戇曰憨。如作事不知節度之人呼之曰憨頭。《玉篇》：「憨，愚也，癡也。」《集韻》亦作儑。又作儗。《集韻》：「儗，許代切。儓儗，癡貌。」案儗憨雙聲之轉。
疟亂（疟卵）	疟，抽加切。	疟讀若茶（ㄗˊㄛ）。		甬亦稱憨癡曰疟亂。《集韻》：「疟，癡貌。」亂謂言行無規則也。俗作疟卵，非。
騃癡		騃癡讀若鞋（ㄏˊㄚ）器（ㄑㄧ）。	大糊弗像大糊，騃癡弗像騃癡。	甬稱憨獃曰騃癡。如似癡非癡，似騃非騃曰大糊弗像大糊，騃癡弗像騃癡。讀若鞋器者，騃癡二字之轉音。

續表

詞 附短語	本音	俗音	例語	疏證
大白		大讀俗音（ㄉˊ禾），下同。		甬稱愚不解事曰大白。蓋爲大白癡之省稱。《左傳》：「周子有兄而無慧。」注：「蓋世所謂白癡也。」
大糊				甬稱癡癲曰大糊。蓋爲大糊塗之省稱。糊塗解見《感覺》。
木 老木㑳倲（老耄隴東）	㑳倲音弄涷。		木人 木頭 木頭木腦	甬稱愚鈍曰木，謂如木石也。《論語》：「剛毅木訥近仁。」又稱愚鈍之人曰木人。《史記正義》：「俗云人不辨事曰杌杌若木人也。」亦曰木頭。《寒山子詩》：「世有一等流，悠悠似木頭。」又稱年老昏忘曰老木㑳倲。《集韻》：「㑳倲，愚貌。」或曰當作老耄隴東。耄木雙聲之轉。隴東即《荀子》「隴種東籠而退」之隴東也。
壽（儔）（檮）			壽頭 壽頭壽腦	甬稱不識時務曰壽。《説文》：「壽，久也。」謂久遠之人與世情不合也。或曰當作儔或檮。《説文》：「儔，翳也。」謂有所翳蔽。甬語所謂壽，即《説文》儔之本誼。郭璞《爾雅叙》：「僕不揆檮昧。」檮昧，猶言愚昧也。檮亦从壽得聲。
踱（獨）	踱音鐸。		踱頭 書踱頭 踱頭踱腦	甬稱書生不解事曰路，曰踱頭，曰書踱頭，小説劇曲中多作此。案緩步也，士人行踱遲緩，因以譏其行事拘迂也。或曰當作獨，謂其發言行事秖顧一方，不能兼顧各方也。

詞（附短語）	本音	俗音	例語	疏證
懵懂（懞懂）（懜懂）（蒙童）顡癡懵懂（愚癡莫懂）	懵音夢去聲，懂音董，顡音毅。		陰陽怕懵懂	甬稱昏昧曰懵懂。《正韻》：「懵懂，心亂也。」亦作懜懂，《說文》：「懜，不明也。」懂，《廣韻》作憧。亦作懞懂。《集韻》：「懞，慤厚貌。」案本當作蒙童。《易疏》：「蒙者，愚昧闇弱之名。」賈誼《新書》：「反慧爲童。」又稱不知曰懵懂，俗有「陰陽怕懵懂」之諺，謂不知術數者不必有所顧忌也。又稱愚昧無知曰顡癡懵懂。《說文》：「顡，癡不聰明也。」或曰當作愚癡莫懂。莫懂，不知也。
瘟（殟）			瘟生	甬稱愚而好自用曰瘟，稱其人曰瘟生。案瘟，《集韻》：「疫也。」非此誼。當作殟。《一切經音義》引《說文》：「殟，暴無知也。」凡三見。今本《說文》作「胎敗也」，誤。
誖（悖）背時	誖背皆音佩。		老誖 發誖	甬稱年老昏忘曰誖，亦曰老誖。昏忘而言語複沓曰發誖。《說文》：「誖，亂也。」亦作悖。《漢書·疏廣傳》：「吾豈老誖，不念子孫哉。」俗亦作背，蓋爲背時之省稱。凡不合時宜，皆謂之背時。背，違也。
爽 爽直 直爽			爽氣	甬稱天性質直曰爽，亦曰爽直、直爽、爽氣。《方言》：「爽，猛也。晉曰爽。」蓋由猛烈引申爲質直意也。
落直（落著）落落直直 弗落弗直			絲絲落直	甬稱人行爲不偏邪曰落直，又物平正亦曰落直。又曰絲絲落直，謂如布帛之經絕無偏斜也。重言之曰落落直直，反言之曰弗落弗直。或曰當作落著，謂如物有著落則安定也。《朱子語類》：「卻有一箇落著。」

續表

詞附短語	本音	俗音	例語	疏證
煞辣（颯拉）（辢辣） 煞斷 老辣 煞 辣				甬稱人行事或發言果决曰煞辣，亦曰煞斷、老辣，亦省曰煞、曰辣，謂如秋之肅殺，味之辛辣也。《白虎通》：「金味所以辛何？西方煞傷成物，辛所以煞傷之也。五味得辛，乃委煞也。」亦作颯拉。《敬止録》：「言語風生曰颯拉。任華《草書歌》：『速碌拉颯動簷隙。』」案此説非。亦作辢辣。《廣韻》：「辢辣，味辛也。」案辢即殺之變，因辢从辛，故殺亦改從辛也。殺與煞同。
沈著		沈著讀若定（ㄉˊㄧㄣ）疊（ㄉˊㄧㄚ˙）。		甬稱人靜穆或持重曰沈著。沈著二字本屬澄母，今皆轉入定母者，古音澄母字皆讀定母也。此亦僅存之古音。
撇脱（僻脱）				甬稱作事敏捷而無留滯曰撇脱。《輟耕録》：「畫山水法，一窠一石，當俊逸撇脱，有士人家風。」亦作僻脱。何晏《景福殿賦》：「僻脱承便。」注：「言蹴鞠之徒，便僻輕脱，承敵人之便，以求其勝。」
輕巧（輕趬）		巧讀若平聲（ㄑㄧㄠ）。		甬稱人靈便或物輕便皆曰輕巧，亦作輕趬。《説文》：「趬，行輕貌。」
天膽地大				甬稱人膽大曰天膽地大，謂膽如天地之大也。《光緒志》作天大地大，引《説文》「天大地大人亦大」，是今甬語已略變矣。

詞附短語	本音	俗音	例語	疏證
狃 拙(侄) 狃拙 狃狃拙拙				甬稱性固執不化曰狃。《說文》曰：「狃，犬性驕也。」《爾雅》：「狃，復也。」注：「狃忕，復爲。」亦曰拙。《說文》：「拙，不巧也。」《越諺》作侄。《集韻》：「侄，堅也。又癡也。」亦連言之曰狃拙，重言之曰狃狃拙拙。
執一 執意				甬稱固執曰執一。《孟子》：「執中無權，猶執一也。」亦曰執意。《魏書·慕容寶傳》：「執意抗言。」
慳 慳嗇 慳慳嗇嗇	慳，苦閑切。			甬稱人鄙吝曰慳，曰慳嗇，重言之曰慳慳嗇嗇。《廣韻》：「慳，悋也。」《說文》：「嗇，愛濇也。」音亦變作刻。
小氣(小器)				甬稱人吝嗇曰小氣，謂度量狹小也。實當作小器，蓋本《論語》「管仲之器小哉」而引申其意也。
鬼嗇嗇(魕厶厶)		鬼讀俗音(ㄐㄩ)。		甬稱人鄙吝亦曰鬼嗇嗇。蓋俗有「做鬼弗大」之諺也。《越諺》作魕厶厶。魕即鬼俗音別體字，厶同私。
鐴毛刮髓(皮毛骨髓)	鐴，蒲計切。			甬稱人刻嗇曰鐴毛刮髓，猶言敲脂吸膏也。鐴，治刀使利也。或曰當作皮毛骨髓，謂吝嗇者宰牲畜時，雖皮毛骨髓之微亦不捨棄也。
尷尬(尬尲) (間介)	尷，古咸切。 尬，古拜切。			甬稱人狡黠而鄙吝曰尷尬。本作尲尬。《說文》：「尲尬，行不正也。」又稱事不能進行或資用困乏曰尷尬。《光緒志》作閒介，引《孟子》「山徑之蹊閒介」、馬融《長笛賦》「閒介無蹊」爲證。參看前《感覺》半尷不尬注。

續表

詞 附短語	本音	俗音	例語	疏證
離經（離襟）無經		無讀俗音（ㄇㄨ）。		甬稱人不遵常道行事曰離經，亦曰無經。《難經》：「三至曰離經，四至曰奪精〔一〕，五至曰死。」或曰當作離襟，參看前《感覺》離襟脱襻注。
斷竅				甬稱人昧於事理曰斷竅。竅謂人五官之七竅。竅斷，則無感覺矣。故俗又有「竅塞煞」之語。又稱極甚曰斷竅，蓋竅斷則人死，喻終盡也。如苦極曰斷竅苦煞。
無雕當（没雕當）（無俤儅）（無的當）		無讀俗音（ㄇㄨ），當讀若篤（ㄉㄛ）。		甬稱人不知進退或言語不知輕重曰無雕當。本作没雕當。《湛園札記》：「宋朱彧《可談》記都下市井，謂作事無據者曰没雕當。今吾鄉亦有無雕當之稱，宋當讀作去聲，吾鄉則入聲耳。」亦作無俤儅。《玉篇》：「俤儅，不常也。」《廣韻》：「不當貌。」亦作無的當。《通雅》：「宋景文曰：人謂當事無據曰没雕當。」案今語曰不的當，即此聲也。
弗上課 弗長毛 無出産	長上聲。			甬詈人品性不良曰弗上課。蓋以卜課時，一家之人於課中皆有象，惟殀死者不入課，故有此語。亦曰弗長毛，其意亦同，蓋必成人而後身上之毛始備也。或曰毛謂草木，謂如磽确之區不生草木，與俗詈人曰無出産同。
大度（大肚）寬洪大量		大讀本音。		甬稱人度量寬洪曰大度。《史記·高祖本紀》：「嘗有大度。」亦曰寬洪大量。引申之，亦稱性不貪食曰大度，俗作大肚。

〔一〕曰：原誤作「四」。

續表

詞附短語	本音	俗音	例語	疏證
饞癆（饞獠） ⿰勞少⿰曹少（嘮噪）				甬稱人貪食曰饞癆。蓋患癆疾者，常思食也。亦作饞獠，謂如獠人之嗜食異物也。《宣和畫譜》：「特使饞獠生涎耳。」又曰⿰勞少⿰曹少。《敬止録》：「貪食曰⿰勞少⿰曹少。」案《集韻》：「⿰勞少⿰曹少，物未精也。」蓋謂物不精者亦貪食之也。亦作嘮噪。《陳龍川集》：「只是口嘮噪。」
騷			十箇翽子九箇騷	甬稱性淫曰騷。《直語補證》：「《方言》：『吴楚偏蹇曰騷。』本言行不正也。今俗謂媚容取悦曰騷。」
花（蔿）				甬稱性淫曰花，性虚僞亦曰花，曰虚花。本作蔿。《方言》：「楚鄭謂獪曰蔿。」蓋由獪意轉爲虚，再轉爲淫意矣。
風	風去聲。		男風 搶風	甬稱婦女不貞静曰風，讀去聲。案《書·費誓》：「馬牛其風。」疏：「風，放也。牝牡相誘謂之風。」蓋賤視之，故以獸爲喻也。《直語補證》：「今俗以男色爲男風，以兩人狎昵一人，至於相争曰争風，本此。」案今俗曰搶風，此二風字皆讀平聲。
右性質				
老			老早 老晏 老遠 老大大	甬稱甚曰老。如甚早曰老早，甚遲曰老晏，甚遠曰老遠，甚大曰老大大。案老，年長也，故以爲甚詞。

續表

詞 附短語	本音	俗音	例語	疏證
老老（屢屢）			老老來	甬稱頻數曰老老。如頻來曰老老來，蓋亦由年長之意引申耳。或曰當爲屢屢之轉音。
時時刻刻 節節肯肯				甬亦稱頻數曰時時刻刻，曰節節肯肯。節肯解見《名物詞表·歲時》。
暴 暴時			暴喫饅頭三口生 暴醃 暴時來	甬稱初次曰暴。俗有「暴喫饅頭三口生」之諺。亦曰暴時。如初來曰暴時來。又未久亦曰暴。如食物醃漬未久曰暴醃，俗作鮑鹽，非。《廣雅·釋詁》：「暴，猝也。」邢桐詩：「自笑年來身暴貴。」
太（泰）（大）（汰）（忲）		太讀若拖去聲（ㄊ禾），亦讀若忲（ㄊㄚ˙）。	太好 太壞	甬稱過甚曰太。如過優曰太好，過劣曰太壞。古皆作大。本作泰。《詩》：「昊天泰憮。」傳：「甚也。」讀若拖去聲者，猶大讀若陁去聲，古音泰部、歌部同居也。亦讀若忲者，轉爲入聲也，如漢縣名太末，《集韻》太，他達切也。字亦作忲。朱熹文：「只爲見得天理忲瞮分明。」或曰當作汰。《廣韻》：「汰，汰過。」音撻。
許多				甬謂甚多曰許多。此詞宋已來有之。范成大詩：「方驚年許多。」案《莊子》有「多多許」之語，許爲發語詞，如言幾許、如許也。或曰許爲夥之反語，參見《反切語》。

續表

詞附短語	本音	俗音	例語	疏證
儘够 儘儘够	儘，即引切。			甬稱甚足曰儘够，亦曰儘儘够。與盡同，極也，盡之也。劉克莊詩：「儘教人貶駁。」儘儘够，見《升庵外集》。
儘多没少 有多没少		儘讀若浄（ㄙˊㄣ）。		甬稱甚多曰儘多没少，又稱儘其所有曰有多没少，二語微有區别。
戴没頭（打没頭） 休倢頭	休倢音末闒。			甬稱盛物豐滿曰戴没頭。本作打没頭。《蜀語》：「人躍入水底曰打没頭。」亦曰休倢頭。《廣韻》：「休倢，肥貌。」又身體癡肥亦曰休倢頭。
紕薄（菲薄）	紕音毗。	紕讀若妣（ㄅˊㄧ）。		甬稱禮物等輕微曰紕薄。《直語補證》：「繒欲壞爲紕，見《廣韻》。又物之薄者曰紕薄，讀上聲，見唐徐夤詩題中語。」亦作菲薄，與前《形體》飛薄異。
少許（少尠）		許讀若絮（ㄙㄩ）。	少許喫點	甬稱無多曰少許。如勸人加餐曰少許喫點。陶潛詩：「少許便有餘。」亦作少尠。《廣韻》：「尠，思句切。少也。」
尐尐	尐，子結切。		尐尐一點	甬狀物之少曰尐尐。如極少曰尐尐一點。《説文》：「尐，少也。」
一些 一些些	些，瀉平聲。	些讀若失（ㄙㄩ）。		甬狀物之少曰一些，亦曰一些些。《廣韻》：「些，少也。」白居易詩：「些些口業猶誇詩。」

續表

詞附短語	本音	俗音	例語	疏證
點 一點 一點點			喫點 用點 大點 短點	甬稱少許曰點。如稍食曰喫點，稍費曰用點。亦曰一點，曰一點點。如言尐尐一點，或尐尐一點點。《説文》：「點，小黑也。」蓋點爲墨之微痕，故以爲少稱。又甬亦爲比較之詞，如較大曰大點，較短曰短點。
一粒 一粒粒				甬稱物之少亦曰一粒，曰一粒粒。《説文》：「粒，點也。」《書·益稷》疏：「今人謂飯爲米糂，遺餘之飯，謂之一粒兩粒。」蓋以米粒之小，喻其少也。
一捻（一眼） 一捻捻		捻讀若眼俗音（兀ㄢ）。		甬稱物之少曰一捻，亦曰一捻捻。《説文》：「捻，指捻也。」謂物少僅可指撮也。捻泥母字，轉爲疑剛音。俗作眼，非。
一滴 一滴滴				甬稱物之少曰一滴，亦曰一滴滴。《增韻》：「涓，滴水點。」謂如水點之小也。
一渧 一渧渧	渧音帝。			甬稱物之少曰一渧，亦曰一渧渧。《埤蒼》：「渧，滴水。」謂如一滴水之少也。《地藏經》：「一毛一渧一沙塵。」參看《名物詞表》。
一沰（一洄） 一沰沰	沰，當各切。			甬稱物之少曰一沰，曰一沰沰。《集韻》：「沰，滴也。」謂如水滴之少也。沰，亦作洄。參看《名物詞表》。
老口				甬稱不多或不好曰老口。案古口法，以六十五歲以上爲老口，蓋謂其來日無多，且精力衰頹也，故以爲喻。

續表

詞附短語	本音	俗音	例語	疏證
零（另） 零星 零碎 零零碎碎			零頭 零拆 零沽 零碎銅錢	甬稱物之餘剩瑣屑者曰零。如大數之餘曰零頭，商家貨物逐件售出曰零拆、曰零沽。俗作另，非。《説文》：「零，餘雨也。」謂如大雨後之滴瀝也。亦曰零星、零碎。零星，謂如星之零落也。零碎，謂零落細碎，如日用之雜費曰零碎銅錢。亦重言之曰零零碎碎。朱子《語録》：「有屋舍了，零零碎碎方有安頓處。」
躉（頓） 躉注 躉當（頓當） 躉躉注注	躉，敦上聲。		躉批 躉買	甬稱物之大宗者曰躉。如商家貨物大宗售出者曰躉批，大宗購入者曰躉買。《字彙補》躉，俗字，「零躉也」。古秖作頓。亦曰躉注。躉當，本作頓當。吴中謂待事並爲者曰頓當[一]。又重言之曰躉躉注注。
絡續（陸續） 絡絡續續			絡續弗斷	甬稱事漸次進行而非一時的曰絡續，猶言絡繹也。如言絡續弗斷。亦作陸續。陸游詩：「小車駕羊聲陸續。」重言之曰絡絡續續。
逐			逐漸 逐節 逐步	甬亦稱事漸次進行曰逐，謂如人相追逐也。如言逐漸、逐節、逐步，皆此誼。逐步，見李中《獻張舍人》詩：「青雲逐步生。」逐節，見陸機《七徵》[二]：「矯纖腰以逐節。」及《畫史》蘇軾語：「竹生時何曾逐節。」步，指足步。節，指拍板或竹節。今泛指一切。

〔一〕謂：原作「記」，據胡文英《吴下方言考》改。

〔二〕徵：原誤作「微」。

續表

詞（附短語）	本音	俗音	例語	疏證
頂 頂頂			頂好 頂壞	甬稱最極曰頂。如最好曰頂好，最壞曰頂壞。甚言之則曰頂頂。如言頂頂好，頂爲頭之最上部，故以爲稱。
還		還讀若懷（ㄏㄞ），亦讀若胡乖切（ㄏㄚ），亦讀若活（ㄏㄚ˙）。	還好	甬稱雖可而猶未盡曰還。如尚好曰還好，還所讀之三音，因各鄉之方音而稍有區別，實皆還字本音雙聲之轉也。還，反也，見《説文》，謂去而復返也，故引申之以爲不至盡處之誼。
次（呰） 退班		退讀若上聲。	次貨 退班貨色	甬稱降一等曰次。如第二等貨物曰次貨。或曰當作呰貨。《廣韻》：「呰，窳也。」亦曰退班。如言退班貨色，謂班次降下也，與言次誼同。
儴（纕）	儴，奴浪切。		儴頭	甬稱物照所需而略放寬曰儴。如布帛照尺度以外放寬者曰儴頭。《韻會》：「儴，緩也。」《客座贅語》：「物寬緩不帖帖者曰儴。」亦作纕，見《集韻》。
直出（值出）（斢出） 効直過				甬稱事物出入價值相等曰直出，亦作值出。直值皆相當也。本當作斢出。《説文》：「相易物俱等曰斢。」又曰効直過，謂其功効適相當也。
毛 浄（ㄚ）				衡物之時并盛物之鞹或應去除之附屬物而計之者，甬謂之毛。已去除其鞹或附屬物，則謂之浄。故俗有毛幾斤、浄幾斤之語。浄，俗作浄，故又省書爲ㄚ。

續表

詞附短語	本音	俗音	例語	疏證
另外(零外)	另音令。	外讀俗音(兀ㄚ),下同。		甬稱不在計數之中曰另外。《五音集韻》:「另,分居也,隔開也。」亦作零外。
分外 格外 意外		分讀若問(ㄪㄥ),外讀俗音(兀ㄚ)。		甬稱逾於應有者曰分外,亦曰格外、意外。分外,謂本分以外也。《魏志·程曉傳》:「下不務分外之賞。」格外,謂常格以外也。《北史·賀若弼傳》:「格外重賞。」意外,謂意計以外也,與言出人意表誼同。
專門		專亦讀上聲(ㄗㄩ千)。		甬稱人之特長曰專門,專讀上聲。如言某人對於某事專門是也,與今通語之專門學識及《漢書》各專門教授誼同。又稱慣爲此一事曰專門。如言專門喫食,此專字讀平聲。
特爲 故意(固意)				甬稱有意爲此事曰特爲,兼行爲之善惡而言。如言特爲備席酒,指善一方言。特爲弄送人,則指惡一方言也。特爲二字,見《墨子·明鬼》篇。又專稱有意爲不善曰故意,今法律中亦有此語。故意之故,與《世説》中「我今故與林公來相看」誼同。俗作固意,非。
致意				甬稱專誠爲此事曰致意。二字見《漢書·朱博傳》:「故事,二千石新到,輒遣吏存問致意。」此致意,謂致己誠意也。與甬語所謂致意略殊。
道地			道地藥材	甬稱物精美而無虛飾者曰道地。蓋出藥鋪市招道地藥材一語。唐時分天下爲十道,藥材以産於特地者爲良,謂十道各地所産者也。與《名詞表》道地意異。

續表

詞 附短語	本音	俗音	例語	疏證
聒聒叫（括括叫）（蹶蹶叫）（蹶蹶者）				甬稱人物之特出者曰聒聒叫。聒亦書作括。《書·盤庚》：「今汝聒聒。」疏：「聒聒，多言亂人之意。」聒聒叫者，蓋謂其名聞遠近，震人耳鼓也。或曰當作蹶蹶叫。《爾雅》：「蹶，喜也。」蹶蹶叫，謂歡呼也。或曰當作佸佸者。《説文》：「佸佸，力貌。」〔一〕蓋謂能力出衆也。
一落頭				甬稱物呰窳不耐久或人作事暫奮而旋惰者，皆曰一落頭。落，蓋如俗語落手落腳之意。
本來 原來				甬稱初始曰本來，亦曰原來。如言本來是好人，謂初始是善人也。又出於初料之外時亦言之。如言我以爲是壞人，原來是好人是也。《金剛經·大士頌》：「二相本來同。」
明分		明分讀若萌（ㄇㄥ）問（ㄪㄥ）。		甬稱事應有或應爲者曰分，謂職分所表明也。《烈女傳》：「龐娥曰：讎塞身死，妾之明分也。」
已經				甬稱事已過去者曰已經，猶言已畢也。
一概（一槩）				甬舉物之全而言曰一概。如全數如此曰一概是介。概，本作槩。《楚辭》：「同糅玉石兮，一槩而相量。」〔二〕槩爲平斗斛之木，義取齊物，故引申爲無論何物之誼。

〔一〕原脱一「佸」字，據《説文解字》補。
〔二〕一：原脱，據《楚辭》補。

詞 附短語	本音	俗音	例語	疏證
板規 板定 定規 刊板 呆板				甬稱固定不變曰板定，曰定規，曰刊板，曰呆板。板謂書籍板片，規謂規則，謂如已印成之規則不可變更也。
望 毛			望六 毛百斤	甬稱年齡將近整旬而猶未達曰望，亦曰毛。如猶未六旬曰望六，亦曰毛六十歲。《容齋五筆》「人生五計」一條有「年踰七望八」之語，蓋宋人已然。又物未達整數亦曰毛。如將近百斤曰毛百斤，毛與前毛浄誼略同。
約莫 約略 大約 大約莫 毛約約 毛估估				甬稱事之想當然或物之渾括數曰約莫，曰約略，曰大約，曰大約莫，曰毛約約，曰毛估估。約與莫，皆未定之詞。莫，猶通語莫不是之莫也。張炎《樂府指迷》：「約莫太寬易。」毛與前毛浄之毛誼略同。
攏總（儱總）				甬稱物之全數曰攏總。案攏，持也，謂舉有總數也。本當作儱。《説文》：「儱，兼有也。」
儱侗（儱統）	儱，力董切。侗，吐孔切。		直儱侗（直籠統）	甬稱不加細別曰儱侗。如房室等由外至内不加分隔曰直儱侗。《廣韻》：「儱侗，未成器。」蓋謂器未成，故無別也。亦作直籠統，見《唐書》。或曰當作籠統，與前儱總略同，即渾括之意。

續表

詞 附短語	本音	俗音	例語	疏證
上横頭				甬稱席之南面者曰上横頭。蓋以此爲尊也。
下横頭		下讀俗音。		甬稱席之北面者曰下横頭。蓋以此爲卑也。
左手邊		左讀若借（ㄗㄧㄚ）。		甬稱左方曰左手邊。左讀若借者，古音歌部與魚部次旁轉也。
右手邊（順手邊）		右讀若順（ㄙˊㄩㄣ）。		甬稱右方曰右手邊。右讀若順者，雙聲之轉也。俗亦即作順，蓋人以右手作事爲順也。
也（亦）		也讀若夜俗音上聲（ㄒˊㄧㄚ）。	也是介	甬稱事物與前相同者曰也。如亦然曰也是介。此本通語，惟也甬讀若夜俗音爲異耳。或曰當作亦。亦爲掖之本字，掖亦从夜得聲，故亦可讀若夜也。案亦也夜，皆雙聲之轉。
又		又讀若異（ㄒˊㄧ）。	又來了	甬稱再曰又。如再來曰又來了。此本通語，惟甬讀若異，與通語不同耳。案古音又本入之部，則又之讀若異，正僅存之古音耳。
越（愈）越發越加		加讀俗音（ㄍㄛ）。	越做越好	甬稱更甚曰越。如作事更進步曰越做越好。越有踰越之誼，故引申爲更甚也。或曰當作愈，音轉爲越，愈有賢、勝之誼，故可爲更甚意。案愈越一聲之轉，今北平猶讀越爲預也。
蠻（曼）（滿）猛（莽）（模樣）		蠻讀若慢反濁音（ㄇㄢ）。	蠻好好猛	甬稱甚曰蠻。如甚好曰蠻好。案蠻無所取誼，民國《象山志》作曼，《玉篇》有長訓，因以爲即甚誼。實當作滿，滿有足意，故引申爲甚詞。浙省他處方言亦有作甚誼，而仍讀

續表

詞附短語	本音	俗音	例語	疏證
				滿之本音者也。亦稱甚曰猛。如好甚曰好猛。或亦作莽，猛莽皆有劇烈意，故以爲甚詞。或曰猛即模樣之切音，好猛，猶言好模樣也。
殺(煞)			苦殺 快活殺	甬稱極甚曰殺。如苦極曰苦殺，樂極曰快活殺。案殺有死意，故引申之稱終極。《夏小正》傳：「肆，殺也。」《小爾雅》：「肆，極也。」俗諱殺，故書作煞。《廣韻》：「煞，俗殺字。」《唐音癸籤》：「羅鄴詩：江似秋嵐不煞流。」謂不甚流也。煞音近廈，今京中諺猶然。
弗(不)				甬語謂不曰弗。《公羊傳》注：「弗者，不之深者也。」《書·堯典》：「績用弗成。」則稱不曰弗，本甚古也。朱熹《偶讀漫記》：「浙人謂不曰弗。」則南宋時以爲浙語。蓋是時北方士民遷徙入浙，故攜帶北方語而入浙也。案不爲重脣音幫母，弗爲輕脣音非母，實不過由一義而轉變其音，故《韻會》不亦音分物切，謂「與弗同，今吴音皆然」，是也。
竘(扣)(巧)(可) 竘竘	竘音口。		竘好 竘竘大	甬稱適可曰竘。如適好曰竘好。亦連言竘竘。如大小適合曰竘竘大。《廣雅》：「竘，巧也。」《方言》：「竘，貌，治也。吴越飾貌爲竘。」〔一〕或謂之巧。《淮南子·人間訓》：「室始成，巧然善也。」〔二〕今俗作扣，非。案巧可竘三字，

〔一〕爲：原誤作「謂」，據《方言》改。
〔二〕巧：《淮南子》作「竘」。

續表

詞 附短語	本音	俗音	例語	疏證
				皆可訓適合，亦皆溪母字，不過因方言之轉變而音有區別耳，實即一字也。故竘即作巧、作可，亦無不可。
湊（輳）（簉） 湊巧 偶湊		偶亦讀若耨上聲（ㄋㄌ）。	湊攏	甬稱適相值曰湊。如兩人或兩事適相遇合曰湊攏。《說文》：「湊，水上人所會也。」一曰聚也。水上人所會，因引申爲適值之意。亦作輳。《漢書·叔孫通傳》注：「輳，聚也。」言車輻之聚於轂也。又曰湊巧，謂巧適相值也。曰偶湊，謂偶然適值也。民國《象山志》作簉巧，引《廣雅》「簉，盈也」，謂今作湊誤。案作簉巧，非。
打椿（打撞） 打算			會打算	甬稱籌畫對付之方策曰打椿。如謀築室者必先打椿也。亦作打撞。歸莊《萬古愁》曲：「打撞處處把脾氣兒臊。」又曰打算。算，計也。《錢塘遺事》：「向士璧守潭費用，委浙西閫打算。」引申之，預備亦曰打算。如預備往外曰打算出門。
老實 老老實實 實在 實在在在				甬稱確實曰老實，亦曰實在，又重言之曰老老實實，曰實實在在。如確實如此曰老實是介樣子，亦曰實在是介樣子。至稱人忠厚曰老實，則爲四方通語矣。
從頭至尾		尾亦讀若米。		甬稱事之本末曰從頭至尾。如詳述一事曰從頭至尾講起來。

續表

詞（附短語）	本音	俗音	例語	疏證
歸根結柢 究竟歸原				甬稱事之結果曰歸根結柢。根、柢皆木本也。《老子》有「深根固柢」語，亦以根柢並言。又曰究竟歸原。究竟，窮極也。《後漢書》：「上下究竟。」原，亦本也。
滑澾精光				甬稱一無所有曰滑澾精光。滑澾，形容其光，解見前《感覺》。精有純一意，故通語極貧亦曰精窮。
空頭白腦 務空白白				甬稱無所爲而爲或事無因而至曰空頭白腦，曰務空白白。空、白皆無所爲也。
無影無蹤		無讀俗音（ㄇㄨ），下同。		甬稱事羌無故實或人物無從跟尋皆曰無影無蹤，謂雖影與跡亦不見也。
無根無蒂				甬稱人不知所從來曰無根無蒂。《漢書·叙傳》：「上無所蒂，下無所根。」
無邊無岸（無邊無㝵）				甬稱極遠或極大曰無邊無岸，亦作無邊無㝵。《譚苑醍醐》：「佛經無邊無㝵。」㝵與礙同，字書不載，僅見此爾。
無帳得算				甬稱不以此爲正事，故不斤斤計較曰無帳得算，謂非如商家有帳簿可計算也。
無數没帳（無數目帳）				甬稱未曾計算或無從計算曰無數没帳，謂既無數量又無帳簿也。或曰當作無數目帳，謂無計算數目帳也。

續表

詞附短語	本音	俗音	例語	疏證
有數目帳				甬稱不多或不遠大曰有數目帳，謂如帳項有數目可稽者，終有限度也。
右等差　等差者，色聲香味觸法所達程度之差別也。				
念（廿）		念讀俗音（广ㄢ）。		甬稱二十曰念，或即作廿。《説文》：「廿，二十并也。」《席氏讀説文記》：「宋人題開業寺碑有念五日字，亭林曰以廿爲念始見於此。楊用修云：廿，韻書皆音入〔一〕，惟市井商賈音念，而學士大夫亦從其誤也。」《戲瑕》云：「夫差女名二十，故吴兒呼二十爲念。」案此説非。蓋廿音入，其字固爲二十相合，而其音亦二十相切。甬方音二讀若膩，十音近舌，舌有讀爲賺者，見《名物詞》賺頭注。故二十兩字相切，即膩賺兩音相切，自讀若念也。
一佛出世		佛讀若白（ㄅㄚ̇），出讀若七（ㄘㄧ̇），世讀若細（ㄙㄧ）。		甬稱時間久長曰一佛出世。《隋書·經籍志》：「每一小劫，則一佛出世。」案梵典一劫記時，從十歲增至八萬，復從八萬減至十歲，經二十返爲一小劫，見《法苑珠林》。
一向情願				甬稱專爲自己個人著想曰一向情願。一向，猶言單方面也。俗作一相情願。

〔一〕書：原脱，據《席氏讀説文記》補。

詞 附短語	本音	俗音	例語	疏證
一體括之（一搨括之）		體讀若搨（ㄊㄚ）。		甬稱兼包並舉曰一體括之，謂全體皆在其中也。體轉入聲，讀若榻。俗作一搨括之。
一股腦兒（一盬腦兒）				甬稱盡在其中曰一股腦兒。腦兒，即頭也，謂如得繩索之頭，全體即在其中。《越諺》股作盬，引《左傳》晉文夢搏事，謂統身喫之謂也。買貨曰喫。案《左傳》僖二十八年：「晉侯夢楚子伏己而盬其腦。」〔一〕絕無盡在其中之意，且此語亦非專指買貨言，殊爲穿鑿。
一生一世		生讀俗音（ㄙㄤ），世讀若細（ㄙㄧ）。		甬稱終人之一生曰一生一世。《晉書》：「未知一生著幾兩屐。」徐夤詩：「縱然一世如紅葉。」
一手一腳 一首落腳				甬稱凡事躬親或慎重其事曰一手一腳，即古所謂一手一足。《禮記》：「后稷天下之爲烈也，豈一手一足哉。」又稱人作事自始至終不變曰一首落腳。
一絲一毫				甬稱物至微細曰一絲一毫。絲、毫皆度量之名也。
數一數二		二讀若膩（ㄬㄧ），下同。		甬稱人物之出衆者曰數一數二，謂非第一即第二也。

〔一〕己：原脱，據《左傳》補。

續表

詞 附短語	本音	俗音	例語	疏證
一闖二禍（一錯二禍）				甬稱發生事變曰一闖二禍。闖禍二字本連言，謂惹禍也。一二數字，表示偶或之意。或曰當作一錯二禍，謂第一次作惡爲過，第二次則爲禍矣。
一長二短				甬稱事之詳情曰一長二短，猶言原原本本也。
接二連三				甬稱絡繹不絶曰接二連三。
三日兩頭				甬稱頻數曰三日兩頭，謂三日中遇見二次也。
三兄四弟				甬狀兄弟衆多曰三兄四弟。
三朋四友		朋讀本音。		甬狀朋友衆多曰三朋四友。三四，蓋言其多。然亦有所本，《詩》有「三壽作朋」句，《尚書大傳》謂文王四友也。
弗三弗四				甬稱行事不合正軌曰弗三弗四。
瞎三話四		四讀若勢（ㄙ丩）。		甬稱語言虚妄曰瞎三話四。蓋妄談曰瞎話，謂非目睹也。三四，則形容其多。
三住五頓				甬稱進食一餐曰一住，亦曰一頓，故稱饔飧曰三住五頓。
三見六面				甬稱作事公開曰三見六面。如甲爲本人，乙爲對方，丙爲證人，則得三人。甲乙相見，甲乙各有一面，甲丙及乙丙相見亦然，故曰三見六面。

續表

詞附短語	本音	俗音	例語	疏證
延到四處 延到六處 漫到六處		延讀若寒（ㄏ´彡），漫讀若滿去聲（ㄇㄨ千），四處之處音變若采（ㄘㄞ）。		甬稱徧地皆然曰延到四處，亦曰延到六處，亦曰漫到六處。四處，謂東南西北四方。六處，謂四方及上下也。
四親八眷				甬稱親戚曰四親八眷。四家結親，則己與對方爲八眷矣。
四通八達				甬稱道路到處通行曰四通八達。一路有兩端，故四路可八至也。《子華子》：「其塗所出，四通八達。」
五顏六色		五讀俗音（ㄫ），下同。顏讀若巖（ㄫㄢ）。		甬稱采色繁多曰五顏六色，亦以稱人衆流品不齊。五顏，即五色青黄赤白黑也。六色，見《考工記》及《儀禮·覲禮》，五色外加以玄也。
轕五轕六（搿五搿六）		轕讀濁音（ㄍ´ㄚ）。		甬稱互相排擠傾軋曰轕五轕六。轕，俗作搿。
呼五喝六				甬稱盛氣呵叱人曰呼五喝六。他方亦曰呼幺喝六。
六國七亂 反六國				甬稱擾亂曰六國七亂，亦曰反六國，謂戰國時齊楚燕趙韓魏六國與秦相争。言七者，併秦言之。

續表

詞（附短語）	本音	俗音	例語	疏證
雜七夾六		六音變若勒（ㄌㄚ˙）。		甬稱夾雜之至曰雜七夾六。七六者，甚言之也。
七零八落（七菱八落）				甬稱人物遺留無多曰七零八落，亦作七菱八落。《直語補證》：「萬光泰《鴛鴦湖采菱》曲注引諺七菱八落。言菱過七日則落云。」案此説似曲解。零落本對言。《説文》：草枯曰零，木枯曰落。七八，喻衆多。零落多，則遺留少也。
七顛八倒				甬稱作事不順曰七顛八倒。
七錯八改（七錯八舛）（七叜八忩）		錯讀若剉（ㄘㄜ），改讀若儉剛音（ㄍˇㄧㄢ）。		甬稱錯誤甚多曰七錯八改，謂隨錯隨改也。或作七錯八舛，謂舛，音變爲羣母剛音也。或曰當作七叜八忩，詳見前《感覺》叜忩注。
七大八小		大讀俗音。		甬稱家屬衆多且長幼不齊曰七大八小。
七高八低				甬稱道路崎嶇不平曰七高八低。
七杈八蕻				甬稱器物之而歧出曰七杈八蕻〔一〕。本指植物而言，謂如草木之多枝莖也，今亦通稱他物。
七嘴八舌				甬稱人多口雜曰七嘴八舌。

〔一〕本句有錯漏。「而」似爲「枝」字之誤。

續表

詞附短語	本音	俗音	例語	疏證
七儱八跌	儱音銃。			甬稱人行步不穩曰七儱八跌。儱解見《動作詞表》。
夾七夾八（謅七謅八） 纏七纏八		夾讀俗音（ㄍㄚ）。		甬稱語言糾纏不清曰夾七夾八，亦曰纏七纏八。或曰夾當作謅。《正字通》：「謅，語不相入也。」
旺七旺八				甬稱人好自誇大曰旺七旺八。旺見前《感覺》上長旺注。
雜七雜八				甬稱人物、品質不齊曰雜七雜八。
橫七豎八				甬稱物排列不整齊曰橫七豎八。
亂七八糟				甬稱事物雜亂曰亂七八糟。引申之，亦稱語言虛誣。糟，與北方語事辦糟了之糟意同。
九除一進十				甬稱事之結果曰九除一進十。此語本爲珠算加法口訣，凡加九則除一進十。九爲數之終，故喻事之必有終了也。
十相已足 十足				甬稱事極滿足曰十相已足。相，謂事之情形也。梁簡文帝《七勵》有「十相無遺」語。亦省曰十足。十爲數之滿，故以爲足稱。
十全十福				甬稱凡事圓滿曰十全十福。十全，見《周禮·醫師》。
十有九著		著讀若族（ㄗㄛˊ）。		甬稱料事不失曰十有九著，謂十次幾有九次料得也。

續表

詞附短語	本音	俗音	例語	疏證
弗管三七二十一（弗管三七廿一）				甬語不顧一切曰弗管三七二十一，亦曰弗管三七廿一。此語導源頗古。《史記・蘇秦列傳》：「臨菑之中七萬户，臣竊度之，不下户三男子，三七二十一萬，不待發於遠縣，而臨菑之卒固已二十一萬矣。」蘇秦此説不問各户丁之多寡老弱，概以三人計算，本有不顧一切之誼，故甬語云然。
板板六十四				甬稱人拘滯不化曰板板六十四。蓋昔時鑄錢局之錢範，每板可鑄錢六十四文也。
百發百中（必發必中）		百亦讀若必（ㄅㄧ）。		甬稱謀事無一不合曰百發百中。《史記》：「楚有養由基者，善射者也。去柳葉百步而射之，百發而百中。」百俗亦讀若必，故亦徑作必。
千缸千色				甬稱布帛顔色複雜不齊曰千缸千色。舊時以缸盛染料而染布帛，謂之染缸，故有此稱。
歷亂三千（六亂三遷）		歷讀若落（ㄌㄛ）。		甬稱事物紛雜無次曰歷亂三千。歷亂，紛雜貌。梁簡文帝詩：「新花歷亂開三千。」甚言其多，猶言《曲禮》三千也。或曰當作六亂三遷，謂經六次之兵亂，三次之遷居，其紛雜可知矣。
亂話三千亂話百句（亂話不矩）				甬稱人語言虚妄曰亂話三千，亦曰亂話百句。三千及百句，皆甚言其多也。或曰當作亂話不矩，謂虚妄不合矩度也。
蠻法三千				甬稱人兇横無理曰蠻法三千，謂如蠻人之法，動輒以殺人爲事也。

續表

詞 附短語	本音	俗音	例語	疏證
千錯萬錯（千差萬差）		錯讀若剉（ㄘ禾）。		甬稱錯誤之多曰千錯萬錯。錯，亦作差。俗有「千錯萬錯來人弗錯」之諺。
千鍼萬鍼				甬狀製衣之艱難曰千鍼萬鍼。
千變萬化				甬稱事物變遷之多曰千變萬化。《列子》：「千變萬化，惟意所適。」
無千帶萬 無萬數		無千帶萬之無讀本音，無萬數之無讀俗音（ㄇㄨ）。		甬甚言數之多曰無千帶萬，亦曰無萬數，謂千萬之數尚不足以計之也。《湛園札記》：「趙與時《賓退録》曰：諺謂物多爲無萬數，《漢書·成帝紀》語也。吾四明諺語至今稱多曰無萬數。」案《秦嶧山碑》亦有「世無萬數」之語。
千定萬定				甬丁寧人必須如此行事曰千定萬定。定即決定之意。
萬無一失		無讀本音。		甬稱謀事必合曰萬無一失。
萬試萬應				甬稱藥物極有效驗曰萬試萬應，又稱事決不差移亦曰萬試萬應。《雲笈七籤》有「萬試隱伏所向」語。
百萬家財				甬稱人極富即曰百萬家財，非必以此計數也。
萬萬 千萬			萬萬弗可以	甬丁寧人必須如此曰萬萬，亦曰千萬。如言萬萬弗可以。韓愈文：「況萬萬無此理。」《漢書注》：「多謝，若今人言千萬問訊矣。」則唐時已然。

右繫數字者 以數字點綴詞語，使人尋味，亦修辭之一法，言文皆然也。惟非盡屬形狀詞，即形狀詞中，亦其類不一，然數字固形狀詞也。故別列一目，附於此表。

續表

詞附短語	本音	俗音	例語	疏證
啊（㑎）（丂）		啊讀若啞俗音（ㄛ）。		痛呼之聲爲啊。《集韻》：「啊，安賀切。愛惡聲也。」案與㑎音義並同。《説文》：「㑎，儂詞。」謂疲儂時所發之聲也。《廣韻》：「㑎，痛呼聲。」實即丂字。《説文》[一]：「丂，反丂也。讀若訶。」案丂爲舒氣之聲，从口則爲可，阿以可爲聲，啊又以阿爲聲，由一字輾轉演化也。
唷（喅）（嗄）（呀）（㑔）	唷音育。	唷讀若夏俗音（ㄒㄩㄛ）。		痛呼之聲爲唷。《玉篇》：「唷，出聲也。」《集韻》喅或作唷。《説文》：「音聲喅喅然。」今亦借嗄字爲之。又作呀，實當作㑔。《説文》：「㑔，刺也。一曰痛聲。」唷嗄㑔皆雙聲。
啊唷（阿㪃）（安偉）（阿耶）（阿癐）（呵唧）（阿雅）（阿噲）（阿嚛）（哎喲）（啊呀）（阿㑔）（阿侑）（燠休）（噢咻）		阿唷二音讀與上同[二]。		啊唷二字相聯，亦爲痛呼之聲，今通作此二字。《敬止録》作阿㪃，《北齊書·儒林傳》作安偉，《傳燈録》作阿耶，《輟耕録》作阿癐，亦作呵唧，俗又作阿雅、阿噲、阿嚛、哎喲、啊呀。《曉讀書齋雜録》：「《顔氏家訓》云：『《蒼頡篇》有㑔字，《訓詁》云痛而謼也。』按㑔疑侑之誤。今北俗痛苦甚尚呼阿侑，讀若洧，或尚與古同，即《左傳》所謂燠休之轉聲也。燠休，亦作噢咻。」今案狀聲之詞，以我國象形字代之，必致移步唤形而無所折衷。姑舉此十五種作法，以見一斑。

〔一〕文：原脱。

〔二〕阿：原作「呵」。

續表

詞附短語	本音	俗音	例語	疏證
唏（[illegible]）	唏音喜。	唏讀若世（ㄙㄩ）。		痛呼之聲亦爲唏，惟甬音轉爲世耳。《方言》：「唏，痛也。凡哀而不泣曰唏。於方，則楚言哀曰唏。」又唏，歎聲。《史記》：「紂爲象箸而箕子唏。」索隱：「唏，歎聲。」亦作[illegible]，《廣韻》：「呼鷄切。痛聲。」
唉（欸）（嗐）	唉音哀。	唉讀若孩（ㄏˊㄞ）。		怨恨而歎之聲爲唉。《史記》：「唉，豎子不足與謀。」索隱：「唉，歎恨發聲。」亦作欸。《芸窗私志》：「今人暴見事之不然者，必出聲曰欸。」俗亦作嗐，嗐音害，《集韻》：「聲也。」
咳（嗨）（唉）		咳讀若海平聲（ㄏㄞ）。		悔恨而歎之聲爲咳。案咳，《説文》：「小兒笑聲。」亦借爲欬嗽之欬，本非歎聲。今俗則多借用爲歎聲。俗又作嗨，蓋杜撰字，不見字書，本當作唉，唉字《韻書》皆有呼來、烏開二切，歎聲也。由哀而轉咍，轉孩，皆疊韻，因氣由喉而出有深淺，故演化而爲三音。
吪（吙）（嘘）（吁）	吪音靴。	吪亦讀若虛瓜切（ㄒㄩㄛ）。		忿鬱或悶熱而吐氣之聲曰吪。《廣韻》引《道經疏》云：「吪，吐氣聲也。」案實即嘘之轉音。《聲類》：「出氣急曰吹，緩曰嘘。」《正韻》：「蹙脣吐氣曰吹，虚口出氣曰嘘。吹氣出於肺，屬陰，故寒；嘘氣出丹田，屬陽，故温。」案吹氣由鼻吸入，即由口呼出，其氣涼，故煖物吹之使冷；嘘氣由肺深處而出，故鬱熱時嘘出身中之煖氣也。字亦作吁，於熱而呼氣之聲常書此字。《廣韻》：「吁，歎也。」

續表

詞 附短語	本音	俗音	例語	疏證
冐（苗）（猫）（貓）（吒）	冐音帽。	冐讀若帽反濁音（ㄇㄠ）。	張冐 伴遊冐	捉迷藏時突然出覿呼聲曰冐。《説文》作：「冐，突前也。」《繫傳》：「犯冃而見是突前也。」甬俗與嬰兒玩弄，蔽身而突見，曰張冐。又捉迷藏曰盤仂猫猫，音讀若慢，實當作伴遊冐也。字亦借作苗、猫、貓。《直語補證》：「苗，窺面相戲之聲，音若毛。郭忠恕逢人無貴賤，輒呼苗。東坡《郭忠恕畫像贊序》載之作猫，本傳及《談苑》並作貓。」後世傳奇小説中多書作吒，誤。吒，黑角切，《廣韻》：「怒聲。」音誼並異。
呀（啞）（惡）		呀讀若國音之呀（ㄧㄚ），亦讀濁音（ㄒㄧㄚ）。		驚異發聲爲呀。案呀，本許加切。《説文》：「張口貌。」音誼俱異。古作啞。《韓非子・難》篇：「啞，是非君人者之言也。」實即經籍中通用之惡字。《孟子》：「惡是何言與。」即此字。蓋啞惡皆从亞得聲也。
啊呀（阿呀）（阿訝）		啊讀入聲（ㄚ̇），呀讀若爺（ㄒㄧㄚ）。		驚異而發之聲亦爲啊呀，今多作此。傳奇小説中多作阿呀。《敬止録》作阿訝。
哪（喏）（魖）	哪音儺。	哪讀若拏（ㄋㄛ）。	哪看呀	驟見奇異之物而驚駭發聲示人爲哪〔一〕。《集韻》：「哪哪，儺人之聲。」亦謂見儺人驚而發此聲也。傳奇小説中多借用喏字。本作魖，《説文》：「見鬼驚詞。」《玉篇》：「驚毆疫癘之鬼也。」

〔一〕之：原誤作「乏」。

續表

詞 附短語	本音	俗音	例語	疏　證
喂（嘽）（誧）（偉）（衛）		喂讀若威（ㄨㄟ）。	喂做什麼	呼人問事，發聲驚之使注意爲喂。案喂，《玉篇》：「恐也。」非此誼。字當作嘽，《玉篇》：「失聲。」《集韻》：「呼聲。」又作誧。《集韻》：「誧，呼人也。」又呼聲，古亦借衛偉爲之。《爾雅》：「衛，嘉也。」鄭樵注：「時俗訝其物則曰衛。」《大戴禮》：「孔子曰：賜，女偉爲知人。」案金元人劇曲亦常有「兒郎偉」之語。
祋（哊）	祋，丁外切。	祋讀若特雷切（ㄉㄟˊ）。	祋弗許進來	閒雜人或牲畜等闌入，叱而驚之，發聲曰祋。《説文》：「祋，殳也。或説城郭市里，有不當入而入者，暫下羊皮，以驚牛馬曰祋。」故从示殳。戲曲中多作哊。
嚄	嚄音獲。	嚄讀若鑊（ㄏㄛˊ）。	嚄也會來了	突遇熟人，怪而責之，發聲曰嚄。《史記·外戚世家》：「嚄，大姊何藏之深也。」正義：「嚄，責，失聲驚愕貌。」
嗄（吓）（𣧑）		嗄讀若夏俗音（ㄏㄛˊ）。	嗄怪弗得	懷疑之事忽焉明瞭，發聲爲嗄。如言嗄怪弗得。亦省作吓。本當作𣧑。《説文》：「𣧑，屰惡驚詞。」案𣧑，胡果切，與嗄爲雙聲。
啈	啈音害。	啈讀若孩（ㄏㄞˊ）。	啈我講過嗎，果然是介。	驚人注意己之前言，以明己言不謬，往往發此聲。《玉篇》：「啈，大開口。」《敬止録》：「驚訝意也。」
呸（否）（音）（唂）（欸）（啡）	呸音丕。			聞人拂意之辭，激切反對之發聲爲呸。《字彙》：「呸，相争之聲。」俗字本作否，《説文》：「相與語，唾而不受也。」《集韻》音剖，亦書作音。又作欸。《集韻》：「欸，語而不受也。」唂同音。亦作啡，《廣韻》：「出唾聲。」

續表

詞 附短語	本音	俗音	例語	疏證
吡（欪）（嘋）（諀）（諀）（粃）（糟）（屁）	吡，匹婢切。			表示蔑視之意，發聲爲吡。《廣韻》：「吡，訾也。」《莊子·列禦寇》：「中德也者，有以自好也，而吡其所不爲也。」亦作欪。《集韻》：「欪，氣出聲。」亦作嘋。《類篇》：「嘋，吡聲。」《集韻》亦作諀。又作諀。《廣雅》：「諀，訾也，諻也。」《廣韻》：「惡言也。」亦作粃。《方言》：「粃，不知也。」或亦以下洩氣之糟及屁字當之。
誶（啐）	誶音崒。	誶讀若宅（ㄗˊㄚ˙）。	誶還弗走	嚴厲詰責發聲爲誶。《説文》：「誶，讓也。」《玉篇》：「罵也。」《列子》：「謰極凌誶。」俗亦借啐字爲之。
咦	咦音夷。	咦讀若夷上聲（ㄒˊㄧ）。	咦齷齪來	表示厭惡之聲爲咦。案《説文》：「南陽謂大呼曰咦。」俗蓋借用其音。
歐（嘔）		歐讀去聲（ㄤ）。	歐我立刻就來	表示服從而應答之聲爲歐。案歐爲吐，無此誼，當作嘔。《集韻》：「嘔，悦言也。」《史記·韓信傳》：「言語嘔嘔。」《漢書·王褒傳》：「嘔喻受之。」蓋皆表示悦服也。
唯		唯讀若畏（ㄨㄟ）。		鄉村間應答之時亦發聲爲唯。《説文》：「唯，諾也。」《禮·内則》：「能言男唯女俞。」則此語自周秦以來已然也。
噯（唉）（欸）		噯讀若哀（ㄞ），亦讀若孩（ㄏˊㄞ）。		表示首肯應答之聲爲噯。案《玉篇》：「噯氣。」非此誼。本當作唉。《説文》：「唉，應也。」又：「欸，應也。」《廣韻》：「唉，慢膺。」《莊子》：「狂屈曰：唉，吾知之。」

詞 附短語	本音	俗音	例語	疏證
哄(㕦)	哄，烏郎切。			表示已瞭解所言之應答聲爲哄。《廣韻》：「哄，應聲。」《篇海》作㕦。
呵(嗄)(吓)	呵，荷上聲。	呵亦讀若霞俗音(ㄏㄛ)。		聽人談論，隨意緩應之聲爲呵。《集韻》：「呵，慢應聲。」俗多借嗄字爲之，曲本中多省作吓。
囮	囮音和。			突見事物，歡樂而發聲爲囮。《玉篇》：「囮，牽船聲。」宋儒語録有「囮聲落地」之語。
唅呀(杭育)	唅音憾。呀，許加切。	唅讀若含(ㄏㄢ)〔一〕，呀讀若霞俗音(ㄏㄛ)。		夫役舉重時張口所發之聲爲唅呀。《廣韻》：「唅呀，張口也。」俗今作杭育。
啀啀(唎唎)(倭倭)	啀音倭。		啀啀囮囮 啀啀鼕鼕	啀啀爲保母撫抱嬰孩時催眠之聲。《玉篇》：「啀，小兒啼。」《集韻》：「啀，聲也。」亦作唎。《篇海》：「唎，小兒啼也。」《敬止録》：「小兒啼聲爲啀啀，父母噢咻之亦曰啀啀，又曰唎唎。」亦作倭倭。《説文》：「倭，順也。」撫嬰孩而曰倭倭囮囮，蓋祝其順也。今俗相傳，則以爲恐嚇小孩之聲曰倭倭鼕鼕，謂倭子已到門前鼕鼕敲門之聲，蓋海疆自元明以後受倭害深也。此説似涉附會。鼕鼕，當作童童，猶言囮囮也。

〔一〕含：原誤作「舍」。

續表

詞 附短語	本音	俗音	例語	疏證
㴬(駛)	㴬音施。	施讀若世(ㄙㄩ)〔一〕。		驅逐禽獸之時發聲爲㴬。《集韻》：「㴬，聲也。」《正字通》：「俗字，今俗驅鷄聲。」案似當作駛，駛，馬行疾也，謂驅之疾去也。
犢犢(驅驅)	犢，粗上聲。	犢讀若趣(ㄘㄩ)。		驅逐禽獸之時亦發犢犢之聲。《字彙》：「犢，使牛也。」《敬止録》：「使牛曰犢犢。」案似當作驅驅。《玉篇》：「驅逐遣也。」
嘩(吴)(吴)	嘩音華。			叱牛使之停走發聲爲嘩。案嘩與譁同，非此誼。似當作吴。《集韻》吴，胡化切。《玉篇》：「大聲也。」吴實即吴字之變。《説文》：「吴，大言也。」徐鍇謂〔二〕：「今改吴作吴，音胡化切，謬甚。」
溜				叱牛使之轉灣發聲曰溜。《管子·宙合》注：「溜，發也。」俗謂人逃遁曰溜走，馬脱轡曰溜韁〔三〕，皆有去誼。

〔一〕 ㄩ：原誤作「ㄐ」。
〔二〕 鍇：原誤作「鉉」。
〔三〕 原重一「曰」字。

續表

詞附短語	本音	俗音	例語	疏證
喌喌（⿰口州⿰口州）（朱朱）（祝祝）（粥粥）	喌音祝。	喌亦讀若篤（ㄉㄛ）。		呼鷄之時常發喌喌之聲。《説文》：「喌，呼鷄重言之。」庾肩吾詩：「遺卻白鷄呼喌喌。」《集韻》亦作⿰口州。又作朱朱。《風俗通》：「鷄本朱氏翁所化，故呼鷄曰朱朱。」亦作祝祝。《説苑・尊賢》：「舉杖而呼狗，張弓而祝鷄。」[一]亦作粥粥[二]。韓愈《琴操》：「隨飛隨啄，羣雌粥粥。」喌喌亦讀若篤者，知母字古本端母也。
欶欶（肉肉）		欶讀若女亞切（ㄚㄛ）。		甬呼豕時發聲爲欶欶，不如他方之爲嚧嚧也。此二字見白珽《湛淵静語》，不見字書。實當作肉肉。蓋肉爲豕之専稱，詳見《名物詞表》豬玀注。
屬屬	屬音囑。			呼犬之聲爲屬屬。《公羊傳》宣六年：「呼獒而屬之。」疏：「今呼犬謂之屬，義出於此。」案此語亦周秦遺音。
盧盧（嚧嚧）（囉囉）（嘍嘍）		盧讀若羅反濁音（ㄌ禾）。	盧盧黄狗	甬呼小犬之時則發盧盧之聲。又孩童亦稱犬爲盧盧黄狗。盧本良犬之名，《詩》所謂「盧令令」是也。俗亦作嚧嚧，又作囉囉。《廣韻》作嘍嘍，謂「吴人呼狗。方言也」。
芊芊（哶哶）（嘪嘪）	芊音弭。	芊讀若買反濁音（ㄇㄚ）。		呼羊之聲爲芊芊。《説文》：「芊，象羊鳴。」《玉篇》亦作哶，又作嘪，皆訓羊鳴也。

〔一〕鷄：原脱，據《説苑》補。

〔二〕下「粥」字原誤作「弼」。

續表

詞 附短語	本音	俗音	例語	疏證
咪咪（猫猫）		咪讀若米反濁音（ㄇㄧ）。		呼猫之聲爲咪咪。案咪本爲芊之俗字，蓋本作猫猫。猫本音苗。苗咪雙聲之轉也。
右感歎詞　感歎詞別出於形狀詞聲音類之外者，前必與名動詞相屬，此則獨立也。				

動作詞類表

動詞及其短語屬焉，凡分屬目、屬口、屬手、屬足、屬身體、屬意念、屬行爲、屬事業、屬器物、屬水、屬火、屬動物十二種。

詞 附短語	本音	俗音	例語	疏證
相	相去聲。		相屋 相人	甬稱視察曰相。《説文》：「相，省視也。」段注：「目接物曰相。」
張（賬）			東張西望 看張	甬稱窺探曰張。案張，開也，謂開目而視也。故俗請人細看，有「眼睛張開來」之語。《敬止録》作賬，《集韻》：「目大貌。」無看誼。又稱見之者曰看見，近數十年來則曰看張，亦方言隨時而變之證。
睞（眨）（睫）（睒）（矚）（霎）（翣）	睞音攝。	睞讀若色（ㄙㄚ）。	睞眼睛	甬稱眼皮啓閉曰睞。《集韻》：「睞，目動貌。」矚同。《韓非子》〔一〕：「今有人見君，則睞一目何如？」亦作眨睫睒，通作霎翣。

〔一〕韓非：原誤作「淮南」。

續表

詞 附短語	本音	俗音	例語	疏證
瞇（眯）（睸）（蔑）（乜）		瞇讀若米之反濁音（ㄇㄧ）。	眼睛瞇攏 笑瞇瞇	甬稱眼皮閉合曰瞇。心中喜悅則目䏚合而笑，俗謂之笑瞇瞇。《集韻》：「瞇，眇目也。」本當作眯。《説文》：「眯，草入目中。」草入目中則目合，故引申爲閉目之稱。亦作睸，《集韻》：「目合也。」通作蔑。俗亦借乜字。
䁟（眑）（眵）（覾）	䁟音砌。			甬稱目合成細縫逼近視物曰䁟。《説文》：「䁟，察也。」《類篇》：「一曰邪視。」或作眑。顏延之詩：「聆龍䁟九泉。」通作眵。又作覾，《廣韻》：「伺視也。」
瞠（瞕）（𥌒）（瞪）（盯）（睁）	瞠，除更切。	瞠讀若盛俗音（ㄗˊㄤ）。	眼睛瞠開 天瞠開來	甬稱張大其目而視曰瞠。《倉頡篇》：「瞠，直視也。」《莊子》：「夫子奔軼，絶塵，而回瞠若乎後矣。」亦作𥌒瞕，見《集韻》。又作瞪。《晉書》：「瞪眸不轉。」亦作盯睁，見《韻會》。又雲中透露日光曰天瞠開，謂如人張目而視。
䀣	䀣音祕。	䀣讀若必（ㄅㄧ）。	䀣眼火	甬稱竭目力以察物曰䀣。俗有「䀣眼火」之語，眼火，稱目光也。匠人閉一目啓一目審木之曲直，即謂之䀣。《説文》：「䀣，直視也。」韓愈詩：「獷眼困逾䀣。」
盯（覘）（釘）	盯音根。	盯讀若丁（ㄉㄧㄥ）。	盯梢 眼睛盯牢	甬稱力視不釋曰盯。如目定不瞬而察一物曰眼睛盯牢，又尾隨人後而視察之曰盯梢。《玉篇》：「䁎，盯視貌。」韓愈詩：「眼瞟强盯䁎。」本當作覘。《説文》：「覘，内視也。」謂意有所專，目恒不動也。覘，丁含切，與盯雙聲，俗皆借釘字爲之。

續表

詞 附短語	本音	俗音	例語	疏證
睩	睩音鹿。	睩讀若鹿反濁音（ㄌㄛˋ）。	眼睛睩來睩去 眼睛睩睩動	甬稱目轉動疾速以察四周之物曰睩。《説文》：「睩，目睞謹也。」《廣韻》。宋玉《招魂》〔一〕：「蛾眉曼睩，目騰光些。」王逸《九思》：「哀世兮睩睩。」
㑳（眗）（瞅）（溜）	㑳音抽。	㑳讀若溜反濁音（ㄌㄧㄤˋ）。	眼烏珠㑳見 㑳見	甬稱人胸中不正而目轉動不停曰㑳。《説文》：「㑳，眣也。」《集韻》：「目不正也。」亦作眗瞅。俗借溜字爲之。
斜（惹）（射）（眣）	斜，似嗟切。	斜讀若社俗音（ㄙㄛˊ）。	眼睛斜過去 斜白眼	甬稱目斜視側方曰斜。如言斜過去。又目睛不正常若斜視者曰斜白眼。或曰當作惹。《增韻》：「惹，引著也。」案實當作射，謂如射時目斜視鵠的也。本亦作眣。《公羊傳》文公七年：「眣晉大夫使與公盟也。」又成公七年：「郤克眣魯衛之使。」何休《解詁》以目通指曰眣。案皆謂目斜視指使人有所爲也。眣，从目从矢會意，當與射同字，讀若惹。《篇韻》諸書音舜，非。詳見後惹厭。
瞟（覒）（飄）			眼睛一瞟 眼睛瞟過去	甬稱目略視一過曰瞟。如言眼睛一瞟，此即《越諺》所謂「衆前與相約者目語也」。《説文》：「瞟，瞭也。」《集韻》：「瞟瞭，明察也。」此即略視之意。亦作覒，《説文》：「目有所察省見也。」俗多借飄字爲之。

〔一〕 玉：原誤作「至」。

續表

詞 附短語	本音	俗音	例語	疏證
鳭	鳭音雕。	鳭讀若弔（ㄉㄧㄠ）。	鳭榜子	甬稱男女目成曰鳭，亦曰鳭榜子。《説文》：「鳭，目熟視也。」榜子，猶言樣子，謂以此表示相戀之榜樣也。此本滬蘇方言，俗不解其意，譌作弔膀子。或曰男女婚書亦曰榜紙，謂目成猶將婚書贈對方，故曰弔榜紙。
腁（坍）	腁音坍。		眼睛腁進	甬稱人因疾勞而目眶深陷曰眼睛腁進。《集韻》：「腁，膚肉壞。」俗假坍字爲之。
現（遣）			鬼現出來	甬稱隱約發見曰現。如疑心生暗鬼曰現出來。《正韻》：「現，顯也，露也。」《抱朴子》：「或形現往來。」或曰當作遣。遣，于線切，《説文》：「相顧視而行也。」
巴			巴巴 巴望 巴弗得	甬稱渴望曰巴，謂瞪目而渴望人之至曰眼巴巴，故希望曰巴望，求之不得曰巴弗得。《客座贅語》：「今人盱衡望遠曰巴，不足而營之曰巴。」《四明續志》：「吴潛詞：巴得西風起。」
聽見 聽聞		聞讀若門（ㄇㄥ）。		甬稱以耳察音曰聽，此通語也。而音自入耳則曰聽見，實非見也。亦曰聽聞，猶他方言聽得、聽到也。
聒	聒音括。		耳朵聒著過	甬稱從旁略聞曰聒。如無意聽到而約略記憶及之曰耳朵聒著過。《説文》：「聒，讙語也。」《廣韻》：「聲擾也。」《抱朴子》：「春蛙長譁，而醜音見，患於聒耳。」

續表

詞 附短語	本音	俗音	例語	疏證
筅(㧥)			筅耳朵	甬稱以器去耳垢曰筅。筅本竹帚,此作動詞用。《雲煙過眼録》有王齊翰《巖僧筅耳圖》。《越諺》作㧥。《集韻》:「㧥,手捻物。」引申之,凡以器物撩撥之皆曰筅。如以紙捻筅鼻孔、以草筅蟋蟀之類。
右屬目 屬耳者附焉。				
用(亯)			用飯	甬請客飲食曰用。如言用茶、用飯。本當作亯,《説文》:「用也。从亯从自。自知臭,亯所食也。讀若庸。」段玉裁、朱駿聲並謂謁客喫飯曰用飯,即此亯字。
舔(䑙)(餂)(丙)				甬稱以舌刮取剩餘食物曰舔。舔見《篇海》。《越諺》亦作䑙。古作餂。《韻會》:「餂,鉤取也。」《孟子》:「是以言餂之也。」本當作丙。《説文》:「丙,舌貌。」《六書精蘊》:「丙,以舌在口外,露舌耑舐物。人有持短長術以言鉤人者,孟子斥爲穿窬。」是丙即餂也。
咬(齩)(𪘏)(嚙) 咬嚼		咬讀若敖上聲(兀幺)。	咬出來 無咬嚼	甬稱齧物曰咬。本當作齩,《説文》:「齧骨也。」亦作𪘏嚙,見《集韻》,此通語。又稱獄訟口供牽涉他人曰咬。如招出主謀之人曰咬出來,此爲浙東一帶之方言。又稱尋味意義曰咬嚼。如謂人語言無味曰無咬嚼,此宋元以來之方言。元曲中多有咬文嚼字語。《竹坡詩話》有明上人者作詩甚艱,東坡作頌以示之曰:「咬嚼三十年,轉更無交涉。」

續表

詞 附短語	本音	俗音	例語	疏證
啃（⿰齒肯）（肎）（貇）（齦）		啃讀若肯（ㄎㄥ），亦讀濁音（ㄍˊㄥ）。	啃肉骨頭	甬稱以門齒刮取骨上餘肉曰啃。案啃，《玉篇》音澀，「咠啃，口聲」。音誼並殊。俗亦作⿰齒肯，不見字書。《說文》有齦貇二字，皆訓齧，韻書並音懇，是即啃字。本當作肯。《說文》：「肎，骨間肉肎肎著也。」用爲動詞，則作齒取骨上肉解矣。
飫（⿰飠於）（歍）	飫音淤。		飫飯 飫猪	甬稱哺小兒食曰飫，又稱飼牲畜食曰飫。亦作⿰飠於。飫，訓飽也，非此誼。本當作歍。《說文》：「歍，一曰口相就也。」哺兒食時，蓋以己之口就兒也。歍音烏，與飫雙聲。
嘾	嘾，徒感切。	嘾讀若淡（ㄉㄢˊ）。	飯嘾了 嘴巴嘾了	甬稱小兒口中含飯而不下咽曰嘾。《說文》：「嘾，含深也。」引申之，稱下顎垂下而口開如含飯者亦曰嘾。
過（裹）		過讀去聲。	過飯 過口	甬稱以餚菜下飯曰過飯，因即稱餚曰過口，故俗有過口、過飯之語。《齊民要術》鯉魚脯過飯下酒，極是珍美。俗亦作裹，蓋取餚菜包裹飯食使下咽意。
煞			煞口	甬稱食將畢時，以較鹹或開胃之餚使飯易下曰煞口，見《越諺》。案煞取肅殺之意，又取終結之意。
喫菜 喫素（喫⿰飠素）				甬稱因齋戒而不食葷腥血肉之品曰喫菜，蓋所食皆蔬類也。亦曰喫素，素取潔淨之意。《漢書》：「昌邑王典喪，不

續表

詞 附短語	本音	俗音	例語	疏證
（喫蔬）敖齋				素食。」亦作饈。《集韻》：「饈，膳徹葷也。」今俗多作喫蔬，蓋與言喫菜意同。俗又謂之敖齋，敖即敖苦、敖痛之意，忍也。
開葷				甬稱齋戒期畢，素食改爲葷食曰開葷。古謂之解菜，亦曰開素。《表異録》曰：「東昏侯喪潘妃女，閹豎營肴羞，曰爲天子解菜。」猶今云開葷也。《野客叢書》曰：「今人茹素，而親鄰設酒殺，以相煖熱，名曰開葷，於理合曰開素。」白居易詩：「月終齋滿誰開素。」
忌嘴				甬稱因服藥而不食與藥性違反之餚饌曰忌嘴，猶他方言忌食也。
喝（呷）（欱）			喝湯 喝茶 喝藥 喝老酒	甬稱張口大飲曰喝。如言喝湯、喝茶、喝藥。飲酒雖間亦稱喝，如言喝老酒，而以言喫酒者爲常。此與北人稱飲曰喝者略有區別也。然喫酒之語亦頗古，杜甫《送李校書》詩已有「對酒不能喫」之句矣〔二〕。惟喝字音噎，爲噎塞意，實無飲訓。本當作呷。《説文》：「呷，飲也。」或作欱。《説文》：「欱，歠也。」呷，呼甲切。欱，呼合切。正爲喝之本誼本音也。

〔二〕 對：原脱，據杜甫《送李校書》補。

續表

詞 附短語	本音	俗音	例語	疏證
渳	渳音弭。	渳讀若弭反濁音(ㄇㄧ)。	渳一點	甬稱不善飲酒者之酒略沾脣曰渳，有渳一點之語。《説文》：「渳，飲也。」
𠯗(咂)(啞)(嗹)(啐)(𣣌)(唼)(噆)	𠯗音匝。		𠯗味道 𠯗一點	甬稱略嘗曰𠯗。如言𠯗味道。又略飲亦曰𠯗。如言𠯗一點。《風俗通》：「入口曰𠯗。」《集韻》：「𠯗，啖也。」《篇海》作咂。《集韻》亦作啞嗹唼。《越語肯綮録》作𣣌。《越諺》作啐。本當作噆。《説文》：「噆，嗛也。」《淮南子》：「噆味含甘。」《集韻》噆，作答切。
穿水皮襖				甬人戲稱飲酒曰穿水皮襖。皮襖，甬語裘也。謂酒能暖體如被重裘也，即《左傳》「三軍之士如挾纊」意。《小説補遺》：「淡酒，一名水皮襖。」
欶(𠰌)(嗽)(嗍)	欶音速。		欶奶 欶骨髓	甬稱含物而吸食之曰欶。如吸乳曰欶奶，吸食骨中之髓曰欶骨髓。《説文》：「欶，吮也。」《通俗文》：「含吸也。」《集韻》欶或作𠰌嗽嗍。
𣣌(啜)	𣣌，子聿切。	𣣌讀若輟(ㄗㄩ)。	𣣌骨頭 𣣌指頭	甬稱以物含於口中，用舌舔取其屑液曰𣣌。如舔取骨上之餘肉曰𣣌骨頭，舔取指上所蘸之餘瀝曰𣣌指頭。《玉篇》：「𣣌，吮也。」一曰口飲謂之𣣌。俗亦作啜。
噁(惡)	噁音惡。		噁心 噁出來 空噁	甬稱食物咽下後，因胸中不快而吐曰噁。如言噁心，亦作噁聲，亦作惡心，又言噁出來。又胃無食物而欲吐者曰空噁。噁字見《集韻》，本無吐誼，俗蓋借用之。本當作歐。通作嘔。歐噁雙聲之轉。

續表

詞 附短語	本音	俗音	例語	疏　證
喀(⿰血客)	喀音客。		鸕鷀喀涎 喀血	甬稱將喉中所礙之物吐出曰喀。如將鸕鷀所吞之魚令吐出曰鸕鷀喀涎。又謂吐血曰喀血。《集韻》與⿰血客同，歐也。《列子》：「據地而歐之，不出，喀喀然。」
㱿	㱿音殼。		痰㱿出	甬亦稱物據喉中不能上下，用力吐去之曰㱿。如將喉中之痰吐去曰痰㱿出。《説文》：「㱿，歐貌。」《左傳》：「臣有疾，異於人，若見之，君將㱿之。」
冐(⿰歹兒)(⿰飠兒)				甬亦稱歐吐食物曰冐。案冐有突出之意，故以爲稱也。《越諺》作⿰歹兒。《集韻》：「⿰歹兒，飽滿也。」亦作⿰飠兒。
⿸疒反(反)(泛)(⿰口幷)	⿸疒反，孚萬切。		⿸疒反漾漾	甬稱歐吐食物曰⿸疒反。《集韻》：「⿸疒反，心惡吐疾也。」又欲吐未吐曰⿸疒反漾漾，亦作泛漾漾。本亦作反。如吐亦曰反胃。又作⿰口幷。《廣雅》：「⿰口幷，吐也。」
嘟(⿰口或)	嘟音郁。		喫得嘟進嘟出	甬稱食過飽幾欲歐出曰嘟。如言喫得嘟進嘟出。《集韻》嘟與⿰口或同，聲也。《篇海》：「喉聲。」
嚥酸(咽酸)(饜餇)(饜饎)				甬稱因食過飽而冐酸冐出口中復嚥下曰嚥酸。嚥，亦作咽。《越諺》作饜餇。《説文》：「餇，饜飫。」《集韻》：「賈思勰曰：飽食不餇。」或作饎。
⿸疒空⿰翁頁(創喉)(戕烏嚨)	⿸疒空音腔，⿰翁頁音翁。			甬稱食物竄入氣管中，氣逆作嗽曰⿸疒空⿰翁頁。《廣韻》：「⿸疒空，喉中病。」「⿰翁頁，頸毛也。」疑當作創喉。創，傷也。古音喉屬侯部，⿰翁頁屬東部，陰陽對轉也。或曰⿸疒空當作戕，賊害之意。⿰翁頁當爲烏嚨二字之合音。又引申之，謂啓鎖不得其法，以致鎖簧損壞曰⿸疒空⿰翁頁。又謂兩方因爭執而各懷意見曰⿸疒空⿰翁頁。

詞附短語	本音	俗音	例語	疏證
餩（欬）（唉）（噎）（嗄）（噫）	餩者該。	餩讀若該濁音（ㄍ́ㄞ）。	打餩	甬稱食物過飽而胃氣上衝作聲曰餩，亦曰打餩。《廣韻》：「餩，通食氣也。」本當作噫。噫，乙界切，讀若該濁音者，影母字轉爲羣母也。《説文》：「噫，飽食息也。」《集韻》噫或作欬，通作餩。又嗄，乙界切，亦氣逆也。或作噎，亦作唉，《廣韻》於駭切，飽聲。
噎（咽）饐	噎音壹。		噎住 噎煞 打噎 喫飯防噎	甬稱因食過急，停留食管中，使氣不舒曰噎，亦曰噎住、噎煞，打噎。俗有「喫飯防噎」之諺。《説文》：「噎，飯窒也。」《詩疏》：「噎者，咽喉蔽塞之名。」《廣韻》或作咽。《集韻》或作饐。
膯（⿱登食）		膯讀若頓（ㄉㄥ）。	膯食	甬稱食物過多，腸胃中積滯不化曰膯。《集韻》：「⿱登食，貪食。」亦作膯。《類篇》：「吴人謂飽曰膯。」案今甬尚有膯食之語。
話			講話 講説話 嬾婦是介話，十月還有一個夏。	甬稱語言曰話，曰説話。如言講話、講説話。此爲名詞，讀作去聲，即《爾雅·釋詁》「話，言也」之誼。又轉爲動詞，則讀上聲，如農家諺有「嬾婦是介話，十月還有一個夏」之句，則爲發言解，與《詩》《書》之稱曰稱云，他方稱説稱道其意同也。
講		講讀若缸上聲（ㄍㄤ）。	講和 講事體 講説話 講故事 講究	甬稱調解曰講。如雙方息事和好曰講和，爲人排難解紛曰講事體。此與《説文》「講，和解也」本誼相合。又稱發言或告語曰講。如言講説話、講故事。此與《廣雅》「講，論也」、《廣韻》「講，告也」之誼相合。又稱研究曰講。如言不講究、太講究。此與《玉篇》「講，習也」、《增韻》「講，究也」之誼相合。

續表

詞 附短語	本音	俗音	例語	疏證
插（喢）			插嘴 一句插弗進	甬稱越次而言曰插。如二人方對語時，旁人忽加入曰插嘴；當議論時，不容他人發言曰一句插弗進。亦作喢，參看下注。
喢	喢，叱涉切。	喢讀若插（ㄘㄚ˙）。	喢亂話	甬稱妄言曰喢。如造謠曰喢亂話，亦曰講造話。《玉篇》：「喢，多言也。」《集韻》：「小人言也。」
諓（傳）（纏）	諓，賤上聲。	諓讀若傳上聲（ㄗ́ㄩ干）。	諓過又諓 背後諓你	甬稱年老健忘，一事已言而又重複言之曰諓。如言諓過又諓。又稱對人記念不忘，時時提及其名曰諓。如謂平日在人前稱贊曰背後諓你。案諓，《說文》訓「善言」，《玉篇》訓「巧言」，《廣韻》訓「諂」，皆此誼也。《越諺》作傳，音去聲，謂「越嫗面諛，輒曰某傳爾，或曰我背後傳爾，如經傳之傳，語最古雅而耐人尋味」，似爲曲說。或曰當作纏，謂語纏繞不休也。
傲（慠）（謷）			自傲饅頭白	甬稱誇贊曰傲。俗有「自傲饅頭白」之諺。案《正韻》：「傲，慢也，倨也。」本爲驕倨者自誇之稱，亦以爲贊人之稱。《說文》本作慠。亦作謷。《類篇》：「謷，志遠也。」《正字通》：「倨也。」
呑吐 呑呑吐吐				甬稱人欲言不言或言而不爽直曰呑吐，亦重之曰呑呑吐吐，謂如食物之忽呑忽吐也。
歐（嘔）（謳）			歐渠來	甬稱呼人曰歐。如呼之使來曰歐渠來。《漢書・食貨志》：「歐民而歸之農。」《光緒志》謂此歐即作呼解。或曰當作嘔。《集韻》：「嘔，悦言也。」《越諺》作謳。

續表

詞 附短語	本音	俗音	例語	疏證
扣(訂)(叩)			扣好 扣實	甬稱商訂曰扣。如兩方商訂完結曰扣好，商訂明確曰扣實。本當作訂。《説文》：「訂，扣也。如求婦先訂叕之。」《廣韻》：「先相訂可也。」俗亦通作叩。
盤(嗌)			盤闖 盤口供	甬稱查察曰盤。如詰問曰盤問，讞獄曰盤口供。楊維楨詩：「盤詰誰能禁齊語。」案盤與蟠通，有曲折誼，故稱曲折究悉曰盤，俗别制嗌字，見《篇海》，謂「以言難人也」。《越諺》謂盤駁、盤問宜作嗌，非。
諜（諸）（沓）(嗒)(譅)	譅，託合切。		譅説話	甬稱以言探人意嚮曰譅。如言譅説話。《説文》：「譅，言語相及也。」《廣韻》：「妄語也。」《正字通》：「方俗以言探人曰譅。」與諸義同。本作沓。《集韻》或作嗒。亦作諜。
謆（扇）（煽）(搧)	謆音扇。		謆動	甬稱誘惑曰謆。如誘使人作不正當行爲曰謆動。《類篇》：「謆，以言惑人也。」亦通作扇煽搧。
攛 撬(招)	攛音爨。撬，牽幺切。	攛讀若穿(ㄘㄩ干)，撬讀翹上聲(ㄐˊㄧㄠ)。	攛禍撬非	甬稱旁人播弄是非曰攛，亦曰撬。攛，《集韻》：「擲也。」《字典》：「俗謂誘人爲非曰攛掇。」案攛掇二字，小説中多有之。撬，《集韻》：「舉也。」今俗謂以器起物曰撬。此喻譖人者以言引人使怒也。或曰當作招。俗謂譖人使得罪曰撬禍，實當作招過。《漢書》：「以招人過。」招正音翹。過與禍爲疊韻之轉。

續表

詞 附短語	本音	俗音	例語	疏證
謾(瞞)(滿)	謾，滿平聲。		謾生人眼	甬稱欺隱曰謾。如欺不知内情者曰謾生人眼。《説文》：「謾，欺也。」俗通作瞞。《字典》：「匿情相欺曰瞞。」又通作滿。《漢書·谷永傳》：「滿讕誣天。」
讕(賴)(昧)	讕音闌。	讕讀若癩(ㄌㄚ)。	讕説話 讕銅錢 讕學	甬稱作而不承曰讕。如自食其言曰讕説話。引申之，稱借而不還曰讕銅錢，小兒逃學曰讕學。《説文》：「讕，詆讕也。」《廣韻》：「逸言也。」逸言，猶遁辭也。《唐書·張亮傳》：「亮讕辭曰：『囚等畏死見誣耳。』」[二]通作賴。《左傳》：「鄭人貪賴其田。」《暖姝由筆》：「今人誣罔指事者，爲事推無者，得物不認者，皆名爲賴。」亦作昧。《篇海類編》：「謂以言相遮。」案讕本字，賴借字，昧俗字。
衝出口				甬稱偶不留意，將不欲言者脱口而出曰衝口出。蘇軾《跋歐公書》：「此數十紙，皆文忠公衝口而出。」
纏			生纏 纏煞癩頭	甬稱人語言糾紛曰纏。如强辭奪理曰生纏，名之爲纏煞癩頭，蓋謂如繩索之糾結不可解也。
繞(嬈)		繞讀若堯上聲(ㄏㄧㄠ)。	纏繞弗清	甬亦稱語言糾紛曰繞。如言纏繞不清。亦作嬈。《字林》：「嬈，擾也。」

〔二〕 亮讕辭曰：原脱；誣：原作「讕」，據《唐書》改。

續表

詞 附短語	本音	俗音	例語	疏證
諞（格）	諞音隔。		諞死諞活	甬稱人語言執一而不聽勸告曰諞。俗有「諞死諞活」之諺。《正字通》：「諞，語不相入也。」案當作格，謂扞格而不相入也。《禮》：「則扞格而不勝。」
嗑	嗑，古盍切。	嗑讀若格之濁音（ㄍㄚˊ）。	廿八牙齒空嗑	甬稱磨動齒牙曰嗑。發言時牙必動，故譏人多言曰嗑。如多言無實曰廿八牙齒空嗑。《廣韻》：「嗑，多言也。」
吵（訬）（炒）（抄）（譟）（謅）	吵音草。		吵閙	甬稱語聲喧擾曰吵。如言吵閙。《廣韻》：「吵，聲也。」本作訬，《説文》：「擾也。」亦作譟，《説文》：「擾也。」《玉篇》：「羣呼煩擾也。」亦作謅，《集韻》：「弄言。一曰聲也。」通作抄。吵擾，俗亦作抄擾。亦通作炒。《國老談苑》《朱子文集》並有廝炒語。
辱（謈）（咋）（嚄）			濫辱濫罵	甬稱罵詈曰辱。如無理詈人曰濫辱濫罵。辱有斥責意。如言斥辱責辱。亦有汙衊意。如言辱先辱身。故以爲罵詈之稱。後世別制謈字，《集韻》：「謈，疾各切。詈也。」《光緒志》作咋，引《管天筆記》：「《答客難》云〔一〕：狐狸之咋虎。注：仕各切，余鄉謂罵人曰咋，即此字。」案《漢書·東方朔傳》作「孤豚之咋虎」，顔師古注：「咋，齧也。仕客切。」諸字書咋字亦皆無詈誼，不當爲辱詈字。又《越諺》作嚄，音若，謂信口出音。案嚄，《廣韻》徒落切，《集韻》達各切，皆不音若也。

〔一〕答：原脱。

續表

詞 附短語	本音	俗音	例語	疏證
僝	僝，咋閑切。	僝讀若涎俗音（ㄙㄢˊ）。	喫僝頭	甬亦稱責辱曰僝。如受人斥責曰喫僝頭。《玉篇》：「僝僽，惡罵也。」
諫		諫讀若揀濁音（ㄍㄢˊ）。	嗖嗖諫人	甬稱訓責曰諫。如訓責不已曰嗖嗖諫人。嗖音鐸，《廣韻》：「口嗖嗖無度。」案諫，《周禮注》：「正也。以道正人行也。」原非專指下對上之稱。讀俗音，則爲甬語之揀轉爲濁音，則爲ㄍㄢˊ矣。
埋怨（埋冤）		埋讀若毛（ㄇㄠ）。	聽埋怨	甬稱斥責曰埋怨，受人斥責曰聽埋怨。埋，藏也，謂斥責語中藏怨恨意也。埋讀若毛者，猶猫亦讀若慢，古音之部與宵部近旁轉也。亦作埋冤。王阮《再遊浄土寺》詩：「燕鶯離恨苦埋冤。」
擾業（造孽）（造業）（譙讓）		擾讀若造俗音（ㄙㄠˊ）。		甬稱互相爭詬曰擾業，謂因事而喧擾也。或曰即佛經之造孽，亦作造業，釋家以過去世中所種惡因爲今生之障礙者，謂之業障，或作孽障，故謂作惡事曰造孽，喻兩人爭詬亦因此種下惡感也。案似即譙讓二字之轉音。譙音轉如造，讓甬俗音本讀娘母，轉入聲則如業。《漢書·高帝紀》：「樊噲亦譙讓羽。」注：「譙讓，以辭相責也。」
嫌貶 嫌嫌貶貶				甬稱因心中憎惡而吹毛求疵曰嫌貶。《說文》：「嫌，不平於心也。」「貶，損也。」亦重言之曰嫌嫌貶貶。

續表

詞 附短語	本音	俗音	例語	疏證
唾罵		唾讀若妥（ㄊㄨㄛ），亦讀若土（ㄊㄨ），讀若朵（ㄉㄛ）。	萬人唾罵　唾罵人	甬稱指斥曰唾罵。如爲衆所指斥曰萬人唾罵。此唾字讀若妥，亦讀若土。陸游文：「韋執誼之爲人，《順宗實録》及《唐書》載之甚詳，正人所唾罵也。」又稱譏誚曰唾罵。如以詩歌等嘲人曰唾罵人，此唾字讀若朵。
縷數　縷縷數數		數讀若世（ㄙㄩ）。	縷數百家	甬稱毛舉人之過惡或訐發人之隱事曰縷數。數，責也，謂縷覼指摘之也，亦重言之曰縷縷數數。因又謂人有辱門户爲鄉里所指摘曰縷數百家，家讀若街俗音。
擦繩				甬稱僞揚之而實抑之曰擦繩。案此語蓋有本《左傳》「蔡侯繩息嬀，以語楚」注：「繩之，譽之也。」《正字通》：「擦，摩之急也。」[一]謂摩弄人也。
扯淡（哆談）（侈誕）				甬稱大言自誇曰扯淡。《委巷叢談》：「杭人有諱本語而巧爲俏語者，如胡言曰扯淡，出自梨園市語之遺，未之改也。」是本南宋武林方言，隨移民而入甬也。本當作哆談。《説文》：「哆，張口也。」蓋即大言也。或謂侈誕二字之變。侈，驕泰之意。誕，虚妄之意。

[一] 正字通：原誤作「字彙」。

續表

詞 附短語	本音	俗音	例語	疏證
打諢（打渾）	諢，五困切。	諢讀若渾（ㄏㄨㄥ）。	泥鰍打渾（二丑打諢）	甬稱在人言談或作事時，從旁擾亂曰打諢。本爲梨園子弟門内語。《集韻》：「諢，弄言也。」《遼史·伶官傳》：「打諢得不是黄幡綽。」或作打渾。渾即渾亂之意，俗有「泥鰍打渾」之語，謂如鰍在水中擾動使水渾濁也。或曰當作二丑打諢。二丑即戲劇脚色中之副丑，專以打諢博人啓顔爲事也。
哼	哼，他昆切。	哼讀若吞上聲（ㄊㄥ）。	哼大話 猾哼猾滚	甬稱誇張曰哼。如誇張其詞曰哼大話，大言欺人曰猾哼猾滚。《説文》：「哼，口氣也。」《荀子·哀公篇》：「無取口哼。口哼，誕也。」
放銅銃	銃，充仲切。			甬稱人不慎言辭至肇嫌隙或衝突曰放銅銃。銃以銅爲管，中實火藥，燃之發巨聲，蓋以爲喻也。參看《名物詞表》蹚拄注。
打滚（打讀）			舌頭打滚	甬稱人言辭狡黠而不誠實，使人不可捉摸曰舌頭打滚。打滚，本謂兒童倒身地上滚動也。或曰當作打讀。《廣韻》：「讀，古困切。順言，謔弄貌。」
哭 叫（嘂）（嗸）（嗷）				甬稱小兒啼曰哭，此通語也。亦曰叫，字亦作嘂，《説文》：「呼也。」《詩》：「或不知叫號。」亦作嗸。《説文》：「嗸，痛呼也。」又作嗷。《説文》：「嗷，吼也。一曰嗷，呼也。」
嘶	嘶音西。		胡嚨嘶啞	甬稱大聲疾呼曰嘶。如言胡嚨嘶啞。《漢書·王莽傳》：「大聲而嘶。」注：「嘶，聲破也。」蓋嘶本訓馬鳴，大聲似之。

續表

詞附短語	本音	俗音	例語	疏證
𠰉（扁）（匾）	𠰉音窆。		𠰉嘴	甬稱兒童欲哭時脣閉而口角下垂曰𠰉。如言𠰉嘴。《字彙》：「𠰉，轉口。」案當作扁，或作匾，不圓貌也。
嚇	嚇，許嫁切。		嚇狗	甬稱嗾犬使噬人曰嚇。因嗾犬時口中發嚇聲也。《莊子》：「鴟得腐鼠，鵷鶵飛而過之。仰而視之，曰：嚇。」注：「嚇，音嘑。怒而拒物聲。」
嗆（謦）	嗆音鏘。	嗆讀若鏘去聲（ㄘㄧㄤ）。		甬稱欬嗽曰嗆。案嗆，《玉篇》訓「鳥食」，《集韻》訓「愚貌」，皆無欬嗽之誼。本當作謦。《說文》：「謦，欬也。」《玉篇》：「欬，聲也。」《莊子》：「久矣夫莫以真人之言謦欬吾君之側乎。」注：「輕曰謦，重曰欬。」《集韻》謦，棄挺切。古音謦屬青部，嗆屬陽部，近旁轉也。
呵（歌）（欱）（亏）	呵，許箇切。	呵讀若黑啞切（ㄏㄛ）。		甬稱蹙脣噓氣使物温煖曰呵。《集韻》：「呵，氣出。」亦作歌。《字彙》欱，音蝦，息也。《說文》本作亏。《六書正譌》：「亏，氣舒也。」
歊	歊，黑各切。	歊讀若霍（ㄏㄛ）。	歊進歊出	甬謂呼吸曰歊。如氣出入於口曰口氣歊進歊出。《說文》：「歊，氣出貌。」班固詩：「吐金景兮歊浮雲。」
打呃（打噦）	呃音厄。			甬稱氣逆作聲曰打呃。《正字通》：「方書有呃逆症，氣逆上衝作聲也。」本當作噦。《說文》：「噦，氣啎也。」於月切。案呃噦爲雙聲之轉。

續表

詞 附短語	本音	俗音	例語	疏證
舑(拖)	舑，他酣切。	舑讀若泰平聲(ㄊㄚ)。	舌頭舑出	甬稱舌伸不縮曰舑。如言犬喘熱曰舌頭舑出。《廣韻》：「舑，吐舌也。」讀若泰平聲者，雙聲之轉。俗亦作拖。
熏(齅)(嗅)(⿺走臭)(⿰𧾷臭)(⿱亯自)		熏讀去聲(ㄒㄩㄣ)。		甬稱以鼻嗅物曰熏。《說文》：「熏，火煙上出也。」《廣韻》：「火氣盛貌。」案煙氣上出則有臭，故以爲鼻嗅物之稱。一讀平聲，一讀去聲，正以爲其誼之分別也。民國《象山志》謂當作齅，或作⿱亯自。《說文》：「齅，以鼻就臭也。讀若牲畜之畜。」又：「⿱亯自，从亯从自，自知香臭。讀若庸。」今案齅亦作嗅，《集韻》香仲切，讀若胸去聲，與熏去聲音近，蓋即以此爲熏字，謂雙聲之轉也。又《說文》有⿺走臭字，行也，徐音香仲切，蓋謂獸類行而嗅也。《集韻》一作⿰𧾷臭，皆即齅字也。
縮(歙)		縮讀若雪(ㄙㄩ˙)。	縮鼻涕	甬稱兒童於鼻涕流下時用力吸入鼻中，使人不見曰縮鼻涕。本當作歙。《說文》：「歙，縮鼻也。」
擤(⿰鼻希)	擤，亨上聲。	擤讀若興上聲(ㄒㄧㄣ)。	擤鼻涕	甬稱捻去鼻涕曰擤。《集韻》：「擤，捻鼻中膿也。」案即⿰鼻希字。⿰鼻希，亦作⿰衤鼻，《廣韻》：「去涕也。興倚切。」與擤爲雙聲。
皴	皴，七倫切。	皴讀若俊(ㄗㄩㄣ)。	皴眉頭 皴鼻頭	甬稱肌膚蹙縫而起皺紋曰皴。如蹙眉曰皴眉頭。蹙鼻曰皴鼻頭。《說文》：「皴，皮細起也。」

右屬口 屬鼻者附焉。

續表

詞 附短語	本音	俗音	例語	疏證
挈	挈，乞噎切。		挈籃	甬稱以手懸空提物曰挈。《説文》：「挈，縣持也。」
拕（佗）（駝）（鮀）（馱）	拕音駝。		拕東西	甬稱以手取物曰拕。案韻書拕有湯何、唐何二切。其讀湯何切者，今亦變作拖，爲曳引之意，如言拖車、拖船。其讀唐何切者，即作拕，爲取物之意，如言拕東西。實不過由一字而分化爲二形、二音、二誼也。作取物解者，亦通作佗。《説文》：「佗，負何也。」又作駝。《俗呼小録》：「凡取物，寧波曰駝。」案駝亦作駞，本謂以驢馬負物。李白詩「吴姬十五細馬駞」是也。引申之則爲人取物意。駝，亦作馱。《玉篇》：「馱，馬負貌。」亦作鮀。《廣韻》：「鮀，負。」《肯綮録》：「以肩負物曰鮀。」
擎（擏）（𢍉）（挰）			擎一把	甬稱以手舉物曰擎，物在地上用手舉之使起俗曰擎一把。《韻會》：「擎，舉也，拓也，持高也。」杜甫詩：「書從稚子擎。」亦作擏𢍉。又作挰。《廣韻》：「挰，舉也。」
托（拓）（⿰扌橐）			托茶盤	甬稱以掌向上舉物曰托。如言托茶盤。亦作拓。《集韻》：「拓，闥各切。手承物也。」或作⿰扌橐。又作托。
拎（⿰扌靈）（挎）（撛）	拎音靈。	拎讀若零反濁音（ㄌㄧㄣ）。	拎上去	甬稱伸臂舉物使高曰拎。如將物懸挂或閣置高處曰拎上去。《玉篇》：「拎，手懸捻物。」《六書故》：「懸持也。」《集韻》或作挎，又作⿰扌靈。古作撛。《西征賦》：「撛白刃以萬舞。」注：「挺也。」
擋（當）	擋，當去聲。		擋扶梯 擋瞎子	甬稱以物攙扶己身曰擋。如言擋扶梯。又稱以手攙扶人亦曰擋。如言擋瞎子。案擋無扶誼，蓋本作當。《玉篇》：「當，任也。」任謂擔任，因引申爲攙扶之意。

續表

詞（附短語）	本音	俗音	例語	疏證
攙	攙，初銜切。		攙起來	甬稱手扶曰攙。如人倒下以手扶之使起曰攙起來。《廣雅》：「攙，扶也。」
扛（掆）	扛音缸。	扛亦讀若缸濁音（ㄍㄤ）。	扛東西	甬稱兩人或數人同舉一重物曰扛。《説文》：「扛，横關對舉也。」亦作掆，《廣韻》：「梢掆，舁也。出《字林》。」
扱	扱音鍤。	扱讀若卻（ㄑㄧㄚ）。	八擡八扱	甬稱以手助人舁物曰扱。俗有八擡八扱之語，謂八人舁物，八人從旁扶助之也。《廣韻》：「扱，取也，獲也，引也，舉也。」
挑			挑擔子	甬稱以杖擔物而肩荷之曰挑。《增韻》：「挑，杖荷也。」俗謂肩荷曰挑。
背		背讀若悲（ㄅㄟ）。	背包裹 背卓櫈 背榜 背露水	甬稱以物負於背上，用手挽之曰背。如言背包裹。案《宋史·岳飛傳》：「以背嵬騎五百奮擊。」蓋宋有背嵬軍，以親隨任之。北人呼酒瓶爲嵬，字亦作峞，大將酒瓶必令親信人負之，故名。是呼負爲背本北方語，隨宋之南渡而流入於甬也。又甬稱以背曝之亦曰背。如夏秋之夕露坐，或物陳於露天曰背露水。又作事落後亦曰背。如謂食最後畢者曰背卓櫈，名居榜末曰背榜，蓋背在人之後，即取落後之意也。讀若平聲者，蓋此作動詞用，與作名詞用讀作去聲者以爲分别。此實語音自然演化之一例也。
掇（搭）	掇，都活切。		掇椅子 掇箱子	甬稱取較重大之物，使物靠於胸部，而兩手同舉之曰掇。如言掇椅子、掇箱子。《説文》：「掇，拾取也。」俗亦借用搭字。

續表

詞 附短語	本音	俗音	例語	疏證
拖（拕）	拖，湯何切。		拖車子 拖卓櫈 拖人落水 拖下飯	甬稱地上重物以手牽曳使前曰拖。本亦作拕，參看拕字注。又甬稱言辭牽涉他人曰拖。如牽涉他人同作不善之事曰拖人落水。又引申之稱取物過多曰拖。如急於下箸而狂嚼曰拖下飯。
拉（擸）（擥）	拉音臘。	拉讀若癩反濁音（ㄌㄚ）。	拉袖子 拉車子 拉朋友 拉買主 拉夫	甬稱牽曳曰拉。如牽袖曰拉袖子，曳車曰拉車子。又招引亦曰拉。如呼朋引類曰拉朋友，商人招徠顧客曰拉買主，軍隊强迫人民服勞役曰拉夫。《正韻》：「拉，招也。」《諺言》：「邀人同行曰拉。」諸葛亮文：「相拉衆師。」或曰當作擸，《廣韻》：「手拔也。」案本當作擥，《説文》：「撮持也。」〔一〕
揵（犫）（撻）（斂）	揵音犫。		揵被	甬稱將全物抱在懷中而手持曰揵。如抱衾曰揵被。《集韻》：「揵，負擔也。」《埤雅》：「果羸，揵泥作房。」《正韻》揵亦作犫。俗亦作撻。案本當作斂。斂，《爾雅》訓聚，《説文》訓收，《廣雅》訓取，即此誼也。
擄（羅）（攞）（摟）（攎）（摠）			擄牌 擄銅錢 擄擄摸摸	甬稱以手聚取星散之物曰擄。如將賭博之牌聚成一處曰擄牌。或曰當作摠。《集韻》〔二〕：「動搖也。」又聚斂亦曰擄。如聚斂財帛曰擄銅錢。又以手撫摩亦曰擄。如言擄擄

〔一〕撮持：原誤作「總取」，據《説文解字》改。
〔二〕集韻：原誤作「廣雅」。

續表

詞 附短語	本音	俗音	例語	疏證
				摸摸。案擄，《韻會》：「掠也，獲也。」蓋有聚取之意。通作羅。亦作攞。本當作摟或攎。《説文》：「摟，曳聚也。」「攎，挐持也。」《集韻》：「捗攎，收斂也。」擄與摟攎皆雙聲轉。
擽（揭）（揚）（丮）（拑）（極）	擽音傑。		擽書包 擽債	甬稱以手臂與脅肋挾持器物曰擽。如學童挾書囊曰擽書包。《俗呼小録》：「抱持人物曰擽。」《集韻》擽與揭同，揭亦作揚，巨列切，擔也，負也。《戰國策》：「馮煖於是乘其車，揭其劍。」《史記·東方朔傳》：「數賜縑帛，擔揭而去。」案此音誼正與甬語同。或曰當作丮，《説文》：「持也。」或曰當爲拑之轉音，《説文》：「脅持也。」俗別作極，非。又甬稱代人負責曰擽。如代人償欠曰擽債，蓋即旁持引申之誼。
揵（掮）（勮）（搋）	揵，渠焉切。		掮客	甬稱以肩負物或以脅挾物或負責任皆曰掮。如俗語代人買賣貨物曰掮客。掮字雖不見字書，然从手从肩，肩亦聲，此俗字之合乎六書者也。本作揵。《集韻》：「以肩舉物也。」亦作勮。《集韻》：「勮，負物也。」亦作搋。《通雅》：「以身肩負物曰搋。」
夾（挾）		夾讀若格之濁音（ㄍㄚˊ）。	肋肢下夾起來	甬亦稱以脅持物曰夾。《説文》：「夾，持也。从大，俠二人。」[一]會意。又：「挾，俾持也。从手夾聲。」《管子注》：

[一] 俠：原誤作「挾」，據《説文解字》改。

詞 附短語	本音	俗音	例語	疏證
				「在腋曰挾。」案夾挾實古今字。《説文》分爲二，非。甬俗方音夾讀見母剛音，又轉爲濁音，則爲羣母剛音矣。又稱要挾曰夾。如謂人要挾曰某人夾來。至用兩腳挾持，則别作𧮰，非此字。
窩（㛱）（婐）	窩音倭。		窩小人 窩鷄賊	甬稱抱持於懷曰窩。如抱持嬰孩於懷中曰窩小人。竊鷄之賊常將竊得之鷄藏於懷中，故稱窩鷄賊。《集韻》窩本作㛱，藏也。或曰當作婐。《集韻》：「婐，烏果切。女侍也。」與《孟子》「二女果」之果通，蓋本左抱右擁之意。
撮（搽）（掇）（攝）	撮〔一〕，倉括切。		撮白粟 撮藥	甬稱拾取曰撮。如拾遺曰撮白粟。白，即不出代價而得之謂。《説文》：「撮，四圭也。一曰兩指撮也。」《字林》：「手小取也。」亦作搽。《集韻》：「搽，麤括切。攥搽，搏也。」搏即拾取之意。或曰當作掇。掇，手拾物也。《韻補》有昌悦切，與撮音近。或曰當作攝，引取之意。攝撮音轉。又稱以指取物而聚合之亦曰撮。如配藥曰撮藥。《漢書·司馬遷傳》注：「撮，搃取也。」即此誼。
撈	撈音勞。	撈讀若勞反濁音（ㄌㄠ）。	撈一把 撈下飯	甬稱以手取細碎之物或有汁之物曰撈。如言撈一把，謂取細碎之物一掬也。又言撈下飯，則謂以手在盌盂中取餚饌也。《字林》：「撈，摸取物。」《通俗文》：「沈取曰撈。」

〔一〕撮：原誤作「擊」。

續表

詞 附短語	本音	俗音	例語	疏證
撩	撩音聊。		撩金魚	甬稱以手或器在水中取物曰撩。《説文》：「撩，理也。」一曰取物也。《詩》：「烝然汕汕。」箋：「樔，今之撩罟也。」〔二〕撩罟，即水中取物之網，與甬語所謂撩誼正相合。
擺（捭）（擺）（拏）（排）	擺，拜上聲。		擺下飯 擺攤頭	甬稱陳列使整齊曰擺。如筵上設餚曰擺下飯，商販陳物肆中曰擺攤頭。《韻會》：擺，開也，撥也，排而振之也。《廣韻》擺撥捭同。《説文》：「撥，治也。」亦作拏。《俗書刊誤》：「拏，音擺，布列也。」案陳列之誼，實當作排，排有陳列安置之誼，排屬並母，擺屬幫母，皆重脣音也。
盤（捊）			盤東西 盤貨色 盤頭	甬稱將器物等遷移他處而檢點之曰盤。如遷移家具曰盤東西，商家檢點器物曰盤貨色，故商家亦稱生産之器具曰盤頭，或曰盤。當作捊。《説文》：「捊，引取也。」捊，蒲侯切，與盤爲雙聲之轉。
捉		捉讀若足（ㄗㄛ），亦讀若祝（ㄗㄩ）。	捉賊 捉帽子 捉紐子 捉蓋頭	甬稱手握取物曰捉。如捕賊而握取之曰捉賊，讀若足。又引申之，凡握取而去之曰捉。如脱帽曰捉帽子，解開衣系曰捉紐子，掀去器覆曰捉蓋頭，皆讀若祝。《説文》：「捉，搤也。一曰握也。」《廣韻》：「搦也。」

〔二〕「罟」原誤在「也」下，據《毛詩箋》改。

續表

詞附短語	本音	俗音	例語	疏證
揢（抲）（架）（迦）（拿）（搻）（髂）（搕）	揢，枯駕切，亦音客。		揢筆 揢筷 揢魚 揢賊 揢胡嚨 揢脈筋	甬稱以指握固器物曰揢。如握管曰揢筆，握箸曰揢筷。又引申之稱捕捉曰揢。如捕魚曰揢魚，捕賊曰揢賊。皆讀枯駕切。《廣韻》〔一〕：「揢，手把著也。」《古俗字略》：「手握曰揢。」俗亦借用架字〔二〕，如捕人曰架人，盜賊擄人曰架票。本當作迦。《説文》：「迦，迦互，令不得行也。」或曰當作抲。抲音呵，與揢爲疊韻之轉。《説文》：「抲，撝也。」通作髂。《五燈會元》：「髂蛇。」《越諺》又借用拿字，俗亦作搻。又甬稱以手扼固曰揢。如扼喉曰揢胡嚨，扼腕曰揢脈筋，皆讀若客。或曰本當作搕。《説文》：「搕，捉也。」搕與揢亦疊韻之轉。
捏（掜）（捻）（敜）（搦）（[illegible]）（擟）（搽）（攝）（𢪔）	捏音涅。	捏讀若虐（ㄏㄚ）。		甬稱以手握物曰捏。《增韻》：「捻聚也。」亦作掜。《正韻》掜音孽，捻聚也，俗作捏。亦作捻，《説文》：「指捻也。」《集韻》：「諾協切。捏也，又按也。」或作敜。又作搦，《説文》：「按也。」《集韻》：「昵格切。」或作[illegible]。亦作擟，《集韻》：「諾叶切。」潘岳賦：「擟纖翮以震幽簧。」注：「擟，指捻也。」同捻。或亦作搽。通作攝。《集韻》：「攝，諾協切。亦持也。」本作𢪔。《六書故》〔三〕：「𢪔者，攝之固也。」俗作捻。案今俗多用捏捻搦三字。

〔一〕 廣：原誤作「集」。

〔二〕 字：原誤作「字」。

〔三〕 六書故：原誤作「説文」。

續表

詞附短語	本音	俗音	例語	疏證
㨶(𢹂)	㨶音梟。		㨶缸蓋 㨶戴頭布 㨶瘡靨	甬稱揭去覆蓋之物曰㨶。《智燈難字》：「㨶，揭蓋。」今俗亦作𢹂。
摝(捸)	摝音禄。	摝讀若禄反濁音(ˋㄌㄛ)。	摝鈴 摝摝拖 摝摝響	甬稱摇動器物使發聲曰摝。如摇鈴亦曰摝鈴。又形容振動亦曰摝摝，如言摝摝拖、摝摝響等。《集韻》：「摝，振也，摇也。」《周禮·大司馬》：「三鼓摝鐸。」注：「掩上振之爲摝。」止行息氣也。或作捸。
叉(扠)				甬稱以手插入囊或器中曰叉。案《説文》：「叉，手指相錯也。」此蓋其引申之誼。亦作扠。《集韻》：「扠，挾取也。」此蓋謂手探囊器挾取物也。
𢳅(縮)(束)	𢳅音素。	𢳅讀若索(ㄙㄛ)。	手𢳅來袖子襱裏	甬稱物或手納於袖中曰𢳅。《集韻》：「𢳅，暗取物也。」〔一〕蓋引申爲暗藏之意。讀若索者，轉爲入聲也。案本當作縮。《廣韻》：「縮，斂也。」謂斂而藏之也。韓愈文：「巧匠旁觀，縮手袖間。」又如縮頭龜、縮項鯿之縮，亦即此誼。又作束。陸龜蒙詩：「花匠凝寒應束手。」
㧱(揉)	㧱，女六切。		㧱麵粉 㧱衣裳	甬稱揉物曰㧱。如揉麵使與水調和曰㧱麵粉，洗濯時揉衣曰㧱衣裳。案本當作揉。《集韻》：「摍㧱，不伸也。」蓋揉之使團結也。揉，《集韻》女九切，與紐音同，紐讀入聲即爲如六切，猶肉甬俗讀女六切，北方即讀若紐也。

〔一〕「暗」原誤在「𢳅」上，據《集韻》改。

續表

詞 附短語	本音	俗音	例語	疏證
滾（輥）（⿰車袞）			滾繡球 打滾 滾圓	甬稱旋轉曰滾。如倒身地上而旋轉曰打滾。《集韻》：「滾，大水流貌。」蓋因水流而引申爲旋轉之意也。《西湖志餘》：「以紙燈内置關捩，放地下，以足沿街蹴轉之，謂之滾燈。」亦作輥。《韻詮》：「輥，手轉令下也。」《五燈會元》：「輥繡毬。」《説文》：「輥，車轂齊等貌。」《考工記》：「望其轂，欲其輥。」《六書故》：「輥，轉之速也。」案俗亦稱正圓曰輥圓，或作滾圓，即《説文》之本誼。俗亦作⿰車袞。
擂（礌）（雷）（礧）（⿰畾力）（攂）（⿰扌纍）（跊）（⿰身畾）	擂音類，亦音雷。		擂轉 擂落 擂地十八滾 擂眠牀 擂鼓 擂粉	甬稱圓物推動使旋轉曰擂。如言擂轉。又稱推動使墜落亦曰擂。如言擂落。《韻會》擂與礧同，「推石自高而下也」。亦作礌，見《埤蒼》。亦作攂。《唐書·李光弼傳》：「徹民屋爲攂石車。」亦作⿰畾力，《説文》：「推也。」《越諺》作⿰身畾，謂「圓轉不停也」。案⿰身畾字不見字書。又稱倒身地上而旋轉之曰擂，俗有「擂地十八滾」之語，因引申之稱倒身牀上而輾轉反側曰擂，俗有「擂眠牀」之語。字亦作跊。《三國志·賈逵傳》注：「一偏跌輾轉曰跊。」又稱擊鼓曰擂鼓。案擊鼓時動轉鼓杖，故有此稱。通作雷。《通鑑》：「趙云雷鼓震天。」胡三省注：「雷，盧對翻。」亦作攂⿰扌纍。《集韻》：「攂，急擊鼓也。或作⿰扌纍。」以上諸誼皆讀去聲。又稱轉碓研物曰擂，則讀平聲，如言擂粉、擂末。《玉篇》：「擂，研物也。」《集韻》亦作攂⿰扌纍。

續表

詞附短語	本音	俗音	例語	疏證
戥(等)(撜)	戥音登。		戥分量	甬稱置物掌中而估計其輕重曰戥。如言戥分量。案俗名權珍貴細小之衡器曰戥子，故引申爲估計輕重之稱。戥爲俗字，不見字書。本當作等。等有比較之誼，故以爲衡量之稱。李方叔《師友談記》文：「銖兩不差，非秤上秤來，乃等子上等來也。」《光緒志》作撜，謂以手持物而審其輕重曰撜，引韓愈《石鼎聯句》：「豈比俎豆古，不爲手所撜。」案撜，本即拯字，亦與棖通，觸也，韓愈詩正謂不爲手所觸，非謂估計輕重也。字書撜無登音，亦無審輕重誼，《光緒志》誤。
揝(攢)	揝，子感切。	揝讀若斬上聲(ㄗㄢ)。	揝石子 揝醬油	甬稱置物掌中而簸動之曰揝。如兒童游戲，仰掌置小石播擲之，而以手背承之，以墜否較勝負，謂之揝石子。又以食物置器中漬以醬油醋等作料，而簸動之使調和均勻曰揝醬油。《集韻》：「揝，手動也。」亦作攢。
伸(申)(抻)	伸音申，亦音信。		伸手 伸後腳	甬稱展開手腳曰伸。《說文》：「伸，不屈也。」《廣雅》：「伸，展也，直也。」通作申。亦作抻。《集韻》：「抻，展也。」抻物長也。甬又稱人預爲地步曰伸後腳，蓋以爲喻也。
敹(撩)	敹音料。		隔卓撩下飯 隔笆撩菜秧 一攀一撩	甬稱伸長曰撩。如伸長其臂取拑食物曰夾卓撩下飯。又有「鵝頭長長，隔笆撩菜秧」之諺，謂鵝伸長其頸鑽入籬隙啄取園蔬也。又稱植物高者曰一攀一撩，謂其枝頗高，須攀撩方得也。《玉篇》：「敹，小長貌。」亦作撩。《說文》：

續表

詞附短語	本音	俗音	例語	疏證
				「撩，一曰取物也。」〔一〕
扳（攀）（𠬜）	扳音班。		扳船邊 扳罾 扳後腳 扳價錢	甬稱手指握固器物而援引之曰扳。如舟覆時恐墜水以手握舟舷曰扳船邊，漁人引網出水曰扳罾，從人背後突引其足使倒曰扳後腳，故亦以爲暗中害人之稱。又商人固守其價不肯減讓曰扳價錢。《韻會》：「扳，挽也，引也，援也。」字本作𠬜。亦作攀𢹿。《説文》：「𠬜，引也。」或作𢹿。案扳屬幫母，攀屬滂母，皆重脣音。
挅（揣）（敠）（打）（綞）	挅音朵。		挅綫 挅繩	甬稱麻枲等用手搓或機摇使成綫繩曰挅。《正韻》：「揣，都火切，摇也。或作挅。」《集韻》揣或作敠。亦作打。《六書故》打有都假切，今俗亦讀打扮若朵板，正此音也。或曰當作綞，《集韻》：「都果切。綞子，綾。出《字林》。」
掤（亙）（絣）（繃）		掤讀若浜俗音（ㄅㄤ）。	掤開 掤急	甬稱用兩手引物使張曰掤。如引之使開曰掤開，引之使急曰掤急。案掤，本以手覆矢之稱，引申之以爲引誼。亦作亙。《俗書刊誤》：「虛張曰亙，音掤。」本當作弸。《説文》：「弸，弓强也。」《廣雅》：「滿。」庾信《馬射賦》：「弓如明月對弸。」蓋本爲張弓之稱，引申以爲一切物張引之意。今通作綳繃。

〔一〕《説文解字》無此釋義。

續表

詞附短語	本音	俗音	例語	疏證
敨（抖）	敨，他口切。	敨讀若偷上聲（ㄊㄡ）。	敨開　敨衣裳	甬稱舒展器物曰敨。如將已捲之物舒展曰敨開。《集韻》：「敨，展也。」又將衣上之塵穢振而去之曰敨衣裳。或曰此意當爲抖之轉音，抖有振動之訓也。
㱿（抽）（⿰冎殳）	㱿音儔		㱿鷂綫	甬稱將引長之繩索收斂之曰㱿。如收斂風箏所繫之綫曰㱿鷂綫。《説文》作⿰冎殳，謂「縣物⿰冎殳擊也」〔一〕。通作抽，抽有引誼、收誼。《集韻》亦讀陳留切。
⿰扌鬱（鬱）（帣）（捥）	⿰扌鬱音鬱。	⿰扌鬱讀若迂月切（ㄩ）。	⿰扌鬱攏	甬稱積疊紙帛曰⿰扌鬱。《集韻》：「⿰扌鬱，拗戾也。」或作捥。亦通作鬱。《詩》毛傳：「鬱，積也。」或曰當爲帣之轉音。《説文》：「帣，幡也。」《廣韻》：「繙帣，亂取。」故俗以幡書折疊其角曰帣。
敂	敂音浥。		敂攏	甬亦稱摺合紙帛曰敂。《玉篇》：「敂，相及也。」《集韻》：「敂歃，相著也。」
揥	揥音蒂。		指頭揥起　頭髮揥起	甬稱豎指曰揥。如言指頭揥起。《廣韻》：「揥，指也。」案謂伸指指物也。故引伸之爲豎指之誼。又引申爲一切物直豎之誼。如言頭髮揥起。

〔一〕擊：原誤作「繫」，據《説文解字》改。

續表

詞附短語	本音	俗音	例語	疏證
點			點山 點穴 點名 點菜	甬稱以指指物曰點。如以指指某山以示人曰點山，拳術家以指指人要害之處曰點穴。引伸之爲凡指定之稱。如指定某人之名曰點名，指定應備之餚曰點菜。案《玉篇》點有檢點之誼，此其引申意也。
搓	搓音蹉。		搓繩 手搓 搓衣裳	甬稱以手挪抄曰搓。如用兩手挪抄曰搓手，用手製繩曰搓繩，洗衣時以手揉去其汙穢曰搓衣裳。《字林》：「手搓物令緊也。」陸游詩：「柳細搓難似。」
搣（㩢）	搣音滅。		搣紙捻 搣陀螺	甬稱以大食二指搓物使旋轉曰搣。如搓紙作繩曰搣紙捻，搓陀螺使旋轉曰搣陀螺。《說文》：「搣，批也。」《廣韻》：「手拔也，摩也，捽也。」《越諺》作㩢。《廣雅》：「㩢，擊也。」《集韻》：「拭也。」
挖（穵）（捾）（𥄎）（剜）（𣂼）（揠）（扎）（斡）	挖，烏八切。		挖牆洞 挖耳朵 耳挖 挖眼烏珠 挖拔 挖打 挖官缺 挖費	甬稱手指在孔穴中抉取所實物曰挖。如賊穿窬曰挖牆洞，去耳垢曰挖耳朵。因稱去耳垢之器曰耳挖。又抉目曰挖眼烏珠。《字彙補》：「挖，挑挖也。」亦作穵。《說文》：「穵，空大也。」《廣雅》：「捾，深也。」《集韻》：「手探穴也。」亦作剜。《說文》：「剜，削也。」韓愈詩：「有洞若神剜。」亦作捾。《說文》：「捾，搯捾也。」亦作𣂼。《廣韻》𣂼同捾，取也。亦作𥄎。《說文》：「𥄎，捾目也。」〔二〕案《說文》以穵爲形

〔二〕搯：原誤作「抉」，據《說文解字》改。

續表

詞 附短語	本音	俗音	例語	疏證
				狀字，故訓空大，又分掐剜取爲三，蓋以指抉取爲掐，以器削取爲剜，以指抉目爲取，實皆音誼並近，爲一字之分化耳。又甬稱營求或鑽謀曰挖。如營求某事必欲達其目的曰挖拔，終不能達目的曰挖拔弗轉，專謀節省費用曰挖打〔一〕，鑽謀官位曰挖官缺，鑽謀人之田宅而耗之資費曰挖費。案挖，本當作揠。《説文》：「揠，拔也。」《方言》：「東齊海岱之間曰揠。」《孟子》：「宋人有閔其苗之不長而揠之者。」俗所謂挖拔，實即揠苗之意。揠音軋，與挖爲雙聲之轉。《集韻》揠亦作扎。古亦作斡。《漢書・食貨志》：「欲擅斡山海之利。」
摟（鏤）（摳）（婁）	摟音樓。	摟讀若樓反濁音（ˋㄌㄤ）。	摟耳朵 摟眼睛 摟摟挖挖	甬亦稱以指抉取物曰摟。如言摟耳朵、摟眼睛。又謂探求事物曰摟摟挖挖。案摟，曳聚也，無抉取誼。或曰當作鏤，《爾雅》：「鏤也。」《正韻》：「彫刻也。」故引申爲抉取之誼。或曰當作摳。《列子・黄帝》注：「摳，以手藏物探而取之也。」摳音彄，與摟疊韻。案本當作婁。《説文》：「婁，空也。」故以指在孔穴中抉取所實物使成空穴稱婁也。

〔一〕 專：疑爲「鑽」之誤。

續表

詞 附短語	本音	俗音	例語	疏證
擠（⿱罒齊）（泲）	擠音霽。		擠奶 擠膿	甬稱以指壓取液汁曰擠。如壓乳房而取乳曰擠奶，壓瘡瘍而取膿曰擠膿。《說文》：「擠，排也。」蓋謂排而出之也。亦作⿱罒齊。《玉篇》：「⿱罒齊，手出其汁。」《集韻》：「手搦酒。」《集韻》通作泲[一]。
掠（擸）（擖）	掠音略。		掠頭髮	甬稱以指或梳理髮使整曰掠。如言掠頭髮。《增韻》：「掠，拂過也。」本作擸。《說文》：「擸，理持也。」《廣韻》以手理物曰擸。亦作擖。
托（拓）（庹）			托托看 一托長	甬稱展布大中二指以度物之長短曰托。《文昌雜録》：「深及三十托。」亦作拓。《吴下方言考》：「吴中以手量布帛之長短曰拓。」俗別作庹。《直語補證》：「以手量物曰庹。」案爲度之譌字，參看《名物詞·數量》拓字注。
捋（寽）	捋，盧活切。		捋樹葉 捋數珠	甬稱以指歷取曰捋。如以指循樹枝而取下其葉曰捋樹葉，以指循念珠曰捋數珠。《説文》：「捋，取易也。」「寽，五指寽也。」从爪，从又，从一；一者，物也。案寽捋似即一字。

〔一〕集韻：原誤作「類篇」。

續表

詞 附短語	本音	俗音	例語	疏證
摘（擿）（拓）（摭）	摘音謫。		摘花 摘果子	甬稱以指採取花果曰摘。《説文》：「摘，拓果樹實也。一曰指近之也。」〔一〕《集韻》：「摘，取也。」亦作擿。《説文》：「拓，拾也。陳、宋語。」《集韻》音之石切。亦作摭，《方言》：「取也。陳宋之閒曰摭。」
拗（抝）	拗，於絞切。		拗花 拗樹	甬稱以指折取花枝曰拗。《説文》：「拗，手拉也。」《輟耕録》：「南方或謂折花曰拗花。唐元微之詩：『今朝誰是拗花人。』又古樂府：『拗折楊柳枝。』」俗作抝，譌。
撾（划）（找）	撾音蛙。		腳撾手撾 撾飯 撾垃圾	甬稱以手爬取食物或以手爬行皆曰撾。如嬰兒以手足在牀上爬行曰腳撾手撾。又以手取飯食之曰撾飯。引申之以器爬取亦曰撾。如以筯撥飯入口曰撾飯，以耙爬取塵雜曰撾垃圾。《類篇》：「吴俗謂手爬物曰撾。」通作找。作亦划。《集韻》：「找，胡瓜切。」與划同。《正韻》：「撥進船也。」
爬（刨）	爬音庖。		爬樹皮 爬痧氣	甬稱以指甲刮取曰爬。如以指甲刮去樹皮曰爬樹皮，以指甲刮人之喉背以治中暑曰爬痧氣。《廣韻》：「搔，爬刮也。」亦作刨，《集韻》：「削也。」

〔一〕指：原誤作「手」，據《説文解字》改。

續表

詞 附短語	本音	俗音	例語	疏證
搯	搯音怯。	搯讀若插（ㄘㄚ˙），亦讀若刻（ㄎㄚ˙）。		甬稱以指甲夾取物曰搯，讀若插。如言兩箇指頭搯來。《説文》：「搯，爪刺也。」《晉書·郭舒傳》：「搯鼻灸眉頭。」蓋謂在鼻上兩眉間以指甲頻扭之，使成綫形血瘢，以愈頭痛也。又以指甲磨平紙帛皺紋亦曰搯，讀若刻。《玉篇》：「爪按曰搯。」即此義也。
皵	皵音鵲。		指甲皵掉 竹拗皵	甬稱表皮或手爪等破損而未斷曰皵。如言指甲皵掉。又稱竹木等外皮斜起而未斷亦曰皵。如言竹拗皵。《韻會》：「皵，皮皺也。」又木皮甲錯也。
挨（捱）	挨音哀。	挨讀若矮平聲（ㄚ）。	挨肩擦背 挨進去 挨次序 逐日挨	甬稱以肩背相磨擦曰挨。如因人衆多而擁擠曰挨肩擦背。《説文》：「挨，擊背也。」擊背謂背相摩擊，猶言肩摩也。《廣韻》：「挨，推也。亦背負貌。」皆即此誼。引申之則强進曰挨，即《六書故》所謂「旁排」也。俗亦謂從人叢中進去曰挨進去。又引申之爲並列曰挨，即《正字通》所謂「今俗凡物相近謂之挨」也。俗亦有挨次序之語，復引申之爲忍耐之誼，即《養新録》所謂「今借挨爲忍痛義」也。俗亦有「蔡伯喈逐日挨」之諺。亦作捱，《集韻》與挨同，推也，擊也，亦背負貌。
攮	攮音曩。		推來攮去	甬稱推排曰攮。如因人衆而擁擠曰推來攮去。引申爲推諉之意，故亦謂互相推諉曰推來攮去。《蜀語》：「手推人曰攮。」

續表

詞 附短語	本音	俗音	例語	疏證
掝（揖）（軵）（擃）	掝音戎。	掝讀若濃上聲（ㄏㄩㄜ）。	掝來掝去	甬稱推動曰掝。如因人衆而互相推動曰掝來掝去。《廣雅》：「掝，推也。」《集韻》：「拒也。」與軵通。本作揖，《説文》：「推擣也。」《集韻》與擃同。
撳（捦）（欽）		撳讀若欽去聲（ㄑㄧㄣ）。	撳牢	甬稱以掌用力按物使不移動曰撳。撳爲俗字，不見字書，當作捦。《集韻》：「捦，按物也。」亦通作欽。《俗呼小録》：「按謂之欽。欽去聲。」
按（揞）			按住 一頭按落一頭趫起	甬稱以掌抑物曰按。如言按住胸口、按住嘴巴。又將事抑阻之使不發生亦曰按。俗有「一頭按落一頭趫起」之諺，謂事不易平衡也。《説文》：「按，下也。」《廣韻》：「抑也。」亦作揞。《韻會》：「揞，藏也，手覆也。」
抑（擪）（擫）			抑太陽穴	甬稱以指輕按物曰抑。如試人有否發熱，以指輕按其額曰抑太陽穴。引申之，執巾輕按淚汗或溼處亦曰抑。《説文》：「抑，按也。」亦作擪。《説文》：「擪，一指按也。」字亦書作擫。
挪（捼）（挼）	挪，諾何切。		挪肚皮	甬稱以手撫摩痛處曰挪。《廣韻》：「搓挪也。」本作捼，《説文》：「兩手相切摩也。」亦作挼，《集韻》：「手摩也。」
摖（索）			摖脚骨	甬稱以手撫摩痛處曰摖。《廣韻》〔一〕：「捫摖，猶摸摖也。」通作索。《韻詮》作摸索。

〔一〕廣：原誤作「集」。

續表

詞 附短語	本音	俗音	例語	疏證
摸（摹）（撫）（摩）（㝅）	摸音莫。		摸奶 摸魚 摸路	甬稱以手撫摩曰摸。如嬰兒撫摩母乳曰摸奶。《字林》：「摸，摖也。」《埤蒼》：「摸，捫搎也。」案摸實即《説文》之摹字，摹，規也，謂有所規倣也。規倣須用手撫摩，故引申爲撫摩之意。後人因撫摩誼讀入聲，隨改其字爲摸矣。亦通作撫。《説文》：「撫，按也。」又通作摩。《説文》：「摩，研也。」案摸摹撫摩四字，皆雙聲，誼亦相近。又稱以手探入器中索物亦曰摸。如手入水中捉魚曰摸魚，或曰此當爲㝅之借字。《説文》：「㝅，入水有所取也。」又稱暗中尋求曰摸。如不識路者，尋求到達之處曰摸路。
捽（批）	捽，昨没切。	捽讀若宅（ㄗˊㄚ˙）。	捽頭髮	甬稱以手握毛髮、繩索等而曳之曰捽。《説文》：「捽，持頭髮。」又：「批，捽也。」案批即捽之轉音。
㔹（隶）	㔹，堆上聲。		㔹牢 㔹斷 越㔹越長 㔹弗落直	甬稱用力牽曳曰㔹。如牽曳使不脱曰㔹牢，因用力過猛而牽斷曰㔹斷。引申之[一]，因稱談論牽涉各方曰㔹。如長談曰越㔹越長，語言固執不能曳使入軌曰㔹弗落直。《五音篇海》：「㔹，著力牽也。」案㔹，後出俗字，本當作隶。《説文》：「隶，及也。從又從尾省。又持尾者，從後及之也。」本爲以手曳尾之稱，引申之則稱一切牽曳也。隶，北音讀若帶，與㔹爲雙聲之轉。

〔一〕申：原誤作「甲」。

續表

詞 附短語	本音	俗音	例語	疏證
抯（摣）（戱）（揸）（摭）（扯）（擢）（攫）	抯音渣。		一把抯牢 一隻手抯兩人	甬稱用手握固人之衣服等使不脫逃曰抯。如言一把抯牢。引申之，又稱以術籠絡之使不脫離關係曰抯。如俗有「一隻手抯兩人」之諺。《說文》：「抯，挹也。」又：「戱，取也。」亦作摣。《方言》：「抯、摣，取也。南楚之間凡取物溝泥中謂之抯，或謂之摣。」案抯摣戱實即一字之演化，俗多借用扯字，亦借作摭。或曰當爲擢之轉音。《說文》：「擢，爪持也。」居玉切。亦作攫。
扯（撦）（扡）（摢）（拸）（誃）（哆）	扯，車上聲。		扯碎 扯布 統扯	甬稱以手裂碎紙帛曰扯。如言扯碎。因布販賣布量定尺寸用翦略翦即以手裂開之，故亦稱購布曰扯布。又甬稱平均計算曰統扯，實當作通差，差即數學中之差分，謂等差不同之數相加，以總數通除之，即得平均數，故曰通差也。扯見《正字通》，謂「俗撦字」。《廣雅》：「撦，拆、啓，開也。」亦作扡。《韻會》：「扡，析也。又落也。」與摢同。或作拸。本作誃。《說文》：「誃，離別也。」亦作哆。《說文》：「哆，張口也。」《詩》：「哆兮侈兮。」案此字漢以前借用誃哆，魏晉六朝作撦，唐宋以後作拸扡摢，元明至今又作扯，其變遷如此。又扯撦與扡拸摢與誃哆與拆與啓與開皆谿母字，而韻微變，亦可見古今方音之漸移也。
掏（掉）	掏音桃。	掏讀若桃上聲（ㄉˊㄠ）。	掏抽斗 掏字紙簏	甬稱以手在器中翻檢物件曰掏。如在抽屜中檢取曰掏抽斗，在紙簏中檢取曰掏字紙簏。《集韻》：「掏，擇也，抒也。」或曰當作掉，《說文》：「搖也。」《廣韻》：「振也。」謂簸動之也。

續表

詞附短語	本音	俗音	例語	疏證
擘(劈)(八)(扒)(𤖯)(鋠)(鈲)(另)(脾)(副)(疈)	擘，博厄切。劈音霹。	擘讀若潑(ㄆㄚ)，劈讀若匹(ㄆㄧ)。	擘蟹股 擘家計 劈柴頭	甬稱以手分物曰擘。如以手分析蟹體曰擘蟹股。引申之，凡分析皆曰擘。如分析財産曰擘家計。皆讀若潑。又稱以器分物曰劈。如析薪曰劈柴頭，讀若匹。案實爲一字之分化也。《説文》：「擘，撝也。」《廣韻》：「分擘也。」《禮・内則》：「塗皆乾擘之。」又《説文》：「劈，破也。」《集韻》：「分也。」誼並相近，亦即八字。《説文》：「八，别也。象分别相背之形。」俗亦作扒。《集韻》扒讀與八同，「破也」。亦作𤖯。《集韻》：「𤖯，匹麥切，分也。」《玉篇》或作劈。《韻會》通作鋠。鋠，亦譌作鈲。《集韻》鈲讀與劈同。《方言》：「梁益之閒，裁木爲器曰鈲。」亦作另。《玉篇》：「另，補買切，别也。」又作脾。《集韻》：「脾，裂也。」亦即古之副字。副，亦讀若逼，與擘之博厄切爲雙聲之轉。《説文》：「副，判也。籀文作疈。」《禮・曲禮》：「爲天子削瓜者副之。」
戳(掣)(築)	戳音濯。		戳手挣撳頭 戳進去 戳命鬼	甬稱以手推物曰戳。如推人肘使會意曰戳手挣撳頭。或曰當爲掣肘之轉。案掣爲牽曳意，與此略異。又引申之，稱以棒椎等擣物曰戳，如言戳進去。又引申之，稱推而去之曰戳，如詈人曰戳命鬼，即他方所謂催命鬼也。《廣韻》：「戳，築也，舂也。」案實即築之後起字。《説文》：「築，擣也。」《集韻》築有佇六切，《三國志・顔裴傳》正用築爲旁推令覺之意，讀若逐也。

續表

詞 附短語	本音	俗音	例語	疏證
捺（納）	捺，奴曷切。		捺一把	甬稱推物使入曰捺。如物將墜令人用手推入之曰捺一把。《廣韻》：「捺，手案。」或曰當作納，謂收入之也。
拷（攷）（敲）（毃）（搞）（㱿）（擊）	拷，苦老切。	拷讀平聲（ㄎㄠ）。		甬稱以手或器擊物曰拷。《玉篇》始收拷字。《集韻》：「掠也；打也。」案拷爲南北朝後起之字，本當作攷。《說文》：「攷，敂也。」「敂，擊也。」又《說文》訓敲爲橫擿，擊爲旁擊，毃爲擊頭。《蒼頡篇》訓㱿爲下擊。案此五字音誼並近，實由攷之一字分化者也。敲，《集韻》亦作搞。
㧻（豛）（𢾀）	㧻，都木切。	㧻讀若篤（ㄉㄛ）。	㧻一記 㧻進去 㧻煙管 拷拷㧻㧻	甬稱以手或棒椎等直擊曰㧻。如擊一下曰㧻一記。又直擊而入曰㧻進去。又擊去旱煙斗中之餘灰曰㧻煙管。又言語旁敲側擊曰拷拷㧻㧻。《說文》：「豛，椎擊物。」《類篇》作𢾀，亦作㧻。《廣韻》：「㧻，擊也，擿也。」
搥（捶）	搥，直追切。	搥讀若除（ㄗˊㄩ）。	搥背 搥鑼鼓	甬稱以拳或器連續擊物曰搥。如以拳敲脊曰搥背，以鼓杖擊鼓曰搥鑼鼓。《正韻》：「搥，擊也。」韓愈詩：「作樂鼓還搥。」本當作捶。《說文》：「捶，以杖擊也。」
摐	摐音窗。		摐家私 摐盌倒盞	甬稱撞擊曰摐。如因仇隙而擣毀什物曰摐家私，因怨恨而拋擲器皿曰摐盌倒盞。《廣雅》：「摐，撞也。」

續表

詞 附短語	本音	俗音	例語	疏證
搭（搭）（担）（笪）（搨）（揄）	搭音答。		兩手一光搭 窩肩搭背 搭小人 按搭 搭臺 搭架子	甬稱以手輕拍曰搭。如婦人叫罵時拍手曰兩手一光搭，表示親暱以手拍人肩背曰窩肩搭背，輕拍嬰兒令睡曰搭小人。引申之，因稱人怒惱不平，勸抑而嫗咻之以平其怒曰按搭，謂如撫拍嬰兒也。《說文》：「搭，擊也。」亦作笪，《廣韻》：「答也。」亦作担。又作搭搨揄。《廣韻》：「搭，打也。出《音譜》。」「搨，打也。」揄同。又稱構造曰搭。如構臺曰搭臺。引申之，凡造作曰搭。如作威作福曰搭架子。案《韻會》：「搭，附也，挂也。」即構造之意。
搋（扠）	搋，丑佳切。	搋讀若叉（ㄘㄛ）。	拳頭搋過來 手搋腳搋	甬稱揮拳擊人曰搋。俗有「拳頭搋過來」「手搋腳搋」等語。《集韻》：「俗謂以拳觸人曰搋。」又扠與搋同，「以拳加物」也。
摑（敋）（搋）（摵）	摑，古獲切。	摑讀若骨（ㄍㄨㄚ）。	摑巴掌	甬稱以掌擊人曰摑。如掌擊人頰曰摑巴掌。《集韻》：「摑，批也，打也。」亦作敋。或作搋。又掌耳也，與摵同。
拳投腳踢				甬稱以掌腳毆人曰拳投腳踢。《說文》：「投，擿也。」
丟（投）	丟，丁由切。			甬稱棄擲曰丟。《敬止録》：「抛物曰丟。」亦作丢，取一去不還之意。本即投字。《說文》：「投，擿也。」丟屬幽部，投屬候部，爲近旁轉。丟屬端母，投屬定母，同爲舌頭音。

續表

詞附短語	本音	俗音	例語	疏證
厾（豛）（㧣）		厾，讀若篤（ㄉㄛ）。	厾掉 厾落	甬亦稱棄擲曰厾。如擲去曰厾掉，失落曰厾落。案厾字始見於明人劇本，作爲語助詞，如言來厾坐厾。蓋俗由丟而制厾字也。清朱象賢《聞見偶録》：「吴中畫花卉者，有勾染、點厾二種。」點厾，蓋以筆直點紙上也。字當作豛或㧣。《説文》：「豛，椎擊物也。」《廣韻》：「㧣，擿也。」
摜（甩）（⿱甩毛）（⿰扌甩）（电）	摜，古患切。	摜讀若慣濁音（ㄍㄨㄢˊ）。	摜掉 摜跌 摜交 摜鑼槌	甬稱引而棄之曰摜。如棄擲曰摜掉，擲身地上曰摜跌，牽引他人使倒曰摜交。演劇停止則不敲鑼，故擲去鑼棒，俗因稱作事中途停止進行曰摜鑼槌。《説文》：「摜，引也。」《廣韻》：「帶也。」《敬止録》：「擲物於地曰摜。」《智燈難字》：「甩，環去聲，一作⿰扌甩，亦棄擲。」《越諺》曰：「徐文長用刀殺妻，坐獄當死。張元忭『用』改爲『甩』，乃免。」似爲齊東野人之語。亦作⿱甩毛。又作电。串本音貫，故改爲电，讀若慣濁音。甩⿱甩毛，亦由用事二字改制。因有用有事則需而持之，不用無事則棄擲，故反用爲甩反事爲⿱甩毛也。
揔（⿰扌囪）（甩）	揔音忽。		揔脱 揔殺 揔開	甬亦稱引而棄之曰揔。如搏而棄擲曰揔脱，擲而殺之曰揔殺，擺棄職責曰揔開。《廣雅》：「揔，擊也。」《方言》：「南楚相推搏曰揔。」本作⿰扌囪，《説文》：「手推之也。」俗亦用甩字。
扻（抗）（坑）	扻音坎。	扻讀若坑去聲（ㄎㄤ）。	扻掉	甬亦稱棄擲曰扻。如擲去曰扻掉。或曰當作抗。《廣韻》：「抗，舉也。」謂舉而擲之。或曰當作坑。《增韻》：「坑，陷也。」陷有墜落之意，故爲棄擲也。

續表

詞附短語	本音	俗音	例語	疏證
揞(揜)	揞，於陷切。	揞讀若晏俗音(ㄏㄢ)，亦讀若懵(ㄤ)。	揞石頭	甬亦稱棄擲曰揞。如抛石曰揞石頭。《集韻》：「揞，吴人云抛也。」《六書故》：「擲棄也。」《越諺》作揜，《廣韻》：「推也，抵也。」
跁(爬)(匍)(匐)	跁音罷。	跁讀若爬(ㄅㄛˊ)。	跁地場	甬稱手足並行曰跁，故亦稱蟲類伏行地上曰跁。《玉篇》：「跁跒，不肯前。」《正字通》：「今俗謂小兒匍匐曰跁。」或謂跁爲匍之轉音，或謂匐之轉音。案緩言之曰匍匐，急言之曰匐，匐之轉則爲跁。《説文》：「匍，手行也。」「匐，伏地也。」俗亦作爬。
爬(把)(杷)(扒)(掊)	爬音琶。			甬稱以指甲搔物曰爬。《廣韻》：「爬，搔也。」亦作扒。《元包經》：「拔岸扒氏。」亦作把。《漢書·貢禹傳》：「農夫捽草把土。」亦作杷，見《韻會》。本當作掊。《説文》：「掊，把也。今鹽官入水取鹽爲掊。」
擙(拗)(扷)	擙音豪。	擙讀若拗(ㄠ)，亦讀若奥(ㄠ)。	擙手勁 擙擙看 擙糙米粉	甬稱較量手力大小曰擙。如言擙手勁，讀上聲，俗亦作拗。又以器量物之多少亦曰擙。如言擙擙看。引申之，稱以器盛食物傾入口中曰擙。如言擙糙米粉。皆讀去聲。《集韻》：「較多少曰擙。」或曰擙飯亦當作此。亦作扷，《集韻》：「量也。」參看下澳字注。

續表

詞 附短語	本音	俗音	例語	疏證
出手			出手大小	甬稱付給資費曰出手。如渾霍曰出手大，吝嗇曰出手小。二字見《陳書·徐陵傳》：「每一文出手，好事者已傳寫成誦。」則出手猶言脱手，與甬語略異。
落手 下手		下讀俗音去聲(ㄏㄛ)。	落手快 先下手爲强	甬稱作事開始進行曰落手，亦曰下手，俗有「落手快」及「先下手爲强」之語，下讀去聲[一]，與稱助手爲下手讀上聲者異。《揮麈録》：「碑工李仲寧，太守使劖黨籍姓名，曰：不忍下手。」杜甫詩：「豈意青草湖，扁舟落吾手。」與甬所謂落手誼略同。至蘇軾詩：「拄杖落手心茫然。」則爲脱手之意，非此誼。
失手			失手拷碎	甬稱不經意而致失誤曰失手。方干詩：「名場失手一年年。」
打哇哇(打呪呪)(打娃娃)		哇讀若烏挨切(ㄨㄚ)。		甬稱以掌輕拍嬰兒之口，令發哇哇之聲曰打哇哇。《韻會》：「哇，小兒聲。」哇，亦作呪。《集韻》[二]：「哇嘔，小兒言也。」俗亦作打娃娃，嬰兒亦稱娃娃也。
右屬手				

〔一〕讀去：原誤作「去讀」。
〔二〕集：原誤作「廣」。

續表

詞附短語	本音	俗音	例語	疏證
越(趏)			越過	甬稱人疾行曰越。如疾行而去曰越過。《説文》：「越，度也。」《玉篇》：「踰也。」本作趏，《説文》：「狂走也。」《集韻》允律切。魏武帝詩：「越陌度阡。」
溜(瀏)(匽)	溜，力救切。	溜讀反濁音(ˋㄌㄧㄤ)。	溜走 溜出去	甬稱潛遁曰溜走，亦曰溜出去，蓋取水溜下之誼。又稱人輕脱曰溜，則讀本音。元人《岳陽樓》雜劇等作瀏，瀏，風疾貌，蓋以爲喻也。本作匽。《説文》：「匽，側逃也。」
趚	趚，實洽切。	趚讀若石(ㄙˊㄚ˙)。	趚來趚去	甬稱疾行以避人追逐曰趚。如言趚來趚去。《玉篇》：「趚，行疾也。」
邅(鑽)(攢)(跧)	邅，知山切。	邅讀若鑽(ㄗㄩ千)。	邅進邅出	甬稱藏匿曰邅，故潛進潛出使人不覺曰邅進邅出。《廣韻》：「邅，走也，藏也。」俗借作鑽攢。亦作跧，《廣韻》：「阻頑切。伏也。」
遄(旋)	遄，市緣切。	遄讀若船上聲(ㄙˊㄩ千)。	遄一轉 遄來遄去	甬稱巡行曰遄。如巡行一匝曰遄一轉，往復巡行曰遄來遄去。《説文》：「遄，往來數也。」今借用旋字。
横(潢)	横去聲。		打横 横一横	甬稱便道過訪曰横一横，又兼往作别事曰打横，蓋取不直行之意。或曰當作潢，《説文》：「以船渡也。」取不徒行意。
逼		逼讀若弼(ㄅˊㄧ˙)。	逼著	甬稱追逐曰逼。如追及曰逼著。《説文》：「逼，近也。」《正韻》：「驅也。」

續表

詞 附短語	本音	俗音	例語	疏證
踱	踱音鐸。		踱一轉 踱來踱去	甬稱緩步曰踱。如巡行一匝曰踱一轉，往復緩步曰踱來踱去。《玉篇》：「跮踱，乍前乍卻。」
⿺走里	⿺走里音孩。	⿺走里讀若買平聲之反濁音（ㄇㄚ）。	⿺走里過去 ⿺走里⿺走里動	甬稱人因疲病或體肥而行動極緩曰⿺走里。如言⿺走里過去、⿺走里⿺走里動。《説文》：「⿺走里，留意也。」《類篇》：「將走有意留也。」讀若買平聲之反濁音者，與埋从里得聲讀亦略同。
⿱辟止（躄）（蹩）	⿱辟止音璧。		⿱辟止⿱辟止動 蹩蹩躠躠	甬稱疲病而艱於行動曰⿱辟止。如形容之曰⿱辟止⿱辟止動。《説文》：「⿱辟止，人不能行。」亦作躄。又作蹩。如病後行動遲滯曰蹩蹩躠躠。《玉篇》：「蹩躠，旋行貌。」
𣥂	𣥂音撻。		⿱辟止𣥂𣥂 𣥂𣥂動 急急一日𣥂𣥂一月	甬稱人無力而嬾於行動曰𣥂。如言⿱辟止𣥂𣥂、𣥂𣥂動，皆謂行動遲緩也。引申之因循曰𣥂。俗有「急急一日，𣥂𣥂一月」之諺。《説文》：「𣥂，蹈也。从反止。」《韻會》：「行而不離地。」
掁	掁音帳。		掁過去	甬稱因足痛或路難行而用力緩步曰掁。《五音集韻》：「掁，整而不亂也。」《越諺》：「孩窘步，長者手提攜之曰掁。」
站（⿺走占）	站，陟陷切。	站讀若棧（ㄗㄢˊ）。	腳站痛	甬稱久立曰站。《集韻》：「久立也。」亦作⿺走占。《篇海》：「坐立不動貌。」

續表

詞 附短語	本音	俗音	例語	疏　證
跕（點）（墊）		跕讀若店（ㄉㄧㄢ）。	跕起來看	甬稱足履地而舉其踵曰跕。如跕足而伸其頸以便觀看曰跕起來看。案跕字，通俗小說多有之，而不見字書。或曰本當作點，俗有「足不點地」之語。或曰當作墊，墊，俗以爲襯誼，企踵若有物襯之，故謂之墊。
爱（赻）	爱音稯。		爱上去	甬稱人或禽獸踴躍而上，皆謂之爱。《說文》：「爱，鳥飛斂足也。」人獸爱時，亦先伏身斂足，與鳥相似，故以爲名。《越諺》作赻，謂「一舉足而上屋過牆」。案《集韻》：「赻，急行也。」似非踴躍誼。
跨（㚔）	跨音誇。	跨讀若加濁音（ㄍㄛˊ）。	過頭跨過	甬稱舉足越物而過曰跨，又褻物在人頂上越過亦曰跨。如言過頭跨過。《說文》：「跨，渡也。」《玉篇》：「越也。」本當作㚔。《說文》：「㚔，跨步也。」
踫（趽）（滟）	踫，蒲銜切。		踫陽溝 踫地栿	甬稱跨越而過曰踫。如言踫陽溝、踫地栿。《類篇》：「踫，涉也。」或書作趽，《集韻》：「步渡水也。」亦作滟。《集韻》：「行淖中也。」《夢溪筆談》：「滟河，謂陷運，如今之空亡也。」案滟河謂越河而過，星命家以祿後一辰爲滟河，今卜者亦有「五十滟上」「六十滟上」之語。
尥	尥音料。	尥讀若聊（ㄌㄧㄠ）。	尥大水	甬稱跨步涉水曰尥。如言尥大水。《說文》：「尥，行脛相交也。」《方言》：「以足鉤之爲尥。」

續表

詞 附短語	本音	俗音	例語	疏證
跺	跺音妥。	跺讀吐啞切（ㄊㄛ）。	腳跺殺	《玉篇》：「跺，行貌。」今通語皆稱足踏地曰跺，甬語則稱足踏地而曳動以蹂躪地上之物曰跺，如言腳跺殺螞蟻，本音妥，轉爲吐啞切者，哿馬二韻古同部也。
蹂（厹）	蹂，人又切。	蹂讀若腦（ㄋㄠ）。		甬稱足踏曰蹂。《説文》：「厹，篆文。从足，柔聲。獸足蹂地也。」案本稱獸足踐踏，引申之以稱人。《漢書・揚雄傳》：「蹂蕙圃。」蹂讀若腦者，蹂古音屬幽部，今轉入宵部，次旁轉也。凡日母之字，甬音多讀入泥母。
蹳（癶）（址）	蹳音撥。	蹳讀若潑（ㄆㄚ）。	腳蹳開	甬稱兩股展開曰蹳。如言腳蹳開。《類篇》：「蹳，足跋物。」本作癶，《説文》：「足剌癶也。」《六書本義》：「兩足張，有所撥除也。」字从兩止相背，故亦書作址。
划	划音華。	划讀若蛙（ㄨㄛ）。	划槳 划船 划子 划水	甬稱以足撥槳使船進行曰划。如言划槳。因稱以足撥槳之舟曰腳划船，省曰划船，亦曰划子，皆讀若蛙。又稱魚之鰭曰划水，讀若華。《廣韻》：「划，撥進船也。」參看搲字注。
谻	谻音噱。	谻讀若格濁音（ㄍˊㄚ）。	腳谻牢	甬稱以兩腿挾物曰谻。《説文》：「谻，相踦谻也。」[一]《集韻》：「足相踦貌。」

[一] 谻：原誤作「貌」，據《説文解字》改。

續表

詞附短語	本音	俗音	例語	疏證
蹻（趫）（蹺）（趬）（翹）	蹻，去遥切。		腳蹻起	甬稱舉足向上曰蹻。《説文》：「蹻，舉足行高也。」《漢書·高帝紀》：「可蹻足待也。」亦作趫，《玉篇》：「舉足也。」又作蹺。亦作趬，《説文》：「行輕貌。一曰舉足也。」通作翹，《廣雅》：「舉也。」
跔（踻）（趵）（趜）	跔音劬。	跔讀若鉤濁音（ㄍˊㄤ）。	跔腳 頭跔進	甬稱足屈而不伸曰跔。如言跔腳。引申之，稱凡物屈而不伸曰跔。如言頭跔進。《説文》：「跔，天寒足跔也。」亦作踻。《集韻》踻與跔同。又作趵。《類篇》：「趵，足不伸也。」或作趜。
蹁	蹁音偏。	蹁讀若邊（ㄅㄧ宀）。	腳蹁出去	甬稱以足返蹴人曰蹁，亦以稱獸蹄人。《説文》：「蹁，拖後足馬。」
拘（搨）	拘音絢。		拘一腳 拘一拳	甬稱以足踵蹴人曰拘，亦稱以拳擊人曰拘。《説文》：「拘，擊也。」或作搨。
踞	踞音據。	踞讀若沽濁音（ㄍˊㄨ）。	踞倒	甬稱屈身蹲於地上曰踞。如言踞倒。《説文》：「踞，蹲也。」踞本見母柔音，今轉爲羣母剛音也。
跪（跽）（曁）（跻）		跪讀若巨（ㄐˊㄩ）。	下跪	甬稱屈膝曰跪。《説文》：「跪，拜也。」《釋名》：「跪，危也，兩膝隱地，體危俔也。」亦作跽，《説文》：「長跪也。」又作曁，《説文》：「長踞也。」亦作跻，《説文》：「一曰曲脛也。」案古跪與跽本不同，下拜而屈膝曰跪，平居屈膝危坐地上曰跽，甬無此分别。跪讀若巨者，猶櫃讀若懼也。

續表

詞 附短語	本音	俗音	例語	疏證
盤（蟠）（⿺走盤）			盤腳踝坐	甬稱屈足曰盤，趺坐曰盤腳踝坐。盤通作蟠。亦作⿺走盤。《類篇》：「⿺走盤，屈足也。」
蹩	蹩，蒲結切。	蹩讀若別（ㄅㄧˊ）。	蹩倒	甬稱行走不穩，足礙地上曰蹩。因不穩而傾跌曰蹩倒。《說文》：「蹩，跛也。」
絆（扳）	絆，博慢切。	絆讀若板去聲（ㄅㄢ）。	絆跌	甬稱足礙地上之物而傾跌曰絆。《說文》：「絆，馬縶也。」《增韻》：「縶足曰絆。」案足爲物所礙，如被縶也。俗作扳。
蹱（徸）（儱）（⿺走豖）（⿺走囪）	蹱，丑用切。	蹱讀若寵去聲（ㄑㄩ）。	七蹱八跌 蹱蹱動	甬稱人行步太急，望前斜傾曰蹱。如行步搖擺不定曰七蹱八跌，年老者行步傾斜前方曰蹱蹱動。《玉篇》：「躘蹱，小兒行。」《韻會》：「蹱，行不正貌。」或作徸。亦作儱，《篇海》：「斜儱。」又作⿺走豖，《廣韻》：「小兒行貌。」本當作⿺走囪，《說文》：「走急。」案⿺走囪蹱雙聲。
打腳骨輭				甬稱行步疲乏，突然傾跌曰打腳骨輭。輭即柔弱之意。
右屬足				
靠（搞）			靠背 靠戤	甬稱倚著曰靠。如椅背曰靠背。引申之，稱倚恃憑藉曰靠。如倚恃勢力曰靠戤。《通俗編》云：「《說文》靠訓相違，無依倚義，唐曹松『靠月坐蒼山』始以俗訓入詩。」〔一〕《說

〔一〕　蒼：原誤作「春」，據曹松《宿溪僧院》改。

續表

詞附短語	本音	俗音	例語	疏證
				文通訓定聲》謂：「今謂相依曰靠，蓋借爲造，猶相附曰離，借爲麗也。」案造，《說文》：「就也。」有依倚誼。《集韻》靠或作搞。
戤（隑）（介）	戤，渠蓋切。	戤讀若蓋濁音（ㄍㄞ）。	戤起來 影戤 戤勢	甬亦稱倚著曰戤。如倚枕而半睡曰戤起來。引申之，凡有所憑藉或倚恃曰戤。如憑藉人之聲譽以圖射利曰影戤，倚恃他人勢力曰戤勢。案戤字始見《字彙補》，謂「以物相質」也，蓋近代俗字，然仍無依倚之義。古祇作隑。《方言》：「隑，倚也。」注：「巨代切。江南人呼梯爲隑，所以隑物而登也。」蓋即此字。本當作介。《說文》：「介，有所恃也。」章炳麟謂《左傳》「介恃楚衆」，即《說文》本誼。案介爲見母柔音，今轉羣母剛音。
隑（佁）	隑，五來切。	隑讀若呆俗音（ㄫㄞ）。	東立立西隑隑	甬稱倚物而立或挺立不動曰隑，俗有「東立立，西隑隑」之語，以形容終日遊蕩不事事也。隑本有五來及巨代二切，故又讀若呆俗音也。《廣韻》：「隑企，立也。」《越諺》作：「佁，額害切，不肯前也。又音騃，囑人暫等曰佁一佁，見《說文》。」案《說文》「佁，癡貌」，非此誼。
躷（庨）	躷音矮。		躷起來	甬稱以背倚物而半坐半睡曰躷。《篇海》：「躷，坐倚貌。」亦作庨，《廣韻》：「坐倚貌。」

續表

詞 附短語	本音	俗音	例語	疏證
闖（覼）（撞）	闖，丑禁切。	闖讀若窗去聲（ㄘㄤ）。	闖進 亂闖	甬稱突然竄身入内曰闖。《説文》：「闖，馬出門貌。」《公羊傳》：「開之則闖然公子陽生也。」注：「闖，出頭貌。」闖讀若窗去聲者，雙聲之轉。或曰當作覼，《説文》作賷，「直視也」。《集韻》丑降切。案當爲撞之轉音，《廣韻》：「撞，突也，擊也。」《文昌雜録》有婚家撞門酒，正以撞爲闖也。
擦（攃）（礤）	擦音察。		磨擦 擦著	甬稱相摩曰擦。如以藥物去銅鏽曰擦銅，又兩物相觸曰擦著。《篇海》：「擦，摩之急也。」《廣韻》作攃，《集韻》亦作礤。
央（訣）（咉）（抰）（仰）（讓）	央音秧。	央讀若仰（ㄤ一ㄤ）。	央客喫	甬稱勸客飲食曰央。央本無勸告誼，小説劇本中多借用之。本作訣。《説文》：「訣，早知也。」《廣雅》：「告也。」《通雅》：「以言託人曰訣。」一作咉。亦作抰。《玉篇》：「抰，勸也。」俗亦借用仰字，猶言仰仗、仰攀，皆對人表示尊敬之意。亦通作讓，謂相謙讓也。
躲（蝉）	躲，丁果切。	躲亦讀若朵（ㄉㄛ）。	躲避 躲債	甬稱藏身避人曰躲。《玉篇》：「躲身也。」無藏誼。惟南宋已用此爲隱匿意，如洪邁《夷堅志》：「嘗聞人説瘧有鬼，可以出他處躲避。」古作蝉，然蝉本訓垂下貌，此亦借義。
閟（隱入）（伵）		閟讀若揖（一）。	閟背後 閟進來 閟壁賊	甬稱隱身使人不見曰閟。如潛立人背後曰閟背後，潛入人家中曰閟進來，匿身門後竊取人物之賊曰閟壁賊。《字彙補》：「閟，隱入也。今官牒多此字。音未詳。」案閟字以身在門中會意，亦即隱入二字之合音。《越諺》作伵，謂：「伺人不見，輕步立其背後，見《莊子·天地》篇。」案《莊子》：

續表

詞 附短語	本音	俗音	例語	疏證
				「佁佁乎耕而不顧。」佁佁，爲耕田忽遽貌，非有立人背後之誼也，《越諺》誤。
傯（蟲）（蚛）	傯，徂送切。	傯讀若中（ㄗ廾）。	傯攏	甬稱聚集曰傯。如人聚集一處曰傯攏，惟多指蟲類言，如言蒼蠅傯攏、黄蟻傯攏等。《廣韻》：「傯，聚也。」或曰當作蟲。《廣韻》：「蟲，直衆切。蟲食物。」或作蚛。
轉背				甬稱乘人不在曰轉背，即謂以背向人而去也。《南史·蔡廓傳》：「徐羨之曰：與人共計，云何裁轉背便賣惡與人？」
傴	傴，於上聲。	傴讀若歐去聲（ㄤ）。	傴倒	甬稱俯身曰傴。如低頭曰頭傴倒。《説文》：「傴，僂也。」《左傳》：「一命而僂，再命而傴，三命而俯。」傴讀若歐去聲者，傴歐皆从區得聲，故傴亦可讀歐也。
亞（闁）		亞讀若訶（ㄏ禾）。	背肘亞攏 板闁翹	甬稱曲脊曰亞。如因勞倦而曲身曰背肘亞攏。《説文》：「亞，醜也，象人局背之形。」亞讀若訶者，影母與曉母，古音魚部與歌部皆互轉也。稱木板因過燥而弓起曰亞。《説文》别有闁字，訓門傾也，實即亞字之分化，蓋背屈曲與門弓起一也。俗亦有「板闁翹」之語。
伏（匐）		伏讀若匐（ㄅ́ㄛ̇）。	伏倒	甬稱俯身而臥曰伏。如向前傾跌曰伏倒。伏讀若匐者，奉母字古皆讀並母也。亦作匐。《説文》：「匐，伏地也。」

續表

詞附短語	本音	俗音	例語	疏證
凸(胅)	凸音迭。		凸胸 凸肚	甬稱胸腹等部隆起曰凸。如稱胸部隆起之疾曰凸胸，皤腹曰凸肚，俗有「三日弗喫飯，凸肚過江橋」之諺。《韻會》：「凸，高也。」亦作胅。《集韻》：「膪胜，胅腹貌。」
袋(嘾)			肚皮袋飽	甬稱果腹曰袋。如食過飽曰肚皮袋飽，蓋謂如囊之盛物也。或曰當爲嘾之轉音。參看前《屬口》嘾字注。
努			努氣膨脹	甬稱屏息用力曰努。如因鼓氣而身軀腫大曰努氣膨脹。《方言》：「努，勉也。」《增韻》：「用力也。」
掽（碰）（倂）（並）	掽，蒲孟切。	掽讀若彭去聲（ㄅㄤˋ）。	掽痛 掽攏 掽頭 掽面	甬稱撞擊曰掽。如撞擊受傷而痛曰掽痛。又稱接觸曰掽。如兩人或兩物在一處接觸曰掽攏。又稱遇見曰掽。如戚友晤面曰掽頭，亦曰掽面。《字彙》：「搕掽，撞也。」俗亦作碰，不見字書。案掽碰皆後出字，當作倂。《集韻》：「倂，蒲幸切。俱也，羅列也。」俱即二物相逢之意，故以爲接觸、撞擊等誼。倂與掽雙聲之轉，然倂亦六朝以後所制之字，古蓋祇作並。《説文》：「並，併也。」引申爲撞擊、遭逢之誼。撞擊、遭逢時，必兩物相併也。並，古本讀蒲孟切，故段玉裁隸古音十部，朱駿聲隸壯部，後世始讀蒲迥切，是則甬語乃僅存之古音。
搕（磕）（礚）（跲）	搕，克盍切。	搕讀若客（ㄎㄚ˙）。	搕搕掽掽 搕頭 搕跌	甬亦稱撞擊曰搕。如行動之際，身體觸擊器物曰搕搕掽掽；又叩首之際，以首撞地故曰搕頭。《集韻》：「搕，擊也。」亦作磕。《正字通》：「磕，兩石相擊聲。」別作礚。又稱

續表

詞 附短語	本音	俗音	例語	疏證
				顛仆地上曰搕跌，蓋謂身體觸地也。或曰搕跌當作跲跌。《説文》：「跲，躓也。」从合、从盍得聲，音相同也。
作揖打躬		躬讀去聲。		甬稱揖人曰作揖，躬身曰打躬，故謂見人動輒行禮以示恭敬或有所請求曰作揖打躬。
别（佛）			頭别轉	甬稱背臉不欲見人曰頭别轉。杜牧詩：「别臉小低頭。」通作佛。《禮》：「獻鳥者，佛其首。」注：「捩轉其首也。」
掘（𧤼）			頭掘轉 强頭掘腦	甬稱人不受教訓而故迴首曰頭掘轉，因稱不順從曰强頭掘腦。掘，本當作𧤼。《説文》：「𧤼，角有所觸發也。」
顉（趛）	顉，欽錦切。	顉讀若競（ㄐˊㄧㄣ）。	顉頭走	甬稱俯首曰顉，故行走之時頭常俯下曰顉頭走。《説文》：「顉，低頭也。」亦作趛。《説文》：「趛，低頭疾行也。」二字音誼並近。
頞（搵）	頞，烏没切〔二〕。	頞讀若挖（ㄨㄚˊ）。	頞殺 頞頭	甬稱按頭入水曰頞。《説文》：「頞，内頭水中也。」皮日休詩：「學海正狂波，予頭向水頞。」亦作搵。《廣韻》搵，烏没切。《説文》：「没也。」又甬稱向人頷首亦曰頞頭，蓋爲没頭引申之誼。

〔二〕 烏：原誤作「鳥」。

續表

詞附短語	本音	俗音	例語	疏證
睏（困）	睏，坤去聲。		睏覺	甬稱睡臥曰睏。睏字不見字書，惟《月令廣義》引諺云「六月三日雨一陣，上晝芸田下晝睏」，正作此。案本祇作困，俗沿睡眠等字从目，乃加目旁耳。困有居處之意。《説文》：「困，故廬也。」又有疲倦之意。《後漢書·耿純傳》：「世祖至營勞，純曰：昨夜困乎？」故以爲睡臥之稱。《甲申雜録》：「忽昏困如夢。」此正用爲睡臥之意也。
𥈭（忽）（𢘾）（寣）〔一〕		𥈭讀若忽（ㄏㄨㄚ˙）。	𥈭一𥈭	甬稱假寐曰𥈭，假寐片時曰𥈭一𥈭。字書無𥈭字，蓋以時間倏忽，故作忽，俗又加目旁耳。亦作𢘾，𢘾有呼骨、呼八二切，《玉篇》訓寢熟，《集韻》訓臥覺，《敬止録》謂暫睡而覺曰𢘾。本當作寣，《説文》：「臥驚也。」
打瞌盹（打瞌充）（打眙盹）（打瞌螴）（打渴睡）	瞌音磕，盹音諄。	盹讀若充（ㄘ廾）。		甬稱倦極坐睡曰打瞌盹，因又稱欲睡曰瞌盹。《集韻》瞌，眼瞌，「欲睡貌」。《篇海》：「盹，目藏也。」他方謂之瞌睡。《正字通》：「人勞倦，合眼坐睡曰瞌睡。」貫休詩：「瞌睡山童欲成夢。」瞌，亦作眙。《廣韻》〔二〕：「眙，訖洽切。眼細暗。」《字彙》音丁本切，注：「矇朧欲睡貌。」則又以爲盹字矣。盹，俗亦作充。民國《象山志》謂當作螴，讀曰沖，見《莊子》釋文。案《莊子·外物》：「螴蜳不得成。」司馬彪

〔一〕　忽：原誤作「怱」。

〔二〕　廣：原誤作「集」。

續表

詞附短語	本音	俗音	例語	疏證
				注：「蠶蟳，讀曰沖融，言畏怖之氣沖融兩溢，不安定也。」實當作打渴睡。渴睡者，謂急欲睡，如人口渴欲飲也。睡讀若充者，猶隨亦稱從，古音歌部與東部隔越轉也。《歸田録》「乃一渴睡漢耳」，瞌正作渴。
魘煞（啽煞）	魘言厭。			甬稱噩夢驚呼曰魘煞。《説文》：「魘，夢驚也。」《類篇》：「眠不祥也。」亦作啽煞。《集韻》：「啽，寐聲。」《列子》：「夢中啽囈呻呼。」
抖（斗）	抖音斗。		發抖	甬稱筋肉顫動曰抖。如寒戰曰發抖。案今急言之曰抖，古緩言之曰抖擻。《廣韻》〔一〕：「抖擻，舉貌。」亦作抖數。《方言》：「東齊曰鋪頒，猶秦晉言抖藪也。」古作斗漱。《公羊傳》注：「無垢加功曰漱。齊人語也。」疏：「取其斗漱耳。」蓋本謂浣衣既畢，又於水中振之。引申之，稱振動器物，又稱物體顫動也。
撞（唴）	撞音幢。		哭撞	甬稱號哭時擗踊曰撞，謂以軀體擊撞器物也。《説文》：「撞，丮擣也。」《廣韻》：「突也，擊也。」《越諺》作唴，音常，謂「哀泣不止，手足亂戾也」。案《説文》：「秦晉謂小兒泣不止曰唴。」似非甬越語所謂撞也。

〔一〕廣：原誤作「集」。

續表

詞附短語	本音	俗音	例語	疏證
疰（注）	疰音注。		疰夏 疰浪	甬稱因氣候、環境之劇變，使人身體不適曰疰。如遇暑而疲倦無力曰疰夏，乘舟而眩暈欲歐曰疰浪。《廣雅》：「疰，病也。」《浪跡續談》：「杭州人謂交夏多疾者曰疰夏。」疰亦作注。《甕牖閒評》：「浙人有注船、注轎之説。」
⿸疒貢（訌）（虹）		⿸疒貢讀若鬨（ㄏ廾）。		甬稱瘡瘍潰爛曰⿸疒貢。⿸疒貢字不見字書。方書：⿸疒貢爪，亦曰代指，瘡名，生於手指甲內，初起腫熱，後漸潰爛成膿，甚至指甲脱落。案本作訌，蓋由潰亂之誼引申。通作虹。《詩》：「實虹小子。」《爾雅》：「虹，潰也。」
將攝（將息） 將養				甬稱病後休養曰將攝。《北史·薛道衡傳》：「帝曰：爾侍奉誠勞，朕欲令爾將攝。」亦作將息。韓愈《與崔羣書》：「將息之道，當先理其心。」亦曰將養。《淮南子·原道》：「將養其神。」案《廣雅》：「將，養也。」攝，謂攝生。息，謂休息也。
掙（牚）（撐）	掙，初耕切。	掙讀若撐去聲（ㄘㄤ）。	硬掙	甬稱支持曰掙。如病中勉力支持曰硬掙，窮乏而勉力支持亦曰硬掙。甬語所謂掙，猶北方語所謂掙札也。字書掙無支持誼，本當作牚。《廣雅》：「牚，支拄也。」《通俗編》：「世言勉力支持當用此字。」亦作撐。趙元詩：「斷橋無力强支撐。」

續表

詞附短語	本音	俗音	例語	疏證
投（趦）（投）			投河 投井 投外國	甬稱棄擲身軀曰投。如捐身於河中、井中曰投河、投井。《説文》：「投，擿也。」《敬止録》別作趦，謂「以身踴躑曰趦」。案《廣韻》〔一〕：「趦，自投下也。」亦作投。趦投皆後起字。又稱降服於人曰投。如言投外國，此爲投降、投奔之簡稱。
蹺		蹺讀若竅（ㄑ一ㄠ）。	蹺辮子	甬稱人死曰蹺，具云蹺辮子，蓋爲清代留辮髮時之遺語。似本非善意語，因囚犯當判死梟首時，漆其髮使上舉，以便牽掣，俗失其語原，乃通稱凡人之死。然亦含輕褻意，不以稱尊敬者也。
過世				甬稱人死亦曰過世。此則尊卑兼稱之，猶言去世、逝世也。《晉書・苻登載記》：「姚萇於軍中立苻堅神主，請曰：陛下雖過世爲神，豈假手於苻登而圖臣？」
移屍（侇尸）				甬稱將死者之屍由室中移於堂曰移屍。案當作侇尸。《儀禮・士喪禮》：「士舉，男女奉尸，侇于堂。」
右屬身體				
忖	忖，寸上聲。		忖心事	甬稱想曰忖。如想心中之事曰忖心事，與《廣韻》「思也」之訓合，與《説文新附》「度也」之訓微別。《詩》：「予忖度之。」

〔一〕廣：原誤作「集」。

續表

詞 附短語	本音	俗音	例語	疏證
惀（侖）	惀，論上聲。		心裏惀一惀	甬稱心中計畫曰惀。如言心裏惀一惀。《説文》：「惀，欲知之貌。」《廣韻》：「惀，思也。」案本即侖字。《説文》：「侖，思也。」
看想（矙相）				甬稱覷覦曰看想，當作矙相。《集韻》：「矙，窺也。」《説文》：「相，省視也。」故矙相猶言窺伺也。
希罕			弗希罕	甬稱欣羡曰希罕，故不欣羡曰弗希罕。《爾雅・釋詁》：「希、寡、鮮，罕也。」是希罕皆缺少意。凡事物少者爲人所羡，引申之，遂爲欣羡誼。弗希罕，猶言數見不鮮也，此語起原頗古。
怏（眏）（傟）（㑌）（[illegible]）	怏，於亮切。	怏讀若盎平聲（丄）。	犯怏 怏煞	甬稱怒曰怏怨懟，亦曰怏。如發怒曰犯怏，怨極曰怏煞。《説文》：「怏，不服懟也。」讀若盎平聲者，怏从央聲而轉爲於郎切，猶盎从央而轉爲於浪切，古音陽唐二韻本合也。亦作眏。《廣韻》：「眏，握江切。眏肛，不伏人也。」《越諺》作傟。案《集韻》：「傟，烏項切。戾也。」亦作㑌[illegible]。
射（眣）（臭）（惹） 射厭（惹厭） 討厭		射讀若惹。		甬語謂憎惡曰射。俗作惹。亦曰射厭，又曰討厭。案《爾雅・釋詁》：「射，厭也。」即此誼。故無射即無厭，見《詩・大雅・車舝》《思齊》，《周頌・清廟》，《禮記・祭統》等篇。亦作無斁，見《書・洛誥》，《詩・周頌・振鷺》，《魯頌・駉》《泮水》等篇。又作無臭，見甲骨文《師𦐇敦》《静彝》《毛

續表

詞附短語	本音	俗音	例語	疏證
				公鼎》等。⿱罒矢，亦作眣，見《公羊傳》文公七年、成公三年，蓋⿱罒矢从目从矢會意，實即射字；眣爲⿱罒矢之偏旁互易位置者。睪即眣之變體，斁即睪之繁文，本爲一字，乃釋經者不明其原，讀射爲亦，斁爲妒，眣爲舜，遂分爲三字，不知皆當讀爲射之本音蛇去聲也。今以甬語證之，而三代之古音古誼乃得矣。參看前斜字注。
生氣 動氣 加氣 動火		生讀俗音（ㄙㄤ）。		甬稱人怒曰生氣，亦曰加氣，亦曰動氣。案《晉語》：「子犯曰：未報楚惠而抗宋[一]，我曲楚直，其衆莫不生氣。」生氣，本謂將發生勇怒之氣也。又甬稱人怒亦曰動火，蓋俗謂怒氣曰火氣，因激烈如火也。
出氣				甬稱洩怒於人曰出氣。二字見《五代史·伶人傳》。
争氣（增氣） 争風熬氣		争讀俗音（ㄗㄤ）。		甬稱立志曰争氣，亦曰争風熬氣。案争氣，本指與人争執言。《東坡志林》：「何暇争閒氣耶？」即此意也。立志意，實當作增氣。《史記》「懦夫增氣」是也。
痡氣（癓氣）	痡音别。	痡亦讀若必（ㄅㄧ）。		甬稱與人賭氣曰痡氣。《集韻》：「痡，腫懣也。」亦作癓。《字彙》作癓，謂「腫滿悶而皮裂」。此讀若别離之别，亦讀若區别之别。又稱鼓氣使筋肉腫脹曰痡氣，則讀若區别之别。

〔一〕報：原誤作「犯」，據《國語·晉語》改。

續表

詞附短語	本音	俗音	例語	疏證
懊惱（懊嫋）（懊憹）（懊儂）（懊悔）				甬稱人悔恨曰懊惱，亦曰懊悔。《爾雅》：「懊，忨也。」注：「愛忨也。」蓋人情因愛生惱，終爲懊恨之意。惱，《增韻》：「事物撓心也。」本作嫋。《說文》：「嫋，有所恨痛也。」亦作憹。《晉志》有《懊憹歌》，《素問》〔一〕：「甚則瞀悶懊憹。」《吳下方言考》：「吳中謂所遇者拂意而奇曰懊憹。」通作懊儂。儂惱雙聲之轉。
恚惡（懀惡）	恚，胡桂切。	恚讀若畏（ㄨㄟ），惡讀去聲（ㄨ），亦讀若武（ㄏㄨ）。		甬稱因羞媿而惱恨曰恚惡。此語婦女多言之。恚，《說文》：「恨也。」《玉篇》：「恨，怒也。」通俗雜字書作懀惡。《集韻》：「懀懶嫌惡也。」
驚嚇（驚寣）		嚇讀若霍（ㄏㄛ）。		甬稱兒童受驚曰驚嚇。或曰嚇當作寣。《說文》：「寣，臥驚也。」
熬（嗸）（嗷）			熬苦 熬痛	甬稱忍受曰熬。如忍受困苦曰熬苦，忍受疼痛曰熬痛。案熬，乾煎也，無忍受意。本當作嗸，亦書作嗷。《說文》：「嗸，衆口愁也。」《詩》：「哀鳴嗸嗸。」蓋本爲忍受苦痛所發之聲，因亦稱忍受曰嗸，後又通作熬。《漢書》：「衆庶熬熬苦之。」

〔一〕問：原誤作「間」。

續表

詞附短語	本音	俗音	例語	疏證
許 允許（應許）		許讀若黑累切（ㄏㄨㄟ），允讀若應（ㄧㄣ）。	許人家	甬方音許讀若黑累切，如女子許人曰許人家，蓋古音魚部與脂部次旁轉也。許亦曰允許，亦讀此音。元稹《論罷進海味狀》：「特賜允許。」俗通作應許。
懺念		懺讀若菜（ㄘㄞ），念讀俗音（ㄫㄧㄢ）。		甬稱向神佛祝告曰懺念。懺即懺悔之意，念謂祝告也。懺讀若菜者，寒部與泰部對轉也。
祝福（禱護）（禱化）（打化）		祝禱打皆讀若朵（ㄉㄛ）〔一〕，福護皆讀若化（ㄏㄨㄛ）。	菩薩禱護	甬語祈求神鬼保佑曰禱護。有「菩薩禱護」之語。禱謂祈求，護謂保佑也。方勺《泊宅編》：「福建幽嵒院，有大麵牀。君謨遣人舁置使廚。久之，院僧禱護伽藍，春會動，無麵牀，何以聚衆？一夕，麵牀果已還院。」案此所謂禱護，正與甬語意合，蓋本宋時閩語也。禱讀若朵者，幽部與歌部相轉；護讀若化者，魚部與歌部相轉。俗作禱化，亦作打化，皆未得其原。或曰當作祝福，祝字古爲端母，故可轉爲朵音；福字亦可轉爲化音。今紹興猶稱送年曰祝福，但不如甬讀朵化二音耳。
保（採）（睬）（猜） 偢保（瞅睬） 無偢保	保音彩，偢音秋。	保亦讀若廠（ㄑㄧㄤ），無讀俗音（ㄇㄨ）。	弗偢弗保 保瞎子	甬語理人曰保，亦曰偢保。如不屑理人時常發「保瞎子」之語，又有「弗偢弗保，豬狗相待」之諺，保皆讀若彩。《字彙補》作偢睬，謂俗言也，詞家多用此字。瞅保二字，皆不見字書，蓋俗因偢从人旁，睬从目旁，故或譌爲皆作人旁，或

〔一〕讀若：原誤作「若讀」。

續表

詞 附短語	本音	俗音	例語	疏證
				譌爲皆作目旁也。睬，古祇作採。《北齊書》：「更不採輕霄。」採字正作此意。俗亦借猜字爲之。又俗謂無興味曰無偢保，蓋亦謂無人理採，故不有興味也。此保字音變若廠，蓋雙聲之轉。
相煩				甬語求人代爲辦事曰相煩。此語頗古，《後漢書·馬援傳》已有「何足相煩」之語。
喫虧		喫讀俗音（ㄑㄩㄛ）。		甬稱受人欺紿曰喫虧。杜牧詩：「卻笑喫虧隋煬帝，破家亡國爲何人。」
坍臺				甬稱因恥辱而貽笑於人曰坍臺。案坍，毀壞之意；臺，蓋指劇場。言劇場毀墜，則貽笑於觀衆。
倒楣（倒眉）				甬稱作事不善或不利而爲人所譏評曰倒楣。《消夏閒記》：「明季科舉甚難得，取者門首豎棋杆一根，不中則撤去，謂之倒楣。今吴俗譏事不成者爲倒楣，想即本此。」案此説似非。蓋門楣爲外人所望見，故唐以來即稱門第爲門楣。陳鴻《長恨歌傳》：「當時謡詠有云：男不封侯女作妃，君看女卻是門楣。」謂楊太真爲楊氏家門之光榮也。故倒楣猶言破壞家風。楣，《越諺》作眉，不知何據。
倒竈				甬稱作事不利曰倒竈。蓋竈毀不能炊飯，即當受飢，故以爲喻。《通俗編》：「《太玄經》：『竈滅其火，惟家之禍。』即俗語所本。」

續表

詞 附短語	本音	俗音	例語	疏證
輪伏（輪服）				甬稱佩服或降服曰輪伏。舒元輿《玉筯篆志》：「當時議書者，皆輪伏之。」亦作輪服。輪即輪心輪誠之意，伏即佩服降服之意，與安適亦稱舒服者形誼並異。
做忌				甬稱恐人指摘，隨時留意曰做忌。猶言顧忌也。
難爲			難爲你 勿要難爲渠	甬語難爲有二誼，一即文言中所用承蒙之意，謝人時用之，如言難爲你。一爲欺侮之意，即爲難之倒詞，如言勿要難爲渠。二字連用，見《禮·表記》。
得罪 罪過				甬語請求或感謝人時常用得罪語，亦言罪過，蓋謂煩勞人，已有罪也。得罪，見《詩》「得罪于天子」。罪過，見《周禮》「凡萬民之有罪過」。
對弗住				甬語因煩勞人，感謝之亦常言對弗住，猶言無顔對人也。
旻（瞞）（昳）	旻音洫。	旻讀若蓄（ㄒㄩ）。		甬稱嗾使人行事曰旻。《説文》：「旻，舉目使人也。」亦作瞞昳。
饒			討饒 弗肯饒人	甬稱恕宥曰饒。如求宥曰討饒，不恕曰弗肯饒人。《説文》：「饒，飽也。」段玉裁注：「饒者，甚飽之詞也。引申以爲凡甚之稱。漢謡曰：『今年尚可後年饒。』謂後年更甚也。近人索饒、討饒之語，皆謂已甚而求已也。」俗有「得饒人處且饒人」之諺。
右屬意念				

續表

詞附短語	本音	俗音	例語	疏證
整頓				甬稱治事使有條理曰整頓。《史記》：「蒯通曰：今范陽令宜整頓其士卒以守戰者也。」
料理（撩理）（㪤理）		料讀平聲（ㄌㄧㄠ），亦讀去聲（ㄌㄧㄠ）。	料理事體 料理人 料理好	甬稱整頓曰料理。如言料理事體，料讀平聲。《晉書》：「比當相料理。」即此誼。料，量度之意；理，整飭之意。故謂整頓曰料理。亦作撩理。《通俗文》：「理亂謂之撩理。」亦作㪤理。《書疏》：「穿徹之〔一〕，當使㪤理。」又甬稱脅迫或懲戒曰料理。如言料理人，料亦讀平聲。《世説》：「汝若爲選官，當好料理此人。」本謂照顧也，今甬語與此適相反。又稱調和餚饌之物曰料理。如言料理好，料讀去聲，此料謂材料，理謂治饌也。
敁敠（敁挅）（掂掇）（玷捶）（點掇） 照料 照管 照顧	敁，丁兼切。敠，都活切。	敁讀若店平聲（ㄉㄧㄢ），敠讀若篤（ㄉㄛ）。		甬稱管理事情曰敁敠。《集韻》：「敁敠，稱量也。」亦作敁挅。《類篇》：「敁挅，以手稱物。」亦作玷捶。《莊子·知北遊》注：「玷捶鉤之輕重。」亦作點掇，見《朱子文集》。俗作掂掇。《字彙》：「掂，手掂也。」掂即敁之俗字。又稱管理曰照料，謂查察而料理之也。亦曰照管。歐陽修文：「欲且奉託照管三數小子。」亦曰照顧。又愛護亦曰照顧，又曰照管。

〔一〕徹：原誤作「撤」，據《尚書正義》改。

續表

詞附短語	本音	俗音	例語	疏證
成局（成軸）				甬稱和合作事曰成局。局即《廣韻》曹局之意。《禮》：「左右有局。」注：「左右，各有部分，不相濫也。」〔一〕亦作成軸，見《管子・宙合》篇。
作蹋（作獺）（作撻）糟蹋（謿諸）	蹋音搭。			甬稱無故毀壞物件或破壞人之名節曰作蹋。《大雲山房筆記》：「作蹋猶作踐，作藉耳，俗謂暴殄曰作蹋。」亦作作獺。《南唐近事》：「焦湖千里，一任作獺。」亦作作撻。楊廷秀詩：「懊惱遊人作撻春。」又曰遭蹋。至甬稱譏誚人曰遭蹋，則當作謿諸，謿與嘲同，諸，《正韻》言「相惡」也。
作孽（作業）				甬稱人爲不善之行曰作孽。《書》：「天作孽，猶可違；自作孽，不可逭。」亦作作業，業即梵典所謂惡業也。
搭漿				甬稱作事敷延塞責曰搭漿。搭有搨意，猶北平語之言糊弄，江北語之言搨些麵糊也。漿爲稀麵，以漿膠物必不牢固，故甬亦稱不固之物曰紙糊頭也。
見大頭鬼		鬼讀俗音（ㄐㄩ）。		甬詈人言行虛誕曰見大頭鬼，謂非事實也。
上當	當去聲。			甬稱中人計策曰上當。案春秋戰國時以人交質，謂之當。《左傳》：「以王子姑曹當之。」爲人所質，則不能自由，故曰上當。

〔一〕各：原脱，據《禮記注疏》補。

續表

詞 附短語	本音	俗音	例語	疏證
背木梢				甬亦稱中人計策曰背木梢。木梢輕而末重，初負時不覺重，及曳而行，則漸重矣，故以爲中計之喻。
輪		輪讀若鄰（ㄌㄧㄣ）。	輪了喫	甬稱更迭爲之曰輪，謂如車輪旋轉也。《宋史》詔宰相與參政輪班任事，即此意也。輪讀若鄰者，諄韻轉真韻也。
掗		掗讀若啞俗音去聲（ㄛ）。	硬掗 掗賣	甬稱强給人物曰掗。如言硬掗、掗賣。《字彙》：「掗，强與人物也。」
捱	捱，宜佳切。	捱讀若額挨切（ㄫㄚ）。	捱時辰 捱死捱活	甬稱延緩曰捱。如稽遲晷刻曰捱時辰，詈人不急進行曰捱死捱活。捱本拒意，見《集韻》，引申之爲延緩誼。
擋（攩）（當）			擋住 阻擋	甬稱遮蔽曰擋。如言擋住亮光。又稱拒絶曰擋。如不使人進行某事曰阻擋。《集韻》：「摒擋也。」亦作攩。《集韻》：「攩，擊也。」今俗用爲抵攩字，遮遏也。古祇作當。李白詩：「一夫當關。」
攝		攝讀若失（ㄙㄩ）。	鬼攝去	甬稱物不見人取而遺失曰攝。如言鬼攝去。《説文》：「攝，引持也。」《畫譜》：「葉法善欲求李北海書碑，北海爲括蒼太守，不可强〔一〕，乃攝其魂書之。今名攝魂碑。」即此誼。

〔一〕强：原誤作「得」，據陳繼儒《書畫史》改。

續表

詞附短語	本音	俗音	例語	疏證
禁(經)	禁平聲。		禁得起 禁弗起	甬稱能勝重任曰禁得起，不勝重任曰禁弗起。《韻會》：「禁，力所勝也。」《漢書·咸宣傳》：「猶弗能禁。」俗作經，非。
挣(争)		挣讀若争俗音去聲(ㄗㄤ)。	挣家計 挣子	甬稱善居積曰挣。如積家産曰挣家計，善積之子曰挣子，與敗子對稱。本當作争，即競争意。
打	打音頂。	打讀得冷切(ㄉㄤ)。	打人 打鼓 打算 打聽 打消 打賭 打飯 打轎 打鎗 打官司 打菜蕻	甬稱敲擊曰打。如言打人、打鼓，此通語也。又凡一切動作多謂之打。如計算曰打算，探聽曰打聽，取消曰打消，競勝曰打賭，盛飯曰打飯，備轎曰打轎，放鎗曰打鎗，狩獵曰打獵，涉訟曰打官司，折蔬心曰打菜蕻等，幾不勝枚舉。本作朾〔一〕，《説文》：「朾，撞也。」《説文新附》始收打字，擊也，蓋即朾字譌變。《項氏家説》：「俗助語，每與本辭相反，於打字用之尤多，凡打疊、打聽、打量、打睡，無非打者。」是則以打爲各種動作通稱，不獨甬語然也。

〔一〕朾：原誤作「打」，據《説文解字》改。下同。

續表

詞 附短語	本音	俗音	例語	疏證
弄（攏）			弄好 弄掉 弄送	甬稱作一切事曰弄。如作畢曰弄好，破壞曰弄掉。《説文》：「筭，从竹，从弄。言常弄乃不誤也。」此弄字，正與俗所謂弄誼同，蓋不特玩弄、舞弄始謂之弄也。又《韻會》：「弄，侮也。」故甬亦稱欺侮曰弄送，他方言斷送也。弄，亦作攏。韓偓詩：「睡髻休頻攏。」
發迹 發達				甬稱人由貧賤而富貴曰發迹。俗有「想到未來錢，發迹在眼前」之語。司馬相如《封禪文》：「公劉發迹於西戎。」亦曰發達，亦省曰發。如俗有「發了發了，脱了脱了」之諺。
做家 做人家		家讀俗音（ㄍㄛ），人讀俗音（ㄫㄧㄣ）。		甬稱樽節費用曰做家，亦曰做人家。案即古所謂作家也。作字，《集韻》有子賀切，做即作俗字。《晉書·食貨志》：「桓帝不能作家，曾無私蓄。」即此意也。
淘撑			自淘自撑	甬稱努力曰淘撑。俗有「自淘自撑」之語。《越諺》作此二字，蓋謂一方淘河，一方撑船，其努力可知。
撑門拄户				甬稱支持家庭曰撑門拄户。語見王褒《僮約》，蓋本漢以前遺諺也。
幹水功德				甬稱喜管閒事曰幹水功德。《武林舊事》有水功德局，以求官、覓舉、訟獄、交易假借聲勢，脱漏財物爲事。蓋南宋以後浙省之遺諺也。

續表

詞 附短語	本音	俗音	例語	疏證
發財 恭喜				甬問人供職何處常曰曷裏發財，或曰曷裏恭喜。甬人以商賈爲多，故有發財之語。云恭喜者，《周語》：「夙夜恭也。」注：「夙夜敬事曰恭。」《釋名》：「恭，拱也，自拱持也。亦言供給事人也。」故恭喜猶言供給可喜之事也。
停（乇）		停讀若豚（ㄉˊㄥ）。	雙手弗停 喫晒停	甬稱休止曰停。如言雙手弗停，此通誼也。《正韻》：「停，行中止也。」又稱居住曰停，俗謂終日無所事事曰喫晒停。案《釋名》：「停，定也，定於所在也。」即有居之意。《宋史·丁謂傳》已有「居停主人」之語，則稱居住爲停宋時已然。或曰當作乇。《正韻》：「乇，聚也。」謂聚居於此也。
等（待）（頓）				甬稱待曰等。《說文》：「等，齊簡也。」等待亦取齊之意，蓋爲本誼之引申。《字彙》〔一〕：「等，候待也。」唐路德延《小兒》詩：「等鵲潛籬畔。」宋范成大《石湖州橋》詩：「父老年年等駕回。」稱待爲等，蓋自唐宋以來已然。或曰等當爲待之轉音，古音等屬蒸部，待屬之部，蒸之陰陽對轉也。《說文》等待並从寺得聲，蓋二字古音本同也。《廣韻》等有多改切，與待音正同，後乃漸分清濁，又轉入蒸部耳。字亦作頓。《漢志》注引干寶《搜神記》：「李伯武寄其子佗書云：當以八月八日日中時，武陵城南溝水畔等汝。」

〔一〕字彙：原誤作「廣韻」。

續表

詞附短語	本音	俗音	例語	疏證
倗(朋)	倗音朋。	倗讀若朋(ㄅㄤˊ)。	倗起來做	甬稱相助爲理曰倗。如合作曰倗起來做。《説文》：「倗，輔也。」古祇作朋。《書》：「朋淫于家。」《韓非子》：「羣臣行私道而不致公忠，此謂朋劫。」朋淫、朋劫之朋，皆即合作之誼。
派(𠂢)			派分子 派人	甬稱分配曰派。如分配金醵曰派分子。又稱驅使曰派。如使人行事曰派人。《説文》：「派，別水也。」一曰水分流也。分配即分水流誼所引申，驅使又分配誼所引申。《説文》本有𠂢字，「讀若頒。賦事也」，當爲派之本字。頒派皆屬重脣音。
湊隊		湊亦讀若翠(ㄘㄟ)。		甬稱交友曰湊隊。《説文》：「湊，聚也。」《廣韻》：「隊，羣隊也。」故湊隊即合羣之意。
搭對			弗搭對	甬稱兩人合作一事或男女相配合而爲夫妻，皆曰搭對。因又稱不合曰弗搭對。《五燈會元》：「祇是無人搭對。」
挑(擢)	挑，上聲。		挑人發財	甬稱玉成人事曰挑。如助成人得利益曰挑人發財。挑有選拔之意，故云亦作擢。《方言》：「擢，拔也。」〔一〕擢亦有糶音。

〔一〕拔：原誤作「拕」，據《方言》改。

詞 附短語	本音	俗音	例語	疏證
幫輔（挈輔） 保護（包護） 保比（保庇） （包庇）		輔讀若父（ㄪㄨ）。		甬稱祖護曰幫輔，亦作挈輔。《俗呼小録》：「今人以相助爲挈輔。語云：『籬挈楗，楗挈籬。』[一]即輔車相依之謂。字宜从手爲是。」亦曰保護。《三國志·趙雲傳》：雲手抱弱子，即後主；保護甘夫人，即後主母也。亦曰保比。比爲阿私之意，即《論語》所謂比周也。比，亦作庇，庇有覆蔽之意。保，亦作包，有包攬之意。
帶頭帶腦				甬稱率領人爲不善之事曰帶頭帶腦。帶即率領之意。
出頭出腦 出頭 朝頭	潮音朝[二]。			甬稱關於羣衆之事爲之倡率或關於他人之事爲之代承曰出頭出腦，亦省曰出頭。《三國志·吕布傳》注：「與袁術書曰：足下鼠竄壽春，無出頭者。」亦曰朝頭，朝有向意。
敲釘轉腳		敲讀俗音（ㄎㄠ）。		甬稱人作事過於周密曰敲釘轉腳，蓋謂如以釘固物，猶恐鬆脱，曲其腳，使永不起也。
嬲話（奈何） （鬧侯）（儺）		嬲話讀如奶（ㄋㄚ）何（ㄏ禾）。		甬稱兒童游戲相擾曰嬲話。嬲爲戲擾之意，話讀若何者，雙聲之轉。今鎮海、定海鄉村嬲話之話，仍讀本音。或曰當作奈何。游戲之言奈何，猶數量之言幾何。不名何數曰幾何，故不名何事曰奈何。或曰當爲鬧侯之轉音。《清異録》：「侯元亮爲湖湘宰，退居長沙，門常有客，宴會無虛日，人目爲鬧侯。」習俗相沿，因稱游戲曰鬧侯。或曰當爲

[一] 籬挈楗楗挈籬：原誤作「籬挈籬」，據《俗呼小録》改。

[二] 潮音朝：疑當作「朝音湖」。

詞附短語	本音	俗音	例語	疏證
				儺之反語，急言曰儺，緩言曰奈何。儺者黄金四目，立桃人、葦索、滄耳虎等以驅疫，似涉游戲，故稱游戲曰儺。案三説似皆非確。
打棚（打棒）（打⿰亻兵）（打倗）				甬稱游戲曰打棚。《東京歲時記》：「七夕，家家錦采結爲乞巧棚。」打棚猶言結棚，俗因相沿稱游戲曰打棚。或作打棒，打棒即打拔，小兒以木二寸置地而打之，一擊令起，隨一擊令遠，以近爲負，見《帝京景物略》，蓋本兒童游戲之一種。或曰當作打⿰亻兵。《廣韻》：「⿰亻兵，詐僞人也。」故打⿰亻兵猶言故作狡獪。案似當作打倗，倗即相聚而爲一事之稱，已見前注，蓋謂衆相聚而游戲也。又案打棚，滬語亦有之，似由滬流傳至甬。
尋開心（尋闓忻）				甬稱尋樂曰尋開心，亦稱取笑人曰尋開心。開心本爲快樂之意，當作闓忻。《説文》：「忻，闓也。」蘇軾詩：「開心煖胃門冬飲，知是東坡手自煎。」此開心，猶今言興奮精神，與甬語誼近。
討便宜				甬稱以譎辭取勝於人曰討便宜。此語自唐來已有之，寒山詩：「盡愛討便宜。」
奉承				甬稱阿諛人曰奉承。二字下對上之稱，有恭受之意。《左傳》：「奉承以來，弗敢失隕。」甬語蓋其引申之誼也。
世故				甬亦稱阿諛曰世故。二字見《列子》：「不治世故。」本謂世俗酬酢之事，故引申之以爲諂諛人之稱。

續表

詞 附短語	本音	俗音	例語	疏證
舔屁眼		眼讀俗音（兀ㄢ）。		甬詈人諂諛曰舔屁眼，蓋即舐痔之轉語，吮癰舐痔，見《論語》「苟患失之，無所不至矣」注。
泥高頭壁				甬稱喜奉承有權勢人以取富貴曰泥高頭壁，即向上爬之轉語，蓋粉飾高牆時須上升也。
𡢃待（𡢃怠）（冷待）（冷淡）				甬稱待人無熱忱曰𡢃待。《説文》：「𡢃，待也。」桂馥《義證》：「俗言𡢃待。」亦作𡢃怠。又作冷待、冷淡。𡢃與冷，待與淡，皆雙聲之轉。李中詩：「冷淡少知音。」
悚動（慫慂）				甬稱勸掖人爲善或唆使人作惡曰悚動。通俗雜字書即作此二字。案悚，懼也，無勸誼，本當作慫慂。《方言》：「南楚之間，凡己不欲喜，而旁人説者；不欲怒，而旁人怒之，謂之慫慂。」〔二〕慂本音勇，今讀若動者，猶桶本从甬得聲，亦讀爲定母也。
弄送（倯倯）				甬稱欺侮曰弄送，見前弄字注。《越諺》作倯倯。《方言》：「倯倯，罵也。燕之北郊曰倯倯。」
作梗		梗讀若羹去聲（ㄍㄤ）。		甬稱人從中播弄是非曰作梗。《文選》張衡《東京賦》：「度朔作梗，守以鬱壘；神荼副焉，對操葦索。」注：「梗音哽。東海中度朔山有二神，一曰神荼，一曰鬱壘，領衆鬼之惡害

〔二〕凡己不欲喜而旁人説者不欲怒而旁人怒之謂之慫慂：原作「凡己不欲喜怒而旁人説者謂之慫慂」，據《方言》改。

續表

詞 附短語	本音	俗音	例語	疏證
				者，執以葦索而用食虎。」《毛詩》傳曰：「梗，病也。」謂爲人作梗病者。案本謂鬼祟人使病曰作梗，後以稱人播弄。《北史·魏收傳》：「羣氏作梗，遂爲邊患。」即此意也。
解板		解讀俗音（ㄍㄚ）。		甬稱數人合謀一人曰解板，謂如匠人鋸木，兩人相對而剖之也。
撤壁腳（鑿壁腳）（拆壁腳）				甬稱暗中破壞人事曰撤壁腳，謂如撤去牆基使牆崩頹也。撤，亦作鑿拆。
捉帽子		捉讀若竹（ㄗㄛ）。		甬稱謀奪較己更高之職位曰捉帽子[一]。帽子戴於首，以喻高上之職位。捉，謂攫取也。
剥面皮				甬稱破壞人之名譽曰剥面皮。蓋俗謂人之聲望爲體面、爲面子，故失去聲譽曰剥面皮。《西京雜記》有「不如剥面皮矣」之語，則此語起原頗古也。
挈後腳 扳腳後跟				甬稱乘人不備之際而突陷害人曰挈後腳，亦曰扳腳後跟，謂如立人背後突提其足也。腳後跟，即足踵也。
打落水狗 打落水麂				甬稱乘人危迫之際，更陷害之曰打落水狗，亦曰打落水麂，即落井下石之意。

〔一〕 己：原誤作「已」。

續表

詞 附短語	本音	俗音	例語	疏證
數布襴裯		數讀若世上聲（ㄙㄩ）。		甬稱道人中溝之言曰數布襴裯。布襴即婦女之裳，細數其裯，即揭發其隱事，猶言談人帷薄。
過橋拔橋				甬稱忘人前功曰過橋拔橋，猶言得魚忘筌、得兔忘蹏也。
⿰扌罪（檌）（惹）	⿰扌罪，仕懷切。	⿰扌罪讀若柴上聲（ㄙˊㄚ）。	⿰扌罪倒 和籃⿰扌罪 ⿰扌罪犯 ⿰扌罪癢	甬稱觸動曰⿰扌罪。如觸人倒地曰⿰扌罪倒，物置籃中播動使勻曰和籃⿰扌罪，因又稱事涉衆人，喧嚷紛亂亦曰和籃⿰扌罪。又謂觸犯人曰⿰扌罪犯，身上有癢倚於物上摩擦之曰⿰扌罪癢，俗有「老虎口裏⿰扌罪癢」之諺。或曰⿰扌罪犯、⿰扌罪癢之⿰扌罪，當爲惹之轉音。《廣韻》：「⿰扌罪，倒損。出《方言》。」《五音集韻》：「拉也。」《篇海》笨亦訓「倒損也。出揚子《方言》」。
轇輵（轇輵）（膠葛）	轇音交，輵音葛。	轇讀若膠濁音（ㄍˊㄠ），輵讀若葛濁音（ㄍˊㄚ）。		甬稱意見糾紛曰轇輵。《集韻》：「車馬喧雜貌。」張衡《東京賦》：「闔戟轇輵。」亦作轇輵，見王延壽賦。又作膠葛，見《史記·司馬相如傳》。
打架		架讀俗音（ㄍㄛ）。		甬稱互相搏擊曰打架。案此語小説中多有之。
挺撞（㨃撞）				甬稱言辭冒犯曰挺撞。《韻會》：「挺，直也。」挺撞，猶言直撞也。亦作㨃撞。《札璞》：「觸牾，㨃撞。」
搏		搏讀若薄（ㄅˊㄛ）。	搏住 搏著	甬稱伺候而捕捉曰搏。如捕獲曰搏住，亦曰搏著。《說文》：「搏，索持也。」《史記·李斯傳》：「鑠金百鎰，盜賊不搏。」

續表

詞 附短語	本音	俗音	例語	疏證
做（挫）			做打	甬稱摧辱之曰做。如訊問口供，用刑威迫使認曰做打，實當作挫打。《唐韻》挫有側臥切，與做音同。《說文》：「挫，摧也。」《史記·酷吏傳》：「暴虐以挫人。」即此意。又甬稱打罵竊賊使供贓物所在曰挫賊，亦即此字。
放刁（放鵰）作嬌		作讀本音。		甬稱婦孺撒嬌曰作嬌。《樂府·華山畿》：「憶歡作嬌時。」是六朝已有此語。亦曰放刁，放刁古祇作放雕，見《朱子大全集》，爲使乖之意，與甬語略異。
撒潑				甬稱心中不願而故從人所欲，其舉動生硬不自然者曰撒潑。與他方以舉動橫蠻無理者曰撒潑略異。《知新録》：「今俗謂無賴子弟爲撒潑，舉動奢華則曰潑撒。宋時凡宗室之不肖者，俗呼爲潑撒太尉。此二字由來久矣。」案古所謂撒潑、潑撒，又與今語異矣。
塗附（圖誣）				甬稱汙衊人爲不善事曰塗附。《詩》：「如塗塗附。」謂汙泥之上，更以汙泥附之也。或曰當作圖誣，謂謀誣陷人也。
拚（拌）（拼）（判）	拚音潘。		拚命 拚柴 和擔拚	甬稱捨棄曰拚。如甘捨棄生命而爲之曰拚命。又引申之，稱盡其所有而賣買曰拚。如不計所植樹木多寡賣與人曰拚柴，肩販將全擔貨物總售於人曰和擔拚。案拚爲抃本字，拊手也。俗因《廣韻》拚字音潘，借用拚，又譌省作拼。本當作拌。《廣雅》：「拌，捐棄也。」《方言》：「楚人凡揮棄物謂之拌。」古亦借用判字。

續表

詞附短語	本音	俗音	例語	疏證
討		討亦讀若太上聲（ㄊㄚ）。	討飯 討饒 討保 討債 討命 討好 討厭 討人歡喜 討替代	甬稱請求曰討。如乞丐曰討飯，求人恕宥曰討饒，爲人求宥而保證不再犯曰討保。又稱索償曰討。如索命曰討命，縊鬼、溺鬼求代曰討替代。又稱招引曰討。如引人見好曰討好，引人厭惡曰討厭，引人快樂曰討人歡喜。案《類篇》：「討，求也。」《正韻》：「尋也。」上列諸誼，皆尋、求二誼引申之〔一〕。討饒、討保之討，俗音轉爲太上聲，其餘皆讀本音。
承（倩）			承傭人	甬稱傭用使役曰承，承有受事之意。如言承乏、承值、承攬等，皆此意也。本當作倩，《字典》：「凡假代及暫傭、使令亦曰倩。」陳琳《爲曹洪與魏文帝書》：「怪乃輕其家丘，謂爲倩人。」此誼與甬語正合。倩讀若承者，轉爲濁音也。
該			該錢	甬稱欠錢曰該錢。案《説文》：「該，軍中約也。」段注：「凡俗云當該者皆本此。」蓋謂約定應當給予之錢也。
儹（攢）	儹，祖管切。	儹讀若撰（ㄗㄢˊ）。	儹飯喫 儹銅錢	甬稱積財曰儹。如謀生僅足餬口曰儹飯喫，生活以外有錢可積曰儹銅錢。《説文》：「儹，最也。」最即聚意。《俗書刊誤》：「聚錢穀由少至多曰儹。」亦作攢。

〔一〕「之」原誤在「申」上。

續表

詞 附短語	本音	俗音	例語	疏證
賺（賺）	賺，直陷切。		賺錢生意	甬稱營業有贏餘曰賺。如能贏錢之商業曰賺錢生意。賺，本作賺。《説文》：「賺，重買也。」《類篇》：「一曰市物失實。或作賺。」
儭（趁）	儭，初覲切。		儭錢蝕本	甬亦稱營業有贏餘曰儭。俗有「儭錢蝕本」之語。《集韻》儭與襯通，裏也。案謂贏餘，如衣之有裏也。俗亦作趁。
拆蝕（折閲）（屓屖）〔一〕蝕			蝕本	甬稱營業虧損曰拆蝕。拆有毀誼，蝕有敗創誼，蓋謂資財毀敗也。或曰當作折閲。《荀子·修身》：「良賈不爲折閲不市。」注：「折閲，謂損其所賣物也。」民國《象山志》作屓屖，謂「《廣韻》：少也。今言折閲曰屓屖」。案《廣韻》：「屓屖，前後相次也。」又：「屓，薄楔。」無少訓。亦省曰蝕。如言蝕本。
篹（篡）	篹音饌。		篹銅錢	甬稱爲人使用財物而有侵蝕行爲曰篹。《方言》：「凡取物而逆曰篹。」亦作篡。《漢書·衛青傳》注：「逆取曰篡。」案篡从厶算聲，厶即私字，故《説文》訓「逆而奪取曰篡」。篹即饌，當爲假借字。
落			落頭	甬稱乾没曰落，乾没所得之物曰落頭。《通雅》：「乾没，猶言白没之也。」今人動言落錢，没即落字之意。

〔一〕屓屖：原誤作「屖屓」。

續表

詞 附短語	本音	俗音	例語	疏證
盤剥（搫剥）			重利盤剥	甬稱刻削取利曰盤剥。如以重利貸人曰盤剥重利。盤，本當作搫。《集韻》：「搫，斂聚也。」
賠（備）			賠銅錢	甬稱償還人錢物曰賠。《字彙》謂：「古無此字。俗音裴，作賠補之字。」案古祇作備。《升菴外集》：「昔高歡立法，盜私物十備五，盜官物十備三。備，補償也。俗用賠。」
傿	傿，於健切。		傿價錢 傿便宜 傿子	甬稱交易之時評論價值曰傿。俗有傿價錢，又有「價錢傿弗攏」之語。《説文》：「傿，引爲賈也。」引申之，稱沾人利益曰傿便宜，被損害者曰傿子。俗有「做傿子」之語。
詐（榨）（笮）			詐銅錢 剋詐	甬稱用欺騙或强迫取人錢物曰詐，亦曰剋詐。《周禮·司市》：「以賈民禁僞而除詐。」疏：「使禁物之僞而去人之詐虚也。」字亦作榨，謂如壓榨取液也。或曰當作笮。《説文》：「笮，迫也。」
打鑽	鑽去聲。			甬稱干謁乞人財物曰打鑽。《暖姝由筆》：「班固《答賓戲》云：商鞅挾三術以鑽孝公。」干謁求人者曰打鑽，取攻堅務入之意。
打抽豐（打秋風） 打臺級				甬稱游民向婚喪等巨宅乞取財物曰打抽豐，謂向豐富者抽取餘潤。俗作打秋風，無所取義。亦曰打臺級，臺級喻禄位崇高也。
撮白粟 撮巧種				甬稱獲得意外之財物曰撮白粟，蓋即《詩》寡婦拾遺穗之意。亦曰撮巧種，巧種猶言白粟種，謂穀類種子也。

續表

詞附短語	本音	俗音	例語	疏證
拏訛頭（拿鵝頭）				甬稱欺詐取人財物曰拏訛頭。《日知録》：「泰昌元年八月，御史張潑言京師姦宄叢集，游手成羣〔一〕，有謂之杷棍者，有謂之拏訛頭者。」亦作拿鵝頭。《觚不觚録》：巡按御史出巡，不許拿鵝，宴會用鵝，則以鷄頭飾之。此語所自起也。
訛（囮）			訛人	亦省曰訛。案實當作囮。《説文》：「囮，譯也。率鳥者，繫生鳥以來之名曰囮。」《繫傳》：「譯者，傳四夷及鳥獸之語。囮者，誘禽鳥也，即今鳥媒也。」蓋詐欺取人財，如藉鳥媒以誘人也，故亦曰拏囮頭。
掉包（嬥包）				甬稱以賤物暗中易貴物以欺人曰掉包。包謂包裹，中物不易察識也。亦作嬥包。《僊山外集》：「京師婦女嫁方外人爲妻妾者，初看以美者出拜，及臨娶，乃以醜者易之，名曰嬥包兒。」案嬥，徒了切，《説文》：「直好貌。」
偷進裏出				甬稱婦女竊取家中什物曰偷進裏出。
接先鋒（接先風）				甬稱竊賊中專任攜取贓物曰接先鋒，謂如迎接軍隊之前導也。俗作接先風。
嫖（嘌）（闝）	嫖音瓢。			甬稱狎妓曰嫖。嫖本輕意，《字典》始稱俗謂邪淫曰嫖。亦作嘌。程大昌《演繁露》：「今世歌曲，皆古鄭衛汎濫者，曰嘌唱。嘌音瓢。」亦作闝。《癸巳存稿》：「挾妓曰嘌。起於宋，俗寫作嫖。亦作闝，曰女票拘魂，入門即敗。」

〔一〕手成：原脱，據《日知録》補。

詞 附短語	本音	俗音	例語	疏證
跳槽				甬稱狎客初狎一妓，旋狎他妓，曰跳槽。《丹鉛録》：「元人傳奇以魏明帝爲跳槽〔一〕，俗語本此。」
調戲（誂戲）			調戲婦女	甬稱引誘婦女曰調戲。馮衍書：「房中調戲，散布海外。」調，本作誂。《説文》：「誂，相呼誘也。」《集韻》誂音窕。《戰國策》：「楚人有兩妻，人誂其長者，長者詈之；誂其少者，少者許之。」
搭 搭識			搭識老公 搭頭	甬稱男女非正式結合曰搭。如情夫情婦皆曰搭頭。亦曰搭識。如情夫曰搭識老公。《韻會》：「搭，附也。」蓋謂相依附也。
跟人走		人讀俗音。		甬稱婦女私奔曰跟人走。
拉馬 背大刀				甬稱爲人結合不正當婚姻曰拉馬。拉有牽意，馬即所謂瘦馬。揚州人以妓媪養幼女備賣人作妾，謂之養瘦馬也。亦曰背大刀，蓋即媒人稱執柯之意。
搶風				甬稱兩男奪一女子曰搶風。《直語補證》：「《書》：『馬牛其風。』風，放也。牝牡相誘謂之風。今俗以男色爲男風，以兩人狎昵一人，至於相争爲争風。本此。」案搶即争奪意。

〔一〕帝：原誤作「年」。

續表

詞（附短語）	本音	俗音	例語	疏證
喫醋 揔醋瓶				甬稱婦女嫉妒曰喫醋，亦曰揔醋瓶。《在閣知新録》：「世以妒婦比獅子，《續文獻通考》獅子日食醋、酪各一瓶。喫醋之説殆本此。」一説妒則心酸，猶醋在腹中也。
扒灰（報媯）				甬稱翁淫媳曰扒灰。《快雪堂漫録》：「俗呼聚麀爲扒灰。」《常談叢録》：「俗以淫于子婦者爲扒灰，蓋爲汙媳之隱語。膝媳音同，扒行灰上則膝汙也。」或曰錫工鑄器，欲盜錫，輒掩於爐灰中，事後爬取。盜錫與盜媳音同。案此二説頗迂曲，其本字當作報媯，語本《左傳》宣公三年：「文公報鄭子之妃，曰陳媯。」《小爾雅·廣義》：「下淫曰報，上淫曰烝。」君淫臣妻，斯爲下淫，故後人遂謂翁下淫子婦曰報媯。因報音轉若扒，媯音轉若灰，不得其本字，乃書作扒灰矣。
右屬行爲				
把守 把持				甬稱看管曰把守，佔據曰把持。《説文》：「把，握也。」《白虎通》：「迫脅諸侯而把持其政。」
趲	趲音讚。	趲讀若贊上聲（ㄗㄢ）。	趲地方 趲預支	甬稱遷移曰趲。如遷居曰趲地方。又應支之款提前先取曰趲預支。《集韻》：「趲，逼使，走也。」
扮（辦） 打扮 妝扮（裝扮）	扮，班去聲。	打亦讀若朵（ㄉㄛ）。	强盜扮書生	甬稱假飾曰扮。如麤鹵者故飾文雅曰强盜扮書生。元明劇曲中亦書作辦。案扮，本音憤，《説文》：「握也。」一曰動也。自以作辦爲正。《漢書·龔勝傳》：「先賜六月禄直以

續表

詞 附短語	本音	俗音	例語	疏證
				辦裝。」此辦字亦裝飾意。又妝飾曰打扮，亦曰妝扮。《中原雅音》：「扮，裝扮也。」今俗以裝飾爲打扮。沈明臣《竹枝詞》：「女兒妝扮采蓮來。」
打發		打亦讀若朵(ㄉㄛ)。	打發討飯 打發人去	甬稱分給錢物而遣散之曰打發。如給錢乞丐而遣散之曰打發討飯，亦讀若朵。又派遣亦曰打發。如遣人行事曰打發人去，打讀本音。
撒(⿰食遣)(瀉)	撒音薩。	撒讀若寨(ㄗˊㄚ)。		甬稱便溺曰撒，又專稱瀉痢曰撒。《韻會》：「撒，散之也。一曰放也。」《越諺》作⿰食遣，出《篇海》。案實即瀉字之轉音，瀉爲心母，轉入從母也。
出恭(出公)(出肛)				甬稱遺矢曰出恭。《直語補證》：「今人謂如廁曰出恭，殊不可解。《劉安別傳》：『安既上天，坐起不恭。仙伯主者奏安不敬，謫守都廁三年。』或本此。」案此曲說。蓋明時考試設有出恭入敬牌，防閑士子擅離坐位。士子如廁時，恒領此牌。俗因謂遺矢曰出恭。又分別之，曰出大恭，與遺溺曰出小恭對言。或作出公，謂因公而出。或作出肛，謂糞便出肛門也。肛轉音爲恭，似皆非。
賊發火起		賊讀俗音(ㄙˊㄚ)。		甬稱不虞之禍曰賊發火起，謂如竊賊、火災之難防也。

續表

詞 附短語	本音	俗音	例語	疏證
分歲		歲讀若(ㄙㄩ)。		甬稱歲暮祭神後邀親友宴會曰分歲。《風土記》：「除夜祭先竣事，長幼聚飲，祝頌而散，謂之分歲。」陳善《杭州志》：「古有守歲之宴，言爲達曙飲也。今至夜分而止，故謂之分歲。」案甬俗不限於除夜，亦非祭先後也。
送年 謝年				甬稱歲暮祭神曰送年。《五燈會元》：「送舊年迎新歲，動用不離光景内。」亦曰謝年，謂辭謝舊年也。
預事			預事飯	甬稱爲人辦理婚喪等大事曰預事。主人先期邀集而宴之曰預事飯。《唐子》：「佐鬭者傷，預事者亡。」
喫茶				女子受聘謂之喫茶，見《七修類稾》。《茶疏》：「茶不移本，植必生子。」古人結婚以茶爲禮，取其不移植生子之意。今猶名其禮曰下茶。
下定 過書 放口		下讀俗音去聲(ㄏ̀ㄛ)，書讀上聲(ㄙㄩ)。		甬稱婚禮納采曰下定，謂向女家放下定禮也。亦曰過書，婚帖曰書紙，故交换婚帖曰過書。亦曰放口，謂女家從此允許也。或曰男曰丁，女曰口，故以女許人曰放口。
發送				甬稱婚禮納徵曰發送，謂男家以幣物發往女家，餽送也。
揀時揀日		揀讀俗音(ㄍㄢ)，日讀俗音(ㄏ̇ㄧ̇)。		甬稱喜慶等事，選擇吉日曰揀時揀日。

續表

詞附短語	本音	俗音	例語	疏證
拜堂		拜讀俗音(ㄅㄚ)。		甬稱婚禮廟見曰拜堂，蓋在堂上行禮也。王建詩：「雙杯行酒六親喜，我家新婦宜拜堂。」
傳代				甬婚事有傳代之禮。《知新録》：「今人娶婦入門，不令足履地，以袋遞相傳，令新婦步袋上，謂傳代。代袋同音也。白樂天《題娶婦家》詩云：『青衣轉氈褥，錦繡一條斜。』古人以氈褥者，富貴家重其事也。今則不用氈褥而用袋者，重其名也。」
鋪牀				甬俗新婦被褥搬至夫家，請戚友中夫婦雙全者鋪之，謂之鋪牀。《明史·禮志》謂之鋪房。
回門				甬稱女嫁後偕新壻歸，登堂拜見，女家款以盛宴，即偕壻返謂之回門。
大歸 頭歸		大讀俗音(ㄉˊ禾)，歸讀俗音(ㄐㄩ)。		甬稱女回門後第一次歸寧，謂之大歸。今亦曰頭歸。《戲瑕》：「古人以去婦爲大歸，夫人姜氏歸於齊，大歸也。世俗歸寧輒曰大歸，出言不祥，所宜亟正。」
歇夏				甬俗新嫁之女，於舊曆四月杪，母家備端午禮迎歸，至中秋復備禮送壻家，謂之歇夏。
繳送	繳音皎。			甬稱女亡後，女家以其姊妹爲壻繼妻，謂之繳送。案俗稱物歸原主曰繳，如言繳卷、繳款，此曰繳送，蓋亦取物歸原主之意。

續表

詞附短語	本音	俗音	例語	疏證
餪房	餪音煖。			甬俗結婚後二三日，戚友於洞房中置酒果宴夫婦，謂之餪房。語見王建詩。《集韻》：「婚三日而宴謂之餪。」
待			待女壻 待筵	甬稱款宴新親曰待。如宴新壻曰待女壻，宴新婦所設之席曰待筵。
進舍	舍去聲。		進舍女壻 進舍夫	甬稱入贅曰進舍。如贅壻曰進舍女壻，亦曰進舍夫。《禮·曲禮》：「將適舍。」注：「謂行而就人館。」疏：「適，往也。舍，主人家也。」贅壻往就婦家，故有此名。
落月				甬稱婦女將産曰落月，謂生産日期落於是月也。或曰嬰兒將落地之月也，故誕生日時曰落地時辰。
催生		生讀俗音（ㄙㄤ）。		甬俗婦女臨蓐之月，外家送孩衣數事，謂之催生。案《夢粱録》：「杭城人家育子，先一月，母家以銀盆盛粟稈一束，上以錦蓋之，并以綵畫鴨蛋、膳食、羊豕、棗、栗諸果，及孖兒繡繃，綵衣送至壻家，名催生禮。」案與甬俗大同小異。
做産		産讀若三去聲（ㄙㄢ）。		甬稱婦女坐蓐曰做産。産讀若三去聲者，本屬唐宋古音。《唐韻》《集韻》《韻會》産皆叶所簡切，《五音集韻》叶所晏切，是産本讀若三上聲或去聲，今皆讀若彩，轉入穿母，與國音同。蓋近代之音惟做産之産保有古音耳。
安牀 做牀				甬稱祭祀牀神，以祝兒童安眠，謂之安牀，亦曰做牀，蓋牀神俗謂之牀公、牀婆也。

續表

詞附短語	本音	俗音	例語	疏證
解厭 還落地福				甬俗婦女生産三日洗兒，謂之解厭。外家饋牲牷用以祀神，謂之還落地福。案《增韻》：「厭，禳也。」解厭，謂解除不祥而祈禳之也。誕生謂之落地，酬神謂之還願，福，所以祝福也，故曰還落地福。
滿月				甬稱女子出嫁一月，母家餽以鹹鮝用具及果餌等，謂之滿月。又子生一月，外家送繡冠、金飾、文葆、雜衣及諸食品，亦謂之滿月。《北史》：「李式坐事被收時，子憲生始滿月。」
啐	啐，七内切。	啐讀若催（ㄘㄟ）。	啐魂靈	甬俗小兒受驚，父母提其耳，呼其名而嫗煦之曰：啐啐，嚇一嚇，大一大。即此字。因又稱壓驚曰啐魂靈。《説文》：「啐，驚也。」《通俗編》：「時俗，小兒受驚，率以此爲噢咻之聲。」
領（蛉）			領子 領囡	甬稱撫養異族兒女曰領。領有攜帶之意，謂攜帶而來也。領，亦作蛉，即取《詩》「螟蛉有子，蜾蠃負之」意。
結拜（寄拜）		結亦讀若寄（ㄐㄧ），拜讀俗音（ㄅㄚ）。	結拜阿爹 結拜阿娘 結拜兄弟	甬稱結義爲親曰結拜。結，《集韻》本有吉詣切，俗稱結拜阿爹、阿娘，皆讀去聲。字亦作寄，謂寄養於人也。稱結拜兄弟時，結讀入聲。
過繼 過房				甬稱承繼曰過繼，亦曰過房。房者，同族中之分支，稱一户爲一房，各立房名，故以本户承繼他户爲過房也。《朱子言

續表

詞附短語	本音	俗音	例語	疏證
				行録》載王圻公事，第七條云：「曾無子，欲令弟子過房。」〔一〕是宋時已有此語矣。
買水 請水		水讀俗音（ㄙㄩ）。		甬俗親死將殮，子衣殮服，張傘挈桶，攜錢投水，汲歸，沐浴入棺，謂之買水，亦曰請水。案《韓詩外傳》有「鄰母束緼請火」語，請火，謂乞火，則請水猶言乞水也。
寄庫			寄庫道場	甬俗人未死時，預作佛會，焚化冥錢，謂之寄庫。其佛會即稱寄庫道場。《知新録》：「凡作佛事多燒紙錢，名曰寄庫。」
進主				甬稱人死後將神主入祠供奉，謂之進主。
贉（探）	贉音萏。	贉讀若探（ㄊㄢ）。	贉租	甬俗凡租田、租宅者，預出租金若干存業主處，謂之贉租。《玉篇》：「贉，預入錢也。」《集韻》：「買物先入直也。」亦作探。《説文》：「探，遠取之也。」案遠取與先取誼近，作探亦通。
定（贉）			定貨 定錢	甬稱購買物品時，預付價若干約期取物曰定。所定之物即曰定貨，預付之價即曰定錢。案定即定謀、定婚之定，謂事已決定尚未實行也。或曰當作贉。贉解見前。定贉雙聲之轉。

〔一〕「弟」下原脱「子」字，據《朱子言行録》補。

續表

詞附短語	本音	俗音	例語	疏證
取			取屋 取當	甬稱備價往贖已押與人之物曰取。如贖屋曰取屋，贖所質衣物曰取當。《攻媿集》：「比鄰以室廬求售，成券已久，忽欲復取。」此則甬之稱贖爲取宋時已然。
搭 趁			搭船 趁船	甬稱附乘舟車曰搭，亦曰趁。《韻會》：「搭，附也。」唐廖融詩：「擬就張騫搭漢槎。」《廣韻》：「趁，逐也。」謂追及而加入也。蘇軾詩：「東行且趁船。」
落洋				甬稱入海捕魚曰落洋。洋謂大海，故落洋猶言下海也。
掉搶	掉，調去聲。		掉搶風	甬稱舟遇側方風時，掛帆曲折而駛曰掉搶。庾闡《揚都賦》：「艇子搶風。」《字彙補》：「吴楚謂帆上風曰搶。」
便			便田	甬俗田主預向佃户徵收次年租價而不收租穀曰便，其田即謂之便田，謂免收租、繳租之煩，各得便利也。
淰（潡）（図） （罱）（罯）	淰，女減切。	淰讀若念（ㄋ一ㄢ）。	淰河泥	甬稱夾取河中淤泥壅田曰淰。《字典》：「農具取水底淤泥曰淰。」《集韻》亦作潡。本當作図。《説文》：「図，下取物縮藏之。」从口从又會意，讀若聶。《通訓定聲》：「今農人於河底取泥糞田曰罱。河泥亦作罱。南図雙聲。」《集韻》亦作罯。
摸六株				甬稱稼穡曰摸六株。蓋農人插秧每倒行一步則插秧六秉也。

續表

詞附短語	本音	俗音	例語	疏證
行	行音杭。		行貨 行販	甬稱肩販向行棧躉批購入曰行，故販物曰行貨，肩販曰行販。行即行棧之行，轉爲動詞。田汝成《游覽志餘》：「杭州三百六十行，各有市語。」
換	換，完去聲。		換錫 換肥	甬稱以物易物曰換。如鼓擔以錫易舊貨曰換錫，農人以菜蔬等易肥料曰換肥。今雖多用錢幣交易，而其名稱則仍未改也。《説文》：「換，易也。」《晉書・阮孚傳》：「嘗以金貂換酒。」
兑（斢）			兑銅板 兑首飾 兑紙爐灰	甬稱以物易物或各種貨幣互相交換曰兑。如以銀幣易銅幣曰兑銅板，以舊金銀首飾易新者曰兑首飾，以冥鋌灰易磁器曰兑紙爐灰。《正韻》：「兑，貤易也。」唐丁芝仙詩：「十千兑得餘杭酒。」本當作斢。《説文》：「斢，市也。」
找（爪）	找音爪。		找進 找出 找頭	甬稱支付奇零之數曰找。如收入曰找進，付出曰找出，奇零數曰找頭。《通雅》：「補不足曰找。」案《集韻》找與划同，進船也，音誼皆不同。本當作爪。《素問・六節藏象論》「其華在爪」注：「爪者，筋之餘。」因又稱餘數曰爪，引申之又稱支付餘數曰爪矣。
合（佮）	合音蛤。		合算	甬稱計算價值相當與否曰合。如上算曰合算，不上算曰弗合算。《玉篇》：「合，同也。」亦作佮。《集韻》：「佮，取也。」

續表

詞附短語	本音	俗音	例語	疏證
貣(嘫)(脱)	貣音忒。		貣來 貣便宜	甬稱以原價由人購得曰貣。如言貣來。又謂人以賤價購得物件曰貣便宜。《説文》:「貣,從人求物也。」《後漢書·桓帝紀》:「若王侯吏民有積穀者,一切貣得十分之三。」或曰當作嘫。《禮·曲禮》:「毋嘫羹。」謂吞食也。俗作脱,非。
推扳	扳音班。		推扳弗起 大推大扳	甬稱數量相差曰推扳。推謂推遠,扳謂扳近。中間相差有距離,故以喻數量相差。如相差太遠曰大推大扳,不肯讓價曰推扳弗起。
打樣				甬稱貿易未成之際先看貨樣曰打樣。又滬語謂市肆晚間休業曰打樣,今甬人亦多言之。
偷漏				甬稱商賈少報税額或店夥竊取貨物曰偷漏。或曰當作斢斢。《廣韻》:「斢斢,兵奪人物。出字書。」〔二〕
滿師				甬稱工商業學徒肄業期滿曰滿師。師謂所從受業之師也。
會鈔(匯鈔)				甬稱付價曰會鈔。本當作匯鈔。鈔引爲宋金楮貨之一種,執此者可於他處取錢,故曰匯鈔。《宋史》紹興元年召商人於榷貨務請錢,願得茶鹽香貨鈔引者聽。
叨光				甬商人對顧主付值時常謙曰叨光。叨光,謂忝受光寵也。叨,《説文》本作饕,貪也;《正字通》:「忝也,濫也。」

〔二〕 字書:《廣韻》作「《新字林》」。

續表

詞附短語	本音	俗音	例語	疏證
帶花(戴花)帶潤(戴潤)		帶讀俗音(ㄉㄚ)，潤讀若層去聲(ㄙㄥˊ)。		甬稱商店故開虛價曰帶花，又稱市物叨益曰帶潤。帶，本當作戴。《説文》：「分物得增益曰戴。」
豁拳				甬稱拇戰曰豁拳。《漢書・揚雄傳》注：「豁，開也。」謂開拳而伸指也。《六研齋筆記》：「俗飲，以手指屈伸相博，謂之豁拳。」然唐皇甫松《手勢酒令》五指皆有名目，則當時已有此戲矣。
盤幽尋幽		幽讀若幼(ㄧㄡ)。		甬俗兒童游戲，一人藏匿僻處，一人覓之，謂之盤幽，亦曰尋幽。盤，即匿意。幽，《説文》：「隱也。」
卓蜻蜓(卓囟頂)				甬俗兒童游戲，以兩手托地，首倒支地上，舉足直豎，若蜻蜓停息之狀，謂之卓蜻蜓。蜻蜓，《越諺》作囟頂。案囟音信，《説文》：「頭會腦蓋也。象形。」
豁歘歘	歘音蚩。			甬俗兒童游戲之一種，與豁拳略同。惟僅伸一指，亦不報名色，豁時雙方口中皆呼歘字以相應合，同時即伸其指，故曰豁歘歘。名大指曰大王，食指曰鷄，中指曰長脰竿，無名指曰野猫，小指曰蛀蟲，互相制勝。
呵侈侈(呵嗤嗤)				甬俗兒童游戲之一種，先以口呵其指，突插入人脅下，使發癢而發笑曰呵侈侈。即他方所謂呵癢也。《説文》：「侈，掩脅也。」則此事起源頗早。侈，亦作嗤。嗤嗤，笑聲。

續表

詞 附短語	本音	俗音	例語	疏證
撮紙團				甬稱拈鬮曰撮紙團。蓋書字於紙上，搓成團，各拾一枚，舒而視之，以決事免爭執。即《慎子》所謂投鉤也。
捉識		捉，讀若折。		甬稱拈鬮以占吉凶曰捉識。捉即拈意，識謂識兆。捉讀若折者，本甬俗音，如俗有「活捉張三郎」之語，亦讀若折。
注（鉒）（賀）（賆）（足）				甬稱賭博下資曰注。《莊子》「以黃金注者殙」，《淮南子》作鉒。亦作賀、賆，見《廣韻》，訓質當也。通作足，《韻英》：「足，增益也，添也。」
撮頭				甬稱囊家分取勝家之資曰撮頭。其資即曰頭錢。撮，揔取也。
算（夾）			破算 算法	甬稱江湖游民能以術竊取人財物曰算法，往往書破算二字於門，謂能免害。本作夾，《說文》：「夾，盜竊褱物也。」陝西之陝即从夾得聲。
樁牢 樁住				甬稱定著不變曰樁牢，亦曰樁住。謂如牲畜繫於樁上不能移動也。
穿迸		迸讀若繃（ㄅㄤ）。	馬屁弗穿迸	甬謂機事洩露使人知覺曰穿迸。迸，《說文》：「走散也。」故穿迸猶言漏露、決裂。《正韻》迸，比孟切，今轉爲平聲耳。
作 時作 作興 興頭		興讀去聲。		甬稱創作倡始或流行曰作，故一時流行曰時作。如衣飾入時即曰時作。又稱可行曰作興，故不許行曰弗作興。又謂提倡曰興頭，惟通常多指惡事而言。

續表

詞 附短語	本音	俗音	例語	疏證
右屬事業				
撥(畀)(貱)(八)(把)			撥你一件東西	甬稱給與曰撥。案官文書中皆以發給爲撥,如言酌撥、撥給等。故《越諺》謂「以物與人曰撥」。實當作畀。《書傳》:「畀,與也。」《詩傳》:「畀,予也。」畀本音比,音轉爲必,又轉爲撥。本字作貱。《説文》:「貱,迻予也。」或曰當作八。八,别也,物與人則分别矣。今俗皆書作把。
給		給讀若輟(ㄗㄩ˙)。	給一件東西撥我	甬稱以物與人曰給。如給與我一物曰給一件東西撥我。給讀若輟者,聲之轉。
交代		交讀若高(ㄍㄠ)。		甬稱以物與人曰交代,謂交與代替之人也。引申之,稱言語訂囑人使代行事曰交代。《漢書》:「及歲盡交代。」
無 無没		無讀若姆平聲之反濁音(ㄇㄨ)。		甬稱不有曰無,亦曰無没。無字南方讀音皆爲輕脣音,與扶略同,方言則皆讀重脣音,猶古音之遺。如奉、象一帶讀若姆平聲,鄞、慈、鎮、定一帶又轉爲反濁音,粤音則轉爲謨。古音則讀若毛。朱弁《曲洧舊聞》載蘇東坡請劉貢父喫毳飯事,毳者,三毛也,即三無也。則宋時讀無爲毛。又梵典中南無之無,甬皆讀若麻,亦古音之遺也。
安 安頓 安置 安插 安排				甬稱置放物件曰安。韓愈詩:「安置妥帖平不頗。」亦曰安頓、安排。又位置人亦曰安頓、安置,與宋時語同。如《貴耳集》:「安置待宰執、侍從,居住待庶官、小臣。」《乾淳起居注》:「令幕士安頓寢殿前。」皆謂位置人也。甬語亦曰安插。又就寢曰安置。如請長者就寢曰請安置。《鶴林玉

續表

詞附短語	本音	俗音	例語	疏證
				露》記陸象山家每晨興，家長率衆子弟聚揖于廳，婦女道萬福于堂，暮安置亦如之。則此本宋代之遺語也。
囥（亢）（匟）（伉）（抗）（康）（窖）	囥音抗。			甬稱貯藏曰囥。《集韻》：「囥，藏也。」亦作抗。《周禮·服不氏》：「賓客之事則抗皮。」亦作伉，見《隋書》。俗亦作匟。案本當作亢。《左傳》昭公元年：「鄭太叔：『吉不能亢身，焉能亢宗？』」亢有蔽之誼，故引申爲貯藏。《蜀語》謂蓋曰康，則又以康爲之。或曰當作窖，音轉爲抗，古音宵部陽部次對轉也。《說文》：「窖，地藏也。」《史記·貨殖傳》：「任氏獨窖倉粟。」
⿱串皿（幢）		⿱串皿讀若幢上聲（ㄕˊㄤ）。	⿱串皿上 ⿱串皿籃 ⿱串皿廚	甬稱器物重疊相架曰⿱串皿。如積累曰⿱串皿上，籃有數格相疊者曰⿱串皿籃，廚分上下二層者曰⿱串皿廚。案⿱串皿字，俗取串皿會意而制，不見字書。本當作幢。《釋名》：「幢，童也，其貌童童也。」蓋謂旌旗羽葆重疊之形，故引申爲疊架之意。如言一幢樓房、一幢紙等，皆爲平聲。作動詞用，則轉爲上聲。俗不知本一字，乃別造⿱串皿字。
傾	傾音卿。	傾讀若競（ㄐˊㄧㄣ）。	傾轉 單頭傾	甬稱器物側倒曰傾轉。因一方偏重而側倒曰單頭傾。傾讀若競者，由溪母轉入羣母，如顉本欽錦切，甬亦讀爲競音也。

續表

詞附短語	本音	俗音	例語	疏證
坍(䆵)	坍，他酣切。	坍讀若灘(ㄊㄢ)，亦讀若貪(ㄊㄢ)。	坍落	甬稱墜下曰坍。《篇海類編》〔一〕：「坍，水打岸坍也〔二〕。一曰崩坍。」本作䆵。《説文》：「䆵，屋傾下也。」都念切。今轉入透母也。
阺(氏)	阺音池。	阺讀若氏。	阺落	甬稱房屋因量重基鬆而下陷曰阺落。《玉篇》：「阺，下也。」本當作氏。《説文》：「巴蜀名山岸脅之自旁箸欲落墮者曰氏。氏崩聲聞數百里。」揚雄賦：「響若氏隤。」案此正阺落本字。
踆	踆音存。	踆讀若層(ㄘㄥˊ)。	屋基踆	甬稱土始鬆後實所載建築物漸下陷曰踆。《玉篇》：「踆，退也。」《類篇》：「以足逆蹋曰踆。」
墲(蔀)(敁)	墲音模。	墲讀若浦(ㄆㄨˇ)。	土墲 墲落	甬稱蘙揜曰墲。如土葬曰土墲。《廣韻》：「墲，規墓地也。」墲讀若蒲者，明母轉並母也。引申之因稱坍下曰墲落。亦作蔀。《易》王弼注：「蔀，覆蔓障光明之物也。」故以爲蘙揜。亦作敁。《集韻》：「敁敁，屋欲壞。」
敁(庀)(𡰪)(圮)	敁音紕。	敁音皮(ㄆㄧˊ)。	敁倒	甬稱斜傾曰敁。如屋斜傾而崩曰敁倒。《集韻》：「敁敁，屋欲壞。」本作庀，《説文》：「崩也。」又作𡰪，《説文》：「崩聲。」案庀𡰪實一字異體，實即圮字。《説文》：「圮，毀也。」

〔一〕篇海類編：原誤作「集韻」。
〔二〕坍：原脱，據《篇海類編》補。

詞附短語	本音	俗音	例語	疏證
				《集韻》圮，符鄙切，正讀若皮去聲也。引申之亦稱人跌倒曰敱倒。
縫			縫攏	甬稱製衣鍼綫直引曰縫。《越諺》謂成衣有八條目，曰裁剪䙜緶繞鉤鍬縠。
繞（裊）		繞讀若堯上聲（广ㄧㄠ）。	繞緶	甬稱製衣鍼綫斜引而密且繞邊而過者曰繞。如編成襻鈕狹長之料曰繞緶。《說文》：「繞，纏也。」通俗雜字書作裊。
緶	緶，便平聲。			甬稱縫之疏者曰緶。《說文》：「緶，交枲也。一曰緁衣也。」《廣韻》：「縫也。」
縠（繚）	縠音聊。		縠一鍼	甬稱製衣鍼綫斜引而疏曰縠。故俗謂粗略治衣曰縠一鍼。《書·費誓》：「善縠乃甲冑。」疏：「謂穿徹之。謂甲繩有斷絶，當使縠理穿治之。」〔一〕亦作繚。《說文》：「繚，纏也。」
鍬	鍬，千遥切。		鍬裏子	甬稱製衣鍼綫平引而過曰鍬，謂如鍬之鍬也。
鉤				甬稱製衣鍼綫回引而過兩綫重複使更牢固曰鉤，謂如鉤之鉤物也〔二〕。

〔一〕當：原誤作「甞」。
〔二〕「謂」下原衍一「謂」字。

續表

詞 附短語	本音	俗音	例語	疏證
絎	絎音杭。		絎韈底	甬稱製衣緘綫平引，一鍼在上，一鍼在下，使成行列者曰絎。舊時布韈之底即如此製，故曰絎韈底。《廣雅》：「絎，緣也。」
繎	繎音隱。		繎被 繎綫	甬稱被著絮後，用長鍼貫表裏及絮，平絎之使絮不皺縮曰繎。繎被之綫即曰繎綫。《通俗文》：「合袟曰繎。」《廣雅》：「繎，緶也。」《廣韻》：「繎，縫衣相著。」皆謂并表裏縫之也。
鑲（相）	鑲音相。		鑲邊 鑲牙齒	甬稱以布帛斜理者緣服物之邊較廣者，皆謂之鑲。引申之，器物旁緣皆謂之鑲。又配合亦謂之鑲，如言鑲牙齒。案字書鑲無此誼，本當作相，贊助之意也。
掍（緄）（緷）（衮）（捲）（滚）（純）	掍音衮。		掍邊	甬稱以布帛斜理者緣服物之邊狹僅若一綫者曰掍。《説文》：「掍，同也。」亦作緄。《説文》：「緄，織帶也。」《後漢書·南匈奴傳》注：「緄，織成帶也。」通俗雜字書作緷。《廣雅》：「緷，束也。」俗亦借用衮捲滚。本當作純。《通雅》：「《儀禮》注：『純，緣也。』純音衮，猶今言衮邊。」案《集韻》純有規倫切音，正與衮相近。
鎖			鎖袋口	甬稱以細鍼密縷縫服物易破處曰鎖。如言鎖袋口，謂如以鎖鎖户也。
挑（㓶）			挑花	甬俗婦女刺繡之一種。秦韜玉詩：「挑花日日出新奇。」通俗雜字書作㓶。《集韻》：「㓶，剔也。」

續表

詞附短語	本音	俗音	例語	疏證
撬（鍫）		撬讀若橋上聲（ㄐㄧˊㄠ）。	撬花	甬俗婦女刺繡之一種。案撬，舉也，非此誼。字當作鍫。《集韻》：「鍫，以鍼紩衣。于遥切。」讀若橋上聲者，喻母轉爲羣母也。
襪（褶）	襪音篤。		襪肩 襪角	甬稱製衣時裁肩曰襪肩，裁角曰襪角。《廣韻》襪同褶。《方言》：「繞緍謂之襪裺。」郭注：「衣督脊也。」
打繩		打讀若朵（ㄉㄛ）。		甬稱以絲縷組繩曰打繩。此打字與打扮、打發之打皆讀若朵，不讀本音。
絞（交）		絞讀若誥濁音（ㄍˊㄠ）。	絞攏 絞繩	甬稱繩索等交互纏繞曰絞。如糾結不開曰絞攏，搓繩曰絞繩。《玉篇》：「絞，繞也。」亦作交。
絮		絮讀若細（ㄙㄧ）。	絮棉襖	甬稱衣被等著棉絮曰絮。蓋名詞轉爲動詞也。
鞝（尚）	鞝，諸兩切。	鞝讀若尚（ㄙˊㄤ）。	鞝鞋	甬稱靴鞋以幫配底曰鞝。凡鞋鋪市招多有鞝鞋二字。案《玉篇》：「鞝，扇安皮也。」非此誼。蓋本作尚。《廣韻》：「尚，加也，飾也。」
絓（緻）（鞁）（緻）（緻）	絓音注。		絓鞋	甬稱綴合鞋幫與鞋底曰絓。絓見《荀子·禮論》，爲絓纊之絓，非此誼。亦作緻。《玉篇》：「緻，縫合敝衣也。」案當作鞁。《字林》：「鞁，刺履底也。」〔一〕《集韻》緻緻同。蓋本刺履底之稱，引申以爲縫合幫底也。

〔一〕履：原脱，據《集韻》引《字林》補。

續表

詞附短語	本音	俗音	例語	疏證
緝（緁）（縚）（紨）（刺）			緝鞋底	甬稱製服物時，以細鍼密縷依行列縫之曰緝。如布底之履以麻縷密縫之曰緝鞋底。《説文》：「緝，績也。」《釋名》：「緝，下橫縫，緝其下也。」亦作緁，《説文》：「緶衣也。或从習作縚。」亦作紨。紨縩，縫也，見《廣雅》。通俗雜字書作刺，刺即刺之別體。
繳（繑）			繳起	甬稱衣太長，用帶在腰束之使短曰繳，或在腰摺合綴之使短亦曰繳。案繳爲纏繞意，本當作繑。《説文》：「摳，繑也。」「攐，摳衣也。」摳衣，即衣太長用手提之使不曳地意。
雕（袘）			雕皮襖	甬稱綴合獸皮成裘曰雕皮襖。蓋皮皆綴合而成，謂如工人之雕鏤花紋也。《札樸》作袘，謂「衣加皮裏曰袘」〔一〕。案《説文》：「袘，棺中縑裏也。」非此誼。
打襉				甬稱裙裳等摺合使蹙成直紋曰打襉。引申之亦稱老人面上起皺紋曰打襉。參看《名物表》襉字注。
裰	裰音掇。	裰讀若篤（ㄉㄛ）。	補裰 裰一鍼	甬稱縫補破衣曰補裰，又縫補少許曰裰一鍼。《直語補證》：「裰，補裰破衣也。」
綴		綴讀若債（ㄗㄚ）。	綴補子 綴珠子	甬稱縫連飾物於衣服上曰綴。如舊時縫合補子曰綴補子，縫連珠璣曰綴珠子。《説文》：「綴，合著也。」

〔一〕 裏：原誤作「裹」。本條下同。

詞 附短語	本音	俗音	例語	疏證
褙(緋)(背)	褙音背。	褙亦讀平聲(ㄅㄟ)。	褙畫 褙襞	甬稱黏合數層紙帛曰褙。褙，亦作緋，訓襦也，俗借用。本當作背，謂黏合其後也。陸游詩：「自背南唐落墨花。」
𦮼	𦮼音繭。		𦮼麻	甬稱理麻曰𦮼。如家中自植自績之麻曰自𦮼麻。《説文》：「𦮼，小束也。」《氾勝之書》：「藝麻之法，𦮼欲小，縛欲薄。」
繅	繅音騷。	繅讀若蕭。	繅綫 繅綫蟲	甬稱摇紡麻縷成綫曰繅綫。紡織娘蟲鳴聲似摇紡綫車，故亦稱繅綫蟲。《説文》：「繅，繹繭出絲也。」繅讀若蕭者，豪韻轉入蕭韻也。
掭(添)(替)	掭，他念切。		掭麻 掭辮綫	甬稱絲縷等續之使長曰掭。如績麻時續麻曰掭麻。清時髮辮下結束絲綫曰掭辮綫。掭字見《容齋五筆》，字書未收。案當作添。《集韻》：「添，和益也。」[一]引申爲一切增益之稱。或曰當作替，即交替之意。
縈	縈，於營切。	縈讀若因。	縈績團	甬稱絲縷旋繞成團曰縈。如旋繞麻綫成團曰縈績團。縈讀若因，績讀若借。《詩・樛木》「葛藟縈之」傳：「縈，旋也。」《通俗文》：「收績曰縈。」
糨(糡)(漿)	糨，其亮切。	糨讀若漿(ㄗㄧㄤ)。	糨衣服	甬稱洗衣後灑稀麪漿，使衣著時不至倒稜曰糨。《篇海》糨與糡同。《碎金》：「漿，糨也。」案當作漿。《字彙》：「漿水，米汁相將也。」[二]蓋本名詞，用爲動詞也。

[一] 和：原誤作「味」，據《集韻》改。
[二] 字彙：原誤作「説文」。將：原誤作「收」。

續表

詞 附短語	本音	俗音	例語	疏證
圍(腧)		圍讀若俞。	圍頸 圍身	甬稱服物被裹於衣表曰圍。如幅巾繞頸以避風寒者曰圍頸，亦作圍巾。布幅披於下身以免汙衣者曰圍身。圍讀若俞者，猶緯方音亦讀若雨也。《越諺》作腧，非。
攲(椅)	攲音羈。			甬稱以箸挾取菜膳曰攲。《集韻》：「攲，以箸取物。」或作椅。
揾	揾，温去聲。		揾醬油	甬稱以食物蘸作料曰揾。如言揾醬油。《説文》：「揾，没也。」司馬相如《子虛賦》注焠亦揾染之義。
擀	擀，干上聲。		擀槌	甬稱轢麪曰擀。如轢麪使成薄片之器曰擀槌。《集韻》：「擀，以手伸物也。」
棰(椯)(打)	棰音朵。		棰麪	甬亦稱轢麪曰棰。《説文》：「棰，以杖擊也。」《周禮・天官》注：「薄膊曰脯。棰之而施薑桂曰鍛。」〔一〕亦作椯。《説文》：「椯，箠也。」俗通作打。打亦讀若朵也。
華	華音譁。	華讀若化(ㄏㄨㄛ)。	華開	甬稱破割食物使分裂而不斷絶曰華。《爾雅》：「瓜曰華之。」《禮・曲禮》「爲國君者華之」注：「華，中裂之不四拆也。」
鱗(摵)			鱗魚鱗	甬稱削去魚鱗以供烹煮曰鱗。鱗本名詞，今轉爲動詞也。《越諺》作摵，謂出《方言》，見郭注。案《方言》：「摵，殺也。」郭璞注：「今關西人呼打爲摵。」似非此誼。

〔一〕「鍛」上原衍一「曰」字。

續表

詞附短語	本音	俗音	例語	疏證
𥽉(抽)	𥽉，初尤切。	𥽉讀若抽（ㄑㄧㄉ）。	𥽉粉	甬俗製年糕時以米和水磨粉盛於坦筐上，上鋪以布，再置灰吸其水使燥，謂之𥽉粉。《集韻》：「𥽉，濾取粉也。」俗亦以抽字爲之。
䤈	䤈音歷。	䤈亦讀若隔（ㄍㄚ）。	䤈酒腳 泔䤈氣	甬稱瀝酒曰䤈。如瀝沈澱曰䤈酒腳，讀若隔，亦讀若歷，惟字多作瀝。又酒漿等陳久而發生腐敗之氣曰泔䤈氣，則讀若隔。
捫(悶)(𥥛)		捫讀去聲（ㄇㄥ）。		甬稱閉置物品使不通風曰捫。《說文》：「捫，撫持也。」案以器覆之，猶以手撫之也。亦作悶，謂氣閉也。或曰當作𥥛。《說文》：「𥥛，地空也。」則謂閉置地穴中也。
窨(陰)	窨音蔭。		窨糕 井水窨	甬稱以物窨藏地窟使涼曰窨，又稱以物浸於冷水中曰窨。如俗有窨糕，又瓜果等浸井中曰井水窨。《說文》：「窨，地室也。」段注：「今俗語以酒水等埋藏地下曰窨。」俗亦作陰。
暍(壓)	暍音謁。		暍過 暍出	甬稱穀食等因積疊而鬱蒸生熱致敗味者曰暍。俗有暍過、暍出之語。《說文》：「暍，傷暑也。」俗亦作壓。
糳(鑿)(毇)(𥸮)(臿)	糳音作，又音鏃。	糳讀若拆（ㄘㄚ）。	糳米	甬稱舂米曰糳。《說文》：「米一斛舂爲九斗曰糳。」《廣雅》：「糳，舂也。」通作鑿。《左傳》：「粢食不鑿。」《集韻》亦作毇。《篇海》亦作𥸮。通俗雜字書作臿。《說文》：「臿，舂去麥皮也。」

續表

詞附短語	本音	俗音	例語	疏證
舂（樁）	舂，書容切。	舂讀若桑（ㄙㄤ）。	舂米 舂醬	甬稱擣物使碎曰舂。《説文》：「舂，擣粟也。」讀若桑者，東陽二部旁轉也。通作樁。《晉書·宣帝紀》：「扼其喉而樁其心。」
擣（搗）（㨶）（㨶）（捯）			擣臼 擣子頭	甬亦稱舂曰擣。如臼曰擣臼，杵曰擣子頭。《説文》：「擣，手椎也。」亦作㨶搗，省作㨶，或作捯。
醉			醉蟹	甬稱以酒漬物曰醉，見《小信天巢詩》注。
鹽（腌）（醃）	鹽去聲。		鹽魚 鹽肉	甬稱以鹽漬物曰鹽。《禮·内則》：「屑桂與薑，以灑諸上而鹽之。」亦作腌，《説文》：「漬肉也。」又作醃，《廣韻》：「鹽漬魚也。」
贖		贖讀若作（ㄗㄛ）。	贖藥	甬稱買一切物品曰買，惟買藥則曰贖藥，與他處方言同，惟贖音變如作耳。
斫（柞）（斮）（斲）（礸）（砟）	斫音灼。	斫讀若作（ㄗㄛ）。	斫柴 斫樹	甬稱伐薪曰斫柴，伐樹曰斫樹。古作柞。《詩》：「載芟載柞。」《韻會》：「除草曰芟，除木曰柞。」亦作斮。《説文》：「斮，斬也。」又作斲。《説文》：「斲，斫也。」又作礸。《説文》：「礸，斫也。」通俗雜字書作砟，非。
剮（科）	剮音果。	剮讀若窠（ㄎㄛ）。	剮竹	甬稱割截竹木殘枝曰剮。《唐文粹》劉寬夫有《剮竹論》。《玉篇》：「剮，割也。」或曰當作科。《史記·張儀傳》「科頭」，謂不著冠。樹去枝，猶人免冠也。

續表

詞（附短語）	本音	俗音	例語	疏證
批（披）（㓟）（𣧑）（剕）（𢹂）（刨）			批肉	甬稱以刀平切魚肉使成薄片曰批。《方言據》：「削竹木令鋭曰批。」俗亦作披。又作㓟，《集韻》：「刀削也。」又作𣧑，《集韻》：「剖肉也。」又作剕，《玉篇》：「削也。」又作𢹂，《集韻》：「剖肉也。」又作刨，《集韻》：「削也。」
片			白片肉	甬亦稱薄切魚肉曰片，謂切之成片也。
刋（扦）	刋音千。		刋腳 刋光地栗	甬稱以刀去皮曰刋。如修足趾之甲及堅皮曰刋腳，荸薺之去皮者曰刋光地栗。《玉篇》：「刋，切也。」俗作扦。
剗（鏟）（剷）	剗，初限切。		剗鑊	甬稱削之使平曰剗。如鍋中滯飯用鏟去之曰剗鑊。亦作鏟。杜甫詩：「意欲鏟疊障。」又作剷，見《正字通》。
劙（𠜾）（剺）	劙音麗。		劙縫	甬稱以刀刻劃曰劙。《玉篇》：「劙，分割也。」本作𠜾，《説文》：「劃也。」亦省作剺。
刮（括）（㓤）			刮皮 刮刀布	甬稱以刀平削曰刮。如去皮上之毛曰刮皮。因又稱節嗇太過曰刮皮。又稱刀不利於瓦石上斜磨之曰刮。如磨剃刀之布曰刮刀布。因亦稱衣服穢濁曰刮刀布。《説文》：「刮，掊把也。」一曰摩切。《考工記》：「刮摩之工。」通作括。亦作㓤，《説文》：「劃傷也。一曰斷也。一曰刀不利，瓦石上㓤之。」

續表

詞 附短語	本音	俗音	例語	疏證
戳（戳）（簎）（擉）（觸）	戳，敕角切。		戳痛 戳記 木戳 蓋戳	甬稱以尖銳之物刺入曰戳〔一〕。如刺痛曰戳痛。引申之，因稱印章曰戳記，以木製者曰木戳，蓋印曰蓋戳。《篇海》：「戳，槍戳也。」亦作戳。《廣韻》：「戳，刺也。」本作簎，《説文》：「刺也。」《周禮·鼈人》：「以時簎魚鼈龜蜃。」亦作擉，見《莊子·則陽》。通作觸。
鐴	鐴，蒲計切。	鐴讀若避（ㄅˊ一）。	鐴刀	甬稱以刀斜磨瓦石或布上使利曰鐴。《字典》：「治刀使利也。」惠棟謂即《説文》之㓖字，吴音讀若避。
綑（裍）（捆）（稛）（麇）	綑，苦本切。		綑紮	甬稱以繩束物曰綑。《類篇》：「織也。」《玉篇》綑同裍。亦作捆。《孟子》：「捆屨織席。」本作稛，《説文》：「豢束也。」《廣雅》作麇束。
揪（揫）（䵸）	揪，即由切。	揪讀若秋（ㄘ一ㄌ）。	揪緊	甬稱以繩束之，更牽其端使緊曰揪。俗有「雙股麻繩獨股揪」之諺。《正字通》：「揪，手揪也。」《説文》本作揫，束也。《方言》：「揫，細也，斂物而細謂之揫。」亦作䵸，《説文》：「收束也。」
擦（𢶍）			擦緊	甬亦稱以繩束而斂之曰擦。《字彙》：「擦，摩之急也。」非此誼。當作𢶍。《集韻》：「𢶍，訖得切，束也。」

〔一〕以尖：原誤作「尖以」。

續表

詞附短語	本音	俗音	例語	疏證
環（繯）		環讀若關濁音（ㄍㄨㄢˊ）。	破衣兩頭環	甬稱繩索布帛等挂於架上使兩端下垂曰環，謂盤屈如環也。冬至起九歌有「七九六十三，破衣兩頭環」之句。環作名詞用者有平去二音，作動詞用者則讀平聲。參看《名詞表·器物》環字注。
縋	縋，直類切。	縋讀若住（ㄗˊㄩ）。	縋落 縋斷	甬稱繩索下懸重物曰縋。《説文》：「縋，以繩有所懸也。」《左傳》：「夜縋而出。」讀若住者，如鬼讀若舉、櫃讀若懼也。
綳（繃）（絣）（⿶凵𢆶）	繃，北萌切。	綳讀若北孟切（ㄅㄤ）。	綳牢	甬稱以繩索張緊使固曰綳。《説文》：「繃，束也。」《集韻》亦作綳。通作絣。《廣韻》：「絣，振繩墨也。」亦作⿶凵𢆶[一]。案綳作名詞讀平聲，作動詞讀去聲。參看《名詞表·器物》綳字注。
弔（釣）（⿰糸鳥）（亅）				甬稱懸挂曰弔，字亦作釣。案弔釣字書皆無懸挂誼，當作⿰糸鳥。《玉篇》：「⿰糸鳥，丁了切，懸物也。」亦作亅。
縪（必）			縪玉 縪刀	甬稱器物以繩約束而佩之曰縪。《集韻》必或作縪，以組約圭也。《考工記·玉人》「天子圭中必」注：「必，讀如鹿車縪之縪。謂以組約其中央，爲執之以備失墜。」

〔一〕⿶凵𢆶：原作「幽」，據《廣韻》改。

續表

詞附短語	本音	俗音	例語	疏證
㡠（䩯）（撜）（𤮐）（撐）	㡠，猪孟切。	㡠讀若盛俗音（ㄕㄤˊ）。	㡠開	甬稱紙帛等張緊之曰㡠。俗有「肚皮喫得㡠開」之語。《廣韻》：「㡠，開張畫繒也。」出《文字指歸》。亦作䩯。《廣韻》：「䩯，張皮也。」《集韻》撜亦作𤮐，張也。俗以撐字為之。
揨（𣀔）（𥤢）（揨）（撐）（𡔷）（𡔷）（橕）（𣪍）（𣪍）（敜）（棖）（橙）（盛）	揨音橙。	揨讀若盛俗音平聲（ㄕㄤˊ）。	揨洞 揨進	甬稱衝撞而入曰揨。如蛇鼠鑽穴曰揨洞，鑽入穴中曰揨進。《集韻》：「揨，觸也，撞也。」與朾同。或作𣀔𡔷。又作揨。又作敜，推也，一曰揬也。或作棖，亦作橙。又作𡔷橕𣪍𣪍。通作撐。又作𥤢，小突也。案今俗亦逕書作盛。
鞔	鞔音瞞。		鞔鼓 鞔白鞋	甬稱以皮革紙帛覆物之上而張之曰鞔。如鼓面施革曰鞔鼓。俗有「鞔鼓鞔兩頭，勿鞔鼓中心」之諺。又喪家初成服時，以白布覆於鞋幫上曰鞔白鞋。《說文》：「鞔，履空也。」又覆也。《蜀語》：「皮冒鼓曰鞔。」《廣韻》：「鞔鞋履。」〔一〕《呂氏春秋》：「南家，工人也，為鞔者也。」〔二〕
迾（勒）（廁）（闌）	迾音列。	迾讀若勒（ㄌㄚ˙）。	迾住	甬稱遮截曰迾。《說文》：「迾，遮也。」《後漢書・輿服志》：「遮迾出入。」俗皆以勒字為之。亦作廁。廁本獄室，所以遮囚也。或曰當為闌字之轉音。

〔一〕鞋：原誤作「靴」。
〔二〕者：原誤作「百」。

續表

詞附短語	本音	俗音	例語	疏證
腰(閿)			腰接 腰牆	甬稱室宇之中橫截而分隔之曰腰。如室内分間之壁曰腰接，庭内分堵之牆曰腰牆，謂如人之腰也。字亦作閿。《廣韻》：「閿，隔也。」
閉(閇)		閇讀若别(ㄅ́ㄝ̇)。	門閇攏	甬稱闔門曰閇。光緒志引《荀子》「外闔而不閇」，謂閇，閉之實也。吾鄉謂門緊閉曰閇。案閇字不見字書，實即閉之譌字。閉，俗亦作閇，又譌爲閇。又閇亦閉之轉音，閉轉入聲讀若鼈，故《集韻》亦音必列切，又轉爲别音，如區别、離别，亦有二音也。
鈵(擯)	鈵音柄。		兩邊鈵住	甬稱兩物勢均力敵而撐拒不動曰鈵。又引申稱干支相剋亦曰鈵。《方言》：「鈵，錮也。」《廣雅》：「鈵，固也。」案本當作擯。擯有斥棄之誼，故引申爲抵拒也。
轕(戛)(㪨)(軋)	轕音葛。	轕讀若葛濁音(ㄍ́ㄚ̇)。	轕碎 轕殺	甬稱兩方交互壓迫曰轕。如壓物使碎曰轕碎，互相排擠曰轕殺。俗有「轕殺中央人」之語。轕即轇轕之轕。參看《行爲》轇轕注。或曰當作戛，擊也。又齟齬貌。俗别造㪨字，又以軋字爲之。
搨(搭)(揩)(拓)	搨音搭。		活搨過	甬稱兩物互相印摩曰搨。如兩物極似曰活搨過。《集韻》：「搨，冒也，摩也。」與揩同。或作搭。今亦作拓。
黏(粘)(溓)	黏，尼占切。	黏讀反濁音(ㄫ丨ㄝ)，亦讀若偃(ㄝ)。	黏牢	甬稱兩物膠固而不可分曰黏牢。《説文》：「黏，相著也。」俗作粘。亦作溓。《考工記·輪人》：「雖有深泥，亦弗之溓也。」

續表

詞 附短語	本音	俗音	例語	疏　證
䝯（僞）（旝）（隱）	䝯音厭。		䝯棒 䝯頭寸 䝯直 䝯足 䝯房 䝯頭	甬稱兩物相當曰䝯。如量物長短之棒曰䝯棒〔一〕，量頭製帽曰䝯頭寸，兑換材物其值相當曰䝯直，不能相當而須增益曰䝯足，又續娶之妻曰䝯房，已失物别補足之曰䝯頭，皆此字也。《廣韻》：「䝯，物相當也。」亦作僞。《説文》：「僞，引爲賈也。」亦作旝，《篇海》：「比長短也。」或曰當作隱。《爾雅》：「隱，占也。」《廣雅》：「度也。」占、度，即比長短之義。
搴（夾）	搴，巨偃切。	搴讀若敢俗音（ㄍㄧㄢˊ）。	搴大鈸 搴唱	甬稱兩物左右夾擊曰搴。如擊鈸曰搴大鈸。鈸之小者，兒童游戲所用曰搴唱，謂隨擊隨歌也〔二〕。《爾雅》：「徒鼓磬謂之搴。」此蓋借用。或曰當即作夾。《韻會》：「夾，左右持也。」夾古音屬盍部，搴古音屬談部，二部同居也。
拚（扮）（捴）（坌）（坋）	拚，蒲悶切。	拚讀若盆去聲（ㄅㄥˊ）。	拚灰	甬稱撥動曰拚。《集韻》：「拚，手亂皃。」亦作扮，《説文》：「動也。」《集韻》亦作捴。又作坋。《漢書·貨殖傳》注：「以末椒薑坋之。」亦書坌。《北夢瑣言》：「鼠狼坌土。」
𢯳（抑）	𢯳音溜。		𢯳糊 𢯳鳥窠	甬稱以棒撥物使調勻曰𢯳。如調糊曰𢯳糊。引申稱攪擾之曰𢯳。如竿毁鳥巢曰𢯳鳥窠。《詩·斯干》疏：「𢯳者，以手平物之名。」《越諺》作抑。《集韻》：「抑，平也。」

〔一〕䝯：原誤作「偃」。

〔二〕擊隨：原誤作「隨擊」。

續表

詞 附短語	本音	俗音	例語	疏證
拌（⿰米半）（伴）	拌，盤上聲。		雜拌	甬稱各種物品混合而調和之曰拌。如餚中有雜拌之名。拌爲棄捐意，俗借用。本當作伴，蓋即伴侶之意。所引伸亦作⿰米半，《集韻》：「物相和也。」唐張賁詩：「應宜仙子胡麻⿰米半。」〔一〕
攙（羼）	攙，初銜切。		攙水	甬稱各種物品雜和曰攙。如言酒攙水。案攙爲扶意，俗借用。本當作羼，《說文》：「羊相廁也。」《顏氏家訓》：「典籍雜亂，皆由後人所羼。」
搡	搡，桑去聲。		搡盌擣盞	甬稱拋擲曰搡。如家庭勃豀敲擊什物曰搡盌擣盞。《集韻》：「搡，摚也。」案摚即距意。
磢（搶）	磢音搶。		富陽灰磢	甬稱石灰水滌物汙曰磢。如言富陽灰磢。富陽産石灰，故名。《集韻》：「磢，瓦石洗物也。」俗作搶，非。
稄〔二〕	稄，楚絳切。	稄讀若窗上聲（ㄘㄥ）。	稄攏 稄羹	甬稱各物雜和曰稄。如混雜曰稄攏，各種殘餚併爲一器曰稄羹。《廣韻》：「稄，不耕而種。」案不耕則穀稗雜生，故引申爲雜和之稱。
夾（合）（敆）（刣）		夾讀俗音（ㄍㄚ）。	夾藥	甬稱配合曰夾。如配合藥劑曰夾藥，即取夾雜之意。亦作敆。《說文》：「敆，會也。」《越諺》作合，亦以刣字爲之。合，本亦讀葛合切，《廣韻》：「集也。」

〔一〕胡：原誤作「故」，據彭定求《全唐詩》改。

〔二〕稄：原作「稯」，據《說文解字》改。本條同。

續表

詞附短語	本音	俗音	例語	疏證
份(分)(膹)			份開	甬稱分配物品爲若干分曰份。份，即分之俗字。或曰當作膹。《廣韻》：「膹，熟切肉也。」
勻(㚬)			勻開	甬稱平均分配曰勻。如損多益寡曰勻開。《説文》：「勻，少也。」凡物分則少也。《越諺》作㚬。《集韻》：「㚬，周也。」
挑(撟)		挑讀上聲(ㄊㄧㄠ)。	挑選	甬稱選擇佳者曰挑。《字典》：「挑，取也。」今揀選人物亦謂之挑。或曰當作撟，與挑爲疊韻之轉。《廣雅》：「撟，擇也。」《方言》：「撟捎，選也。凡取物之上謂之撟捎。」
笓(比)(㧙)	笓，薄必切。	笓讀若別(ㄅˊㄧ˙)。	笓緊 笓牢 笓倒	甬稱依次排列曰笓。如言笓緊、笓牢。引申之，稱互相角力角智曰笓。如因相角而爲人所勝曰笓倒。《集韻》：「笓，次也。」字亦作㧙。《方言》：「南楚凡相椎搏曰㧙。」〔一〕張衡《西京賦》「徒搏之所撞㧙」注：「撞㧙，謂撞而㧙倒。」本當作比。參看《名物詞表·器物》別鍼注。
折(扻)(扯)	折，之列切。	折讀若執(ㄗㄧ˙)。	折銅錢 乾折折	甬俗凡應予人之物品，估計所值而予以錢，謂之折。如言折銅錢。又兒童將筵席餕餘攜歸食之亦謂之折。如言乾折折。案《通考》宋高宗時，凡和買綢絹，歲爲一百十七萬匹，每匹折納錢兩千以助國用，謂之折帛錢，與甬語意正

〔一〕椎：原誤作「推」。

詞附短語	本音	俗音	例語	疏證
				同。《越諺》引《搜真玉鏡》作扏，謂宴會之物不食而包歸。案扏譌字，當作扻。《集韻》：「扻，子悉切，摘也。」
牽扯（攐撦）				甬稱器物多寡美惡分配使平均曰牽扯。牽謂牽之使去，扯謂扯之使來也。扯，本當作撦。《越諺》作攐撦。《集韻》：「攐，斯兼切，拈攐，手稱物也。」
揩（摡）			揩卓橙	甬稱摩拭使淨曰揩。如拭卓曰揩卓橙。《廣雅》：「揩，摩也。」本當作摡，《説文》：「滌也。」摡，居代切，見母，轉爲溪母則讀揩。
搽（塗）			搽粉 搽石灰	甬稱粉飾曰搽。如面搽粉、壁搽石灰。搽字不見字書，當作塗。《廣韻》：「塗，飾也。宅加切。」正讀若茶。塗轉爲搽，猶荼後世別制茶字。蓋古定母字後世多分化爲澄母，古音魚部與歌部又次旁轉也。
泥			泥壁	甬稱以泥灰等塗抹曰泥。花蕊夫人《宮詞》：「紅錦泥窗遶四廊。」蓋蜀謂糊窗曰泥窗也。
蘸	蘸，斬上聲。		蘸醬油	甬稱食物調和作料曰蘸。如蘸醬油。《説文新附》：「蘸，以物没水也。」庾信《鏡賦》：「黛蘸油檀。」
撨（糟）	撨音蕭。	撨讀若糟（ㄗㄠ）。	撨著 撨開 撨漬	甬稱油水汙汁等著衣物曰撨。如被染而有痕跡曰撨漬。《廣韻》：「撨，拭也。」俗作糟。

續表

詞 附短語	本音	俗音	例語	疏證
搯（掏）	搯音叨。	搯讀若桃（ㄉㄠˊ）。	搯柴株 搯淖泥	甬稱掘地曰搯。《說文》：「搯，捾也。」韓愈文：「搯擢胃腎。」亦作掏。《集韻》：「掏，捾也。」同搯。
撬（撟）（撊）（撨）（趙）	撬音轎。		撬門	甬稱以物捎起之曰撬。如竊賊毁門曰撬門。《智燈難字》：「撬，掀起。」本作趙。《詩》「其鎛斯趙」傳：「趙，刺也。」《周禮·考工記》注引《詩》作撊，民國《象山志》亦作撨，《越諺》作撟。案《廣韻》：「撨，取也。」《說文》：「撟，舉手也。」似非此誼。
钃	钃音蜀。	钃讀若啜（ㄕㄩ）。	钃狗汙	甬稱以鉏掇物曰钃。如以小鉏拾狗屎曰钃狗汙。《荀子》：「所謂以狐父之戈钃牛矢也。」《釋名》：「钃，誅也，主以誅除物根株也。」
越			越大旗 越越動	甬稱麾動曰越。如麾旗曰越旗。《爾雅》：「越，揚也。」引申之，又稱摇動曰越越動。
撣（撢）（担）（抌）（笪）	撣，但上聲。	撣讀若單上聲（ㄉㄢ）。	撣蚊蟲 鷄毛撣帚	甬稱拂去埃塵曰撣。如拂塵之毛刷曰鷄毛撣帚，驅蚊曰撣蚊蟲。《正韻》：「撣，觸也。」亦作担，《玉篇》：「拂也。」《越諺》作抌，《說文》：「深擊也。」又作笪，《廣雅》：「擊也。」俗亦作撢。
㩟（搗）（印）	㩟，殷去聲。		㩟㩟看	甬稱用器皿估量物之多寡曰㩟。《集韻》：「㩟，劑也。一曰平量也。」或作傿。案當作印，謂如印印物也。
斠（格）（杚）（割）	斠，古岳切。	斠讀若割（ㄍㄚ˙）。	斠平	甬稱以概平斗斛曰斠。《說文》：「斠，平斗斛也。」亦作杚。《說文》：「杚，平也。」俗作格割。

續表

詞附短語	本音	俗音	例語	疏證
㮇(掭)(栝)	㮇，添去聲。		燈㮇棒 掭眼藥	甬稱以鍼棒等撥動曰㮇。如剔燈之杖曰燈㮇棒，以鍼敷眼藥曰㮇眼藥。《説文》：「㮇，炊竈木。」此蓋引申之誼。本作栝，亦作掭。《容齋隨筆》：「今挑剔燈火之杖曰掭。」
褪(涒)	褪，吞去聲。		褪褲 褪袋 褪價	甬稱瀉物曰褪。如瀉出袋中之穀物曰褪袋。又稱脱去曰褪。如言褪褲。又稱減下曰褪。如減價亦曰褪價。《韻會》：「褪，卸衣也。」或曰本當作涒。《説文》：「涒，食已而復吐之。」
兜(⿰扌兜)(抖)			兜拿	甬稱衣襟承物曰兜，又自後而圍之亦曰兜。如言兜拿，謂如兜鍪之裹首也。亦作⿰扌兜。《字彙》：「⿰扌兜，⿰扌監也。」俗亦作抖。
捎(㩋)(⿰扌蕭)	捎音筲。		捎頭	甬稱帶物曰捎。如箱篋等附加於車輿之上曰捎頭。案《方言》：「橋捎，選也。」非此誼。本當作㩋。張衡《西京賦》注：「㩋，著物貌。」亦作⿰扌蕭。
㨖	㨖音致。		㨖牢	甬稱物將傾頽以棒支之曰㨖。《説文》：「㨖，刺也。」揚雄《甘泉賦》：「洪臺崛其濁出〔一〕，㨖北極之嶟嶟。」

〔一〕崛：原誤作「握」。

續表

詞 附短語	本音	俗音	例語	疏證
頓（等）（擎）			頓衣 頓柄 直頓	甬稱提衣領而抖直之曰頓。如言頓一頓。《荀子》：「若挈裘領，屈五指而頓之。」又稱器具之柄脱卯，用力擊之使入曰頓。如言斧頭頓柄。亦作擎。《集韻》：「擎，擊也。」又稱竿棒等立於地上曰頓。如言直頓。本當作等。《説文》：「等，齊簡也。」引申之爲排整一切器物之稱。
稓（卓）（矗）	稓音卓。	稓讀若篤（ㄉㄛ）。	直稓 壁稓	甬稱物直立曰稓。如言直稓牌匾。又稱山巖峻峭曰壁稓，謂如壁之直立也。《説文》：「稓，特止也。」《繫傳》：「特止，卓立也。」稓讀若篤者，知母字古皆讀若端母也。字亦作卓，又作矗，皆舌上音變爲舌頭音也。
窒	窒，丁結切。	窒讀若篤（ㄉㄛ）。	窒塞弄 窒底 窒進	甬稱塞實曰窒。如行路遇阻曰窒底，巷之不通大道者曰窒塞弄，塞入其中曰窒進。《説文》：「窒，塞也。」讀若篤者，知母字古本讀若端母也。
抿（揞）	抿音珉。	抿讀若民去聲（ㄇㄧㄣ）。	抿刷	甬稱婦女拭括鬢髮所用之刷曰抿刷。抿，本作揞，《説文》：「撫也。一曰摹也。」〔一〕
墊（墊）	墊音店。	墊讀若填上聲（ㄉˊㄧㄢ）。	墊卓腳 墊銅錢	甬稱支牀几等足不平處曰墊。如言墊卓腳。引申稱代爲付款曰墊銅錢。案《説文》：「墊，下也。」非此誼。當作㙽。《廣韻》：「㙽，支也。出《通俗文》。」

〔一〕摹：原作「摩」，據《集韻》引《説文》改。

續表

詞 附短語	本音	俗音	例語	疏證
𢾊(𢶍)(摋)		𢾊讀若塞(ㄙㄚ)。	𢾊卓腳 𢾊暗良錢	甬亦稱支物不平處曰𢾊。《直語補證》：「𢾊跂，起也，才盍切。出《新字林》。《廣韻》引之。即今以木支物字也。」亦作𢶍。《集韻》：「𢶍，悉盍切。一曰持也。」俗亦作摋。又稱行賄曰𢾊，謂如支物之不平處使平也。如私行賄賂，謀成昧心之事曰𢾊暗良錢。
扱(塞)(𢶍)(𢾊)	扱音鍤。	扱讀若塞上聲(ㄙㄚ)。	扱衣裳 扱袴腰	甬稱插衣服於帶間曰扱。《禮·問喪》疏：「扱衣上衽於帶。」《說文》：「扱，收也。」《廣韻》：「插也。」俗作塞。《越諺》作𢾊。
嵌(肯)			嵌牢 嵌住	甬稱物塞入縫隙間曰嵌。如食物著於齒縫曰牙齒縫嵌牢。《集韻》：「嵌，苦濫切，陷入中也。」案當爲肯字，雙聲之轉。肯，《字林》音凱，「箸骨肉也」。
弶(摾)	弶，强去聲。		弶老鼠 弶著 裝弶	甬稱設機取獸曰弶。如言弶老鼠。引申稱乘人不備而掩取之曰弶。如捕獲曰弶著。又稱陷獸之機曰弶，故凡器物之一觸即發動者曰裝弶。《玉篇》：「弶，施罟於道也。」《字林》作摾。
照(釂)			照杯	甬稱主客酬酢之際，各盡杯酒，傾杯以示無餘瀝曰照杯。照，本作釂。《說文》：「釂，盡酒也。」子肖切。
抌(殿)	抌，碪上聲。	抌讀若碪(ㄗㄧㄣ)。	抌榫頭 抌落去	甬稱用竹木小橛擊入器物榫卯間使牢固不脱曰抌。《說文》：「抌，深擊也。」引申之，亦稱壓迫人或逼使實供曰抌。如言抌落去。亦作殿。《廣韻》：「殿，擊也。」

續表

詞 附短語	本音	俗音	例語	疏證
鉋（鑤）（刨）			鉋樹 鉋黄瓜	甬稱以鉋平木曰鉋。如言鉋樹。又稱以鉋去果實之皮曰鉋。如言鉋黄瓜。《玉篇》：「鉋，平木器。」蓋名詞用爲動詞也。亦作鑤刨。《集韻》：「刨，削也。」
車（𠞊）		車讀俗音（ㄘㄛ）。	車卓腳	甬稱用器削木使圓曰車。如削卓腳使圓曰車卓腳。本當作𠞊，《集韻》：「斫直圜曰𠞊。」本音貟，聲變爲車。
箍	箍音孤。	箍讀若枯（ㄎㄨ），亦讀若科（ㄎㄜ）。	箍桶	甬稱竹篾束圓器使不散裂曰箍。作此工者即謂之箍桶。箍，東鄉人讀若科，城廂及他鄉多讀若枯。《廣韻》：「箍，以篾束物也。」
駁（剥）（𥕢）			駁石磡 駁船 駁貨	甬稱石工砌築厓岸曰駁。如言駁石磡。亦作剥。《篇海》作𥕢，謂「石𥕢岸也」。《蜀語》：「砌石曰𥕢。」又稱小舟裝運貨物曰駁貨，即稱其舟曰駁船。字亦作剥。
牮（𥐥）（展）	牮音薦。		牮屋	甬稱屋斜傾扶之使直曰牮。《字彙》：「屋斜用牮。」亦作𥐥。《通雅》：「𥐥，撑屋使不欹。」本當作展。《廣韻》展有整誼，謂整理之也。
打夯（扰坑）[一]	夯，呼講切。			築室之初，屋基未堅，匠人舁大木椎共舂地，謂之打夯。《字彙》：「夯，人用力以堅舉物。」或曰當作扰坑。《説文》：「扰，深擊也。」坑有罙誼，蓋謂深擊入之也。
捉漏	捉，側角切。			甬稱圬者在屋上覓雨漏處而修補之曰捉漏，謂如捕捉盜賊也。

[一] 打夯（扰坑）：原作「打坑（扰夯）」，據下文「疏證」改。

續表

詞附短語	本音	俗音	例語	疏證
麭（泡）〔一〕	麭，匹貌切。	麭讀若泡去聲（ㄆㄠ），亦讀若糙（ㄘㄠ）。	麭一度	甬稱塗漆一次曰麭一度。《説文》：「麭，桼垸已，復漆之。」《通訓定聲》曰：「重髹也。始以桼和灰垸髹之，復桼之以光其外。」今俗多借泡字爲之。
皁（皂）（草）（造）（辱）			皁青	甬稱布帛染黑色曰皁青。《玉篇》：「皁，色黑也。」《廣雅》：「緇謂之皁。」俗又別作皂。本當作草。《説文》草，自保切，「草斗，櫟實也。一曰象斗子」。《繫傳》：「今俗以此爲草木之草，別作皁字爲黑色之皁。」蓋櫟實可以染黑，故即稱染黑爲皁。古亦借造字、辱字爲之。鄭玄《儀禮注》：「以白造緇曰辱。」
銲（釬）（汗）	銲音翰。		銲牢 銲藥	甬稱以錫和他物固金類使相附著曰銲，其銲固之物即謂之銲藥。《玉篇》：「銲，固金鐵令相著。」本作釬。《集韻》〔二〕：「釬，一曰固金鐵藥。」通作汗。《漢書·西域傳》注：「胡桐亦似桐，其沫可汗金銀。」蓋釬藥常在器物罅隙間，似汗之滋於毛孔也。
焓	焓音洽。	焓讀若哈（ㄏㄚ）。	焓金	銀鋪謂黃金經精鍊絶無渣滓者曰焓金。《集韻》：「焓，火貌。」俗蓋借用。

〔一〕麭：原作「麭」，據《説文解字》改。
〔二〕集韻：原誤作「説文」。

續表

詞附短語	本音	俗音	例語	疏證
研	研，魚駕切。	研讀若牙俗音去聲（兀ㄛ）。	研光 研碎	甬稱以石磨物使發光澤曰研。如言研光。又稱以堅物軋轢曰研。如言研碎。《玉篇》：「研，光石也。」《正韻》：「碾研也。」《蜀語》：「碾物使光曰研。」
豁（捇）			豁開	甬稱物破裂曰豁。如言豁開。《六書故》：「豁，谷敞也。」本當作捇。《説文》：「捇，裂也。」案捇，呼麥切，音割。
皵（殼）	皵，苦角切。	皵讀若酷（ㄎㄛ）。	皵起 燥皵皵	甬稱物燥而皮起曰皵起，故物略乾曰燥皵皵。《集韻》：「㲉皵，乾也。」[一]俗亦作殼。
朵			朵開	甬稱物展放曰朵開，謂如花朵之展放也。《易》「觀我朵頤」，謂食物時頤動而展放也，與甬語所謂朵正同。
垂		垂讀若住（ㄗˊㄩ）。	垂落	甬稱物因重而下墜曰垂落。垂讀若住者，古音歌部與侯部隔越轉也。
泛（畚）			酒泛了	甬稱酒變色味曰泛。引申之，凡顏色因時久而變亦謂之泛。案泛，浮也，流也，非此誼。本當作畚，芳萬切。《説文》：「畚，酒疾熟也。」
滉	滉，胡廣切。	滉讀若旺（ㄏㄨㄤ）。	人滉儀	甬稱船動摇不定曰滉。如舟載人衆而傾側不穩曰人滉儀。案水動曰滉漾，故引申爲舟摇動之稱。

〔一〕「乾」上原衍「皮」字。

續表

詞附短語	本音	俗音	例語	疏證
舠(舡)	舠音兀。	舠讀若額反濁音(兀丫)。	舠舠動	甬稱船因載重摇時左右擺動不定曰舠。因又稱一切物摇擺不定曰舠舠動。《説文》：「舠，船行不安也。」亦作舡，見《韻會》。
褪缺				甬稱刀劍等因軋轢受傷而缺口曰褪缺，謂鋒刀一處卸下而成缺也。
右屬器物				
舀(抗)	舀，腰上聲。		舀水	甬稱以器挹取水漿曰舀。《説文》：「舀，抒臼也。」挹彼注此謂之舀，从爪从臼。或作抗。王應麟《詩攷》引《韓詩》：「或舂或抗。」
瀉(寫)			瀉酒	甬稱斟壺中酒於盃曰瀉。《玉篇》：「瀉，傾也。」一曰瀉水也。古祇作寫。《湛園札記》：「《曲禮》：『御食於君所，器之溉者不寫[一]，其餘皆寫。』注：『寫者傳己器中乃食之也。』吾鄉俗以斟酒爲寫酒，蓋亦有所本云。」
酘(投)(逗)	酘音豆。		酘茶 酘藥	甬稱茶藥等以冷熱相攙和曰酘，又稱食物等從此器轉入他器曰酘。《集韻》：「酘，酒再釀。」《抱朴子》：「猶一酘之酒，不可以方九醖之醇耳。」亦作逗，《正韻》：「物相投合也。」本當作投。杜甫詩：「遠投錦江波。」

〔一〕之：原脱，據《湛園札記》補。

續表

詞 附短語	本音	俗音	例語	疏證
泡(𣸉)		泡讀去聲(ㄆㄠ)。	泡茶	甬稱以沸水漬物曰泡。如言泡茶。案字書泡無此誼，本當作𣸉。《集韻》：「𣸉，披教切，漬也。」〔一〕然《清波雜志》記宋高宗有温湯泡飯事，則俗之用泡爲𣸉久矣。
澳(熝)(爊)(舀)(燠)〔二〕	澳音奧。		澳飯 澳斗	甬稱炊飯時以水沃釜曰澳飯。因又稱其挹水之器曰澳斗。《湛園札記》：「《石崇傳》以飴澳釜，音奧。胡氏注：『明台人謂以水沃釜曰澳。』余鄉亦至今猶然。」或曰當作熝，亦作爊，《玉篇》：「温也。」《集韻》：「煨也。」或曰即舀字，謂挹水以注釜也。舀與澳雙聲之轉，江學海《抄韻隨筆》謂當作燠，《廣韻》：「燠釜，以水添釜也。」
汏	汏音大。			甬語所謂汏與《越諺》「凡布不洗而左右拖之曰汏」正同，非如滬語稱洗爲汏也。《說文》：「汏，淅𤄊也。」《玉篇》：「洗也。」
滰(潒)	滰，强上聲。		滰衣裳 滰東西	甬稱洗滌一切物品曰滰。《說文》：「滰，浚乾漬米也。」《越諺》作潒，謂「蕩上聲，寧波人讀若祥，凡洗瓶缽，但用水蕩漾也」。案甬語滰與盪異，盪亦讀若蕩上聲，即《越諺》所謂但用水蕩漾也，滰自別一字，《越諺》誤合爲一。

〔一〕「漬」上原衍「物」字。據下文改。
〔二〕熝：原作「漉」；爊：原作「熫」。據下文改。

續表

詞附短語	本音	俗音	例語	疏證
溼（濇）		溼讀若濇（ㄙㄚ˙）。	溼衣裳	甬稱器物未洗時先以水浸之使去其浮汙曰溼，蓋謂以水溼之也。溼濇雙聲之轉，《越諺》作濇，非。
漂（瀏）	漂，飄去聲。		漂布 漂白	甬稱布帛久浸水中使之白浄曰漂。《集韻》：「漂，水中繫絮也。」或作瀏。《史記・淮陰侯傳》：「竟漂數十日。」
盪（溏）（煻）（搪）			盪口 盪磁	甬稱以水蕩漾器物中使去其浮汙曰盪。如漱口曰盪口。《說文》：「漱，盪口也。」「盪，滌器也。」又鐵質器皿外塗磁質者，甬謂之盪磁，蓋以琺瑯液浸器皿使質黏附於其表面，故名。俗作搪溏煻，並非。
淘（洮）			淘米	甬稱淅米曰淘米。《齊民要術》：「冷水浄淘。」古祇作洮。《爾雅》：「溞溞，淅也。」注：「洮米聲。」
探（瀾）				甬稱食物盛器皿中浮於水面使涼曰探，亦作瀾。《越語肯綮録》：「越鄉以物浮水曰瀾。」《集韻》瀾，他紺切。瀾汎，水浮貌。
潷（湢）（泌）（飶）	潷音筆。		潷藥	甬稱瀝出汁液曰潷。如言潷藥。《通雅》：「去渣曰潷。」《集韻》潷與湢同，溋也，一曰去滓。亦作飶。《廣韻》：「飶，飲酒俱盡。」故引申爲傾盡汁液之名。或曰即泌字之轉入聲，謂分泌其汁液也。

續表

詞 附短語	本音	俗音	例語	疏證
瀝（拌）			瀝滷 瀝乾	甬亦稱壓出汁液曰瀝。如言瀝滷、瀝乾。《説文》：「瀝，浚也。一曰水下滴瀝。」[一]亦作拌。《集韻》：「去滓汁曰拌。」
㵩（瀝）（釃）	㵩音麗。		㵩醬油。	甬稱去渣滓曰㵩。如去除醬中之白醭曰㵩醬油。《埤蒼》：「滯，㵩漉。」一曰滴水。或曰即瀝字轉爲去聲。亦作釃。《詩》「釃酒有藇」傳：「以筐曰釃。」釋文：「謂以篚醁酒。」[二]《五音集韻》音離。
漉（盝）（盪）	漉音鹿。		漉篩油	甬稱瀝出汁液曰漉。如醬油中一種佳者曰漉篩油，蓋探篩於醬甕，使汁液漸滲入篩中，挹出之即成，不攙和水也，故得此名。參看《名物詞·食品》。《説文》：「漉，浚也。」一曰滲也。《集韻》亦作盝盪。
搾（榨）（醡）（迮）		搾讀若詐（ㄗㄛ）。	搾酒 搾出	甬亦稱壓出汁液曰搾。如言搾酒、搾出。案搾字不見字書，蓋即榨字之譌變[三]。《證俗文》：「榨，打油具。」[四]《類篇》：「酒盞。」蓋由名詞轉爲動詞也。亦作醡。《廣韻》：「壓酒具也。」古祇作迮。《齊民要術》：「平石板上迮去水。」

〔一〕「滴」下原脱「瀝」字，據《説文解字》補。
〔二〕篚：原誤作「筐」，據《經典釋文》改。
〔三〕榨：原誤作「搾」，據文意改。
〔四〕榨：原誤作「搾」，據《證俗文》改。

續表

詞 附短語	本音	俗音	例語	疏證
浹		浹讀若隔（ㄍㄚ˙）。	滿進浹出	甬稱溢出曰浹出。因甬音夾讀若隔，故浹亦讀若隔。《爾雅·釋言》：「浹，徹也。」疏：「謂潤澤浹洽相霑徹也。」又浹有周匝意，皆與水溢之意相近。
濎（澄）（澂）（澱）	濎音頂。	濎讀若頂去聲（ㄉㄧㄥ）〔一〕。	濎落 濎清	甬稱使水中渣滓沈澱曰濎。如渣滓下沈器底曰濎落。因此而水清澈曰濎清。《越諺》作此字。案《集韻》：「濎，濘水貌。」無沈澱及澄清諸訓。或曰當作澱。澱亦作淀，从定得聲，定亦讀若訂。《詩》「定之方中」是也。故澱古本讀若訂。《說文》：「澱，滓垽也。」故即以爲沈下滓垽之稱。案本當作澄。澄从登得聲，古本讀入端母，登訂雙聲之轉也。《說文》作澂，澂从徵省聲，屬知母，古讀入端母，蓋舌上音古皆讀爲舌頭音也。
浸（湛）	浸，子鴆切。	浸讀若碪去聲（ㄗㄧㄣ）。	浸透 浸淫	甬稱物漬水中曰浸。《集韻》：「浸，漬也。」亦作湛，《字林》：「物投水中也。」《禮·內則》：「湛諸美酒。」
浞（濯）	浞，士角切。	浞讀若濯（ㄗˊㄛ）。	浞落去	甬語使物沒於水中曰浞。《說文》：「浞，濡也。」亦通作濯。《說文》：「濯，澣也。」《儀禮注》：「濯，溉也。」

〔一〕ㄉ：原誤作「ㄌ」。

續表

詞 附短語	本音	俗音	例語	疏證
浮（沁）	浮音罕。	浮讀若狠（ㄏㄥ）。	浮進 浮溼	甬語水浸漬而入曰浮。《類篇》：「浮汥，水溼潤貌。」浮讀若狠者，雙聲之轉。或曰當爲沁字。案沁讀若很，則爲疊韻之轉。
濺（濽）	濺音贊。		濺著 濺溼	甬稱水激而沾物曰濺。《集韻》濺與濽同，汙灑也。
㪷（豁）（拂）	㪷音豁。		㪷掉 㪷著	甬稱拂去手上所沾之水曰㪷。《廣雅》：「抒也。」《肯綮録》：「去水曰㪷。」俗亦作豁。案當作拂，拂豁聲之變耳。
戽（⿰氵戽）	戽，虎去聲。		戽水 戽田水	甬語以手或器使水激而上升曰戽。如以手掬水而灑之曰戽水，田間以龍骨車汲水曰戽田水。《廣雅》：「戽，抒也。」《廣韻》：「戽斗，舟中渫水器。」《敬止録》：「潑水曰戽。」《集韻》亦作⿰氵戽。
渧	渧音帝。		渧落 渧著 一渧	甬稱雨水下滴曰渧。如水滴下曰渧落，水沾物曰渧著。《埤蒼》：「渧，滴水也。」引申之稱水一滴曰一渧。又稱物極少曰一渧渧。《地藏經》：「一毛一渧。」參看《名物詞表·數量》渧字注。
汆（涒）	汆，吞上聲。		大水汆過	甬稱物隨水飄流曰汆。俗有「大水汆過」之語。案汆爲粵人俗字。《桂海虞衡志》：「粵中俗字有汆，云人在水上。」《字林撮要》：「人在水上爲汆，人在水下爲休。」本當作涒，謂水傾瀉也。蓋由《説文》「食已而復吐」之誼所引申。

詞 附短語	本音	俗音	例語	疏證
出蜃				甬稱山洪暴發曰出蜃，猶他方言出蛟也。《本草》蜃，蛟之屬，亦似蛇而大，有角如龍狀。蓋相傳蛟蜃出則水發也。
落（零）			落雨 落雪 落霜	甬稱雨及霜雪等降下皆曰落。本當作零。《說文》：「零，雨零也。」《玉篇》：「零，或作落。」
右屬水 屬雨者附焉。				
起火				甬語所謂起火有二誼，一謂炊煮曰起火，如不自炊曰弗起火。一謂兆災曰起火，如問何地起火是也。
火熥（火燭） 遭回禄	熥，之隴切。	熥讀若種（ㄗ廾）。		甬稱火災曰火熥。案《玉篇》已有熥字，《五音集韻》：「熥，火燒起也。」較雅則曰遭回禄。回禄，火神名，本作回陸，謂吴回及陸終也，見《國語》注。或曰火熥當作火燭，《廣韻》入聲之燭韻與平聲之鍾韻、上聲之腫韻正相當，蓋聲之轉也。
炎（焱）（燄）（㷔）			炎上 炎出 炎炎動	甬稱火燒曰炎。室宇被火，光已外露曰炎上，亦曰炎出。火光摇動曰炎炎動。《說文》：「炎，火光上也。」亦作焱，《說文》：「火華也。」亦作燄，《說文》：「火行微燄燄也。」亦作㷔，《說文》：「火色也。」
灼（著）	灼音酌。	灼讀若酌濁音（ㄗˊㄧㄚ˙）。	火灼	甬稱火燒物曰灼。如火災曰火灼。《廣韻》：「灼，燒也。」俗亦作著。

續表

詞附短語	本音	俗音	例語	疏證
煝	煝音媚。		煝紙	甬稱以火焚燬曰煝。如燒紙曰煝紙。《玉篇》：「煝，烌也。」案煝即火光，故俗以稱火焚。
爆（炮）（炰）	爆音豹。		開花爆裂 冷灰頭爆 油爆	甬稱物因火燒而裂曰爆。俗稱餘燼復燃曰冷灰頭爆，此語見《野客叢談》，謂出禪宗語録。又物因燥而裂亦曰爆，俗有「開花爆裂」之語。又稱油熬食物曰爆。《廣韻》：「爆，火裂。」俗作炮炰。
熄（息）			熄燈	甬稱火滅曰熄。如言熄燈。《說文》：「熄，畜火也。一曰滅火。」俗亦作息。
烏（熓）			火烏	甬稱燈曰亮，故稱燈滅曰烏，謂烏黑不見物也。亦作熓。《字彙補》：「熓，火熄也。」
熓（爊）（孚）（烰）（缹）（熝）（焐）（䑙）	熓，烏去聲。		熓豆 熓被窠	甬稱以微火經久煮物曰熓。如言熓豆。又稱以人體温物亦曰熓。如寒冬身匿被中曰熓被窠。案熓無此誼，實當作孚。《說文》：「煮，孚也。」亦作烰。《爾雅》：「烰烰，烝也。」或曰當作爊。爊，烏高切，轉音爲鄔。《廣韻》：「爊，埋物灰中令熟也。」亦作缹，《玉篇》：「火熟也。」陸游詩：「自愛雲堂缹粥香。」自注：「僧雜菜餌之屬作粥，名缹粥。」俗又作熝、作䑙。元人雜劇又別作焐。
烤（燺）（熇）（焅）	烤，考去聲。		烤肉	甬稱緩火煮物使汁液漸乾曰烤。案烤俗字不見字書，當作燺，《廣韻》：「火乾也。」《集韻》或省作熇。又作焅。

續表

詞附短語	本音	俗音	例語	疏證
燉(炖)		燉讀若敦去聲(ㄉㄥ)。	燉茶 燉肉	甬稱緩火漸煮使熟曰燉。如言燉茶、燉肉。《玉篇》：「燉，火盛貌。」俗蓋借用。今亦書作炖。
燜(⿰火閔)		燜讀若悶(ㄇㄥ)。	油燜筍	甬稱覆釜蓋煮物使熟爛曰燜。如食品有油燜筍。案燜字不見字書，當作⿰火閔。《玉篇》：「⿰火閔⿰火閔，爛也。」《集韻》：「熟謂之⿰火閔。」
⿰火闒(搨)	⿰火闒音蹋。	⿰火闒讀若榻。	⿰火闒蛋 ⿰火闒大餅	甬稱食物平鋪鍋中使妥貼，以油煎熬之令熟曰⿰火闒。《廣韻》：「⿰火闒，爛也。」通俗雜字書⿰火闒蛋即作此字。案本當作搨。《集韻》：「搨，手打也，冒也，摹也。」搨蛋、搨餅皆冒鍋上打而摹之，故得此名。
汆(爨)(臇)(⿰火雋)(串)		汆讀若纂(ㄘㄩ干)。	汆豆 汆腰片	甬稱生物驟入沸水而熟之曰汆。如食品有汆豆、汆腰片等。汆爲俗字，从入水會意。或曰當作爨，炊也。案本當作臇。《說文》：「臇，臛也。讀若纂。」與俗所謂汆音同，誼亦相近。通俗雜字書作⿰火雋，不見字書。俗亦借用串。
汆(⿰月員)(⿱肫灬)	汆，吞上聲。		菠薐汆豆腐	甬稱以豆腐和菜或肉類煮之曰汆。如食品中有菠薐汆豆腐之名，蓋豆腐常浮於湯液，故言汆也。或曰當作⿰月員。《說文》⿰月員，穌本切，「切熟肉內血中和也」。與汆音近誼同。通俗雜字書據《篇海類編》作⿱肫灬。
炸(煠)(炠)		炸讀若閘(ㄙˊㄚ˙)。	油炸膾 油炸豆腐	甬稱以沸油多量，投物其中熟之曰炸。如食品有油炸膾。案炸字不見字書，當作煠，《玉篇》：「⿰火侖也。」《廣韻》士洽切，音與閘近。俗亦別作炠。《集韻》：「炠，火乾也。轄甲切。」音義皆異。參看《名物詞表》油炸膾注。

續表

詞 附短語	本音	俗音	例語	疏證
瀹（涌）（煠）（鬻）	瀹音藥。	瀹讀若鬧（ㄙˊㄚ˙）。	瀹肉 白瀹蛋	甬稱以湯多量，投物其中而熟之曰瀹。如投肉湯中而煮之曰瀹肉，以卵入沸湯中煮之而不加味曰白瀹蛋。《説文》：「瀹，漬也。」《玉篇》：「煮也。」《齊民要術》有瀹鷄子法。亦作煠，《廣韻》：「湯煠。」《集韻》亦作涌。本當作鬻，《説文》：「内肉及菜湯中薄煮出之。」以勺切。
煼（皺）	煼音吵。	煼讀若縐（ㄗㄊ）。	煼肉	甬稱以少許油煠食物而熟之曰煼。案煼即炒字，非此誼，亦無此音。本當作皺。蓋食物經油火煎熬表皮皆皺縮，故即以皺稱也。
炒（煼）（⿱芻灬）（䰱）（鬻）（⿱取火）			炒豆 炒蛋	甬稱鍋中不置湯水而熟物曰炒。炒者，謂時以鏟抄之使生熟均勻也。《集韻》：「炒，熬也。」廣韻作煼。《説文》本作鬻。亦作䰱⿱芻灬⿱取火。
煲（炮）		煲讀若豹（ㄅㄠ）。	煲酒	煲爲粵東俗字，謂置物水中緩火煮之也。甬語亦謂置壺〔一〕溫水中而煖酒曰煲酒。案當作炮，《集韻》：「灼也。」
熯（暵）（焊）	熯音罕。		熯下飯	甬稱置餚饌於飯鍋上蒸之使熟曰熯。亦作焊。《廣韻》：「焊，火乾也。」同熯。《集韻》本作暵。
煆（呵）	煆，呼嫁切。	煆讀若呵俗音（ㄏㄛ）。	煆下飯	甬稱置熟餚於飯鍋上重溫之曰煆〔二〕。《廣韻》：「煆，火氣猛也。」案本當作呵，謂如以氣呵之也。

〔一〕壺：原誤作「壷」。
〔二〕曰煆：原誤作「煆曰」。

續表

詞附短語	本音	俗音	例語	疏證
熱(囁)(爊)			熱下飯	甬稱熟食重温曰熱。《越諺》作囁，《玉篇》：「小煗也。」《集韻》亦作爊。
煨	煨音隈。		煨芋奶	甬稱物埋炭中使熟曰煨。《説文》：「煨，盆中火也。」蓋本爲名詞，轉爲動詞也。《六書故》：「火中熱物。」則爲今誼矣。
埋		埋讀若買俗音平聲(ㄇㄚ)。		甬稱食物盛器皿中置熱灰中而熟之曰埋，謂如瘞於土也。
熏(薰)(燻)(爋)			熏魚	甬稱食物炙於火上而熟之曰熏。《説文》：「熏，火煙上出也。」《詩傳》：「灼也。」《廣韻》亦作燻爋。俗又借薰字爲之。
煏(㷶)(𤐛)	煏，弼力切。	煏讀若弼(ㄅ一ˊ)。	煏茶葉[一]	甬稱物以火烘之使乾曰煏。如焙茶曰煏茶葉。《玉篇》：「煏，火乾也。」《説文》本作㷶，訓「以火乾肉也」。亦作𤐛，《方言》：「火乾也。關西隴冀以往謂之𤐛。」則本北方語也。
𤏐(焩)(逼)	𤏐，必結切。	𤏐俗讀鼈(ㄅ一)。	熱𤏐火炙	甬稱物逼近火而炙之曰𤏐。俗甚言其熱曰熱𤏐火炙。《集韻》：「𤏐，灼物焦也。」或作焩。或曰本即作逼，俗别制𤏐字。

〔一〕 茶：原誤作「荼」，據下「疏證」改。

續表

詞附短語	本音	俗音	例語	疏證
焙(焇)(㷭)	焙音佩。		焙茶葉	甬亦稱火烘曰焙。如烘茶使乾曰焙茶葉。《集韻》:「焇,熇也。」亦作焙。又㷭,《集韻》亦讀若備,火乾也。
燙(湯)(盪)(煻)	燙音宕。	燙讀若湯去聲(ㄊㄤ)。	火燙手 燙酒 燙衣裳	甬稱火灼肌膚曰燙。如言火燙手。又稱物盛器中以熱水温之曰燙。如言燙酒。又熾炭火於熨斗中而平衣服曰燙。如言燙衣裳。案即盪之俗字。宋人《擬老饕賦》有盪三杯之卵酒。古借用湯字。《山海經》:「湯其酒百壺。」實即煻字。《集韻》:「熱灰謂之煻煨。」
燂(㶴)	燂音覃。	燂讀若談(ㄉㄢ)。	燂茶	甬稱燒煮曰燂。如燒茶曰燂茶。《説文》:「燂,火熱也。」《禮·内則》:「五日則燂湯請浴。」亦作㶴。《説文》:「㶴,小熱也。」《廣韻》徒甘切。
煺(㷇)(挩)	煺音退。		煺鷄	甬稱以熱湯去牲畜之毛曰煺。如言煺猪、煺鷄。《廣韻》:「煺,燖毛。出《字林》。」《集韻》亦作挩。《字彙》作㷇。
湊(燂)(爨)			湊柴 湊火	甬稱推柴入竈以供炊煮曰湊柴,亦曰湊火,蓋湊有聚意。本當作爨,與湊爲雙聲之轉。或曰即燂字,《字林》:「灼也。」充善翻,與湊亦雙聲。
釋		釋讀若色(ㄙㄚ)。	釋鑞 雪釋	甬稱以火鎔化金類曰釋。如言釋鑞。又物因熱而自然鎔化亦曰釋。如言雪釋。讀若色者,雙聲之轉。
煬(烊)(洋)	煬音陽。		煬鐵 肉煬	甬亦稱鎔化金類曰煬。如言煬鐵。又稱食物煮爛曰煬。如言肉煬。《説文》:「煬,炙燥也。」《方言注》:「今江東呼

續表

詞附短語	本音	俗音	例語	疏證
				火熾猛曰煬。」《廣韻》：「煬，釋金也。」亦作烊，見《集韻》。通作洋，見《釋名》。
眼（晾）（暕）	眼音浪。		眼衣裳 眼霉 眼竿	甬稱日曝曰眼，又陰乾亦曰眼。如曝衣曰眼衣裳，伏天將霉雨時所蒸發之衣物曝之曰眼霉，曝衣之長竹竿曰眼竿。《集韻》：「眼，曝也。」亦作晾，《字彙補》：「曬暴也。」或曰當作暕。《集韻》：「暕，陰乾也。」暕音闌，闌眼雙聲。
趖	趖，蘇和切。	趖讀若坐平聲（ㄙ́禾）。	日頭趖落	甬稱日西斜曰日頭趖落。《說文》：「趖，走意。」歐陽炯詞：「荳蔻花開趖晚日。」
護日 護月				甬稱日蝕曰護日，月蝕曰護月，蓋舊俗日月蝕時必救護之，諱言蝕，故以護爲名。
右屬火 屬日月者附焉。				
啄	啄，竹角切。	啄讀若篤（ㄉㄛ），亦讀若得（ㄉㄚ）。	啄食 啄木樹鳥 剥啄	甬稱鳥食曰啄。如言啄食，讀若得。又啄木鳥俗稱啄木樹鳥，啄讀若篤，鳥讀都了切。又形容敲門之聲曰剥啄，俗亦讀若卜篤。案啄今讀音爲竹角切，屬知母，知母字古皆讀入端母，故《集韻》音都木切，與篤音近，與得爲雙聲，此亦古之遺音也。
唰（㗉）（刷）	唰音刷。		唰毛	甬稱禽鳥以喙整理羽毛曰唰毛。《玉篇》：「唰，鳥治毛衣也。」《廣韻》作㗉。案㗉唰皆後起字，本祇作刷也。

續表

詞附短語	本音	俗音	例語	疏證
毨（𣯍）	毨音詵。	毨讀若洗（ㄙㄧˇ），亦讀若雖上聲（ㄙㄟˇ）。	毨毛	甬亦稱禽鳥治羽曰毨毛。《書》「鳥獸毛毨」傳：「毨，理也，毛更生整理也。」《集韻》亦作𣯍。
竄（穿）	竄音爨。	竄讀若穿。		甬稱鳥獸狂奔曰竄。《說文》竄，逃也，匿也。俗亦作穿。
㚇	㚇音椶。	㚇讀若種（ㄗㄐ）。	㚇過牆	甬稱禽獸跳高曰㚇。如言狗㚇過牆。《說文》：「㚇，鳥飛斂足也。」
鑽（㺜）			鑽狗洞	甬稱禽獸由孔穴而出入曰鑽。如言鑽狗洞。本當作㺜。《說文》：「㺜，犬容頭進也。」㺜，山檻切，聲變如鑽。
游（遊）			蜈蚣腳多蛇游快	游本稱泛舟，又稱魚在水中浮行曰游。《爾雅》釋文「浮行曰游」是也。惟甬又稱蛇在地上爬行曰游。《吕氏春秋》：「國有游蛇西東。」則此語起原頗古。
挭	挭音梗。	挭讀若五更之更俗音上聲（ㄍㄤ）。	蛇挭洞 挭挭動	甬稱蟲蛇攻穴曰挭，又稱腹中積食腸胃擾動亦曰挭。《集韻》：「挭，攪也，擾也。」[一]
掘（𧱎）			猪掘地	甬稱豕以鼻發土而覓食曰掘。本作𧱎。《集韻》：「𧱎，渠勿切，豕𡲬地也[二]。豕食發土謂之𧱎。」

〔一〕攪：原誤作「㩭」。
〔二〕𡲬：原誤作「𧱎」，據《集韻》改。

續表

詞附短語	本音	俗音	例語	疏證
拖		拖讀若太平聲（ㄊㄚ）。	鳥拖食 猫拖老鼠 拖東拖西	甬稱禽獸以口攫食曰拖，謂曳之而去也。如俗語鳥拖食、猫拖老鼠，皆此意。引申之，則詈人東牽西曳亦曰拖。如言拖東拖西，蓋以禽獸比儗之也。
嚵	嚵音饞。	嚵讀若涎（ㄙˊㄢ）。	嚵一口	甬稱禽獸蛇蟲等齧人曰嚵。《説文》：「嚵，小啐也。」《廣韻》：「小食。」或曰諱言食，故曰嚵，因食與蝕音同，嚵與賺音近也。
飲			牛飲水 花飲水	甬語凡人服用水漿曰喫曰喝，而不曰飲，獨於牲畜喝水曰飲。如言牛飲水。又花木澆水亦曰飲。如言花飲水。《史記注》引《太公六韜》：「迴船糟邱而牛飲者三千余人爲輩。」《蜀語》：「澆花菜瓜曰飲水。」此蓋古語之遺也。
甩（拂）		甩讀若忽。	甩尾巴	甬稱獸畜摇尾曰甩。甩，俗字，本當作拂。拂屬敷母，轉爲曉母。拂塵，俗亦讀若忽塵也。
轉噍	噍音誚。	噍讀若召（ㄙˊㄠ）。	牛轉噍	甬稱牛反芻曰轉噍。轉即返意。噍，《説文》：「齧也。」謂牛食草後復吐重齧之也。
打勢		勢讀上聲（ㄙㄩ）。		甬稱禽獸牝牡交合曰打勢。《韻會》：「外腎爲勢。宫刑，男子割勢。」蓋此稱牡者之生殖器也。
孵（孚）（哺）（抱）（饑）（伏）		孵讀若蒲。	孵蛋	甬稱禽鳥抱卵曰孵蛋。《集韻》：「孵，化也。」陸績曰：「自孵而鷇。」或謂當即抱卵之抱轉音，或謂即伏雛之伏轉音，或謂即反哺之哺字。《越諺》據《龍龕手鏡》作饑，實後世俗

續表

詞附短語	本音	俗音	例語	疏證
				造字。案本當作孚。孚字从爪从子，即會抱卵之意。《説文》：「卵孚也。」孚音敷，今讀若蒲者，輕脣音字古皆讀若重脣音也。至曰抱曰伏哺，皆各地方言之轉變，然終不出脣音之範圍也。
鯁	鯁，梗去聲。	鯁讀若梗濁音（ㄍㄤˊ）。	鯁胡嚨	甬稱魚肉骨或他物梗喉曰鯁。故詈人貪食如鯁胡嚨。《説文》：「鯁，魚骨。」《廣韻》：「刺在喉。」〔一〕
喚			喚狗 喚猫	甬語呼人曰歐而不曰喚，惟呼牲畜仍曰喚而不曰歐，蓋以此爲分别，亦古語之遺也。《説文》：「喚，呼也。」
羯（潔）	羯音許。		羯狗 羯鷄	甬稱去牲畜勢曰羯。案《説文》：「羯，羊羖犗也。」古去勢，以獸而别其稱，如《肘後經》所舉騸馬、宦牛、羯羊、閹猪等是也。甬則無論何畜統稱之曰羯。字亦作潔。《通俗編》：「羯鷄，閹鷄也〔二〕，見《素問》。青籐山人《路史》謂漢文始閹潔六畜，今稱潔鷄，潔猶净也，未是。」
右屬動物				

〔一〕刺：原誤作「剌」，據《廣韻》改。
〔二〕鷄：原脱，據《通俗編》補。

虛助詞類表 接續詞、介詞、助詞及其短語屬之，接頭、接尾語亦附焉。

詞附短語	本音	俗音	例語	疏證
因爲 爲了		了讀若拉（ㄌㄚ˙）。	因爲介 爲了介	推究原因之接續詞，甬語用因爲或用爲了。如因此曰因爲介或曰爲了介。
故而（蓋） 怪弗得		故而讀若括（ㄍㄨㄚ˙）拉（ㄌㄚ˙）〔一〕。	因爲嘴饞，故而生病。	表示結果之接續詞，甬語用故而或用怪弗得。如言「因爲嘴饞，故而生病」，故而疾言之讀入聲，音如括拉。或曰括拉即蓋字之翻語，蓋入聲讀若割，故緩言之爲括拉也。又曰怪弗得謂當然有此結果不足驚異也。
搭			我搭你 書搭筆 好搭壞	兼舉數人、數物或數事之接續詞，甬語皆用搭。如文言之用與，國語之用和也。案搭有附意，故以爲兼詞。
而且			弗但發風，而且落雨。	兼叙一事與前一事並立者，甬語用而且爲接續詞。如言「弗但發風，而且落雨」即此意。
況且 何況			即使白做我也肯，況且有錢。	兼叙一事爲前事之進一層者，甬語用況且或何況爲接續詞。如言「即使白做我也肯做」，此假設之一事也；做而有錢，則進一層，故用況且表之。
既然			既然是介，何必是介。	推究已成之事，甬語用既然爲接續詞。如俗有「既然是介，何必是介」之語。

〔一〕ㄌ：原誤作「ㄉ」。

續表

詞附短語	本音	俗音	例語	疏證
何必				詰問人何以必須如此行爲，甬語用何必爲接續詞。
但是				與前所言之意相反或不同，甬語用但是爲接續詞。
弗但 非但			弗但是朋友，而且是親戚。	較前言之意更進一層，甬語用弗但或非但爲接續詞。
儘管 衹管（只管）		衹讀若即（ㄗ）。	儘管介做	令人不必顧慮他事而一往直前，甬語常用儘管或衹管爲接續詞。衹管，俗作只管。
與其			與其做賊，寧可餓殺。	撇除前言之意，進一層而言其願爲者，甬語用與其及寧可爲接續詞。
寧可（能可） （耐可）		寧讀若能（ㄋㄥ）。		《說文》：「寧，願詞也。」又：「甯，所願也。」《繫傳》：「俗言寧可如此。」《委巷叢談》：「杭言寧可曰耐可，音如能可。」《漢書》『揚越之人耐暑』注：『耐與能同。』李白詩『耐可乘明月』，耐讀如能。」案甬人讀寧字有二音，如地名之寧波、海寧皆讀若壬，地名之寧海及寧可則讀若能。
索性 爽性				凡事既作則徹底爲之，語言既發則盡情吐之，甬語用索性或爽性爲接續詞。《朱子文集》：「不免索性說了。」是南宋已有此語矣。
除非（如非）				凡事非如此不辦者，甬語皆用除非爲接續詞。亦作如非。宋晏叔原詞：「問相思甚了期，除非相見時。」

續表

詞 附短語	本音	俗音	例語	疏證
譬如			譬如生病喫藥	甬語所謂譬如，與通語略殊，蓋以較深一層爲比，有較此爲善之意。如因尋樂而耗費金錢，常曰「譬如生病喫藥」。
如果 假設 即使			如果有錢就好辦了 即使有錢也弗能賣命	凡設想一種可能之境象，常用如果或假使爲接續詞。又設想一種難能之境象，則用即使爲接續詞。故即使與如果及假使意同而語氣不同。
爲什麼 怎麼爲		什麼二字合讀若瑣（ㄙ禾），怎麼二字合讀若寨（ㄗˊㄚ）。	爲什麼是介 怎麼爲是介	凡詰問事之原因或理由，甬語常用爲什麼或怎麼爲接續詞。
何弗 曷弗		曷讀若活（ㄏˊㄨㄚ˙）。		凡請求人必如此作，常用何弗或曷弗爲接續詞。
右接續詞				
來（拉）		來讀若拉（ㄌㄚ˙）。	安來卓上	甬語表示近處之介詞常用來字。來讀若拉。亦書作拉。如置於案上曰安來卓上，猶通語之用在字，文中之用於字也。
去		去讀若氣（ㄑㄧ），亦讀若乞（ㄑㄧ˙）。	到學堂去讀書	甬語表示遠處之介詞常用去字。與通語同。惟去字讀若氣或讀若乞。如令往學校讀書曰到學堂去讀書，文中則此介字省。

續表

詞 附短語	本音	俗音	例語	疏證
被(撥)		被讀若撥(ㄅㄚ˙)。	我被渠打傷	甬語表示行動所施者之介詞常用被字。被讀若撥。亦書作撥。如言我爲人毆傷曰我被渠打傷。通語亦用被字，文中則用爲字。
得(搭)(代)		得亦讀若篤(ㄉㄛ˙)。	得我帶封信去	甬語請人代爲常用得字爲介詞。得亦作搭，實即代字之轉音。如請人爲寄書曰得我帶封信去。即通語中之用代字、替字，文中之用爲字也。
畀(貺)(撥)		畀讀若撥(ㄅㄚ˙)，亦讀若必(ㄅㄧ˙)。	送把扇子畀渠	甬語子人物時常用畀字爲介詞。畀讀若必，亦讀若撥。俗即書作撥，實即貺字。《説文》：「貺，迻予也。」如送人扇曰送把扇子畀渠。畀亦作動詞用，參看《動作詞表》。
右介詞				
了(咧)(哩)(已)		了讀若雷(ㄌㄟ)。	飯喫過了 是介了	甬語了讀若雷，爲決定助詞。有表示動作已完，如已進食曰飯喫過了；有表示允許口氣者，如允人如所囑行事曰是介了。了，俗亦作咧或作哩，實爲已字之轉音。《考工記》注：「里，讀爲已。」
嗎(麽)(無)		嗎讀若買俗音(ㄇㄚ)，亦急讀若末(ㄇㄚ˙)。	曉得嗎	甬語疑問助詞常用嗎字，如問人知否曰曉得嗎。嗎，爲近人所用俗字，本衹作麽。王仲初詞：「拾得從他要贖麽？」張泌詞：「好是問他來得麽？」實即無字之轉音。唐以前皆用無字。白居易詩：「晚來天欲雪，能飲一盃無？」

續表

詞 附短語	本音	俗音	例語	疏證
啦（來）		啦讀若拉平聲（ㄌㄚ）。	做什麼啦 怎麼啦	甬語詰問助詞常用啦字，如詰人何所作曰做什麼啦，詰人何故如此曰怎麼啦。啦，古祗作來。《莊子》：「子其有以語我來？」
呢（尼）			何必如此呢 還是介好呢	甬語詰問助詞亦用呢字，如問人何爲作此曰何必如此呢。又爲提議助詞，如與人商議辦法常曰還是介好呢。民國《象山志》謂呢即尼字。《爾雅》：「尼，定也。」今不定而求定之詞曰尼。
呀（嗄）（吓）		呀讀若下（ㄒˊㄧㄚ），亦讀若下俗音（ㄒˊㄛ），亦讀若鞋俗音（ㄏˊㄚ）。	天呀命生苦呀 是你弗是呀	甬語常用呀爲感歎助詞，如言天呀命生苦呀。又用爲命令助詞，如責人曰是你弗是呀，讀若鞋俗音。呀當作嗄，古語以爲應聲，見《龐居士集》。俗亦省作吓。
右助詞				
老			老大 老某 老鼠 老菱	甬稱人物時常冠一老字爲接頭語，如依人之行第而呼曰老大老二，依人之姓名而呼曰老王老張。又如稱鼠曰老鼠，菱角曰老菱，并動植亦冠以老字矣。案此稱唐以來已有之。白居易詩「每被老元偷格律」，謂元稹；「試覓老劉看」，謂劉禹錫。《容齋三筆》謂「東坡詩用人名，每以老字爲助語」是也。

續表

詞附短語	本音	俗音	例語	疏證
阿		阿讀若壓（ㄚ˙）。	阿大 阿王 阿娘	甬語稱人往往冠一阿字爲接頭語，蓋單音不易呼，故并發語聲之阿字連呼之，此實古今四方之通語，不獨甬一處爲然也。有人稱名詞冠以阿字者，如阿爹、阿娘，《焦仲卿詩》已有阿母、阿兄之稱，則漢時已有；有人姓上冠以阿字者〔一〕，如阿王、阿張；有行第上冠以阿字者，如阿大、阿三；有人名上冠以阿字者，如吕蒙稱阿蒙、王戎稱阿戎，則魏晉時已有此稱矣。阿字皆讀作入聲，蓋發語時自然之聲也。
右接頭語				
介（價）		介讀若界俗音（ㄍㄚ）。	介事體 介時候 介多 介動 雪介白 血介紅	甬字語介有用爲如此意者，在名詞前者則爲形容詞，如言介事體、介時候、介樣子等是也；在形容詞或動詞前者則爲副詞，如言介多、介動等是也；其在名詞後者，則以爲名詞變爲副詞之語尾，即謂某某樣子，與文中副詞後所用之然、爾、焉等字同，如雪介白即謂雪樣子白，血介紅即謂血樣子紅。案介字从八，《説文》「八，象分别相背之形」，故介亦有分别誼，因作爲如此意也。元明人劇曲中所謂坐介、看介皆此意，至宋元人小説則多作價，價，吴語亦讀若界之俗音也。

〔一〕有：原無，據文意補。

續表

詞 附短語	本音	俗音	例語	疏證
箇（個）（个）（亇）		箇讀若過濁音（ㄍˊ禾），亦讀若閣濁音（ㄍˊㄛ）。	好箇 壞箇	甬語形容詞語尾常帶一箇字，如好曰好箇，壞曰壞箇。俗亦作個或亇。案箇本作个，竹一枚也〔一〕，因爲枚數之稱，又引申之爲指示字，如隋煬帝詩之言箇儂、《唐書》之言箇小兒是也。後又以爲形容詞語尾，則確指其性質形態。元曲中已多以箇字爲語尾矣。
的（底）（地）		的讀若底。	喫好的了 做掉的了	甬語又常以的字爲副詞語尾，如食畢曰喫好的了，敗事曰做掉的了。的，宋元人語録、小説多作底或地，如言活潑潑地、常惺惺底等是也。
來		來亦讀若勒（ㄌㄚ˙）。	手伸出來 飯拕上來 坐來寫字 睏來看書	甬語動詞後常用來字爲語尾，有表示對内動作而用來字者，如言手伸出來、飯拕上來，皆讀本音；有表示主要動作之情形而用來字者，則讀若勒，與介詞中之來字音誼略同，如言坐來寫字、睏來看書是也。
去		去讀若氣（ㄑ一）。	趕出去 放落去 睏倒去	甬語動詞後用去字爲語尾者，常表示對外之動作，如言趕出去、放落去、睏倒去等是也。
了（拉）（勒）		了讀若拉（ㄌㄚ˙）。	喫了再會鈔 講了弗算數	甬語凡動作已完成者，常在動詞後綴一了字爲語尾，如食畢始付款曰喫了再會鈔，不能履前言曰講了弗算數。了讀若拉。俗亦作拉或勒。

〔一〕枚：原誤作「枝」，據《説文解字》改。

續表

詞 附短語	本音	俗音	例語	疏證
過			看過 走過 喫過 用過	甬語凡動作已過去者，常在動詞後綴一過字爲語尾，如已閲曰看過，已行曰走過，已食曰喫過，已使曰用過等是也。
掉（了）			弄掉 丢掉 喫掉 用掉	甬語凡動作已完盡或已毁棄者，常在動詞後綴一掉字爲語尾，如破壞曰弄掉，棄擲曰丢掉，食盡曰喫掉，用罄曰用掉。掉有摇首不顧之意，故爲此誼。亦作了。
看（開）		看讀若開（ㄎㄞ）。	打打看 喫喫看 試試看 問問看 看看看 商量商量看	甬語凡動作之請試爲者，常於重言動詞後綴一看字爲語尾以表示之，如試扑曰打打看，試嘗曰喫喫看，試試曰試試看，試問曰問問看，試看曰看看看。末一看字皆讀若開。俗遂作開。然案《朱子文集》已有「更商量看」之語，若變爲甬語，則當曰再商量商量看，是此種語氣南宋已來已有之矣。
動			跳跳動 拐拐動 越越動 惔惔動	甬語表示動作之情形者，常於重言動詞後綴一動字爲語尾，如此則動作字變爲形狀詞矣。如曰心跳跳動、脚拐拐動、燭光越越動、味道惔惔動等皆是也。此動字即謂動作情形也。

續表

詞附短語	本音	俗音	例語	疏證
著(着)			看著 聽著 挌著 追著	甬語凡動作之已得成就者，常於動詞後綴一著字爲語尾以表示之，如得見曰看著，得聞曰聽著，捕得曰挌著，追得曰追著是也。著，俗亦書作着。
得			曉得 聽得 喫得飽 打得殺	甬語凡動作之爲人所可能者，常於動詞後綴一得字爲語尾以表示之，如能解曰曉得，可聽曰聽得，能飽人曰喫得飽，可殺之曰打得殺，實爲助動詞之置於動詞後者也。
攏(龓)(弄)			連攏 走攏 湊攏 會攏	甬語凡表示數人或數物聚合動作者，常於動詞後綴一攏字爲語尾，如兩物相連曰連攏，數人會於一處曰走攏，亦曰會攏，數物或數事適相值曰湊攏。案攏有合誼，郭璞賦「攏萬川乎巴梁」，本當作龓。《說文》：「龓，兼有也。」俗亦作弄。

右接尾語

(二)古代詞語

昔人謂千里不同聲，百年不同韻，夫豈獨聲韻然哉？聲韻之變遷，如五六十年前鄞之城廂讀音，舌上音知徹澄三母之字與齒頭音精清從三母之字，尚畫然區分，今則知與資、癡與雌、池與慈多不別。喉音曉母之齊齒呼與齒頭音心母之字，亦頗分明，今則興與新、羲與西多不別。然鄞東隅及六十歲以上老人尚能畫分，此大抵受鄞西慈谿一帶語音影響。又如先銑霰三韻之字與支紙寘微尾未齊薺霽九韻之字，昔亦區别，今則先與西、煙與衣、千與妻等幾亦不可分。然可分者尚不少，如天與梯、乾與奇、錢與齊、田與堤等，仍各不相混。器物成毁，人事代謝，皆隨時間而演化，故詞語乃因是而生滅。器物如緯帽、霞帔、海青、角帶、半接衫、假後鬌、翠過翹、雲頭鞋、裹高底、膝袴、鞋拔、雜燗、趧陳、筯夾、果油、爛黄、鑊淀麵、發酵餅、滿漢全席、重羅細麵、鈔鑼、酒甏、竹篼、燈水、火爐之類，人事如書辦、皁隸、馬快、喫糧、仵作子、走六陳、磨鏡子、⿰革登紗篩、坐館、散館、伴讀、節敬、放稻假、掉竈王、佯掃地、撜紗獅子之類，見諸清末流行雜字書者，多爲時代潮流所淘汰，以此詢諸弱冠少年，鮮有不瞪目結舌，而無由答。亦有告朔餼羊，名存實亡，换形易聲，命名隨變者。如今亦稱理髮匠曰剃頭，而非清代之剃頭。最近保甲制之保長，與清代之保長地位職權亦異。皆實變而名不變者也。又如駕長改老大，聽差改當差，靸鞋改拖鞋，被囊改被包，看見改看張，稱意改稱心之類，皆名變而實不變者也。故高宇泰《敬止録》去今不三百載，而所紀方言消滅者十有二三，光緒《鄞志》所載方言及光緒中葉刊行雜字書，去今僅五十餘載，其中百之四五已成絶響。不第此也，交通頻煩，事物劇增，新名日孳，舊名日湮，往往一家之中，祖孫對語，有各不解所云者。藉令我國文字與歐西同軌，易衍形而爲衍聲，非表意而爲表言，生今之世，欲讀百年以前故籍，不啻若現代意大利人欲讀古臘丁文，非專攻語言學者莫闓，尚能以孔孟老莊典籍與方姚曾吴文辭並選而合誦哉？故我國衍形字與文言文，因識字構文艱困與作書刊印耗時，使教育不易普被民衆，誠不能諱言。然保存四千餘年文化，統一千萬方里疆域，則又不能不推爲首功矣。今録古代甬語，不特藉供語言學者研求，亦以示口語易變，文字之衍形衍聲，未容軒輊也。

俗名附短語	本音	俗音	例語	疏證
阿大		大讀本音（ㄉㄚˊ）。		《敬止録》：「稱叔曰大，所謂阿大是也。」案《世説新語》謝道藴有「一門叔父則有阿大中郎」之言，蓋此語起原頗古。惟今鄞人皆呼阿叔〔一〕，叔讀若宋，未有呼阿大者。而鎮海、定海等邑，尚保留此方言。
懦				《敬止録》：「呼女爲懦，懦韻在十五翰，如鄞人呼女之音取懦弱之意，或曰本昌黎女挐之挐，訛作去聲。」案今鄞邑呼女兒曰囡，讀若暖平聲，蓋與明代之方音已有轉變矣。參看《俗名·名物詞表·人稱類》女字注。
婆娘				《敬止録》：「罵婦人爲婆娘。《輟耕録》亦謂罵婦人之卑賤者曰某娘，曰幾娘，鄙之曰婆娘。」案今鄞邑已無此稱。若鄙賤之婦女年老者曰老太婆，中年已嫁婦女曰老儂輩，未嫁女子曰小娘婢，泛稱之則曰女人頭，皆輕褻之稱呼也。
駕長		駕讀若假俗音（ㄍㄛ）。		《敬止録》：「呼操舟爲家長，蓋駕長也。」案今四明各邑皆呼操舟爲老大，未有呼駕長者，惟浙東紹、金、衢、嚴各屬邑，尚保留此稱。
小的（小底）				光緒志曰：「《吴越備史》：『錢俶入朝，宋以入内小底迎勞，凡三見。』俗語供役使者自稱小的，底的一聲之轉。」案

〔一〕呼：原誤作「乎」。

續表

俗名附短語	本音	俗音	例語	疏證
				今稱供役使者曰當差、曰底下人，商店及家庭所僱用者則曰頭腦，亦未有自稱小的者，蓋此稱已隨國體而廢棄矣。
相與				光緒志引《通雅》：「今稱交好爲相與。相於之轉。」〔一〕案今稱朋友稱隊夥，至男女以私情合者則曰相好，已無相與、相於之稱矣。
先				清代季年，鄞之商人常省稱先生曰先，如王先生則曰王先，今已廢。參看《俗名・名物詞表・人稱類》先字注。
伴讀				光緒志引《元史・許衡傳》：「奏取舊門生十二人爲伴讀。」《湛園札記》曰：「古博士，亦作伴讀之稱。」案今僅家塾中外來學生尚有此稱。
茶筵				光緒志引陸粲《庚巳編》有此語，案今已無之。
好嬉子				光緒志引《水東日記》：「吾子行作小印，曰好嬉子。」案今僅有好嬉作樂語，至游戲則曰奈何，亦從蘇滬語曰白相，未有稱好嬉子者矣。
眼茸				《敬止録》：「眼光曰眼茸。韓偓詩：『四肢嬌入茸茸眼。』其證也。」案今曰眼光、曰眼火、曰目光，未有稱眼茸者矣。

〔一〕轉：原誤作「稱」，據《通雅》改。

續表

俗名 附短語	本音	俗音	例語	疏證
虎牙				光緒志引《説文》：「猗[一]，虎牙也。」段玉裁曰：「今俗謂門齒外出爲虎牙，古語也。」案虎牙即生理學中之犬齒，今鎮海、定海等處尚有此稱，鄞則罕聞矣。
䵋	䵋音甾。			光緒志引《集韻》：「䵋，手足膚黑。」《敬止録》：「手生堅皮曰䵋。」案今鄞邑稱人膚色較黑者，尚有黑䵋䵋之語，至手足堅皮則曰繭，不作䵋音矣。
轉肘				《敬止録》：「户樞曰轉肘。」案今鄞邑已無此稱。
門臼				《敬止録》：「户牝曰門臼。」案今鄞邑亦無此稱。
頭巾				光緒志引《廣韻》幞字注，有「頭巾」語。 案今男子無此物，婦女裹髮者曰包頭布，亦無此稱。
背搭				《敬止録》：「無袖衣曰背褡。 古謂之背子，又謂之搭護，故合言之爲背搭。」光緒志云：「案一作背答。《河南通志》：『短衫謂之背答。』」案今鄞邑方言謂之背單，亦謂之背身，單搭一聲之轉。 又謂之馬甲，則蘇滬一帶之方言矣。
靸鞋				光緒志引《輟耕録》：「浙人以草爲履而無跟名曰靸鞋，婦女非纏足者通曳之。」案今草履本無跟，謂之草鞋，其布帛所爲而無跟者，則謂之拖鞋，已無靸鞋之名矣。

〔一〕猗：原誤作「犄」，據《説文解字》改。

續表

俗名 附短語	本音	俗音	例語	疏證
被囊				光緒志謂被囊語見《唐語林》。案今謂之被包，不謂之被囊。
嬾梳頭				《敬止録》：「童貫用兵燕薊，敗走。一日内宴，伶人爲三婢狀。一當額爲髻，曰蔡太師家人；一髻偏墮，曰鄭太宰家人；一滿頭作髻，曰童大王家人。人問其故，蔡太師者云：太師日覲皇帝，此名朝天髻。鄭太宰者云：太宰奉祠歸第，此名嬾梳頭。童大王者云：大王方用兵，此三十六髻也。」案今婦女不正式梳髻，惟編髮爲辮而盤繞之爲髻，謂之嬾頭，蓋當爲嬾梳頭之省語也。
挐設				《敬止録》：「挐設，鄞人以爲崇奉之詞，胡語言挐設。上賓則用羊背皮、馬背皮之類，其餘賓用前手、後手之類〔一〕。蓋茶飯中之體薦也。見《草木子》。鄞人蓋仍元時蒙古之語耳。」案今不特無此制，亦無挐設之稱矣。
梯己				光緒志引《心史》：「元人謂自己物則曰梯己物。」案今則謂之小貨，不謂之梯己矣。
地頭錢				光緒志有地頭錢語，謂見《舊五代史・唐明宗本紀》。案今無此制，亦無此語。

〔一〕 手：原均誤作「乎」，據《敬止録》改。

續表

俗名附短語	本音	俗音	例語	疏證
雜碎				光緒志引《後漢書·仲長統傳》：「百家雜碎，請用從火。」案雜碎當指零星物件，今謂之零碎東西，無雜碎之名矣。
沙羅				光緒志引《甕牖閒評》：「鈔鑼。」字書云：鈔，素何切〔一〕。鑼與羅同音。當喚爲沙羅也。而今人竟呼爲沙羅者，姑取其一邊也。案《廣韻》：「鈔鑼，銅器。素何切。」《敬止録》：「洗面盆曰沙羅。」案今樂器中無鈔鑼名，洗面盆亦無此稱。
庫露格				光緒志引《正字通》：「庫露，器名。皮日休詩：『襄陽作髹器，中有庫露真。』注：『玲瓏空虛，故曰庫露。』今諺呼書格爲庫露格。」《敬止録》作骷髏格。案今鄞人皆謂之護書格，已無庫露格之名矣。
桊	桊音眷。			光緒志謂桊音眷，《説文》：「桊，牛鼻上環。」《廣韻》：「桊，牛拘也。」《蓬島樵歌注》：「俗稱牛鼻鈕曰桊。」案今謂之扃，無讀若桊者。參看《俗名·名詞表·器具》桊字注。
跳沙蛤				光緒志引舒亶詩：「跳沙蛤趁潮。」注：「里語有跳沙蛤。」案今不特無此稱，并不解爲何物矣。

〔一〕素：原誤作「泰」。

續表

俗名 附短語	本音	俗音	例語	疏證
右名物詞				
光辣撻				光緒志引宋太祖《咏日》詩：「欲出不出光辣撻。」案今已無光辣撻語，惟稱物之平者尚曰平辣撻。
白蒲沙				《敬止録》：「謂人肥白曰白蒲沙。鯊有一種爲白蒲沙。」案今不特人肥白無此名，即鯊亦無此名矣。
⿰口顔⿰口顔	⿰口顔音顔。			光緒志⿰口顔音顔，《集韻》[一]：「⿰口顔⿰口顔，争貌。」《敬止録》：「忿争聲曰⿰口顔⿰口顔。」案今無此稱。
蹬蹬				《敬止録》：「蹬音登，小兒學步也。」案今惟言行路足音曰蹬蹬響，未有稱小兒學步者。
釃				光緒志引《通雅》：「酒厚曰釃。」案今稱酒厚曰烈、曰濃、曰厲害，未有稱爲釃者。
⿰目堯	⿰目堯音歐。			光緒志引《玉篇》：「⿰目堯，深目貌。」通作瞘。案今稱深目曰鏤眼，不謂之⿰目堯或瞘矣。
了鳥				光緒志引《玉篇》：「⿰衤鳥，丁了切，短衣也。」《吴下方言考》：「了鳥，短也，音弔。」董尋《疏》：「衣冠了鳥。」案今甬人稱衣短曰弔腳挣，長曰⿺尢包大水，未有合稱了鳥者。

〔一〕集韻：原誤作「説文」。

續表

俗名附短語	本音	俗音	例語	疏證
躴躿				《敬止録》：「身長曰躴躿。」案今不稱身長曰躴躿，惟物容積過大佔據地位者曰躴躿。
壏墤				光緒志引《蜀語》：「地平曠曰壏墤，音覽坦。」案今無此稱。
殜速				《敬止録》：「不自在曰殜速。任華《草書歌》：『速殜拉颯動簷隙。』」案今無此稱。
湉湉				《敬止録》：「下溼曰湉湉，又曰湉湉滯。湉，溂洽切。」案今惟形容溼地行走聲曰湉湉，又形容雨水下滴曰沓沓滯，與《敬止録》所言已變更矣。
拗棃	棃音鼈。			《敬止録》：「性急而執曰拗棃。」案今謂之執拗，不曰拗棃。
歪賴				《敬止録》：「歪賴，言人放刁之語，乃乖剌之訛。北人無入音，賴，力達反，讀如癩。東方朔謂『人强歪賴而無當』〔一〕，杜欽謂『陛下無乖剌之心』是也。」案今稱人放刁曰潑賴，不謂之歪賴。
眠娗〔二〕				《敬止録》：「不躁暴曰眠娗。」眠娗音眠腆，出《列子》，言柔膩不決裂也。案今稱不躁暴曰懦善、曰和通，無眠娗之語矣。

〔一〕當：原脱，據《敬止録》補。
〔二〕娗：原誤作「誕」。下同。

續表

俗名附短語	本音	俗音	例語	疏證
眉癡				《敬止録》：「眉癡，即《列子》墨屎二字。墨音眉，屎音癡，但爲眉佞之義，而鄞人只作癡字義也。」案今謂䫉癡，不謂眉癡。䫉[一]，眉聲之變也。
顛顛癡癡				光緒志引《北史·齊文宣本紀》有「顛顛癡癡」語。案今謂之瘋瘋顛顛，不曰顛顛癡癡矣。
⿹勹者	⿹勹者音都。			光緒志引《吴下方言考》云：「《玉篇》：『⿹勹者，伏行也。』吴中策牛馬使行曰⿹勹者。」案今發⿰口施聲，不發⿹勹者聲。
都都				《敬止録》：「呼牛馬曰都都。」案都即⿹勹者，今亦無此聲。
⿱罒尹⿱罒尹	⿱罒尹音唯。			《敬止録》：「呼鴨曰⿱罒尹⿱罒尹。《篇海》：『⿱罒尹，呼鴨也。』」案今呼鴨作溜溜聲，溜即游之變音，未有作⿱罒尹⿱罒尹聲者。
唎嘪				《敬止録》：「呼牛曰唎嘪。」案今不作此聲，惟令牛停止作嘩聲，或即唎嘪二字之合音。
阿嗦				《敬止録》：「訝聲曰阿嗦，音遏奈。」案今惟作阿呀聲，未有作阿嗦聲者。
右形狀詞附感歎詞。				
掀	掀音欣。			《敬止録》：「揭起曰掀。《廣韻》：『掀，以手高舉也。』《左傳》成公十六年：『乃掀公以出於淖。』」案今鄞邑方言已罕有此語，惟定海一帶尚保留此語，如言掀帽子、掀蓋頭等。

〔一〕䫉：原誤作「毅」。

續表

俗名附短語	本音	俗音	例語	疏證
躩跇	躩跇音羅剉。			《敬止録》：「失足曰躩跇。」案今鄞邑已無此語。
陸鈔				光緒志引《直語補證》：「陸鈔，俗謂紛擾不靖也。習鑿齒《漢晉春秋》：『司馬懿曰：設令賊二萬人斷沔〔一〕，三萬人與沔南諸軍相持〔二〕，萬人陸鈔柤中，君將何以救之？』」案今甬稱紛擾曰抄六國、曰六亂三遷，已無陸鈔之語矣。
稱意				光緒志引樓鑰《玫媿集・答楊敬仲論詩解》：「今人謂遂意曰稱意。」案今鄞人曰稱心如意、曰如心像意，無稱意之語矣。
惡模樣				光緒志引《雲間志》：「方言謂羞媿曰惡模樣。模音如没。」案今曰惡難爲情，無惡模樣之語矣。
造言生事				光緒志引《孟子集注》：「好事，謂喜造言生事之人也。」案今已無此語。
打清水網				光緒志引《委巷叢談》：「白手騙人謂之打清水網。」案今已無此語。

〔一〕令：原誤作「全」，據《直語補證》改。
〔二〕南：原脱，據《直語補證》補。

續表

俗名 附短語	本音	俗音	例語	疏證
撒花（色花）				《敬止録》：「遠回送土儀與人曰撒花，宋三佛齊國遣使來朝貢，見於延和殿，其使跪於地，先撒金蓮花，次以真珠、龍腦布於上前，謂之撒殿花。見《負暄雜録》。」案今鄞邑已罕聞撒花之語，惟定海等處尚稱送人土儀曰撒花，特俗作色花耳。
燒紙				光緒志有「燒紙」語，謂見陸粲《庚巳編》。案今甬所燒冥錢用箔不用紙，故亦無此語。
揮擢				光緒志引《雅俗稽言》：「搖手曰揮，反手曰擢。」案今稱人浪費錢財曰揮擢，已爲雅語，非婦孺皆知之俗語矣。
生意活動				光緒志引《圖繪寶鑑》：「吴道子畫人物，生意活動。」案今間有稱經營商業曰生意活動者，然罕聞矣。
批				光緒志引《方言據》：「削竹木曰批，蒲結切。相如賦：『批巖衝擁。』《莊子》：『批大郤。』批逆鱗。皆作入聲。」案今削竹木令鋭作劈，不作批，亦不讀蒲結切。
動澮（動彈）				光緒志引《蜀語》：「搖動不停曰動澮。《説文》：『澮，水搖。』」案今惟稱舉動曰動彈，非搖動之意，亦不作動澮。
透				光緒志：「《説文》：『透，跳也。過也。』《敬止録》：『赴水曰透。』《王遜傳》：『透水死者千餘人。』《羊侃傳》：『侯景欲透水，羊鵾抽刀斬之。』」案今鄞語曰投水，不曰透水。

右動作詞

（三）外來詞語

語言隨民族遷徙而變化，其交通愈便利，賦性愈活潑，其變化亦愈速。世界各地決無自有人類以來固定土著，故亦無亘古不變語言，鄞亦何能外是？周秦以前，甬句民族史籍無徵。至東漢時，始有一二族尚可考見，蓋由北地而來。相傳黄公林爲秦楚之際四皓，夏黄公隱處，然古蹟真僞已不可憑，子孫有無益不可知。又徐氏祖徐偃王，謂偃王有墓在鄞，亦難憑信。至漢董黯、任光、任奕皆句章人，其子孫多居鄞者。今董、任二氏猶爲鄞之大族，當爲鄞之著籍最古者。案黯爲董仲舒六世孫，仲舒爲廣川人，廣川國在今河北省。任氏望出樂安，樂安郡屬今山東省。是則董、任二氏本爲北方民族，至漢乃遷徙而至甬。西晉末年，經五胡亂中原，人士相率避難海濱。近年隳城掘獲古甎多兩晉年號，蓋皆晉人墓甎。唐代築城三江口，即拆毁晉墓以充城甎。由發現晉甎之多，可推知晉時鄞之户口繁殖。歷唐至宋，南來不絶，而以五季避亂爲特盛。蓋是時錢氏保有浙水一隅，胥視此爲樂土也。降及南宋，汴都臣民隨駕入浙，留居明、越二州者特多，故宋以前鄞之居民大抵由江河南北流寓，迄今方音俗語之中，猶可考見唐宋中原遺言。而康王南渡一事，仍膾炙田夫野老口脗。職是故也，特中原語言經歷千年，已與秦漢越語漸次混合，概無迹象可尋。間有一二見諸載籍，尚可證明爲何代何地方言者，各著於前《現代詞語》四表中，不復别出。洎宋元以後，始有僑民自浙迤南各地北來，而以閩籍爲多是。或因宋設市舶務於鄞，元又以鄞爲浙東海運起點，故商賈官吏由僑居而遂著籍焉。案《輿地志·氏族編》：翁家翁氏，前後横陳氏，蘆蓬頭張氏，方家莊方氏，凌家埼凌氏，上陳及周宿渡林氏，潛龍漕李氏，薛家薛氏，皆稱宋時自福建來；觀音莊陳氏，蔡家墩蔡氏，皆稱元時自福建來。及明以後，則自閩遷鄞者頗多，不勝枚舉。然甬語受閩語影響至鮮，蓋客民初來，僅一二人，及娶妻生子，族始蕃衍，其來也又以漸，非如東晉、五代、南宋之北方民族同時逐隊而來，故其子孫口語皆同化於甬，惟風俗習慣尚留一二遺蹟。如餻食中之閩糖，木材中之建樹，果品中之福橘、橄欖、桂圓，盛行於甬，未嘗非沿閩人風習故。逮清五口通商以後，鄞人視滬瀆爲第二故鄉，久與英美商賈貿易，且甬城曾一度爲英人所佔據，故輸入蘇滬英美語至多，城市青年口語中恒十得一二，幾忘其爲非鄉談矣。然流行不逾百年，故尚可一一識別，分載左表。至其他各地土語輸入甬江者，除鄞郡台、紹外，惟間有一二粵語，是則粵人在滬經營者亦多，常與甬人錯居，故不覺濡染耳。

蘇滬流入詞語表

俗名 附短語	本音	俗音	例語	疏證
場化（場許）			舍場化	蘇滬稱地方曰場化，如問何處曰舍場化，今甬亦稱之。案場化，實當作場許。許讀若滸，又轉爲化。許有處所意。《晉書》：「山公出何許。」何所也。
今朝		朝讀若嘲。		蘇滬稱今日曰今朝，讀若嘲，今甬人多效之，惟朝多仍讀甬音若焦耳。
爹爹				蘇滬語稱父曰爹爹，今甬兒童多效之。
姆媽		姆讀反濁音（ㄇㄨ），媽讀若買俗音（ㄇㄚ）。		蘇滬語稱母曰姆媽，今甬兒童亦多效之。

續表

俗名 附短語	本音	俗音	例語	疏證
掮客		掮讀若乾（ㄐˊㄧ宀）。		滬上一種商人，無資本無商店，專以口頭説合賣買，而居中賺取佣錢者，滬語謂之掮客。實即甬語所謂中人，亦曰駔人。（駔讀若主。）古所謂牙儈也，今甬亦稱之。
跑街				商店僱用職員在外招徠顧主並收取貨款者，蘇滬語謂之跑街，今甬亦稱之。
大姐		大讀若度（ㄉˊㄨ）。		未嫁之女受傭於人者，蘇滬語謂之大姐。本與甬稱閨女之長者曰大姐者異，今甬人效之，而大字不讀蘇滬音仍讀甬之俗音陀去聲，與閨女長者之稱無所區别矣。
娘姨				蘇滬語稱女僕曰娘姨，今甬人亦效之，與慈谿人呼姨母曰娘姨無别。
房東				蘇滬語稱宅主曰房東，析言之，又稱宅之所有者曰大房東，租屋而轉賃他人者曰二房東，今甬人亦多稱之。本謂之業主也。
小開				蘇滬語稱店東之子曰小開，蓋以其父開店爲老開店，其子自爲小開店，省去店字，故曰小開。甬語本謂之小老班，亦曰小東家，今多從蘇滬語矣。
紅頭阿三				蘇滬語稱上海租界僱用之印度巡捕曰紅頭阿三，以其首纏紅布故名，今甬人亦時稱之。

續表

俗名附短語	本音	俗音	例語	疏證
洋行小鬼		鬼讀俗音（ㄐㄩ）。		蘇滬語稱執業於外國人所設商鋪而職位不高者曰洋行小鬼，今甬人亦多稱之。
大阿福				大阿福，本無錫慧泉山所産泥孩之别名，因塑像肥碩，故蘇滬語稱人之肥碩者曰大阿福，今甬人亦稱之，惟大字讀甬俗音。
碼子（某氏）			壽頭碼子 滑頭碼子	蘇滬語泛稱某人曰碼子，如其人樸拙則稱壽頭碼子，其人狡詐則稱滑頭碼子。案碼子，實爲某氏二字之變音，今甬人亦多稱之。
老鬼三		鬼讀俗音（ㄐㄩ）。		蘇滬語凡稱一人而不明言其名，彼此以意相會，則曰老鬼三。甬語稱人本曰前路，稱物本曰該生活，今則多效蘇滬語矣。
老頭子			拜老頭子	蘇滬語稱秘密會黨之首領曰老頭子，故加入其黨曰拜老頭子，今甬亦以爲常語矣。
大亨（蕩漢）		大讀本音（ㄉˊㄚ）。		蘇滬語稱流氓之有大勢力者曰大亨，或即蕩漢之轉音，今甬人亦多稱之。
野鷄		野讀俗音（ㄧˊㄚ）。		雉名野鷄，蘇滬語稱妓之下等者爲野鷄，蓋以其隨人求合，有類於雉也。引申之以爲形容詞，凡非正式者曰野鷄，如言野鷄挑夫、野鷄包車、野鷄輪船等是也。今甬上此語頗流行，幾不知爲外來語矣。

續表

俗名附短語	本音	俗音	例語	疏證
淌牌（淌白）（湯排）		淌讀若湯去聲（ㄊㄤ）。	撩淌牌	蘇滬語稱秘密賣淫之婦女曰淌牌。淌本即蕩之俗省，漂流之意。玩弄雀牌之時，卓之中央稱河，所棄之牌各置於其中，謂之淌牌，作弊者往往在河中撩取淌牌，故與此種婦女私合曰撩淌牌。俗亦作淌白。又作湯排。甬本稱私門頭、私窠子、半開門，今亦多改稱淌牌矣。
老蟹		蟹讀俗音（ㄏㄚ）。		蘇滬語稱婦女年老而狡猾者曰老蟹，蓋以蟹有螯能箝人爲喻也。今甬亦稱之。
老槍				凡吸食鴉片煙癮已深者，蘇滬語謂之老槍，蓋吸鴉片煙之筒俗謂之煙槍也。引申之，凡對於不正當職業操之已久者，皆謂之老槍。今甬語亦然。
飯桶				蘇滬語稱無用之人曰飯桶，謂飲食以外無所長，即古稱酒囊飯袋意。今甬語亦稱之。
蠟燭				蘇滬語稱不明事理或不知輕重之人曰蠟燭，謂如燭雖有心而無所知也。今甬語亦稱之。
洋盤				蘇滬語稱有財而不知用，徒供人欺紿者曰洋盤。洋即銀幣，謂如盤中之銀幣供人攜取也。今甬語亦有之。
阿木林				蘇滬語稱愚拙不解事者曰阿木林，蓋愚拙曰木，林从二木，取木多之意。或曰阿木林即呆木人之轉音。今甬語亦多稱之。本謂之木大，亦曰呆木頭也。

續表

俗名 附短語	本音	俗音	例語	疏證
殟孫（瘟孫）（瘟生）				蘇滬語稱愚而好自用者曰殟孫，亦作瘟孫、瘟生。《說文》：「殟，暴無知也。」甬語本僅稱殟，今亦從蘇滬語稱殟孫矣。
癟三（癟疝）（躄𨈆）			小癟三	蘇滬語稱佗傺無聊、衣履不整者曰癟三，亦作癟疝。本爲躄𨈆之轉音。《說文》：「躄，人不能行也。」躄𨈆，行無力也。今甬亦以癟三爲通語矣。
撮白黨				蘇滬語以色誘惑男女而騙取其錢財者曰撮白黨。今甬亦通稱之。
垃圾馬車		垃圾讀若癩（ㄌㄚ）霰（ㄙㄜ）。		蘇滬語凡人之淫濫貪濫或交友不擇人者，皆稱爲垃圾馬車，謂如載穢雜之馬車也。今甬語亦多稱之。
拆老				蘇滬語稱鬼爲拆老，詈人陰險時亦常用之。本與甬稱竊取人零物之小賊稱撮老者音同而形誼並殊，今甬亦從蘇滬語稱鬼爲拆老矣。
閒話（言話）		閒讀若鹹（ㄏㄢ）。	啥閒話	蘇滬語稱言語爲閒話，實當作言話。言字，吴音讀鹽，故俗又轉爲鹹也。今甬亦稱之。
局			出局 叫局	蘇滬語稱招妓曰叫局，妓女出外侑酒自稱曰出局。今甬語亦稱之。

續表

俗名附短語	本音	俗音	例語	疏證
門檻		檻讀俗音（ㄎㄢ）。	老門檻 門檻精	蘇滬語稱門限曰門檻。因稱各種事業之訣竅曰門檻，謂已入其門也。如對於某事熟練有經驗者曰老門檻。甬語本稱妓館曰門檻，與蘇滬語殊異，今亦多從蘇滬語稱深知訣竅曰門檻精矣。
生活		生讀俗音（ㄙㄤ），活讀若乎惡切（ㄏㄨㄛ）。	喫生活	蘇滬語稱人之手段曰生活，故受人之責打曰喫生活。今甬語亦稱之。
灘簧			寧波灘簧	蘇滬語所謂灘簧，即甬語所謂南詞，亦曰文書，今從蘇滬語，反稱甬之南詞爲寧波灘簧矣。
小帳（小獎）				蘇滬語稱賞給茶肆酒館等處使役之零錢曰小帳。蓋以茶酒等費用爲帳，此爲帳外之帳，故有小帳之名。甬語本曰酒錢，今亦多稱小帳矣。字亦作小獎。
空心湯團				蘇滬語稱本可獲得之利益而意外失之曰空心湯團。猶湯團本有餡，今無餡也。空心，取徒勞期望之意，與古人所謂畫餅意同。今甬語亦稱之。
照會				蘇滬語所謂照會，本稱一切納捐之執照，俗從其字面借稱人之面貌。蓋面貌與人晤會時常相對照也，如貌美者稱大英照會，亦稱特別照會；次者稱法蘭西照會，亦稱普通照

續表

俗名 附短語	本音	俗音	例語	疏證
				會；再次者稱内地照會；下者稱包腳布照會。此可見滬上居民媚外之一般。今甬人亦多稱之。
耳光（耳聒）（耳耿）		耳讀若泥上聲（ㄬㄧ）。	喫耳光	蘇滬語稱以掌擊頰曰喫耳光，猶甬語之稱摑巴掌也。今甬人亦有言喫耳光者。耳光，亦作耳聒。章太炎謂本當作耳耿。《説文》：「耿，耳著頰。」蓋謂耳與頰相連之處。光耿一聲之轉。
小房子			借小房子	蘇滬語稱男女幽會之處曰小房子。故賃定幽會之處曰借小房子。今甬亦稱之。
老虎竈（老火竈）				蘇滬語稱設竈煮水以售人之肆曰老虎竈，或曰竈頗大，形如虎踞，故得此名。案實當爲老火竈之譌，吴音火讀若虎也。甬有茶爐子，與此略似，惟婚喪時暫設而非久設者，然此語則頗流行。
馬甲（馬韐）		甲讀俗音（ㄍㄚ˙）。		蘇滬語稱無袖之衣曰馬甲。甬本謂之背身，亦曰背單，今亦有從蘇滬語稱馬甲者。案馬甲本謂馬衣，汗出覆之，以防風寒，其製無四足，僅被腹背，人所服無袖之衣似之，故名。或曰當作馬韐，謂騎馬時所服之韐也。《管子·小匡》：「輕罪入蘭盾、韐革二戟。」[一]注：「韐革，重革，當心著之，所以禦兵。」蓋本以革製，後人易以布帛。

[一] 小：原誤作「中」。二：原誤作「三」。均據《管子》改。

續表

俗名附短語	本音	俗音	例語	疏證
四開				蘇滬語稱值兩角之小銀幣曰四開，蓋約當銀圓四分之一，故名。甬本謂之雙角，今亦多稱四開。
八開				蘇滬語稱值一角之小銀幣曰八開，蓋約當銀圓八分之一也。甬本謂之單角，今亦多稱八開。
天官賜				此爲蘇滬歇後語之一種，蓋天官賜福四字本屬成語，今僅言天官賜而隱去福字，意即謂福氣也。今甬人亦多言之。
猪頭三				此亦蘇滬方言之歇後語，常爲譏詈初至都市商埠者之用。蓋祭祀常用猪頭三牲，故此四字已爲成語，今隱去牲字者，因牲生音同，謂其到處不熟練也。或曰猪頭三當爲者頭三之譌，者字起頭爲一土字，譏其人土頭土腦耳。今甬亦習用此語，幾若固有矣。
姝（趣）	姝音樞。	姝讀若趣（ㄘㄩ）。		蘇滬語稱人美好曰姝。如言該隻面孔交關姝，即贊人貌美也。俗作趣，非。案「静女其姝」「彼姝者子」，皆見《詩》，謂女子貌美好也。今甬人亦多言之。
儹（⿰女贊）		儹讀若贊（ㄗㄢ）。		蘇滬語亦稱人物美好曰儹。今甬人亦言之。案儹本當作⿰女贊。《説文》：「⿰女贊，白好也。」
飄亮（漂亮）（僄亮）				蘇滬語稱人物俊美或行事知趣曰飄亮。俗多作漂亮。或曰當作僄亮。《説文》：「僄，輕也。」謂其靈敏明白也。今甬人亦常言之。

續表

俗名 附短語	本音	俗音	例語	疏證
黃落				蘇滬語稱事之無實際或無結果者曰黃落。謂如草木經秋而葉黃落，僅存空枝也。今甬人亦多言之。
蹩腳				蘇滬語稱人落魄曰蹩腳。蓋謂其衣履不整，行步蹣跚也。引申之，凡人之才能低下，器物窳劣，資産困乏者，皆謂之蹩腳矣。今甬人亦習言之。
曲死（屈死） 曲辮子				蘇滬語詈鄉愚曰曲辮子，亦曰曲死。蓋鄉人不常梳沐，昔時有辮，常曲而不伸也。曲死，亦作屈死，謂當負屈而死也。今甬人亦多言之。
熱昏			小熱昏	蘇滬語稱人如病熱而舉動錯亂，言語誕妄曰熱昏。故稱沿門賣唱，口發種種譁語者爲小熱昏。因又稱口不擇言者曰小熱昏。今甬人亦多言之。
弗識頭			識讀若殺（ㄙㄚ˙）。	蘇滬語稱所遇不遂曰弗識頭。猶甬語之稱晦氣也。今甬人亦多言之。
邪氣			邪氣多	蘇滬語稱事物不可思議者曰邪氣。又爲最極之稱，如邪氣多即謂極多。今甬語亦多稱之。
厭氣				蘇滬語稱煩悶不樂曰厭氣。今甬語亦言之。
鴨矢殕（阿是醜）				蘇滬語稱事之不光榮或不名譽者，輒曰鴨矢殕。或曰鴨矢殕乃阿是醜之音譌。今甬人亦常言之。

續表

俗名 附短語	本音	俗音	例語	疏證
馬馬虎虎（模模糊糊）馬虎（䁲䁲瞴瞴）		馬讀若買之反濁音（ㄇㄚ）。		蘇滬語稱作事敷延或秉性顢頇曰馬馬虎虎，亦省曰馬虎。案即模模糊糊之轉音。今甬人亦以爲常語矣。或曰當作䁲䁲瞴瞴。《説文》：「䁲，小視也。」「瞴瞜，微視。」蓋不精察之意。
假癡假呆		假讀俗音（ㄍㄛ）。		蘇滬語稱作不知以欺人者曰假癡假呆。今甬人亦多言之，惟癡字音變若妻。
白相（孛相）（薄相）			白相馬路 弄白相 白相人	蘇滬語稱游玩曰白相，如在馬路游玩曰白相馬路。又稱游戲曰白相，如戲弄曰弄白相。又稱游蕩曰白相，如游手好閒者曰白相人。今甬人亦常言之。《通俗編》：「《吴江志》：『俗謂嬉遊曰孛相。』《太倉志》作白相，《嘉定志》作薄相。」〔一〕
碰頭		碰讀若彭上聲（ㄅㄤˊ）。		蘇滬語稱會面曰碰頭。甬語本謂頭觸物曰碰頭，今亦多從蘇滬語稱會面曰碰頭矣。
淴浴				蘇滬語稱澡身曰淴浴，引申之，妓女因負債纍纍詐作從良，及債償清又出操淫業，亦曰淴浴。甬本稱澡身曰境浴，今亦有稱淴浴者矣。

〔一〕嘉定：原誤作「吴江」，據《通俗編》改。

續表

俗名附短語	本音	俗音	例語	疏證
搬場				蘇滬語稱遷居曰搬場。甬語本稱搬家，今亦有稱搬場者。
打樣				蘇滬語稱夜間商店休止營業曰打樣。甬人今亦多稱之。
光火		光讀若梗俗音平聲（ㄍㄨㄤ）。		蘇滬語稱人忿怒曰光火，謂如火之炎炎向上也。甬語本曰動火動氣，今亦間稱光火矣。
揩油		揩讀俗音（ㄎㄚ）。		蘇滬語稱爲人辦事或供職而從中取利以圖中飽曰揩油，即分潤之意。今甬人亦多稱之。
喫虧		虧讀若區（ㄑㄩ）。		蘇滬語稱受損曰喫虧，虧讀若區。甬方言本亦有此語，虧讀本音，今亦多效蘇滬音讀若區矣。
碰和		碰讀若彭次清音（ㄆㄤ），和讀若胡（ㄏㄨ）。		蘇滬語稱四人鬭雀牌曰碰和。甬語本稱叉麻雀，今亦多稱碰和矣。
拆梢		梢讀若騷（ㄙㄠ）。		蘇滬語稱用詐欺或强迫手段取人錢曰拆梢。甬語本謂之敲竹槓，今亦有稱拆梢者。
釘梢				蘇滬語稱躡行人後意有所圖曰釘梢。今甬語亦稱之。
打照會				蘇滬語稱面貌曰照會，故晤面曰打照會。今甬語亦稱之。
打茶會（打茶圍）				蘇滬語稱妓女之稔客至妓館茶敘曰打茶會，亦作打茶圍〔一〕。今甬已成方言矣。

〔一〕圍：原誤作「會」。

續表

詞 附短語	本音	俗音	例語	疏　證
掉槍花				蘇滬語稱以手段眩惑人者曰掉槍花。今甬亦習用若固有矣。
觸煤頭（蹙眉頭）				蘇滬語稱作事不順、到處受人奚落曰觸煤頭。或曰當作蹙眉頭，心中不快則顰蹙眉端耳。今甬語亦習用之。
弔膀子（瞗榜子）				蘇滬語稱男女相悦、眉目傳情、互相挑逗曰弔膀子。今甬語亦稱之。案當作瞗榜子。《説文》：「瞗，目熟視也。」榜子，猶言樣子，謂以目表示相悦之榜樣也。
罵山門				蘇滬語稱登門辱罵曰罵山門。山門，本指寺院之門也。今甬語亦稱之。
拆爛汙				蘇滬語稱作事無結果或至遺累人曰拆爛汙，謂腹瀉染衣不可收拾也。今甬亦習用之，惟汙讀若屙。
出風頭（出鋒頭）				蘇滬語稱故意在衆前自炫所長曰出風頭。風，本當作鋒，謂如毛遂自薦脱穎囊中也。今甬語亦稱之。
搭赸頭				蘇滬語稱絶無關係而兜搭談話曰搭赸頭，即小説中所謂搭赸著也。今甬語亦稱之。
拉皮條				蘇滬語稱爲男女媒合不正當之婚姻曰拉皮條。甬語本謂之牽綫，今亦多從蘇滬語矣。
賽過如賽過				蘇滬語稱極相似曰賽過如，亦省曰賽過。甬語本曰活搨過，今亦多從蘇滬語。

續表

詞附短語	本音	俗音	例語	疏證
像煞有介事		介讀俗音（ㄍㄚ）。		蘇滬語稱以假飾真而爲之極相似曰像煞有介事。今甬及他處亦多言之。

其他各地流入詞語表

俗名附短語	本音	俗音	例語	疏證
齷齪（握齪）惡濁				越語稱不潔曰齷齪，見《越諺》。甬語本曰鏖糟、曰邋遢、曰膩腥，今亦有稱齷齪者。案《集韻》：「齷齪，迫也。」《六書故》：「齷齪，齒細密也。」故人之曲謹者曰齷齪，本無不潔誼。《史記·司馬相如傳》：雖有「委瑣握齪」語，然亦爲局促意。實當爲惡濁音譌，濁轉如觸也。
靸（趿）（㿃）（儵）（歙）	靸，悉合切。	靸讀若吸（ㄒㄧ）。	好靸	越語稱不好曰靸。《西湖遊覽志餘》：「杭州市人諱低物曰靸，以其足下物也。」《玉篇》：「靸，履也。」《越諺》：「《志餘》作靸，《能改齋漫録》作趿，《説文》青黑繒發白色曰儵，《集韻》破器曰歙，四字同音，借喻皆可用，惟《説文》㿃，病劣也，人物不美，非劣而何？从㿃爲正。」今鄞邑西鄉尚有言靸者。
胦尾（胦會）（陽物）	胦音央。	胦讀若櫻俗音（ㄤ），尾讀若會（ㄏㄨㄟ）。		越語稱男子陰曰胦尾，亦作胦會。《廣韻》：「脬胦。」《集韻》：「脖胦，臍也。」案實當爲陽物二字之轉音。今鄞惟俗曲中尚有此語。

續表

俗名附短語	本音	俗音	例語	疏證
綠殼				盜語稱劫盜曰綠殼。案光緒志《大事紀》：「咸豐元年九月，廣東艇盜犯郡境，盜船形如蚱蜢，故號蚱蜢艇。濱海民以綠殼呼之。」蓋艇色髹綠，故呼綠殼，因即稱乘此船之盜。今又稱一切台矣。
花邊				台語稱銀幣曰花邊，因銀幣邊作輪齒，如花故也。今甬語亦稱之。
西崽（西仔）（西囝）（侍者）		崽讀若哉（ㄗㄞ）。		粵語稱國人受僱爲外人僕役者曰西崽。崽，亦作仔囝，皆兒童之意。今亦改作侍者。甬人亦多稱之。
鹹水妹				粵語稱粵妓接西人者曰鹹水妹。或曰本由西人呼妓曰鹹飛水妹譯音之省。今甬人亦稱之。
洗澡				北方語稱澡身曰洗澡。今甬語亦間稱之。

英國流入詞語表

譯名	音讀	本字	例語	疏證
剛白度（康白陀）	度讀若舵（ㄉ́禾）。	ComPradore	買辦先生剛白度	外人所設公司之經理譯名爲剛白度，亦譯康白陀，或稱買辦。俗有買辦先生剛白度之語。
殺老夫（式老夫）		Shroff		外人所設公司之職員以招徠貿易者譯名爲殺老夫，亦作式老夫。

續表

譯名	音讀	本字	例語	疏證
阿而曼	阿讀若倭（禾）。	Oldman		英語稱年長者曰阿而曼，即老人之意。甬語戲謔時亦常言之。俗又以阿音近倭儯之倭，故謌以爲糾纏不清者之名。
德律風		TelePhone		電話舊時音譯爲德律風，故今猶稱人之靈通者曰像德律風介。
衛生		Whistle	拉衛生	輪船、火車及工廠中用作信號之汽笛，舊時譯名爲衛生，音與英名麾司脱而相似，蓋音譯也。兒歌中尚有「寧紹拉衛生」之語，拉者，放也。
引擎	引讀若應（ㄧㄣ）。	Engine		汽機舊時音譯爲引擎，今尚多稱之者。
馬達		Motor		發動機舊時音譯爲馬達，今仍稱之，罕有稱發動者。
馬達卡		Motor Car		汽車舊時音譯爲馬達卡。卡即車之英名也[一]，今仍稱之。
司的克		Stick		手杖舊時音譯爲司的克，今仍稱之，間有稱棒頭者，手杖則無人言之。
沙法（沙發）		Sofa		西式下裝彈簧之睡椅，舊時音譯沙法，亦作沙發，今仍稱之。

〔一〕卡：原誤作「卞」。

續表

譯名	音讀	本字	例語	疏證
咖啡	咖讀若考平聲(ㄎㄠ)。	Coffee	咖啡茶	咖啡爲一種植物之果實製成，以作飲料，非中國所産，故僅有音譯之名。
布丁		Pudding	西米布丁	布丁爲西人食品之一種，略如中國之餻，至今僅有譯名。
白蘭地		Brandy		白蘭地爲酒之一種，今仍用音譯名。
司必林		SPrings	司必林鎖 司必林褥子	彈簧舊時音譯爲司必林。如彈簧鎖曰司必林鎖，彈簧製成之牀簀曰司必林褥子，今仍多有稱之者。
皮酒(啤酒)		Beer		歐洲所産之麥酒，英名爲皮耳，故音譯爲皮酒，亦作啤酒，今仍用此名。
鴉片(阿片) (阿芙蓉)		Opium		鴉片，明李時珍《本草》已有「阿芙蓉，一名阿片」之語，可謂音譯字之古者。惟《本草》注謂「阿爲我，花似芙蓉」，則爲曲解。阿芙蓉亦即 Opium 之譯音，蓋最初之譯名也。
雪茄		Cigar	雪茄煙	捲煙之一種，因我國最初自斐列賓之馬尼剌輸入，斐列賓舊屬西班牙〔一〕，俗稱小吕宋，故亦有吕宋煙之名，俗亦謂之雪茄煙。
可鐵		Coat		甬俗亦稱大衣曰可鐵，即英名之譯音也。

〔一〕列賓：原誤作「賓列」。

續表

譯名	音讀	本字	例語	疏證
乒乓		Pingpong		檯球，甬俗謂之乒乓，即英文之譯音。乒乓二字，乃省兵字末二筆之左右各一筆爲之。舊時小説以形容爆竹及兵器相接觸之聲。
撲克(抛克)		Poker		歐人賭博用紙牌之一種，今仍用此音譯名。
圈的混		Twentyone		亦歐人賭博之一種，因以二十一點爲及格，故有圈的混之名也〔一〕。
道拉斯		Dollars		甬俗亦稱銀圓曰道拉斯。道拉本爲美國及加拿大貨幣之基本單位，斯爲多數之語尾也。
混道拉		Onedallar		甬俗亦稱銀幣一圓曰混道拉。混，英語之一也。
金鎊		Asterling-pound		英貨幣之名，二十先令爲一金鎊。鎊即 Pound 之譯音，今甬人多稱之。
先令(仙令)		Shilling		先令，亦譯仙令，亦爲英貨幣之名，今甬人亦多稱之。
克姆賞		Commissiom		甬語多稱給使役之小帳曰克姆賞，實爲英語之譯音，原意本用錢或中人費也。
噸		Ton		噸爲英美衡名，亦譯音字。
磅		Pound		磅亦爲英美衡名，亦譯音字。

〔一〕 的混：原誤作「混的」。

續表

譯名	音讀	本字	例語	疏證
听		Tin	一听火油 一听餅乾 听頭貨	聽本爲鐵製瓶罐之英名，一聽，猶言一罐也。故罐裝食物亦曰聽頭貨。听，即聽之俗省字。
打		Dozen	一打	英語稱物十二件爲一組曰一打，即原名達層之切音。
凡雷哥		Verygood		英語稱甚好曰凡雷哥特，今甬人亦多言之而省去其尾音特字。
摩登		Modern		摩登本英語現代之意，故以爲時式之稱，今人多言之。
和而散姆		Allsum		俗稱一切在内曰和而散姆，實即英語總數之譯音。
麥克麥克		Muchmuch		甬稱甚言其多曰麥克麥克。案英語無與此相合之音，恐係英名多 Much，洋涇浜語誤讀爲麥克，復重言之也。
哈夫		Half		甬俗常稱平分曰哈夫。哈夫，實即英語半字之音譯。
那馬混		Numberone		甬俗稱首領或人物之居最者曰那馬混，實即英名第一之音譯。
也司		Yes		甬俗戲嬉之時答人爲是常曰也司，實爲英語是字音譯。
卡 卡片		Card[一]		甬俗亦稱名刺曰卡，亦曰卡片，實即英名 Card 之音譯。

〔一〕d：原脱，下同。

續表

譯名	音讀	本字	例語	疏證
模特兒		Model		甬俗常稱人之裸體者曰模特兒，不知模特兒爲英語 Model 之譯音，本稱模型，因石膏所製之人物模型多係裸體，遂誤以爲人之裸體者專稱矣。

（四）反切詞語

鞠窮爲芎，見諸《左氏》。蒺藜曰茨，歌於《鄘風》。《爾雅》之不律曰筆，原屬蜀語。《春秋》之於越稱越，名從主人。方言之有反切，由來舊矣。蓋語緩則一音延爲二字，語急則二字合爲一音，發自天籟，非關造作。故顏之推以方言爲反切所自起也。甬人語促，虛助詞語在北爲二字者往往變成一音。如什麼，甬曰舍。無庸，甬曰覂。至實物名詞，則大抵偶而不奇，故本作一音者轉延爲二字。如槃，甬曰勃闌。第，甬曰簣裹。今分列反語、切音二表，並疏釋其演變緣由，且引故書證明之。

反語表

反語	原字	俗音	例語	疏證
弄堂	廊		小弄堂	甬稱宅中之巷曰弄堂。又街市小巷亦曰弄堂。案弄堂，實爲廊字之反語。急言之曰廊，緩言之則曰弄堂也。《玉篇》：「廊，廡下也。」《漢書・竇嬰傳》注：「廊，堂下周屋也。」蓋本爲宅中通路之稱，故引申以稱小巷。參看《俗名・名物詞表・地理類》弄字注。

續表

反語	原字	俗音	例語	疏證
簀裹	第		簀裹眠牀	牀上所鋪之棧以竹篾編成者，甬稱簀裹。貧家用之。案簀裹，實爲第之反語。《説文》：「第，牀簀也。」《爾雅》：「簀謂之第。」參看《俗名・名物詞表・器具類》簀裹注。
編箕	篦		常州編箕	甬稱梳具中齒密者曰編箕，或曰編箕，實爲篦字之反語。《廣韻》篦音邊兮切，正與編箕二字之合音相同。《説文》：「篦，導也。」今俗謂之篦。參看《俗名・名物詞表・器具類》篦箕注。
白籃（勃闌）	槃		攤飯白籃	篾製大槃以供盛物曬晾用者，甬稱白籃，亦作勃闌，實爲槃字之反語。槃字吳音本讀若辨平聲也。《容齋三筆》：「世人語有以切脚稱者，如以蓬爲勃籠，槃爲勃闌之類。」
結蛛	蛛		結蛛羅網	甬稱蜘蛛爲結蛛，或曰因能結網故曰結蛛，或曰結，即蜘之轉音。或曰結蛛爲蛛之反語。
勃籠	蓬		勃籠一聲	甬語形容木器等擊觸之聲曰勃籠。《容齋三筆》謂即蓬字之切脚。
脱懶（脱孏）（蹋躝）	癱		像脱懶介	甬稱人疲輭無力，不能坐立行動曰脱懶，亦作脱孏，又作蹋躝。蓋爲癱字之反語。俗所謂像脱懶介，即謂如癱者也。光緒志云：「俗謂癱曰蹋躝。」亦反切語也。
魄莫	霏（奤）	魄霏皆讀若粕（ㄆㄛ）。	小孩魄莫	甬稱吮乳之嬰兒肥而不實曰魄莫。《禮記・内則》「去其皽」注：「皽，謂皮肉之上魄莫也。」楊伯嵒《臆乘》：「物之虚浮而不實者，俗謂之魄莫。」案魄莫實即霏之反語字，亦作奤。參看《俗名・形狀詞表・形態類》奤字注。

續表

反語	原字	俗音	例語	疏證
齊整	靚		打扮齊整	甬稱裝飾整潔曰齊整。案齊整實爲靚字之反語。《集韻》靚，疾正切。案疾齊雙聲，整正音同。《廣韻》：「靚，裝飾也。」司馬相如《上林賦》「靚莊刻飾」注：「靚莊，粉白黛黑也。」參看《俗名·形狀詞表·形態類》齊整注。
速朗	爽		速朗介現銅錢	甬稱爽直或捷直了當曰速朗。案速朗實爲爽之反語。甬音爽讀若桑上聲也。
乞刻	怯			甬稱人能力不足而竭力爲之曰乞刻。案乞刻實爲怯之反語，怯猶言怯弱也。
即靈（鯽令）	精		即靈介	甬稱人乖巧曰即靈，亦作鯽令，實即精之反語，精即俗語所謂人精、成精之精也。《宋景文筆記》：「孫炎作反切語，本出於俚俗常言，尚數百種。故謂就曰鯽鰡，謂團曰突欒，謂精曰鯽令，謂孔曰窟籠，不可勝舉。」
無朗（胡朗）	莽（漭）（瞢）（没了當）	無讀俗音（ㄇㄨ）。	無朗小孩 擡頭無朗	甬稱不解事曰無朗，或謂無朗即莽之反語，或謂即瞢之反語，或謂即漭之反語。漭亦讀胡朗切也。或謂即没了當三字，朗乃了當之切音，了當猶言了得，謂明白事理也。陳炳翰《諺鐸》作五郎，不知何據。
交關（交慣）	儹		交關好 交關多	甬稱極甚曰交關，亦作交慣。或曰即儹字之反語。儹，《説文》：「最也。」俗讀若贊。市肆，每種貨物出衆曰儹極，即此意也。

續表

反語	原字	俗音	例語	疏證
許多	夥		許多東西	甬稱甚多曰許多。或曰許多實夥字之反語。夥，胡果切，俗讀若火平聲。《韻會》：「夥，多也。」參看《俗語·形狀詞表·等差類》許多注。
無没	没	無讀俗音（ㄇㄨ）。	一點無没	甬稱無有曰無没，無與没誼同，蓋重言之也。或曰無没即没字之反語。
阿夥	侉		阿夥痛殺	甬語呼痛常作阿夥二字之音。或曰阿夥即侉字之反語。《廣韻》：「侉，安賀切。痛呼也。」
奈何（奈和）	儺		奈何嬉頭	甬語游戲曰奈何。或曰當即此二字。無所措手足曰莫奈何，故反之得隨意所欲曰奈何。亦作奈和。或曰奈何乃儺字之反語。儺轉音讀若儺也。
冒充	矇（蒙）		冒充在行人	甬稱矇混曰冒充。或曰即此二字。或曰即矇字之反語。矇亦作蒙，謂矇蔽人也。
弄送	弄		弄送人家	甬稱欺侮曰弄送。或曰即弄字之反語。欺人，亦曰弄人家也。
配辦	拚		配辦喪性命	甬稱不顧一切而爲之曰配辦。案配辦實爲拚之反語。拚，吴音讀若盼，實即拚字，捐棄之意。參看《俗語·動作詞表·行爲類》拚字注。
背命	拼		背命用功	甬稱竭其能力曰背命，實爲拼字之反語。拼，亦讀若併，即并俗字，謂并日爲之也。

續表

反語	原字	俗音	例語	疏證
那末（難末）	乃		那末好了	甬語語氣承轉而緩者，常用那末爲接續詞，亦作難末，實即文中乃字之反語，乃轉音讀若納也。
格末	故　則		格末就走	甬語語氣承上文而急者，常用格末爲接續詞。或謂格末即故之反語，故轉入聲若括也。或謂即則字之轉音。
何弗　曷弗	盍	曷讀若活（ㄏㄨㄚˊ）。	何弗當心	甬語凡勸告或請求人常用何弗，或曰曷弗，二字爲接續詞，實即盍字之反語。《左傳》注：「盍，何不也。」
括拉	蓋	蓋讀若割（ㄍㄚˊ）。	括拉是介	甬語表示結果之接續詞常用括拉二音。或曰即故而二字之讀入聲。案實即蓋字之反語。蓋轉入聲讀若割也。參看《俗語·虛助詞表·接續詞》故而注。

切音表

切音	原語	俗音	例語	疏證
莧	瞎眼	眼讀俗音（ㄫㄢ）。	擋瞎眼　算命瞎眼	甬語稱瞽者曰瞎眼。瞎眼二字當急讀，切合爲莧音。如業星命之瞽者曰算命莧，即謂算命瞎眼也。兒童之爲瞽者相曰擋莧，即謂擋瞎眼也。
儇（翾）	勿頑	儇讀勿頑切（ㄏㄨㄢ）。	交關儇	甬贊兒童乖巧曰儇。儇即慧意。《越諺》則謂其義即勿頑，嘉許小兒循良之稱，即造翾字。參看《俗名·形狀詞表·性質類》儇字注。

續表

切音	原語	俗音	例語	疏證
猛(滿)	模樣		好猛 多猛	甬語稱甚曰猛。如甚好曰好猛，甚多曰多猛。或曰即滿字之轉音。或曰當爲模樣二字之切音。參看《俗名・形狀詞表・等差類》蠻字注。
傪(怏)(憹)	懊憹	傪讀若翁去聲(廾)。	交關傪	甬語稱懊恨曰傪。《集韻》：「傪，戾也。」或謂傪即怏之轉音。或謂即憹之轉音。案實即懊憹二字急讀而切成傪音也。憹亦讀若農，今又轉爲去聲。參看《俗名・動作詞表・屬意念類》怏及懊惱注。
⿵門身	隱入	⿵門身讀若揖(ㄧ˙)。	⿵門身見⿵門身見	甬語稱隱身於人背後曰⿵門身。如忽隱忽現曰⿵門身見⿵門身見。實爲隱入二字之合音。參看《俗名・動作詞表・屬身體類》⿵門身字注。
照(嫑)	祇要		照銅錢就好辦	甬語祇要二字常合讀音若照。《越諺》將只要二字合書，別造嫑字。
巧	卻要		巧老實話	甬語卻要二字常合讀爲巧。如須實言曰巧老實話。
酒(肴)	止有		酒該點點	甬語止有二字亦常合讀音若酒。《越諺》將止有二字合書，別造肴字。
否	勿愛 勿該	否讀若勿愛切(ㄈㄞ)，亦讀平聲(ㄈㄞ)。	否該東西 否打渠	甬語勿愛二字常合讀，俗書作否。如不欲此物曰否該東西。否即勿愛二字切音也。又勿該二字亦合讀，俗亦作否。如禁阻人撲之曰否打渠。否即勿該二字切音也。

續表

切音	原語	俗音	例語	疏證
微(⿱勿爲)	未會	微讀若北音去聲(ㄪㄟ)。	微壞了 微做	甬語兒童受父母懲罰時索宥常曰微壞了，微即未會二字之合音。又謙言不能亦曰微，如不能作曰微做，亦曰微弄。《越諺》則别制⿱勿爲字，即讀勿爲切。
覂	無庸 無用	覂讀若聞(ㄪㄥ)，亦讀若逢(ㄪ廾)。	覂話 覂做	甬語無庸或無用二字常合讀爲聞音，亦讀爲逢音。如無庸説曰覂話，無庸作曰覂做。《説文》：「覂，反覆也。」方勇切。蓋不受其辭而反之也。實即無庸二字之切音。
毛(無)	毋好	毛讀反濁音(ㄇㄠ)。	毛訬 毛話	甬語禁阻人不許擾曰毛訬，禁阻人不許説曰毛話。毛即毋好二字之切音，猶言不可也。或曰毛即無之古音，北宋時已讀無若毛矣。參看《俗名・動作詞表・屬器物類》無字注。
瑣(啥)(舍)(何)(余)	什麼 甚麼 拾没		瑣東西 瑣整體 瑣人	甬語問何物曰瑣東西，問何事曰瑣事體，問何人曰瑣人。瑣字實即什麼二字之合音。麼讀若摩也。什麼亦作拾没。《集韻》：「不知而問曰什没。」《通雅》：「什麼即拾没之平聲。」亦作甚麼，見朱子《語録》。今北方語緩猶言什麼也。瑣，俗多書作啥，亦作舍。章太炎謂即《説文》之余字語之舒也，从八，舍省聲，俗乃衍爲什麼二字。
寨(昝)(曾)(朁)(憯)(囃)	怎麼	寨亦讀若搓濁音(ㄗˊ禾)。	寨爲 寨做 寨弄	甬語問人何故如此曰寨爲，問人如何辦法曰寨做，亦曰寨弄。寨有二音，實皆怎麼二字之合音。怎讀若曾經之曾，麼讀若北方麻音，則寨即讀寨之本音。又麼讀若摩，則寨即讀若搓之濁音。寨亦作囃。《勸戒六録》：「步香楠觀察

切音	原語	俗音	例語	疏證
				詢河事，邱都闖廣玉答以不嘸一語。」〔二〕嘸者，怎之轉音。不嘸者，豫省土語，猶云不妨事、不怎麽也。或曰當爲曾之轉音。《方言》：「曾，何也。」本作朁。《説文》：「朁，曾也。」《繫傳》：「今俗有昝字。」亦通作憯，見《詩》。《爾雅》：「憯，曾也。」注：「發語詞也。」今俗字作怎，始見《五音集韻》。
行	何樣 曷樣	行讀若杏俗音平聲(ㄏㄤˊ)。	行你寨話	甬語凡不解人語意，常先發行聲再曰寨話，即謂汝何辭也。行字實即何樣或曷樣二字之合音。何樣，猶他方言怎麽樣也。
啦（拉）（來）（而）	了麽	啦讀若癩平聲(ㄌㄚ)。	你病好啦 你做瑣啦	甬語問人常用啦字爲助詞，如問人病愈否曰你病好啦，問人何所作曰你做瑣啦。俗亦作拉。實即《論語》「已而」之而、《莊子》「語我來」之來音變也。或曰當爲了麽二字之合音，麽讀北方麻音，故了麽二字切爲啦音也。參看《俗名·虚助詞表·助詞類》啦字注。

〔二〕玉：原誤作「至」，據民國《象山縣志》改。

（五）象形會意諧聲詞語

亥有二首六身，爲象形所自起。以環表還，而玦表決，亦諧聲之嚆矢。至文字會意，本屬六書之一種，詞語之有斯變化，蓋周秦已然，六朝而後，江南獨盛。吴歈越謳中，若大刀頭爲環，破鏡爲半月，蓮之諧憐，藕之諧偶，益不勝僂指數。甬本吴越舊疆，遺風未沫，尋常詞語，秧歌俚曲，皆觸耳可聞。今選其最流行者，彙列左表。

象形會意諧聲詞語表

詞語	音讀	解釋
一圈		甬俗稱一百之數曰一圈，因百之數碼爲〇，即圈也。
一干（一竿）		甬俗稱一千之數曰一干，亦作一竿。蓋干字與千字相似，有意讀别字也。《繼世紀聞》：「劉瑾用事，賄賂公行，凡有干謁者云饋一干，即一千之謂；云饋一方，即一萬之謂。後漸至幾干幾方。是此隱語，明代已有之矣。」
一撇		甬俗亦稱一千之數曰一撇，因千之數碼爲丿，即撇也。案丿實即千字之首筆俗省也。《劉貢父詩話》：「今言萬爲方，千爲撇非訛也，若隱語耳。」則宋時已有此稱矣。
一方		甬俗稱一萬之數曰一方，因萬字俗省作万，與方字相似，故作此隱語也。詳見前。
三禮拜六點鐘		甬俗稱婦女因妒忌而争鬧曰三禮拜六點鐘。蓋婦女争寵曰喫醋，醋字析之爲廿一日酉四字，三禮拜爲二十一日，下午六點鐘適爲酉時，故作此隱語也。
十三塊六角		甬俗稱人帷薄不修曰十三塊六角，因俗稱妓院之男子曰龜，故亦稱其婦不貞者。龜背甲六角形而有紋，分析爲十三塊也。

續表

詞語	音讀	解釋
廿一塊八角	廿讀若念(ㄏㄧㄢ)。	國民黨統治時,甬俗諱言共産黨曰廿一塊八角,因共字可分析爲廿一八,凡三字也。
孬(壞)	孬讀若烏挨切(ㄨㄚ)。	不好曰壞,壞轉音爲烏挨切。俗又合不好二字,别制孬字,見《桂海虞衡志》。
歪(竵)		不正不直皆曰竵。竵見《説文》,「不正也」。俗又合不正二字,别制歪字,見《字彙》。
𡇈(扁)		不圓不高皆曰扁。《詩》:「有扁斯石。」即此意也。俗又合不圓二字,别制𡇈字,見《南粤志》。
套(矮)(倭)		不長曰矮。《説文》:「矮,短人也。」亦借作倭〔一〕。俗又合不長二字,别制套字。
𨓍(蕩)(盪)(宕)	𨓍讀若宕俗音(ㄉㄤˊ)。	物懸挂而摇動,人飄泊而無業,皆曰蕩。蕩音轉入漾韻也。亦作盪,借作宕。俗又合不定二字,别制𨓍字。
覔(覓)(覛)(覓)		物不見而搜尋曰覛。覛見《説文》,「邪視也」。搜尋器物時目必環視,故引申爲搜尋誼。後變爲上聲下形,作覓,又省作覔。俗又合不見二字,别制覔字,見《玉篇》。
𨈭		自近年跪拜改爲鞠躬,函札往返,多書鞠躬。俗又連合二字,省寫之爲𨈭。

〔一〕 倭:原誤作「矮」。

詞語	音讀	解釋
蘦		此爲商店新年書户之吉語，連合黄金萬兩四字而成。
鼆		此亦商店新年書户之吉語，連合招財進寶四字而成。從此與前一字亦可見甬商之孜孜汲汲爲利矣。
猜你丁	你讀俗音(兀)。	甬語詈人常曰猜你瞎子，謂無知識者不屑與交往也。後又轉爲猜你丁。丁者，昔年有著名星命家瞽者曰丁春陽也。
帶豆烤茄	茄讀俗音(ㄐㄧㄢˊ)。	甬俗賭博時，囊家如亦加入其中并所分之頭錢亦輸去，謂之帶豆烤茄。豆諧頭音，帶頭即并頭錢之意。
頭弗種樹		甬語譏人頭緒不清，謂之頭弗種樹。樹即諧緒音。頭弗種樹，謂無頭緒也。
不亦樂乎		甬語譏人落魄無聊曰不亦樂乎。此語見《論語》。今以樂諧落音，即落魄之意。
桃之夭夭		甬語譏人因事逃避曰桃之夭夭。此語見《詩》。今以桃諧逃音，夭夭諧杳杳音，謂逃避杳無蹤跡也。俗又故將夭讀作別字曰逃之夭夭。
婆羅揭諦		甬語譏人貧困已極曰婆羅揭諦。此語見梵典《心經》。今以揭諧急音，甚言其急迫也。
是無等等呪		甬語譏人好自誇大曰是無等等呪。此語亦見梵典《心經》。其上句是無上呪，今以是諧自音，即取自以爲無上、自以爲無與等儕之意。

（六）市語

市語者，即所謂三百六十行門内語也。工商各業品物因良窳而分等，械器由功用而著稱，不能無專名以别之，至處事施技不能無以言也，故亦各有殊詞。下逮江湖鬻技，優伶倡隸，盗丐會匪，則演而爲切口矣。甬人重商，執工亦衆，故市語特盛。簿摺票據所紀，言談問答所及，姑無論已，即地方報章，若經濟闌，若行市表，亦皆沿用。苟徧載之，當成巨帙，且其用限於一業一藝及與其業其人有關聯者，非外人所能備悉，不勝紀，抑不需紀也。今於藝業大者，已略載其習語於《食貨志》各編中，左表惟列歷來最流行之市語數詞，爲象形諧聲者各一種，以示一斑。若今日商品標識之隱值，不特業各不同，廛各不同，且日月變易，以蒙顧客，則無由紀矣。

市語數詞表

名稱	疏釋
平頭	數之一也，平字之頭爲一。
憶多嬌	亦一也，憶諧一音。
空工	數之二也，工空中豎爲二。
耳邊風	亦二也，耳諧二音。
眠川	數之三也，川字横眠爲三。
散秋香	亦三也，散諧三音。
睡目	數之四也，目字横睡爲俗字四。
思鄉馬	亦四也，思諧四音。

續表

名稱	疏釋
缺丑	數之五也，丑字右上略缺爲五。
誤佳期	亦五也，誤諧五音。
斷大	數之六也，大字中斷爲六。
柳摇金	亦六也，柳諧北方六字音。
皂底	數之七也，皂字下半爲七。
砌花臺	亦七也，砌諧北方七字音。
分頭	數之八也，分字上半爲八。
霸陵橋	亦八也，霸諧北方八字音。
未丸	數之九也，丸字未書成而少一點爲九。
救情郎	亦九也，救諧九音。
田心	數之十也，田字中心爲十。
舍利子	亦十也，舍諧北方十字音。

（七）嬰娘語

昔人有言：「嬰兒甫生，胡越同聲。」此指啼笑言耳。若呀呀學語之際，父母保傅負劍辟咡，詔以簡單詞語，易發音聲，嬰兒口摹而舌效之，其地方性已顯著，不得謂南北從同也。故甬語無正齒卷舌之音，嬰兒即無發是音機緣，雖長而置諸燕魯，有終不能運用齒舌者。范寅《越諺》首著孩語，頗具卓識。蓋嬰兒語音，即爲方言基礎，語言研求，未容忽視。惟廁成語童謡，則上及孩提，已非盡元音矣。今不曰孩語，而曰嫛婗語，明此爲嬰兒甫發天籟，非孩童能言成語也。嫛婗語多屬重言者，蓋必如是始易發聲，且反復之俾得熟習。與《越諺》同者凡十六七，是則甬越比鄰故也。

嫛婗語表

詞語 附注音符號	音讀	疏釋
阿哺 ㄚ˙ㄅㄨˊ	哺讀若蒲上聲。	嬰兒呼母或乳母之聲。哺，謂哺乳也。
哥哥 ㄍ禾ㄍ禾		嬰兒呼兄之聲。
弟弟 ㄉˊㄧㄉˊㄧ		嬰兒呼弟之聲。
姐姐 ㄗㄧㄚㄗㄧㄚ		嬰兒呼姊之聲。
妹妹 ㄇㄟㄇㄟ	妹讀反濁音。	嬰兒呼妹之聲。
囡囡 ㄋ千ㄋ千	囡讀若暖。	呼嬰兒或嬰兒自呼之聲。
寶寶（⿰身賣⿰身賣） ㄅㄠㄅㄠ		呼嬰兒或嬰兒自呼之聲，見《留青日札》。亦作⿰身賣⿰身賣，見《太上作亳州碑》。《越諺》謂⿰身賣讀若玉。
巴巴 ㄅㄛㄅㄛ		嬰兒呼口之聲。口，俗稱嘴巴也。
手手 ㄙㄧㄌㄙㄧㄌ		嬰兒呼手之聲。
脚脚 ㄐㄧㄚ˙ㄐㄧㄤ	下脚字讀若姜。	嬰兒呼足之聲。

續表

詞語 附注音符號	音讀	疏釋
腳拏拏 ㄐㄧㄚ˙ㄋ禾ㄋ禾 腳泥螺 ㄐㄧㄚ˙ㄬㄧㄌ禾	拏讀若儺。	嬰兒呼足趾爲腳拏拏。因足趾摇動如拏攫也。亦呼腳泥螺，謂足趾如泥螺也。
八鳥（㕷屌） ㄅㄚ˙ˋㄋㄧㄠ	鳥讀俗音。	嬰兒呼峻爲八鳥，謂如鸜鵒也。《越諺》作㕷屌。
卵啄啄 ㄌ千ㄍㄛㄍㄛ	卵讀若亂上聲，啄讀若家俗音。	呼男孩陰曰卵啄啄。啄啄者，嬰兒呼鷄之聲，謂其形如鷄也。
脬脬 ㄆㄠㄆㄠ	脬讀若抛。	呼女孩陰曰脬脬。
朵朵 ㄉㄛㄉㄛ		嬰兒呼溺曰朵朵。朵朵，蓋出溺時所發之聲。
㕶㕶 ˋㄫˋㄫ	㕶讀若魚俗音之反濁音。	嬰兒呼屎曰㕶㕶。㕶㕶，蓋遺屎時努力所發之聲。
花花 ㄏㄨㄛㄏㄨㄛ		呼嬰兒患痘之語。如出痘曰花花，種痘曰種花花。
菩菩 ㄅˊㄨㄅˊㄨ		嬰兒呼日月之聲。如呼日曰日頭菩菩，呼月曰月亮菩菩，因俗呼日爲太陽菩薩，月爲太陰菩薩也。
砰砰（硼硼） ㄅˊㄤㄅˊㄤ	砰讀若朋。	嬰兒呼雷曰砰砰，亦作硼硼，狀雷聲也。
碚碚（嗀嗀） ㄍˊㄝㄍˊㄝ	碚讀若共平聲。	嬰兒呼雷曰碚碚，狀雷聲也。
㵗㵗 ㄆㄤㄆㄤ	㵗讀若潑亨切。	嬰兒呼水曰㵗㵗。因以手擊水時發此聲也。
亮亮 ㄌㄧㄤㄌㄧㄤ 火火 ㄏ禾ㄏ禾		嬰兒呼燈或火曰亮亮，亦曰火火。

續表

詞語 附注音符號	音讀	疏釋
褸褸 ㄠㄠ		嬰兒呼衣服曰褸褸。
逮逮 ㄉㄚˊㄉㄚˊ	逮讀若大平聲。	嬰兒呼字曰逮逮，因文字有行列也。
啞啞 ㄫㄛㄫㄛ	啞讀若牙俗音去聲之反濁音。	嬰兒呼舟曰啞啞。啞啞，蓋舟在水上安行所發之聲。
板板 ㄅㄢㄅㄢ		嬰兒呼銀幣銅圓皆曰板板，如一片板也。
花花 ㄏㄨㄛㄏㄨㄛ	花讀去聲。	嬰兒呼花或畫或花紙或五彩顏色皆曰花花。花讀去聲，與呼痘爲花花讀平聲者異。
飯飯 ㄇㄤㄇㄤ	飯讀若孟反濁音。	嬰兒呼飯曰飯飯。飯字轉爲孟之反濁音。
茶茶 ㄍㄛˊㄍㄛˊ	茶讀若加俗音之濁音。	嬰兒呼茶曰茶茶。茶字轉入羣母剛音。
糕糕 ㄍㄠㄍㄠ		嬰兒呼餻曰餻餻。
餅餅 ㄅㄧㄣㄅㄧㄣ		嬰兒呼餅曰餅餅。
糖糖 ㄉ丄ˊㄉ丄ˊ		嬰兒呼糖曰糖糖。
肉肉 ㄬㄩㄝㄬㄩㄝ	肉讀若絨之反濁音。	嬰兒呼餚中之肉曰肉肉。肉字轉入冬韻。
奧魚 ㄠㄫ		嬰兒呼餚中之魚或游魚皆曰奧魚。奧爲發語詞。
蛋蛋 ㄉㄢㄉㄢ		嬰兒呼卵曰蛋蛋。俗常有「蛋蛋過飯飯」之語。

續表

詞語 附注音符號	音讀	疏釋
黃黃(汪汪)(嗡嗡) ㄏˊㄨㄤㄏˊㄨㄤ		嬰兒呼狗曰黃黃，因俗稱狗曰黃狗也。或曰當作汪汪，犬吠聲。亦作嗡嗡，《集韻》：「嗡，烏猛切，犬聲。」
囉囉 ㄌˋ禾ㄌ禾	囉讀若羅之反濁音。	嬰兒呼狗之小者曰囉囉，即狀其吠聲也。
肉肉(巽巽) ㄗˇㄩㄛㄗˇㄩㄛ	肉讀若女啞切之反濁音。	嬰兒呼豕曰肉肉，與呼豬中之豕肉曰肉肉者音異。《越諺》作巽巽，謂「出《川篇》」。
嘩嘩 ㄏˊㄨㄛㄏˊㄨㄛ	嘩讀若華。	嬰兒呼牛曰嘩嘩。嘩即叱牛停止之聲也。或曰牛鳴聲。
鋃鋃 ㄌㄤㄌㄤ	鋃讀若郎。	嬰兒呼馬曰鋃鋃。鋃鋃，馬項所繫鑾鈴之聲。
咩咩 ㄇˋㄚㄇˋㄚ	咩讀若買之反濁音。	嬰兒呼羊曰咩咩。咩咩者，羊鳴聲。
猫猫 ㄇㄠㄌㄠ〔一〕 奥胡猫 ㄠㄏˊㄨㄇㄢ	猫猫讀反濁音，奥胡猫之猫讀俗音。	嬰兒呼猫曰猫猫。亦曰奥胡猫。奥胡，狀其鳴聲也。
老虎精 ㄌㄠㄇㄠㄗ一ㄣ	虎讀若姆。	嬰兒呼虎曰老虎精。虎字轉入明母。
喀喀(喔喔) ㄍㄛㄍㄛ	喀讀若家俗音。	嬰兒呼鷄曰喀喀，狀鷄鳴聲也。亦作喔喔。《集韻》：「喔，雉鳴。」亦作咯，音穀。
呷呷 ㄍˊㄚㄍˊㄚ	呷讀若街俗音之濁音。	嬰兒呼鴨曰呷呷，狀鴨鳴聲也。

〔一〕ㄌ：疑當作「ㄇ」。

續表

詞語附注音符號	音讀	疏釋
駕駕（堆堆） ㄍˊ丄ㄍˊ丄	駕讀若剛濁音。	嬰兒呼鵝曰駕駕，狀鵝鳴聲也。
鳥鳥 ㄉㄧㄠㄉㄧㄠ		嬰兒呼鳥曰鳥鳥。
爬爬 ㄅˊㄛㄅˊㄛ		嬰兒呼蟲曰爬爬，謂能爬行也。
新新 ㄙㄧㄣㄙㄧㄣ		嬰兒呼新曰新新，如新衣曰新新襖襖。
㰤㰤（⿰去可⿰去可）（欲欲） ㄎㄛㄎㄛ	㰤，枯駕切。	嬰兒呼睡曰㰤㰤。㰤㰤者，睡時鼾聲也。字亦作⿰去可，又作欲。
覺覺 ㄍㄠㄍㄠ	覺讀若教俗音。	嬰兒呼睡亦曰覺覺，如言睏覺覺。
⿸尸並⿸尸並（珊珊） ㄙㄢㄙㄢ	⿸尸並讀若三去聲。	嬰兒攙立不穩曰⿸尸並⿸尸並，俗有「⿸尸並⿸尸並弗擋手，明朝就會走」之語。古祇作珊珊，即珊珊來遲之意。
⿰立卑⿰立卑（排排） ㄅˊㄚㄅˊㄚ	⿰立卑讀若排。	嬰兒並坐曰⿰立卑⿰立卑。如謠歌有「⿰立卑⿰立卑坐，搭麥果」之語。俗通作排排。
滰白白 ㄐˊㄧㄤㄅˊㄚ˙ ㄅˊㄤ	下白字讀若彭。	爲嬰兒洗面手常曰滰白白。滰即洗意，白白謂洗後潔白也。
冐 ㄇㄠ	冐讀若毛反濁音。	與嬰兒遊戲，突見而發聲曰冐。俗謂之張冐。
唲唲 ㄨㄚㄨㄚ	唲讀若烏挨切。	與嬰兒遊戲，以掌輕擊其口，令發唲唲之聲，俗謂之打唲唲。
倭倭⿱髟冬⿱髟冬 禾禾 ㄉˊㄝㄉˊㄝ	⿱髟冬讀若童。	爲嬰兒催眠之聲。

續表

詞語附注音符號	音讀	疏釋
啐啐ㄘㄟㄘㄟ 嚇嚇ㄏㄚ˙ㄏㄚ˙ 大大ㄉˊ禾 ㄉˊ禾	啐讀若催上聲，大讀俗音。	爲嬰兒定驚之聲，謂驚後益膽大也。

（八）禽言

小説家言公冶長習於禽言，雖齊東野語，然或象其聲以占人事，古有此技耳。六朝而後，鵂鶹子規鳴聲，已諷詠於詞章。宋人集中，禽言詩歌數見不鮮，其導源亦頗古矣。大抵禽言來自隴畝，山林多禽，農夫往往象其鳴聲以占天時而施田功，且風俗神話間亦藉此流露，非盡無用也。甬傳禽言，不逾十語，稽諸《越諺》，所載亦罕。蓋越幕甬商，務本業者較他郡獨少，非禽類多不棲明山越水間也。

禽言表

禽言	音讀	疏釋
割麥插禾，割麥插禾。		布穀鳴聲，見《越諺》。布穀在芒種前後鳴作此聲。
家家紅燈，家家紅燈。	家讀俗音（ㄍㄛ）。	鳩呼晴聲。家家，《越諺》作挂挂，謂見日出而呼爲紅燈也。
大家踞，大家踞。	踞讀沽濁音（ㄍˊㄨ）。	鳩呼雨聲。謂欲借他鳥之巢而居也。《越諺》作「渴殺鴣，渴殺鴣」。

續表

禽言	音讀	疏釋
婆婆餅焦，婆婆餅焦。		亦一種鳥鳴聲。俗相傳，孫索餅餌，家貧無錢購餅，祖母以瓦煨火中，謊言爲餅，孫不識，取而吞之乃死，化爲此鳥。
公公扒灰，公公扒灰。		亦一種鳥鳴聲。俗相傳，翁報媳，子知之，媳羞媿自盡死，化爲此鳥。
勿借你類鹽，勿借你類醋，照你類高堂大屋，讓我住住。	你讀俗音（兀），類讀若癩（ㄌㄚ），讓讀俗音（广一九）。	此爲燕鳴聲。你類，即你的，《越諺》作倸乃。照，即只要二字合音。

（九）簡字

文字簡體亦常有地方性。江浙多不與閩粵同，甬江亦間與越水異。蓋簡字多制自各地，商賈胥鈔俾便簿録趨捷易也。甬人多商，故簡字亦特多。若錢典魚藥及南北貨業簿摺單票，觸目皆其殊文，往往不肄其業，即不識其字。非民衆通習，故不紀，抑不勝紀也。左表所列，皆流行閭閻間者，户籍婚書，計簿地契，隨文而見。而曩時坊肆木刻與泥製活字版本小説歌曲，無異爲倡率簡字教本，工商婦孺、鄉村學究識字無多，作業餘閒愛購讀之，寖假成習，形諸簡策，其潛力在民間至深且鉅，終不因館閣書法、考試條例而遽汰滅。雖形體苟媮陋劣，然揆其制作原始，亦未嘗絶無義例，且有傳自秦漢者。今録其文字，並略考源流體例，以供近人倡率簡字者之研求。

簡字表

簡字	疏釋	舉例
丿	即千之簡字。取千字之第一筆爲標識也。數碼用之。	如三千四百即作〣〤丿。
フ	即算之簡字。數碼用之。	如每斤五角算即作〥フ。
乁	乁爲西形之省寫。凡以西形爲偏旁者常作之。	例如票字簡作⿱乁示，故標漂驃飄作⿰木乁⿰氵乁⿰馬乁⿰乁風。
		又如要字簡作⿱乁女，故腰喓作⿰月⿱乁女⿰口⿱乁女。
ㄅ	ㄅ爲斤之簡字，即斤字之草書也。數碼用之。	例如一百二十斤數碼作〡〢ㄅ。
ㄋ	ㄋ爲百之簡字，象錢之一陌也。數碼用之。	例如六百數碼作〦ㄋ。
〇	〇亦爲百之簡字，即ㄋ之省寫。數碼用之。	例如八百數碼作〨〇。
	〇亦爲零或另之簡字。亦數碼用之。	例如一百零四數碼作〡〇〤〇。
	〇亦爲不識字人花押之簡寫，俗謂之紗篩圈。	
	〇亦爲工之簡字，記帳時用之。	例如一工亦作〇。
⊖	⊖爲半工之簡字，記帳時用之，〇加横其中，所以表示半也。	
二	二爲重文之簡寫。鍾鼎石鼓已有如此作者，今仍用之。	例如紛紛作紛二。
丁	丁俗多用爲頂之簡字。	例如轎子一頂俗作一丁。
	从登得聲之字，俗間亦簡从丁，因登丁雙聲之轉。	例如燈字簡寫爲灯。
	釘字俗亦簡寫爲丁。	

續表

簡字	疏釋	舉例
卜	卜爲分之簡字，數碼用之，因分草書作[illegible]，又省爲卜。	例如三分二厘，數碼作[illegible]。
	卜又爲補之簡字，計簿上用之。凡補帳上皆注卜。因補字从甫，今省取其丨、二筆也。	
	卜又爲薄之簡字。因薄从溥，溥又从甫，且薄與卜音亦相近也。	
	从菐得聲之字，俗多簡从卜。菐卜音近也。	例如撲樸，俗簡寫扑朴。
	从良得聲之字，俗間亦从卜，取良字之二筆也。	例如娘眼，簡俗寫⿰女卜⿰目卜。
卩	卩爲節之簡字，因節古本作卩也。記帳時常用之。	例如作工一節簡作一卩。
	卩又爲部之簡字，因部字之偏旁阝省卩也。	例如書肆書一部作一卩。
	卩又爲篰之簡字，因篰亦从部得聲也。	例如商肆炭一篰作一卩。
	卩又爲根之簡字，因根从艮得聲，艮字草書略似卩也。	例如商肆木一根作一卩。
	卩又爲磅之簡字，因磅字末二筆與卩略似也。	例如商肆藥一磅作一卩。
	卩又爲爺之簡字，因爺省作耶，耶之偏旁省作卩也。	例如俗曲中爺娘作卩⿰女卜。
入	入爲數碼中之十字，因入十音同也。	例如十二元數碼中作[illegible]。
	入又爲實之簡字，記帳時几實價字皆作入。	
几	几爲幾之簡字。凡从幾得聲之字亦多簡从几。	例如幾箇俗作几个。又機譏饑亦作机訉飢。

續表

簡字	疏釋	舉例
丫	丫爲浄之簡字，因浄亦作凈，故又省丫。記帳用之。	例如記帳時，浄若干斤之浄字常書作丫。
	丫又爲冰之簡字，因冰本作仌，楷變作丫也。	
丷	丷爲吅形之簡寫，因吅形草書即作丷形也。	例如單簡作单，从单得聲之字彈禪蟬亦作弹禅蝉。 又如嚴簡作厳，从嚴聲之字儼巖亦作儼巌。
	留从丣，亦簡从丷，因留亦作畄，从吅也。	例如留亦作畄，从留得聲之字榴溜亦作椔淄。
八	八亦爲吅形之簡寫。	例如襄亦作㐮，从㐮得聲之字壤讓鑲曩亦作壌譲鑲曩。
	冀从北，亦簡从八，因北八音近也。	例如冀簡字作兾，故驥亦作驥。
〻	〻爲重文之簡寫，即爲二之草體。	例如紛紛亦作紛〻。
	凡一字中上部與下部形同者，其下部亦多作〻形。	例如棗字俗作棗，从二朿，故棗亦作朿〻。 又如毚俗作毚，从二兔，故从毚得聲之字攙纔讒饞亦作攙纔讒饞。
ラ	ラ爲房之簡字，因房字首筆作ラ也。	
	ラ又爲廣之簡字，因廣字之广草書作ラ形。	例如从廣得聲之字擴曠礦亦作扩旷矿。
ヒ	ヒ亦爲重文之簡寫，即上之省寫。《升庵外集》謂同上字也。	例如紛紛作紛ヒ、如何如何亦作如何ヒヒ。

簡字	疏釋	舉例
又	又爲莫形之簡寫。	例如从莫得聲之字難灘攤癱亦作难滩摊瘫。
	又亦爲奚形之簡寫。	例如从奚得聲之鷄字亦作鸡。
	又亦爲丵形及菐形之簡寫。	例如从丵之對字亦作对，从菐之僕字亦作仅。
	又亦爲雚形之簡寫。	例如權觀歡勸亦作权观欢劝。
	凡一字中上部與下部形同者，其下部亦簡作又形。	例例如炎淡琰談亦作⿱火又⿰氵⿱火又⿰王⿱火又⿰言⿱火又。
ム	ム爲某之簡字，起稿或故諱其名時皆用之。	
	ム又爲私之簡字。ム本古之公私字也。	
	ム於記帳時爲元角之角簡字。	例如五角作ㄨム。
纟	纟爲銀錢之錢簡字。記帳時用之。	
不	不爲斤兩錢分之錢簡字。記帳時用之。	例如藥方二錢作不。
干	干爲乾燥之乾簡字，因乾燥字俗作乾。又乾干音同也。	
	干又爲追趕之簡字，因趕亦作赶，从干得聲也。	
	干又爲桿簡字，因桿又作杆，亦从干得聲也。	
下	下爲从夏得聲字簡寫，因夏下音同也。	例如廈嗄亦作厦吓。
万	万爲萬之簡字。鍾鼎文萬已有作万形者。	

續表

簡字	疏釋	舉例
亏	亏爲虧之簡字。	
寸	寸爲从寺字簡寫，因寺下从寸也。草書从寺字亦作寸形。	例如等簡作芉，時簡作时。
	寸又爲過字中之咼形簡寫。	例如過簡作过。
卄	卄爲艸頭簡寫，亦爲竹頭簡寫，皆習見者。	
	卄又爲炏形簡寫。	例如勞癆榮營亦作劳痨荣营。
亇	亇爲箇之簡寫，因箇本作个，俗變作亇也。	
么	么爲幺之簡字。	
	么亦爲麽之簡字。	例如什麽亦作什么。
	么亦爲畝之簡字，因畝俗亦作畞，又省作么也。	例如糧串田二畝三分作[illegible]。
叉乂	叉爲義之簡字，亦逕作乂。	例如儀議亦作伩訍，又作仪訍。
彐	彐爲雪之簡字，因雪下作彐形也。	
	彐又从帚字之寫簡。	例如歸婦亦簡作归妇。
与与	与与皆爲與之簡字。	例如歟亦簡作欤欤。
厷	厷爲塊之簡字，商店習用之。蓋取土旁第一筆之横與鬼旁末二筆之厶合而爲一字也。	例如荳腐一塊亦作一厷。

續表

簡字	疏釋	舉例
刄匁	刄匁皆兩之簡字。凡兩箇及斤兩字皆作之。	例如藥一兩二錢亦作歹二不。
元	元爲圓之簡字，圓元音同也。	例如銀幣若干圓亦作若干元，銅圓亦作銅元。
	元又爲玄之代用字，清時避聖祖諱也。	例如玄色皆作元色。
	元又爲从袁得聲字簡寫，因袁元音同也。	例如園遠亦簡作园远。
云去	云爲雲之簡字。云，本古文雲也。	
	云又爲从亶得聲字簡寫，本作去形，蓋取亶二筆，其下即省作厶形也。	例如壇擅檀亦省作坛抎杬。
不	不爲从褱得聲字簡寫，蓋由褱形草書變得。	例如壞懷亦簡作坏怀。
	不又爲从睘得聲字簡寫，亦由睘形草書變得。	例如環還亦作环还。
丰	丰爲豐之簡字，因豐丰同音，且豐中之丰與丰形同也。	例如豐富俗作丰富，艷俗亦作艳。
六	六爲戴之簡字，取首二筆及下二筆合成之。或曰戴字凡十八筆，故作六。案戴之草書已如是作。	
卄	卄爲藍之簡字，蓋取艸頭及監中之一點聯合而成。	
书	书爲書之簡字，由草書變成。	
气	气爲氣之簡字。气，本雲氣之氣也。	

續表

簡字	疏釋	舉例
什	什爲雜之簡字，因雜什音近也。	例如計簿，雜用常作什用，雜支常作什支。
夭	夭爲从奥得聲字簡寫，因夭奥雙聲，且取奥上之丿及下之大形也。	例如嶴懊襖亦作岙[忄夭]袄。
	夭又爲从要得聲字簡寫，因要夭音同也。	例如腰簡作[月夭]。
介	介爲从賈得聲字簡寫。	例如價亦簡作价。又價亦逕作介。
仓	仓爲倉之簡字。蒼字亦簡作此。	例如蒼蒼亦作仓仓，又槍搶嗆亦作枪抢呛。
毛	毛爲毫厘之毫簡字。記帳時常用之。	例如二毫九厘簡作二毛九里。
卆	卆爲卒之簡字，從草書變得者也。	例如倉卒俗作仓卆，又醉碎猝亦作酔砕猝。
办	办爲辦之簡字，蓋由草書變得。	
	办又爲从劦字簡寫，蓋旁二點表二力字也。	例如協亦作协。
	办又爲从穌字簡寫，亦由草書變得。	例如蘇亦簡作苏。
丸	丸爲熟之簡字。	
勾	勾爲鉤之簡字。	
	勾又爲够之簡字。	例如能够亦作能勾。

續表

簡字	疏釋	舉例
文	文爲𦥯形之簡寫。	例如學覺攪亦作斈覍撹。
	文又爲亝形之簡寫。	例如齊儕擠劑霽齋亦作斉侪挤剂霁斋。
	文又爲與形之簡寫。	例如舉譽亦作举誉。
	文又爲从賁得聲字之簡寫，因賁文同音也。	例如墳亦作坟。
为	为爲爲字之簡寫，由草書變得。	
户	户爲从盧得聲字之簡寫。	例如爐臚驢廬亦作炉胪驴庐。
	户又爲从扈得聲字之簡寫，因扈本从户得聲也。	例如滬亦作沪。
长	长爲長字及从長得聲字之簡寫，由草書變得。	例如張賬亦作张账。
区	区爲區字及从區得聲字之簡寫。	例如樞驅歐鷗亦作枢驱欧鸥。
双 雙	双雙皆爲雙之簡字，蓋双以二又字表示兩物，雙則从二隻會意也。	
𫜹	𫜹爲香及从香字簡寫，由草書變得。	例如馥馨亦作𫜹复𫜹殸。
正	正爲整之簡字。	例如整數亦作正數，記帳時幾元整亦作正。
	正又爲政之簡字。	
扌	扌爲青及从青得聲字簡寫，由草書變得。	例如清請静亦作洼詩埩。

續表

簡字	疏釋	舉例
占	占爲从亶得聲字簡寫。	例如氈亦簡作毡毡。
	占又爲从籤得聲字簡寫。	例如籤亦作笘。
	占又爲从單得聲字簡寫。	例如戰亦簡作战。
旧	旧爲臼之簡字。	例如兒上部似臼形，故簡作兒。
	旧又爲舅之簡字，因舅从臼得聲也。	例如娘舅俗簡作外旧。
	旧又爲舊之簡字，亦因舊从臼得聲也。	例如新舊俗簡作亲旧。
旦	旦爲从詹得聲字簡寫。	例如擔膽亦簡作担胆。
号	号爲號之簡字，因號呼之號，古本作号也。	
叶	叶爲藥之簡字，因叶藥音同也。	例如藥肆藥皆作叶。
	叶又爲協之簡字，因叶協音亦相同也。	例如協音、協韻之協多書作叶。
	叶又爲葉之簡字，因叶葉音近也。	例如醫方桑葉、竹葉之葉多書作叶。
叺	叺爲唱之簡字，从人从口會意。	例如曲本中唱字多作叺。
只	只爲隻之簡字，因只隻音同也。	例如商肆一隻皆作一只。
	只又爲秖之簡字，因只亦讀若秖也。	例如秖有俗作只有。

續表

簡字	疏釋	舉例
付	付爲副之簡字，因付副音同也。	例如商肆一副皆作一付。
	付又爲腐之簡字，因腐从府得聲，府又从付得聲也。	例如荳腐俗作豆付。
央	央爲鴦之簡字，因鴦从央得聲也。	例如鴛鴦亦作夗央。
夗	夗爲鴛之簡字，因鴛从夗得聲也。	
代	代爲袋之簡字，因袋从代得聲也。	例如商肆一袋亦作一代。
令	令爲从粦得聲字簡寫，因令粦音同也。	例如憐璘亦簡作怜玲。
肊	肊爲臆之簡字。《説文》胸骨作肊、胸肉作臆，實一字也。	
尔	尔爲爾字及从爾得聲字簡寫，因尔古作尒，通作爾也。	例如嬭彌壐邇亦作妳弥玺迩。
	尔又爲从㐱得聲字簡寫，因彡俗多變作小，故㐱變作尒，又變作尔也。	例如珍殄診亦作珎弥詠。
	尔又爲从爯得聲字簡寫，因爯字上部略似尔形也。	例如稱亦作称。
処	処爲處之簡字，因處古本作処也。	
凤凨	凤凨皆爲鳳之簡字，因凨中之文即文字，與鳳音近也。	例如鳳凰俗亦作凤王。
刍	刍爲从芻得聲字簡寫。	例如縐趨騶鄒皺亦作绉趋駒邹皱。
东	东爲東字及从東字簡寫，蓋由草書變得。	例如凍棟陳亦作冻栋陈。

續表

簡字	疏釋	舉例
山示戋	山示戋並爲歲字簡寫，从歲字亦多如此作。	例如穢亦作秽秽。
疋	疋爲匹之俗字。	例如商肆布匹之匹多作疋。
圣	圣爲怪之簡字。	例如奇怪俗作奇圣。
	圣又爲聖之簡字。	例如聖賢俗作圣吴。
台	台爲臺字及从臺得聲字簡寫，因台臺音同也。	例如擡檯亦簡作抬枱。
关	关爲从关形簡寫。	例如参叁滲掺亦作参叁渗掺。
礼	礼爲禮之簡字。礼本古文禮字也。	
尝无	尝无皆爲無之簡字，尝從草書無變得，无本古文無字。	
巠	巠爲從巠得聲字簡寫，亦从草書變得。	例如經輕頸莖亦作経軽頚茎。
西	西爲从麗得聲字簡寫。	例如曬灑亦作晒洒。
	西又爲从妻得聲字簡寫。	例如棲亦作栖。
亚	亚爲亞字及从亞得聲字簡寫。	例如啞椏亦作哑桠。
	亚又爲亞形簡寫。	例如晉亦作晋。
	亚又爲[illegible] 形簡寫。	例如留亦作畱。
	亚又爲絲形簡寫。	例如顯亦作顕，又作显。濕亦作湿。

續表

簡字	疏釋	舉例
圭	圭爲鞋之簡字。	
执	执爲執字及从執或从埶字簡字。	例如墊摯蟄贄及勢熱褻藝亦作垫挚蛰贽及势热亵艺。
虫	虫爲蟲之簡字。	
	虫又爲从蜀得聲字簡寫。	例如濁獨燭觸亦作浊独烛触。
有	有爲𢀖形簡寫。	例如隨墮亦作随堕。
舌	舌爲𤔔形簡寫，因𤔔本亦作𤔔，故又省爲舌也。	例如亂辭亦作乱辞。
仸伕	仸爲佛之簡字，从天人會意。俗又譌作伕。	
⿻巾一	⿻巾一爲衆之簡字。	
乔	乔爲喬字及从喬得聲字簡寫。	例如僑嬌橋矯轎驕亦作侨娇桥矫轿骄。
乕	乕爲虎之簡字，從草書變得。	
会	会爲會字及从會得聲字簡寫，亦從草書變得。	例如儈噲獪檜膾亦作侩哙狯桧脍。
杀	杀爲殺之簡字。	
爷⿱父匕	爷⿱父匕皆爲爺之簡字。作⿱父匕者，匕爲父之重文，意謂父之父曰爺也。	
凨	凨爲風字及从風字簡寫，由草書變得。	例如楓諷飄亦作枫讽飘。

續表

簡字	疏釋	舉例
尽	尽爲盡字及从盡得聲字簡寫，從草書變得。	例如儘燼贐亦作侭烬赆。
匈	匈爲胸字簡寫。	
亦	亦爲从䜌字簡寫，因取言之亠及左右糸之丿及卜也。	例如變彎灣戀蠻孌鸞亦作变弯湾恋蛮娈鸾。
刘	刘爲劉字簡寫。漢印已有如此作者。	
囟	囟爲从𡿺字簡寫。	例如惱腦亦作恼脑。
米	米爲从𣶒形或肅形簡寫。	例如淵肅蕭簫嘯亦作渊肃萧箫啸。
	米又爲从𠚕形簡寫。	例如齒齡亦作齿龄。
	米又爲从㡭形簡寫。	例如斷繼亦作断继。
当	当爲當字及从當得聲字簡寫。	例如擋檔襠亦作挡档裆。
庄	庄爲莊之簡字。	例如村莊俗作村庄。
	庄又爲从臧或从藏得聲字簡寫，因庄臧藏音近也。	例如贓臟亦作赃脏。
広	広爲廣字簡寫。	
羊	羊爲从養得聲字簡寫，因養本从羊得聲也。	例如癢亦作痒。
关	关爲从𢇁字簡寫，由草書變得。	例如聯關亦作联関。
穵	穵爲挖字簡寫。	

續表

簡字	疏釋	舉例
边	边爲邊字簡寫。	
孙	孙爲孫字簡寫。	
艮	艮爲銀字簡寫。	
异	异爲異字及从異字簡寫，因異古本作异也。	例如翼亦作羿。
豆	豆爲荳之簡字。	例如荳腐俗作豆付。
	豆又爲頭之簡字。	例如裏頭俗作里豆。
麦	麦爲麥字及从麥字簡寫，由草書變得。	例如麵麯亦作麺麹。
	麦又爲从夌字簡寫，亦由草書變得。	例如陵棱稜菱亦作陵棱稜菱。
声	声爲聲字簡寫。	
壳	壳爲殼字簡寫。	
拟	拟爲擬字簡寫。	
犹	犹爲猶之簡寫。	
貝	貝爲从霸得聲字簡寫。	例如壩亦作垻。
园	园爲圓及圜字簡寫。	
听	听爲聽字及从聽得聲字簡寫。	例如廳亦簡作㕔。

續表

簡字	疏釋	舉例
里厘	里厘皆爲毫釐之釐簡字。記數時常用之。	例如一毫二釐簡作一毛二厘或一毛二里。
	里又爲裏之簡字。	例如裏面亦作里面。
阳昜	阳昜皆爲陽之簡字，因日稱太陽，故陽作阳，从日也。	
阴侌	阴侌皆爲陰之簡字，因月稱太陰，故陰作阴，从月也。	
㒷	㒷爲興之簡字。	
寿	寿爲壽及从壽字簡寫，由草書變得。	例如儔濤疇躊鑄籌亦作俦涛畴踌铸筹。
兵	兵爲从賓得聲字簡寫，因兵賓音近也。	例如濱檳鬢亦作浜梹鬂。
秀	秀爲从肅得聲字簡寫。	例如繡鏽亦作綉銹。
体躰	体躰皆爲體字簡寫。	
佺	佺爲僮字簡寫，因仝童音同也。	
龙	龙爲龍字及从龍字簡寫。	例如攏隴寵龐聾襲籠亦作拢陇宠庞聋袭笼。
条	条爲條字簡寫。	例如商肆一條皆作一条。
弃	弃爲棄字簡寫。弃本古文棄字也。	
应	应爲應字簡寫，由草書變得也。	
灶	灶爲竈字簡寫。	

續表

簡字	疏釋	舉例
启	启爲啟字簡寫。	
宆	宆爲賓字及从賓得聲字簡寫，因賓本从宆也。	例如濱鬢亦作泻髩。
穷穹穷	穷穹穷皆爲窮字之簡寫。作穷者，力即草書身字之變。作穹者，又穹之變也。	
迁	迁爲遷之簡字，因千遷同音也。	
灵	灵爲靈字簡寫。	
医	医爲醫字簡寫，因醫从殹得聲，殹又从医得聲也。	
西画	西画皆爲畫之簡字。	
昃矣	昃矣皆爲賢之簡字。	
卖	卖爲从賣得聲字簡寫，由草書變得。	例如瀆讀覿竇亦作渎読覌窦。
具	具爲从瞿得聲字簡寫，因具瞿音同也。	例如懼亦簡作惧。
罗	罗爲羅字及从羅得聲字簡寫。	例如囉鑼籮邏亦作啰锣箩逻。
吊	吊爲嗣之簡字。	
黾	黾爲黽字及从黽字簡寫。	例如繩蠅亦作縄蝿。

續表

簡字	疏釋	舉例
㚘	㚘爲从兟形簡寫。	例如贊攢讚鑽亦作賛攅讃鑚。
	㚘又爲兓形簡寫。	例如潛譖簪蠶亦作潜譛簮蠺。
犬犬	犬犬皆爲然之簡字。	
庙庿	庙庿皆爲廟之簡字。	
侖	侖爲論倫輪之簡字。	
罙	罙爲羅之簡字。	
旁	旁爲旁之簡字。	
育	育爲冓字及从冓字簡寫。	例如溝講構覯亦作淯⿰言育⿰木育⿰育見。
泪	泪爲淚字簡寫，从目水會意。	
宝寚𡨚	宝寚𡨚皆爲寶字簡寫。	
这	这爲這字簡寫。	
呰	呰爲嘴字簡寫。	
岩	岩爲巖字簡寫。	
虽	虽爲雖字簡寫。	
𠬤	𠬤爲睪字及从睪得聲字簡寫，由草書變得也。	例如擇澤繹鐸亦作择泽绎铎。

續表

簡字	疏釋	舉例
亝斋	亝斋皆爲齋字簡寫。	
录	录爲禄緑之簡字。	
畐	畐爲福之簡字。	
耎	耎爲輭之簡字。	
点	点爲點之簡字。	
相	相爲想之簡字。	
叚	叚爲假之簡字。叚假二字古通。	
県县	県县皆爲縣字及从縣得聲字之簡寫。	例如懸亦簡作悬悬。
冒	冒爲帽之簡字。二字古本相通。	
昷	昷爲温之簡字。昷本爲温良、温柔之温。	
虽虽	虽虽皆爲雖之簡字。	
响	响爲響之簡字，字書未收，从口向聲，爲俗字之合六書者。	
复	复爲復覆二字之簡寫。《説文》：「复，行故道。」爲「復又」之「復」本字。	
舡	舡爲船之簡字。舡，本許江切，《漢書古今人表》已借用爲船字。	

續表

簡字	疏釋	舉例
屏	屏爲殿之簡字。殿本从屏得聲也。	
釱釱	釱釱皆爲煞之簡字。	
急	急爲㥯之簡寫。	例如隱穩簡作隐稳，癮亦作瘾癔。
亲	亲爲親之簡字。	例如雙親俗簡作双亲。
	亲又爲新之簡字。	例如新舊俗簡作亲旧。
娄	娄爲婁字及从婁得聲字簡寫。蓋婁亦作其婁，口形草書皆變作點撇，故俗又變成米字也。	例如摟樓嘍縷鏤數藪屢簍亦簡作搂楼喽缕镂数薮屡篓。
窃	窃爲竊之簡字，因切竊音同也。	
𦣝	𦣝爲从監得聲字簡寫。	例如覽鑒攬纜亦簡作覧鉴揽缆。
沓	沓爲踏之簡字，因踏俗作蹹，臼俗作旧，省去足旁故作沓也。	
叅	叅爲參之簡字。	
	叅又爲从喿得聲字簡寫，因喿亦作叅，故又變爲叅也。	例如操噪澡藻亦作掺嗲渗漆。
発癹	発癹皆爲發字及从發得聲字簡寫。	例如撥潑廢亦作挠浇廃。
叀	叀爲專之簡字。專本从叀得聲也。	

續表

簡字	疏釋	舉例
能	能爲能之簡字。	
罢罢	罢罢皆爲罷及从罷字之簡寫，因能俗作能，故罷簡作罢，變爲罢，又變爲罢也。	例如擺亦簡作摆摆。
耺	耺爲職之簡字。	
蚕	蚕爲蠶之簡字。从天虫會意。	
鬥閗	鬥閗皆爲鬬之簡字。	
桔	桔爲橘之簡字，醫方橘字多書此，因桔橘音近也。	
笔	笔爲筆之簡字。从竹从毛會意。	
隽	隽爲从雋得聲字簡寫。	例如攜亦簡作携。
隺	隺爲鶴之簡字。	
属	属爲屬字及从屬得聲字簡字。	例如嘱矚亦作嘱瞩。
竜	竜爲龍之簡字。	
党	党爲黨字及从黨得聲字之簡寫。	例如攩钂亦作挡镋。
恳	恳爲懇之簡字。	
専	専爲轉之簡字。	

續表

簡字	疏釋	舉例
桼朩	桼朩皆爲漆之簡字，因大寫數字七作柒，故漆亦作朩。	
啚	啚爲圖之簡字。	
	啚又爲鄙之簡字。	
질	貭爲質之簡字，省去斤之一，又變斤爲斤形也。	
飡飱	飡飱皆爲餐之簡字。	
离	离爲離字及从離得聲字之簡寫。	例如籬亦省作篱。
羕	羕爲漾様之簡寫。	
覄	覄爲覆之簡字，因伏復同音也。	
須	須爲鬚之簡字。須即鬚本字。	
塩	塩爲鹽之簡字，蓋省鹵字而爲口也。	
猷	猷爲獻之簡字。	
鉄銕	鉄銕皆爲鐵之簡字。	
頋	頋爲顧之簡字，蓋由草書變得。	
駈	駈爲驅之簡字。丘區雙聲，故變从區爲从丘。	

（十）字語

文字依形傳聲，易於識別。言語則不然，同一聲韻而意義紛歧，若僅舉單音，有決不能識別者矣。況出諸庸俗之口，平側不分，土音雜廁，往往有不知其何指者。故關於單音語言，常假文字形體，冠以飾詞而識別之。大抵涉於姓氏、如張姜王黄等。偏旁、如扌七刂氵等。虚助詞如而之焉矣等三者爲多。蓋是三者，多屬單音語言，且同音者頗衆，而又未容誤會。乃以此濟其窮，是亦衍形文字系語文互助之一法也。然類此識別飾詞，雖流傳已久，而迄無定稱，今姑名曰字語。字語者，關涉字形之短語也。要亦俗名之一種，附簡字後，以資研究方言者采擷焉。

字語表

本字	字語	解釋
李	木子李	甬語李呂勵三氏之音幾無分別，故特稱李氏曰木子李。
呂	雙口呂	俗以呂字隸體作呂，从二口，故曰雙口呂。
勵	萬力勵	此亦別於無力旁之厲字，曰萬力者，以厲字中含萬字也。
施	方人也施	施史二氏，甬語皆讀作上聲，故稱施氏曰方人也施。俗以𠂉爲人字。
史	穿口史	曰穿口者，以史字中撇穿入口字中也。
紀	絞絲紀	紀計二氏，甬語皆讀作去聲，故稱紀氏曰絞絲紀，俗謂糸旁曰絞絲。
計	計較計	甬稱計策曰計較。較讀若告。

續表

本字	字語	解釋
諸	言者諸	甬語諸朱二氏同音，不分魚虞韻，故稱諸曰言者諸。
朱	未撇朱	俗以隸體朱字爲未字加撇，故有此稱。
余	人未余	甬語余俞二氏同音，不分魚虞韻，以余字下部近未字，故有此稱。
俞	人則俞	俗以俞字下部近則字，故有此稱。其實余俞二字上部从入不从人。
徐	雙戳人徐	甬音余亦讀徐，故稱此曰雙戳人也。
于	干戟于	甬語于於二氏同音，不分喻影母。干戟者，謂于字爲干字加鉤也。
於	方人二於	俗以於字右下二點若二字，故曰方人二於。
盧	虎頭盧	甬語盧魯二氏不分平上聲，故有此稱。
虞	虎頭虞	甬音虞氏與阮氏易混，故有此稱。
舒	舍予舒	甬語舒水二氏皆讀作舒上聲，故以此爲别。
水	水火水	
許	言午許	甬語許與水音頗相近，故以此爲别。
鄔	耳朵皮鄔	俗以偏旁作阝者稱耳朵皮，甬有烏鄔二氏，故稱鄔曰耳朵皮鄔。
吳	口天吳	吳字下部俗逕作天，故稱吳曰口天，以與胡字爲别。
胡	古月胡	甬音吳讀作魚俗音，本與胡不同，惟對異鄉人言則吳亦讀若胡。

續表

本字	字語	解釋
屠	尸者屠	屠杜二氏甬語皆讀作上聲，故以爲别。
杜	木土杜	
倪	人兒倪	甬語倪嚴二氏音近，故以此爲别。
嚴	雙口嚴	
戴	十八戴	戴字草書似十八二字連寫，故云。或曰戴字共十八筆也。
陳	耳東陳	甬語陳鄭程三氏音近，故各加飾詞以爲區别。
鄭	奠耳鄭	
程	禾旁程	
沈	三點水沈	慈谿及鄞西一帶沈孫二氏音略同，故以此爲别。
孫	子孫孫	
干	兩畫一直干	甬有干甘二氏，而音不分，故以此爲别。
甘	甘苦甘	
錢	銅錢錢	鄞西及慈谿一帶錢全二氏音混，故以此爲别。
全	人王全	
連	走之連	甬有連練二氏，皆讀作平聲，故以此爲别。俗稱偏旁辶曰走之。

續表

本字	字語	解釋
練	絞絲練	
姚	女旁姚	甬語姚邵二氏，不分喻禪母，故以爲別。
邵	刀口邵	曰刀口者，謂左旁召字从刀从口也。
趙	走肖趙	鄞西及慈谿一帶趙曹二氏音略同，故以此爲別。
毛	皮毛毛	甬有毛茅二氏，故以此爲別。
茅	草頭茅	
何	人可何	何賀二氏音近，故以此爲別。
賀	加貝賀	
羅	四維羅	滬蘇盧羅二氏音同，故甬人亦相沿以此爲別。
謝	討身謝	謝字合左右二旁爲討字，中爲身字，故云。
張	弓長張	甬語張姜蔣三氏音近，故以此爲別。
姜	美女姜	曰美女者，謂姜字上从美字頭，下爲女字也。
蔣	草頭蔣	
章	立早章	甬語章莊二氏音同，故以此爲別。
莊	草頭莊	

續表

本字	字語	解釋
王	三畫王 三畫一直王	甬語王黃二氏音同，故以此爲別。
黃	大肚黃 草頭黃	曰大肚者，謂黃字腹从田字，似大腹也。
汪	大水明堂王家汪	汪與王黃音近，又爲水旁加王，故詭謂大水明堂王家。
楊	木易楊	羊楊二氏同音，故以此爲別。其實右旁爲陰陽之陽本字，非易字也。
林	雙木林	甬語林凌二氏音同，故以此爲別。
凌	⿰鬲几角凌	凌字左旁从冫，似二角，故曰⿰鬲几角。或曰以凌與菱形似音同，故有此語。
劉	卯金刀劉 九二碼子劉	甬語劉柳二氏音近，故以此爲別。卯金刀語已見《漢書》，導源頗古。曰九二碼子者，以簡書作刘也。
柳	楊柳柳	
樓	木旁樓 樓頂樓	甬有樓婁二氏音同，故以此爲別。
周	圈吉周	周鄒二氏音近，故以此爲別。曰圈吉者，謂周字外若圈，中若吉字也。
范	草水己范	此與萬氏爲別。范字右下从㔾，實非从己，不識㔾字，故有此語。

續表

本字	字語	解釋
萬	一萬兩萬萬	
陸	大寫陸	姓有陸六二氏，故以此爲別。
郭	耳朵皮郭	郭谷二氏音同，故以此爲別。
谷	山谷谷	
竺	竹字頭竺	竺祝卓三氏音同，故各加飾詞以爲別。
祝	斜示旁祝	俗謂偏旁从示者曰斜示。
卓	卜早卓	
穆	禾旁穆	穆莫二氏音同，故以此爲別。
莫	草頭莫	
右姓氏		
一	扁擔一	一字及偏旁作一者，皆曰扁擔一，謂形如扁擔也，以與从乙爲別。
乙	稱鉤乙	乙字及偏旁作乙者，皆曰稱鉤乙，謂如衡器懸物之鉤也。
亻	戤人	凡从人偏旁在左作亻者，謂之戤人。戤，倚也，猶他方稱立人。
彳	雙戤人	偏旁彳較亻多一撇，故謂之雙戤人。
冫	兩點水	偏旁作冫如冰冷等字，謂之从兩點水，以與偏旁作氵者爲別。

續表

本字	字語	解釋
氵	三點水	凡从水偏旁在左作氵者，謂之三點水。
刂	側刀	凡从刀偏旁在右作刂者，謂之側刀。側即偏意。
匚	方匡	偏旁作匚如匠匡等字，謂之从方匡。匡，謂匡當也。
土	剔土	凡从土偏旁在左作土者，謂之剔土，謂其末筆改畫爲剔也。
广	披舍	凡偏旁广謂之披舍，因从广之字多室宇誼，且广形如披屋也。
忄	穿心	凡从心偏旁在左作忄者，謂之穿心，謂中豎穿入兩點之中也。
扌	挑手	凡从手偏旁在左作扌者，謂之挑手。挑，謂其末筆爲挑也。
宀	寶蓋頭	凡偏旁在上作宀者，謂之寶蓋頭，謂寶字即以此形覆蓋也。
犭	反犬	凡从犬偏旁在左作犭者，謂之反犬，謂若犬字反書也。
阝	耳朵皮	凡偏旁从邑在右與从阜在左，皆作阝形；又从卩者，俗皆曰耳朵皮。
攵	反文	凡偏旁从攴在右作攵者，謂之反文，謂如文字之反書也。
月	日月旁	偏旁从日月之月中作二畫，从骨肉之肉中作點剔，易混，故以爲别。
月	骨肉旁	
木	木旁	凡从木在左旁者，皆作木形，謂之木旁。
爫	爪頭	凡上从爪如爲孚等，爫謂之爪頭。

續表

本字	字語	解釋
灬	四點	凡偏旁从火在下作灬者，謂之四點。
⺩	斜王	凡偏旁从玉在左作⺩者，謂之斜王，謂如王字斜書也。
耂	老頭	凡偏旁在上作耂形者，如孝者等字，謂之老頭，謂老字之頭也。
艹	草頭	凡偏旁从艸在上作艹者，謂之草頭。
疒	病頭	凡偏旁作疒者，謂之病頭，謂如病字之頭。
禾	禾旁	凡从禾在左旁者皆作禾形，謂之禾旁。
礻	斜示	凡偏旁从示在左作礻者，謂之斜示。示讀若其。
衤	斜衣	凡偏旁从衣在左作衤者，謂之斜衣，以與斜示爲别。
辶	走之	凡偏旁从辵如遠近等字，謂之从走之，因如之字，而皆含有行走意也。
四	横目 四頭	凡偏旁在上作四形者，如眾罪等字，謂之横目，亦曰四頭。
⺮	竹頭	凡偏旁从竹在上作⺮者，謂之竹頭。
糸	絞絲旁	凡偏旁从糸者謂之絞絲旁，謂如一絞之絲也。
豸	蟲豸旁	凡偏旁从豸謂之蟲豸旁，以與从豕从犭爲别。
鳥	鳥字頭	凡偏旁在上作鳥形者，如梟島等字，謂之鳥頭。

續表

本字	字語	解釋
钅	斜金	凡偏旁从金在左作钅者，謂之斜金，謂金字斜書也。
⻗	雨頭	凡偏旁从雨在上者，謂之雨頭。
右偏旁		
而	釘耙而〔一〕	而耳爾皆虛字，音相近，故稱此爲别。曰釘耙者，象其形也。
非	編箕非	非飛音同，故以此爲别。曰編箕者，象其形，編箕筐也。
之	扁之	之子支音近，故以此爲别。曰扁者，以之字書而扁也。
矣	矢角矣	矣焉鄞音相近，故以此爲别。曰矢角者，謂下从矢，上从厶也。
焉	馬頭焉	謂焉字如馬字也。
哉	趬腳哉	哉者音近，故以此爲别。曰趏腳者，以右旁从戈，如人舉其足也。
耶	長腳耶	耶也音近，故以此爲别。曰長腳者，以耶字右旁一豎特長也。
右虛助詞		

〔一〕耙：原誤作「耗」。

諺語

《説文》訓諺爲「傳言」，蓋諺者限於時代國邑，十口相傳之成語也。故《左氏》引周諺、《孟子》引夏諺，皆冠以時地，且爲意完辭畢之成句，與夫單詞隻字及不成句之短語所謂俗名者異。今人立諺語之定義曰：諺語，乃由人類極充分的實際經驗之結果，發而爲巧麗深刻之簡要辭句，於日常談話中，可公然使用，以增加發言者論點之理由或效力，而規定凡人之行爲，或其事之當否者也。此定義頗能確立諺語之性質與範圍。顧諺雖早見引於周秦載籍，至彙集而成一書，殆昉自宋世，以漢揚雄《方言》當之，不知《方言》所紀皆俗名，非諺語也。或又以宋趙叔向《肯綮録》爲紀諺之書，案《四庫總目提要・雜家類》存目三趙叔向作趙叔問，謂叔問自號西隱老人，其始末未詳，以宋宗室聯名字推之，蓋魏王廷美之裔也。然其書多述朝制，惟首辨俚俗字義，非載諺語也。清毛奇齡效之，撰《越語肯綮録》，載浙東方言二十四條，證以古音古訓，亦非諺語之書。惟宋周守忠有《古今諺》一卷，當爲其濫觴。案守忠，南宋寧宗理宗時人，是書《永樂大典》收之，《四庫全書》本由《永樂大典》輯出，入「小説家類」存目二，其自序謂：「略以所披之編，採摘古今俗語，又得近時常語，雖鄙俚之詞，亦有激諭之理，漫録是集，名《古今諺》。」至明漸盛，楊慎有《古今諺》二卷、《古今風謡》二卷，《四庫總目提要》入「小説家類」存目二。郭子章有《六語》三十卷，《四庫總目提要》入「小説家類」存目二，凡謡語七卷、諺語七卷、讔語二卷、讖語六卷〔一〕、譏語一卷、諧語七卷。鄞人范欽亦有《古今諺》一卷、《謡歌諺語》一

〔一〕卷：原誤作「語」。

卷。見《天一閣書目》。三人時代略同，殆風會使然。及清杜文瀾輯《古謠諺》始集諺語大成，林伯桐撰《古諺箋》且加以注釋矣。

然以上諸書皆録古今四方通語，非一地方言也。其特紀浙東諺語者，越則有清末范寅所撰《越諺》三卷，《越諺》爲清光緒壬午谷應山房刊本，前有光緒四年自序，其上卷爲語言，以諺語爲特多，間載謡歌。甬則有近人陳炳翰所撰《古堇諺鐸》四卷，陳炳翰著述已著録《藝文編》，此書未刊行。《諺鐸》録鄞諺三千六百八十餘語，可謂富矣，然其命名取義近乎游戲，蓋一時興至偶作，非研究方言專書。《諺鐸》卷一爲「偶對」，曰「大小喬」，二言對也；曰「鼎足」，三言對也；曰「松江鱸」，四言對也；曰「鳳樓」，五言對也；曰「南朝金粉」，六言對也；曰「竹林」，七言對也；曰「蜚卿叉」，八言對也；曰「鍊都」，十言對也；曰「律吕」，十二言對也；曰「閏七夕」，十四言對也。卷二爲「列傳」，凡三十篇，皆集諺語而成，曰「看財奴」、曰「奉承東」、曰「牀頭鬼」、曰「怕老婆」、曰「呆大」、曰「羊寡婦」、曰「雌老虎」、曰「鐵將軍」、曰「矮軍師」、曰「破靴黨」、曰「陰司童生」、曰「胎裏悖」、曰「瘟樂公」、曰「爬灰老」、曰「勢利鬼」、曰「橋頭三叔公」、曰「馬浪蕩」、曰「地棍」、曰「人精」、曰「賊秃」、曰「懶賊」、曰「市儈」、曰「童子老」、曰「竈跟無賴」、曰「田戇」、曰「窮讀書」、曰「瘟官」、曰「惡霸」、曰「擡頭五郎」、曰「全福叔公」。卷三爲「格言」，凡分十類，曰「安命」、曰「謹身」、曰「人事」、曰「世情」、曰「家道」、曰「衛生」、曰「嫉惡」、曰「工商」、曰「江湖、風俗」。卷四爲「天文」，凡分九類，曰「日月」、曰「風雷」、曰「霜雪」、曰「霧露、雲霞、虹霓」、曰「暴期」、曰「寒暑」、曰「晴雨」、曰「物理」、曰「雜記」。

今欲研究方言，當先知諺語之功用。功用凡四：曰民族性質之表見也。一地有一地民族，一民族有一民族性質，其特殊見象常於諺語中表見之。吾甬爲吴越民族與中原民族之混合血統，而環境又襟山帶海，故其民性於活潑柔和中呈質直剛毅氣象，諺語所表見亦然。如「走盡天下，弗如寧波江廈」「你會南京算，我會北京拐」等句，表見活潑氣象。「人要心好，樹要根牢」「和氣生財，生意會來」等句，表見柔和氣象。「儇人都是笨人做」「兩相情願，好結親眷」等句，表見質直氣象。「寧可清窮，勿可濁富」「石擣子頭磨繡鍼，功到自會成」等句，表見剛毅氣象。曰社會狀態之演示也。在清中葉以前，甬地苦瘠，故人節嗇而世重利，迄五口通商以後，則一變而爲人冒險而世崇富，諺語之轉變亦同。如「寧波熟，一餐粥」「七粒米，弗見白」等句，演示地瘠穀少情形。「來是人情去是債」「世間無難事，只要現銅錢」等句，演示節嗇重利思想。「若要富，走險路」「大海洋洋，忘記爹娘」「頂香是銅，頂臭是窮」「像弗像，要看張嘉禄樣」等句，演示冒險崇富性習。曰風俗習慣之紀述也。勤儉耐勞爲甬人美俗，而宗法家庭與婚嫁奢侈、命運迷信，又國人通習，加以民業工商，故諺語亦以紀述，是數者爲最多。如「一分工夫一分錢」「早起三光，遲起三忙」「大富靠天，小富靠儉」「天下無難事，只怕有心人」等句，皆紀述勤儉耐勞習俗。「十八歲當族長」「河步頭講阿婆，念佛堂講新婦」等句，皆宗法家庭之紀述。「老儂弗擡，心想發財」「强盜弗進五女之門」等句，皆婚嫁奢侈之紀述。「心房弗定，起課算命」「人算千算，弗如天算一算」等句，皆命運迷信之紀述。至關於工商習俗之諺語，如「立人弗如睏店」「做一行怨一行」「三年徒弟四年半莊」「倒貼工錢白喫飯，生活畀你學學慣」「春天生意實難做」「一頭行李一頭貨」等句皆是。曰故事神話之流傳也。如甬人崇仰梁山伯、葛仙翁故，有關於二事諺語，其他亦間有流傳者，而以歌謡爲多。如「若要夫妻同到老，梁山伯廟到一到」，即梁山伯故事。歌謡「有人拜我生，銀子一千兩」，即葛仙翁神話歌謡。故若伐木鄧林，取用不匱，雖容有不適合今代潮流者，然正足見一時好惡隨社會而演變，仍不失其功用焉。如「好鐵弗打釘，好男弗當兵」「好女弗看燈」「命運財相連，做殺弗相干」「做大弗如做小，做小弗如弄巧」「只許官兵放火，不許百姓點燈」等句，雖違反今代潮流，然正足考見昔時重文輕武、束縛女子、迷信命運、乘機射利、甘自屈辱、奸弄譎詐與官吏專制壓迫平民種種惡習。

論其價値，在道德上，與古籍法語巽言同功，其深切懇至滲入人心，及普遍流行抑且過之。如「自作孽，自受罪」「嬉無益，勤有功」「得放手時且放手」「上半夜想自家，下半夜想人家」等句，與經傳所載「天作孽，猶可逭，自作孽，不可活」「業精於勤荒於嬉」「窮寇勿追」「疾惡毋太嚴」「以己之心，度人之心」諸格言若合符節。在事業上，則凡人生常識，如家事、交道、農工商業、醫藥攝生等，皆可由此得南鍼。蓋諺語，本積數百千年經驗以成，非信口而出也。如「家弗和，被人欺」「家有千金，弗如日進分文」等句，皆關於家事者。「逢人且說三分話」「疑人莫用，用人莫疑」等句，皆關於交道者。「耜頭口裏出黄金」「一生之計在於勤」「一年之計在於春」等句，皆關於農業者。「一法通，百法通」「三百六十行，行行出狀元」等句，皆關於工業者。「一分錢，一分貨」「寧可做蝕，勿可做絶」等句，皆關於商業者。「夜飯省一口，年紀九十九」「若要小兒安，常帶三分飢與寒」等句，皆關於醫藥攝生者。在學術上，直接關於氣象、博物等學，如「天河司米價」「日暈長江水，夜暈百草枯」等句，皆關於氣象學者。「處暑莜麥白露菜」「糯稻糯兩梗，晚稻大顆生」「斤鷄斗米」「晝餧猫，夜餧狗」等句，皆關於博物學者。間接關於文字音韻等學。凡俗名不得其字者，往往可由諺語中得之。而諺語之字音轉變，音調高低，又可搜求無數之俗音變音與由他方流傳而入之諺語其字音與方音之異同。在文藝上，其修辭之縟麗，諺語自一言句至十餘言句皆有之，如曰「賤，賤，無錢弗見面」，又曰「好看難爲錢」，「賤賤」二字各一言句，「無錢」「好看」皆二言句，「弗見面」「難爲錢」皆三言句。若四言以上之句，則不勝縷舉矣。又有單句成諺者，如「三場莫入」等句。有二句而對偶者，如「喫飯防噎，走路防跌」等句。有二句而一貫，如「到了八十八，勿可笑人家無結束」等句。有三句成諺者，如「喫弗窮，著弗窮，算著弗通一世窮」等句。有四句成諺者，如「柏樹葉紅，看牛小孩做太公；柏樹葉緑，看牛小孩朝天哭」等句。有五句成諺者，如「喫受用，穿威風，賭對沖，嫖全空，煙送終」等句。有六句成諺者，如「八月半，蚊蟲似鴨鑽；九月半，蚊蟲死一半；十月半，蚊蟲直死完」等句。有一句中自相對偶者，如「爭風熬氣」「疑心生暗鬼」「雙拳難敵四手」「來是人情去是債」等句。有二句顛倒文字即成對偶者，如「疑人莫用，用人莫疑」等句。有用一字變化成對偶者，如「樹大根大」「量大福大」等句。有僅易一二字而即成對偶者，如「代隔代，皮隔皮」等句。有僅易一二字而意更深一層者，如「千里做官也爲財，萬里做官也爲財」等句。有上句爲謎面，下句爲謎底者，若「礱糠搓繩起頭難」等句。有上句以下句解釋者，如「光棍弗背債，神仙；孤孀老儂弗積財，陰乾」等句。有上句問，下句答者，如「若要好，問三老；三老弗應，必有毛病」等句。有上句爲綱，下句爲目者，如「開門七件事，柴米油鹽醬醋茶」等句。有全諺祇列項目，而其意自明者，如「塞殺煙管煙火囪，雌狗雄猫姑丈公」等句。有句中包括一故事者，如「一口咬殺皇甫吟」「老酒要喫，荆州要取」等句。有諧聲者，如「造杜家橋」，杜諧肚聲。有象形者，如「老牛爬岸」，象四脚朝天之形。有顯喻者，如「嚴嵩勢道要過，綢緞衣服要破」等句。有隱喻者，如「鈍株耜逢著葛藤棚」等句。抒情之真摯，如「兄弟相打看娘面，千朵桃花一樹紅」「一夜夫妻百夜恩，百夜夫妻海樣深」「上山打虎親兄弟，臨陣還須父子兵」「兒孫自有兒孫福，莫爲兒孫作牛馬」等句，抒寫家庭之情。「親要親好，鄰要鄰好」「新親熱歇歇，老親丢過壁」等句，抒寫親鄰之情。「出門一里，不如屋裏」「樹高千丈，葉落歸根」等句，抒寫鄉里之情。「酒肉朋友千千萬，患難朋友半個無」「貧賤鬧市無人問，富貴深山有遠親」等句，抒寫社會之情。與聲調之諧美，有不叶韻而音節極調者，如「喫得苦中苦，方爲人上人」等句。有首韻者，如「少來弗要，老來上弔」，少與老首韻也。有尾韻者，如「只要工夫深，鐵擣子頭磨成鍼」，深與鍼尾韻也。有腰韻者，如「人心難料，鴨肫難剥」，心與肫腰韻也。有踧韻者，如「冷在風裏，窮在銅裏」，風與銅踧韻也。有一句句中自韻者，如「爲好除妙」，好與妙韻也。有一諺而轉韻者，如「若要好，問三老；三老弗應，必有毛病」，好與老韻，應與病韻也。有連用一字爲韻者，如「公修公得，婆修婆得，自修自得」，三句連用得字爲韻也。有疊用二字爲韻者，如「佛介人，賊介心；賊介人，佛介心」，四句疊用人字、心字爲韻也。有上下句各用一字爲韻者，如「在山靠山，在水靠水」，上句以二山字自韻，下句以二水字自韻也。有一句中連叶數韻者，如「賤，賤，無錢弗見面」，賤、賤、錢、見、面五字皆韻也。有平仄互對者，如「江山好改，性情難移」等句。有全句皆清音者，如「水泄弗通」等句。有全句皆濁音者，如「騎馬尋馬」等句。有全句皆平聲者，如「西瓜包紅」等句。有全句皆仄聲者，如「聽響喝氣」等句。迥非近代風雲月露詩詞所可比擬。至若語言學，本身自當以諺語爲研究中心。蓋俗名簡短，不能表示完義，歌謡冗長，且經作者潤色，而一切散語又因時因地因人而變，無一定標準可言。惟諺語爲約定俗成，正研究最善之資材也。特諺語包羅萬有，故分類頗非易易。近代語言學家以其取材，分三大類，曰人諺、物諺、事諺，雖頗渾括，然嫌簡率。亦有分爲普通諺、家庭諺、農家諺、商家諺四大類者，不特疏漏，且易歧出。惟《越諺》分列十有八類，尚爲詳盡。《越諺》上卷「語言」，一「述古之諺」，二「警世之諺」，三「引用之諺」，四「格致之諺」，五「借喻之諺」，六「占驗之諺」，七「謡諺之諺」，八「讔謎之諺」，九「事類之諺」，十「數目之諺」，十一「十只之諺」，十二「十當之諺」，十三「頭字之諺」，十四「哩字之諺」，十五「翻譯禽言之諺」，十六「詈罵譏諷之諺」，十七「孩語孺歌之諺」，十八「勸譬頌禱之諺」。然混俗名、歌謡於諺語中，已昧語言學之體例。而或以性質分，或以字辭分，又背論理學之原則，亦未足援爲典要。今以出辭吐氣之性質、情態分類，曰儆戒語、慰勉語、感慨語、經驗語、贊美語、譏罵語、誇耀語、撝謙語、頌禱語、讖忌語、占驗語、占驗語關於節候氣象者多已載入《輿地志·氣候編》中，故收羅無幾。諧謔語、比喻語、隱謎語，類各爲表，以字數多寡爲序，附以簡釋，其已見舊籍者，並引證之。至昔人記載諺語，多不注音，以無注音符號故也。《越諺》下卷專述音義，思補救可觀而不可讀之弊。《越諺》凡例云：「中卷異呼之物，下卷別音之字，所有考註，或在前，或在後，各隨紙隙，其習見之字，共識之典，偶不加註。欲詳上卷音義，必熟此二卷，庶不誤唤官音茫然是物。」惟注直音、反切，則字音仍隨各地方音而變，欲脗合土音，終不可得。今遵《通志》事例及近人所撰方言歌謡諸書體式，每語逐字旁標注音符號，其國音無符號者輔以閏音符號，間有所標音讀與尋常散語不同，亦有前標彼音後標別音，則爲諺語中變音，絶非舛錯矛盾。如大字或注ㄉㄚˊ或注ㄉ禾ˊ，家字或注ㄐㄩㄛ或注ㄍㄛ，猫字或注ㄇㄠ或注ㄇㄢ，來字或注ㄌㄞ或注ㄌㄚ˙，得字或注ㄉㄚ˙或注ㄉㄚ˙等，皆各隨語音而標之。庶讀此者，人不論南北，皆能隨聲循誦，如聞謦欬也。

儆戒語類表

諺　語〔一〕	解　釋
三勿引。	戒人惹動孩童、乞丐及犬。孩童惹之則頑，乞丐惹之則刁，犬惹之則被噬。
三場莫入。	戒人勿入游戲場、毆鬭場、賭博場，致妨害精神、身體、經濟。
喫飯量家道。	告人須量入爲出。
同船合一命。	即同舟共濟之意。戒人勿自相賊害。
疑心生暗鬼。	此即心理學所謂錯覺。戒庸人自擾。語出宋吕本中《師友雜志》。
錢財勿過手。	告人金錢授受必須直接，免生轇轕。
七粒米，弗見白。	戒人作踐米穀。
親兄弟，清算帳。	告人出納必須清楚，免致異日争執。

〔一〕每條諺語旁原有注音符號注音，本編未録。下各類同。

續表

諺語	解釋
自作孽，自受罪。	此即自作孽，不可活之意。
若要好，大做小。	此謂地位高尚者，能虚懷若谷，自能得衆心。
嬉無益，勤有功。	戒人好逸樂而惡勞。
一年空，十年窮。	戒人勿舉債，舉債則清償無期。
家弗和，被人欺。	告人内争必召外侮。
賊好做，冷眼多。	戒人欺心暗室。冷眼多，即十目所視之意。
店管弗離櫃檯。	戒人曠其職守。
好漢勿喫眼前虧。	告人宜容忍，勿與强權者争一時意氣。
麻雀要囥三日糧。	告人宜未雨綢繆。
後山黄泥要喫崩。	戒人坐食。
逢人且説三分話。	戒人慎言。
有錢弗買疙疸産。	戒人求難得之物。疙疸産，謂産業公有者，衆人皆有主權也。
舉頭三尺有神明。	戒人慎獨。
自翻石頭壓腳面。	戒人自貽伊戚。
得放手時且放手。	戒人爲事已甚。

續表

諺語	解釋
僱人相打弗出力。	此即求人不如求己之意。
人心弗足蛇吞象。	此謂人無饜足之時。古諺：「巴蛇吞象，三年而出其骨。」
萬里江山一點墨。	戒人輕易落筆，以致後悔。《越諺》謂：「陳摶賭華山故事。」
好朋友弗要同場賭。	友義常因争利而絶。此告人交友之道。
三十六計，走爲上計。	告人力所不敵不如退讓。《越諺》引《齊書・王敬則傳》作「三十六策，走爲上策」。
滿眼生人，自搭章程。	告人在客地，一切事須自有把握。
開一頭門，多一路風。	告人節約。謂多一種用處，即多支一筆金錢。
見見高山，見見平地。	謂人須經歷艱苦，方知平日之安樂。亦作「弗登高山，弗見平地」。
快活魄尸，苦了肚子。	謂惡勞好逸者必致飢寒也。魄尸，甬語軀體也。
只知其一，不知其二。	謂人往往僅知一方，不能兼顧雙方。見《説苑・臣術》。
家有鹹齏，弗喫淡飯。	謂貧者苟能節約，稍有積蓄，終不致受飢也。
皇親犯法，庶民同罪。	謂法律不分貴賤，一視同仁。此頗含法治之意。
禍福無門，惟人自召。	本《左傳》襄公二十三年閔子馬語俗。行《太上感應篇》亦用之。今已爲習慣語，謂一切吉凶，皆由人自致，非天所予也。

續表

諺語	解釋
兩虎相鬭，必有一傷。	戒有能力者自相殘害，爲旁人所乘也。
冷水要挑，熱水要燒。	告人節約。謂即易得之水，亦須人力金錢也。
人心難料，鴨肫難剥。	謂人心之深險難測，與鴨肫之堅韌難剥同。甬語膍胵曰肫。
少來弗要，老來上弔。	即少年不努力，老大徒傷悲之意。上弔，甬語自縊也。
嘴巴饞癆，一世難熬。	戒人貪食致疾。即古諺病從口入之意。
戒嫖戒走，戒賭戒看。	謂欲戒嫖，須先不閒遊；欲戒賭，須不窺人博弈。即不見可欲、使心不亂之意。
喫飯防噎，走路防跌。	告人慎微。
貪小失大，貪喫落夜。	戒人貪小利而忘大害。貪嘴落夜者，謂嗜飲者更深方休也。
疑人莫用，用人莫疑。	《宋史》謝泌論宰執曰：「疑則勿用，用則勿疑。」《金史·熙宗紀》作「疑人勿使，使人勿疑」。甬語本此。
早起三光，遲起三忙。	告人早興之諺。三光，謂身體、室宇、器物皆整潔。三忙，謂盥洗、進膳、灑掃皆忽促。
有借有還，借借弗難。	戒人借錢物勿喪失信用，則將來不難再借矣。
柴米夫妻，酒肉朋友。	此譏破世態語。《通俗編》亦引之，作「酒肉兄弟」。
擡老婆弗著，一世苦。	告人擇妻須慎重，否則終身受累矣。擡老婆，甬語娶妻也。

續表

諺語	解釋
大姑娘是琉璃傢生。	謂閨女易失貞操也。甬語器物曰傢生。
財勿露白，露白要出腳。	戒人謾藏誨盜。出腳，謂不得善果。
千日有，弗可忘記一日無。	告人處富貴時，不可忘貧賤日。
家有千金，弗點兩梗燈心。	告人富而毋奢。曩時油燈以燈心草燃火也。
家有千金，弗如日進分文。	謂富而坐食，不如貧而有業。
家有千金，弗如薄藝在身。	與前語意同。
上眠牀夫妻，落眠牀君子。	告人雖處閨闥，亦勿褻狎，爲人所輕賤也。
天怕東風雨，人怕牀頭鬼。	戒男子過信妻言。東風雨，久不晴。牀頭鬼謂妻。
天怕雪後風，人怕老來窮。	雪後風最寒，老年窮最苦。勉人少壯時須儲蓄。
瓶口紮得没，人口紮弗没。	即防民之口甚於防川之意〔一〕。
相罵無好言，相打無好拳。	告人息争語。謂至毆罵時，無人肯留餘地也。
一勿打和尚，二勿打黄胖。	僧人多諳技擊，病者被毆易斃，戒與鬥争。黄胖，甬語患黄疸病者。
一字值千金，讀書要當心。	告人勤讀。一字千金，本《史記・吕不韋傳》。

〔一〕「之意」原誤作「之之意」。

續表

諺語	解釋
一字入公門，九牛拔弗出。	戒人好訟。見《普燈録》，「拔」作「曳」。
拳頭打出外，手背灣進裹。	告人同心協力，以禦外侮。
好事弗出門，惡事傳千里。	謂好譽難揚，穢聲易播。戒人作惡事也。《北夢瑣言》引諺「傳」作「行」。
一勿可賭力，二勿可賭食。	戒人角力角食，致傷身體也。
六十勿留宿，七十勿留喫。	年邁者雖矍鑠，往往一時猝逝，不易防也。《越諺》「留宿」作「過夜」，「留喫」作「過旰」。
晴天勿做忌，落雨無好怨天。	即未雨綢繆之反言。謂晴日不顧屋瓦毁損，則雨時不必怨天矣。甬語顧恤曰做忌。無好二字合讀爲毛反濁音。
夫妻同頭眠，弗可説真言。	謂夫妻雖親，不可盡所欲言也。
窮人志氣高，討飯要豪燥。	即「蹴爾而與，乞丐不屑」之意。甬語速曰豪燥，謂施予宜爽直也。
窮勿搭富鬬，富勿搭官鬬。	戒人競勝。貧與富競則傷財，富與官競則破家。
過頭飯好喫，過頭話難講。	此即「言顧行，行顧言」之意。過頭飯，謂既飽又食。過頭話，謂未行先言。
一生無計較，要好亦未會好。	謂作事無計畫者，終身無成也。甬語計策曰計較，較讀高去聲。未會二字合讀一音，即不得之意。
攤頭戤一戤，身邊摸摸看。	謂欲購物，須先審囊中錢多寡。攤頭，謂商販所設之攤。戤，即立意。
錢財落人手，跪了百拜求。	戒以經濟權與人。此常出債權人之口。

續表

諺語	解釋
舌頭無没骨，話出趕勿着。	此即駟不及舌之意。
少喫多滋味，多喫壞肚皮。	戒人貪食致疾。下句本《元典章》。甬語腹胃曰肚皮。
河直無風水，人直無家計。	甬語形勝曰風水。河直者，堪輿家以爲非吉地，以喻人性太直者不能聚財也。
只怕你弗做，弗怕你弗破。	戒人作惡。謂一舉一動皆有人伺察。
少來弗積財，老來要置捨棺材。	告人少壯時，須儲蓄以防老。捨棺材，即人所施捨之棺。置，即裝意。
衙門八字開，有理無錢莫進來。	戒好訟。
銅錢來來往往，性命閻羅大王。	此即有錢不能買命之意。
上半夜想自家，下半夜想人家。	即推己及人之意。
氣殺弗可告狀，餓殺弗可做賊。	告人忍小忿立名節。
一隻腳棺材外，一隻腳棺材裏。	多指危險生活言。常對婦女生産言之，所謂出生入死也。
喫弗窮，著弗窮，算著弗通一世窮。	謂家庭經濟有預算，終不致窘迫。
到了八十八，弗可笑人家無結束。	謂凡事難逆料，雖將就木，亦不可自以爲能終享而笑人也。
花老有良心，大少爺弗會睏涼亭。	戒好狎妓。甬語妓女曰花老，睡曰睏。
一場官司一場火，弗怕你家計大。	人生難逆料，雖富而不可自恃。甬語訟事曰官司。

續表

諺語	解釋
若要好，問三老；三老弗應，必有毛病。	三老，謂齒尊、德尊、爵尊者。或曰即「三老五更」之三老。
兄弟相打看娘面，千朵桃花一樹紅。	告人兄弟宜和睦也。下語以「同氣連枝」爲喻。
生意做弗著一遭，老儂擡弗著一世。	甬語經商曰做生意，娶妻曰擡老儂。謂經商失敗僅一次，娶妻不賢累終身。楊誠齋《江東集》：「種田弗收一年事，娶婦不著一生貧。」與此誼同。
頭一夜想千條路，第二天亮摸舊路。	戒人喜空想而不實行。摸舊路，循歸途也。
兒孫自有兒孫福，莫爲兒孫作馬牛。	見《宋詩紀事》所載徐守信詩。
是非只爲多開口，煩惱皆因强出頭。	見《元曲選》孟漢卿《魔合羅》劇。
月裏奶歡弗可聳，月裏新婦弗可哄。	謂初生之兒、新娶之婦不可養成惡習。甬語嬰孩曰奶歡，懷抱而行動曰聳。
好馬勿吃回頭草，再來勿值半文錢。	告人宜勵志，勿受人辱而仍依戀不捨也。上語以馬爲喻。
閒時不節勿做家，發風落雨怕勿怕。	告人宜儲蓄，以備不時之需。甬語平日曰閒時不節，節約曰做家。
早夜走路趁風涼，廿歲嫁人趁後生。	戒濡遲也。趁即乘機之意。甬語年輕曰後生。
一副牌六十四點紅，十個嫖賭九個窮。	戒嫖賭也。牌指通行之三十二張骨牌。
好鐵勿打釘，好男勿當兵，好女勿看燈。	昔時兵多無業游民充之，婦女不夜游，故有此諺。已與今之潮流不合矣。
好漢勿賺六月錢，賺了六月錢，好比活神仙。	舊曆六月，氣候炎熱，人易疲乏，物易腐敗，貿易不易，故有此語。
猛蚣腳多蛇游快，會講會話要招怪，會儹銅錢要背債。	戒人多言及奢侈也。謂舌辨不如木訥，善賈不如節儉。上語以蛇無足，而行捷於多足之蜈蚣爲喻。甬語蜈蚣曰猛蚣，賺錢曰儹，負欠曰背債。

續表

諺語	解釋
上等之人講了算數，中等之人寫了算數，下等之人寫了弗算數。	戒失信也。謂以言爲憑者，上也；次則須訂結契約矣，然尚能履行；若訂約而猶不履行，斯爲下矣。甬語履行曰算數。

慰勉語類表

諺語	解釋
脚踏實地。	勉人實事求是也。《聞見録》：「康節曰：『司馬君實，脚踏實地人也。』」
有始有終。	勉人終始其事。《詩》：「靡不有初，鮮克有終。」
見水爲浄。	慰人疾汙穢也。謂經水洗即可以爲浄矣。
争風熬氣。	勉人立志語。猶通語言争一口志氣。
弗打弗成行。	慰人受嚴師責扑語。行，謂行業。
人儇命弗儇。	慰人一生潦倒人〔一〕。甬語聰慧曰儇。
眼弗見爲浄。	慰人疾汙穢也。意謂凡物罕有浄者，惟不見其受汙時，乃即以爲浄耳。
羊癲病，學三分。	勉人雖小事亦須學習，終必有用也。
做到老，學到老。	學業無涯。勉人終身勿怠。

〔一〕下「人」字疑爲衍文。

續表

諺語	解釋
明中去，暗中來。	慰人捨財利濟語。謂明雖耗費，冥冥中自能獲福。
弗用氣，只要記。	勉人受侮而立志語。猶《孟子》言：「動心忍性，增益其所不能。」
天無絶人之路。	慰人遭遇艱困之語。
人心都是肉做。	謂人同此心，心同此理，苟能克己，終爲人所諒也。
老實人有飯喫。	慰人遭遇横逆語。甬語忠厚長者曰老實人。
求人勿如求己。	勉人立志。今所謂自力更生也。《論語》：「君子求諸己。」
屋寬勿如心寬。	慰人嫌室宇仄陋語。謂與其耗財而求華屋，不如節用而不憂乏。出白居易《小宅》詩。
揀日勿如撞日。	慰人因事急而不暇擇吉日語。然此語實可破除迷信。
勿打勿成相識。	慰人先交惡而後友好，勿存蒂芥語。
早起三朝抵一工。	勉人早起語。樓鑰《午睡戲作》詩「抵」作「當」。
勿是冤家勿聚頭。	慰夫妻意見不合語。
暴吃饅頭三口生。	勉人勿以始事艱難而退縮。甬語謂初經曰暴。
兄弟和睦打乾坤。	勉人兄弟和好語。打乾坤，猶言旋乾轉坤也。
陰地勿如心地好。	勸人不迷信堪輿語。陰地，謂墓域，見《癸辛雜志》載倪文節事語。

續表

諺語	解釋
一錢勿落虚空地。	勉人施捨語。謂能施捨，終必受天之祐也。
皇天不負苦心人。	勉人堅忍語。皇天，猶言天帝。
三日新婦無大小。	慰人憎賀客戲弄新婦語。謂初娶三日之新婦，不問長幼，皆可戲謔之。
人生五十不爲夭。	慰人年剛滿五十而遽逝世語。《諸葛亮集》載先生遺勅謂後主曰：「人五十，不稱夭年。」
好新婦勿怕惡阿婆。	慰子婦不得於其姑之語。
好兒孫勿用牢起屋。	勸人不必積財與子孫也。甬語築室曰起屋。
比上不足，比下有餘。	慰人心不饜足語。
得過一日，且過一日。	無聊而自慰語。猶言做一日和尚撞一日鐘也，亦曰得過且過。
親要親好，鄰要鄰好。	勉人和睦親鄰語。
人要心好，樹要根牢。	勉人宅心語。謂有善心者，必有善報也。
快就是慢，慢就是快。	勸人臨事勿怱遽語。即《論語》「欲速則不達」之意。古諺亦謂「遲是疾，疾是遲」。
和氣生財，生意會來。	勸商賈招待顧客須謙和語。
該勿餓殺，終有一頭來。	慰人遭遇貧乏之語。與前「天無絶人之路」意同。
施庵三隻，勿如築路三尺。	勸人捐資造路語。謂神事無憑，人事實利也。

續表

諺語	解釋
三百六十行，行行出狀元。	勉人勿輕視職業低微語。謂各皆有能手也。三百六十行，見《西湖志餘》。
喫得苦中苦，方爲人上人。	慰人耐勞語。元雜劇中已常引此語，「喫」多作「受」。
好眼只要一隻，好兒只要一個。	慰人止留獨子語。只要二字，甬語連讀，音如照。
個子生堅決，出門要加一。	慰人勿憚遠行語。甬語身體曰個子，壯健曰堅決，加一謂加人一等。
窮人志氣高，勿好也會好。	勉人勿因貧而失志。
惜衣有衣穿，惜飯有飯喫。	勉人惜物。《越諺》亦載此語。
人鈍人上磨，刀鈍石上磨。	謂人不識世故，須出而與社會周旋。以石上磨刃爲喻。《越諺》載同。
公修公得，婆修婆得，自修自得。	勉人自立語。修，本謂念佛修行也。
只要年成熟，麻雀吃你幾粒穀。	勸人勿吝小費語。
只要工夫深，鐵擣子頭磨成鍼。	勉人堅忍語。即《荀子》所謂「鍥而不舍，金石可鏤」也。亦曰：功到事會成，鐵擣子頭磨繡鍼。
放開肚皮吃飯，立定脚跟做人。	勉人立志語。上句作喻。《越諺》亦載之。
三個糖餅望外婆，終是外孫食。	慰人失而能復得之語。甬語以外祖母曰外婆，以餳製餅曰糖餅，問候曰望。
廿年新婦，廿年婆，再過廿年做太婆。	慰爲婦者語。謂此時雖事姑，將來亦必受子婦孫婦服事也。
好男弗喫分開飯，好女弗穿嫁時衣。	勉人自立語。甬語兄弟析爨曰喫分開米飯。《越諺》作「好兒弗喫分家飯，好女弗穿嫁資衣」，謂下句見《元曲選》。

續表

諺語	解釋
呆人自有呆人福，淖泥菩薩住瓦屋。	慰人勿以妻子不慧而心灰。甬語土偶曰淖泥菩薩。
君子樂得爲君子，小人枉自爲小人。	慰人勿以行善不獲報而灰心語。出朱子《語録》。
敬崇佃頭敬崇穀，敬崇木匠敬崇屋。	勸人愛屋及烏。甬語田工曰佃頭，謂因穀而及田工，因屋而及梓人也。
敬崇大人敬崇福，敬崇丈夫有飯喫。	勉婦女孝事姑夫語。福，謂積福。上句亦作「敬崇公婆有衣穿」。
人靠良心樹靠根，千年瓦爿會翻新。	勉人宅好心也。下句謂終有發達之日。甬語屋瓦曰瓦爿。翻新，重蓋也。
今朝有酒今朝醉，明日愁來明日愁。	無聊而自慰語。朝，亦作宵，見《能改齋漫録》，爲權常侍詩。
兒子無没囡也好，河裏無魚蝦也好。	慰人膝下無兒而有女語。
神仙本是凡人做，只怕凡人心不堅。	勉人立志語。《越諺》亦載之。

感慨語類表

諺語	解釋
逼上梁山。	歎實逼處此也。此諺當在《水滸演義》書盛行以後。
喝西北風。	歎無以爲生。喝，猶言食。《傳燈録》作「吸東南風」。
爲小失大。	歎因小利而大事不成。《越諺》：「貪小失大。」
爲好除妙。	謂本思利人，反以爲不利也。俗作「爲好住廟」，譌。

續表

諺語	解釋
苦中作樂。	歎不快意時，尋歡樂以消遣。
官官相護。	歎民與官爭訟，必不能勝。
爬山挖嶺。	歎行役之苦。
眼開眼閉。	謂明明見之，故作不見，以息事寧人。
貨到地頭爛。	歎貨物供過於求，一至市廛，往往價值反較産地爲低。
人情如紙薄。	歎世人之寡情。
好心無好報。	歎人存善心而反得惡報。
八字落弗著。	歎命途多舛。
頭皮削削尖。	謂努力作事。猶言鑽謀。
腳趾頭走路。	歎戰戰兢兢，如履薄冰也。
過海是神仙。	歎人一登龍門，即聲價十倍也。
勢倒鬼弄陣。	歎人不遇，爲鬼揶揄。猶言「運退雷轟薦福碑」。
人在人情在。	歎世無卹故舊之後者，即「一死一生乃見交情」意。
天高皇帝遠。	歎偏遠非國法所能及。黄溥《閒中古今録》云元末民間語。
餓餓殺，喫喫殺。	歎富者太富，貧者太貧。猶杜甫詩「朱門酒肉臭，路有凍死骨」意。俗諺亦曰：餓餓得，歇歇動；喫喫得，綳人痛。

續表

諺語	解釋
喫鹹齋，還肉錢。	歎以高價而得劣品。
喫你飯，受你難。	歎受人傭用，不敢不聽人指使。即通語「在人矮簷下，怎敢不低頭」意。
教你會，弗湊隊。	歎人不念指導之惠也。甬語結交曰湊隊。
自做官，自喝道。	歎事以一手一足而成，無人輔助也。即通語做獨脚戲意。
人倒運，鬼到門。	歎禍不單行也。與前「勢倒鬼弄陣」意同。
命生苦，飯將補。	謂貧人得食米已足，不望其他滋養物。甬語滋養曰將補。
人會料，天會掉。	謂人雖工心計，終不能勝天。甬語變換曰掉。
肚弗痛，肉弗親。	歎非親生子女終無親子恩。此語作後母者往往言之。
上弗上，落弗落。	歎進退兩難。俗諺亦曰「弗上弗落」。
一遭情，兩遭例。	歎方便之門難開。《越諺》亦載此，「遭」作「僧」。
八個瓶，七個蓋。	歎貧困者移東補西也。
看人眉頭眼腦。	歎遭人白眼。《敬止録》作「看人眉頭眼下」，謂南、北《史》作「看人眼睫」。
寅年喫卯年糧。	歎貧者預支未來錢也。《越諺》作「寅喫卯糧」。
一年弗如一年。	歎愈趨愈下，常對世事、家業及弱體發此感。
一代弗如一代。	歎子孫不及祖父也。

續表

諺語	解釋
拐子狀元之才。	歎聰明誤用也。甬語騙賊曰拐子。
賤，賤，無錢弗見面。	歎物雖賤，不能徒手而得。
一錢逼殺英雄漢。	歎世無錢不行。
一家弗知一家事。	歎甘苦人各自知，非他人所能詳悉。
今日弗知明日事。	歎人生之空虛，出宋李殿丞詩。《越諺》「日」作「朝」。
女人終是朝外貨。	歎女子顧夫家而不顧母家。《白虎通》作「女生外嚮」，《越諺》引之。
清官難斷家閒事。	歎家事瑣屑糾紛，非他人所能深悉也。
銅錢銀子跟有走。	歎富者愈富，貧者愈貧也。有，即富意。
一雙空手見閻王。	歎人生如夢也。即「生不帶來，死不帶去」意。
獨子王孫夾單丁。	歎家中男丁衰少也。
賣柴老婆燒柴葉〔一〕。	歎生産者不能銷費所生産之物品。賣柴老婆，樵夫之妻。
人老珠黄弗值錢。	歎老而爲人輕賤也。《越諺》亦載之。
千年財主輪換做。	歎富者不能終富也。《越諺》作「十年財主輪流做」。

〔一〕 賣：原誤作「買」。

續表

諺語	解釋
聰明反被聰明誤。	歎人聰明而不習上也。
孝順新婦被天打。	歎人有善心而不爲他人所諒，即好心無好報意。
喫奶弗如摸奶親。	歎子娶妻後忘其母也。老婦常有此諺。
挌鷄弗著蝕把米。	歎所圖未成，反喪其固有也。甬語捉曰挌。
屋倒逢著連夜雨。	歎禍不單行。下句爲「船漏又遇打頭風」，意同。
手拿黄金變白銅。	歎貧者即懷寶，而人亦以爲贋物也。
只敬衣衫弗敬人。	歎世人重富貴而輕才德。《五燈會元》「敬」作「重」，《越諺》作「認」。
公要餛飩婆要麵。	歎一國三公，吾誰適從也。
横切蘿蔔竪切菜。	歎弱者任强者魚肉也。
癩頭做年碰閏月。	歎才力薄弱者，反遇棘手事也。甬語長傭工役曰做年。
朝廷無人莫做官。	歎人非有憑藉，不能立足也。
一代做官九代窮。	歎顯宦多行不義，決無孝子賢孫也。
知人知面弗知心。	歎人心難測也。即《戰國策》「人固不易知，知人亦未易」意。
吵得鷄飛狗上屋。	歎因事騷擾，鷄犬不寧也。
千年田地八百主。	歎富者不能終富。即前「千年財主輪换做」意，出《五燈會元》。

續表

諺語	解釋
癡心女子負心漢。	歎男子多薄倖也。《越諺》同。
蠻妻惡子刁佃户。	歎家長之不易爲。《越諺》作「蠻妻拗子，無法可治」。
光做光，鑊做擣臼舂。	貧者因所入微，終無積蓄，不如盡情享樂，常發此歎。
大海洋洋，忘記爹娘。	歎人出外而忘其家也。
出門一里，弗如屋裏。	歎作客之苦。《越諺》同，引《元曲選》，「出門」作「離家」。
清清白白，斷竅苦殺。	歎廉潔者多清苦也。甬語極甚曰斷竅。
清清爽爽，家計蕩光。	歎耿直者多清貧也。
生好了命，釘好了稱。	歎天命有定，非人力所能挽回。
得人錢財，與人消災。	歎受人豢養，不得不爲人竭力。
生囡弗著，連娘墮落。	歎女不貞，而母亦被惡名。甬語女子子曰囡。
大有大難，小有小難。	歎人各有難處，非局外所知。
人望高頭，水望低頭。	歎人親富貴而棄貧賤。
錢落賭場，馬落教場。	錢入賭場則輕揮霍，馬至教場則輕驅策，不復愛惜。
上壓肩頭，下磨腳底。	勞力者自歎語。
日圖三餐，夜眠七尺。	貧者故作曠達語。七尺，謂牀長。

續表

諺語	解釋
糖炒栗子，難過日子。	歎貧者不易度寒冬。糖炒栗子，常至秋末始售。
頂殞是窮，頂香是銅。	歎人重富輕貧。
一頭揿落，一頭趪起。	歎爲人處事之不易。謂一方按下，一方又得寸進尺。
兒女上腰，吃飯討饒。	歎貧人不易育兒女。上腰，謂漸長。討饒，求宥意。
一腳弗來，一腳弗去。	歎成事不易。謂凡事非按步就班，不能完成。
人爲財死，鳥爲食亡。	歎人多重利。即《史記》「貪夫殉利」意。下句作喻。
天堂弗見，地獄先現。	歎未得其利而先受其害。
上天無路，入地無門。	歎環境惡劣，無法逃避也。見《五燈會元》，《越諺》同。
生弗帶來，死弗帶去。	歎人生空虛也。即李白文「天地萬物逆旅」意。
坐了借債，跪了討債。	歎人於金錢多失信也。與「受人求者常驕人，求人者常諂人」意略同。
穿靴喫肉，出腳趕鹿。	歎享用者不必勞力，勞力者不能享用。《越諺》謂：「《全唐詩》引佛書，與此同。」
擡頭弗起，轉身弗來。	歎居室低狹。《越諺》謂：「見《朱子集》。」
頭痛灸頭，腳痛灸腳。	歎人祇知枝枝節節，而不知根本救治也。《越諺》謂：「《通俗編》引證《素問·刺瘧論》。」
人要衣裝，佛要金裝。	即前「只敬衣衫弗敬人」意。

續表

諺語	解釋
聰明一世，懞懂一時。	歎聰明者有時亦失誤。即「智者千慮，必有一失」意。
强盜强盜，理道理道。	謂兇横者亦能屈服於理。此常對於不理者有感而發。
雲裏日頭，晚娘拳頭。	歎後母無愛惜子女之情也。上句作喻，謂雲乍揭，透露日光〔一〕，其熱異常也。
人似千層餅，比勿來。	歎人類因貧富貴賤分無數階級，苦樂各不同也。
强盜弗進五女之門。	歎嫁女之多費。謂五女出嫁，家貧如洗，雖盜不覷覦矣。《後漢書·陳蕃傳》同。
孝順囡弗如窮菜園。	歎女子不能供養父母也。謂菜園雖窮，尚能時供膳蔬，女子徒孝，不能餉親。
捏了鼻頭官喫酸醋。	謂心中苦楚不能對人明言也。
做一日和尚撞一日鐘。	歎生活無聊，得過一日且過一日。
天大官司，只要斗大銀子。	歎官吏鮮有不貪贓枉法者。
涼亭雖好，弗是久戀之鄉。	歎倚人終非久計語。見《水滸演義》。
天下十八省，馬屁弗穿繃。	歎人莫不好諂諛而惡諍諫也。此當爲明以來流行之諺。
喫餿氣冷飯，背殺頭罪名。	歎受薄俸而負重任。

〔一〕日：原誤作「目」。

續表

諺語	解釋
見不得爹娘，歸不得家鄉。	歎流落他鄉，無顔歸家也。與項羽語「無面目見江東父老」意同。
人無千日好，花無百日紅。	歎世鮮久交之人。下句作喻。亦見《諺概》及《越諺》。
但願求太平，寧可咬菜根。	謂但得和平，縱貧苦亦甘。
橫豎似橫豎，蘿蔔似番薯。	甘自暴棄常發此歎。
一筆溜落腳，褲都無没著。	歎文人不爲世所用。上句即下筆千言意。
新親熱歇歇，老親丢過壁。	歎人多喜新厭故也。熱歇歇，温暖之意。丢過壁，猶言屏諸門外。
人情急如債，火囱挈出賣。	甬語情禮曰人情，手爐曰火囱。謂迫不及待，以手爐易錢送情禮也。
長子弗得力，苦到腳骨直。	謂長子本能代父荷責，今因無用，惟有終身自苦耳。
擡轎也是人，坐轎也是人。	歎同屬人類，階級懸殊。
裁縫韈無底，箍桶瓶挈水。	歎工人日造器物以供人用，無暇爲己謀。
敗子弗落魄，掙子弗享福。	歎逸者自逸，勞者徒自苦。
命運財相連，做殺弗相干。	歎富皆乘機而得，非勤能得。
桑條從小壓，要壞也無法。	歎子女不肖，雖教育無益。
做人做到老，弗如一梗草。	歎人生虚空。
天高弗算高，人心節節高。	歎人心無饜時。

續表

諺語	解釋
生子聽名聲，買田是瘟人。	歎子不能養親、田之生産微。
喫力弗賺錢，賺錢弗喫力。	歎富者未必由勤來，而勤者未必能富。
有錢錢身當，無錢肉身當。	歎貧者雖疾病，亦無力醫治，惟恃己身。
有子氣難淘，無子死難熬。	歎有子者徒使父母受氣，然無子者身後往往因族人争繼争産而發生糾紛。
日裏三頓飯，夜裏三塊板。	與前「日圖三餐，夜眠七尺」意同。
豪富一頓餐，貧家半年糧。	歎貧富享用之懸殊。
當家三年，黄狗猫要招怪。	歎家長之不易爲。
老豆腐嚼弗落，小桌橙撩弗著。	歎家中僅存老弱而無壯丁。
爹做官，兒享福，牛耕田，馬喫穀。	歎勤勞未必享受，享受者多不勤勞。
人老實被人欺，馬老實被人騎。	歎世人大抵欺善怕惡。《越諺》引《元曲選》作「人善得人欺，馬善得人騎」。
自家做來弗及，人家做弗歡喜。	歎人大抵自是，然又不能事事躬親。
佛介人，賊介心；賊介人，佛介心。	歎人心難測。謂面善者未必心善，面惡者未必惡。甬語如此曰介。
包袱當牀頭，雨傘戳來門背後。	歎受人傭用，隨人喜怒而進退。即《孟子》趙孟能貴、趙孟能賤之意。甬語枕曰牀頭，斜倚曰戳。
九升九合命，多上一斗要生病。	歎貧者命運不濟，略有積聚，終遭喪失。《越諺》作「九斗九升命，輳上一石要生病」。

續表

諺語	解釋
屋裏一條龍，到得外頭變梗蟲。	歎出外受人奚落。謂家中本爲父母所愛護，而社會則輕視，不值一錢。
做大弗如做小，做小弗如弄巧。	歎爲人上之不易。凡事埋頭苦幹，反不如投機者受人青睞。
只許官兵放火，不許百姓點燈。	歎勢要可任作威福，小民惟忍受壓迫。本爲田登故事，説見馮猶龍《談概》。
教書先生去尋，做年長工去請。	歎文人爲人輕賤，反不如勞力者爲人所尊重。
冷粥冷飯好喫，冷説冷話難聽。	謂身體困苦尚可忍受，精神困苦終不能忍。
代笨人出主意，弗如代儇人背包袱。	謂不願爲愚者師，而願爲智者役。
講講話話散散心，悶桶白爛要生病。	人生無聊，惟與良友閒談尚可散悶，否則成病耳。此自慰語。甬語默而不言曰悶桶白爛。
夫妻本是同林鳥，大難到來各自飛。	歎夫妻雖親密，終必有散日。見《法苑珠林》。
只好高山望牢獄，弗好牢獄望高山。	謂人祇可以地位較下者爲比，則心平氣和。若比地位較高者，則無滿足之日。
貧賤鬧市無人問，富貴深山有遠親。	歎世人皆重富貴而輕貧賤。
酒肉朋友千千萬，患難朋友半個無。	歎損友多而益友少。
依了官法要打殺，依了佛法要餓殺。	歎法律苛密，人難事事遵守。佛法戒殺，人難徹底受戒。《越諺》亦載之。
有了千錢想萬錢，做了皇帝想成仙。	歎人心無饜足時。

續表

諺語	解釋
兄弟相争硬如鐵，夫妻相争輭如縣。	歎人祇知有夫妻之情，而不知有兄弟之情〔一〕。
女壻來蛋，姑丈來諫，姑丈公來柴爿攢。	歎親戚愈久而愈疏。甬語責罵曰諫，打曰攢，祖姑之夫曰姑丈公。
混沌沌弄口飯呑呑，混濁濁弄口飯喫喫。	歎清廉不如鶻突尚能謀食。
有錢弗曉得無錢苦，坐轎弗曉得擡轎路。	歎富貴者不知貧賤者之艱難。
有了快牙齒無没瘪蘿蔔，有了瘪蘿蔔無没快牙齒。	歎有才德者往往無憑藉，有憑藉者未必有才德。

經驗語類表

諺語	解釋
船弗漏鍼。	謂舟中決不失物。因舟不能有罅隙，且四周皆水，人亦不易竊藏。《越諺》同。
自肉自痛。	謂親生子女必自愛惜。亦以喻己有錢物必自愛惜。
哏豆熓瘄。	甬稱麻疹曰瘄子。謂天痘不忌風，瘄子忌風，此小兒科經驗語。
對症服藥。	謂服藥須對病症。喻處事須知癥結。《越諺》同。

〔一〕知：原作「如」。

續表

諺語	解釋
截長補短。	謂處事須執中，語出《孟子》。
天生天化。	謂凡物生化皆出自然。語出《陰符經》。
利令智昏。	謂人有貪心，則暗於事理。
人多口雜。	謂人衆則意見紛歧，議論不一。亦作「人多口響」，則謂聲喧。
習慣成自然。	此與西諺「習慣爲第二天性」意同。語出賈誼《新書》，「成」作「如」。
孲㰳無六月。	甬語甫生嬰兒曰孲㰳，即在暑天亦須以襁褓裹之。
荒年無六親。	謂荒年自顧不暇，未能濟人語。見《紀曆撮要》。
久病無孝子。	謂人久病不愈，侍疾之人終生惰心也。
久病成良醫。	謂人經久病則富醫藥知識。與《左傳》「三折肱」意同。
糾會聚一墶。	甬俗貧乏者值婚喪大事，往往邀集親友各出費若干佽助，逐年輪值，曰糾會。故有此語。
開口見喉嚨。	謂察言可以知意。甬語喉頭曰喉嚨。
拗五弗拗六。	昔年商業習慣，購物尾數在半文以内不計，半文以上作一文計，今則爲四捨五入。即此可見昔今人情之厚薄。
無鬼弗死人。	喻無内奸必無外患，家國皆如此也。

續表

諺語	解釋
見面難爲情。	謂二人感情雖不洽，及見面時則礙於情面，惡聲不出口也。
賊來無空手。	賊以竊物爲事，雖迫促時，或極貧之家亦必攜一二則心方安。
日久見人心。	謂惡人莫不貌飾爲善，故必經久時，方知人心之善惡。
先下手爲强。	謂須捷足先登。《北史·元冑傳》有「先下手」語。元《謝金吾》劇則載此全語〔一〕。
外孫肉裏肉。	謂外祖母愛惜外孫，往往較母愛其子女更甚。
醫生假孝子。	謂醫生體恤病人，常逾於子之事親。
三蛇六老鼠。	謂蛇鼠爲家中常見之物，不足異也。《爾雅翼》作「九鼠」。
寧波熟，一餐粥。	鄞地多山，人多商，即豐年登場，亦僅足供全縣人一餐薄粥，故米多由外來。
清明螺，抵隻鵝。	清明螺螄價貴而鵝價廉，故有此語。
三分人，七分扮。	謂人須衣裝，雖醜而可掩飾。
賺得大，用得大。	謂收入愈大，而支出亦愈大。
窮義夫，富節婦。	謂貧人無力再娶，富婦無須再醮，故得義夫、節婦之名。

〔一〕 金：原誤作「全」。

續表

諺語	解釋
窮好日，富做生。	謂貧者亦必娶妻，富者方能祝壽。甬語嫁娶曰好日，祝壽曰做生。
窮算命，富喫藥。	謂貧者生活不安定，故常喜推算命運，希冀將來。富者則雖無病，亦常服補藥。
窮竈跟，富水缸。	謂廚室不宜多積薪，甕中常宜滿貯水，以防火災。
落手快，弗招怪。	即前先下手爲强之意。
弗喫藥，爲中醫。	謂藥能愈病，亦能殺人。病不服藥，聽其自愈，尚較庸醫殺人爲上。中醫，見《漢書·藝文志》引諺。
若要長，看後樣。	謂望家業復興，須有賢兒佳孫。見陳龍正《學言詳記》引諺。
弗怕兇，只怕窮。	此索債經驗語。謂兇者賴債，尚可訴諸法律。若欠債者果極貧，雖法律亦無奈何。
只醫病，弗醫命。	謂必死之病，無藥可治也。
冤有頭，債有主。	謂人報冤索債，必向本人語。見《五燈會元》。《越諺》「頭」作「家」。
晝餧猫，夜餧狗。	夜不飼猫，則猫飢能捕鼠。賊多以餌誘犬使不吠，犬飽則不受賊誘。
賭近盜，姦近殺。	賭必貧，故近盜。姦淫因争風而嫉恨，故近殺。
一法通，百法通。	教人學習須用推理力，所謂舉一反三也。《五燈會元》「百」作「萬」。
嘻嘻笑，定定要。	此爲青年男女作伐，伺測意向之經驗語。謂口雖不言，面露笑容，則意必相屬。

續表

諺語	解釋
老口熱，少手熱。	謂年老者多悖晦，喜罵人。年少者多活潑，喜弄物。
蘿蔔熟，醫生哭。	蘿蔔熟時氣候已涼，疾病漸少，且蘿蔔能治喉胃諸疾，醫者業清閒，故欲哭。
戲文假，情節真。	甬語戲劇曰戲文。謂戲雖假飾，然其事蹟多入情入理，爲世所必有也。
會賺弗如會積。	謂開源必須節流，方能餘裕。
一動弗如一静。	凡事造因必生後果，果之善惡不得預知，故有此語。《貴耳録》僧静輝對宋孝宗有此語。
百聞不如一見。	謂信耳不如信目。《越諺》作「千聞不如一見」，謂「出《陳書・蕭摩訶傳》」。
立人弗如咽店。	謂一人勞力所得終屬有限，商店雖小而贏利終較勞力所入爲優。
遠親弗如近鄰。	人有危急，遠方親戚不及救，全藉鄰居之守望相助語。見秦簡夫《東堂老》曲。
三句弗離本行。	謂人出辭吐氣往往對於本業，不覺流露也。
雙拳難敵四手。	謂衆寡不敵。
擡老婆，看阿舅。	謂兄弟姊妹之面貌性情必有相似處。甬語妻曰老婆，妻之兄弟曰阿舅〔一〕。

〔一〕「兄」上原衍「曰」字。

續表

諺語	解釋
儇人都自笨人來。	謂人皆學而後能，未有生而知之者。甬語智者曰儇人。
王道不外乎人情。	謂治國不能違反民意。劉向《新語》作「王道本乎人情」。
三代弗出舅家門。	謂母性遺傳也。《越諺》作「外甥多像舅」。《容齋續筆》卷十二「天生對偶」條引諺作「外甥多似舅」。
神仙難定柴米價。	謂柴米之價，日日漲跌不同，不能預知。
三歲意致看到老。	謂人之性情得自先天，自幼至老不更變也。
耜頭口裏出黄金。	此農人經驗語。謂勤於稼穡，方得富裕。
情人眼裏出西施。	謂男女之相戀，往往以情不以貌。語見《復齋漫録》。
會叫黄狗弗咬人。	犬噬人者往往不吠，吠者往往不噬人，此相犬經驗語。
賴債弗如賴人情。	謂欠債不還則犯法，若不送情禮，不過爲親友所怪，不犯法也。
人怕出名猪怕壯。	人出名則爲人注意，豕體肥則將受宰，故以爲喻。
窮販私鹽急販硝。	謂販私皆爲窮困所迫，非甘心犯法也。
來是人情去是債。	情禮收入時可供急需，爲人所喜。及人有事當送，則急於債矣。
人走時運馬走膘。	謂人之發達全藉時運。下半句爲喻。膘，馬壯健。
人逢好事精神爽。	謂人遇好事則心中喜悦，精神自爽。語見《五燈會元》。

續表

諺語	解釋
一回相見兩回熟。	謂人初相見，爲陌路。再見則漸熟，進而爲友矣。
廿歲生兒同爹老。	二十歲生子，至六七十歲時，子年亦四五十歲，與己同老矣。
四賭八看十六想。	謂賭博廢時失業也。賭者雖僅四人，旁觀者將七八人，因人賭而技癢者當十餘人矣。
一分工夫一分錢。	教人愛惜光陰也。觀此語，我國固早以勞力爲金錢矣。
一兩黄金四兩福。	教人安命也。謂富不可强求。
單方一味，氣殺名醫。	單方往往積數百千年經驗而得，故治簡單之疾常極有效，非名醫方藥能及。
蘿蔔青菜，各有所愛。	謂人各有其嗜好，不能强同也。
風癆癥膈，久病難醫。	風，風癱。癆，肺癆。癥，癥脹。膈，食膈。此四疾，日久則不能治愈。
養兵千日，用力一朝。	勉兵士爲國效力也。馬致遠《漢宫秋》劇下句作「用軍一時」。
冷在風裏，窮在銅裏。	謂人之困急非短於才，乃短於財。猶天寒冷，即在乎風。此與《原憲》「貧也，非病也」意同。
人有幾等，物有幾等。	謂人分階級，物分品類，不能齊同也。
人有千算，天只一算。	謂人雖然計算，終不能敵天災之猝至。
人聽好話，佛受香烟。	教人謙和也。下句作喻。亦作「人要好話聽，佛要香煙受」。
大富靠天，小富靠儉。	謂豪富雖由命定，然飽暖終由勤儉而得。

續表

諺語	解釋
晴天帶傘，肚飽帶飯。	教人預防也。此即《中庸》所謂「凡事豫則立」。
閒話聽音，蘿蔔喫心。	謂察人語音之高下緩急，即可知其意。下句爲喻。蘿蔔空心者，不耐食也。
一人拚命，萬夫不當。	謂人能不畏死，雖敵衆，亦無恐。與《吴子·勵士》篇語大同小異。
兩相情願，好結親眷。	謂男女婚姻，不可以勢利脅誘而得，否則終無善果。
西風一起，别出高低。	暑天皆單衣，易購備，貧富不甚顯著。一過天寒，則狐貉之裘與衣敝緼袍，分上下矣。
病從口入，禍從口出。	人不慎食則致疾，不慎言則召禍，戒之深矣。
蝨多弗癢，債多弗愁。	謂人安於習慣也。李流芳詩：「人言債多能不愁。」
好貨弗賤，賤貨弗好。	凡物品質高下，皆以價值高下而分。世無以賤值而得高貨之理。
田要冬耕，子要親生。	謂繼子、螟蛉子終寡情也。上句作喻。田經冬耕則土鬆，春易種矣。
明槍易躲，暗箭難防。	教人慎防暗算也。
秀才造反，三年弗成。	謂文人徒弄筆舌，終無武器，不能揭竿起事。
福無雙至，禍不單行。	謂人生安樂時少而憂患時多。語見《通俗編》引證《説苑·權謀》篇〔一〕。
江山好改，本性難移。	甚言人天性之不易改變也。元曲《玉壺春》《謝金吾》二劇皆有此語。

〔一〕權：原誤作「推」。

續表

諺語	解釋
千軍易得，一將難求。	謂領袖人才之不易得也。元雜劇中多有此語。
當局者昧，旁觀者清。	凡事闇於察己而明於觀人，所謂明察秋毫而不能見其睫，與《唐書·元行沖傳》語小異。
一遭老實，三遭好哄。	謂素誠實者常易爲人所信。甬語一次曰一遭。
寧可清窮，弗可濁富。	謂人寧廉潔而貧，毋貪汙而富。姚崇《冰壺誡》作「與其濁富，寧此清貧」。《越諺》作「濁富弗如清貧」。
心房弗定，起課算命。	謂人心不安定則求神問卜。
搭賊搭贓，搭姦搭雙。	謂必獲賊贓，姦夫始得以姦盜論罪。甬語捉曰搭。《越諺》作「拿」。
在山靠山，在水靠水。	近山者多薪樵，牧獵爲生。近水者多耕種，舟漁爲生。亦作「靠山喫山，靠水喫水」。
是人識理，是牛耕田。	謂人心雖各不同而真理則一。下句作喻。
養兒防老，積穀防饑。	教子孝親與教人儲糧。元稹詩已有「養兒將備老」句。高明《琵琶記》中引與甬諺同。
殺人償命，欠債還錢。	謂造此因必得此果。《越諺》同，謂「李之彦《東谷所見》」。
謀事在人，成事在天。	即天定能勝人、人定亦能勝天意。
人急懸梁，狗急跳牆。	謂不可逼人已甚也。懸梁，謂自縊。下句作喻。

續表

諺語	解釋
種田人曉得三分天。	謂老農多諳氣候也。
貞節婦單怕浪蕩子。	謂不見可欲，使心不亂。
好記心弗如爛筆頭。	即勤筆免思意。
賒一千弗如現八百。	謂物必在手中方屬已有也。西諺亦有「兩鳥在樹，不如一鳥在手」語。
添一斗弗如省一口。	增一斗米，不過此一斗耳。省一口食，日省一升，終歲即省三石六斗。教人勿坐食也。
欠債真窮，弗怕討債英雄。	即前「弗怕兇，只怕窮」意。
一母生九子，連娘十條心。	謂人心各不同也。
兒子眼眉毛，弗生無相貌。	即前「生子聽名聲」意，謂子徒供外觀，孝順者不多也。
餓弗殺傷寒，撒弗殺痢疾。	此醫士經驗語。傷寒忌多食，痢疾忌閉澀也。《越諺》亦載之。
喫弗過板油，穿弗過紡紬。	板油味厚，紡紬質堅，耐食耐穿。
窮無窮到底，富無富到根。	即前「千年財主輪換做」意。
天下無難事，只怕有心人。	謂專心一志，萬事可成。
天下無難事，只要現銅錢。	謂凡事有經費即易興辦。
寧可共天下，弗可共廚下。	謂女子識量褊狹，不能共事也。西諺亦有「二女不能同居」語。

續表

諺語	解釋
寧可生敗子，弗可生呆子。	謂敗子如能回頭，尚可望其興家，呆子則終生一事無所成。
在家靠父母，出門靠朋友。	謂人居家賴父母保育，旅外賴友人扶持。
秀才怕歲考，討飯怕狗咬。	清科舉制，生員歲試不及格則降黜，故視爲畏途。甬語乞丐曰討飯。
長子無力量，矮子多肚腸。	身體高大者往往虚有其表，而矮小者往往心思周密，故有此諺。
飽暖思淫慾，飢寒起盜心。	淫慾生於飽暖之後，盜竊皆爲飢寒所迫。
秀才碰著兵，有理講弗清。	謂文人遇武人，無法對付也。
鄰舍盌對盌，親眷盤對盤。	謂親鄰皆禮尚往來。
養兒弗論飯，打鐵弗論炭。	謂父母之於子女，惟願其飽食，未有思省費而節其食也。下句作喻。
過口要算鹽，家計要算田。	謂肴饌以鹽爲要素，産業以田爲要素。
種田人靠天，生意人靠騙。	農人遇水旱則飢，商人皆虚價以求贏，故有此諺。
人多好用力，人少好喫食。	人多則力有餘，人少則食有餘，故有此諺。
和尚飯難喫，尼姑氣難淘。	僧必須受戒且能誦經方得在蘭若挂單，故曰飯難喫。庵中諸尼往往嫉忌暗鬬，故曰氣難淘。
閉門家裏坐，禍從天上來。	謂人往往有无妄之災。《後漢書·周榮傳》所謂「飛禍」即此意。
隨身三百畝，過岸一千田。	謂産業以在鄰近爲有利，隔岸之田千畝，僅抵宅旁之田三百畝也。

續表

諺語	解釋
買屋買走路，買田買水路。	屋無走路則無由出入，田無水路則無由灌溉，故買時以此二事爲最要。
有屋搭千間，無屋搭一間。	謂富者大廈未見其曠廢，貧者陋室亦足以容身，示人無饜足時也。
養兒要好娘，種田要好秧。	此告人遺傳性之重要，人與物一例。
瞞上弗瞞下，瞞官弗瞞私。	昔年官吏胥役，皆以此十字爲作姦營私之衣鉢。
偷風弗偷月，偷雨弗偷雪。	此竊盜經驗語。蓋風雨聲雜跡滅，人不易發覺察。月下有影、雪上有蹤，常受人捕獲。
會揀揀才郎，未會揀揀田莊。	此擇壻經驗語。謂善擇者必選才行之士，不善擇者徒愛紈袴子弟耳。
一份人家，無没十年相似。	謂十年之間家庭，必有多少變化。甬語一户曰一份人家。
有喫無喫，弗要停朝西朝北。	此相宅之經驗語。向西北之宅，夏熱冬寒，無論貧富，居之皆不適。甬語住曰停。
喫飯要過口，做生活要對手。	謂有肴饌始能下飯，有臂助始能作事。甬語肴饌曰過口，作事曰做生活，輔助者曰對手。
人弗可貌相，海水弗可斗量。	謂不可以貌取人。下句作喻。上句即《史記·孔子弟子列傳》「以貌取人，失之子羽」意。下句即《淮南子·泰族訓》「以蠡測海」意。
若要小兒安，常帶三分飢與寒。	此育兒經驗語。元李冶《古今黈》：「小兒欲得安，無過飢與寒。」蓋一般父母，常使子女過飽暖，未有令受飢寒者，故以此戒之。

續表

諺語	解釋
春天日日變，孤孀女人一夜變。	謂婦女守節之不易也。亦作「糯穀七夜變，孤孀老儂一夜變」。
開門七件事，柴米油鹽醬醋茶。	謂持家之不易也。《夢粱録》：「人家每日不可缺者，柴米油鹽醬醋茶。」
天有不測風雲，人有旦夕禍福。	謂人常遇非所意料之禍福。上句作喻。此諺元明劇曲中常引之。
兒子是自家好，老儂是人家好。	下句即《論語》「人莫知其子之惡」意。下句即俗説「家花不如野花香」意。謂人多褊心也。
寧可死做官爹，弗可死討飯娘。	父死，子女惟受經濟影響。母死，則身體精神俱受苦矣。故有此諺。
河步頭講阿婆，念佛堂講新婦。	鄰居諸婦同在河步浣衣，此時評論姑嫜，不爲所聞。老媪每聚寺庵念佛，此亦評論其媳之良機。
三兄四弟一條心，門前泥土變黄金。	此即「二人同心，其利斷金」之意。
賭博財主輪換做，贏搭輸也差弗多。	謂賭博無常贏常輸之理，戒人勿賭也。
天弗生無禄之人，地弗生無根之草。	謂世決無命當餓死之人，勉人努力奮鬬，勿自餒也。下句作喻。
阿公值錢大孫子，阿爹值錢小兒子。	祖往往愛長孫，父往往愛少子。上句即《禮記》「君子抱孫不抱子」意。下句即《戰國策》「丈夫亦愛少子」意。此人情之常。甬語愛惜曰值錢。
前船就是後船眼，後船就是爛船板。	此即「前車覆轍，後車之鑒」意。白居易詩「沈舟側畔千帆過」，亦示人知戒也，與此語同意。
肚飢弗論好羹湯，瞌盹弗論好眠牀。	此即「飢者易爲食，渴者易爲飲」之意。甬語渴睡曰瞌盹。

續表

諺語	解釋
一生之計在於勤，一年之計在於春。	勤則萬事可成。春爲耕種之時，農人尤宜勤勞，則收獲方有望。
十個光棍九個窮，十個孤孀九個富。	無妻子者不須顧家，故多浪費而貧。無夫者因無所倚賴而愈節儉，故多積蓄。此亦人情之常。
十隻黄猫九隻雄，十個老婆九個凶。	謂世多悍婦。以黄猫多雄作喻。
熟讀唐詩三百首，弗會做詩也會做。	凡事熟能生巧，勉人勤學也。通語下句作「不會吟詩也會吟」。
上山打虎親兄弟，臨陣還須父子兵。	謂惟兄弟父子，方能奮不顧身而相護衛。
做囡弗斷娘家路，做客弗斷杭州路。	謂女子不能終身不歸寧，與旅外必經省垣同。惟通商以後，甬人多道滬而不道杭，與昔情形殊矣。
有緣千里來相會，無緣對面不相逢。	謂人遇合有緣也。元明雜劇常引之。
三歲打娘娘會笑，廿歲打娘娘上弔。	三歲無知，故母不以爲忤而反以爲慧。至弱冠則有知，忤母爲不孝矣。甬語自縊曰上弔。
一夜夫妻百夜恩，百夜夫妻海㨾深。	此謂夫妻情深也。
城裏人琴棋書畫，鄉下人牛犂車耙。	此謂城鄉各有習見之物。而城市人安享逸樂，鄉村人習於勞苦，從可知矣。
公説公有理〔一〕，婆説婆有理，自説自有理。	此即《莊子》所謂「此亦一是非，彼亦一是非」也。

〔一〕理：原誤作「裏」。

續表

諺語	解釋
爹有弗如娘有，娘有弗如自家懷裏有。	父嚴索錢不易，母慈索錢自易，然終不如己有，則「予取予求」也。
光棍弗背債，神仙；孤孀老儂弗積財，陰乾。	謂男子無妻室之累而又不負債，則安逸爲人所莫及。寡婦多善積蓄，否則必有不能告人之用途。
龍生龍，鳳生鳳，白蝴蝶撒出來是芋奶荷蟲。	此證明遺傳性也。白蝶之青色幼蟲，甬語曰芋奶荷蟲，蓋常食芋葉，故得此名。
一人宗一人，草鞋穿斷繩；一人宗千人，轎子弗離身。	謂役於人者，常勞而所得少。役人者，常逸而所得多。歎世無真平等也。甬語供養曰宗。
丈母看女壻，越看越中意；丈人看女壻，越看越加氣。	世間翁壻往往積不相能，而外姑常因愛女而兼及壻，此亦人情之常。甬語合意曰中意，不愜曰加氣，愈益曰越。
種田財主萬萬年，生意財主年管年，衙門財主一蓬煙。	此謂農爲本業，故能久享。商爲末業，贏虧常不能預計。貪官汙吏，剥削所得，則更朝不保暮矣。勉人務本也。《越諺》略異。

贊美語類表

諺語	解釋
急流勇退。	美見機而退。本錢若水謁陳摶分華山語，蘇軾《贈程傑》詩用之。
名不虛傳。	贊人名副其實語。見《五燈會元》。
天緣湊巧。	贊會逢其適。元喬孟符《金錢記》作「天緣輻輳」。

續表

諺語	解釋
見廣識大。	贊人有遠見。
福至心靈。	贊人遇幸運則心地開朗，自能應付事變。史炤《通鑑疏》已引此。
一眼關四方。	贊人能應付環境也。
一白改三醜。	贊人面貌白皙。謂器官雖未盡美，而白則可改矣。亦作「蓋」。又作「一白抵三俏」。
膽大做將軍。	贊人勇猛也。
跌得倒，爬得起。	贊人能屈能伸。
清如水，明如鏡。	贊人廉潔聰明。
一生喫着弗盡。	贊人衣食富裕也。元明人小説多引之。
踏著尾巴頭會動。	贊人儇慧敏捷。謂如常山之蛇，擊首尾應，擊尾首應。
强將手下無弱兵。	贊人部屬之才能。《東坡集》無「手」字。
做人板板，做事反反。	贊人貌遲鈍而才敏捷。甬語不活潑曰板板，作事得法曰反反。
家有賢妻，弗招横禍。	贊人妻子賢慧也。下句元曲作「不遭横事」。
笑弗動脣，走弗動裙。	贊婦女貞静也。
隔壁做官，大家喜歡。	鄰家有喜事，常以此語贊之。

續表

諺語	解釋
秀才弗出門，曉得天下事。	即《老子》「不出户而知天下」意。舊時贊士人常用此語。

譏罵語類表

諺語	解釋
朝外叫。	詈輸情於敵。
廿少一。	譏人外行也。廿即二十，二十與藝熟同音，藝熟爲内行，故廿少一而十九則爲外行。
喫子孫飯。	詈人苛刻及操業不善。
睏太平艙。	詈袖手旁觀。
無曉日夜。	譏俾晝作夜。
弗知甘苦。	譏不知體恤。見《墨子·非攻》。
弗知香殠。	譏不知善惡。見《焦氏·易林》。
弗知輕重。	譏不知緩急。見《晉書·愍懷太子傳》。
弗知痛癢。	譏不知體恤。見《傳燈録》。
弗識時務。	譏不合時宜。見《鹽鐵論》。
天無眼睛。	詈兇人未遭惡報。有時對人不得善報亦言之。

續表

諺語	解釋
死無對證。	譏人援引無從證實之語以爲憑也。
目不識丁。	譏人不識字也。《唐書·張弘靖傳》：「汝輩挽兩石弓，不如識一丁字。」丁爲个字之譌，洪邁已辨之。
賊出關門。	譏人亡羊補牢也。見《傳燈録》。
鬼弗上門。	詈人無友誼也。
輭硬弗受。	詈人頑强。
輕事重報。	譏張皇其事。
癩頭藥多。	譏方法多而成功少。
七竅弗通。	譏不明事理。謂如土木偶像。《吕氏春秋·貴直》注作「一竅不通」。
倚老賣老。	譏人自恃其經驗也。
聽響喝氣。	譏人輕信謡諑。響爲回聲而非聲，氣爲物臭而非物，聽之不真，喝之不飽。
裝聾作啞。	譏人假作不知。
欺善怕惡。	詈人無肝膽。
指東話西。	譏人意向無定。《傳燈録》「話」作「劃」。
拖泥帶水。	譏人語言或作事不簡捷。

諺語	解釋
拆頭放賭。	詈囊家窩賭。
拖人落水。	詈連累於人。所謂「小人恥獨爲小人」也。
含血噴人。	詈人汙衊。見《羅湖野録》。
有始無終。	譏人不能始終其事。見《晉書·劉聰載記》《魏書·段承根傳》。亦曰有頭無尾、有頭無尾巴、有頭無結束等。
見錢眼開。	譏人惟利是圖。
明知故犯。	譏人怙惡不悛。
少見多怪。	譏人見識淺狹。《牟子》：「少所見，多所怪，見橐駝謂馬腫背。」
講風涼閒話。	譏旁觀者不知當局苦心，徒事評論也。亦曰講現成閒話。
看人手挣撥。	譏人無定識，徒效法人也。語出《白羅衫》雜劇。
穿銅錢衣裳。	譏人貪得無饜。亦曰打銅棺材置。
貪自肚下分。	譏人因公而圖私利。
腳踏兩頭船。	譏人懷騎牆之見。
丁字讀篤字。	譏人墨守成規，不知變通也。《越諺》作「打字改打字」，上打字音丁，下打字音洄。注云：「言其改而不改。此諺常説常聞，究不得文同音異者。忽悟

續表

諺語	解釋
	《穀梁》宣十八年『棁，殺也』，注謂『捶打』，音頂，即手石擊人，音訂也。又《六書故》都假切，音泅，即棒頭點擊，轉音涸也。自塾教打僅作撻解，讀答上聲，遂昧打有訂音、泅音。而此諺又從訂、泅轉音丁、涸，無怪音義文三者遽難因異求同。或作丁字改亍字，亦有理，然文義兩異迥殊，與諺意不符。」案據《越諺》所言，則甬語當作打字，讀打字，上打字音丁，下打字音篤方合。
瘟官多告示。	譏爲政多言也。亦曰躁官多告示。躁，亦作糟。
二十都上來。	譏人贏俗不合時宜也。鄞城東南鄉周宿渡繆家橋等地爲二十都鄉，村人頗贏俗，故有此諺。
笨賊偷擣臼。	詈人愚。
强盗生良心。	詈惡人天良偶見。亦曰强盗放出良心來。
屁眼插黄旗。	詈人恃勢横行。甬語尾竅曰屁眼。黄旗，帝王之令旗。
屋山頭開門。	詈人鄙吝不通親友。謂開門於屋頂，人跡不能至。
屁股千斤重。	譏人好逸而惡勞。
筆頭千斤重。	譏人嬾於筆墨。
貪多嚼弗碎。	譏人貪多務得而不知精究。亦曰貪多嚼弗爛。
拚死喫河豚。	譏人貪利而忘身。見《楓窗小牘》。

諺語	解釋
摇頭拂尾巴。	譏小人摇尾乞憐。《傳燈録》作「摇頭擺尾」，《越諺》「拂」作「此」。
打銅棺材置。	與前「穿銅錢衣裳」意同。
雨落過戴傘。	譏人失時。
能説弗能行。	譏人尚空談而不重實行。見《荀子・大略》。《史記・吴起傳》贊「説」作「言」。
量柴頭，數米缸。	譏人計較錙銖。
喫隔壁，謝對頭。	譏人鶻突，受惠於此而報答於彼。
説真病，賣假藥。	譏人言善而行乖。許棐《馬塍種花翁》詩：「賣假不賣真。」《越諺》「病」作「方」。
無苦喫，討苦喫。	譏人不安本分，求逸反勞。
本本熟，齣齣生。	譏人貪多務得而無專長。本、齣，皆指曲言。
狗是狗，猫是猫。	譏人終不能改其舊時性習。
高弗來，低弗就。	譏人所如不偶。就，亦作去。《能改齋漫録》作「高來弗可，低來弗可」。《越諺》作「高來弗輳，低來弗就」。
老巴結，夜勤力。	譏人失時而始努力。
三日黄，四日胖。	譏人怠惰，常作病態。

續表

諺語	解釋
空高興，銅番餅。	譏人奢望成空。甬語洋錢亦曰番餅。
女人儇，瓦爿攤。	譏婦女好作聰明。瓦爿攤，謂無價值。
女人敗，養鷄賣。	譏婦女欲養鷄牟利。
風弗進，雨弗出。	譏人吝嗇。
停弗停，水弗混。	譏人因循而不急進。
有個好，就未會擾。	兩方爭鬩，各有其失，常以此譏之。
紅腳梗，白肚皮。	譏勞力者不識字語。
鐵門栓，紙褲襠。	譏大家世族外觀家規嚴肅，而中冓之言不可道也。
忘記時辰八字。	譏人不自量。八字，見《文海披沙》。
骨頭像糟鯧魚。	譏受人媚惑而逾分自得。鯧魚輭骨，經糟益柔。
瞎子發鏖糟眼。	譏無能力者更遭災禍。甬語目赤垢蔽曰發鏖糟眼。
瞎子弗怕鬼迷。	譏無知識者鹵莽而不知所懼。
强盜船，點天燈。	譏惡人假慈悲。
叫化子做春官。	譏貧賤暴富貴而仍不改其本性。清制，立春日，縣令當出郊迎春。後以乞丐飾之。

諺語	解釋
丁相公畫一字。	譏執一。《枌社謄觚》云：「《山堂肆考》載：『元丁濟爲奉化尹，凡公論所在，一判不復移。民稱之曰丁相公一字判。』今吾鄉謂作事固執者爲丁相公畫一字，亦有僅呼丁相公者。知俗語必有所自起。」
六十歲學跌打。	譏人年老而始知好學。跌打，謂武藝。
黄曆自捏一本。	譏特立而不諧於衆。謂曆本全國同，乃今欲自捏造。
二相公老毛病。	譏人不改其舊習。二相公初必有所指，今則無由知矣。
對草夾人講話。	譏不擇人而言也。農家以草束人，植田中驅禽鳥，曰草夾人。
想天落饅頭喫。	譏人妄想。
氣力使戥子稱。	譏人嬾惰。謂愛惜其勞力。
眼睛看了出血。	怒而眥裂〔一〕，故曰眼睛出血。常言横人横事。
竈頭有白刀撮。	譏取人物以爲己有。甬語廚刀曰白刀，拾曰撮。廚刀本常置竈旁，安得以爲遺物而拾之。亦曰「田塍有鴨蛋撮」，其意亦同。
眼睛生來額角頭。	譏人目空一世也。
骨頭無没四量重。	譏人受媚惑而自得。亦譏婦女輕佻。

〔一〕 眥裂：原作「觜烈」。

續表

諺語	解釋
熱面孔貼冷屁股。	以熱情向人而遭人白眼，常以此語詈之。
一個銅錢打開頭。	譏錙銖必較。
銅錢眼子打秋千。	譏孜孜惟利是圖。
三個女人抵潮鴨。	譏婦女多言。亦曰：三個老儂輩，抵一潮大鴨。
鷄毛刷帚當令旗。	譏人無權位而思當大任。
賣藥郎中無好醫。	譏自衒者無實力。
秀才娘子弗落樓。	譏婦女不操作家事。
對虆草蒲株講話。	與前「對草夾人講話」意同。禾已收割，所遺之根曰虆草蒲株。
狗肉饅頭囫圇吞。	譏僧人口饞葷食。
十枚指頭和把連。	譏人愚惰而不作事。
癩頭兒子自家好。	譏人阿私所好。
十節尾巴九節黄。	詈人將就木。俗傳太古時人皆有尾，凡十節，至九節變黄色，則去死期不遠矣。
椏杈肚腸十八根。	詈人多詐計。肚腸十八根，當從「迴腸九曲」語而來。
關門吃飯壽昌寺。	譏人專顧己而不恤人。壽昌寺，在城南，富於田産，不外募緣，故俗有此諺。

續表

諺語	解釋
睏得日頭曬肚皮。	譏人怠惰晏起。
死人講畀棺材聽。	譏人出言無信從者。甬語畀猶通語之給。
搭橙弗坐討橙坐。	譏人先倨而後恭。
鞋裏弗緊韈裏緊。	譏人省非所當省或嚴非所當嚴。
外頭花花裏頭空。	譏人虚有其表。語見《宣和政録》。
越奸越刁越貧窮。	譏人詐欺而無所得。
眼睛一霎，計較一百。	譏人機變。《越諺》作「眼睛睫一睫，機策有一百」。
三年長工，大如太公。	譏傭役之賣老。甬語曾祖曰太公。
日吃太陽，夜吃露水。	譏極貧無室宇者。
弗見棺材，弗出眼淚。	譏人必待路窮方具决心，與通語「不到黄河心不死」意同。
人像螄螺，閒話真多。	譏少年人輕於發言。
自家無用，埋怨祖宗。	譏凡事不反躬自省而責人。上句亦作「自家肚痛」。
蘿蔔賣完，稱花曉得。	譏事不早計而後悔已遲。甬語衡上所釘之星曰稱花。亦曰稱花曉得肉斷完。
大弗像大，小弗像小。	譏年事已長而不改童心。有時亦譏一家之中長幼皆不顧其分。

續表

諺語	解釋
手弗能拕，肩弗能挑。	譏人養成奢惰，至貧困時不能自食其力。
教書欠通，討飯欠窮。	譏人既無藝能，而又不屑淪爲乞丐。
百病好醫，賤骨難醫。	譏甘心墜落之人。
面孔老老，肚皮飽飽。	譏不知廉恥者。
窮人氣多，黃茄屁多。	譏寒酸而驕人者。下句作喻。甬語患黄疸病曰黄茄。
無起無倒，一世未會好。	譏處事無緩急先後之分者。
好死弗死，多吃飯米。	譏老年而無志行者。
弗拐弗騙，衆生孰變。	譏以誆詐爲事者。甬語畜牲曰衆生，謂此等人將墜落爲牲畜。
狗眼看人，媚富欺貧。	譏重富輕貧者。
和尚無錢，設法供天。	譏僧人假借佛事以斂錢。
舌頭無骨，隨灣隨闊。	譏言而無信者。亦譏言語無結束。
開水弗出，放水弗進。	譏吝嗇者有時，亦譏剛愎而不聽人之善言者。
飯來開口，筷來伸手。	譏驕逸而不事事。元稹《放言》有「飯來開口似神鴉」語。
越嬉越懶，越吃越饞。	譏怠惰而饕餮。
明討弗肯，暗拕弗論。	譏人察察爲明而忽於幾微。

續表

諺語	解釋
孤老錢財，瞎子性命。	譏孤寡吝嗇與盲人惜生。
六月嬉客，二千四百。	譏貧人好事衣飾。
轉十八個紅腳桶過。	譏非分冀希。甬語輪迴一世曰轉一紅腳桶，蓋昔年産婦多産兒於朱漆腳桶。
雌黄狗掉隻羯狗娘。	譏先後二人或二物不分優劣。甬語交换曰掉。
叫化子弗囥過夜食。	譏貧人不事積蓄。甬語藏曰囥。
像弗像，要看張家禄樣。	譏貧人飾富。張家禄，昔年鄞之富翁，以奢侈名。
待你客氣還當是福氣。	譏人不自知身分，受人優待反以爲分所當然。
弗到河步頭弗肯脱鞋。	即前「弗見棺材弗出眼淚」意同。
外婆撒尿出倒外孫帽。	譏長輩無行，貽後人羞。
撮一個櫓烏嘴想打船。	譏能力薄而希望奢。甬語拾曰撮，櫓之鐵機括曰櫓烏嘴，造船曰打船。
叫化子看小討飯弗得。	地位才力皆卑微不相上下，而互相嫉忌，常以此語譏之。
楓樹葉跌落怕頭敲開。	譏無肝膽者。李壽卿《三度曲》作「樹葉跌落來，怕頭打開」。
若要發，去到窮人面上刮。	譏爲富不仁者。
有愁無愁，愁六月無日頭。	譏懷杞憂者。

續表

諺語	解釋
百行百弊，剃頭頭皮刮鉛。	謂工商各業無不作弊。理髮匠似無弊可作矣，然亦刮取人短髮以爲利。
三姑六婆，等於殺人放火。	詈三姑六婆之無惡不作也。
借來易來，肚皮喫得牐開。	譏貧人安於逸樂，不以勤儉自勉。甬語以物換物曰易肚皮。牐開，謂過飽也。
愁水鴉鵲，晴叫晴，雨叫雨。	譏不必憂而憂者。
高高馬頭牆，做破大姑娘。	譏富家巨室帷薄不修者。
九子十八孫，獨自造孤墳。	詈刻薄成家，至老而子孫盡喪，僅餘孑身者。
三百六十行，行行弗落當。	譏游蕩無業者。
想了未來錢，發迹在眼前。	譏人過作未來之奢望。
自傲饅頭白，咬開純大麥。	譏喜自譽者。甬語稱贊曰傲。
爹來三扁擔，娘來三扁擔。	譏人不知高低重輕。
人貪點喫喫，鬼貪點錫箔。	譏貪圖飲食者。下句作喻。
頭戴人家天，腳踏人家地。	譏賃屋而居者，亦譏寄人籬下者。
狗咬吕洞賓，弗識好人心。	譏不識人之善惡。
日裏防火燒，夜裏防賊偷。	譏多慮者。《越諺》作「晝晝防有魚，夜夜防有賊」。

續表

諺語	解釋
處處有怪鳥，村村有壞人。	謂十室之邑，有君子亦必有小人。常以此暗詈小人。《越諺》作「村村有大樹，畈畈有荒田」。
眼睛看帳頂，心裏想番餅。	詈娼妓惟知圖利無真情也。亦譏「見金，夫不有躬」者。
屋裏燒缸竈，外頭充有老。	譏貧人假作富豪。
快活似神仙，屁股生臀皶。	詈偷惰不事事者。甬語坐板瘡曰臀皶，謂終日閒坐故患此瘡。
貧賤買老牛，一年倒兩頭。	譏貪小利而不得實益者。甬語家畜自斃曰倒。
瞎子撒一屁，亮眼奔弗及。	譏迷信星命占卜者。
太平喫錢糧，擾亂弗管帳。	譏尸位素餐。
薄粥袋肚皮，荒年自害自。	譏貪小利而不思後患者。謂平日食薄粥使胃擴大，至荒年不耐飢餓矣。
大頭賺弗來，小頭眼弗開。	譏力薄而望奢。亦曰：一個銅錢眼弗開，一千銅錢賺弗來。
平時弗燒香，急了抱佛腳。	譏平日寡情，事急求人。劉攽《中山詩話》、張世南《宦游記聞》皆有「急來抱佛腳」語。
一隻手捏香，一隻手捏鎗。	譏騎牆派，亦譏忽善忽惡者。
三分弗像人，七分倒像鬼。	譏面貌醜惡或衣服襤褸者，亦譏性行不端者。
嫖賭弗論錢，喫飯要搵鹽。	譏用錢不得其當者。
自汙弗知殠，野汙殠殺人。	譏不知己過而喜談人失者。

續表

諺語	解釋
三年飯討過，官都弗要做。	譏甘心墜落者。
好人弗在世，壞人活現世。	詈惡人反得高年。
裁縫弗落布，心裏像喝醋。	譏成衣匠作弊。甬語成衣匠曰裁縫。
晴天弗肯走，直到雨淋頭。	譏不早見機者。守初禪師亦有此語。
城隍廟得病，土地堂將息。	譏受害於彼而取償於此者。
一邊面孔光，一邊面孔毛。	譏喜怒無常者。
一隻耳朵進，一隻耳朵出。	《詩》有「誨爾諄諄，聽我藐藐」語。此語之意亦同。
黄胖春年餻，喫力弗討好。	譏盡力而事無成，反受人憎者。
有嘴話人家，無嘴話自家。	譏責人而不責己。
癢地方弗搔，痛地方亂搔。	譏評論或處事不得其當者。
捏捏怕捏煞，放放怕放煞。	譏優柔寡斷者。
天上九頭鳥，地下湖北老。	譏鄂人中之陰險者。
買一隻新尿瓶等弗到夜。	譏喜新厭故者。
酒喫肚裏，弗要倒來路裏。	譏酗酒滋事者。
一個撒尿出，弄得和家弗安。	譏一人肇禍，貽累全家者。
大懶差小懶，小懶拔一隻筷。	譏遇事互相推諉者。

續表

諺語	解釋
一邊好磨刀，一邊好敲胡桃。	詈顔厚不知羞恥者。一邊，指顔面言。
賣狗人肯歇，狗中人弗肯歇。	争訟之事，兩方已肯和解，而中間人反攛掇使交惡，常以此語譏之。
自家肚皮飽，弗管人家鑊漏。	譏專爲己而不利人者。
死人殠，一埲殠；活人殠，埲埲殠。	譏人性行不端，惡聲遠播。甬語一處曰一埲，到處曰埲埲。
日裏走四方，夜裏買油補褲襠。	譏日間游蕩，至夕始作事。
自家無飯喫，還要怪人家鏟鑊。	譏貧妒富。
跟老虎走喫肉，跟黄狗走喫汙。	譏所事不得其人。
自家做白日撞，防人家收曬晾。	小人之心往往以爲舉世皆小人，故以此語譏之。
文弗像讀書人，武弗像救火兵。	譏讀書不成、學劍不成者。亦曰：文弗文，武弗武。
大大眼睛無光，大大鴨蛋無黄。	譏熟視無覩者。下句作喻。
嚴嵩勢道要過，紬緞衣服要破。	譏倚勢陵人者。下句作喻。
一隻脚地栿裏，一隻脚地栿外。	譏騎牆派。
一包班，二看鴨，三撮骨頭，四討飯。	譏操業不雅，冀圖厚利者。包班，即代傕戲班者。撮骨頭，即遷柩時棺毁而代拾骨者，乞丐優爲之。
行郎飽，坐郎饑，睏來眠牀叫肚饑。	譏愈安逸愈思飲食。
落水要人救命，上岸討包袱雨傘。	譏以怨報德者。

續表

諺語	解釋
魯般司務造涼亭，小討飯來批評。	譏無才識而徒事批評，不知當局者之苦心。
讀書讀到暢，只會上上荳腐白菜帳。	譏讀書無成者。
只認得你七錢三，弗認得你殕灰蛋。	詈富人語。謂諂爾者爲多錢，非敬爾才德。
千里做官也爲財，萬里做官也爲財。	譏貪官汙吏語。
麥稈胡嚨洩箕肚，荒年起來自喫苦。	譏體弱而胃强者。
養生骨頭淘籮命，三日弗打要生病。	譏有奴隸根性者。甬語養媳婦曰養生，翁姑往往日撲責之。淘籮，即淅米竹器，亦時時敲撲之，使碎粒落下。
喫飯像峻山划土，做生活聲聲叫苦。	譏貪食而怠於作事者。峻山划土，一時即下。
忖忖好像諸葛亮，做出事件三弗像。	譏愚而好自用者。
防賊弗著被賊笑，賊在面前打虎跳。	譏不識賢愚者。
光棍做人活神仙，生起病來叫皇天。	譏鰥夫無人伺病。
熬熬省省一世苦，湊湊刮刮嬉大賭。	譏錙銖必較而一擲千金者。
掃地掃一地中央，澆面澆一鼻頭梁。	此語常譏兒童不善盥洗灑掃。
捏得手裏怕捏煞，含得嘴裏怕燙煞。	譏溺愛者。
弗到黄河心弗死，到了黄河死弗及。	謂人往往非至山窮水盡不肯下決心，及下決心而時不我待矣。
弗做婆婆怨阿婆，做了阿婆賽閻羅。	譏人居下位而怨上，及居上位而反虐下，不能推己及人。

續表

諺語	解釋
小孩跑春頭磕開，老頭跑春置棺材。	譏兒童頑劣與年老而童心未除者。甬語戲嬉無度曰跑春。
惡人自有惡人磨，楊蠟會犯蛤蚆拖。	譏惡人受人制裁。甬語毛蟲曰楊蠟，蛙曰蛤蚆。
一分錢一分貨，廿四千錢只會撒尿汙。	譏貪賤價而得劣貨者。與前「賤貨弗好，好貨弗賤」意同。廿四千錢，指耕牛價值言。

誇耀語類表

諺語	解釋
其大無外。	甚言其大。見朱熹《中庸注》。
手一搖，人一潮。	誇黨羽之衆。
一弗做，二弗休。	表示强幹倒底語。見《五燈會元》。明小説亦多引之。
人弗知，鬼弗曉。	自恃秘密之語。《墨子·耕柱》「知」「曉」皆作「見」。
七七敲，八八念。	誇示富室喪事隆重之語。
一刀弗如一鎗。	誇示短兵不及長兵。
心正弗怕壁斜。	誇示不恤人言語。
有禮弗怕太叔婆。	自恃有禮，不畏人責難語。
有錢使得鬼推磨。	自恃有錢語。《錢神論》，《幽求子》，黄庭堅、劉克莊詩，《治世餘聞》皆載之。《越諺》「推磨」作「挑擔」。

續表

諺語	解釋
上有天堂，下有蘇杭。	江南人誇耀鄉里語。劉肅《樹萱録》「蘇杭」作「員莊」。
勿要看人家蝦無血。	貧人對富人自恃語。
開了飯店，弗怕大肚皮。	商賈對顧客作自恃語。
走盡天下，弗如寧波江廈。	甬人誇耀鄉里語。
三個皮鞋匠，抵一諸葛亮。	無才力人對有才力人自恃語。
彭祖八百年，陳摶一覺眠。	誇示長壽語。
你有鬼畫符，我有神仙法。	兩方鬭智自恃語。
你會南京算，我會北京拐。	兩方弄巧自恃語。
只要銅錢多，那怕落油鍋。	貪圖利得者表示不畏難語。
只要銅錢多，牌樓擡過河。	富人自恃有錢，凡事可行語。亦曰：飯喫工錢拕，那怕牌樓擡過河。
肚皮擣一洞，擡到穿心國。	賴債人對索債者圖賴語。
三日無飯喫，凸肚過江橋。	貧人表示高傲，不屑求人語。江橋，即指新老江橋。
牀頭有籮穀，弗怕無人哭。	無子者自恃有錢語。
上勿欠皇糧，下勿欠私債。	表示無債身輕語。
無官一身輕，有子萬事足。	隱居者自滿語。本蘇軾《賀子由生第四孫》詩。
留得青山在，弗愁没柴燒。	自恃此身在，不患無生計語。即張儀問「吾舌尚存」意。

續表

諺語	解釋
除死無大事，討飯永弗窮。	人至貧困時拚棄一切語。
喫着兩字，非三代世家弗可。	紈袴子弟誇耀錦衣美食語。
拚辦一個頭，皇帝老官打其疴。	亡命之徒拚棄一切語。甬語屬身曰疴。
只有千年夥計，無没千年東家。	爲商夥者自恃語。
戲法人人會變，各有巧妙不同。	自恃技術巧妙語。
你有心我有心，那怕廚下千個人。	偷情者自恃語。
天弗怕地弗怕，只怕閻王來挌我。	兇横者自恃語。甬語捉曰挌。
做官輪弗著，戴涼帽篷總輪得著。	勞力者自恃語。
廿畝棉花廿畝稻，晴也好落也好。	農夫自恃語。晴謂旱，落謂潦。
三個銅錢貰間屋，由我唱由我哭。	租屋者自恃有租賃權，不受屋主干涉語。甬語租賃曰貰。
走過三關六碼頭，喫過奉化芋奶頭。	自恃見廣識大語。三關六碼頭，甚言其所到地多，非有確指。奉化所産蹲鴟，以大而味美著稱。
生平弗做虧心事，半夜擣門弗要緊。	表示問心無媿語。甬語敲門曰擣門。
十梗頭髮九梗披，老公中意孰敢欺。	醜婦自恃語。
新發財主好雖好，弗如敗落鄉紳一套襖。	舊家子弟自恃語。

續表

諺語	解釋
勿要看我娘家無人，還有一個堂房阿嬸。	受人輕視者自恃有潛勢力語。
有銅錢人只道窮人餓煞，窮人也要設法。	貧人受富人輕視，常作此自恃語。

撝謙語類表

諺語	解釋
逢場作戲。	謙言非正經。蘇軾、陳師道詩皆引用之。
空手打拳頭。	謙言無所憑藉。
韮菜當肉香。	有女無子者對人常作此謙言。
代隔代，皮隔皮。	祖輩不干預孫曾輩事，常作此謙言。
先小人，後君子。	先爭論後合作，常作此謙言。
一客不煩兩主。	以兩事煩一人獨辦，常作此謙言。語本出《黄山谷集·題跋》，本作「一客不煩兩主人」。
恭敬弗如從命。	受人優禮所餽物時，常作此謙語。贊寧《筍譜》引諺下句爲「受訓莫如從順」。
巧言弗如直道。	對人直言時，常先作此謙語。《元曲選·王粲登樓》及《忍字記》皆引此。
無事弗到三寶地。	有事謁人時常作此語。三寶地，本指寺剎而言。
借來酒壺賒來酒。	謙言家貧供客不周。

續表

諺語	解釋
真人面前弗説假話。	對人表示輸心。《五燈會元》作「真人面前不説假」。
忙裏偷閒，苦中作樂。	行樂時常對人作此遜語。《江湖長翁集》八詩即以此八字爲韻。
小店貨多，小猪汙多。	商販自謙語。下句作喻。
人客都是主人家做。	主對客表示招待不周時，客常以此語答主人，意謂作主之難處，作客者亦諒解。
千里送鵝毛，禮輕人意重。	以薄禮餽人常作此謙語。詳載青藤山人《路史》。蘇軾、黄庭堅詩皆引用之。
皇帝老官也有三份窮親眷。	富家對貧戚或貧戚對富家常作此遜語。
有銅錢挣家計，無銅錢挣年紀。	年老者受人稱羨壽高時，常作此遜語。

頌禱語類表

諺語	解釋
連中三元。	祝人科名發達。亦曰三元及第。三元，謂解元、會元、狀元。
獨占鰲頭。	祝人必中狀元。《洪北江詩話》：「臚傳畢，贊禮官引東班狀元、西班榜眼二人，前趨至殿陛下，迎殿試榜。至陛，則狀元稍前，進立中陛石上。正中鐫升龍及巨鼇，蓋禁蹕出入所由，即古所謂螭頭矣。俗語本此。」
早生貴子。	新婚時常以此語祝之。甬俗夫婦行禮時，常以簋盛棗子、花生、桂圓、荔枝等果，即諧此四字音。

續表

諺　語	解　釋
五子登科。	祝人諸子皆登科甲也。
金玉滿堂。	舊時送孩錢文及孩帽銀飾，常鐫此四字。語見《易林·井之乾》。甬俗生子或遷居餽以麵筋、豕肉、饅頭、白糖，皆諧此四字音。又以豕肉、白糖、鮮筍、桂圓爲餽，則諧「玉堂富貴」四字音。
同同到老。	祝夫妻白首偕老也。
人丁興旺。	祝人家族繁盛語。
頭頭順流。	即事事皆遇順境意。舊時孩童跌仆頭撞地，母常作此語以祝之。
老當益壯。	祝老人語。見《後漢書·馬援傳》。王勃《滕王閣序》亦用之。
福壽雙全。	祝老人子孫衆多語。元賈仲名曲作「福禄雙全」。
長命百歲。	祝孩童長壽也。昔時孩帽銀飾常鐫此四字。
長命富貴。	與前語功用同。本唐荆山公主《撒錢文》。
一路福星。	旅人，常以此語祝之。本稱宋鮮于侁語。今亦曰一路順風。
稱心如意。	祝人事事愜意也。稱心，見陶潛詩。如意，見《漢書·京房傳》。亦曰吉慶如意。
出將入相。	祝人官至文武極品也。《唐書》載李德裕、崔顥詩。
日長夜大。	祝兒童速成長也。

續表

諺語	解釋
見紅有喜。	兒童皮破血出，常作此語以厭勝。
越老越健。	祝老人康健語。
福人睏福地。	祝人相墓得地也。
悶聲大發財。	不長於言者，常以此語諛之。
宰相肚裏好撑船。	頌人度量寬宏。《寓園雜記》：「大理少卿楊復貧時，採蘋藻飼豕，戲作解嘲詩『如何肚裏好撑船』。」
多福多壽多男子。	亦曰三多。甬俗常以佛手、桃子、石榴三果表之。本華封人祝堯語，見《莊子·天地》篇。今泛用頌禱。
量大福大，樹大根大。	頌人度量寬宏語。下句作喻。
兩個兒子一個囡，廿畝蕩田一隻船。	頌人生活安定常作此語。

讖忌語類表

諺語	解釋
迴光返照。	夕景迴光，見傅休弈賦。「返照入江翻石壁」，見杜甫詩。本謂日入時其光回照也。今人將死而忽精神興奮，或家將敗而忽遇喜事，人皆謂迴光返照，以爲不利之兆。

續表

諺語	解釋
坍東京，漲崇明。	崇明縣地至唐始由沙洲漲露水面，故俗以爲由東京坍下而漲成。特地名東京有多處，不知確指耳。
七太公，八太婆。	俗謂懷孕七月而産之男孩與八月而産之女孩，皆能生育長大且主長壽，此迷信之言。
六月六，黄狗猫澆浴。	俗以舊曆六月六日浴兒，謂主暑天少疾瘍，亦無稽之談。
頭大享福，腳大勞碌。	俗謂頭大者福相，足大者苦相。亦曰：頭大富，腳大苦。
竭脣露齒，非貧則夭。	俗謂上脣短而上齒露於脣外者，非貧賤必夭死。
李樹生王瓜，百里無人家。	相傳明嘉靖三十年李樹生王瓜，諺云如上，已而果爲倭奴剽殺甚衆。見嘉靖《寧波府志》。
天礮雉鷄叫，有穀無人要。	相傳清康熙二十八年夏，星隕，大如斗，自北而南，光照室，聲若鼓，山雉飛且鳴。父老曰天礮也，諺有之云云。見《桃源志》。
聰明出眼目，富貴出手足。	世俗相人之法。謂觀人手足之細膩與麤糙，可以知人富貴與貧賤；觀人眼目之靈活與遲鈍，可以知人智與愚。
面孔晒花寨，討飯摸倒埭。	謂面相醜惡者，其人必貧賤。甬語曬棉竹器曰曬花寨。討飯摸倒埭，謂乞食無門也。
面無四兩肉，做人真惡毒。	謂面瘦削及皮緊張者，其人必奸險。
門前一埭河，擡來新婦像阿婆。	俗謂室宇門前即河者，娶媳必與姑性情相合。此亦迷信無稽之語。

續表

諺語	解釋
强煞癩頭惡麻皮，白眼弗是好東西。	俗謂患鬎鬎瘡者，性必掘强；面多痘瘢，性必兇横；白眼者，其心不正，其行必邪。亦無稽之談。
頭像西瓜，一世榮華；頭像蘿蔔，一世勞碌。	俗謂頭顱渾圓者主富貴，頂顛漸削者主貧賤。亦迷信之言。

占驗語類表

諺語	解釋
天河司米價。	《直語補證》：「宋戴石屏詩注：『俗讖以天河顯晦卜米價貴賤，至今相傳有此説。』」《敬止録》：「鄞人謂七夕無天河，謂聽米價去。」
春寒多雨水。	謂春日寒冷，必多雨水也。
西北赤，好晒麥。	謂晚間西北方天赤，明日必晴也。
夏至來，把秧栽。	謂栽秧當在夏至節前也。
秋孛漉，損一斛。	謂秋日雨多有礙收穫也。
立了秋，把扇丢。	謂立秋以後，氣候漸涼，無需扇也。
霜後暖，雪後寒。	早晨見霜，日中必暖。當釋雪時，常較下雪時更寒。
冬至過，地皮破。	冬至後氣候最寒，土地因冷凍而拆裂也。
千年弗大黄楊樹。	謂黄楊木之難長也。俗傳黄楊厄閏，遇閏年反縮短。蘇軾詩自注已有此説。

續表

諺語	解釋
處暑莜麥白露菜。	農人占種植之時也。謂處暑節可種莜麥，白露節可種菜。今則不復拘此矣。
霉天芝蔴晴天豆。	謂芝蔴宜霉天下種，豆則宜晴天下種，燥溼各有其宜也。
棗子開花忙種田。	謂棗花時農人正忙於蒔秧也。
小滿三天望麥黄。	謂小滿後三天麥正熟也。
小暑蒔秧無好稻。	小暑時蒔秧爲時太晚，不能得好收成也。
立秋無雨一半收。	謂立秋前後無雨，收成當減半也。
立秋三天遍地紅。	謂立秋後三天稻皆成熟也。
無冷無熱，五穀弗結。	謂氣候不分冷熱，五穀不成熟。
立夏浸種，小滿插秧。	謂立夏日浸種子，隔半月爲小滿，即可插秧矣。
天河西北，該種莜麥。	立秋以後黄昏時，天河值西北隅時，宜種莜麥矣。
稻秀雨澆，麥秀風摇。	謂稻開花時宜微雨，麥開花時宜輕風。
小雪大雪，種麥歇歇。	種麥宜在立冬前霜降後，至小雪大雪節則可休歇。
過了正月半，大家尋事幹。	謂元宵以後農人即宜預備田工，不當再嬉游也。
喫過端午糉，還要凍三凍。	端午甫過，尚須防寒。亦曰：弗裹端午糉，棉衣弗可送。
白露斫高粱，寒露打完場。	此占高粱收穫之時期也。

續表

諺語	解釋
寒露至霜降，種麥弗慌張。	此占種麥之時期也。
立冬弗見葉，到老無没喫。	謂立冬尚不蒔園蔬，則蔬不熟矣。
糯稻糯兩梗，晚稻大顆生。	謂糯稻宜疏，晚稻宜密。
處暑根頭黑，種田人有得喫。	謂處暑時稻根見黑色，則穀有成熟之望。
清明前好種棉，清明後好種豆。	此占棉豆種植之時期。
蜻蜓高穀子焦，蜻蜓低一把泥。	謂蜻蜓高飛主豐收，低飛主歉收。
大雪紛紛下，柴米油鹽都漲價。	謂大雪後氣候嚴寒，物價必騰貴。
四月初一晴，條條河水好種菱。	謂四月朔晴，則水菱必豐收。
六月田中拔顆草，冬至喫箇飽。	謂六月能勤耘，則可多穫。
冬至前頭七日霜，有米無礱糠。	謂冬至前七日有霜，則穀實肥碩而少糠覈。
四月八打楝花，打好田地好割麥。	此占割麥之時期。
鴉浴風，鵲浴雨，八哥洗浴斷風雨。	謂鴉浴必起風，鵲浴必下雨，八哥浴則必晴。
桃三年，李四年，杏子開花十八年。	此占結實之年歲。桃種後三年即結實，李則四年，杏須十餘年。
灣頭田弗落空，拔起蘿蔔就種葱。	灣頭，地名，在北郭外姚江北岸，毗連鄞城及江北岸，其地農民多植蔬，清晨肩販城市，故俗有此諺。

續表

諺語	解釋
春天生意實難做，一頭行李一頭貨。	謂春天忽冷忽熱，商販外出經營，須攜帶四季之衣服。
夏至楊梅滿山紅，小暑楊梅要出蟲。	此占楊梅成熟之時。舊寧波府屬各縣多産楊梅，夏至節甫熟，至小暑節已過熟，將腐爛，其時期頗暫也。
二月十五雪打燈，來年一定好收成。	謂二月十五日夜間有雪，主來年豐收。
四五六月站一站，十冬臘月少顆飯。	謂夏日不力事稼穡，則冬日當受饑餒之苦也。
夏至冬至，日夜相距；春分秋分，日夜平分。	此占此季日夜之長短也。相距，猶言相去懸殊。
柏樹葉紅，牛牛小孩做太公；柏樹葉緑，看看小孩朝天哭。	此占農事忙閒。秋冬之交禾已登場時，柏葉經霜而紅，人閒牛亦閒，牧童不亟亟芻蕘。在春夏則反是。甬語牧童曰看牛小孩，做太公謂閒逸，朝天哭，不勝其勞。
八月半，蚊蟲似鴨鑽；九月半，蚊蟲死一半；十月半，蚊蟲直死完。	此占各月蚊之盛衰也。舊曆八月，蚊長大，螫人最毒，故曰似鴨鑽；至九十月，天氣漸寒，乃漸死矣。

諧謔語類表

諺語	解釋
眼睛癢。	甬語欣羡人曰眼睛癢。案《雲笈七籤》已有「眼痒以爪甲搔之，兩眼皆腫」語，特不作欣羡意。欣羡，古曰心癢，或曰技癢，不曰眼癢也。甬又曰眼孔淺，則兼嫉妒意。

諺語	解釋
像爹像娘。	謂子女面貌性情常似其父母也。此語往往調謔時言之。
駝背拉縴。	謂適合也。負牽舟索時，必躬身俯首。背駝者平時即如此，不必作態矣。
講死人白話。	嘲人作無稽之言。
矮子使步梯。	嘲人身短以物甃足。
竈梁頭跑馬。	戲言人尚未生。竈梁狹小，能走馬其上，則人小可知。
眼飽肚中饑。	嘲人徒能目觀其物而不能占有。
腳後跟朝寧波。	嘲人因事而出奔。
腳底心搽桐油。	嘲人因事而逃遁。塗油足心，則滑而善走。
蔡伯喈，逐日挨。	嘲人得過且過。此語本諸高明所撰《琵琶記》劇本，則起自元以後矣。
讀弗讀，三兩六。	謂兒童無論勤讀與否，而塾師之束修終不可少三兩六錢。當爲疇昔終年館修之定例。
供供冷，自家哽。	謂祭祀，祖宗未必享受，徒供子孫自飽耳。甬語戲言食曰哽烏嚨。
長看戲，矮喫屁。	嘲身短者觀場也。長矮皆指身體言。
半夜擾，五更好。	嘲夫妻或兒童忽而争鬧，忽而和好也。甬語争鬧曰擾業，亦省曰擾。
銅鑼響，腳店癢。	嘲愛觀熱鬧場者。謂聞鑼聲即欲馳觀。

續表

諺語	解釋
七粒米，八擔水。	嘲一切食物資料太薄。
冤家朋，對頭人。	嘲夫妻或兒童終日喧閙者。
三日三夜講弗完。	嘲人長談不休。《通俗編》引《史記》《孟子》《荀卿傳》證此語。
朝了和尚罵賊禿。	謂假端辱人，與通語指桑罵槐意同。甬語向曰朝。
偷鷄弗著蝕把米。	嘲人圖謀不成而反喪失固有。
三百六十日忙人。	此語常嘲無事忙者，謂終年無日清閒也。
一腳頭踢到江橋頭。	謂拒人之遠。即古語「拒人千里之外」意。兒童常戲言之。江橋頭，甬江浮橋。
中華民國，做媒弗作。	此語近年始流行。謂民國民法，男女婚姻由雙方意志而定，非如昔年由媒妁包辦。
説起曹操，曹操就到。	提及戚友時而戚友忽至，常發此戲言。
看看明明，擄擄平平。	嘲不識字者。甬語謂摸索曰擄，謂分明有文字而非摸索所能知。
混堂取當，完全外行。	嘲不知門徑者作事舛錯。浴堂雖有洗浴者，脱下衣服而非典當，何得取贖。
正主無份，搭頭長睏。	嘲反客爲主。甬語謂本夫曰正主，姦夫曰搭頭，姦淫曰睏。
老儂弗㩟，心想發財。	嘲年長而不娶者。謂不娶欲節省家用，以圖多金。甬語娶妻曰㩟老儂。

續表

諺語	解釋
望天討價，著地還錢。	嘲兩方貿易，索價過高而還價太低，不能成交。
講明在前，擡到曬鹽。	遇事先明言欲人必履行，常發此謔語。謂如娶妻，未娶時已與明言，娶到日即須任曬鹽苦役。
喫汙用汙，無汙弗大。	謂衣食器物原料大半爲植物質。植物皆恃肥料而生長，故非肥料則人不生。過愛清潔者，常以此嘲之。
好省弗省，念佛送鯗。	嘲人足恭也。念佛須素食，今餽魚鯗，不特無用，亦爲人所厭。
冤家癩頭，恩愛爛腳。	男女有鬎鬁或足瘍者結褵時，常以此嘲之。謂鬎鬁不利並頭眠，故相惡；足瘍利並頭眠，故相愛。
一眠牀弗出兩樣人。	夫妻性情習慣相近者，常以此戲調之。
死人講得爬起會坐。	嘲善爲説辭者。即「生公説法，頑石點頭」意。
眼睛一霎，老婆鷄變鴨。	嘲善於機變者。謂如幻術，能將雌鷄忽化作鴨也。
一教就會，一會就討飯。	嘲技術易習而無大用者。
老酒日日醉，皇帝萬萬歲。	嘲人終日惟酒食是謀。
賺得紹興錢，除非活神仙。	嘲越人精於計算。
天當棺材蓋，地當棺材底。	嘲人落魄，不事家人生産。即《莊子》以天地爲棺槨、劉伶幕天席地意。
妹妹當老婆，陶窰省有夥。	嘲人過喜便利而不顧禮俗。謂如以妹作妻，可省卻兩方嫁娶之費。

續表

諺語	解釋
三歲死阿娘，話柄是介長。	嘲兒童多言。甬語談助曰話柄，如此曰介。
門栓的篤響，媒人壁外張。	嘲人徒勞心力而不能享受。謂如婚姻作伐者，新夫婦入洞房掩户後，惟能在壁隙窺。
赢來喫東道，輸脱剥棉襖。	嘲賭博者輸赢皆無儲蓄。謂赢時徒以所得呼朋喧飲，輸則以衣償債耳。
鄉下人上回街，嘴巴講得歪。	嘲少所見而多所怪者。
看戲呆子，做戲癲子，編戲才子。	謂觀劇者，目定口開如癡；演劇者，手舞足蹈如狂；惟編劇者，能使人如癡如狂，斯真有才耳。
一年兩頭春，殺出雄鷄無没肫。	嘲司廚者之竊食。相傳昔一婦女竊食鷄肫，祭祀時乃祝之云云。一年兩頭春者，舊曆遇閏年，當有二十五節氣，歲首歲尾皆有立春節也。
夫妻擾業常事，鄰舍插勸多事。	嘲人爲夫妻争吵之調人。謂夫妻忽反目忽和好，乃尋常事，鄰人何必插身其中而勸解。
銅鑼敲破七面，名聲揚到福建。	嘲人醜名遠播。
舅母看見新姑丈，骨頭根根癢。	甬稱妻兄曰舅，妻兄之妻曰舅姆。謂嫂見小姑之夫初至家時，不覺想及己之昔年初嫁情形而動情也。新壻回門時，人常以此語嘲之。
廚工司務起花頭，蟹醬加麻油。	嘲廚司弄巧反拙也。蟹醬應加醋，不應加麻油。
財也來，運也來，擡一老婆帶胎來。	嘲娶婦之有孕者。

續表

諺語	解釋
眼睛哭得紅霞霞，嘴巴喫的油搼搼。	嘲寡婦夫骨未寒而即再醮者。
此地無銀三百兩，隔壁阿三弗得知。	嘲愚人欲掩飾而反爲人所知。相傳一愚人藏銀三百兩，恐爲人所知，標其上曰「此地無銀三百兩」。鄰人阿三亦愚人，乃掘藏而去，又標其上曰「隔壁阿三弗得知」。
倒貼工錢白喫飯，生活畀你學學慣。	嘲作事無能力者。疇昔工人所收學徒皆如此。
喫酒三年也無錢，戒酒三年也無錢。	喜飲酒人自解嘲語。
秀才弗考有下科，酒肉弗喫要差過。	嘲饞人語。謂寧不應試，而赴人宴會。
塞殺煙管煙火囱，雌狗雄猫姑丈公。	嘲可憎之人物。甬語煙箭曰煙管，手爐燃生炭發煙者曰煙火囱，祖姑之夫曰姑丈公。
喫受用，穿威風，睹對沖，嫖全空，煙送終。	評喫著嫖賭煙五事之利害。對沖，謂贏輸相對。全空，謂錢身皆空。煙，指鴉片。煙送終，即促死。
夫妻恩愛，討飯應該；一個挈籃，一個綳袋。	嘲自願結爲夫妻，而不問身分門第相當與否，以致同受苦難者。

比喻語類表

諺語	解釋
炒冷飯。	喻鈔襲。謂米已煮飯，今惟冷而重温之耳。
穿鍼眼。	喻事須不差絫黍，方得適合。謂如以綫穿鍼也。

續表

諺語	解釋
搭過橋。	喻作事爲暫時計，不爲久長計。涉河而架橋，已過即拆去，即暫時意。
竄火門。	喻冒險。
勸上社。	喻敦勸。甬稱無爲教入教曰上社，往往百方勸人使入，故有此語。無爲教，見《政教志·宗教編》。
戴高帽子。	喻諛人。《通俗編》：「今謂虚自張大、冀人譽己者曰好戴高帽子。」則此亦通語。甬語亦曰戴炭蔀帽。炭蔀圓長，亦高帽意。
討小狗錢。	喻屢索不還。
啃稻根株。	喻專恃祖遺祀田以爲生。甬語舔取著骨之肉曰啃。
棋逢敵手。	喻雙方勢力相當。
紙畫老虎。	喻外强中乾。
水泄弗通。	喻嚴密。語見《傳燈録》。
初出茅廬。	喻初任事。此用諸葛亮故事。
船多佔江。	喻多而無用。
雪上加霜。	喻事益危急。元曲《凍蘇秦》《誶范叔》《玉壺春》皆引之。
雪中送炭。	喻濟人患難。范成大有《雪中送炭與龔養正》詩。
汙裹拌糟。	喻雜亂醜惡。

續表

諺語	解釋
籮裏揀花。	喻無從選擇。甬語棉花省稱曰花。
老旦帶花。	喻老少不稱。老旦，劇中女角。
百鳥朝凰。	喻有財勢人爲衆所擁。戴文嘉《嚴氏書畫記》有孫龍《百鳥朝凰圖》。
順手牽羊。	喻隨帶而去。《越諺》亦載之。
木已成舟。	喻事成不可變更。《越諺》亦載之。
一網打盡。	喻悉數羅致。語見《宋史·江休復傳》。《東軒筆録》載劉元瑜語。
全軍覆没。	喻事全敗。《越諺》亦載之。
新花暴熱。	喻人對於新人或新物感情熱烈也。花謂棉花，暴即暫意。新棉較舊棉爲暖也。
一毛弗拔。	喻人慳吝至極。本《孟子》評楊朱語。
天網恢恢。	喻人作惡，不能逃天禍。本《老子》語，下句爲「疏而不失」，故有此意。
騎馬尋馬。	喻人宜於有業時而謀别業，不可辭固有職業而始他謀。
過橋拔橋。	喻人事過而忘人惠。與「得魚忘筌」意同。
撑門拄户。	喻一家中負責之人。語見王襃《僮約》。
破釜沈舟。	喻決心。本事見《史記·項羽本紀》。
隔靴搔癢。	喻作事或發言不切貼。語見《朱子語類》。

續表

諺語	解釋
掩耳盜鈴。	喻自欺。本事見《呂氏春秋·自知》篇。朱熹《答江德功書》作「揜耳偷鈴」。
看風駛船。	喻見機行事。楊萬里詩：「相風使帆第一籌，隨風倒舵更何憂。」光緒《鄞志》作「看風使舵」。
按洞篰鼈。	喻尋求人物，必如所料而得。
對牛彈琴。	喻陳義太高。牟融《理惑論》：「公明儀爲牛彈清角之操，伏食如故，非牛不聞，不合其耳。轉爲蚊虻之聲，孤犢之鳴，即掉尾奮耳，蹀躞而聽。」〔一〕
敲釘轉腳。	喻作事逾分穩健。謂以釘釘物，尚恐其脱，又彎釘腳。
剜肉補瘡。	喻忍痛救急。聶夷中詩：「醫得眼前瘡，剜卻心頭肉。」
挑水填井。	喻勞而無功。《普燈録》作「擔雪填井」，《越諺》作「搬雪填井」。
臨渴掘井。	喻事不預計。見王銍《續雜纂》。
水漲船高。	喻兩事之相關。《傳證録》作「水長船高」。
水落石出。	喻事實終能顯露。語本蘇軾《後赤壁賦》。
風吹草動。	喻事物發動。本《晉書·劉曜載記》。
油盡燈乾。	喻人將死或家將毀。《越諺》作「燈燼油乾」。

〔一〕 聽：原誤作「聰」。

續表

諺語	解釋
鬼使神差。	喻莫之爲而爲。《琵琶記》《碧桃花》等曲皆引之。
神出鬼没。	喻不可測度。見《黃石公兵略》。
鴨多蛋多。	喻本大而利亦大。
打海底槍笆。	喻作事牢久。
啃羊肉骨頭。	喻所得者少。
打兩面巴掌。	喻調人不見好於雙方。
倒翻字紙簏。	喻雜亂無章。
雨落天河裏。	喻擲諸虚牝。
手捏兩頭香。	喻懷騎牆之見。
石板頂種田。	喻家無田産，恃勞力爲生。語見雜劇《探親相罵》。
大株耜刨鑊。	喻鹵莽滅裂。即《論語》「割鷄焉用牛刀」意。
獨木弗成林。	喻一人不能成大事。
十步九回頭。	喻遇事遲疑。語見《琵琶記》。
竈底石翻出。	喻素不出外之人忽而出外。
小戲文大做。	喻虚張聲勢。即通語小題大做之意。

續表

諺語	解釋
小巫見大巫。	喻才能弱者遇見勝己者。語見《莊子》逸篇。
泥佛勸土佛。	喻同處患難中，互相安慰。《越諺》作「泥埓勸土埓」。埓，當爲佛之音譌。
殠蝦配殠醋。	喻無用者與無用者相合也。
溼手蘸麵粉。	喻事已棘手，不得不作。
好筍出笆外。	此常喻女賢而出嫁，子賢而爲人後，留於家中者，反多不肖。
死猪撒硬汙。	喻人才力薄弱，竭盡其力而事仍不成。
黄狗管福禮。	喻監守不得其人，必致自盜。
黄狗咬痛腳。	喻不快時反遇不快事。
老鼠管穀倉。	與前「黄狗管福禮」語意同。
老鴉笑烏炭。	喻己愚不肖，而又譏人愚不肖。亦曰老鴉搭桴炭一樣黑。
蒼蠅撼石柱。	喻能力小者思任大事。
長綫放遠鷂。	喻圖事久遠。甬語風箏曰鷂子。
戲法除鑼鼓。	喻作事失其必需之具。
一犂耕到頭。	喻作事直率。謂如牛耕田也。
十日過九灘。	喻作事濡遲。錢塘江上流灘長而淺，舟不易過，故有此諺。

續表

諺語	解釋
小猪大如牛。	喻小費逾於正供。
冬瓜直儱侗。	喻空虚直率。
棺材板揞人。	喻倚老横行。甬語擲物曰揞。
僧來看佛面。	喻因其主而敬其使。本邢居實《拊掌録》趙閲道罷政故事。
汙急造茅坑。	與前「臨渴掘井」語意同。
上轎穿耳朵。	與前「臨渴掘井」語意同。上轎，謂女子出嫁時。
依樣畫葫蘆。	喻徒事傚仿。見《東軒筆録》及《五代詩話》引《順存録》。
有天無日頭。	喻作事黑暗。《七修類稿》：「宋神童詩：『真箇有天没日頭。』」亦曰暗無天日。
有奶好做娘。	喻有財力者方能指使人。
無風弗起浪。	喻謡諑必有所自起。
打馬畀驢聽。	喻結端責人。即通語指桑罵槐之意。
藕斷絲弗斷。	喻事了而不了。通語作「藕斷絲連」。孟郊詩：「妾心藕中絲，雖斷猶連牽。」
牛瘦角弗瘦。	喻富室衰落而猶欲保存體面。

續表

諺語	解釋
樹倒活猻散。	喻倚勢者勢衰而離。厲德斯以此語爲題作賦送曹詠由侍郎貶新州，見龐元英《談藪》。
棺材劈開賣。	喻逢迎人意，而不合其道。
西瓜當橙坐。	喻中無定見，遇事而遷。
平地一聲雷。	喻貧賤驟富貴，有時亦喻猝發之事。
寥天八隻腳。	喻無稽之事。寥天，猶言遠空。吴語作「四金剛騰雲，懸空八隻腳」。
馬喫穀，兩弗足。	喻雙方皆不滿足。
六月債，還得快。	喻報應迅速。謂六月借債，至歲底而還，爲時甚短。
打呵鼾，割舌頭。	喻乘機奪取。甬語呵欠曰呵鼾。
船幫船，水幫水。	喻互相扶持。
斧喫鑿，鑿喫木。	喻事由上逐級而責成其下辦理。
先開花，後結子。	喻初産女後産子。
肉弔殞，猫叫瘦。	喻事延緩不辦，反致害事。
好做酒，壞做醋。	喻拚棄一切。
河水滿，井水滿。	喻公帑裕而私財亦足。

續表

諺語	解釋
一脚斜，百脚歪。	喻一事失誤而牽連諸事。
雲裏來，霧裏去。	喻事不著實。
一枝動，百枝搖。	喻一事牽連諸事。
道地大，垃圾多。	喻富室雖衰落，而猶有餘賸之物。
雷聲大，雨點小。	喻威而不猛。《通俗編》引《五燈會元》有此語。
挑柴賣，買柴燒。	喻以己有者與人，反向人求物。
老大多，倒船没。	喻人衆各有主見，反致敗事。
陽溝頭，倒船没。	喻事常敗於不防。即「人莫躓於山，而躓於垤」之意。
老虎弗怪怪山。	喻遷怒。
驢頭弗對馬嘴。	喻答非所問。亦曰牛頭弗對馬嘴。
河水弗犯井水。	喻兩不相關。
頭髮絲弔元寶。	喻所挾小而所望大。即《史記·滑稽列傳》豚蹏巵酒而祝篝篝滿甌之意。
飯店門口煮粥。	喻同業侵奪利權。煮，亦作施。
鷄蛋搭石頭碰。	喻弱小不敵强大。
小船弗可重載。	喻器小者不能任大事。

續表

諺語	解釋
金漆棺材土葬。	喻事不相稱。
念佛弗帶數珠。	喻人作事不備其必需之物。
挌了牛頭飲水。	喻强迫人作不願作之事。
先進山門爲大。	僧人以先入寺爲尊。爲大，諧音韋馱，入寺門即見之。喻機關、商鋪、家庭皆以住久者爲尊。
蛇無頭而不行。	謂凡事無領導者不能行。見《金史·斜帽愛實傳》括粟榜文。《越諺》「而」作「兒」。
死馬當活馬醫。	喻人將死、事垂敗，姑設法救之。見《猗覺寮雜録》。
三斧頭劈弗進。	喻人意志堅決，不易勸告。
三斨頭敲弗倒。	喻人身體壯健。甬語椎曰斨頭。
獨隻鷄啼弗響。	喻一人不能成事。與孤掌難鳴意略同。
遠水救弗得近火。	喻緊急之事不能延緩時日。《韓非子·説林》：「失火而取水於海，必不滅矣。遠水不救近火也。」
羊毛出在羊身上。	喻一切外繳皆加於正價之中。
小船戳來大船邊。	喻貧苦者倚賴富貴者以爲生。
一口咬殺皇甫吟。	喻冤屈人到底。本事見明人撰《釵釧記》傳奇，《綴白裘》選載之，昔年甬崑劇班常演，故有此諺。今則人幾不知其所出。

續表

諺語	解釋
地蠶咬殺獨株茄。	喻僅存之人物反遭死傷，往往對於獨子夭亡言之。
腳腳踏到路中央。	喻行事正直。
老鼠跳進白米缸。	喻人得安適受用。
老虎追到屁股後。	喻事已到最危急之時。
冬瓜牽了荳棚裏。	喻糾纏不清。
蒼蠅弗鑽無縫蛋。	喻無隙不乘，雖仇我者亦無奈何。
老鴉弗喫窠裏食。	喻小人亦不欲害其家人。
老鼠弗囥過夜食。	喻貧人不肯積蓄。
小鬼弗見大饅頭。	喻見識淺陋。
惡龍難鬬地頭蛇。	喻客民雖强，不敵土著。
苦竹根頭出苦筍。	喻父母貧苦，子女亦同受苦。
三個廚工殺蚱蜢。	喻一小事而以衆人爲之。
老鼠尾巴生大毒。	喻不能忍耐小疾苦。
老虎頭上搭蒼蠅。	喻冒險，而其險又爲不必冒者。亦曰老虎頭上搔癢，又曰老虎口裏惹癢。《通俗編》引《莊子》「料虎頭」語爲證。
肚皮裏頭打官司。	喻人心中躊躇，而不肯與人商酌。甬語訟事曰官司。

續表

諺語	解釋
梅嶺草鷄生大蛋。	喻婦女身體短小，而産壯健子女。亦喻能力素薄弱者，忽能擔當大事。
螄螺殼裏做道場。	喻地位仄狹，而舉行婚喪宴會等大事。
菩薩面前講鬼話。	喻對於明知其情人前誑言。
笱裏柴爿省弗好。	喻有限之金錢，雖竭力節省，亦不能持久。
一粒脂麻嵌弗落。	喻人器量褊狹。
新出猫兒惡如虎。	喻未經患難之人作事反膽大妄爲。《古今譚概》〔一〕：「梅西野酒令舉諺云：『得志猫兒雄似虎，敗翎鸚鵡不如鷄。』」
遠來和尚會念佛。	喻人對於人物，往往尊遠而賤近。
門前大樹好遮蔭。	喻有憑藉之人較無憑藉之人作事自易。
醉翁之意不在酒。	喻人借此事而爲彼事。語出歐陽修《醉翁亭記》。
爛稻索一根到底。	喻婚姻雖不滿意，而夫妻總以終身不生離死別爲幸。
半天松花蓬蓬揚。	喻言語荒誕不經。
一個霹靂天下響。	喻一事傳布，衆人皆知。
大熟時年隔壁荒。	喻衆人皆樂，一人獨苦。
新造毛坑三日香。	喻人對於新人物往往發生熱烈感情。

〔一〕譚：原誤作「讀」。

續表

諺語	解釋
打蛇打得七寸裏。	喻作事須到恰好。蓋蛇項下曰七寸，見《王文成年譜》。
騎牛逢著親家公。	喻作不欲人見之事反遇熟人。
攀了楊柳罵冬青。	喻假此罵彼。即通語指桑罵槐意。
喫了砒霜藥老虎。	喻愚人先自害以圖害人，人能害與否不可知，而已已喪其生矣。《越諺》同。
行得春風有夏雨。	喻有賞有罰。
掏河水混有魚搭。	喻乘機掠奪。
橋倒壓弗殺差魚。	喻兩方交惡不能累中間人，即兩國交兵不斬來使之意。甬稱婢妾魚曰差魚。
船到江心補漏遲。	喻補救已遲。
先落渡船後上岸。	喻先人者反後人。先落渡船者常坐船尾，及船攏對岸，則坐船首者先上船，尾者後上。
虎落平壤被狗欺。	喻人失其地位即爲人所輕。
老虎趕來看雌雄。	喻性遲鈍之人難遇危急事，亦延緩不急行。
蒼蠅飛過打活脱。	喻光滑。
老鷹飛過拔蓬毛。	喻見利必攫。
燕子抱兒空勞碌。	喻勞而無功。亦曰燕子做窠空勞碌。
河裏無魚市裏有。	喻物品往往不集於産地，而集於銷地。

續表

諺語	解釋
瞎眼觸刺亮眼挑。	喻愚者爲智者所唆使。刺入膚中曰觸刺。
黄狗勿愛意鹽肉喫[一]。	喻素貪者忽而廉。
牙齒打落肚裏嚥。	喻苦衹自知，不能告人。
上梁弗正下梁差。	喻在上者不自愛，在下者更不守法。楊泉《物理論》作「上不正，下參差」，《越諺》作「上梁弗正，下梁參差」。
羊肉弗喫羊騷殠。	喻利未得而名已敗。與通語「羊肉不曾喫，惹得一身騷」意同。
羊圈裏牽出牛來。	喻僻陋處忽産生奇人奇事。
無竹根頭尋筍喫。	喻無中生有。
一個將軍一個令。	喻在上者見各不同，在下者難於遵行。即《左傳》「一國三公，吾誰適從」之意。
繡花枕頭爛草包。	喻虛有其表。
牛皮沙篩敲瘪鎖。	喻人吝嗇已極。以牛皮鞔篩，雖極微小，不能出；鎖經敲瘪，即不能啓而取其所藏。
擐大缸蓋，塞眼藥瓶。	喻人刻省銖錙而一擲千金。
打殺和尚，剃頭填命。	喻罰不得其當。甬語理髮匠曰剃頭，償命曰填命。

〔一〕「勿愛」二字原文注音爲「ㄈㄞ」。

續表

諺語	解釋
樹高千丈，葉落歸根。	喻人終不能不作歸宿計。陸游詩：「葉落喜歸根。」
大狗跳牆，小狗看樣。	喻上行下效。
前人種樹，後人乘涼。	喻祖父創業，子孫安享其成。
鐵樹開花，冷飯抽芽。	喻難成之事。《日詢手鏡》：「吳浙間有俗諺，見事難成則曰鐵樹開花。余在廣西殷指揮家見一樹，高可三四尺，葉皆紫黑色，質理細厚，問之，曰：『此鐵樹也。每遇丁卯年，乃花一開，花四瓣，紫黑色，如瑞香瓣，累月不凋。』乃知鐵樹開花之説有自來矣。」
山上無鳥，麻雀封王。	喻鄉僻之處，雖小有才亦易見長而爲人所尊。
白飯餵狗，反轉咬手。	喻以善意待人，反遭人忌。
小洞弗補，大洞叫苦。	喻忽於幾微，而釀成大禍。
鑊裏弗滚，湯鍋先滚。	喻當事者未著急，而旁觀者反先著急。
山陰弗管，會稽弗收。	喻互相推諉。山陰、會稽爲清代紹興府治之二縣。
老酒要喫，荆州要取。	喻私情公義兩不相背。本事見《通俗三國演義》。
大王好見，小鬼難過。	喻當權者尚可通融，而其屬下則百計留難。亦曰：大王面前還好過，小鬼面前真難過。
麻雀雖小，五臟俱全。	喻具體而微。

續表

諺語	解釋
一個半斤，一個八兩。	喻二者不相上下。見《白雲端》劇曲。
瓠子咬弗落咬茄子。	喻畏强欺弱。
臭蟲搭弗著打草氈。	喻貽害他人。即「城門失火，殃及池魚」之意。
鈍株耜逢著葛藤棚。	喻性愚拙者與喜糾纏者同事必不合。
急驚風逢著慢郎中。	喻性遲緩者不能處理緊急事。亦喻急事適值緩性人。
小黄狗捧上牆頭頂。	喻小人居高位，必驕而債事。
晦氣黄鼠狼被鷄拖。	喻制人者反爲人所制，必制人者無用或不經意。
買了爆仗畀人家放。	喻己費錢而供人享用。
染店無没白布拕出。	喻同流者必合汙。甬語攜曰拕。
棺材擡出討棺材錢。	喻事已完了始索報酬。
天跌落來有長人頂。	喻凡事各有司其事者擔任，不必旁人著急。
癩蛤蚆想天鵝肉喫。	喻妄想。通語癩蛤蚆作癩蝦蟆。
燥礱糠打弗出油來。	喻貧極不能再逼索。
蟣子裏頭算出骨來。	喻計算錙銖之利。《越諺》「蟣子」作「鷄子」，似非。
好浮瓢弗會氽過江橋。	喻有才者終不爲人所棄，否則其人必無用。

續表

諺語	解釋
牛吃桂花，還當是臭蒿。	喻無識者不辨美惡。
手背是肉，手面也是肉。	喻人當推己及人。
鴨弗撒尿，終有一路去。	喻錢財消耗必有去路，特不爲人所知耳。
汙缸掏梅核，越掏越深。	喻事愈查究，愈顯露其醜。
活猻做饅頭，怎麼好供佛。	喻無藝能者所作之事，必不能合格。
門背後撒汙，弗怕天亮。	喻人陰作惡事，終必爲人發見。
棺材擡到自家屋裏來。	喻將不利之事攬歸己任。
半路裏截出程咬金來。	喻事出不意。本事見通俗小説《説唐全傳》。咬金本作齩金，後改名知節，唐太宗之近臣，見新、舊《唐書》。
瓦爿石子也有翻身日。	喻極貧賤者或亦有發跡之日。
瞎眼黃鼠狼逢著死鷄。	喻庸人享庸福，或庸才反爲無識者所重用。
醜媳婦總要見公婆面。	喻人遇困難事無可避免。爲蘇《雜纂》載「八怕不得」之一。《越諺》作「醜新婦難見公婆面」。
牘根牛尾巴撣撣蒼蠅。	喻人須稍留餘地以爲將來計。甬語驅蠅曰撣蒼蠅。
黃狗到汙缸邊沿罰呪。	喻人誓戒惡習而終不能改。甬語糞缸曰汙缸，旁曰邊沿。犬嗜食人糞，不能改其習也。

續表

諺語	解釋
耝頭挖到鑞店裏去鏨。	喻不得其門而入。甬語鋤曰耝頭。謂鋤當向鐵鋪修理，今持向鑞店，自不能代爲。
草鞋蒲鞋一隻各人穿。	喻人宜推己及人，均其苦樂。
屋上簷頭水，一滴弗差移。	喻善惡皆有報應，絶無舛錯。
六月汙缸，只宜蓋弗宜擾。	喻不名譽事宜掩飾不宜傳播。亦曰六月汙缸越掏越臰，則謂惡事愈傳愈惡。
千揀萬揀，揀一無底爛盞。	喻人遇事物，愈選擇往往反得其劣者。此諺常於人擇壻而不得其人時言之。
紅花雖好，須要緑葉扶助。	喻首領必須部屬擁戴，方能成事。
只要毛羽好，弗要鴨膣飽。	喻人祇管外表不問内容，或好事衣飾，不問家中食糧之有無。
半斤對八兩，銅缸對鉄甏。	喻兩人兩物或兩事優劣相當。亦曰：半斤對八兩，胡椒對生薑。
大瓶倒油翻，逐粒搵脂麻。	喻人吝惜銖錙而一擲千金。與前「擾大缸蓋，塞眼藥瓶」意同。
剃頭怕癩頭，癩頭怕剃頭。	喻兩人互相畏忌。甬語理髮匠曰剃頭，患鬎鬁瘡者曰癩頭。
東倒喫羊頭，西倒喫猪頭。	喻不問兩方利害如何而附和者，或作中間人，往往可向雙方得其利益。洪邁《容齋四筆》載兩商分祈晴雨、神顧小鬼之言頗類此，惟東倒、西倒作晴乾、雨落耳。

續表

諺語	解釋
三日興和尚，四日興道士。	喻人易變遷，無定見，忽重僧，忽重道。唐宋帝王多如此。此諺蓋起自唐宋以後。
三歲合壽材，到老用得著。	喻凡事不厭預計。甬語生人預製之棺曰壽材。
逐魂裝翠鳥，毛羽欠細巧。	喻醜惡者强效美善者，即東施效顰之意。甬語鴟曰逐魂，翡翠曰翠鳥。
真金弗怕火，怕火非真金。	喻人無過失，不畏人言。
整瓶醋弗搖，半瓶醋要搖。	喻文人博洽者不掉文，掉文者非博洽。以醋喻之者，蓋俗謂文人曰措大、曰酸老。
十個手指頭，伸出有長短。	喻同類人中高下不一。劉商《擬胡笳十八拍》：「手中十指有長短。」
輓鼓輓兩頭，弗輓鼓中心。	喻作事祇可掩飾外人耳目，不可并共事之人亦不使知。
猫拖老鼠，弗要黄狗管閒事。	喻無關旁人之事，不必旁人干預。
活猢搭熱石，弗是爬就是挖。	喻性躁妄不定。
無没殺猪屠，弗會喫帶毛猪。	人恃其特長而驕者，往往以此喻譏之。
六月挈火囱，十二月帶扇子。	喻不合時宜。甬語手爐曰火囱。
竈屋洞失火，著到筷置籠來。	喻貽累他人。甬語竈突曰竈屋洞，筯籠曰筷置籠。
一隻盌弗響，兩隻盌叮噹響。	喻一人無所爭，二人則意見不同而争端以起。此諺常對家有妻妾者言之。

續表

諺語	解釋
箍桶司務限卯，越限越倒糟。	喻凡事不知開源，徒知節流，往往愈緊束而事愈壞。
醬裏蟲醬裏死，鹽裏蟲鹽裏死。	喻人恃職業以爲生，然亦常喪其生於職業。即將軍馬前死、壯士陣下亡之意。
有眼弗識泰山，灰堆挤出鴨蛋。	喻事出意外，非庸人所知。甬語撥曰挤。
羊肉當狗肉賣，燒酒當冷水賣。	喻貴物賤售。
好好一朵鮮花，會插來牛汙堆裏。	喻女子遇人不淑。元明以來小説多引之。
船到橋門自會直，弗是碰就是別。	喻事至臨時應付，雖亦能草率了結，然其所受損失大矣。甬語折轉曰別，與李後主詞「別臉小低頭」之別意同。
挑紗篩弗得知輕，挑磨弗得知重。	喻人不知事之輕重。亦喻人不知待遇之善惡。
倒拖木屐上高山，上山容易下山難。	喻人一時乘興作事，往往至後無法收拾。
上有三十三重天，下有十八層地獄。	喻人類苦樂階級之衆多。三十三天，見法藏《起世經》。十八地獄，見《南史·夷貊傳》及《龍舒經》。
老鼠跳進穅籮裏，一場歡喜一場空。	喻人空懷奢望而無所得。
真花還是野花香，可惜野花弗久長。	喻人不愛其妻而喜狹邪，然狹邪終不能久。
只看見和尚喫饅頭，弗看見和尚受戒。	喻人往往欣羨人安富尊榮，而不知其奮鬭時之艱難辛苦。
一個和尚挑水喫，兩個和尚擡水喫，三個和尚無水喫。	喻一人作事，常能負全責；二人合作，往往避重就輕，成事反緩；三人則互相推諉，成事無日矣。

隱謎語類表

諺語	解釋
落岱山。	公款入私囊之隱語。岱山，爲定海縣之一島。岱與袋同音。
火螢頭（自照自）。	能力薄弱之隱語。謂如螢火，照己身尚恐不周也。
江橋船（碰弗得）。	勿犯有勢力者之隱語。江橋船，即甬江浮橋支架之舟。
牆頭草（隨風倒）。	盲從之隱語。謂如牆頂所植之草，隨風向而披靡。
造杜家橋。	中飽之隱語。杜與肚音同。
火燒眉毛（只顧眼前）。	救急之隱語。此説即由燃眉之急脱化而出。
礱糠搓繩（起頭難）。	始難終易之隱語。謂如以糠製繩，苟有其法，則以後即可仿爲。
猫派生肖（輪弗著）。	分物與人，而己無與之隱語。俗傳十二生肖由猫所分配，及十二支分配完畢，忘將己加入，故十二生肖無猫，而鼠居第一，爲猫所最忌，故常欲噬之。
猫喫鹹齏（多管閒帳）。	喜干預人事之隱語。猫食葷不食素，今食鹹齏，則多事矣。鹹與閒俗音同。
黄狗游河（出張嘴）。	巧於辯説之隱語。謂如犬渡河，身在水中，僅露口水面。意謂恃口而不力行。
老牛爬岸（四腳朝天）。	仰跌之隱語。
灰籮倒掉。	不可收拾之隱語。
火管煨鰻（直死）。	坐以待斃之隱語。
落水蒲鞋（後緊）。	待人先寬後嚴之隱語。

續表

諺語	解釋
飯店臭蟲(喫客人)。	主食客攜來之物，常戲作此隱語。
瘟病棺材(人人憎)。	衆所憎惡之隱語。甬語瘟疫曰瘟病。
癩頭做和尚(出色)。	不待假飾之隱語。謂鬎鬁無髮，僧亦無髮。
駝背落棺材(兩頭落空)。	作事兩方落空之隱語。
啞子喫黃連(説弗出苦)。	心中之苦不能告人，常作此隱語。
歪嘴吹喇叭(邪氣)。	邪氣，即異常之意。故凡遇異常之事物，常作此隱語。此諺由蘇滬傳入。
和尚拜丈母(例外)。	對於例外之事或初見之事，常作此隱語。
尼姑生兒子(衆人扶助)。	一事由衆人合作而成，常作此隱語。人與神音同。
老虎舔螞蟻(喫弗飽)。	食之不飽，常作此隱語。
活猻騎棉羊(人馬弗像樣)。	不得其人之隱語。
烏龜擡轎子(硬逢硬)。	倔强人遇倔强人之隱語。
曲蟮游太湖。	不著邊際之隱語。謂以太湖之大而蚯蚓游其中，無達岸之日。
冬瓜鏤猪槽。	經營蝕本，或餽人物並所盛之器亦不還之隱語。謂以冬瓜作槽盛芻豢，則豕并冬瓜食之。
筍乾拌明府(山水有相逢)。	後會有期之隱語。明府，烏鰂鮝，産於海。筍，産於山。二物拌合而食，則山水相逢矣。

續表

諺語	解釋
叉袋置釘株（裹觸出）。	事由内奸發露之隱語。叉袋，麻製之袋，置釘則露其穎。
荷葉包刺菱（裹觸出）。	與前語意同。
江西人釘盌（自顧自）。	江西景德鎮産盌，而以釘補破盌者又多江西人，故爲祇顧私己之隱語。
小和尚念經（有口無心）。	口惠而實不至之隱語。
四金剛騰雲（懸空八隻腳）。	無稽之談，或作事不著實，常發此隱語。此語本由蘇滬流入。
肉骨頭敲鼓（昏懂懂）。	不明事理之隱語。昏與葷同音，肉骨爲葷物，懂懂與鼓聲鼕鼕音近。
鴨背肘澆水（弗覺著）。	受刺激而無感應之隱語。謂鴨本水禽，以水澆於鴨背，自絶無所感。
船頭上跑馬（走頭無路）。	危急無出路之隱語。
墨水欠喫足（白肚皮）。	不通文字之隱語。
買鹹魚放生（弗知死活）。	作事不知利害之隱語。
雨落拖被絮（越背越重）。	債臺愈築愈高之隱語。
鼓樓前麻雀（嚇弗怕）。	慣受恐嚇，不復經心之隱語。鼓樓，即鄞城海曙樓。
老鼠啃神主牌（倒祖宗楣）。	辱先之隱語。
鼻頭官搽撲粉（做花臉）。	以柔媚語逢迎人之隱語。劇中丑腳亦曰小花臉，以粉塗鼻，滑稽悦人。
鼻頭官搽猫汙（熏殺）。	不耐惡濁，而又不能遠避之隱語。

續表

諺語	解釋
石將軍賣豆腐(人硬貨弗硬)。	言語强硬而事實或才能不能副之,常作此隱語。
叫化子吃死蟹(隻隻好)。	識見淺狹凡事皆以爲善,常作此隱語。
黄鼠狼看瓠樣(弔殺)。	無能力者模仿有能力者行事而反僨事,常作此語。
戴角羊進笆洞(進退兩難)。	進退兩難之隱語。
城頭頂擡棺材(團團轉)。	中無定見,隨人言而變遷之隱語。
石板頂摜烏龜(硬逢硬)。	兩方皆强之隱語。
黄連樹下彈琴(苦中作樂)。	苦中作樂之隱語。歡樂與音樂同字也。
大指拇頭搔癢(隨上隨落)。	言語或行爲模棱兩可之隱語。
串頭繩倒頭捏(窮弗及)。	浪費金錢之隱語。
戴凉帽篷搭嘴(候弗著)。	兩方意見不能接近之隱語。
四金剛吃胖脯糖(吃弗飽)。	食而不飽之隱語。
醜武二吃人丁一(剛剛好)。	二人能力强弱略相上下之隱語。骨牌戲,七牌與五牌相合爲十二點,曰醜武二;人牌與至尊相合爲十一點,曰人丁一。博時十二點適可勝十一點,故有此語。
三十日夜等月亮(等弗到)。	待機不能得之隱語。與守株待兔之意同。
月亮地下曬茄瘪(弗結束)。	事無結束之隱語。甬語茄乾曰茄瘪。茄多水分,非月光所能乾結,寓燥而結皮之意。束與縮音同。

續表

諺語	解釋
鹹齏缸裏養蛳螺(越養越小)。	事愈作愈僵之隱語。
念伴先生送出門(大事已了)。	巫祝，甬語曰念伴。喪事畢，則巫祝歸，故爲大事已了之隱語。
一籃霉子(純是頭)。	梅魚，甬曰霉子，體小首大，盛於籃中，祇見其首，故爲作事首領太多、發言庞雜之隱語。
獅子尾巴(後頭勇)。	先弱後强之隱語。
小舌頭使麻絲弔。	饕餮者垂涎之隱語。甬語喉中懸垂曰小舌頭。
推開紙牕(講亮話)。	公開宣布之隱語。
眼竿挑水(後頭長)。	來日方長之隱語。
拳頭上立得起人。	作事剛强，能守信之隱語。
老壽星討砒霜吃(活得弗耐煩)。	自尋死路之隱語。
天封塔斜使草繩綳。	輕信謡諑之隱語。意謂人言天封塔將傾，曾以繩牽使不頽，乃亦輕信之。
打鉄無樣，邊打邊像。	隨時設法之隱語。像與想音近。
冷飯落在死人肚裏(吐弗出)。	祇知收入而不知予人之隱語。
芥菜子跌進眼睛裏。	辛痛之隱語。芥子，性辣也。
棺材裏頭伸出手來(死要錢)。	貪而無饜之隱語。

續表

諺語	解釋
大姑娘奶頭，店家上櫃頭（碰弗得）。	不可輕犯之隱語。
嬉賭還無没散場，挌魚還無没回洋（還來得及）。	作事尚未爲遲之隱語。甬語捕魚曰挌魚，入海捕魚而歸曰回洋。

（附）近人陳炳翰《古堇諺鐸》有序例目録

余録《古堇諺鐸》一編，有客過訪，見之莞爾，曰：「有是哉！癖甚嗜痂，工逾集腋，何許子之不憚煩耶，而酷好齊東若是？」余曰：「唯唯否否。夫滄浪作孺子之歌，巫醫發南人之感。莫知苗碩，爲俗情痛下針砭，焉用彼相。俾及門，愧其尸素。聖經賢傳，昭示來兹。詩三百篇，大半采之里巷，勞人思婦憤世嫉時而作，何獨非里諺類耶？吾堇古諺，此其濫觴，殆皆閲歷有得之言，而非烏有子虛之例。示我周行，悉是布帛菽粟。發人深省，恍如暮鼓晨鐘。韻叶乎天籟，事切乎人情。乃庸流無識，惟耳熟之能詳。婦孺何知，又食焉而忘味。而彼從事詩書、粗識文字者，又以其言皆樸實，薄爲老生常談，喻近滑稽，斥以癡人夢説。不知吾堇古諺，言近旨遠，凡人情世故之龜鑑，立身行道之圭臬，皆在於是，而俯拾即是乎。殷鑑匪遥，不啻當頭棒喝，文言道俗，可爲座右箴銘。余之録是編也，意在於是，而子以爲酷好齊東，不亦謬哉。」客乃避席而起，曰：「鄙人謭陋，蠡測管窺，今而知山謡野唱，言簡意該，乃斯世之指南，苦海之慈航。益以吾子之聯合，化朽腐爲神奇，洵乎其爲枕中秘，而韋弦奉之也。」客退，爰述問答之言，弁諸簡端。時在宣統紀元屠維作噩歲姑洗月上浣，鄮西雪鴻居士識。

凡例

一是編彙録堇諺三千六百餘句，不知始於何時，流傳至今，人人所共知者。不敢有杜撰之語參入其間。

一近時俗語如「二百老方錢」「猜瞎子排八字」，其説毫無道理，概不録入。

一偶對目録以明數分類，殊不雅觀，故以暗數代之。

一四卷之中，本無取重出之語，其不得已重出者五十餘句，特爲標出。

一堇諺美不勝收，是編就余所知者録之，其所未知者姑俟續補。

目録

卷一　偶對

蜚卿叉錦繡胸羅
鍊都鉅手磊落英多
律吕齊奏鈞天樂
閏七夕牛女重渡銀河

卷二　列傳

看財奴春夢一場空
奴顔婢膝蓋奉承東〔一〕
牀頭鬼慣布迷魂陣
怕老婆夫綱不振
呆大活死人
羊寡婦雌老虎牝鷄司晨
鐵將軍奇男子
明珠投暗矮軍師
破靴黨士林不齒

〔一〕蓋：原脱。

陰司童生頭腦笑冬烘
胎裏悖瘟欒公七竅不通
爬灰老鴻入魚網
勢利鬼可憐蟲
橋頭三叔公夜郎自大
馬浪蕩墟墓游魂終身飢餓
地棍瘋狗人精狐
賊禿色中餓鬼
懶賊頑蠢豕負塗
市儈壟斷流毒
童子老不僧不俗
竈跟無賴狗咬自家羊
田戇羔酒飽黃粱
窮讀書不是一番寒澈骨怎得梅花撲鼻香
瘟官惡霸存心不良
泥塑木雕抬頭五郎

全福叔公壽而康

卷三　格言

安命品斯高

謹身過乃寡

人事黑白一局棋

慨世情江河日下

老成諳練家道昌

衛生有術何事問長桑

嫉惡懲投豺

防微戒履霜〔一〕

工守規矩商習懋遷

遠勝他江湖騙拐不值一文錢

風俗五方不同

民物蕃庶於今稱甬東〔二〕

〔一〕此條内容在上條「嫉惡」中。

〔二〕此條内容在上條「江湖　風俗」中。

卷四　天文

開闢鴻濛日者衆陽祖月乃羣陰宗

風行雷厲捷化工

青女霜滕六雪大地茫茫寒氣結

霧縠露珠郊原潤如酥

雲霞煥彩虹霓垂光大塊假我以文章

奇哉颷母龍吟虎吼應期而至不先不後

寒來暑往嗟光陰迅速烏馳兔走

庚晴戊雨玉竹和

願取他四明物理譜入太平歌

戊申之歲，余館於林氏聊園講舍。暇晷，手録堇諺，作偶對，而堇諺之有獨無偶者，美不勝收，不能棄以弁髦，乃作列傳以彙集之。又復取其遺珠，分作二種，曰格言、曰天文，合爲四卷。堇諺之外，不參一語，并不用一二虚字離合聯絡，頗費匠心。次年己酉季春，卷帙斯完，名曰《古堇諺鐸》，取其言近旨遠，有足以發人深省，如振鐸然。古人有云「疊石略存山意」「思澆花聊破睡工夫」，余之録是編也，亦聊作疊石澆花觀焉可爾。潔庵氏又識。

卷一 偶對

大小喬

天眼 客套 辣手 背鈀 入譜 動火 開心 茶子 活佛
地皮 官派 苦心 上鈎 出格 放水 翻臉 酒娘 死鬼
黑瘦 鄉約 裝方 主意 白眼 騙賊 上臺 加氣 脱火
黄胖 朝報 轉圓 客氣 黑心 訟師 落場 費神 悖灰
尋活 招怪 搯糊 服辣 搭涎 混賬 撒潑 打横 眼前
討死 討厭 搗粥 吃苦 刮皮 惡譜 放刁 扯直 背後
入魔 冷眼 落局 賭友 惛頭 送銅 脱白 看殺 烟癮
見鬼 熱心 上堂 嫖客 錯心 打鑞 分紅 聽傷 酒渴
叨光 囤户 喫醋 心機 官廳 鏟頭 桌面 搶白 翻案
倚勢 富家 搭漿 口鋒 客堂 磨心 凳頭 挂紅 變卦
嘔肝 寫容 搶火 打架 心血 寬心 老辣 套袋 債主
撮頭 看脈 爬灰 拆梢 脾氣 緊手 寒酸 張羅 怨家
冷笑 市面 歇夏 春餅 席面 貨脚 催生 疰夏 秤手
熱話 田脚 過冬 冬粉 牀頭 帳目 逼死 袚秋 盤頭

月餅　南棗　黑鬼　順流　作祟　收心　灶君　金柑　上軛
年糕　西瓜　紅人　泊潮　發魘　放胆　門神　銀杏　捽繩
變相　呆卵　作獺　發肚　死争　硬腳　羊婆　田戇　大佛
脱形　活頭　賣猫　牽頭　活逼　軟手　狗娘　野蠻　老鬼
手槍　内姪　黑飯　點卵　兜肚　門壻　賊贓　壁蟹　地鼠
腰刀　外甥　黄糕　添丁　包頭　堂翁　官債　灶鷄　天鵝
官派　口過　值日　幫手　書獃　放光　雪子　外教　田狗
賊樣　心病　過年　姘頭　語病　捉影　雷公　内行　野猪
麻皮
花臉

鼎足

繳白卷　咬耳朵　借肩背　尿瓶濘　灸艾火　紅腳骨
套紅封　嚼舌根　攻頭游　屎缸沙　撮松香　白肚皮
大頭鬼　裝手勢　丢茶盤　扮馬夫　賊偷賊　喫鉛彈
小胆王　鬧脾氣　豁醋瓶　賣羊婆　官護官　放銅銃
漆菜命　打花押　大腳膀　放餤口　抱上吊　蛇皮癬

桃花運　開藥方　小舌頭　看燈頭　哄出打　龜背瘋
做黑鬼　護家狗　敲竹槓　拗嫩筍　外打進　羊騷氣
充紅人　進籠鷄　背木梢　吃軟茄　裏爛出　猪顛病
小花臉　硬碰硬　丢眼色　放山馬　陷臍日　講肚仙
呆木頭　毒吃毒　探口氣　落水狗　破頭星　見屄鬼
塞狗屎　四眼狗　抱籠底　搥被角　吃十方　拏鵝頭
潑馬屁　三腳猫　打桶箍　扯袋口　走百家　撇鷄腿
千歲人　冷飯娘　烏骨鷄　做走狗　講天話　露馬腳
百日王　老茶婆　綠頭鴨　裝賴羊　看地理　還鹿頭
落地敗　調竈王　督腰眼　咬奶頭　搭熱鑊　牽空磨
破天荒　跳家官　奔腳頭　賣屁眼　督冷廚　打悶棍
爭威風　趕狗雨　鑊肚臍　買柴病　買面孔　穿大門
倒鋭氣　牽牛星　磨耳朵　借米聾　咬耳朵　塞水缺
石丞相　撩田角　擐鑼椎　獨腳戲　怕死鬼　打胎藥
鐵將軍　爬山頭　捏筆筒　兩頭箝　收生婆　安心湯
下毒手　官討飯　縛箬殼　倒扳漿　吊煞猫　遮眼法

上錯頭 鬼打牆 鉋木屑 硬劈柴 嚇起狗 迷魂陣
猜啞謎 眼孔淺 開面酒 上赤口 養瘦馬 卵袋黃
擺惡譜 骨頭輕 軟口湯 起黑心 賣小猪 鼻頭紅
鵝卵石 扯斜布 三叉路 老前輩 頭嚇進 挖腳底
鷄骨銷 拖大網 百丈街 小後生 卵顛落 搔頭皮
磨刀雨 倒糖擔 衝口出 散浄水 閬壁鬼 離骨散
定盤星 落鹽缸 穿心過 放野火 開路神 安心糰
穿綫綳 磨麩炭 家裏賊 木頭孩 直腳鬼 膽嚇大
拉皮條 賣艸囤 牀頭鬼 花臉婆 空手人 頭軋扁
筲箕肚 穿五方 坐釘關 燒衙日 獃亞臉 秤鈎乙
蒸籠頭 遊十殿 過劍門 敗門風 賤骨頭 釘鈀而
麻皮爾 蹺腳成 太史餅 遺腹子 瀝酒腳 赤泡茶
駝背承 大肚黃 狀元糕 末肚囝 泡茶頭 白滚湯
變秋狗 和尚魄 坐冷板 青龍紙 癡老婆 小活長
打春牛 墮民糖 看清盆 白鴿票 悖相人 老呆大
繞腳猫 挾石鼓

磕頭蟲　鑄銅鐘

松江鱸

一毛勿拔　死蟹吹涬　隔靴搔癢　紅光滿面　大佛靈性

七竅不通　老烏出毛　脱褲撒屁　烏雲戴頭　小鬼臉氣

騎上虎背　酒肉朋友　好愁勿愁　抬頭黃鱔　心直口快

挈轉馬頭　柴米夫妻　當詐得詐　開眼烏龜　腳輕手健

騎虎難下　卵袋使絡　摸鴨屁股　生背後眼　街頭老鴉

打蛇被送　眼睛打笱　搥猪尾巴　喫頂心拳　洞底黃鱔

出腳趕鹿　腦髓磕出　粘高頭壁　七嘴八舌　眼睛落血

順手牽羊　苦膽嚇碎　牽下手針　三頭六臂　骨頭打鼓

鼻頭搬屋　前後不顧　吹胖泥猪　苦中作樂　捧大卵袋

耳朵出門　軟硬勿受　餓癟臭蟲　死裏逃生　打强嘴巴

閑神野鬼　背順風旗　喫銅祖師　火上加油　算猪娘命

蠻妻拗子　放掉頭礮　打鐵墮皮　屎裏拌糟　淘烏龜氣

過繼新婦　愁水鵓鴣　搭臺師父　迂腐屯屯　弄巧反拙

輪轉太婆　投火蒼蠅　過堂徒弟　文質彬彬　積少成多

求榮反辱　狼心狗肺　好省勿省　大材小用　省酒待客
弄假成真　虎頭蛇尾　得過且過　老店新開　含血噴人
皮黃骨瘦　包紅脚巾　理直氣壯　三請三召　屎蘸屁股
鼻青眼腫　帶緑頂子　福至心靈　一打一挪　火燙卵子
出路有路　敲釘轉脚　隔壁告狀　瞞三暗四　屎缸美女
過橋拔橋　斬草除根　上門招親　喝五道六　賭場孝子
出屁股大　捏空竹管　人貧世富　生頭摸脚　賊吃貴食
同肚皮落　背大木梢　夜長夢多　缺嘴補卵　官打現在
辮子生肉　偷鷄吊狗　猪多肉賤　燈芯斷磨　水土不服
舌頭無骨　説龍話虎　水漲船高　礱糠搓繩　人地相宜
彼此一理　賊頭狗腦　三場莫入　馬好鞍好　多嘴獄猻
進退兩難　佛口蛇心　六親無靠　人大膽大　褪毛鵓鴣
從堂兄弟　推倒牆缺　耳朵聽飽　金口難開　紅臉大將
同窗朋友　拔内門閂　脚底奔穿　鐵面無私　白面書生
關門養虎　墮落太子　門神菩薩　帶魚釣鰻　當方土地
借刀殺人　扛上媒人　竈君大王　烤蝦出蟲　過路財神

低三下四　當場出醜　櫻桃轉緑　老牛拔磡　癡心妄想
横七豎八　坐地分贓　西瓜包紅　大狗跳牆　賤骨難醫
梟神扶助　空殼蟑螂　偷飯烏龜　瘟氣入骨　挑水填井
萬人唾罵　大頭蜈蚣　跳穀麻雀　熱血刮心　看風使船
大推大扳　看羹喫飯　移花接木　聽梆喫飯　七子八壻
小災小悔　候鉄打釘　剜肉醫瘡　看貨還錢　三姑六婆
店多攏市　將軍敵面　借花獻佛　船多占港　拖人落水
行大欺客　敗子回頭　落草爲寇　客大欺行　引鬼入門
地頭惡棍　入門歸正　熟客熟主　白地起屋　飽⿰月敢鵓鴣
田孔大王　落地行運　老夫老妻　黄泥打牆　長腳鷺鷥
欺善怕惡　黄皮裹骨　節外生枝　事出意外　洋人無道
刮富濟貧　黑墨塗臉　樹上開花　情在理中　倭子疙瘩
有大有小　水落石出　剷馬桶底　地栿踏鉛　⿱丕足腳沙蟹
無上無下　油盡燈乾　摸屎缸沙　石版爛穿　拖黄泥螺
太監除卵　外甥皇帝　做隔壁戲　碰額角頭　有種出種
矮子寬心　老姪官人　唱落場書　還腳頭願　識法犯法

領子得子　鼓樓麻雀　賣爹賣娘　上落先生　裝假靴套

揀妻擇妻　屎缸八哥　嚼子嚼孫　大小老婆　戴高帽子

一佛出世　同胞兄弟　從堂姪子　青黄不接　投鼠忌器

八仙過海　結髮夫妻　隔壁叔婆　皂白不分　對牛彈琴

七錯八蹇　爬山挖嶺　肚皮氣飽　好人難做　五方惡鬼

三拼四搭　過海隔洋　骨頭嚇酥　奇貨可居　七世冤家

行販嘴巴　三仙歸洞　尿頭嚇進　對症服藥　倚官託勢

差人亞臉　百鳥朝王　屎漿打出　脱貨求財　借屍還魂

壓飯二爺　尺八頭巾　馬蹄跑熱　放火搶火　急事緩處

要錢五郎　一根肚腸　狗筋懶斷　帶鹽買鹽　小題大做

火管煨鰻　鬼頭鬼腦　火星奔頂　打死老虎

尿瓶養鼈　賊手賊腳　銅氣糊心　掗臭猪頭

鳳樓

隔山罵知縣　喫著背脊骨　頭上出毛筍　口硬骨頭酥

過海是神仙　聽來牙吧涎　屁股種大蒜　眼飽肚中飢

逐魂裝翠鳥　要緊反得慢　鄉下親家母　好心犯惡意

鵓鴣變白鴿　喫虧是便宜　橋頭三叔公　貴人落賤胎
關門塞狗洞　竈倉上跑馬　傷口頭陰隲　窮憎富勿要
拆屋解斫頭　城腳下接龍　打肚裏官司　前抖後不論
小吃大會鈔　賊口出聖旨　溼手蘸麵粉　冷水淘冷飯
賒賭現撮頭　官路當人情　鬍嘴擄屎缸　臭蝦配臭醋
儇人幹笨事　要錢不要命　軍犯保徒犯　蒼蠅撼石柱
强盜生良心　争氣勿争財　泥佛勸土佛　老鼠搬穀倉
行門前把勢　賺錢勿吃力　閑飯餧野狗　巧婦配拙夫
做背後軍師　喫糧不管事　長綫放遠鷂　嚴師出高徒
僧來看佛面　空手打拳頭　急來抱佛腳　七歲騙八歲
肚痛怨竈君　開口見胡嚨　日後見人心　九慣輸十慣
家貧出孝子　路極無君子　旱天多雨意　搜遠不搜近
酒醉罵仇人　胆大做將軍　平地起風波　讓大弗讓小
白鴨夾鵝隊　肚腸骨笑斷　服軟弗服硬　無錢弗行事
冬瓜牽豆棚　嘴巴皮軋鉛　瞞上不瞞下　有貨不愁貧
石版頂種田　灸頭菩薩管　火心活透出　大尾巴黄狗

屋山頭開門　死店活人開　眼淚倒流進　白頭頸老鴉
屋大難爲福　熱骨頭老鼠　船到橋門直　夢裏想屁吃
禮多弗怪人　拖尾巴屎蟲　牆倒衆人推　死後講病症
尷尬頭菩薩　捉鼈捉烏龜　尺四鑊抵命　耳朵得食吃
鏖糟氣先生　弶猫弶老虎　拖油瓶盡忠　肚皮尋風涼
脈從跟腳起　出氣痧藥瓶　屎缸縫算帳　貪賤買老牛
氣到屁股出　倒翻字紙簍　灶前坑拜堂　拼死吃河豚
和尚拜丈母　蒼蠅頂豆殼　真金勿怕火　摸不着頭腦
尼姑生兒子　蛤蚆撩菜秧　獨木不成林　打勿落巴掌
老虎逢塌籃　猢猻戴帽子　烏鷄生白蛋　眼睛光溜溜
猢猻搭熱鑊　老虎拖簑衣　黑山畫青龍　牙鬚蹺聳聳
錢粮問經手　喫了頭撒屎　鷄子碰石子　造六國頭反
文章中試官　做到手生疵　大魚喫細魚　拿五方惡鬼
五亂夾六亂　救生勿救死　五祖傳六祖　銅缸對鉄甏
七里嘈八里　窮家不窮路　三家併四家　天牌搭地牌
强盜扮書生　寡婦心腸惡　前客讓後客　江橋頂撮老

瞎子打老婆　窮人志氣高　上家嚮下家　行子衕墮皮
賊來無空手　瘟人頂重保　走路數石版　鯉魚豁煞賣
爹死勿丁憂　久病成良醫　撒屎撮鈃刀　田鷄坐了搭
上屋搬下屋　名將對名將　開門七件事　好兒須一個
小船戤大船　醉人看醉人　上屋千年牢　窮醫管三家
賣嘴不賣身　無謊不成狀　疑心生暗鬼　來僧趕住僧
知人弗知心　好看難爲錢　蠻拳打教師　張郎送李郎
一潮通百浦　江心寺上棧　九日出三市
十日過九灘　大教場趕賊　一眼關八方

南朝金粉

强盜逢著劫賊　石將軍賣豆腐　大事化爲小事
墮皮回顧貨郎　老壽星吃砒霜　壞人帶累好人
屁股眼使漏斗　黄鼠狼看瓠樣　一個鼻管出氣
腳娘肚彈琵琶　烏鯉魚裝浮呆　六抹指頭搔癢
癡老婆等呆漢　手底心翻筋斗　疾雷不及掩耳
教化子扮春官　褲襠縫打拳頭　猛火勿怕溼柴

碰鼻頭官轉灣　頭髮絲吊元寶　火螢頭照屁股
候嘴壺盧扣落　嘴巴皮賣銅錢　豆腐皮貼眼睛
胸管頭歪秤錘　吐血是蘇木水　高拱手低作揖
屁股眼使銷釘　口渴喝鹹虀滷　明喫虧暗便宜
外有餘内不足　老虎不知壁薄　來字當去字讀
先君子後小人　海水勿可斗量　壞人作好人看
花對花柳對柳　船幫船水幫水　屋山頭使櫓拄
稂不稂莠不莠　橋管橋路管路　城子頂抬棺材
一客弗擾二主　教化子吃死蟹　葫蘆瓶賣啞藥
三句不離本腔　老和尚敲木魚　火柴頭對赤眼
喫其飯受其難　眼睛氣了翻白　肚皮氣得反向
做此官行此禮　面孔嚇得沸紅　腳底奔了起泡
下巴使光棍抬　一口氣折勿轉　放開肚皮喫飯
氣力用戥子秤　三牙鬚擄得過　立定腳跟做人
撐大船背大債　耳朵聽得浹出　三分人七分扮
開頭門多頭風　肚皮氣了豁開　一腳虛百腳邪

橫作天豎作地　屎缸底掏梅核　康王廟訪娘舅
窮做親富做生　田塍埂撮鴨蛋　爬沙巷尋師兄
羊肉當狗肉賣　人騎人虎騎虎　會賺不若會積
死馬作活馬醫　龍生龍鳳生鳳　好攏弗如好開
嚇煞多打煞少　鼻頭官搽猫屎　明吃虧暗便宜
做日短看日長　頭頂心葬毛坑　真主意假商量
嬉嬉笑定定要　上廟不見土地　自笨埋怨鑿鈍
本本熟齣齣生　出門弗認爹娘　心正不怕壁斜
太歲頭上動土　人憑法鬼憑理　爹做官兒享福
宰相肚裏撑船　主有福將有力　你斫柴我看羊

竹林

清官難斷家下事　早落渡船晚上岸　腦髓磕出放湯飯
好漢不吃眼前虧　未生兒子先取名　嘴巴堵起挂油瓶
一番事幹兩番做　今日不知明日事　有了春風有夏雨
千句説話總句講　寅年先吃卯年糧　見過高山見平地
無事不到三寶地　冷飯落在死人肚　前街打人後街揖

有禮勿怕太叔婆
爹做主人娘作客
男是冤家女是債
神仙難篩斷穀米
小鬼不見大饅頭
六月屎缸只宜蓋
千年瓦爿會翻身
前船就是後船眼
上梁不正下梁差
包哭包唸包道場
越奸越巧越貧窮
東借羅裙西借襖
日當衣衫夜當被
落雪勿冷釋雪冷
搭凳不坐討凳坐
眼睛生在眉毛頂

耜頭拿到鑞店鏨
棺材裏頭伸隻手
老鷹飛過拔蓬毛
千年世界八百主
十大功勞一筆勾
上坟船逢高抬擱
小黃狗落大教場
好日黃狗奔衕堂
飯店臭蟲叮客人
十抹指頭不離縫
一根肚腸到亞卵
鰳魚骨頭裏觸出
蒼蠅卵子硬弗起
小不輕狂老不板
病有大夫債有錢
一錢逼煞英雄漢

瞎子觸刺亮眼挑
話起唸佛就發腳
算了和尚作饅頭
老鴉不吃窠下食
惡龍難鬥地頭蛇
有錢勿買疙瘩產
無風不起滾頭浪
骨頭無没四兩重
屁股朝了半天高
黃狗看見倒奔轉
老虎趕來辨雌雄
熱面孔貼冷屁股
張小子搭李大頭
來官總是去官好
做病容易收病難
白手巾布包洋錢

卵黃縮上喉嚨頭　千金難買子孫賢　鉄搗子頭磨繡鍼
驢頭對弗得馬嘴　指頭伸出有長短　千年文書好合藥
狗口挖不出象牙　眼睛看過別高低　遠來和尚會唸經
死人身邊有活鬼　礱糠搓繩起手難　帶角賴羊進笆洞
强將手下無弱兵　眼竿挑水後頭長　大水蛤蚆鬧秧田
一沰鼻涕摜畀你　南門外管晒花鎊　牙齒打落肚皮咽
三寸舌頭壓煞人　江橋頭賣水燈芯　頭頸嚇進懷裏藏
吃著五穀想六穀　三塊瓦爿起大屋　買了帽子等頭大
有了千錢要萬錢　六幅布襤褸煞人　斫倒大樹有柴燒
爛毒蛇跳進飯碗　三個黃霉四個夏　十個和尚九個瘋
小黃狗抱上牆頭　十里橫山八里街　一夜夫妻百夜恩
塞煞烟管滿尿瓶　將官都是百姓力　三分銀子貰間屋
出氣鑊蓋漏筲箕　和尚不趁道士錢　一個銅錢打開頭
天要落雨娘要嫁　三年不見大婆嫂　三分銀子貰間屋
人走時運馬走膘　兩硬難爲中央人　一餐冷飯斷開親

蜚卿又

大富靠天，小富靠儉
在家從父，出嫁從夫
日有所思，夜有所夢
冷不可抖，窮不可愁
耳聞是虛，眼見是實
當局者昏，旁觀者清
是親必顧，是鄰必護
要嬉用做，要喫用熬
城裏朝報，鄉下先到
鄰舍做官，大家喜歡
天堂未見，地獄先現
明槍易躲，暗箭難防
男大須婚，女大須嫁
謀事在人，成事在天
成器子賽如無價寶

釘煞定秤，生煞定命
蝨多勿癢，債多勿愁
鳥爲食亡，人爲財死
田要冬耕，子要親生
筷來動手，飯來開口
屁出按臀，賊出關門
豆腐水做，閻王鬼做
小猪屎多，窮人氣多
親要親好，鄰要鄰好
公脩公得，婆脩婆得
人望高頭，水望低頭
馬落教場，錢落賭場
人心難料，鴨肫難剥
君子一言，快馬一鞭
巧媳婦難煮無米飯

越喫越饞，越嬉越懶
搭賊搭贓，搭姦搭雙
靠親勿牢，喫粥勿飽
養兒防老，積穀防飢
好貨不賤，賤貨不好
來者勿呆，呆者勿來
長袖善舞，多財善賈
走路防跌，喫飯防噎
鴇母愛鈔，妓女愛俏
和尚等齋，差人等牌
打來罵來，蝕本弗來
千錯萬錯，來人不錯
快牙子無没癟蘿蔔
急驚風逢著慢郎中
搭臭蟲弗著打草苫

孝順囝不若窮菜園　教化子不藏過夜食　做討飯不得賣線香
嫁鷄隨鷄，嫁狗隨狗　有粥喫粥，有飯吃飯
在水靠水，在城靠城　種豆得豆，種瓜得瓜

鍊都

上不欠官粮，下不欠私債　作高難爲天，作低難爲地
萬勿可起屋，千勿可買田　内行不可丢，外行不可收
天怕東風雨，人怕牀頭鬼　掙子不享福，敗子不落泊
子不厭母醜，狗不厭家貧　好男弗當兵，好女弗看燈
稻大難爲穀，屋大難爲福　知禮不怪人，怪人不知禮
馬善被人騎，人善被人欺　賺錢勿著力，著力勿賺錢
花無百日紅，人無千日好　國亂識忠臣，家貧出孝子
你有神仙法，我有鬼畫符　路遥知馬力，日後見人心
章浦京起屋，陸文禄享福
城隍廟得病，土地堂將息

律呂

有事勿宜胆小，無事勿宜胆大。濁富不如清貧，立人不如囷店。

新婚不如久別，遠親不如近隣。只可官兵放火，勿許百姓點燈。
家醜弗宜外揚，小船弗宜重載。與其遠處燒香，不如近地作福。
蛳螺殼做道場，莧菜股豎牌樓。家不和被人欺，鄰不和被賊欺。
大腳膀畫老虎，小舌頭翻筋斗。依佛法要餓煞，依官法要打煞。
夜裏不可講鬼，日裏不可講人。刀快勿怕頭大，心正勿怕壁斜。

閏七夕

百年難遇歲朝春，千年難遇龍花會。
廚下無人莫托盤，朝中無人莫做官。
好女不著嫁時衣，好男不喫分開飯。
一年之計在於春，一日之計在於晨。
三寸舌頭抬煞人，三寸舌頭壓煞人。
千里做官也爲財，萬里做官也爲財。
落難之人無半邊，酒肉朋友多多少。
衙門銅錢一蓬烟，種田財主萬萬年。
命壞勿到富家門，命好勿到窮家去。
有緣千里來相會，無緣對面不相逢。

卷二 列傳

看財奴

看財奴，頭世人。東鄉有田，關外有船。看了白米飯餓煞，做鬼勿大。捏捏怕捏煞，放放怕放煞。又怕鷺鷥，又怕獺蟣子。算出骨頭，兩個卵黃，數到大天亮。關門喫飯，壽昌寺人鬼不上門。行得春風有夏雨，地栿上去，地栿下來。

看財奴，拆勿開包。一個銅錢翻轉六個字。只可賒兄，不可賒弟。兩個掉其一個，銅水還是其好。鄰舍盌對盌，親眷盤對盤。

看財奴，老包食難得吃。小舌頭使麻絲吊。喫人家開胃，喫自家胃開。兒孫自有兒孫福，莫爲兒孫作馬牛。

看財奴，老鼠藏積儲糧。鴨不撒尿，有一路去。章浦京起屋，陸文禄享福。廿歲囝不由娘，廿歲兒子不由爹。辛苦錢財快活用，打花會賭青龍。搭鷄勿著蝕把米，想藕吃腳拔勿出。現世報，來路勿清通，銅錢勿正用。

看財奴，刮三光無頭緒。痧藥瓶塞之，醬缸蓋搕著。逐粒搵芝蔴，大餅倒油翻。瞎角攏懂，麻雀勿怪怪蓬。病從口入，禍從口出。無賴黨因風凑火，搭石頭穿纏腳褲。

看財奴，買人欺侮。屋漏逢着連夜雨，船翻又遇打頭風。拉皮條，搥被角。小頭根根響，大頭勿管帳。燒退財福，有數銅錢無數用。尼姑庵晒尿衲，陰乾。礱糠擦白米，教場變空地。

堇諺：燕子做窠空勞碌，看財奴刻薄成家眼前花。

奉承東

奉承東，攩叉牙鬚，面孔鋪階石介厚。釘白玉，走大家，眼界看大。爹開混堂娘收生，大屄大卵見得多。新發財主，家有千金，不如日進紛紛。

奉承東，飯堂尋著喫定心盤。口能舌辯無花布，講著死人爬起坐。調槍花，撐順風船，打退堂鼓。隨方作圓，順水氽礱糠。聽其說話，連包烟銅錢都無没。脚踏兩來船，吃剥出鴨蛋。打求代卦看三色，送人須好物。小頭不去，大頭不來。

奉承東，送下陳，千里送鵝毛，也是一點心。螞蝗叮鷺鷥腿，碰頂子。喫排骨醬，低心下氣。打煞猫不離竈，罵煞兒子不離娘。推開紙窗講亮話。到他檐下過，怎敢不低頭。面孔老，肚皮飽飽。河直無風水，人直無家計。清白良民，餓了傷心。渾濁濁，弄口飯喫喫。賺得銅錢到是儇人。

奉承東，鷺鷥靠獨坵田，行落塘運。馬屁潑了馬脚骨。闢出紅娘蓮經，壓倒失魂曹操。做官地方無没，戴涼帽兜篷地方終有。另起爐竈，改行換糖。

堇諺：雪中送炭真君子，錦上添花濫小人。

牀頭鬼

牀頭鬼，招魂牌。隨身法寶，男子漢落其圈套。坑頭撮一魄，喫了不好，扻了不好。一根藤，纏煞人。大小人家娶親完配，大眠牀充頭貨。

牀頭鬼，做歇腳亭。講鬼話，嘴吧講了出蓮花。裝鬼臉，翻落亞臉不認人。做鬼訣，若要俏須帶三分孝。十二時辰，到夜大模大樣。黃鼠狼攞鷄籠品，鬼打混，鬼討好，做鬼戲文。戲法人人會變，各有巧妙不同。牀公牀婆過來人，牀子牀孫眼睛看了清丁。君子人上眠牀夫妻，落眠牀君子。烏龜坯鬼擄頭，入迷魂陣。老婆香，忘記娘。裝癡作聾，鹹虀缸養螄螺。

牀頭鬼，得步進步。烏龜坯，痰迷心竅。發鶉鴣頭性，黃狗對屎缸罰咒。肉吊臭，猫叫瘦，有其勿得無其難。對頭親家公，走開就爬攏。陰魂不散，神主牌劈筷。無風勿起浪。

牀頭鬼，惹禍招非，使神弄鬼。烏龜坯，耳朵太軟，上錯頭，打出面色。合當有事，罪歸一身當。帶角賴羊進笆洞，魂不入墓，頭走無路。

堇諺：天怕東風雨，人怕牀頭鬼。

怕老婆

怕老婆，活死人。武頭婆，宋頭盤子蟹殼臉，黃狗看見倒奔轉，笑裏藏刀笑面虎。癩頭娘子玻璃轎，抬來抬去無人要。活死人，瞎眼黃狗逢著倒屎缸。千揀萬揀，揀只無底飯盞。情人眼裏出西施，臭猪頭請膿鼻頭菩薩。月裏奶歡不可聳，月裏新婦不可哄。活死人，光棍財主。老婆錢，百依百順。武頭婆斤兩秤出，三分顔料開染店。尋事吵鬧，男兒膝下有黃金。

怕老婆，跪踏牀，猪苦膽套頭。做了黃狗怕你不吃屎，婊子老娍洗清。並非怕老娍，實在求太平。武頭婆吃食賴食，買蟹做婆名，婆婆吃一蟹頭頸。心不正，闥壁聽。自屎不知臭，野屎熏煞人。鬼到闥角，門背後撒屎勿管天亮。活死人，發鶉鴣頭性。武頭婆，惡人做大，尋死覓活。活死人，上天無路，入地無門，人肚子氣出狗屎來。蠻妻拗子刁田户，天要落雨娘要嫁，無法可治。裝獃臉陪小心，捏著鼻頭吃酸醋。

堇諺：桑樹從小壓，到大低勿煞。怕老婆養大毒，無苦吃討苦吃。前世冤家。

呆大

呆大飯吃三碗，閑帳勿管，綽號飯桶。爹生娘生，只生其人，不生其心。盛其肚裏勿得。講了三日三夜，不知王氏女是男是女。借來衣著勿齊，教來曲子唱勿響。寧可生敗子，勿可生呆子。吃了飯勿忖忖，結蛛羅網像扳罾。呆大成親，麥不會磨，麩皮會偷；肥船不會管，泛頭會撮。財也來運也來，抬一老婆帶胎來。等其得知，外甥八歲。呆大靈心勿生，只會拖羹。打煞老婆觸死屄。一釘一眼，康熙銅錢買醬油，乾隆銅錢買醋。賣買論量，打蛇打了七寸。呆大猛意喝酒，稍瓜打人，差一大節。戴著涼帽兜篷親嘴，隔七隔八。吃對門，謝隔壁。暴吃戲文酒，臘鴨揾醬油。無分寸，七尺衕堂，八尺桶盤。無好無歹，爹來三扁擔，娘來三扁擔。挑猪屎不得知重，挑燈籠殼不得知輕。

呆大生意經絡，小黄狗吃薄屎，啃頭無没。老成人挈其領旨，日裏講到夜裏，菩薩在廟裏。上人錯頭，吊量桶跌落井裏，下吧扣人地栿。木已成舟，猫繩咬斷。船到丈亭，眼睛清丁。鳩頭菩薩管，家主婆點頭知尾巴，把家有餘。

堇諺：人弄人弄勿煞，天弄人直格格。呆大孩介人孩介福，圓圓石子圓圓潭。

羊寡婦

羊寡婦，犯相書。女人顴骨高，殺夫勿動刀。人儇命不儇。出口傷人，油煎豆腐毒，寡婦心腸惡。咬清苦淡，孤老錢財，瞎子性命。孤孀好做，四十難過。隔壁叔婆，老旦戴花，逐魂裝翠鳥。六十歲嫁人，只圖吃不圖生。鄉下大阿嫂，紅裙緑夾襖。坐産招夫，拖客拉隊。奸出婦人口，一口咬煞王甫吟。大狗跳牆，小狗看樣。

羊寡婦，看手掙拄頭。糯穀七日變孤孀，女人一夜變驛馬。星動五更，走路趁風涼，廿歲嫁人趁後生。祖宗有幸，魂靈掇轉。一家女子，不吃兩家茶。改過做人，鼻頭官爛落正正人。修舊補凳腳，吃飯量家道。七個瓶八個蓋，派九梁星無坐位。有粥吃粥，有飯吃飯，蔡伯喈逐日挨。搭搭日子過，管管阿狗大。無賴子潑鏖糟水，造言生事。黄鼠狼放救命屁。

羊寡婦，心正不怕壁斜。捏定主意，男要剛强，女要烈性。在家從父，出嫁從夫，夫死從子。兒子争氣，先苦後甜。吃清湯，拜金剛，頭裏拷到腳裏當當響。殺猪屠放下屠刀，立地成佛。

堇諺：仙人都是凡人做，只怕凡人心不堅。

雌老虎

雌老虎，半老佳人。畫虎畫皮難畫骨，知人知面不知心。丈夫呆木頭，坑了河裏勿浮起。老虎逢著埸懶，揢了在手。男是掃帚，女是畚斗。要飯喫不論好羹湯，要困熟不論好眠牀。雌老虎，喫糧勿管事，十抹指頭使排銷。呆木頭，眼中釘。撥草尋蛇，六神不安。講瘟話：人家無没妻不得，洗帚無没撑不得。當家三年，掃帚畚斗都要招怪。會叫老虎勿拖人。雌老虎，黑嘴黑臉，惡氣冲出。呆木頭遇著焦芽頭，撑門風船，斧頭口惹癢。雌老虎，裝虎威。不管三七廿一，怒眼突睛，老虎餂黄蟻。一家不知一家事，和尚不知道家事。各廟各菩薩，各人懺唸法。雌老虎，花眼狗。自無飯吃，怪人家鏟鑊。買扁担，尋鵲頭。大驚小怪，摇頭擺尾，眼睛起血線。老虎勿拖人，形景難看。惡人惡人磨，楊辣蛤蚆拖。爲人只怕十人齊，虎落平陽被犬欺。雌老虎，發石頭，壓自腳面。年紀八十六，小苦頭遭吃。虎頭蛇尾，抱頭大哭。晴天多雨意，潑婦多眼淚。

堇諺：生意做不著一次，老婆拾不著一世。家有鹹齏，不喫淡飯；家有賢妻，不遭横禍。呆木頭關門養虎，虎大傷人。

鐵將軍

鐵將軍，硬頭子，凍死不蓋被，餓死不借米。江山好改，性情難移。人從人上軋，刀從刀上磨。

鐵將軍忖頭到：爲人在世，認直不轉彎。純作鐵，只一把狗屎鈀好打。做到老，學不全。有一分本事，吃一分糧。會做也不難，未會做拔筋喊。鐵搗子頭磨繡鍼，功到自然成。福至心靈，棄文就武。十八件武藝，件件皆能。撩亂時世，造六國頭反。重賞之下，必有勇夫。

鐵將軍，時來福輳，鐵樹開花，胆大做將軍。養兵千日，用力一朝。

鐵將軍管門，姜太公在此，百無禁忌。水來土掩，兵來將當，隨機應變。打鐵無樣，邊打邊想。柳隆慶怕泰平，裏通外國。

鐵將軍忠心耿耿，種著那邊稻，望著那邊天，鐵打心腸不回頭。一人拼命，萬夫莫當。賊膽心虛，只怕銅牆鐵壁，不怕皇親國戚。石丞相惺惺惜惺惺，好漢惜好漢。主有福，將有力，鐵打江山。

鐵將軍看破世情，將軍難免陣上亡。急流勇退，得放手且放手。主意拿定，鐵尺撬不轉。

鐵漢將門之子，襲父職，打打金剛，跌跌鹽商。

堇諺：天下無難事，只要有心人。鐵將軍耀武揚威，寧使擂穿鼓，不肯放倒旂。帶鉄頭頸，盡心報國硬忠臣。

矮軍師

矮軍師，老鼠牙鬚獺豸臉，長袍短套，雪地黄鼠狼。煤頭絨絶落，賊無狗樣，面目可憎。人不可貌相，海水不可斗量。近視眼主貴，啞子開口龍虎鬬。十個翦子九個富，只怕翦嘴要脱褲。

矮軍師，弄神弄鬼。眼睛一眨，計較一百。矮中取長，草頭王拜。江猪作浪，洪水泛漲。亂世人不如太平狗，有福吃飯，無福化炭。

矮軍師，大難不死，必有後禄。大材小用，落草爲寇，哈嗞呋軍師。斫得大樹倒，大家有柴燒。聲東擊西，神不知鬼不覺。雲裏一條路，雲外千條路。紅緑散線，做出便見。

矮軍師，行狗頭運，帶六國相袋。草頭王一發如雷，一敗如灰。

矮軍師，在行朋友朱大叔，未卜先知。夜静更深，吹打開門。

矮軍師，夜樂狗，肚子忖忖花花世界。一朝天子一朝臣。涼亭雖好，不是久留之所。冤有頭債有主。趁早摸亮，脚底搽桐油。天坍自有長人頂，橋倒壓不著差魚。天下太平，水落石出，搭國尺大王。

矮軍師，脱離娑婆訶，搭鷄飛狗上屋，隱山樂道無影蹤。

堇諺：長子無料量，矮子多肚腸。矮軍師貌不出衆，滿身生魂靈。敗江山天罡星。

破靴黨

破靴黨，假斯文。自古文章無凴據，惟願朱衣暗點頭。

破靴黨一舉成名，鄉紳邊皮，奔走衙門，靴頭跌破。山中無鳥，麻雀封王。「詩云」「子曰」口頭談，門生老師護身符。搭雪橋，敲竹槓，損人利己，眼睛挖出不怕痛。滿口仁義道德，假靴套僞君子。風不來樹不動，田鷄不來草不動。天有不測風雲，人有旦夕禍福。

破靴黨，無圖地保。倚屏風做主，使黄元包過。打筆頭官司，片紙藏在靴筒裏。嚇人搗怪，雷聲大，雨點小。羊毛出在羊身上，鑊做搗臼舂。託相信，弄乾浄。隔靴搔癢，蜜餞砒霜。説是非人就是是非人，風頭勿像倒脱靴。點兩頭香，取小夥，敗小夥。倒銅旂打狗肯息，狗中人勿肯息。江橋船碰著不得，皇帝無没白使人。只有薄過，無没白過。鷸蚌相争，漁翁得利。君子愛財，取之有道。

破靴黨倚官託勢，尋野狗屎喫。空沙袋救火，白手拿錢。生銅錢病，癡心妄想。印把子捏著，頓皂靴腳。半夜過呼猫，想天鵝肉喫。等到老爺父牙鬚白。高底鑲鞋也會破，嚴嵩勢道也會過。

破靴黨喫兒孫飯，雲裏來，霧裏去。吃過用過，剩副傢伙。陰隲喪盡，男盜女娼。莫道無神卻有神。

堇諺：氣煞不可告狀，包打官司上不得堂。破靴黨撥草尋蛇，内港强盜。人有千算，天只一算。君子樂得爲君子，小人枉費爲小人。

陰司童生

陰司童生白肚皮，屎到不通。塞煞煙管滿尿瓶，自解自樂。小小功名大大數，一命二運三風水。生員好做，歲考難過。將官都是百姓力，七字傲八字勿來。陰主陽看，肚裏做功夫。佛介人，賊介心。蟹浦教書白字先生來字當去字讀。七里綻到八里，鎮海對五里碑差遠。麥杆喉嚨筲箕肚，嘮嘈蟲拖出。四時八節，百客不奪師位。眼到三快囫圇吞，上横頭看下横頭。滿挖心嘈帶殼咬，喫白食嫌貶鹹淡。四盆子一湯，吃著上當。田雞學生讀書讀得孬，只爲上上帳，東家當面嘲笑。

陰司童生，笐裏柴爿，切肉砧板。氣到屁眼出，放銅銃。亞卵無用，埋怨祖宗。抬老婆無没包生兒子。自講自有理，咬碎石盌生薑樹。裏生捏筆筒，坐冷板，吃家鄉米飯，蔬菜淡飯。糊辣倒蟹漿，眼不見爲浄。氣了生臟脹病，無藥可醫，死之眼睛不閉。黄泉路上依樣畫葫蘆，鬼門關短命鬼、痘子哥哥濟濟一堂。

堇諺：四書五經通，狀元必定中。聰明智慧，過目不忘，前世讀得來。陰司童生捏筆腳筋跔，屎塞心肝。

胎裏悖

胎裏悖，前世老公公，年紀六十六，閻羅大王請吃肉。油盡燈乾，挈頭魂西轉。一紅腳桶，阿嗳阿嗳，舊性不改。買過年日歷，打隔夜豆腐。藏著年外米，餓煞年内人。好愁勿愁，愁著旱天無日頭。喫隔夜螄螺多傳事，傳蘿蔔煮蘿蔔，少見多怪。頭勿種樹，大蜘蛛倒是蟹。早辦事，三歲割壽材，到老用得著。多講多話，鄉下人上埭街，嘴吧講了歪。雨落拖被絮。阿姊勿做新婦，躭擱阿妹。眼睛糢花，看見大姑娘叫婆婆。夜看黄狗是自人，不見席面。回子人吃肉，外教主意。到加肉裏澆蔴油。請請醫生請無常。飯團餧狗，反轉咬手。小人家發送，捧著金團亂送。打算勿通，頭夜忖有千條路，第二天亮摸舊路。大王未塑，卵子先塑。倒四六算，屁股眼裏種大蒜。寶劍贈與烈士，紅粉送與佳人。

胎裏悖，耜頭拿到鑞店鑱。好省勿省，唸佛送羹。在行人看風使船，銅錢用了刀口。

胎裏悖，胡桃命，拷拷做。不打不吊，倒是白要。敬酒不喫喫罰酒，小洞不補補大洞。老人家六十歲學跌打，腰骨石硬。撮夜屎，老太婆帶羊角頭笄。全家老小古董發擂，河裏撒尿無辨别。

堇諺：眼頭活落，小苦勿吃。胎裏悖前世事，笨爹笨娘生。地栿脚印，驢頭雕鹿，耜頭鉋鑊。

瘟樂公

瘟人李先生，番餅隔頭坑。爲好住廟，財去心安樂别别。

瘟樂公，嫖雙空，賭對沖，吃受用，著威風。放落耜頭就鈀，酒肉朋友，其門如市。吃了口呆，拿著手呆。老鼠跌落白米缸。

瘟樂公，活人講死話。開著飯店，不怕大肚皮。銅錢銀子生不帶來，死不帶去。坑爛橘子，留根尾巴趕蒼蠅。

瘟樂公，銅錢當水用。小戲文大做。黄牛白卵袋，另出一條筋。出氣鑊蓋漏筲箕，家筳拖落勿得知。出著油火暗裏坐，買爆仗來畀人家放。雨過帶傘，放馬後礮。爲小失大，偷餿氣冷飯，背殺頭罪名。羊肉無没吃，羊騷氣賊臭。人頭不識，見人不拜見鬼撲撲拜。閒飯餧野狗，喫之活捷走。古話：嫁出了囡，潑出了水。

瘟樂公，看大人家樣，擔來擔去，鬧熱衙門腳筋撐斷。四腳中人好做，兩腳中人難做。

瘟樂公，空殼朝奉。從面孔，瘟人頂重。保賠錢幹事，管閑帳，掏閑氣。聽單面之言，打抱不平，做出頭椽子。人家棺材抬進自家屋裏，張冠李戴幫有道看清盆。六抹指頭搔癢，隨上隨落。

瘟樂公，湯潑水用，家盡家空。酒肉朋友，樹倒猢猻散。穿緑衣裳，忘記槐花樹。

瘟樂公，雪釋見人，寒心嘆氣。借米好落鑊，討米難落鑊。人家求我三春雨，我求人家六月霜。

菫諺：喫勿窮，著勿窮，算計不通一世窮。秤花曉得肉斷完。

爬灰老

爬灰老，從小不入調。行桃花運，吊帮子，軋姘頭。大相公老毛病，三歲意見看到老。七嘴八舌哄，大媳婦無老公。女人家水性楊花，眉來眼去，你有心我有情，勿怕廚下千把人。頭髮禿頂，爬灰背命。六月屎缸，只宜蓋不宜攘。只怕你不做，勿怕你不破。搬嘴小姑，耳報神通風報信。醜媳婦免不得見公婆。寬煞新鞋緊湊湊，好煞婆婆疙瘩頭。一隻飯碗無聲響，兩隻碗叮噹響。家鬼相抄，好事不出門，惡事傳千里。銅鑼敲破七面，名姓揚到福建。鄰舍隔壁鼻頭官笑人，對著楊柳罵冬青，打馬畀驢聽。

爬灰老，肉裏勿痛骨裏痛。冷粥冷飯好吃，冷言冷語難聽。倚老賣老，坑棺材板。太婆都是女孫做。人老心不老。年紀八十八，莫笑人家腳疰眼瞎。嘴吧皮癢，呰屎掃帚不去掃掃。各人自掃門前雪，莫管他人瓦上霜。

爬灰老，屎屁股坐煞，天河水洗勿清。

堇諺：上梁不正下梁差，家不和被人欺。

勢利鬼

勢利鬼在生做人，怕人富貴笑人窮。包龍圖坐烏臺，罰落餓鬼地獄，餓得青涎滴，白涎流。勢利鬼擄頭到，人跟氣狗跟屁，陰陽一理。大王好見，小鬼難當。只要銅錢多，牌頭又過河。耳朵得食喫，有人拜我葛仙翁，生銀子一千兩。

勢利鬼挖門路，鬼打棚；遞手本，鬼畫符。戴炭簍帽撩水沙，鬼頭鬼腦吊死鬼。打呵鼾，割舌頭，鴉片鬼骨頭像糟鯧魚。大頭鬼頭大，鉋刨刨好三包糕。小頭鬼頭小，淖泥粘粘好兩包烟。成羣結黨無縫，鴨子會攢。關節不到，只有閻羅包。老人憑法鬼憑理。

勢利鬼無理取鬧，送下陳，塞老鼠洞。靈峰關牒處處通，開路先鋒講鬼話。跟著老虎有肉吃，跟著黄狗屎都無没吃。寧可與相識背包裹，不可與炙頭夾局。剥衣亭凍死鬼，奈河橋浸死鬼。

勢利鬼頭勿朝其撒尿，摇摇擺擺，尾巴插黄旂。

堇諺：只見和尚吃饅頭，不見和尚受戒。勢利鬼大人家黄狗，噴頭架子。啞子吃黄連，苦自得知。

橋頭三叔公

橋頭三叔公，皇賞老頭。長天大日，鷄猛橫橫響，肚皮乘風涼。橋頭橋尾黏屁股。太婆口閒，睏多夢多坐多講多。撮來封皮當印子，城裏朝報鄉下先到。撩天八隻腳，千年文書好合藥。坍東京，漲崇明，老生常談。出卵講布賤，銅錢無半邊。許起做目蓮，半天松花無花布。七嘴八舌扯相書，數布襤裯，地方上疑難雜症。若要好，問三老。事幹弄大，燈心斷磨。

橋頭三叔公，麻骨當哀杖，田鷄塞桌腳。鄉下獅子鄉下跳，四親八眷背順風旗，冬瓜當猪槽。兩爹撑船，各管一頭。娘囝有背後面前。

橋頭三叔公，解怨釋結，百病消散。在城三分貴，碎器碗純毛病。橋頭三叔公，越老越健。兒孫滿堂，猪多肉賤。日度三餐，夜度一宿，跌落仙人。

堇諺：家有主，國有王。橋頭三叔公，當方土地大好老。

馬浪蕩

馬浪蕩，教書欠通，討飯欠窮。十字街頭蕩來蕩去，打馬叉燥開心。趕風作颶，三日吃六鑊瓢。花言巧語傷藥緣，哄過天寧寺橋。討飯胡琴隔壁聽。能説不能行，黄狗游河出嘴吧。李廣大吃白食，東到吃猪頭，西到吃羊頭。畈畈有荒田，處處有怪鳥。馬浪蕩，六月浮屍，氽江浮瓢。爬起馬雀牌，睏到鴉片間。無惡不作，扳後腳，尋軋頭，占上風岸，打落馬威。狹路相逢，尿桶套頭。講大話，騙瘟人賣王。外面充有老，家裏燒缸竈。樹高千丈，葉落歸根。

馬浪蕩，言語虛花，到老不成家。浪吃浪用，家産蕩光。天怕雪後風，人怕老來窮。衣衫襤褸，瞞不得當方土地。打舖蓋，轉上海。好做酒，壞做醋，馬路上傭度日。洋人無道，馬鞭子通屁眼，尋辣軋。

馬浪蕩，穿扃牛，落淳老鼠强勿起，啞吃鵓鴣自得知。

堇諺：手藝終身勿落魄。三百六十行，行行出狀元。馬浪蕩廢事失業，傾家蕩産。一時無主意，懊到頭鷄啼。船到江心補漏遲。

地棍

地棍横行霸道，打落地頭，綽號毛杉樹。十惡不赦，瘋黄狗亂咬，萬人唾罵。好眼相看，吃了無恩可報，拔出紅毛小刀。勿睬勿睬，猪狗相待。怨氣成毒，尋版頭門，搭石頭。地方上人頭社會，蛇無頭而不行。做大阿哥，脩五臟殿，造肚家橋，開場聚賭，捼了頭盆自擲。地方上風驚草動，喝令主唆，單等火著發大財。搭過橋案，伯嚭過錢塘江。賣靠壁柴，趙五娘頭髮定要賣撥張太公。鄉下人上城裏，人地生疎。鄉下一根龍，走到城裏一根蟲。

地棍殺土羊，上壓落，下敲拳，打死老虎。就地鄉紳，山陰勿管，會稽勿收，管自頭頂無雨落。地保惡龍難鬥，地頭蛇眼開眼閉。

地棍，天高皇帝遠，横衝直撞搗，除了皇帝是我大。老成人對牛彈琴，一口氣呵了壁。

地棍，火燒烏龜肉裏痛，屎缸石子講硬話。除死無大事，討飯永不窮。地方上遭荼毒，送官究辦。死狗皮經不得熱湯。三日不做食，自話出來。

人精

人精濫好人，殭屍精轉世。佛介人，賊介心。十八歲當族長，輪著須當，初出猫兒惡如虎。廟會當過，金牌背過，走過三關六碼頭，屎掃帚成精。鼓樓下麻雀，膽子嚇大。牆頭艸，隨風倒，見人講人話，見鬼講鬼話。活龍活現靠壁打。藏頭露尾，七死八活，羊癲病學三分。牛背身上拔根毛，紅面赤筋。人頭换狗頭，狐狸精現真身。鄉黨上公事公做。

人精沈香毯袍子，勿撣灰塵。七阿三推七阿四，地頭惡棍，吃人腦髓，殺人勿怕血腥臭。人精好來好去，外焦裏勿熟。怪人在肚裏，相見有何妨。種田人靠天，生意人靠騙。人精老奸皮滑，踏著尾巴頭會動。米篩下神仙。騙要騙别，不可騙黄古林賣蓆。人情世故，火螢頭吃過一百零八。攀高親，結高鄰，自唸頭伴。九富夾一貧，要貧也勿貧。九貧夾一富，要富也勿富。獨養子腳娘肚乭出，能説能講。有種出種，無種勿出莧菜種。有子萬事足，無病一身輕。

堇諺：九慣輸十慣，十慣輸行販。人精無搭頭老狐狸。

賊禿

賊禿，頭像晒花鎊，討飯摸倒埭。腳像車水板，走路輸行販。賊星照命，白日撞，夜摸索。賊來無空手，不是掃帚就是畚斗。賊有賊計，挌著辮子會滑去。挖壁挣洞。只有千日做賊，無没千日防賊。强中自有强中手。怕你賊調皮，馬快喫漳泥。

賊禿，光光卵，卵卵光，頭髮薙落做和尚。半路出家，凡心勿脱，色膽如天。活觀音，女菩薩，唸佛不帶數珠，和尚卵子撮了喫。

賊禿骨頭輕鬆起，送來之物樂得受。會擂有被，會講有理。依著官法要打煞，依著佛法要餓煞。古話：散花十供養，和尚背送娘。尼姑生兒子，衆神扶助。佛子佛孫，何樂而不爲。

賊禿賭錢吃酒養婆娘，一手捏香一手捏鎗。怨聲載道，咬其三口不見骨。合口齊同，打死和尚無没薙頭抵命。

賊秃平時不燒香，急來抱佛脚。三十六著，走爲上著。走了和尚不走寺。挑高脚擔遊方僧，敲大木魚，背了韋陀抄化，亂唸三官經。

堇諺：心好求太平，何用咬菜根。和尚做牛，不即早晚。

懶賊

懶賊，掃地掃一地中央，澆面澆一鼻頭粱。隨天汆，快活如神仙，屁股生臀藕。喫爹飯，著娘衣，瓦爿搛搛正好嬉。討飯命，宰相品。張八太爺大欵人，不像樣也要看張家禄樣。大頭等不來，小頭眼不開。三早抵一工，大水汆來也要起早撩〔一〕。

懶賊，蓋鏁餸被，貪眠懶惰。日頭晒肚皮，頭睏扁。喫飯峻山搗土，做生活聲聲叫苦。看起拔眉毛。夜做夜，豆腐慢慢賣。一個和尚挑水喫，兩個和尚抬水吃，三個和尚水且無没吃。懶賊推前落後，好樣不看看壞樣。田要冬耕，兒子要親生。

懶賊，六月種田倒縮，大熟時年隔壁荒。差一步，差一櫓。先下手爲强。

懶賊生脱症病，歪了三十六步到。上轎穿耳朵眼，臨陣看兵書。家主婆，潑辣貨。孤墳配絶向，你蹺我突。駝背落棺材，一頭放落一頭蹺起。叫化子看小討飯不得，老成人言中帶刺。

〔一〕大：原作「太」。

懶賊，一隻耳朵進，一隻耳朵出。酒逢知己千杯少，話不投機半句多。坐吃山空。討飯無路，北斗歸南。三隻手做無本錢生意，笨賊偷搗臼。暴吃饅頭三口生，習慣成自然。

堇諺：一分精神一分財。富貴多淫慾，飢寒生盜心。懶賊狗筋懶斷，賊相生成。

市儈

市儈，銅錢眼裏打秋千，七騙八拐九錬成鋼。紅眼綠頭髮，只認銅錢不認人。新發財主老殷户，義氣相投，同船合一命。大家馬兒大家騎，河水滿井水滿。

市儈，落了青龍船，護了青龍船。先進山門爲大。取薪俸，分花紅，酒憑東發。做日和尚撞日鐘，曲不離口拳不離手。喫一行，習一行，説龍話虎。拳頭打出外，手背挽進裏。賣野人頭，騙到三關。本輕利重盒子錢，轉灣賣鴨蛋生意。佛面刨金，貨到地頭濫。九斗石一做，當掗得掗。羊肉當狗肉賣，當詐得詐。賣老虎屎，獅子大開口。扯長補短，河裏撒尿卵裏算。天封塔，十八格，和尚老婆要跌煞。

市儈吃大買小，天封塔腦尖擤鼻頭。一失足成千古恨，再回頭已百年身。火螢頭照屁股，自家照不過。賊手賊腳，裁縫不落布，裁縫老婆出屁股。東家真贓現獲，罵了狗血噴頭。

市儈包袱當牀頭，雨傘戳了門背後。飯碗頭倒翻，嘉興府署事。

堇諺：快眼打著鈍節頭。市儈京裏拐子，看煞穿。

童子老

童子老命薄，命薄燒湯滯鑊。窮徹骨，世務不識。瞎子發鏖糟眼，傷夾疽。大街小弄，十七八歲大姑娘只有賠錢貨，無没一直過。只有醜男戳笆門，無没醜女戳笆門。人貧世富，一代不如一代。老酒髭奇貨可居，草囤漲價。石將軍賣豆腐督督拷。

童子老無打算，明媒正娶，翻十八隻紅腳桶。回頭人望天討價，著地還錢。養生頭賤雖賤，無錢勿見面。過時貨老大姑娘高頭勿來，低頭勿去。許畀小畜生，寧可許畀老伯伯。

童子老推來無分，扳來無分。逢著廣好日，心頭急一急。看看四月半，心頭寬一寬。鄰舍隔壁大卵袋成親，百貨尊百客，嶄貨要氣煞。小人家十勿全搶親，鑾法三千惡取笑。

童子老，人家撒尿喉嚨癢，東話西勿就。吊紗燈無腳量，露水夫妻懸水打槳。

童子老，三餐茶飯獨腳戲，自做官自喝道。講漲話：掃帚星了三家活，挈頭屁股一光搭，換一新主客。無繩無草擦，自適自意，口硬骨頭酥。

童子老，老光棍。僧不僧，俗不俗，棺材板響修下世。做和尚光頭擄擄，山門坐坐，活神仙。

堇諺：妻財子禄前生定，童子老和尚命。

竈跟無賴

竈跟無賴，肚子横生。無爹娘教訓，關門大天，像涼帽兜篷。傷風咳嗽，痱子當背癰醫。

老鼠尾巴生大毒，肚皮痛埋怨竈君。講無亮頭話，哥哥十五我十六，媽生外婆我煮粥。倒轟做人，胡言亂道唸灶經。灶底石發不出，四親八眷調竈王，一年一埭。

竈跟無賴，行門前霸勢。舀一碗平分，剋蝨要一利市。

竈跟無賴，打破頭星。黃鼠狼放救命屁，破畚斗莫開口。

竈跟無賴，勿清勿頭瞎祭竈。兄弟相打硬如鉄，狗咬自家羊。一個好勿造孽，兩硬難爲中央人。喫飯無過口不得，造孽無拆勸不得。和事人解冤結，打圓場，黃泥打牆兩面光省。

竈跟無賴，人大膽大，游出大河港。吃眼前虧，擂地十八滚。屎老怕肥老，臭蟲怕疥老。棋高一著，服手服腳。威風跌倒，步門不出，竈跟腳下目蓮。廚工打鐵，手撩豆腐。各人所愛，蘿蔔炒菜。頭頭了一腳，爛料泥水，涕拖阿姆。烏嘴烏臉，竈君大王。灰倒灰落，竈鑊洞猫。

堇諺：好眼一隻，好兒一個。撑門拄户，烟酒不吃好小人。竈跟無賴無法無天，三代祖宗跌落屎缸底。

田戇

田戇種田財主，廿畝棉花廿畝稻，晴也好落也好。田活猻，牛上軛，一犂耕到頭。店官不離柜頭，種田人不離田頭。地不落空，拔起蘿蔔就種葱。對門兩户癲頭，種田逢著閏年。晴天多雨意。裝起車頭唸佛，强如久賴靠天。田過雲雨，眼睛等了望吊。貪賤買老牛，一年倒兩頭。

田戇行狗頭運，日晴夜雨好年成。買茄請菩薩，供養冷，自好哽。三個麻餅望外婆，總是外孫食。騎牛逢著親家公，送客不遠倒摸轉。臭攀談，兩親家公上毛坑。大袖親家姆。人客來柴又溼，奶歡叫尿又急。偷工拔夫，凳倒績筐翻。頭頭勿清，帳帳勿了，忙得屎進屁出。

田戇三代見面，八十婆婆不知柴米價。冬瓜十八算。小人三斗三升火，草腳跟頭不可坐。三年長工，大如太公。

田戇鞋裏勿緊襪裏緊，喝五道六無藥大礮。心直口快，招人致怪。先吃跌後作忌。小心過分，鴨蛋使笋。寧波熟，一住粥。

田戇在家納福。十月中，梳頭吃飯當一工。雪落白洋洋，芋艿爊鷄娘。腳滿手滿，鄉下殷户。

堇諺：春天賣買實難做，一頭行李一頭貨。田戇嘉興府署事。腳歪歪，飯冷冷，銅錢還有好放生。

窮讀書

窮讀書，兩腳書廚。一法通百法通。秀才不出門，能知天下事。踱方步，腳踏實地，循規蹈矩。爲人不做虧心事，半夜敲門不吃驚。一筆流落腳，褲都無没著。心高氣硬，三日無飯吃，突肚過江橋。富家一席酒，貧人半年糧。

窮讀書，八月揾醬。布衣暖，菜飯飽。煮終是煮粥省，七粒米八擔水。不喫要肚飢，喫之壞肚皮。大户人家，冬穿綾羅夏穿紗。窮讀書，辦得夏衣成，水生冰；辦得冬衣成，楊柳青。富貴深山有遠親。百鳥朝凰，香狸猫卵袋。

窮讀書，闖門勝如壁，六親無靠。頂香是銅，頂臭是窮。萬事皆有命，半點不由人。顯姓揚名，文到尚書武到督。天上有星，地下有名。三分人事七分天。

窮讀書，除卻眼睛無神氣，除卻鈕子無銅氣。捏根掌住，讀書用當心，一字值千金。要飯喫，下米升。若要狗肉爛，加柴炭。心堅石穿，不論工夫不論錢。福至心靈，一個霹靂天下響。受到苦中苦，方爲人上人。

堇諺：富貴不怕出身低。破花絮包珍珠，茅草屋出嬌娘。窮人志氣高，勿好也會好。

瘟官

瘟官黑良心，只許官兵放火，不許百姓點燈。衙門八字開，無錢莫進來。三班六房，衙門雖小，法度一例。蝦當眼，指甲離不得肉。得人錢財，與人消災。是非只爲多開口，禍亂都因硬出頭。争風傲氣，不到黄河心不死。寧可疊衙門，不肯塞狗洞。請訟師，挽紳士。老大多倒船没，鴨多不生卵。捉著黄蜂叮手。大人家飯鑊，有得好鏟。串頭繩倒挈，財勢壓煞人。有錢錢身當，無錢肉身當。礱糠打不出油，染坊無白布拿出。賭場輸極漢，田鼉咬煞獨株茄。冤枉鬼叫。

瘟官朝南坐，擺豆腐架子。天大官司，磨大銀子。魂靈反背，鵓鴣偷飯喫，作逐魂晦氣。覓賊不著被賊笑，賊在面前打虎跳。丁相公畫一字。瘟官心不對口。瘟病棺材，見錢眼開。良心喪盡，地皮刮穿。新官上任，老官請出。同師父下山，去一和尚來一頭陀。

堇諺：强盗船點天燈，公門裏面好修行。瘟官良心撒了屎缸底。舉頭三尺有神明，一代做官九代貧。但看屋上檐頭水，點滴不差移。

惡霸

惡霸，江東無賴，帽子歪戴。天不怕地不怕，除了皇帝是我大。吃飯要過口，做事要對手。强癩頭，惡麻皮，蒼蠅跟炭朴。有福同享，有禍同當。牀頭鬼攛人犯禍，老鼠戲猫屄。鬼鬼祟祟，背後軍師。

惡霸，燒酒合老酒，吃了打娘舅。值錢外甥，不如值錢樹挣。冤家逢著對頭。小耜頭鈎牆脚，飯店門口煮粥。軋七軋八，板頭門尋不進苦。一粒老鼠屎滴落羹，無賴黨吃香灰酒。打響排，一枝動百枝摇，和盤十五鎊。神氣直矗，笑人家蝦無血。自嗽饅頭白，咬開純是麥。萬里江山一點墨。一言既出，駟馬難追。上等之人講了算數，下等之人寫了不算數。

惡霸七汆八滾，下流東西。三勿惹：小人勿惹，黃狗勿惹，和尚勿惹。

惡霸恩將仇報，孝順新婦被天打。茄子咬勿落咬瓠子。好人相近，惡人遠離。僧來看佛面。

惡霸欺貧暴富，只見衣衫不見人。聰明一世，懵懂一時。自擤出鼻頭紅。人心雖毒未爲毒，官法似爐纔是爐。惡貫滿盈，自投羅網。是非難逃公論。强盜打官司，坐輸。勿怕官，只怕管。螞蝗見滷乳，畫眉落鳥籠，有力無處用。曉得死，爬起坐。木已成舟，怨三拖四。事後詳籤鹿過岡。

堇諺：有力不可盡撑，有勢不可盡行。人情留一線，日後好相見。惡霸天外人，不服王化。醬裏蟲，醬裏死。使心用心，害了自身。菩薩有眼睛。

抬頭五郎

抬頭五郎，黑漆皮燈籠，自尊自大。八角樓當帽子戴，三法卿當翠過翹，人頭不識。小狗六叔公，猪油炒胴肛。板凳陸阿二，豆腐磨勿及。成羣結黨，一盆子置血。先來新婦晚來婆，好浮瓢也勿氽過江橋。

抬頭五郎，心花暴熱，小椅子當大座。新造毛坑三日香，有了晚娘有晚爹。張邁打爹，大小末亂跳。種田人三冬靠一春，讀書人斡考求功名，三更燈火五更鷄。

抬頭五郎，越嬉越懶，越吃越饞。臨時掘井，生蠶做硬繭，搭了牛頭飲水。著力不討好，阿王春年糕。惛頭落蠢，藏了懷裏，落了鞋裏。將本求利，被下純是腳。三三四四殺隻牛，不如獨自打只狗。錢店官燥貼，一個銅錢打開頭。只可口交，不可錢交。澆情薄義，一卵辱煞親家公。

抬頭五郎窮大氣。魘門一開，魘風吹進來。東山老虎要拖人，西山老虎要拖人。一拳一腳，由馬不由人。饅頭吃到豆沙邊，魂靈搭進。棺材板響，十節尾巴九節黄。

堇諺：富貴出手足，聰明出眼目。抬頭五郎，泥塑木雕。

全福叔公

全福叔公，蒲團頂擄來。爹做官兒享福，前人田地後人收。行蠱糟頭運，一路順風。後堂奶奶財主婆，屁股大，坐家命好帮夫運，八字生成。兒子像阿娘，銀子好打牆。成家立業，十人九嫩，三代不出舅家門。末肚囝一白抵三俏。盤子堅决，出門加一。小腳一雙，眼淚一缸。粥家囝許到飯家去，女生外向，輕著骨頭自上轎。小人家男是冤家女是債，兒女撞腰，跪了討饒。

全福叔公，有水田好車，大排使埸。有千有萬，無没升合難求。踏破鐵鞋無覓處，得來全不費工夫。

全福叔公大財量，錢在手頭，食在口頭。前廳後堂，冬暖夏涼。窮做親，富做生。人少好吃食，人多好用力。

全福叔公年高有德，七子八壻，人丁興旺，一呼百諾。百花臺大姐姐，好筍出笆外。單等太婆生日，帶子入朝，烏鼻頭官望外婆。拜生錢，有心不用灶頭立，無心腳骨要立直。爲人在世，吃酒三年也無錢，戒酒三年也無錢。

全福叔公忖明白：銅錢銀子，當用則用。在生不作樂，死去硬殼殼。量大福大，出錢有功德，有錢布施勿落空。明中去，暗中來。一人養一人，草鞋踏斷繩；一人養千人，轎馬不離身。

全福叔公比上不足，比下有餘。

堇諺：財與命相連。全福叔公勿愁吃勿愁用，自得自樂，在京和尚出京官。

卷三　格言

安命

命裏有時終是有，命裏無時莫强求。有意栽花花不發，無心插柳柳成蔭。人不知命薄，老虎不知壁薄。未歸三尺土，難保百年身；已歸三尺土，難保百年墳。甘羅十二爲丞相，英雄出少年；太公八十遇文王，獅子尾巴後頭勇。看十八歲妝，不如看八十歲喪。早上不知晚頭事。穿破綾羅是我衣，死過老婆是我妻。出腳趕鹿，穿靴喫肉。丁工丁，命生成。心高氣硬。該勿餓殺有頭來，瓦茶壺氣直，無設法弄出活菩薩。天不生無禄之人，地不生無根之艸。安貧守己。皇天不負苦心人。

謹身

一不可賭力，二不可賭食。一不可打黄胖，二不可打和尚。男不可做賊，女不可討闊。説話不可責，銅錢不可擇。在家靠父母，出門靠朋友。滿眼生人，自拿章程。好兄弟，明算帳。

錢財落人手八只脚〔一〕。賒一千不如現八百。十日過九灘。眼睛挖不開，天飯等不來。坐喫山崩無道路。求人不如求己。爹有不如娘有，娘有不如自己有。賭博財主輪流做。贏八哥，輸逐魂。贏來三隻手，輸去實究究。是賭必輸。狐狸精，害人種。婊子有良心，嫖客不會睏涼亭。只可浪風打，不可壁風吹。只可同天下，不可同廚下。只可驚天動地，不可得罪玉皇大帝。窮不可富敵，男不可女敵。人不對勿賭，財不對勿賭。口喫肚商量。豐年袋肚皮，荒年自該死。若要好，大做小。定海文書下送上。禮多勿怪人。

人事

一分人家，無十年相似。若要漲，看後樣。出門一里不如屋裏。若要富，走險路。遠水救不得近火。略略一點親，强如路外人。人心都是肉做。將心比己意。上半夜忖人家不是，下半夜忖自家不是。一動不如一静。上屋搬下屋，也要一袋穀。頭醋不釅，二醋不酸。眼圈黑起。一回喫酒，兩回面紅。人生何處不相逢。人情做到底，送佛送到西天。自家事穿心過，人家事過頭過。事不關心，關心則亂。船不漏針。河水不犯井水。冬至不出年外。百客不奪師位。辦酒容易請客難，縛虎容易縱虎難，得病容易收病難。凡戲無益。賊來無空手。小人無假病。新發財主好雖好，不如敗落鄉紳一套襖。窮雖窮，還有三百斤銅。買餅甏看釉水，買草

〔一〕「八只脚」上疑缺「錢財」二字。

囤看來頭，抬老婆看阿舅。山西人放印子錢，口渴喝鹹齏滷。小猪大如牛。來是人情去是債。窮人打苦劫。人情急如債，鑊爿挈出賣。天下鑊終仰著燒。草鞋蒲鞋一隻各人穿。打死不如放生。救人一命，勝造七級浮屠。見死不救大惡人。黄狗咬痛腳。瞎子發鏖糟眼。少年魔苦走頭無路。七七敲，八八唸。瞞生人眼。見大頭鬼。好事多磨折。相打成知己。五花八門。無巧不成書。

世情

天高不算高，人心節節高。有了千錢想萬錢，做了皇帝想登仙。買了新屎餅等不得夜。新造毛坑三日香。緊緊一日，寬寬一年。上山健，落山無處尋。新親熱吸吸，老親丟過壁。結拜親，一餐冷飯斷開親。螟蛉子，拖有病；肚勿痛，肉勿親。借來酒壺賒來酒。捉著田鷄活剥皮。欲知心腹事，但聽口中言。雉鷄避頭，屁股蹺出外頭。暴冷冷煞人，暴熱熱煞人。三百斤生薑，喫著辣芽頭。人心無足處。得步進步。既要馬兒好，又要馬兒勿吃草。人心難料，鴨肫難剥。一母生九子，連娘十條心。三年興和尚，四年興道士。花花猫撒屎出。缸爿翻搗臼。有名無實。瘟病棺材，碰著勿得。熟皂隸打重板子。打蛇被送。屎撒頭頂，擄擄過日子。蠻法三千。小人弗怕鬼。筷箸籠火著，延到灶前坑。挑柴賣，買柴燒。家裏賊。燒缸竈。掏得河水渾有魚撘。傷藥丸哄過天寧寺橋。河裏無魚看撘篗。牆倒壓著壁。瓦爿薙孩頭，小人喫苦。拐腳鵝。冷灰頭。官路當人情。一人撒屎出，全家不得安。死去還魂。風勿進雨勿出。

茅草火性摜落，火螢頭都無有。文不像謄録生，武不像救火兵。成羣結黨。唱山歌。做猢猻戲。教人蠻。雌鷄報曉，趕風作颱。段塘阿姆鬧花燈。出怪露醜。傷風敗俗。鬼搭棚。三個廚工殺蚱蜢。蝦兵蟹將，人多口響。三個皮鞋匠，抵一諸葛亮。忖到未來錢，發迹在眼前。春天大亂夢，發魘喫高風。一步躉上天。一品藍紅貨，一朝雨退過。走百家。無事忙，有奶是阿娘，前言不對後語，廿八粒牙齒空軋，磕頭當禮拜，西瓜當凳坐，陽奉陰違，得人惜，明白瘟人，買馬少，配鞍多，千錢難買自中意。爹頭娘脚。少見多怪。喫夾餅。嚼麥糕。壽山廟當柱首。脚仰肚傷風氣。卵黄縮上喉。笑話奇事。帳頭孩拿劉氏。小做新婦大排場。黄狗不生耳朵皮。三勿像。未注生，先注死。裝香不活，呪駡不死。

家道

夫妻恩愛討飯，應該你拿籃我綳袋。若要夫妻同到老，梁山伯廟到一到。十人三尺口，廿人抵道溝。只可加一斗，不可加一口。揀親不如擇媒。會揀揀才郎，不會揀揀田莊。門當户對。兩相情願，好做親眷。無酒無漿，做不得道場。家無四兩油，新婦阿公要碰頭。一粒米勿見白。糕頭糕尾都是粉做。惜衣有衣穿，惜飯有飯喫。多用水漿，罰落鹽場。福人住福屋。有吃無吃，不可朝西朝北。屋寬不如心寬。有屋住千間，無屋搭一間。有錢買過，並無罪過。三分銀子買間屋田，我彈也好唱也好。透鮮蜜甜，纔過三寸爲何物。廣廈萬間，夜眠七尺。口無尊卑。無底洞。寧可買勿值，不可買喫食。遲早三餐同頭夜。偷工拔夫，寸金工夫。無大人講孝順，無小人講乾净。養兒方知娘心苦。事非經過不知難。兄弟同心打乾坤。苦如蠟梅花，並無一瓣葉來遮。獨木不成林。同心協力。紅花雖好，全賴緑葉扶助。家養店。小旦做烏龜雙門進。店養家。雲裏來霧裏去。無底屎缸。女人儇，瓦爿灘。女人敗，養鷄賣。紅顔薄命，醜陋做夫人。尿急勿怕猛西風，屎急勿怕連底凍。會做新婦勿怕惡阿婆。白手成家。有十全船車，無有十全人家。

衛生

人是鋼，飯是鐵。百病抵胃。飯後百步。夜眠不覆首。好漢只怕病來魔。無病便是福。常時不小心，生病許犯人。夜飯省一口，年紀九十九。若要小兒安，常帶三分饑與寒。老鴉拖望潮。鶥鷥搭涎。嘴吧饞癆，一世難嗷。少吃多滋味，多吃壞肚皮。傷飢塞飽肚自該死。

嫉惡

石灰袋處處打印。死人臭一㙇臭，活人臭㙇㙇臭。好狗不攔路。好馬不吃回頭草。衆生好渡人難渡。吃雷膽無大無小。風爐高如竈。澆情薄誼。學著拳頭打教師。離骨散。施陰算。無中生有。輕事重報。殺人可恕，情理難容。軟擺布。假醉佯人。調花白。打邊鼓。説著天花亂墜。哄煞人不償命。硬劈柴惡人做大。當面攙水。快刀割亂麻。强中自有强中手。六月債，還得快。陽溝潭倒船翻。烈火能燒萬重山。局中一著錯，輸卻滿盤棋。有借有還，後借不難。裝睏熟等忘記。後不爲例。口是風，筆是蹤。三面議明。擄頭不到。半夜過走出程咬金。

工商

三年徒弟，四年半莊。倒貼工錢白吃飯，生活畀你學學慣。學一行怨一行。泥作木匠指甲，離不得肉。酒瀉瀉飯拕來，單等火著發大財。石卵袋打鉄肚皮，吃硬不吃軟。左口喉嚨各口氣。一臼擦白糠，篩上米篩落。無師傳授。辮子株繞門。氣力賺飯吃。腰機不落紗，心頭如蟹爬。裁縫不落布，心頭如喝醋。百行百弊，薙頭無弊，頭皮刮鉛。一手不去，一手不來。長長船緩緩摇。寧可趁一人，不可歪根繩。大海洋洋，忘記爹娘。銅錢銀子用做家，大風大浪怕不怕。上磨肩頭，下磨腳底。起五更落半夜。賣頭勿賣尾。金字招牌硬黄貨。貨真價實。只有加堆好，無没加堆貴。真不二價。老少無欺。菩薩靠弟子，弟子靠菩薩。疑人勿用，用人勿疑。金柱换玉帶。一分錢一分貨。礙本不出手。出門不認貨。和氣生財，生意會來。寧可做蝕，不可做絶。一著虚，百著斜。圖書勿明，單子勿靈。同行嫉妒。各人自要飯碗滿。寧可借斗米，不可領埭路。

江湖　風俗

江湖套。説真方，賣假藥。天下有孔青，世間無瞽目。單方一味，氣煞名醫。福人葬福地。指東話西。白目看告示。瞎子摸黄道地，放狗屁。心病還須心藥醫。一個將軍一個令。雜藥亂投。性命當兒戲。不吃藥爲中醫。頭痛灸頭，腳痛灸腳。怕痛怕癢，做不得外科醫生。

刀瘡藥雖好，勿犯爲妙。趨吉避凶。欽天監大弄綻。揀日不如撞日。陰陽怕懵懂。頭如尿瓶底，一世吃不及。未老先白頭，老來苦如牛。脩心補相。金玉之言。拑牌取牙蟲。撮撮摸摸數，到老不喫苦。腳不離地。嘴巴皮賣銅錢。小不入廣，老不入川。杭州人殺半價。江西人釘碗，自管自。走盡天下，不如寧波江廈。蘇州頭，揚州腳，寧波女人好紮括。做客不斷杭州路。鑽天龍州，遍地徽州，還讓寧波人奔上前頭。山東蠻子，紹興師爺，福建郎，江西唱班，賺得寧波人銅錢活神仙。

卷四 天文

日月

日頭倒照，明朝落得奥妙。明月晒爛田。大暈暈風，小暈暈雨。日暈長流水，夜暈百草枯。初三見星月，初八見雨雪。初三四，蛾眉月；初七八，爬沙挖；十五六，正團圓；十八九，坐等守；二十挣挣，月上一更；廿一二，月上二更二；念三四，四更四；念五六，月上山頭煮飯喫。

風雷

單日發雙風，雙日發單風。割麥東風。夏無三日北，大水没上屋。夏至南風開天門，秋天老北風，晒煞河底老蝦公。天怕東風雨。九月念七風，懶婦整績筐。十月五風響如雷。西風綽綽起，蚱蜢直立死。雷響驚蟄前，四十九日不見天。春天響夏雷淹滯。雷雨三朝，石花倒掉。處暑響雷做重霉。雷打霉頭。

霜雪

春霜不露白，露白要出腳。濃霜猛日頭。霜下南風雪。穀雨斷霜，清明斷雪。雪中見日，叫得開雪眼。雪積不釋，叫得雪等雪。南風抄雪。冬雪主豐年，春雪主病痛。落雪不冷釋雪冷。

霧露雲霞虹霓

春霧雨，夏霧日，秋霧風，冬霧雪。月明露重。露結爲霜。天起魚鱗斑，曬穀不用翻。秋雨逢雲生。天開夜紅霞，明朝曬煞老人家。早上紅霞挨愁愁，晚上紅霞曬開頭。夏鱟斷滴流，秋鱟海無泥。東鱟日頭西鱟雨。

暴期

正月初九玉皇暴，念九龍神暴。二月初七春期暴，十九觀音暴。三月初三真武暴，初九閻王暴，十五真君暴，念三娘娘暴。四月初八太子暴，念二太保暴。五月初五屈原暴，十三關帝暴。六月十二彭祖暴，念四雷祖暴。七月初八神煞暴。八月十四伽藍暴，念一神龍暴。九月初九重陽暴，念七冷風信暴。十月初五五風信暴，念一東嶽暴。十一月十四水仙暴，念九南嶽暴。十二月念四掃塵暴。

寒暑

熱熱中伏，冷冷三九。冬冷不算冷，春冷凍煞犢。吃過端午粿，棉衣不可送。白露身不露。八月桂花蒸。十月小陽春。懶婦有句話，十月有個夏。春天客人實難做，一頭行李一頭貨。暴冷冷煞人，暴熱熱煞人。勿冷勿熱，六穀勿結。冬至前後，沙飛石走。脱衣秋熱，著衣秋冷。冬至月頭，賣被買牛；冬至月中，日風夜風；冬至月底，賣牛買被。一九二九，瀉水不流；三九四九，膠開搗臼；五九四十五，太陽開門户；六九五十四，笆頭出嫩枝；七九六十三，破衣兩頭摜；八九七十二，黄狗睏陰地；九九八十一，犂鈀一齊出。

晴雨

夜開天，晴半年。早看東頭，晚看西頭。上半個月看初三，下半個月看十四。晴天多雨意。天怕黄亮，人怕肚脹。礎潤知雨。六月做南颱，河底拖鑲鞋。七月秋霖注。八月爛。歇歇晝落一日湊。開門雨，飯後晴。鳩唤雨，鵲噪晴。清明落雨，落到繭頭白。久雨難晴，久晴難雨。點點一個浡，河水落得没。清明要晴，穀雨要雨。螞蟻上桌面，大雨在眼前。春分有水病人稀。端午有雨是豐年。九月十二晴，皮鞋老婆要嫁人；九月十二落，皮鞋老婆有肉喫。九月十二晴，陰陽還勿靈，還要十三夜到一夜星，撩田過畈到清明。五月端午晴，爛稻刮田塍。地鼠叫雨，竈鑊煤滯雨。清明連夜雨。六月初三，趙五娘晒羅裙，此日雨，接連十八日晴。早雨不過晝。七月天氣乍晴乍雨，俗云趕狗雨。乾淨冬至躐蹋年，躐蹋冬至乾淨年。上半年東南風天晴，下半年西北風天晴。立秋無雨廿日晴。

物理

頭八晴種得成，二八晴好收成。立春晴一天，農夫不用力耕田。處暑雨，偷稻鬼。三霉三伏，看見稻熟。日晴夜雨好年成。清明下秧子，夏至排穀粒。白露白迷迷，秋分稻頭齊。清明南風禾稻豐。端午有雨是豐年。秋分響雷米價貴。南風吹我背，無穀也勿貴；北風吹我面，有穀也勿賤。蠶子上山廿八日，秧子出畈百廿天。正月十四夜亮，烏鯽擺擺樣；正月十四夜暗，烏鯽没上磡。夏至魚頭散。夏至楊梅沿山紅，小暑楊梅要出蟲。二月清明挨如街，三月清明無筍買。長春無柴燒，短春無糞澆。立秋割半稻，立冬割半稻。夏至西北風，瓜茄處處空。

雜記

春分秋分晝夜平。冬至止短，夏至止長。嬉嬉夏至日，睏睏冬至夜。初八廿三潮，早晚到餘姚。端午節午時百鳥無聲，合藥最靈。端午節午時采桑葉，可以洗眼。蝦蟆皆可以合藥，故云端午癩屍避過午時前。冬至日，長一線。

（附）近人徐士琛集里諺裁句得七律十首

爲他人作嫁衣裳，莫與鄰家説短長。土佛不須泥佛勸，真花怎比野花香。窮人度日無年紀，矮子寬心多肚腸。但願爹娘修得到，好教樹下趁風涼。

漫云年老足優游，猶爲兒孫作馬牛。大狗跳牆小狗看，前車覆轍後車憂。擡頭只顧泥高壁，甓腳應防入下流。　三兩黄金四兩福，何須分外去鑽謀。

喫飯何人不靠天，願花常好月常圓。　有緣親友會千里，逼煞英雄在一錢。　儘許隔山罵知縣，漫誇過海是神仙。　知今事事多煩惱，且學陳摶一覺眠。

經營七事好當家，柴米油鹽醬醋茶。　不信富從疲裏得，要知財自暗中加。　在山靠山水靠水，種豆得豆瓜得瓜。　開出紙牕説亮話，青山驀被黑雲遮。

鄰舍做官大喜歡，一家得福萬家安。　門前有樹堪遮蔭，廚下無人莫託盤。　上欠官糧下私債，夜圖一宿日三餐。　他年遇着好機會，山色潮頭兩樣看。

勿憂世路太欹歈，靠得青山有葉燒。　念佛千聲强似呪，讓人一着不爲饒。　好騎馬去堪尋馬，未過橋來已拔橋。　看破世情多冷熱，不如快活去逍遥。

得好居鄰勝遠親，惡人最怕作居鄰。　豈因井水犯河水，只怕門神打竈神。　今日安知明日事，新年還是舊年人。　吃虧終有便宜日，莫把當前冤氣伸。

翁姑不作不癡聾，生性人人各不同。　新出猫兒惡如虎，錯教蚯蚓變成龍。　縱然酒飲千杯少，難道花無百日紅。　若得過時且過去，古來兒女困英雄。

譬如啞子喫黄連，自苦自知自可憐。　屋漏偏遭連夜雨，運衰不值半文錢。　須知絶路逢生路，且過荒年得熟年。　凡事原多不如意，巧妻常伴拙夫眠。

人心節節高於天，越是錢多越愛錢。　不爲貧窮甘作賊，那知貴極要登仙。　花開幾見有佳果，人老何曾再少年。莫使光陰長錯過，飢來吃飯飽來眠。

（附）今人張延章寧波俗話詩

四言

至公無私，實事求是。心廣體胖，色衰愛弛。推陳出新，好生惡死。屎急跳牆，店多隆市。
多財善賈，長袖善舞。赤手空拳，大刀闊斧。奇貨可居，空言無補。送往迎來，開門當户。
因人成事，見財起意。一手遮天，五體投地。後天失調，前功盡棄。造化弄人，漁翁得利。
聽天由命，按步就班。苦中作樂，忙裏偷閒。多多益善，息息相關。人言可畏，天道好還。
守株待兔，打草驚蛇。瞎眼地鼠，街頭老鴉。一鍼見血，半路出家。拖人下水，走馬看花。
同流合汙，幸災樂禍。鬼使神差，前因後果。畫餅充飢，抱薪救火。貽笑大方，非同小可。
死生有命，真實不虛。懸崖勒馬，混水摸魚。落井下石，閉門造車。熟能生巧，吃過有餘。
鰣魚吃鱗，黃魚吃脣。勿痛勿癢，能屈能伸。慢藏誨盜，息事寧人。粗茶淡飯，杯水車薪。
雪白手巾，錙亮番餅。觸景生情，捕風捉影。指桑罵槐，投河奔井。否極泰來，風平浪靜。
剜肉醫瘡，推心置腹。與虎謀皮，畫蛇添足。排難解紛，駕輕就熟。饑火中燒，債臺高築。
空心湯團，白銅元寶。褪殼先生，無圖地保。過橋拔橋，脱套換套。蜜餞砒霜，象牙肥皂。
在鄉習鄉，有飯吃飯。舉一翻三，無千帶萬。利令智昏，官逼民反。當局者迷，積重難返。
沽名釣譽，因禍得福。陽奉陰違，生吞活剥。彩鳳隨鴉，老牛舐犢。爛醉如泥，悲歌當哭。

殺一警百，吹毛求疵。雪中送炭，節外生枝。棄邪歸正，樂善好施。適可而止，不了了之。
福無雙至，名不虛傳。風吹草動，水滴石穿。忠言逆耳，色膽包天。逢場作戲，看風駛船。
言出法隨，不亢不卑。層見疊出，急起直追。物以類聚，事在人爲。水落石出，兔死狐悲。
一敗塗地，九煉成鋼。衆怒難犯，好景不常。錙銖必較，旗鼓相當。臨渴掘井，改行換糖。
化整爲零，易學難精。應有盡有，獨斷獨行。無孔不入，有志竟成。輕事重報，惡貫滿盈。
水中撈月，火上加油。一網打盡，寸草不留。削足適履，集腋成裘。乘虛而入，降格以求。
輕諾寡信，和氣生財。一言難盡，兩小無猜。輕舉妄動，紛至沓來。麻油澆屁，別出心裁。
尾大不掉，窮極無聊。單槍匹馬，一箭雙鵰。荳芽油氽，蘿蔔火燒。神經過敏，心血來潮。
層出不窮，一觸即發。含血噴人，借花獻佛。枉費心機，暴殄天物。首當其衝，間不容髮。
公而忘私，朝不保夕。外彊中乾，面紅耳赤。一鳴驚人，萬戲無益。求過於供，會逢其適。
鴨軋鵝隊，狐假虎威。病從口入，事與願違。隨機應變，借題發揮。溼喫燥折，早出晚歸。
飲水思源，箝口結舌。人去樓空，花殘月缺。有始無終，弄巧成拙。樹上開花，刀頭舐血。
隱惡揚善，開誠布公。小心翼翼，妙手空空。得不償失，勞而無功。驚天動地，返老還童。
不飲自醉，不打自招。沿門托鉢，分道揚鑣。神魂顛倒，風雨飄搖。百筋觔攏，一筆勾銷。
投鼠忌器，亡羊補牢。人窮志短，水漲船高。後生可畏，能者多勞。茴香倭豆，椒鹽胡桃。
擡牛頭槓，戴羊角笄。貪小失大，移東補西。一長二短，七高八低。鑽倉老鼠，趕騷雄鷄。

走投無路，體貼入微。刮目相看，不翼而飛。名正言順，口是心非。養兒防老，積穀防饑。年盡歲逼，日暮途窮。難能可貴，不約而同。一團和氣，兩袖清風。囫圇吞棗，左右開弓。窮撩汙缸，富撩神堂。望天討價，坐地分贓。隨心所欲，如願以償。一勞永逸，兩敗俱傷。汙缸石子，火腿草繩。砒霜胡蝶，飯鑊蒼蠅。喫香灰酒，塞眼藥瓶。功成身退，福至心靈。飯鑊黏塊，順手牽羊。棋逢敵手，錢落賭場。擺七巧版，點兩頭香。根深蒂固，年富力彊。操奇計贏，精益求精。强詞奪理，衆志成城。天從人願，水到渠成。心無二用，禍不單行。江山好改，本性難移。虛左以待，背道而馳。克勤克儉，不即不離。神通廣大，未卜先知。換糖竹管，戲法銅鑼。歸心如箭，信口開河。頭輕腳重，夜長夢多。串客小旦，老娘外婆。有條有理，無法無天。水窮山盡，事過境遷。寬猛並濟，名利雙全。瓜熟蒂落，藕斷絲連。不可爲訓，別有會心。藍白麻線，長短骨鍼。殺鷄取蛋，對牛彈琴。七手八腳，一刻千金。不遺餘力，煞費苦心。鷄皮鶴髮，人面獸心。静以待動，力不從心。筆墨硯瓦，天地良心。

五言

彭祖八百年，陳摶一覺眠。聾伻像説話，啞子吃黄連。處處有惡霸，行行出狀元。窮家弗窮路，腳踏兩頭船。除死無大事，討飯永勿窮。鄉下大阿嫂，橋頭三叔公。小孩無假病，懶婦整績箜。財去心安樂，畫眉落鳥籠。

一朝權在手，便把令來行。好狗勿攔路，好鐵勿打釘。有子萬事足，無債一身輕。處處鄉風別，棺材宕響鈴。少吃多滋味，何用齩菜根。上轎穿耳朵，拼死吃河豚。和尚拜丈姆，祖母愛長孫。老虎舐螞蟻，無法囫圇吞。鼓樓噪麻雀，汙缸叫百哥。河滿井亦滿，面和心不和。衖堂背進簟，牌樓搬過河。笑話年年有，今年分外多。和尚背送娘，墮貧幫貨郎。伴君如伴虎，擒賊必擒王。蒼蠅撼石柱，老鼠管穀倉。貪多嚼勿碎，漸漸入祠堂。人才難貌相，海水難斗量。拆穿西洋鏡，敲開破皮箱。無錢難走路，有奶好做娘。樹倒活猻散，男兒當自彊。久病無孝子，嚴師出高徒。天高皇帝遠，口硬骨頭酥。泥佛勸土佛，大魚吃小魚。有錢難買命，無巧不成書。內行勿可丟，外行勿可收。蚊蟲釘屋柱，臘鴨揾醬油。交秋割半稻，貪賤買老牛。天落雨留客，天留人不留。鄰舍碗對碗，親眷盤對盤。人小主意大，子孝父心寬。空紗袋救火，歪嘴巴喫饅。坑頭撮一魄，討飯做春官。

結過打簣表，坐過軟槓轎。筍在頭顛出，花從褲帶挑。馬蝗見滷滯，猢猻喫胡椒。留得青山在，何愁没柴燒。

百病從口入，勿藥爲中醫。父母愛少子，富貴養嬌兒。氣力使戥子，嘴巴貼封皮。寧爲太平犬，尾巴擡黄旗。

額角燈籠照，散頭扁擔尋。僧來看佛面，日久見人心。人缺好喫食，海深難撈鍼。做事要對手，獨木不成林。

釣紅大舌頭，空手打拳頭。大腳裝小腳，人頭换狗頭。年年增老境，點點在心頭。吃飯要過口，擡閣來後頭。

冷幽冰食花，火熱豇豆沙。雉鷄出屁股，蜻蜓齩尾巴。鼻頭鉛粉搨，腳底麻油搽。翻落馬漕裏，野猫管翠瓜。

八兩笑半斤，獨糸糸音蔑釣千鈞。十月還有夏，一年在於春。天無絶人路，狗不厭家貧。人熟禮不熟，禮多勿怪人。

兒子要親生，大田要自耕。人空養指甲，汙急造毛坑。好筍出笆外，冬瓜牽豆棚。急來抱佛腳，番餅夾頭坑。

六言

生米煮成熟飯，猛火不怕溼柴。是非難逃衆口，心好强如吃齋。

采桑不摘閒花，做女不斷孃家。　頭髮絲弔元寶，腳仰肚彈琵琶。
太歲頭上動土，黃連樹下彈琴。　吃肉要揀大塊，怕火不是真金。
做天難做四月，打蛇要打七寸。　真理終只一條，是非難逃公論。
謹慎到處可走，鹵莽寸步難行。　君子不念舊惡，王道本乎人情。

七言

頂好銅錢頂臭窮，少年休笑白頭翁。　一錢逼殺英雄漢，三代不脱舅家風。　打狗須看主人面，騎牛碰著親家公。　偷鷄勿著蝕把米，手捏黃金變白銅。
拾著鷄毛當令箭，弄成駝背落棺材。　事隨眼下挨過去，錢自牙縫濾落來。　百作手藝整家伙，七把椅子上高臺。　行船騎馬三分險，樹葉怕把頭掗開。
哄人上樹拔扶梯，色不迷人人自迷。　風水全靠用心好，英雄那怕出身低。　傳來言語休輕聽，過去事情莫再提。　船自幫船水幫水，滿朝文武半江西。
三山六水一分田，鬎鬎種田遇閏年。　捕快屋裏會出賊，宰相肚皮好撐船。　大人勿計小人過，來官還是去官賢。　手捏鼻頭喝米醋，三分人事七分天。
木匠走進三日燒，泥水走進三日挑。　男是冤家女是債，人走時運馬走膔。　三分人靠七分扮，一子動防百子搖。　面孔大於曬花鎊，手捏卵子過江橋。
順水推船不費力，倒風點火自燒身。　搭凳勿坐討凳坐，吃奶不親摸奶親。　强盜碰著兜路賊，瘟官挑拔臭鄉紳。衙門裏面不修行，一代做官九代貧。好漢只怕病來磨，河裏無魚看搭籮。又怕烏龜又怕鼈，一擊音几花鼓一擊鑼。英雄末路志氣短，潑婦罵街眼淚多。有意栽花花不活，手扳楊柳喊投河。老虎頭上拍蒼蠅，圖書不明單不靈。孤孀老嬸走夜路，魯班師父造涼亭。三分顔料開染店，八幅羅裙拖響鈴。不共旁人説長短，隔牆只怕有人聽。六月走路趁風涼，新造毛坑三日香。今日不知明日事，寅年先吃卯年糧。廿年興僧廿年道，一手捏香一手槍。各人自掃門前雪，吩咐梅花自主張。打蛇不死反成仇，兒子遠行母擔憂。諱老怕逢人叙齒，敗家好似水推舟。天封塔頂擤鼻涕，康熙銅錢打醬油。酒不醉人人自醉，無人肯向死前休。有錢不買扢禿産，辣手須防人不堪。福氣常歸二百五，神通誰及七錢三。死人肚皮自曉得，汙缸邊緣臭攀談。小小事體大大數，圓圓石子圓圓窨。嚴嵩勢道終會過，阿彌陀佛勿落空。皇帝不羯羯太監，相公勿做做書僮。人無笑臉休開店，身在公門好積功。既以脂膏供爾禄，莫施巧計害貧窮。一朵鮮花插牛汙，十全本事背蛇籮。燕子做窠空勞碌，駝背扯縴一直過。釘殺稱花生殺命，先來新婦晚來婆。是非只爲多開口，話不投機半句多。聰明面孔笨肚皮，心病還須心藥醫。張公喝酒李公醉，前堂喫飯後堂嬉。描金箱子銅鉸鏈，出氣鑊蓋漏筲箕。敬重大人敬重福，簷前滴水不差移。

湯團好喫磨難挨，二月清明筍滿街。少不輕狂老不板，人須磨練鏡須揩。老鼠勿囥過夜食，餓僧偏遇撞日齋。三兩黃金四兩福，吃回苦頭學回乖。

帝王亦有草鞋親，宰相尚須拜四鄰。廿畝棉花廿畝稻，一朝天子一朝臣。讀書小孩放夜課，飯店臭蟲釘客人。看人挑擔不吃力，飛蛾撲火自焚身。

鴨肉骨頭水拖糕，老鷹飛過拔蓬毛。蠻妻拗子刁佃户，滷滯麻繩小翦刀。左手得來右手去，此山望見那山高。一回相見二回熟，十個麻皮九個騷。

惡龍難鬭地頭蛇，好女不吃兩家茶。新缸那有舊缸好，上樑不正下樑斜。抬頭黃鱔隨天氽，開眼烏龜貼地爬。羊肉當作狗肉賣，嘴巴講得出蓮花。

人心難測水難量，萬寶全書缺一張。先落渡船晚上岸，重整旗鼓再開場。有錢難買六月雪，作惡空燒萬炷香。男大須婚女大嫁，念歲女子不由娘。

過頭三尺有神明，諸惡莫作衆善行。面孔來長銅錢短，江山爲重美人輕。死棋肚裏有仙著，强將手下無弱兵。欠債還錢人償命，賴債不如賴人情。

一口齩殺皇甫吟，半路麺出程咬金。本作齩金，改名知節。一個銅錢六個字，千日琵琶百日琴。修子修孫在修德，知人知面不知心。少年能得幾時少，一寸光陰一寸金。

事來福湊魚網兜，莫爲兒孫作馬牛。指頭伸出有長短，靈前供養是虛浮。一哭二餓三尋死，七張八作九回頭。青鱧馬鮫花練槌，不怕没處下金鈎。

晾竿挑水後頭長，晴帶雨傘飽帶糧。三寸棉紗放鷂子，十月芋艿爊鷄娘。高高山頂看火著，猛猛日頭曬稻場。新發財主討飯相，秀才人情紙一張。

背之扁擔作經營，全靠蠅頭糴兩升。同胞心場硬似鐵，屍骸面孔冷於冰。吃了砒霜藥老虎，留些尾巴撣蒼蠅。小洞勿會出大蟹，勿相信剩串頭繩。

船爛好拆兩擔釘，出身本是金壺瓶。小孩口裏討實話，夫子門前讀孝經。江湖銅錢江湖用，當方土地當方靈。對之和尚罵賊秃，打馬無非畀驢聽。

虎落平陽被犬欺，靴筒無襪有誰知。千年田地八百主，萬里江山一局棋。手底心中翻觔斗，肚皮裏向打官司。樹高終有歸根日，船到江心補漏遲。

將軍難免陣頭亡，大熟之年隔壁荒。敗子回頭金不换，窮人發跡鐵生光。矮人看戲何曾見，和尚拜堂全外行。定海文書下送上，大王好見鬼難當。

有錢難買子孫賢，人老珠黄不值錢。菩薩面前講實話，銅錢眼裏打鞦韆。百年世事三更夢，廿畝大田一隻船。人有千算天一算，各人頭上一方天。

三年藥店半郎中，一法通時萬法通。屋倒更遭連夜雨，尿急那怕猛西風。千年文書好合藥，三月黄魚要出蟲。天落饅頭狗運道，面團團作富家翁。

水潭會看玻璃窗，拿賊拿贓姦捉雙。好馬不喫回頭草，老鼠翻落白米缸。黄鼠狼撒救命屁，烏鯉魚扮呆河樁。自發石頭壓腳面，小船摇出大河江。

桑葉雖粗解作絲，受風多是出頭枝。東家那曉西家苦，前事每爲後事師。無藥可醫不死病，有錢難買少年時。日圖三餐夜一宿，萬里江山隨便其。

善人口角春風暖，晚娘拳頭夏日兇。有箇豆子頂箇殼，做日和尚撞日鐘。欺誑得錢君莫羡，奸刁之人天不容。生意不成人意在，人生何處不相逢。

牡丹雖好靠葉扶，一將功成萬骨枯。橋頭老三傳朝報，鬍嘴阿伯喫糟餬。逢人且説三分話，落子須防一著輸。非關因果方爲善，要好兒孫必讀書。

春分有雨病人稀，大難到來各自飛。清官難斷家務事，好女勿穿嫁時衣。天要落雨娘要嫁，人怕出名豬怕肥。勿到黄河心勿死，老來方覺少時非。

地頭無鬼不成災，瞎子見錢眼會開。一分價錢一分貨，半作癡聾半作呆。廿歲生子同到老，千里做官只爲財。無事勿登三寶殿，該勿餓殺有頭來。

怕人發達笑人貧，富在深山有遠親。高枕無憂睡到卯，一日之計在於寅。横切蘿蔔豎切菜，只認衣衫不認人。三十日夜出月亮，百年難遇歲朝春。

話到舌邊留半句，箭安弦上讓三分。三寸胡嚨一口氣，少年公子老封君。撮來封皮當印子，頂之搗臼做戲文。養兒不曉娘身苦，寒食清明上啥墳。

十月芙蓉賽牡丹，好花須及少年看。汙缸底下掏梅核，飯店門口擺粥攤。河水不犯井水界，上臺還是下臺難。六門貼招有失眼，女子聰明瓦爿灘。

春二三月小打扮，礱糠搓繩起頭難。行得春風有夏雨，見過平地識高山。一番事體兩番做，十起官司九起姦。瞎子會看錢糧票，英雄難過美人關。

月裏嫦娥愛少年，巧妻常伴拙夫眠。天坍自有長人頂，年老方知妒婦賢。此去全憑三寸舌，再來不值半文錢。三個皮匠抵諸葛，謀事在人成在天。

弟兄和好打乾坤，亂世多財是禍根。踏著尾巴頭會動，打落牙齒肚裏吞。七分鑼鼓三分唱，一夜夫妻百夜恩。一失足成千古恨，夕陽雖好已黄昏。

無錢八十做長工，雪裏生寒莫助風。骨頭全無四兩重，好花能有幾時紅。三年討飯官懶做，一向坐喫山會空。手藝終身勿落魄，秋來道士夏郎中。

巧婦難爲無米炊，好漢不喫眼前虧。酒嘗罵座醒時悔，少不讀書老大悲。萬丈高樓從地起，百般事業在人爲。依依佛法要餓殺，缺少銅錢格外瘦。

四月烏賊背版紅，銅錢銀子是先鋒。畫龍畫虎難畫骨，娶妻娶德勿娶容。作惡到頭終有報，無緣對面不相逢。强中更有强中手，新出猫兒比虎兇。

上忙未納下忙催，前浪如奔後浪推。東借羅裙西借襖，早上芒種晚上霉。彩雲易散琉璃脆，底子單薄賢家虧。賭博財主輪換做，一興如雷敗如灰。

良醫無藥可治貧，交爲通財漸不親。三府衙門難結案，千年瓦爿會翻身。好做老酒壞做醋，只度畜生不度人。大腳膀邊描老虎，黄狗出角變麒麟。

兒孫自有兒孫福，人善人欺天不欺。得放手時且放手，佔便宜處失便宜。壞人應作好人看，死馬權當活馬醫。萬事難逃自中意，情人眼裏出西施。

讀書爲善做人家，樹正那怕日影斜。笑看人情只加飯，誰知天理轉如車。鄞慈鎮定奉南象，柴米油鹽醬醋茶。月裏小孩勿好攪，三挨六坐九爬爬。

茅草屋裏出姣娘，小做新婦大排場。江東送娘美女式，鄉下老嬸逗蕩腔。飽者不知饑者苦，家花那比野花香。看甚人頭講甚話，有分本事吃分糧。

起早碰著隔夜人，横財不富命窮人。日間不做虧心事，天下應無切齒人。一錢不落虛空地，兩硬軋殺中央人。牛吃稻柴鴨吃穀，各有因緣莫羨人。

門前大樹好遮陰，何必靈山拜觀音。畫眉會叫宰無肉，百舌能言總是禽。爛泥田裏拔石臼，鐵搗杵頭磨繡鋮。夏至有風三伏熱，立冬之日怕逢壬。

田螺延過太白山，上山容易下山難。真言不共老婆説，乜眼休裝瞎子看。霹靂一聲天下響，芝麻百粒地頭攤。大大師父碰臺角，裁裁馬褂裁背單。

一個將軍一個令，廿年新婦廿年婆。聰明反被聰明誤，惡人自有惡人磨。癡漢偏騎駿馬走，丈夫休聽室人唆。一家不知一家事，念伴門前鬼唱歌。

三歲意致看到老，世間好物不堅牢。事當失路工成拙，人到無求品自高。老鼠尾巴生大毒，牯牛身上拔莖毛。自己事情穿心過，人家痛癢隔靴搔。

急驚風遇慢郎中，拔出蘿蔔就種葱。淖泥菩薩住瓦屋，帳房先生看春宮。長長假鬢拖背脊，大大娘子要老公。敗落鄉紳勿走樣，外頭好看裏頭空。

平安無事即封侯，一夜梳頭百夜愁。推開紙窗説亮話，數好和尚做饅頭。吃之果子忘記樹，贏得猫兒輸了牛。氣殺勿宜輕告狀，蛛絲絆到石牌樓。

本地麻雀帮手多，一家安樂值錢多。啞子開口龍虎鬭，嬾牛上場尿汙多。辦事人多解事少，報恩人少受恩多。三朝媳婦婆教壞，矮子肚皮扢禿多。

倭豆開花黑良心，百年人有萬年心。牛吃桂花難合胃，猫哭老鼠假傷心。常將有日思無日，未必他心即我心。癡心女子負心漢，十個指頭痛連心。

落雪勿冷釋雪冷，春冷凍殺小牛犢。地當棺材天作蓋，爹開混堂娘接生。三個廚工殺穀蜢，四月種田落洋生。呆大自有呆大福，瞎眼狗逢倒汙坑。

楊苗家計亦會完，借債還債一時寬。爐中有火休添炭，朝裏無人莫做官。天有風雲難預測，事關閨閣要遮瞞。人逢喜氣精神爽，鄰舍做官亦喜歡。

（附）張延章寧波二十四節農事歌

一月小寒六或七，大寒二十或廿一。換灰換便烸焦泥，空時還去做副業。

二月四五立春立，雨水十九或二十。草子方嫩防人拉，果樹趁時把枝接。

三月五六爲驚蟄，廿一廿二春分及。菾菜剥葉留心子，菾音天。油菜打蕻賣市集。蕻音烘。

四月五六清明天，二十廿一穀雨聯。早稻插秧筍旺市，席草下本牛耕田。

五月六七立夏遭，廿一廿二小滿到，倭豆收萁菜收子，萁讀如鷄。高田種蔬低種稻。

六月六七爲芒種，廿一廿二夏至逢。牛羊鷄猪瓜茄稻，各須防病并防蟲。

七月七八是小暑，廿三廿四是大暑。當空日頭如火燒，踏車趕水莫小駐。

八月八九爲立秋，廿三廿四爲處暑。早稻遍地鋪黄金，看看怎會介有趣。怎字讀宅矮切。

九月八九白露至，廿三廿四秋分是。天氣慢慢冷攏來，晚稻亦將結穀子。

十月八九寒露是，霜降就在廿三四。芋奶好掏黄豆打，芋奶，普通作芋艿。然艿字，《字典》音仍，故用奶字，以其小者，形如奶也。奶爲俗之乳字。以小者名芋奶，與大者名芋魁，尤爲適宜。備種油菜撒草子。

十一七八立冬臨，廿二廿三小雪辰。舊説立冬無曁稻，阿拉故要割晚青。

十二七八大雪啦，音賴。冬至即在廿二三。解好公糧補牛圈，讀如件。買得年貨滿擔擔。

（附）説明三首

一月兩節氣，陽曆實呆板。上歌記得牢，曆本好甭翻。甭音如馮，不用也。

寧波桑棉麥，平時種不多。所以歌句裏，注重在蔬禾。

傳抄最歡迎，刊印不干涉。意在便農民，全不要利益。

案陳炳翰、徐士琛、張延章三人之作品，雖皆雕蟲小技，然組織頗工，其采集翦裁，亦殊非易。徐張二氏之作，僅登《日報》副刊，陳氏所作，則素未刊行，故爲附録諺語之後，俾今之提倡方言文學者，可以取材。且其滑稽處，亦足供閱者啓顔。陳徐二氏以耄年學究，竟能不鄙俚俗，而握管撰此，其特識尤非同時人士所能及。雖語意間有不合現代潮流者，然皆爲抗日戰争以前所作，不容執今以難古也。